U0592170

北京大学震旦古代文明研究中心学术丛书之二六

早期夏文化与先商文化研究论文集

北京大学震旦古代文明研究中心
河南省文物考古研究所
河北省文物研究所
郑州市文物考古研究院
编

科学出版社
北京

图书在版编目(CIP)数据

早期夏文化与先商文化研究论文集／北京大学震旦古代文明研究中心等编．—北京：科学出版社，2012

ISBN 978-7-03-033736-8

Ⅰ.①早…　Ⅱ.①北…　Ⅲ.①夏文化（考古）－文集②商文化（考古学）－文集　Ⅳ.①K871.3-53

中国版本图书馆CIP数据核字（2012）第037225号

责任编辑：闫向东　李　茜／责任校对：林青梅

责任印制：赵德静／封面设计：陈　敬

科学出版社 出版

北京东黄城根北街16号

邮政编码:100717

http://www.sciencep.com

中国科学院印刷厂 印刷

科学出版社发行　各地新华书店经销

*

2012年3月第　一　版　开本：787×1092 1/16

2012年3月第一次印刷　印张：28

字数：649 000

定价：150.00元

（如有印装质量问题，我社负责调换）

Aurora Centre for the Study of Ancient Civilizations, Peking University
Publication Series, No. 26

Collected Studies on the Early-Xia Culture and Proto-Shang Culture

Aurora Centre for the Study of Ancient Civilizations, Peking University
Henan Provincial Institute of Cultural Relics and Archaeology
Hebei Provincial Institute of Cultural Relics
Zhengzhou Municipal Institute of Cultural Relics and Archaeology

Science Press
Beijing

前　　言

李伯谦
（北京大学震旦古代文明研究中心）

2008年7月18～20日和2009年7月27～29日，北京大学震旦古代文明研究中心分别与郑州市文物考古研究院及河南省文物考古研究所、河北省文物研究所联合主办了“早期夏文化学术研讨会”和“先商文化学术研讨会”，这本论文集即是两次会议与会代表提交会议的论文结集。在这里我要特别说明的是，与会的代表很多，会上且有精彩的发言或新材料的披露，但因未来得及整理成文或其他原因未能全部收入论文集中，是颇为遗憾的。

我们举办这两次研讨会是经过慎重考虑和酝酿的，一来是因为无论是早期夏文化还是先商文化，从它们提出到这时都经过了较长的时间，但一直没有聚到一起交流的机会，我们的目的正是想通过开会提供一个平台，通过交流讨论，以检阅早期夏文化和先商文化研究的进展和成果，找出研究中的薄弱环节和不同学术观点的矛盾焦点，进一步明确今后研究的主攻方向和问题，推进研究的深入。

无论是早期夏文化还是先商文化，都属于原史时期考古研究的问题。欧洲史学家所谓的原史时期，大体相当于中国传统史学上的传说时代，虽然缺乏当时的文字实录，但却有后世史家根据口耳相传史料的追记，其中虽有某些神话色彩甚或荒诞不经之处，但不可否认也包含着史实的素地。因此这两个问题的研究，虽主要依靠考古学，但也必须要参考有关文献，将两者很好结合起来。当然，这两个问题的研究也涉及某些理论问题，正如刘绪教授在他的文章中提到的，诸如考古学文化与族的关系问题、考古学文化的渐变和突变问题、政治事件与考古学文化变迁关系问题、考古学文化演进中的滞后问题等。只有将考古、文献与理论三者密切结合，才有可能取得符合实际的结论。

参加过这两次会议的朋友和看过本论文集的朋友，我想都会有一个共同的感觉，在正确的理论和方法指引下，通过几代学人的努力，无论是早期夏文化研究还是先商文化研究，都有了明显的进展，取得了丰硕的成果。

就早期夏文化研究而言，在邹衡先生提出的“二里头文化是夏文化”已基本取得共识的基础上，随着有关碳-14测年数据的公布和登封王城岗河南龙山文化晚期大城、新密新砦期遗存及河南龙山文化晚期至新砦期城址、巩义花地嘴新砦期环壕聚落等的发现，研究者已将其纳入了探讨早期夏文化的视野，从“夏商周断代工程”至“中华文明探源工程预研究”期间，我们逐步形成的以王城岗大城为代表的河南龙山文化晚期遗存—新砦期遗存—二里头文化是夏文化发展的三个阶段的认识，也受到大家的重视和不少同行的认同。尽管目前对何种考古学遗存是早期夏文化还存有歧见，未能形成一致意见，但将河南龙山文化晚期遗存和新砦期遗存作为探讨早期夏文化的主要对象和主攻方向，应该说已经是多数关注早期夏文化研究的朋友们的选择了。

就先商文化研究而言，经过多年的沉寂之后，随着南水北调工程和第三次全国文物普查的启动，一大批与先商文化研究有关的遗址相继发现，局面有了新的改观。会上提交的论文和发言表明，随着河北省磁县南城与河南省鹤壁刘庄既有相同之处又有自己明显特点（以鼎为代表）的先商文化墓地材料的披露，先商文化起源于或部分因素来自岳石文化的观点重又成为热议的焦点；而河北磁县槐树屯遗址的发掘，则不仅填补了下七垣早期先商文化的缺环，而且从传承与发展的角度进一步缩短了其与后岗龙山文化的距离。下七垣文化是先商文化，虽已成为大家的共识，但将保北型以下岳各庄遗址为代表从下七垣文化中分离出来另外命名为“下岳各庄文化”，并认为其可能是有易氏文化的观点，则得到了更多的响应。下七垣文化的分期和类型划分，随着材料的积累有了进一步的细化，胡保华、王立新的《试论下七垣文化的类型与分期》代表了这方面的新成果；侯卫东提出的在漳河流域下七垣文化可延续至二里岗时期，直至洹北商城时期仍可看到某些下七垣文化传统的认识，因有较多材料的支持而受到大家的重视。先商文化研究如同夏文化研究一样，取得了一定的成绩，但仍有许多深层次的问题需要解决，这既取决于新材料的不断增加，也依赖于研究方法的改进和理论思考的加强。会上，我以《先商文化考古的新征程》为题所作的致辞和段宏振《先商文化考古探索的一些思考》一文可以作为今后开展先商文化具体研究时的参考。

夏文化和先商文化都是中国考古学和中国上古史上的重要学术问题，我们希望这两次研讨会，会对这两个问题的深入研究和进一步解决，增加一些助力。

目　　录

上编　早期夏文化研究

下编　先商文化研究

上编　早期夏文化研究

论夏文化研究的若干问题

李先登

（中国国家博物馆）

夏王朝是中国古代历史上建立的第一个王朝，夏王朝的建立标志着中国古代社会历史发展正式进入文明时期。考古学上的夏文化指的是夏王朝时期夏人（族）的物质文化和精神文化。在此首先需要申明的是，我认为夏王朝的建立应从大禹开始，夏王朝是大禹及其子启共同建立的。大禹的历史功绩主要有两个方面。一是："（帝舜）命禹："女平水土，维是勉之。"……禹乃遂与益、后稷奉帝命，命诸侯百姓兴人徒以傅土，行山表木，定高山大川（《史记・夏本纪》）。即大禹领导和团结各族人民治平了洪水，使人民安居，生产恢复，保证了社会的安定和继续向前发展。二是顺应历史发展潮流，高瞻远瞩，果断地决定并实施"禹传启，家天下"，改变各族大联盟领袖的选举禅让制为父传子世袭制，使王权最终形成，从而建立了中国历史上第一个王朝——夏王朝。即大禹在中国古代原始社会向文明社会发展转变的关键时刻，迈出了决定性的一步，对推动中国古代社会历史发展作出了重大的历史性贡献。这就是《史记・夏本纪》记载的："帝禹立而举皋陶荐之，且授政焉。而皋陶卒。……而后举益，任之政。"但实际上，"禹授益，而以启为吏；及老而以启为不足任天下，传之益也。启与支党攻益而夺之天下。是禹名传天下于益，其实令启自取之。"

从20世纪70年代开始的河南登封王城岗遗址的考古发掘，发现了河南龙山文化晚期的城址①。城址的始建年代为王城岗2期，其碳-14测定年代ZK581为距今4000年±65年（约前2050年）以及距今3885年±80年（约前1935年）②。安金槐先生根据古代文献记载，诸如《史记・夏本纪》："禹辞辟舜之子商均于阳城。"裴骃集解引汉代刘熙曰："今颍川阳城是也"，并结合王城岗遗址东面的东周、汉代阳城遗址的考古发现，提出王城岗遗址为"禹都阳城"之所在③。这是符合中国古代社会历史实际的，是可信的。2002年至2005年登封王城岗遗址河南龙山文化晚期大城的发现，其面积达30万平方米以上，建于王城岗新2期（原来的王城岗2期和3期），其碳-14测定年代为，

---

① 河南省文物研究所、中国历史博物馆考古部：《登封王城岗与阳城》，文物出版社，1992年。

② 中国社会科学院考古研究所实验室：《放射性碳素测定年代报告（七）》，《考古》1980年第4期。

③ 安金槐：《豫西夏代文化初探》，《河南文博通讯》1978年第2期。

上限：前2100～前2050年，或前2110～前2045年。下限：前2070～前2030年，或前2100～前2020年。其中值为前2055年①。进一步证实王城岗遗址就是"禹都阳城"之所在。

上述登封王城岗城址的发掘，结合近年新密新砦城址的发掘②以及巩义花地咀遗址的发掘③等，有力地说明河南龙山文化晚期煤山类型（或称为王湾三期文化）（包括新砦期）是夏文化初期，即早期夏文化，这已成为学术界的共识④。这首先是由于根据中国古代文献记载，今河南省西部地区是夏王朝时期夏人的主要居处地。诸如《逸周书·度邑篇》："自洛汭延于伊汭，居易无固，其有夏之居。"又如《史记·孙子吴起列传》：吴起对魏武侯说："夏桀之居，左河济，右泰华，伊阙在其南，羊肠在其北。"其次，夏商周断代工程给出的夏代纪年为前2070年～前1600年⑤。而上述以登封王城岗城址等为代表的河南龙山文化晚期煤山类型的年代恰为夏代初期。再有，不仅在登封王城岗遗址等多处遗址发现了二里头文化地层叠压在河南龙山文化晚期煤山类型地层之上的地层关系，而且，从河南龙山文化晚期煤山类型的文化内涵来看，尤其是陶器类型学研究，说明煤山类型是二里头文化的主要来源，二者一脉相承⑥。这就说明二者是同一族群——夏人创造的物质文化，只不过是随着时间的发展而有所变化而已。这也说明考古学文化与中国古代历史上王朝的兴亡并不是同步的。那种认为夏文化仅仅是二里头文化的观点是不符合中国古代社会历史实际的。此外，国外有的人反对将河南龙山文化晚期和二里头文化与中国古代夏王朝的历史相联系、从而否定夏王朝存在的观点则是完全错误的。中国考古学如果不为中国古代历史研究服务，那就没有存在的理由。

夏文化（包括初期，即早期夏文化）是青铜时代的文化，是中国古代进入文明时期的文化。中国古代文明起源与形成的特点是多源一体和统一王朝式，这或可称为古代文明起源与形成的中国模式，这是中国古代文明对全世界和全人类文明的重大贡献。即中国古代文明从诞生之日起，就是统一的文明，有着先进的核心。尔后随着历史的发展，统一不断地加强和进入更高的阶段，统一是中国文明的主流。因此，中国古代文明有着很强的向心力和凝聚力，这也是五千年来中国古代文明一直向前发展、未曾中断的

---

① 北京大学考古文博学院、河南省文物考古研究所：《登封王城岗考古发现与研究（2002～2005）》大象出版社，2007年。

② 中国社会科学院考古研究所河南二队：《河南密县新砦遗址的试掘》，《考古》1981年第5期；北京大学古代文明研究中心、郑州市文物考古研究院：《新密新砦——1999～2000年田野考古发掘报告》，文物出版社，2007年。

③ 郑州市文物考古研究所、北京大学考古文博学院：《河南巩义市花地咀遗址"新砦期"遗存》，《考古》2005年第6期。

④ 中国社会科学院考古研究所：《中国考古学·夏商卷》，中国社会科学出版社，2003年。

⑤ 夏商周断代工程专家组：《夏商周断代工程1996～2000年阶段成果报告》（简本），世界图书出版公司，2000年。

⑥ 中国社会科学院考古研究所：《中国考古学·夏商卷》，中国社会科学出版社，2003年。

重要原因之一①。夏文化（包括初期，即早期夏文化）的特点首先是全国性的王朝都城的出现。登封王城岗“禹都阳城”遗址就是夏文化初期的夏王朝都城，而不是什么地区性的聚落中心。“禹都阳城”是中国历史上正式进入文明时期以后建立的第一座王都。王城岗“禹都阳城”城址的出现绝不是颍河上游地区原始社会聚落自然发展的结果，而是夏王朝建立之时，夏王集中全国各族的力量而建成的。这是中国古代社会发展正式进入文明之时，王权政治推动经济文化突飞猛进发展的一种反映。总之，全国性的王朝都城的出现是中国古代社会历史发展正式进入文明的重要标志，而不是地区性的中心大聚落或城址的出现。并且，我认为登封王城岗城址内出土的玉琮、白陶器等精美重要的文物，可能是夏代九州向中央夏王的贡品。朝贡是统一王权的重要标志，《尚书·禹贡》等古代文献记载的大禹划分九州、制定贡赋制度的记载是有历史事实作为依据的，并不是后人的编造。

中国古代文明的特点是礼制文明，作为中国古代文明正式形成代表的夏文化（包括其初期，即早期夏文化），已是初期的礼制文明，已经开始出现青铜礼器。登封王城岗“禹都阳城”遗址出土的夏文化初期的青铜鬶腹底残片②以及新密新砦遗址出土的夏文化初期的青铜鬶流口残片③都是有力的证明。青铜鬶是中国古代出现最早的青铜礼器，它是用于祼祭祖先神灵的祭器。夏文化初期青铜鬶的发现标志着夏文化已正式进入青铜时代，夏文化是夏代时期各族之中最先进的青铜文化。古代文献记载如《汉书·郊祀志》记载的：“禹收九牧之金，铸九鼎，象九州。”是有其真实的历史内涵的，是不容轻易否定的。

文字的产生是世界各国古代社会正式进入文明时期的重要标志，中国也是如此。从考古发现来看，夏文化初期已经出现了真正的文字。这就是登封王城岗“禹都阳城”遗址出土的烧制前刻划在黑陶杯残底上的“[illegible]”字。此字像两手有所执持，乃会意字，即“共”字。出土于王城岗遗址 H473 之中。H473 属于王城岗 3 期，是王城岗城址的繁荣使用期，属于夏文化初期，即早期夏文化时期④。夏代的文字在偃师二里头遗址也有发现，例如“[illegible]”字⑤，应即“郭”（郭）字，象城郭之形。以上二例都已是真正的文字，与此前的刻划符号有着本质的不同。或认为只有在夏文化中发现了象商代甲骨文那么丰富的文字资料，才能承认夏代已有文字。我认为夏文化考古工作从 1959 年徐旭

① 李先登：《论中国古代文明起源与形成的特点》，《天津师范大学学报》（社会科学版）2006 年第 3 期。

② 李先登：《王城岗遗址出土的铜器残片及其他》，《文物》1984 年第 11 期。

③ 北京大学古代文明研究中心、郑州市文物考古研究所：《河南省新密市新砦遗址 2000 年发掘简报》，《文物》2004 年第 3 期。

④ 河南省文物研究所、中国历史博物馆考古部：《登封王城岗与阳城》，文物出版社，1992 年。

⑤ 中国社会科学院考古研究所：《中国考古学·夏商卷》，中国社会科学出版社，2003 年。

生先生豫西考古调查开始，迄今已有50年了。50年来夏文化的考古工作，尤其是都城考古工作已作了很多，象商代甲骨文那样众多的夏代的甲骨文字迄今未有发现。这只能说明夏人与商人的习俗是不同的，夏人并不在占卜之后刻写甲骨文。因此，不能用商人的标准来要求夏人。而夏文化考古发掘中出土的陶文就是夏代的文字。文字的出现是夏文化（包括初期，即早期夏文化）的本质特点之一，是夏文化已正式进入文明的重要标志之一。

对探讨早期夏文化的几点看法

刘 绪
（北京大学中国考古学研究中心）

考古界主动探讨夏文化若从1959年算起，迄今已近整半个世纪。五十年来，经过大家努力，目前已取得相当大的共识，即绝大多数学者同意二里头文化是夏文化。尚存在的分歧，主要集中在夏代夏文化上下限的具体确定，也就是夏代夏文化分别开始和结束于何时。关于他的下限，除个别学者坚持20世纪60年代就提出的二里头文化二期（当时称中期）之末外，其他学者主要有两种看法，一种看法认为夏代夏文化结束于二里头文化三期之末，或第四期早段之末；另一种认为结束于二里头文化四期之末。实际上，这两种认识的分歧并不太大，也就一期或半期之差。考古学文化性质的区分能达到如此接近的程度，基本可以认为是大体一致了。关于夏文化的上限，也就是本次会议讨论的主题，大家根据现有的资料发表了很多有益的看法。虽未达成较一致的共识，但将推动这一问题的深入开展。

结合本次会议讨论，我想就以下若干问题谈谈自己的看法，不当之处，请批评①。

一、年代问题的另类推测

年代是任何考古学文化都必须明确的问题。要确定早期夏文化，则首先要明确夏代开始于何时。对此，目前普遍的看法是前21世纪。这一结论的得出，无论是传统的研究，还是“夏商周断代工程”的研究，都是从周代开始，由晚及早进行推算的。即由东周始年依次叠加西周积年、商代积年和夏代积年而得出。由于文献记载的各代积年说法不一，研究者尽管或多或少地参考其他方面的论证以决定取舍，但结论仍然互有区别，其中前21世纪说占有主导地位。

以往各家取舍三代各自积年时，较普遍地忽视了由各代世数推算其积年的探讨②。我以为这是一个很好的视角，需要予以重视，在确定三代各自积年时不能不予以考虑。

三代世系在《史记》等文献中有明确记载，除夏世系外，商、周二代的世系还得

---

① 本文据“研讨会”闭幕式上的发言修改而成。

② 日本学者有所关注，见饭岛武次：《夏殷文化の考古学研究》，山川出版社，1985年。

到了当时文字材料的证实，如殷墟甲骨文之于商世系，逨盘之于周世系等。因此学界都承认其可靠性。至于夏世系的可靠程度，由于甲骨文对《史记》等文献所记部分商先公世系的确认，作为与之同时的夏世系，大家也认为是可信的。所以，在推断夏商周三代各自积年时，各代世系便成为基础，各代世数或王数便与之密切相关，甚至还涉及王年。

要据世数或王数推算各代积年，首先要明确各代世数与王数。依《史记》记载，三代世数与王数如下。

西周世数与王数：11 世 12 王（武王至幽王）。

商代世数与王数：17 世 29 王（汤至纣）。

夏代世数与王数：14 世 17 王（禹至桀）。

三代每世平均多少年，不得而知。但按常理并参考周代男子成年（成丁、加冠或成婚之年）标准估计，每世约 20 年，最多不过 30 年（壮年、而立之年）。若按每世平均 20 年计算，则三代各自积年约为：

西周积年约：220 年。

商代积年约：340 年。

夏代积年约：280 年。

若把兄终弟及每世之数可能较父死子及每世之数稍长的因素计算在内，每弟及一世再加 10 年，如此，三代积年分别是：

西周弟及一世，加 10 年，西周积年约为：220 + 10 = 230 年。

商代凡 8 世为兄终弟及，共加 80 年，则商代积年约为：340 + 80 = 420 年。

夏代也有兄终弟及，凡 3 世，再加 30 年，则夏代积年约为：280 + 30 = 310 年。

如此，我们从东周始年前推，三代始年分别约为：

西周始年：约前 770 + 230 = 1000 年。

商代始年：约前 1000 + 420 = 1420 年。

夏代始年：约前 1420 + 310 = 1730 年。

考虑到 20 岁成婚未必当年得子，若以成婚后平均三年内可得长子，即按每世平均 23 年计算，则三代各自积年约为：

西周积年约：253 + 10（弟及部分） = 263 年。

商代积年约：391 + 80（弟及部分） = 471 年。

夏代积年约：322 + 30（弟及部分） = 352 年。

如此，三代始年分别约为：

西周始年：约前 770 + 263 = 1033 年。

商代始年：约前 1033 + 471 = 1504 年。

夏代始年：约前 1504 + 352 = 1856 年。

这一结论的得出是建立在对每世约有多少年的估算上，虽没有采用文献所见任何有关三代积年之说，也缺少真凭实据。但是，只要我们相信文献所记三代各自世数可信，那么就有必要从上述角度去思考和推算。尽管这一结论是约略的，也与传统说法出入较大，但对此不予考虑或回避是不妥当的。它至少为我们提供了一种可能。

在此不妨再举一个有点极端的例子进一步说明。

有关夏代积年，学界多相信古本《竹书纪年》之说，即“自禹至桀十七世，有王与无王，用岁四百七十一年。”“夏商周断代工程”于商、周二代不采古本《竹书纪年》之说，唯夏代积年用之，可见对此说的重视。若夏代积年果真是471年，则依此推算，夏代14世17王，每世平均近34年。这是什么概念？这意味着各位夏王要到30多岁才可成婚得子。即使按17世计算，每世平均亦达27年。每世之数仍然不少。虽然我们不能用今人的婚姻观去衡量夏人，但夏王如此提倡晚婚晚育，实情理难通。除非古本《竹书纪年》等文献所记夏王朝14世17王之说不可靠，遗漏了若干世①。

如果我们不仅认为夏王确实30岁左右才能成婚，而且要求商王和周王也如同夏王那样晚婚，即都按30年一世对待（兄终弟及因素可不考虑），那么三代各自积年约如下：

西周积年约：30×11=330年。

商代积年约：30×17=510年。

夏代积年约：30×14=420年。

据此推算三代始年分别约为：

西周始年：约前770+330=1100年。

商代始年：约前1100+510=1610年。

夏代始年：约前1610+420=2030年。

这一结论与传统说法，与“夏商周断代工程”的说法相当接近。那么我们该不该对其相信？夏商周三代之王果真都实行30余岁才成婚吗？对此，虽然没有明确答案，但总是难以让人接受。即使我们相信这一结论，显然三代各自起始之年只早不晚，都达到了最早极限。而我们今天对早期夏文化的探讨，正是以此为前提的。基此，应当认真思考这样一个问题：夏代起始之年很可能没有这么早，如前所述，若每世平均按20或23年计算，夏代始于前18或19世纪是很有可能的。

二、研究范围的必要拓展

目前对早期夏文化的研究，几乎全部集中在河南中部。而同属中原地区，也与早期夏文化有关的山西西南部和河南北部（豫北）涉及较少。

在山西西南部，和禹、启有关的记载也有一些（如禹都安邑，启征西河等），我们

① 其他文献有禹至桀三十一世之说。

且不说这些记载是否完全可信，但有记载就有必要去关注和探讨。何况以前已有部分学者认为夏文化最早发生在山西南部，然后才扩展到河南①。然到目前为止，已有相当长时间东下冯类型的材料几乎没有增加，被确定为与二里头类型一期同时的材料更少。而当地龙山文化，尤其是运城地区龙山文化晚期遗存发现也很有限，这直接影响了二者关系的探讨。而以往对东下冯类型的研究都是以此为前提的。比如，有学者曾认为东下冯类型是由二里头类型发展而来的，即夏文化最先发生在河南，然后传到山西。此种看法的最初形成与东下冯遗址第一篇发掘简报有密切关系，当时的简报将东下冯类遗存分为三期（组），于是有学者认为此三期相当于二里头类型的第二至第四期，即其早期晚于二里头类型的第一期，先有二里头类型，后有东下冯类型，这样由河南发展到山西合情合理。然东下冯遗址正式发掘报告则将东下冯类遗存分为四期，此四期不仅“和以二里头Ⅰ～Ⅳ期为代表的二里头类型，应属于同一个文化系统”，而且“其相对年代也应大体相当”②。这就是说东下冯类型第一期的年代与二里头类型第一期的年代有可能相当。如此看来，二者彼此间由谁发展到谁就很难说了，需要继续探讨。

那么东下冯类型的源头是否与当地龙山文化有关？这已是学界思考的问题。若从这方面去探讨，则在东下冯类型分布的范围内，有学者认为龙山文化分属两个类型，偏南的运城地区是三里桥类型，偏北的临汾地区是陶寺类型③。那么这两个龙山文化类型分别与东下冯类型的关系如何？陶寺类型的资料比较丰富，它与东下冯类型区别太大，似乎看不出有多么密切的关系。如上所述，而运城地区龙山文化晚期遗存又太少，不足以探讨它与东下冯类型的关系，显然急需增加新的材料。

正由于东下冯类型第一期和运城地区龙山文化晚期材料的缺乏，影响了对东下冯类型源头以及性质的深入研讨，依据现有资料提出的种种推测也都需要用新资料来验证。

至于豫北地区，近年来发现一些二里头文化时期的遗存，对这些遗存的文化归属，虽少有不同，但多数学者认为属先商文化。也就是说豫北在二里头文化时期属先商文化之说已相当普遍，这当然源自邹衡先生的“辉卫型”先商文化。可大家很少仔细琢磨邹先生当年所说的“辉卫型”的年代具体相当于何时。按邹先生的结论，在三个先商文化类型中，“漳河型”最早，年代相当于二里头文化三、四期之交；“辉卫型”稍晚于“漳河型”，年代相当于二里头文化四期偏早阶段；“南关外型”最晚，相当于二里头文化四期偏晚。至于豫北地区早于“辉卫型”，年代相当于二里头文化第一～三期的文化遗存属不属先商文化，属何种文化，邹衡先生没有明确意见。后来，由他指导的张立东的博士论文认为属“韦文化”，但未引起学界足够的关注。

① 刘起釪：《由夏族原居地纵论夏文化始于晋南》，《华夏文明》第一集，北京大学出版社，1987 年。

② 中国社会科学院考古研究所等：《夏县东下冯》，文物出版社，1988 年。

③ 高炜：《试论陶寺遗址和陶寺类型龙山文化》，《华夏文明》第一集，北京大学出版社，1987 年。

豫北地区在成汤南下之前属何种文化？是不是用“韦文化”就能概括？对此进行思考的人也很少。

这需要与文献记载相结合，看看在历史文献中有哪些夏代部族活动于此。经归纳，有两个时期比较清晰，分别属于夏代早期和夏代晚期。

夏代早期，与夏王朝发生冲突的主要部族与豫北有关者，一是有扈氏，一是有穷氏。这也恰恰是本次会议讨论的内容之一。启伐有扈是夏代初年发生的重大事件，对此《尚书》中有专门的描述，说二者大战于甘。有扈之扈在何处？主要有二说，一在陕西户县（《汉书·地理志》），今属关中；一在河南原武，在今郑州以东，黄河之阳，属豫北（当时或在黄河之阴，但亦近黄河）。一般认为，有扈氏属东方部族。扈在东周时期是关东各诸侯国经常举行盟会之地（《春秋经》），古本《竹书纪年》还说“河绝于扈”，原武在郑州之东，与郑州以下黄河易于泛滥相符。综合各方面材料来看，有扈氏之扈应以河南原武之扈为是。甘地如郑杰祥先生所说，或在今郑州市以西甘水沿岸。

有穷氏乃后羿之族，“穷寒代夏”已成为探讨早期夏文化不可回避的问题，成为判定早期夏文化的主要依据，本次会议已有充分体现。

这个有穷后羿灭夏前在何处？一般都是把他笼统列入东方集团。实际上，灭夏前后羿可能活动在今豫北地区。依《左传》襄公四年：“昔有夏之方衰也，后羿自鉏迁于穷石，因夏民以代夏政”。鉏就在今滑县，属豫北腹心之地。穷石之地，说法较多，或安徽霍邱、或山东平原、或甘肃弱水之源、或河南洛阳附近。按上述《左传》的说法，后羿是自鉏迁到穷石后灭夏的。《楚辞·天问》曰“阻穷西征，岩何越焉？”也是说后羿是由东往西征伐的。鉏既在豫北，则穷石当在其西求之，早期夏王朝的统治中心当再往西求之。比较而言，穷石在豫西洛阳附近之说当更为合理。

夏代初年敢与夏王朝抗衡的最强大的两个部族原本都在豫北地区，至少与豫北地区有关。另外，夏后相与商先公相土也和豫北有瓜葛，此二位也都属夏代早期人物。看来，在夏代早期豫北地区考古学文化的属性还需要仔细论证一番，它可能属有扈和有穷，也可能与夏和先商有关。若发现此时的考古学文化，就不能简单地归之为先商文化或夏文化，还要想到有扈、有穷氏之文化。我们在假“穷寒代夏”以论证郑洛地区考古学文化性质，确定早期夏文化时，豫北地区龙山文化晚期以来的考古学文化必须涉及和考虑。

到夏代晚期，活动在豫北地区的部族也有迹可寻，如韦，亦在滑县一带。另外，顾和昆吾也有认为在豫北。最后才是成汤的南下于此，灭掉韦、顾、昆吾，进而西进灭夏。如果在成汤到来之前，这些部族确存在于豫北，它们的考古学文化面貌与这里夏代早期的文化面貌是否一脉相承？也是需要考虑的。

可见，在夏代晚期，豫北地区在成汤南下到此之前，也有其他部族存在，那么我们在确定豫北地区夏代晚期考古学文化性质时，就不敢贸然称之为先商文化。

总之，对豫北地区夏代考古学文化的研究仍待深入。

三、考古学理论的反思

关于建立考古学理论这一命题是大家积极倡导的，但也是最薄弱的。研究三代考古需要何种理论？“区系类型”是一个方面，似乎更适合于新石器时代。三代考古研究的宏观理论还没有，微观的勉强有一点，但又与方法分不开。比如，以某族为主体的考古学文化的发展是平稳的，渐变的。因而可以由已知到未知，在同一文化系统中确定该文化的各个阶段。此一小“理论”产生于对商文化的认识，学界先确定了殷墟晚商文化，进而又推断出早商文化和先商文化。其实，这一小“理论”的得出，就是基于对各阶段商文化的认识，是对各阶段商文化认识的总结。它适用于商，但是否也适用于其他考古学文化，仍然需要慎重对待。如夏文化早、晚之别；西周与先周之别等等，都遇到了挑战。

我们这次会上，不少学者主张河南龙山文化晚期属早期夏文化，二里头文化属晚期夏文化。但有的学者反对，其理论根据就是二者不属同一考古学文化，不符合以夏族为主体的考古学文化应该是平稳、渐变发展的规律。即使认为龙山文化晚期属早期夏文化的学者，也相信这一“理论”的可靠，用“穷寒代夏”之事回答对方的发难。然“穷寒代夏”之事发生在中原地区，依此解释中原地区龙山文化的结束和二里头文化的出现有一定道理，可以理解。但整个龙山时代是一个更大范围内存在的历史阶段，二里头文化的出现不是孤立的，至少是在黄河中下游乃至更大范围内发生的普遍现象，与二里头文化约同时出现的还有其他考古学文化。对此已有学者论及，兹不赘述。中原地区由龙山文化到二里头文化发生的变化可用“穷寒代夏”解释，其他地区发生的变化又如何解释？这也是一个不能不思考的问题，大范围的变化应该有与之相适宜的共同的历史背景和缘由。

近年来新的考古发现证明，这一小“理论”已不能适用于由已知的西周文化上推先周文化。众所周知，以往曾有不少学者运用这一“理论”由西周早期周文化，上推属同一文化系统的“郑家坡类型”为先周文化，可“郑家坡类型”遗存在周原地区并不存在（仅有少量因素）。在周原地区找到的太王以来的先周晚期考古学文化，不是与西周早期相同的以联裆鬲为代表的文化遗存，而是以乳状袋足鬲为代表的文化遗存①。它与西周早期周文化同属以周族为主体的族群，时代又前后相衔，可文化面貌却有很大不同。

历史的发展，考古学文化的演变是复杂的，有的所谓规律适用于此，未必适用于彼，很可能因时、因事而异，需要具体分析和对待。

再如重大政治事件的发生，是否会马上引起考古学文化的变化。如王朝之更替，包

① 雷兴山：《先周文化探索》，科学出版社，2010年。

括"穷寒代夏"之事等。目前多数学者认为不会很快发生变化，因为前朝的人不会被斩尽杀绝，前朝的文化不会随着王朝的覆灭立刻消失。它还会延续一段时间，或称"后某文化"，此论也可谓"文化滞后论"，也可视作一个小理论。典型的实例就是二里头文化四期是商代夏文化。从道理上，或者从理论上说，这种解说是很客观，是可以成立的。但在考古学文化研究的具体过程中如何把握？如何操作则很难。前朝文化后到何时结束，后到何时才变成新朝文化？商代灭亡，关东迅速被周人统治，且以小治大。按照这种理论，目前在关东地区存在的殷墟第四期商文化有相当部分应该属西周早期，而现已认定的西周早期的考古学文化便后推至西周中期。可实际的考古发现与研究如何呢？在西周早期，甚至西周初年，我们在关东地区看到的是各种类型的与周系文化有关的文化遗存，如燕文化、晋文化等。属西周早期的"后商文化"极为少见，而且难以确定。仅在洛阳辨认出一部分殷遗民墓葬，但其所属考古学文化，还无人称之为"后商文化"或"殷遗文化"。洛阳地区西周早期考古学文化仍属周文化，只不过含有较多商文化因素而已。近年，有学者虽在商都殷墟努力辨认出一点可能属于周初的商文化①，但能否确认尚在疑似之间。

实际上，这一理论是在夏商文化分界讨论的过程中产生的，而夏商分界讨论本身尚存分歧，未成定论，还在继续求证之中。以其中之一种观点总结出这样的理论，显然不全面，至多仅是一种可能，需要有其他类似的考古学文化为例予以证明。

其实，这一理论已被偃师商城第一期商文化与二里头第四期夏文化同时的结论否定了一半，即它适合于解释二里头第四期可以滞后到商代初年，但不适合于解释偃师商城第一期发生在商代初年。因为成汤灭夏的事件发生在先，成汤以来的商文化形成在后，二者在时间上不能同步。如果一定要指认偃师商城第一期（或第一段）是成汤都西亳以来的商文化，即所谓夏商分界的准确界标——商代最早的商文化，那就等于说灭夏事件与成汤居西亳时期的商文化基本同时在偃师发生和出现。而且这商代最早的商文化与二里头第四期夏文化有别，确实是随着灭夏事件的发生马上发生了变化。这显然与上述理论相悖。

若坚持认为偃师商城第一期商文化与二里头第四期夏文化同时，则上述理论需修改如下：重大政治事件的发生，是否会马上引起考古学文化的变化，需要视具体地点来定。在事件发生前就存在的旧族聚落点（如二里头）不会马上引起考古学文化的变化；在事件发生后新建立的新族聚落点（如偃师商城）会马上出现新的考古学文化。我作这样的修改，同样是替该说寻找理由，创造理论。否则，偃师商城第一期商文化就不是商代最早的商文化，就失去了作夏商分界准确界标的资格，这是该说决不答应的。不过，偃师毕竟有西亳之说，偃师商城遗址还没有发现属于二里头文化的典型单位，所见均属二里冈文化，还可以与成汤灭夏事件对号入座。可"穷寒代夏"又如何对号？依

---

① 唐际根、汪涛：《殷墟第四期文化辨微》，《考古学集刊》15，文物出版社，2004年。

文献记载，斟鄩既是太康之居，又是后羿之居，属旧族与新族共同的居住地，它不同于二里头遗址和偃师商城遗址。像这样的聚落点其考古学文化又是何种情况？是随着事件的发生很快变化？还是滞后一段时间再发生变化？如何判断？上述理论是否还应继续修改？看来，建立一个理论并不容易，由个案总结的规律未必是理论。

在探讨早期夏文化中，部分学者认为太康以前，亦即“穷寒代夏”之前的夏文化是龙山文化，“穷寒代夏”以来的夏文化是“新砦期”（或二里头一期）以来的二里头文化。如上所述，此说是为避免龙山文化与二里头文化同为夏文化的矛盾而提出的，是用历史事件来说明考古学文化会因事件的发生而发生变化。但此说似乎并未考虑“文化滞后论”，而是按事件发生与考古学文化发生变化基本同步进行考虑的。因为按照“文化滞后论”推断，“穷寒代夏”事件发生在前，考古学文化不可能同时发生变化，应稍后。那么真正“穷寒代夏”这一段时间（止于少康复国）内的考古学文化应该还是龙山文化（新砦遗址原本就有龙山文化遗存）。由“穷寒代夏”引起的考古学文化变化就要依次后推，约在少康以来才能体现出来。若像二里头四期属于商代夏文化那样，少说各自后推了五六十年，则“新砦期”在郑洛地区出现的年代说不定到了夏代中期，远在少康之后了。对此，大家好像还没想到。但是，大凡承认“文化滞后论”，就应该这么认识。我们总不能说这种滞后理论仅适用于成汤灭夏而不适用于穷寒代夏；仅适用于二里头文化第四期，而不适用于龙山文化末期吧。

四、其他相关问题

1. 考古资料的发表

在早期夏文化的探讨中，大家集中讨论的对象是中原龙山文化晚期、新砦期和二里头文化一期。尤其是对新砦期的认识，归前？归后？还是独立？见仁见智。研究者的依据全凭个人所见与理解。这与夏商分界的讨论非常近似，大家面对同样的材料，都是二里头文化，但分法却各不相同。那么学界目前所能见到的关于中原龙山文化晚期、新砦期和二里头文化一期的材料又如何呢？关于二里头文化一期的材料，目前已发表者不可谓多，其中提供详细统计数据的又有多少？大家都知道。二里头遗址公布的材料是最主要，也是最多的，但其提供的数据仅是对复原器统计的结果，有很大的局限性。至于新砦期的材料，在最近出版的《新密新砦》之前，同样也很少。

因此，在资料欠缺的情况下，所得结论都是初步的，都有继续探讨的余地。如新砦期与二里头一期的关系，是早晚关系，还是同时关系？有无地域差别？等等。为了更加深入地探讨早期夏文化，更加准确地认识新砦期的性质与归属，需要尽快发表包括各类统计数据在内的详细资料，尤其是二里头文化一期的资料。《新密新砦》报告开了一个好头，值得肯定。

2. 测年资料的补充

夏商周断代工程以来，碳-14测年方法有一个变化，即采用系列样品进行测年。与夏商文化有关的测年，现在实施的重点是河南郑洛地区，对中原地区的山西南部、河南北部同时期相关文化的系列测年还极少开展。而郑洛地区所发生的变化不是孤立的，按照以往的测年结果，中原诸龙山文化结束的时间基本相当。既然河南中部龙山文化的年代后移，其他地区呢？是否也会后移？尤其是豫北和晋南地区，都应有一个新的测年结果。

3. 墓葬材料的研究

在判定文化性质时，墓葬材料具有独特的优势。目前，与探讨早期夏文化有关的这方面材料在郑洛地区还很欠缺，如从龙山文化晚期到二里头文化一期之时，该地区发现的墓葬很有限①，让我们失去了一个很好的观察角度。不过，本次会议已有涉及，是一个积极而有意义的良好开端②。总之，这也是需要今后予以加强的一个重要方面。首先是增加墓葬材料，然后是比较研究，这方面应是判断龙山文化晚期、新砦期以及二里头文化相互关系与文化性质的重要依据。

2008年7月初稿
2010年11月修改

---

① 在黄河流域东西一线，龙山文化时期墓葬的已有发现，各地区极不平衡，即上游和下游多，中间少。如黄河上游约属此时的齐家文化，墓葬甚多；下游山东地区典型龙山文化的墓葬发现也不少。而且上下游墓葬还都流行厚葬，即随葬品很多。可属二者之间的中间地带，亦即中原地区（陶寺类型地近北方，除外），此时的墓葬不仅发现少，且有随葬品的不多。这是一个很奇怪的现象，中原地区发掘的龙山文化时期的遗址数量不少于黄河上、下游地区，何以少见墓葬？很值得思考。

② 见本论文集部向平文。

二里头一期文化是早期夏文化

陈　旭

（郑州大学历史学院）

近年，早期夏文化探讨已成为考古界关注的焦点问题，这可以说是对夏文化研究的继续和深入。现在，我想就此问题谈谈个人的看法。

一

夏文化探索，是在20世纪80年代掀起高潮的，时至今日，考古界对二里头文化是夏文化的观点基本上已取得了共识。现在提出早期夏文化问题的探讨，将有助于进一步推动夏文化研究的深入。

在20世纪80年代掀起的探索夏文化高潮中，学术界当时把探索夏文化的目标，主要集中在二里头文化和河南龙山文化上，对夏文化问题的认识，主要有两种观点：其一认为二里头1～4期文化是夏文化；其二则认为河南龙山文化与二里头1、2期文化是夏文化，3、4期文化是商文化。当时虽未提及早期夏文化问题，但在学者们对夏文化提出的观点中，实际上都涉及早期夏文化问题。即主张二里头1～4期文化是夏文化的学者，就意味着把二里头1、2期文化作为早期夏文化，3、4期文化作为晚期夏文化，主张河南龙山文化与二里头1、2期文化是夏文化者，则意味着把河南龙山文化作为早期夏文化，二里头1、2期文化则为晚期夏文化。现在对早期夏文化的探讨，实际上就意味着夏文化研究的继续。

早期夏文化探讨，是在1996年开始实施的《夏商周断代工程》取得了阶段性成果之后提出来的。在2000年公布的阶段性成果中，对夏代的基本年代框架做出了估定，同时还把作为断代工程子项目的河南新砦遗址的发掘成果亦做出了公布，在此基础上提出了探讨早期夏文化的问题。

对夏代基本年代框架的估定，主要是对夏代积年和始年的估定。对夏代积年，主要根据文献上有关夏积年的记载，选择以471之说作出估定。对夏代始年则依据商代始年为前1600年之估定，上推夏积年的471年，暂定为前2070年。

对新砦遗址发掘所取得的收获，主要是确认新砦二期遗存的存在。并认定新砦二期上接河南龙山文化晚期、下连二里头文化一期。它的确认，就将二里头一期与河南龙山文化晚期紧密衔接起来，填补了期间的空白。根据新砦第二期遗存的确认，结合登封王城岗古城和禹州瓦店规模较大的河南龙山文化晚期遗址的发现，因此而提出，这为探讨早期夏文化提供了线索。

于是，依据夏始年为前2070年，夏积年为471年的估定，结合碳-14对河南龙山年代测定的数据，认为夏始年的年代，基本上就落在河南龙山文化晚期第二段（前2132～前2030年）范围之内①。早期夏文化探讨，就是在这种情况下提出来了。

在夏商周断代工程阶段性成果公布之后，早期夏文化探讨，就成为考古界所关注的热点问题。有不少学者即发表论文，提出个人对早期夏文化的认识，先后提出的观点主要有两种：一种观点认为，早期夏文化为河南龙山文化晚期遗存，二里头文化是夏代中、晚期的夏文化；另一种观点则认为，二里头一期文化是夏文化之始。

持第一种观点的学者，有的主要依据夏商周断代工程阶段性成果对夏代基本年代框架的估定，和碳-14测定的二里头文化年代数据，认为二里头一期文化的年代，最早也还不到前1880年，整个二里头文化1～4期的年代也超不过300年，早期夏文化就必须向前追溯。登封王城岗遗址发现王湾三期文化的小城址，发掘者认为是禹都阳城，学界虽因其面积小而提出质疑，但现在又发现面积达30多万平方米的大城，因而推断小城可能是大城的宫殿或宗庙社稷之所在，两者关系密切，据此断定王城岗龙山城址非夏都莫属，早期夏文化应归入河南龙山文化晚期之内②。

有的学者则根据新砦遗址的发掘材料和碳-14对新砦遗址测定的年代数据认为，以断代工程推定的商代始年上溯文献所载夏代积年为471年，作为夏王朝的始年，则新砦遗存的年代，即使由现在的测年结果上限再提早数十年，也难于突破前1950年，因此探索夏文化之初始，只能到比新砦期还要早的王湾三期文化晚期去寻找。新砦期可能是后羿、寒浞代夏时期开始形成，延续到少康之子灭掉寒浞之子时期的夏代早期偏晚的遗存，二里头一期是少康中兴以后的夏代中晚期遗存③。

持第二种观点的学者，则通过对二里头一期文化及二里头一期文化与龙山文化关系的分析、新砦期的论证、二里头文化一期遗存与夏文化之初始的论述等，综合研究后认为，二里头文化一期遗存作为辨识夏文化早期遗存的标尺和基点最为可靠，认定二里头一期文化是夏文化早期遗存④。

上述两种观点，在研究方法上是有侧重的。第一种观点的研究方法，侧重于年代学

---

① 夏商周断代工程专家组：《夏商周断代工程1996～2000年阶段成果报告》，世界图书出版公司，2000年。

② 杨育彬：《偃师二里头遗址相关问题的几点思考》，《二里头遗址与二里头文化研究》，科学出版社，2006年。

③ 赵春青：《关于新砦与二里头一期的若干问题》，《二里头遗址与二里头文化研究》，科学出版社，2006年。

④ 李维明：《二里头文化一期遗存与夏文化之始》，《中原文物》2002年第1期。

的研究。第二种观点的研究方法是侧重于考古学文化上的分析研究。研究方法的不同，得出的看法和观点就有所不同。

对早期夏文化的探讨，存在两种研究途径：一是从年代学研究入手寻找，即先从文献所记载的夏积年中进行分析，确定夏代积年，然后再研究夏始年，再结合碳-14 测定的考古学文化年代，选择与夏始年和夏积年接近的考古学文化，寻找某种考古学文化属早期夏文化。二是从考古学文化研究入手寻找。即从中原地区考古发现的考古学文化中，已识别出的二里头文化属夏文化，以此为基础，进一步研究确定早期夏文化。

从年代学研究途径入手寻找早期夏文化存在的问题，最主要的是文献所载的夏积年有十多种说法，哪一种说法符合夏代的历史实际，这很难作出定论。其次是碳-14 对考古学文化年代测定的数据只能作为参考，不能作为依据，因为其测定的数据有误差，尤其是有的年代数据与考古学文化的实际情况不相符，如二里头文化 1 ~4 期属夏文化，而碳-14 对二里头文化年代测定的数据可能偏晚。对二里头三期的测定年已进入商年，这就令人难于置信。

从考古学文化研究途径入手探寻早期夏文化，已有基础。因为，在以往探索夏文化中，邹衡先生就是通过考古学文化研究途径，从已知求未知，其中采用了徐旭生先生提出的“用文化间的异同来做比较”的方法。邹先生说：“夏文化在考古学上的确定，是从年代明确，特征显著的商文化中比较出来的。我们认为，只有用这个比较法，才能找出夏文化来。”① 二里头文化是夏文化，在考古界已基本上获得共识，可见这种方法是行之有效的。而且对二里头文化的分期亦无异议。以此为基础进行早期夏文化的探讨，进行文化间的比较研究，就有了明确的已知条件。因此，我们认为，探讨早期夏文化，从考古学文化研究途径入手，用文化间文化特征，社会发展阶段等方面的异同作比较的方法来探讨早期夏文化，应该是比较可靠的选择。

二

对早期夏文化问题，笔者此前并未作过具体的论述。但是，在夏文化探索中，我对二里头文化 1 ~4 期是夏文化的观点，则明确表示赞同，并认为河南龙山文化不是夏文化②。现在，我仍然认为，二里头文化是夏文化，河南龙山文化不是夏文化，河南龙山文化与二里头文化是两种不同性质的考古学文化。在探讨早期夏文化中，河南龙山文化不具备条件，只有二里头文化才具备条件。二里头一期文化应该是早期夏文化，年代早于二里头一期的王湾三期龙山晚期文化，应属先夏文化。下面就此作具体分析说明。

---

① 邹衡：《试论夏文化》，《夏商周考古学论文集》，文物出版社，1980 年。

② 陈旭：《关于夏文化问题的一点认识》，《郑州大学学报》1980 年第 5 期。

河南龙山文化与二里头文化，是两种性质不同的考古学文化，这是考古界公认的。这两种考古学文化，最初是根据两者的陶器特征的不同而作出区别的。在两者的陶器中，包括器物群种类、形制和纹饰作风等都有所不同，最主要的是在两者的器物群中，各自都有自己具有代表性的典型器物，而且亦各有自己从早到晚的发展演变谱系，由此而显示出两者的文化面貌各有各的特色。

二里头文化的陶器，最初发现于登封玉村遗址。在该遗址中发现的陶器，与安阳后冈和洛阳王湾等龙山遗址出土的陶器有所不同，亦与二里冈商文化陶器有所不同，从而引起人们的注意。其后，在偃师二里头遗址发现的大量陶器中，亦与龙山文化陶器有别，而与玉村遗址出土的陶器接近，因此而认识到以二里头遗址为代表的文化遗存，是与河南龙山文化有区别的一种独立的考古学文化遗存，被命名为二里头文化，后来又发现二里头文化晚于河南龙山文化，早于二里冈商文化的地层关系，由此而得知二里头文化的年代介于河南龙山文化与二里冈商文化之间。

河南龙山文化与二里头文化陶器相近因素和特征的不同，从这两者的典型器物从早到晚的发展谱系排比中就足以说明。有的学者把河南龙山文化以王湾三期为代表和二里头文化的典型陶器作了分期排比，其中从早到晚有发展演变关系的器物中，王湾三期的典型陶器大致有 10 种，二里头文化一至四期的典型陶器则有 20 种。王湾三期文化的 10 种典型器物中，有深腹罐、鼓腹罐、高足鼎、乳足鼎、袋足斝、高领瓮、折腹盆、平底盆、斜腹碗、豆等。二里头文化的 20 种典型器物则包括深腹罐、圆腹罐、盆形鼎、瓮形鼎、盆、甑、刻槽盆、大口尊、罍、缸、三足盘、深盘豆、浅盘豆、簋、平底盆、盉、爵、鬶、觚、器盖等①。从这二者分期典型器物排比中，即可看出河南龙山文化晚期与二里头文化一期典型陶器器物既存在相似性又存在差异性。相似的文化因素包括二者共有深腹罐、罐形高足鼎、刻槽盆、平底盆、深盘豆、器盖等相近器物，二者的差异是二里头文化一期比河南龙山文化晚期的器物群种类要丰富，二者常见的典型器物互在对方中不见或罕见，如河南龙山文化晚期中常见的小平底碗、敛口钵、折腹盆、袋足斝、单耳杯等在二里头文化中不见或少见。而二里头一期文化常见的瓮形鼎，单柄罐形鼎、花边罐、典型爵、浅盘豆、簋等在龙山文化晚期则不见或罕见。另外，河南龙山文化晚期陶器，一般陶质比较硬，器壁较薄，而二里头文化陶器陶胎较厚。通过以上比较可见，二者具有相近的文化因素，说明二者有密切关系，二里头文化主要承袭河南龙山文化发展而来，但二者的差异性则远大于相似性，反映出二者的文化特点不同，是两种不同性质的考古学文化。

河南龙山文化与二里头文化的不同，不仅在陶器特征上表现出来，而且在遗址的文化内涵上亦同样表现出来。从现有的考古资料看来，在豫西地区发现的河南龙山文化遗址与二里头文化遗址中，其文化内涵可分三类：一是遗址的文化内涵包括仰韶文化和河

① 靳松安：《河洛与海岱地区考古学文化的交流与融合》，科学出版社，2006 年。

南龙山文化遗存，没有二里头文化遗存，这以洛阳王湾遗址为代表①；二是遗址的文化内涵则包括二里头文化遗存和商代二里冈期文化遗存，这以巩县稍柴遗址为代表②；三是遗址的内涵包括河南龙山文化与二里头文化遗存，这以登封王城岗遗址为代表③。这三类遗址的文化内涵不同，就说明河南龙山文化与二里头文化在聚落遗址的内涵上也有明显的区别。

值得注意的是，在包含有河南龙山文化与二里头文化遗存的聚落遗址中，又有主体文化不同的区别。有的是以河南龙山文化为主体、二里头文化遗存比较少，这以登封王城岗遗址为代表。有的是以二里头文化为主体，河南龙山文化遗存很少，这以偃师二里头遗址为代表。

在登封王城岗遗址的发掘中，揭露出该遗址的内涵十分丰富，包含的遗存有裴李岗文化、龙山文化、二里头文化、商代早晚期文化和春秋时期等文化遗存，其中最为丰富的是龙山文化，其次为二里头文化和商文化，在龙山文化中发现有城址。

从王城岗遗址的内涵看来，该聚落是从龙山文化时期发展起来的，一直延续到春秋时期以后，跨越了几个历史时代，这是很少见的聚落遗址。在龙山文化时期，应是一处重要聚落，是一座城址，内含的龙山文化亦最为丰富，是其文化主体，其后则是一般聚落。其内含的文化遗存，有龙山文化与二里头文化都进行过分期，其中龙山文化共分五期，二里头文化共分四期，二里头文化的分期与二里头遗址的分期基本相同。这一分期说明，王城岗的聚落遗址，从龙山文化到二里头文化是一直延续的，文化分期共有九期之分，其间似乎没有间断，但文化性质则发生了变化，即在第五期之后，其文化性质则从龙山文化变为二里头文化。

偃师二里头遗址的内涵亦包括龙山文化与二里头文化。该遗址内含的龙山文化很少，只是在遗址的Ⅳ区和Ⅴ区南部，发现有零星的庙底沟二期和王湾三期遗存④。二里头文化遗存则非常丰富，因此，其文化主体应是二里头文化。

从上述各遗址的文化内涵说明，河南龙山文化与二里头文化，在各遗址的内涵中亦有显著的区别，尤其是王城岗遗址发现的龙山文化与二里头文化，文化的发展是前后相承、延续下来的，文化分期有九期之分，但文化性质上，则前后发生了质的变化。

河南龙山文化与二里头文化在同一个遗址的内涵中出现的变化，在新砦遗址亦同样表现出来。新砦遗址的发掘，发现其文化堆积有王湾三期文化、新砦期遗存和二里头文化早期遗存的三叠层，证明龙山文化与二里头文化之间，存在新砦期将二者连接起来。但是对新砦期的文化性质，有不少学者则把它归属于二里头文化范畴，认为属于最早的

---

① 北京大学考古实习队：《洛阳王湾遗址发掘简报》，《考古》1993年第2期。

② 河南省文物研究所：《河南巩县稍柴遗址发掘报告》，《华夏考古》1993年第2期。

③ 河南省文物研究所等：《登封王城岗与阳城》，文物出版社，1992年。

④ 许宏等：《二里头遗址聚落形态的初步考察》，《考古》2004年第11期。

二里头文化①。由于有学者把二里头文化一期分为偏早、偏晚两段②。发掘者把新砦期遗存分早晚两段。有人认为，早段以99H101、99H147、00H9、00H26等单位为代表，归属于王湾三期最晚的遗存，认为其陶器特征与王湾三期最晚的遗存十分接近。晚段以99H6、99H29、00H53、00T6⑧等单位为代表归属于二里头文化一期偏早的遗存，认为陶器特征与二里头一期偏早遗存接近③。据此看来，新砦期遗存虽然被认为是连接龙山文化与二里头文化的遗存，但从新砦遗址内含的龙山文化与二里头文化出现质的变化，亦是很清楚地表现出来。

正是由于河南龙山文化与二里头文化在陶器特征上和遗址的文化内涵中都十分清楚地表现出两者相区别，所以，自20世纪30年代命名龙山文化，70年代正式命名二里头文化以来，考古界至今还未有人对龙山文化和二里头文化的确立，提出过否定的意见。

河南龙山文化与二里头文化性质的不同，主要是两者的社会发展阶段不同和所处的时代不同所致，这两种不同的社会发展阶段和不同时代的考古学文化，对探讨早期夏文化来说，以哪一种考古学文化最具备条件？我们认为河南龙山文化是不具备条件的，只有二里头文化才具备条件。

三

早期夏文化，指的是夏王朝早期以夏族为主体的文化。作为夏王朝早期的文化，它具有两个条件：其一是夏王朝是我国建立的第一个世袭王朝，其时代是从氏族社会脱胎而进入文明时代的；其二是这个王朝是由夏部族建立的。根据这两个条件，作为探讨早期夏文化对象的考古学文化，就必须具有两种属性：一是时代属性；二是族的属性。即由氏族社会脱胎而进入文明时代的属性和夏族的属性。

河南龙山文化不具有文明时代的属性。河南龙山文化是新石器时代晚期文化，亦是原始社会晚期的物质文化。这一历史阶段的文化，在全国各地都有发现，只是文化命名不同。1981年，严文明先生提出建议，把全国各地属这一历史阶段，但文化命名不同的考古学文化，用一个共同的名称，称之为龙山时代④。

目前，在全国各地发现的龙山时代的考古学文化中，由于地域不同时间阶段的早晚不同，各地文明化进程呈现出不平衡性，但都不同程度地出现有文明因素，其中，在中

① 赵春青：《新砦期的确认及其意义》，《中原文物》2002年第1期。

② 李维明：《二里头遗址二里头文化陶器编年辨微》，《中原文物》1991年第1期；中国社会科学院考古研究所：《偃师二里头》，中国大百科全书出版社，1999年。

③ 靳松安：《河洛与海岱地区考古学文化的交流与融合》，科学出版社，2006年。

④ 严文明：《龙山文化和龙山时代》，《文物》1981年第6期。

原地区龙山时代的考古学文化中，发现的文明因素主要有城址，亦有一些小件铜器发现，有的地区还发现有龙山墓地，墓地内发掘的墓葬，从墓的形制和随葬品看来，墓主有不同的阶级之分。

在中原地区发现的龙山时代城址主要有山西襄汾发现的陶寺文化城址，和河南发现的登封县王城岗龙山城址、安阳后冈、辉县孟庄、淮阳平凉台、郾城郝家台龙山城址等。最大的是陶寺文化城址，面积有280万平方米①，其次是王城岗龙山文化遗址，面积约34.8万平方米。

这些龙山时代的城址中，最重要的是陶寺文化城址，不仅规模大，建筑的年代也较早，城址中发现有夯土建筑和大面积的墓地，发掘出有大批墓葬，出土有大量遗物。

陶寺墓地已清理的墓葬，有大、中、小型之分，其中大型墓清理9座，中型墓约80座，小型墓610多座。大墓有棺，随葬品可达一二百件，重要器物有龙盘、鼍鼓、特磬和彩绘木器，彩绘陶器、玉、石器等。还有整猪骨架。中型墓的随葬品不多，有的有少量陶器和彩绘木器和玉石饰品，有的无陶器，只有玉石、骨饰品，有的有棺，有的无棺。小型墓无棺，多无随葬品，有的有小件器物和骨簪②。陶寺墓地发现不同等级墓葬，标志着当时的社会已出现有阶级。这批墓葬有大批随葬品的墓主，很可能是身居酋长地位的贵族。

中原龙山文化中发现的铜金属，主要是红铜，发现的遗物中，最重要的是陶寺文化中发现的铜铃③，其次是在王湾三期龙山文化中发现有小块铜片和冶铜的坩埚残片。在登封王城岗龙山城址中则发现一块青铜鬶的残片④，但这种礼器残片，在二里头文化中还未见，在二里冈商代铜器中亦罕见，龙山时代是否出现这类青铜礼器，还有待新的考古资料佐证。

上述文明因素的发现，说明龙山时代，氏族社会行将崩溃，文明曙光已经呈现，文明时代即将到来。这时的文明，最灿烂的是陶寺文明，但它应属唐虞文明，而非夏文明。

对于河南龙山文化的时代，不少学者认为尚未进入文明时代。有的学者通过对王湾三期文化进行综合分析研究后认为，“王湾三期文化属中国铜石并用时代晚期中原地区的一支代表性文化”⑤。这实际上就是说河南龙山文化晚期的时代属铜石并用时代。有的学者则通过分布在嵩山南北龙山晚期聚落遗址的分析认为，“嵩山南北的龙山晚期聚落群大多仍处于相对独立，互相抗衡状态，甚至彼此之间的冲突，战争也频繁发生，远

---

① 何驽等：《黄河流域史前最大城址进一步探明》，《中国文物报》2002年2月8日。

② 高炜等：《关于陶寺墓地的几个问题》，《考古》1983年第6期。

③ 中国社会科学院考古研究所山西工作队：《山西襄汾陶寺遗址首次发现铜器》，《考古》1984年第2期。

④ 李先登：《王城岗遗址出土的铜器残片及其他》，《文物》1984年第11期。

⑤ 韩建业等：《王湾三期文化研究》，《考古学报》1997年第1期。

没有达到政治上的完全统一。这种情形，恰与文献所载尧舜禹时代‘万邦’林立的社会局面相吻合。”①

河南龙山文化时代未进入文明时代，而这种考古学文化亦不是某一个族的文化共同体。因为，河南龙山文化在河南各地都有分布，文化面貌亦不尽相同，有不同类型之分，其中分布在豫北地区的龙山文化称后冈二期文化，豫东地区的称造律台类型文化，豫西地区的称王湾三期文化。这几种类型文化中，只有王湾三期龙山文化的分布地域是在文献所载夏人活动地域内。因此，广义的河南龙山文化，并不是某一个族的文化共同体，只有王湾三期类型文化有可能是夏族的文化，但它属夏人在氏族社会晚期的文化遗存。

二里头文化则具有文明时代的属性，而且亦有夏族的文化属性。众所周知，以二里头文化命名的偃师二里头遗址，考古界公认它是夏都遗址。该遗址的面积达300万平方米，发现的文化遗存非常丰富，最重要的有宫城、宫殿建筑基址，铸铜作坊遗址，随葬有青铜器、玉器的墓葬和青铜器、玉器等重要遗迹遗物的发现，其中青铜器的种类不仅有工具和装饰品，还有礼器和兵器。这些发现，充分说明二里头遗址是一处都邑遗址。而且也说明二里头文化的时代属青铜时代，已进入文明时代，国家已建立，社会已属阶级社会。

二里头文化的族属也比较明确。这种考古学文化主要分布在嵩山周围，以伊、洛、颍、汝河流域为其中心，是文献所载的夏人活动的中心地区。因此二里头文化应是夏人进入文明时代的文化遗存。

正因为二里头文化具有文明时代的属性和夏族文化的属性，所以，二里头文化是夏文化，基本上已获得考古界的认同。

二里头文化既然是夏文化，则二里头一期文化应该是早期夏文化。从二里头文化的发展、影响状况，和夏王朝早期的历史结合起来看，二里头一期文化亦具有早期夏文化的特点。

二里头一期文化具有早期夏文化的特点之一是二里头一期文化，是从氏族社会晚期的王湾三期文化脱胎后，步入文明时代的考古学文化，两者同属夏人的文化，这与夏王朝是从氏族社会的解体，跨入文明社会的历史相符。

众所周知，二里头文化主要是继承河南龙山文化发展起来的文化。有的学者认为，在河南龙山文化与二里头文化之间，存在“新砦期”遗存，是河南龙山与二里头文化的过渡期。但是，在王湾三期龙山文化与二里头文化持续发展，前后相承的过程中，其间则出现文化性质的变化，即从河南龙山文化演变成二里头文化。这种变化与夏王朝的建立，步入文明时代的历史相关。即夏王朝的建立，标志着氏族社会解体，步入文明社

① 王立新：《从嵩山南北的文化整合看夏王朝的出现》，《二里头遗址与二里头文化研究》，科学出版社，2006年。

会。在这种历史条件下，处在氏族社会晚期，以王湾三期文化为代表的河南龙山晚期文化，也因氏族社会的解体而脱胎换骨，步入文明社会，发展为二里头文化。因此，从王湾三期龙山晚期文化发展为二里头一期文化，就具有早期夏文化的特点。

二里头一期文化具有早期夏文化的特点之二是，二里头一期文化的发展水平，也与夏王朝早期的历史状况相合。

二里头一期文化，是二里头文化的形成期和发展的初期。据二里头遗址的发掘材料，该遗址的二里头文化，从早到晚的发展共分四期。第一期是二里头遗址和二里头文化的形成期和发展的初期，与二里头文化二期以后相比，该遗址的规模较小，发现的遗存相对较少，二期以后二里头遗址和二里头文化的发展出现了全面的繁荣，遗址规模达到300万平方米，发现的各种文化遗存十分丰富。在一期文化中，聚落的规模也已逾百万平方米的面积，而且有青铜工具、象牙器、绿松石器、刻划符号等规格较高的遗存发现①。据此看来，二里头遗址作为夏都，应是从第一期文化开始的，当时，聚落已形成一定规模，是同期聚落遗址中规模最大者，而且有高规格的遗存发现，可以说在一定程度上具有都邑的标志。作为夏都的二里头遗址，是从二里头一期文化开始建立的，则二里头遗址就应该是夏王朝早期建立的都邑遗址，而二里头一期文化，亦应属早期夏文化。

二里头文化的扩张和影响，在一期文化中并未出现。从二里头文化的分布看来，一期文化的分布范围，仅限于嵩山周围、伊洛平原和晋、陕交界地②，大致为文献所记载的夏人活动地区，这就说明二里头一期文化，还未出现向外的扩张和产生影响。

二里头文化的扩张和影响，是在二里头文化二期开始出现的。二里头文化二期的扩张，主要是向西北扩张，据有的学者研究，二里头文化在第二期阶段开始向晋南扩张，分东西两路进入晋南。东路是从洛阳以东北渡黄河，自济源越王屋山进入垣曲，再延伸至中条山东段。西路是从洛阳以西向西北渡黄河进入晋南的平陆和芮城地区，再延伸至中条山西段③。二里头文化二期时，其势力北抵太行山南麓沁河以西地区，南到豫南和豫西南的驻马店—南阳一线，西至关中东部华县一带，东达豫东西部和安徽西部的杞县—淮阳—沈丘—阜南一线④，基本上奠定了整个二里头文化的疆域。到二里头文化三、四期只是又向南有所扩张。

二里头文化对外产生影响，也是从二期文化开始的，主要对东部地区的岳石文化产生影响，同时对长江以南地区亦有影响。对东部地区岳石文化的影响，据有的学者研究，在皖西北和鲁西南分布的岳石文化中，或多或少都带有二里头文化因素和特征，而

① 许宏等：《二里头遗址聚落形态的初步考察》，《考古》2004年第11期。
② 李维明：《二里头文化一期遗存与夏文化之始》，《中原文物》2002年第1期。
③ 佟伟华：《二里头文化向晋南的扩张》，《二里头遗址与二里头文化研究》，科学出版社，2006年。
④ 靳松安：《河洛与海岱地区考古学文化的交流与融合》，科学出版社，2006年。

岳石文化1~3期的年代，大体与二里头文化2~4期偏早相对应。岳石文化中带有二里头文化因素和特征，应该是受二里头文化影响的结果。二里头文化对南方地区的影响，主要表现在湖北盘龙城王家嘴下层和南城垣下，叠压有“二里头文化层”一类遗存，出土的器物分别与二里头文化2~4期同类器相似①。

二里头文化二期迅猛地向外扩张和影响，与夏王朝建立后经济文化的发展和势力的强盛相关。二里头文化一期阶段，还没有出现文化扩张和影响的迹象，应该是与夏王朝刚刚建立、经济文化发展有限、地位不巩固、政局不稳有关。尤其是夏王朝建立后，先有“益干启位”之争和“有扈氏不服启”、“启伐有扈”之战，后有“后羿、寒浞代夏”之乱。在这种形势下，夏王朝的统治地位并不巩固，在政治上和文化上是不可能对外产生扩张和影响的，只有在统治地位巩固、经济文化有了发展，增强了势力后，才能在政治和文化上对外产生扩张和影响。二里头文化一期还未出现扩张和影响，应该是正反映了夏王朝建立后政局不稳的历史状况，二里头文化二期文化的发展和繁荣，政治势力的强盛、社会的稳定，向外扩张和产生影响，则有可能是反映了少康中兴的历史。以此言之，二里头一期文化面貌及没有出现扩张和影响，亦是一期文化具有早期夏文化的特点。

综上所述，二里头一期文化，应该是早期夏文化，年代早于二里头一期的王湾三期龙山文化，则是先夏文化。

---

① 湖北省文物考古研究所：《盘龙城》，文物出版社，1982年。

嵩山地区夏代早期文化遗址的考察与研究

张松林
（郑州市文物考古研究院）

自中国社科院考古研究所赵芝荃先生根据魏殿臣先生调查的线索，于1978年3、4月份对郑州市新密新砦遗址进行复查和试掘，并根据试掘结果和深入调查，发现新砦期主体遗存晚于河南龙山文化晚期，同时又早于二里头文化一期，应属于河南龙山文化晚期与二里头文化一期之间的过渡遗存，据此提出了二里头文化“新砦期”的概念之后，几经赞誉和争论，至1998年夏商周断代工程启动后，北京大学李伯谦、刘绪、徐天进等先生以睿智的学术领先意识，以新砦遗址等为代表启动早期夏文化研究，取得重大发现的同时，我们也启动夏代早期文化遗址的考察与研究。我们从嵩山地区近400处龙山文化遗址中进行筛选和重点考察，历经10年许多人的共同努力，又发现了一批同时期的遗存。虽然目前对“新砦期”的命名仍有争论，甚至提出新文化命名的异议，但这类遗存确实存在，而且数量很多，仅目前确认已发现有30多处，为了便于同仁的研究，现将有关调查情况作以介绍。

一、早期夏代文化遗址的认识和调查

对于夏代早期文化遗存远在20世纪80年代全国第二次文物普查中已有所认识，并数次赴新砦等遗址进行考察，但真正以课题研究高度认识它还是20世纪90年代末的事。1998年11月任所长之初，正是夏商周断代工程攻关的关键阶段，北京大学考古文博学院李伯谦、刘绪、徐天进等先生筹备发掘新密市新砦遗址，我们在全方位支持和参加的同时，也展开对与新砦遗址文化面貌相近遗址群的调查工作。我们首先对新密市交流寨、程庄等遗址进行了调查，随之又在焦巩黄河大桥建设项目取土区花地嘴遗址内发现同类遗存，并在发掘中取得重要考古发现后，进一步提高我们对该类文化遗存存在和重大意义的认识，因而奠定了10年来对嵩山地区河南龙山文化遗存连续的全面调查、区域调查、专题调查与研究工作，取得了重要收获。

二、嵩山地区的地理形势和早期夏代文化遗址分布

嵩山不仅是五岳之首而被历代重视，而且其特殊的地理位置、良好的气候、优越的地理环境和地理形势、丰富的生物资源等，为嵩山地区悠久的古文化遗存奠定了坚实的物质基础，而一个古人类群体大部分人从几十万年前至几千年前一直在这里生存和繁衍，丰厚的历史文化积淀，使嵩山地区成为夏王朝形成的中心区，也更是夏代早期文化的主要分布区。

嵩山位于中原腹心地区，像一条巨龙横卧于黄河中游下段之南，自西向东有万安山、三尖山、安坡山、马鞍山、档阳山、少室山、太室山、五指山、尖山、大傀山、具茨山等依次排列，东西绵延达百余公里，自南向北有箕山、太室山、马鞍山、五指山、万山、广武山，直达黄河（此指历史上最早的河道，至少包括新乡市以南大部分地区），南北绵延近百公里，如果向南把许昌、禹州，向西把汝州、伊川、宜阳、偃师、洛阳等包括在内，面积可超过 2 万平方公里。在这广大的区域内，高山耸立，矮山起伏，沟壑纵横，河流遍布，山泉、小溪无数，水资源充沛，尤其是嵩山形成于距今 25 亿年前，先后经 25 亿年前的“嵩阳运动”，18 亿年前的“中岳运动”，8 亿年前的“少林运动”，构造复杂，冲积伞和冲积扇发育，具有良好的山前台地和河旁冲积台地，黄土巨厚，土地肥沃，又是气候上的南北交汇处，是各种植物生长的良好场所。从气候看，这里属于暖温带山地季风气候。区内海拔高度相差悬殊，嵩山主峰峻极峰海拔 1492 米，山地颍河海拔高度仅有 400 米左右，而东部平原地区海拔高度只有 80 多米，相差达 1000 米以上，由于气候随海拔高度不同而变化，所以降雨量也因海拔高度变化而增减，具有明显的垂直气候变化。据地质部门统计，海拔 500 米以下地区，春季大致在 3～5 月间，有 60 天左右；夏季从 5 月下旬末至 9 月初，有 110 天左右；秋季从 9 月上旬至 11 月初，有 50 多天；冬季从 11 月上旬末到次年 3 月中旬，约有 140 天，具有冬长夏短，四季分明之特点。而海拔高度 500 米以上地区，夏季逐渐缩短，冬季相应延长。在 1200 米以上海拔地区，全年无夏，冬季和春季各占一半。这个统计基本上反映嵩山地区的气候特征。从降雨量看，年降雨量多在 700～800 毫米之间。因山地发育好，原始植被丰富，所以河流众多，河流密度在 0. 32 公里/平方公里，在大河谷地和山前平原地区，地下水埋藏丰富。嵩山地区分属黄河和淮河两大水系，属于黄河水系的河流有伊河、洛河、汜水等，属于淮河水系的较大河流有颍河、汝河、索河、贾鲁河、双洎河等。受地质构造和地势的控制，河流多自西向东、向北、向南流。在水系结构上，主要河流多发育在并行山脉之间，支流众多，均匀注入，且不对称比较明显。嵩山地质地形起伏较大，部分山地基岩直接裸露地表，褶皱、断裂及各类流水层发育良好，为地下水补给和储存提供了有利条件。在主要有第三系及第四系松散堆积物覆盖的平川地区，沉积物厚度由山地向平川逐渐加大，地下水质好，储量丰富。

嵩山地区位于豫西平原中部山地的北部，北与黄土丘陵相连，东接豫东平原，西过伊洛平原，南达许昌，区内地貌类型复杂多样。总体看，地貌类型以高丘陵、低丘陵所占面积最大，其次是低山和浅低山，深中山和浅山的面积最小。嵩山北部山地丘陵区包括嵩山山地和山前丘陵两部分，南部山地丘陵区包括箕山山地和山前丘陵。嵩山与箕山之间还有登封盆地，宽谷北部发育嵩山山前洪积平原，盆地南部为颍河河谷，是地势平缓的冲积平原，颍河和其他河流还发育有较宽的河漫滩和三级阶地。

嵩山地区的土壤分为棕壤、褐土、潮土和马兰黄土。棕壤分布于海拔 800 米以上的中山地区，气候较温润，植被类型繁多，以阔叶林占优势，也有针叶林分布，现森林覆盖率达 60% 以上。褐土主要分布于海拔 200 ~ 800 米的浅山丘陵，黄土丘陵和谷地两侧河地上，上限与棕壤相连，下限与潮土相接，成土土质多为第四纪黄土及其坡积、洪积和冲积物；植被以中生夏绿林和旱生阔叶林及灌木野草相伴。潮土，俗称浅色草甸土，主要分布于河流两侧冲积平原和地势较低的洼地中，是河流冲积形成后经人类耕种而熟化的土壤。马兰黄土多为风积，主要分布于沿黄河的丘陵地带，土层巨厚，达数十米，乃至近百米。

嵩山以 25 亿年的土壤堆积，物种和植被演化，更新世以来地层发育完整，暖温带动植物繁多，不同海拔高度、不同环境生长有百余种植物，有大量野生动物，河流中有丰富的鱼、虾和蚌类资源，从人类诞生始就具有良好的人类生存环境和基础条件。而从旧石器时代中晚期起，无数的先民长期的居住，生产、生活积淀的厚重的古文化与较发达的生产力促使华夏民族以高山为核心，形成夏朝从 4000 年前在该地区发生、发展和繁荣，奠定了中华民族第一个具有典型代表意义的统一的奴隶制王朝，并遗留下丰富的早期夏代文化遗存。通过多年努力，我们发现并确认了一批早期夏代文化遗存，从中筛选出早期夏文化因素较为典型的遗址 30 多处。

三、几 点 认 识

自偃师二里头遗址发现与确认为夏代遗存，开创了中国夏文化研究的历史新阶段。然而二里头遗址一期文化遗存即为夏代早期遗存，长期以来在学术界占据统治地位。中国社会科学院考古研究所赵芝荃先生以睿智的学术眼光和长期从事二里头文化考古和研究的厚重学术积淀，首先突破二里头文化一期为早期夏文化的学术限制，创造性开展夏代早期文化的探讨和求索，果敢地提出“河南龙山文化晚期的遗存和二里头文化早期的遗存应是探索夏文化的主要对象”。几十年来，经无数考古工作者的共同努力，我们先后历十年工夫，在嵩山为中心的万余平方公里内，考察数处河南龙山文化遗址，调查新发现一批龙山文化遗址，其中在各方面支持和帮助下发现与新砦遗址同期遗存的遗址达 30 余处，并发现了新密新砦古城址、巩义花地嘴环壕聚落遗址、禹州瓦店龙山文化环壕聚落遗址、平顶山蒲城店龙山文化城址及二里头文化时期城址等，把夏代早期文化的认识推向一个新的阶段。从夏商周断代工程启动后发掘新密新砦遗址、巩义花地嘴遗址等以来，以及中华文明探源预研究及正式启动过程中的考古新发现，结合我们先后对嵩山东麓、西麓、北麓等的调查，面对新的考古发现和不断深入研究，我们认为：

（1）通过近10年来对嵩山地区河南龙山文化晚期至二里头文化一期之间文化遗存的考察和嵩山周围的全面调查，这个地区河南龙山文化遗址数量多，遗存丰富，反映了河南龙山文化时期人类众多，活动频繁，是中华民族与文化的核心地区。同时经过对遗址规模和遗存情况分析，这里不仅保存有特别众多的龙山文化遗址中，除了一般聚落遗址之外，还保存有中型、大型、特大型聚落中心遗址。一般聚落遗址数万至10万平方米以内，中型在10～20多万平方米，大型30～40多万平方米，特大型的遗址在50～100多万平方米，另有少量极大型的中心聚落遗址可达200～300万平方米。其中需讲明的是有些中型和大型遗址受历代自然和人为的损坏，仅剩三分之一或四分之一多，如果有城壕基址或环壕遗迹，是可以根据现存规模进行多方位考察后进行复原的。因此，如登封王城岗遗址、巩义花地嘴遗址等经恢复后，其面积可以增加许多，并进入特大型聚落遗址行列。

通过这些聚落遗址的考察与研究，以嵩山为中心的地区分布的中心聚落遗址是由早至晚逐步增大的趋势，进而可以了解当时政治、经济、文化中心变化的情况，这些现象也需要在今后的文物普查和考古发掘中予以重视。

（2）关于以新砦遗址为代表的早期夏文化遗存分布范围非常广泛，其分布范围东延超过开封以东，南过平顶山，西达洛阳，北至焦作等地区。这个地区为夏朝中心区域，这里也普遍分布有早于二里头文化一期又晚于河南龙山文化晚期的遗存，我们根据目前已研究成果将其纳入夏代早期文化遗存。关于这类遗存，其分布范围广，年代跨度大，从前2070年～前1800多年，年代跨度近300多年，以王城岗遗址五期（新三期）为始，至新砦遗址三期所谓“新砦二期”止。怎样认识这段文化遗存，他们是否全部为夏民族的文化遗存，这是一个很大的课题，我们在此仅选出30多处典型遗址进行介绍，由于水平有限，不当之处较多，但我们希望达到抛砖引玉作用，并希望学术界共同参与和进行深入研究。

（3）关于以新砦遗址为代表的早于二里头一期文化、晚于传统河南龙山晚期文化的命名问题，我们以为目前的几种命名均不甚妥。如果命名为“新砦期”就牵扯到是二里头文化新砦期或是河南龙山文化新砦期的问题。如果纳入二里头文化中另增一期，不仅无有先例，而且突破二里头文化的范围和时间概念，如果归入河南龙山文化中，也有此类问题。如果命名为“新砦文化”就要增加新的文化命名，尤其是这一阶段的文化遗存无论划入河南龙山文化晚期或划入二里头文化都有一定道理的情况下，新增一个文化也不是特别科学的方式。结合目前嵩山地区进入夏纪年范围古文化遗址的发现情况，我们认为是否可以暂定为河南龙山文化豫中类型或直接叫做河南龙山文化晚期晚段遗存。

（4）关于以新砦遗址为代表的文化遗存的性质，如果笼统地划入早期夏文化之内应该是没有问题。尤其是登封告成王城岗发现河南龙山晚期大城之后，随着把早期夏文化溯至河南龙山文化晚期之后更是如此。如果“禹居阳城”判断无误的话，那么新密新砦遗址龙山文化城址可能为太康前期的都城，新砦遗址龙山文化城址则为太康所都之城，而新砦遗址二期则为羿浞代夏的遗存，新砦遗址三期则可能为太康复国以后的遗存，这样新砦遗址二期文化与巩义花地嘴遗址的文化面貌，时代就基本确定。那么二里头文化遗址一期文化则可能是少康与少康之后遗存，具体到史载太康失国后居于斟寻怎么办，我们以为应该从历史记载的地域范围内继续做深入细致的工作，古本《竹书纪年》记载的“太康居斟寻”应有其据，不可轻易就予否决。有人会问二里头遗址怎么办，我们认为二里头遗址应为少康以后的都城遗址。太康所都“斟寻”应该仍在巩义市芝田、清易镇一带。史书所记绝非空穴来风，偃师尸乡沟商城以及近年来发现的其他古城一样，在未发现前有人一直怀疑史书记载的真实性，但经认真做深入的工作后，均证明古史记载可信，“斟寻”亦应如此。

（5）关于新砦遗址同期遗存中外来因素，这是一个十分复杂的问题，首先需要解决的是谁早谁晚问题，谁早谁就影响别人，谁晚谁就接受别人影响。从目前资料看，新砦遗址第二期遗存与朱开沟晚期和山东龙山文化晚期相当，其中三足类器与豆、盆等需要在文化发展序列上有联系，但究竟怎样来源的需进行深入细致广泛研究工作。同时从文化因素看，我们认为新砦遗址同类遗存的主体文化仍然为河南龙山文化嵩山地区晚期文化发展起来，其与王湾三期关系较远。至于新砦遗址、巩义花地嘴遗址的一些特殊器型，应该把他们作为中心聚落遗址与祭祀、礼器有关的特例来考虑。

（6）华夏族的起源问题，实际上是要讲夏王朝建立统一后的民族与文化形成问题。中国始有华夏民族之称，这个提法始于何时，为什么叫华夏，华和夏是一个族群吗？这个问题著名考古学家苏秉琦先生曾在他的论文中提及过，他讲的中原地区为夏族，华山地区为华族。我们长期对嵩山地区古文化遗存进行考察和研究中，结合古史文献记载，嵩山东部地区至西周末期，史官与郑桓公谈天下形势时还提到郑州地区有华国。根据古代灭国不灭其家祠的习惯，华国最早应为华族，其后代的封国地仍存。真正把华族和夏族合二为一，应为汉代儒家学说大兴以后的称谓。所以，最早的华夏一词应指嵩山地区这个区域内的族群。

（7）从1977年登封召开夏文化学术研讨会以来，尤其自1996年夏商周断代工程开题以来，夏代考古取得了许多重要的阶段性的成果，有的可以说是突破性的成果。诸如登封王城岗大城的发现，新密新砦龙山文化时期城址的发现，新密古城寨龙山城址的发现，巩义花地嘴环壕聚落遗址的发现，禹州市瓦店环壕聚落遗址的发现等，开拓了夏代早期文化研究的新的视野，同时也给我们提出了许多问题，诸如夏文化与夏族文化，夏代早期都城更替，夏代诸王年代及夏文化分期等问题更待我们去探讨，去研究，去解决。本文在公布一批调查资料的基础上谈了一些个人看法，这些意见还很不成熟，可能还有谬误，但作为探讨，仅供参考。

二里头文化聚落动态扫描

许　宏

（中国社会科学院考古研究所）

二里头文化是古代中国乃至东亚大陆最早出现的核心文化，在中国文明由多元走向一体的演进过程中占有着重要的位置。对二里头文化聚落形态的研究，是究明其社会结构的重要一环。

但依现有的考古学材料，尚不足以使我们清晰地把握二里头文化期的聚落间关系。在已发现的400余处二里头文化遗址①中，经过发掘的仅数十处。用仅经地面踏查的遗址材料去复原当时的聚落状况是危险的。遗址并不等于实际存在过的聚落，面积较大的遗址也不等于中心性聚落。这是聚落形态研究中必须加以充分重视的②。

由于材料的限制，本文将讨论范围限于与二里头文化分布范围内的聚落间关系相关的若干问题。

一、二里头文化的时空界定

自20世纪80年代以来，“二里头文化的存在时间约当前1900～前1500年，前后延续约400年”的认识深入人心，成为学界的共识。“夏商周断代工程”结题报告给出的年代（前1880～前1520年）也与此大体相近③。但据最新的系列碳素测年结果，一般认为介于中原龙山文化与二里头文化之间的“新砦期”遗存的年代约为前1830～前1680年④；二里头文化一至四期的年代约为前1750～前1530年，存在时间

① 《中国考古学·夏商卷》统计约250处（资料截至2000年）；1998～2000年洛阳盆地东南缘的调查收录二里头文化遗址46处；2001～2003年洛阳盆地调查收录的125处二里头文化遗址中，有101处属新发现。以下所列为近年收录遗址较多的论著和报告，此外，还有一些零星的发现。

② 中国社会科学院考古研究所二里头工作队：《河南洛阳盆地2001～2003年考古调查简报》，《考古》2005年第5期。

③ 夏商周断代工程专家组：《夏商周断代工程1996～2000年阶段成果报告》（简本），世界图书出版公司，2000年。

④ 赵春青：《关于新砦期与二里头一期的若干问题》，《二里头遗址与二里头文化研究——中国·二里头遗址与二里头文化国际学术研讨会论文集》，科学出版社，2006年。

仅200余年①。所谓“新砦期”遗存与二里头文化初期阶段在时间上有一定的交叉；与以前的测年结论相比，二里头文化的绝对年代整体偏晚、跨度缩短。这些新的测年结果，在多年来执著于夏文化探索和夏商分界之争的中国考古学界引起了不小的反响，其程度甚至可以用震动来形容。无论认可与否，每一位研究早期文明的学者都不得不认真对待这些结论。

就中国考古学的传统而言，对考古学文化的界定尽管在理论上包含对各类遗存的分析，但在实际操作中主要还是以日用陶器尤其是炊器作为最重要的指标。对二里头文化的指认也不例外。一般认为，二里头文化的最主要的地方类型是东下冯类型②。众所周知，二里头文化以深腹罐、圆腹罐、罐形鼎为主要炊器，而以山西夏县东下冯为代表的文化遗存的主要炊器组合则为鬲、甗、斝等。鉴于这种情况，有学者指出东下冯一类遗存与二里头文化的炊器“不仅泾渭分明，而且均渊源有自”，与其归入二里头文化，不如“将其视为源于三里桥文化发展出来而接受了二里头文化巨大影响的一支考古学文化”③。在不改变既有界定指标的前提下，东下冯一类遗存由于炊器群的显著差异而显然不应被划归二里头文化④。

“二里头文化东下冯类型”的概念提出之初，它也被称为“东下冯型夏文化”⑤。从该用语的字面意义，可以窥见这一文化界定的研究史背景。对考古学文化归属的判定与对其所属人群的族属推断似有一定的关联。

因此，本文所讨论的二里头文化的空间分布，即大体上以河南省中西部的郑州、洛阳地区为中心，向西达于陕西关中东部，南及豫鄂交界地带，东至豫东开封地区，北抵沁河与中条山以南的垣曲盆地一带（图一）。这一范围大致相当于邹衡划定的二里头文化二里头类型⑥。后来一些学者划分的其他地方类型，一般仅是在二里头文化的共性下，显现出若干当地土著文化传统或同期相邻文化因素的影响，且出土材料尚少，不足以窥其全貌。鉴于此，这里暂不做类型的划分。

---

① 张雪莲、仇士华、蔡莲珍、薄官成、王金霞、钟建：《新砦—二里头—二里冈文化考古年代序列的建立与完善》，《考古》2007年第8期。

② 邹衡：《试论夏文化》，《夏商周考古学论文集》，文物出版社，1980年。

③ 张忠培、杨晶：《客省庄与三里桥文化的单把鬲及其相关问题》，《宿白先生八秩华诞纪念文集》，文物出版社，2002年。

④ 郑杰祥：《夏史初探》，中州古籍出版社，1988年；张忠培、杨晶：《客省庄与三里桥文化的单把鬲及其相关问题》，《宿白先生八秩华诞纪念文集》，文物出版社，2002年。

⑤ 邹衡：《试论夏文化》，《夏商周考古学论文集》，文物出版社，1980年。

⑥ 邹衡：《试论夏文化》，《夏商周考古学论文集》，文物出版社，1980年。

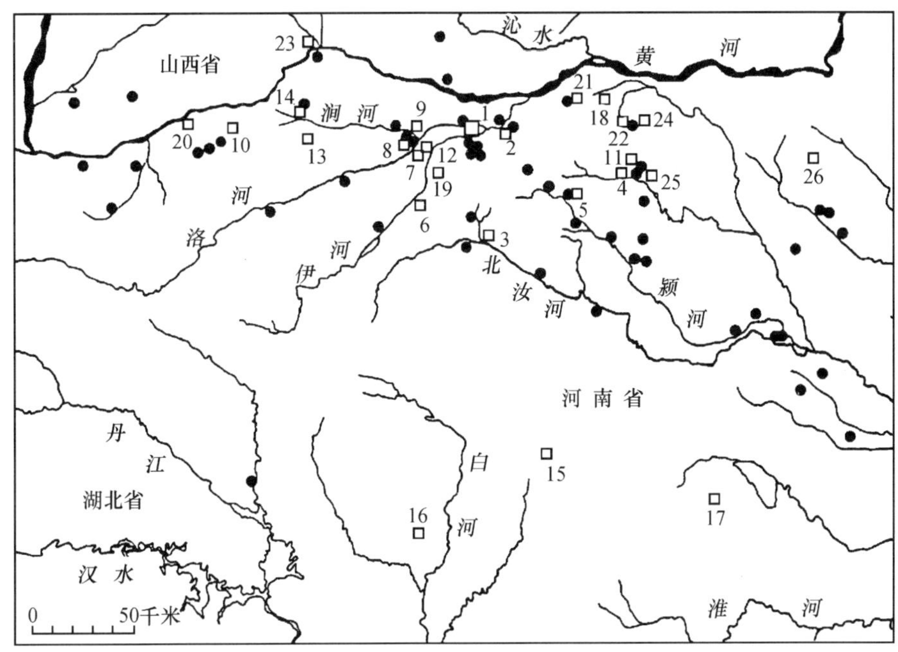

图一 二里头文化重要遗址分布图
（据西江清高文①附图1改绘，图中编号与表1相对应）

二、二里头文化期聚落间关系及其演变

在中国早期文明形成的过程中，龙山时代和二里头时代②是至关重要的两个大的历史时期。群雄竞起的龙山时代末期，曾经光灿一时的各区域文化先后走向衰败或停滞，与其后高度繁荣的二里头文化形成了较为强烈的反差。我们称其为中国早期文明“连续”发展过程中的“断裂”现象③。我们注意到，这一“断裂”现象在中原腹地的嵩山周围虽也存在但不甚明显，二里头文化恰恰是在这一地区孕育发展，最后以全新的面貌横空出世，成为中国乃至东亚历史上最早出现的核心文化的。这一演进过程无疑是解开二里头文化崛起之谜的一把钥匙，但其中的许多细节我们仍未能全面地把握。

从判定考古学文化最重要的指标陶器上看，具有二里头文化特色的陶器群形成于二

① 〔日〕西江清高：《地域间关系からみた中原王朝の成り立ち》，《国家形成の比较研究》，学生社，2005年。

② 严文明：《龙山文化和龙山时代》，《文物》1981年第6期；许宏：《略论二里头时代》，《2004年安阳殷商文明国际学术研讨会论文集》，社会科学文献出版社，2004年。

③ 许宏：《“连续”中的“断裂”——关于中国文明与早期国家形成过程的思考》，《文物》2001年第2期。

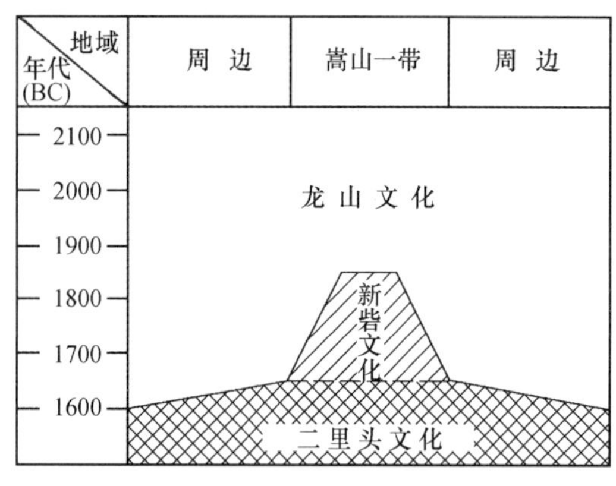

图二　龙山文化至二里头文化演进时空关系示意图

里头文化第二期①。作为东亚历史上最早的核心文化，在文化因素上取大范围吸收、大规模辐射之势的二里头文化，也是始于二里头文化第二期的②（图二）。

在这一区域，早于二里头文化，可能是其前身之一的一种先行文化，我们称之为“新砦文化”③。这类遗存包括以前所谓的“新砦期”遗存和“二里头一期”遗存，二者在年代上应有一段时间共存，分布中心分别为嵩山东南麓的郑州地区和嵩山以北的洛阳盆地。尽管其内部在时空两个方面可能还有文化发展上的不平衡现象，但继续承袭当地龙山文化的传统，文化交流以吸纳大量的东方（含东北方）文化因素为主，构成了“新砦文化”的主体特征。这与二里头文化二期以后由于西方（含西北方）文化因素的大量渗入以及东西方文化的真正融合而形成的典型的二里头文化的面貌形成较为鲜明的对比④。这一时期的聚落群的分布地域基本上限于嵩山周围，且在区域聚落分布上尚看不出一体化的态势。

属于新砦期的大型聚落如新密新砦、巩义花地嘴遗址出土的铜容器、玉璋及器物上的龙纹图案等⑤为探索二里头铜玉礼器及装饰主题的来源提供了有益的线索，但它们与二里头文化同类遗存之间还有尚待填补的时间空白。因地制宜的环壕聚落、浅穴式大型

---

① 德留大辅：《二里头文化二里头型の地域间交流——初期王朝形成过程の诸问题から——》，《中国考古学》第四号，日本中国考古学会，2004 年。

② 许宏：《“连续”中的“断裂”——关于中国文明与早期国家形成过程的思考》，《文物》2001 年第 2 期；许宏：《嵩山南北龙山文化至二里头文化演进过程管窥》，《中原地区文明化进程学术研讨会文集》，科学出版社，2006 年。

③ 杜金鹏：《新砦文化与二里头文化——夏文化再探讨随笔》，《中国社会科学院古代文明研究中心通讯》第 2 期，2001 年；许宏：《“新砦文化”研究历程述评》，《三代考古》（二），科学出版社，2006 年。

④ 许宏：《嵩山南北龙山文化至二里头文化演进过程管窥》，《中原地区文明化进程学术研讨会文集》，科学出版社，2006 年。

⑤ 北京大学古代文明研究中心、郑州市文物考古研究院：《新密新砦——1999～2000 年田野考古发掘报告》，文物出版社，2007 年；郑州市文物考古研究所、北京大学考古文博学院：《河南巩义市花地嘴遗址“新砦期”遗存》，《考古》2005 年第 6 期；顾万发：《试论新砦陶器盖上的饕餮纹》，《华夏考古》2000 年第 4 期。

建筑①，也与后来二里头都邑布局的规划性和高台式的建筑风格有异。因此，从“新砦文化”到二里头二期以后的典型二里头文化，其社会形态应有一个飞跃性的发展。一般认为，王朝的诞生应当是对这一现象最合理的解释。二里头文化二期以前的时期，或可称为王朝形成的过渡期或摇篮期②。

二里头文化一期时，洛阳盆地东部的二里头已出现超大型聚落或聚落群（面积达100万平方米以上）。因遗迹遭破坏严重，对这一时期具体的聚落状况还知之甚少。但可以肯定的是，其已显现出不同于同时期一般聚落的规模和分布密度，遗存中已有青铜工具、象牙器、绿松石器、白陶器等规格较高的器物和刻划符号发现③。这里似乎发展成伊洛地区乃至更大区域的中心。从聚落时空演变的角度看，作为二里头文化中心聚落的二里头在伊洛平原的出现具有突发性，而没有源自当地的聚落发展的基础④。如此迅速的人口集中只能解释为来自周边地区的人口迁徙⑤。

二里头都邑在二里头文化二期进入了全面兴盛的阶段。遗址总面积达到300万平方米以上，遗址东南部的微高地成为宫殿区。这种繁荣的状况一直持续至二里头文化最末期即第四期末。目前，我们已可以根据已知的材料粗略地勾画出遗址兴盛期的布局和总体结构。整个遗址由中心区和一般居住活动区两大部分组成⑥（图三）。

遗址中心区位于东南部至中部的微高地上，由宫殿区、围垣作坊区、祭祀活动区和若干贵族聚居区组成。宫殿区的面积不小于12万平方米，其外围有垂直相交、略呈井字形的大道，显现出方正规矩的布局。这是迄今为止在考古学上确认的中国最早的城市道路网，它展现了二里头都邑极强的规划性。新发现的宫城始建于二里头文化第三期，平面略呈纵长方形，总面积达10.8万平方米。宫殿区内已发掘的大型建筑基址达10余座，分别始建于二里头文化第二期至第四期的各个时期。已确认第三、四期的多座单体宫室建筑纵向排列，形成明确的中轴线。贵族聚居区位于宫城周围。中小型夯土建筑基址和出有铜玉礼器的贵族墓葬主要发现于这些区域。其中宫城东北和宫城以北，是贵族

---

① 中国社会科学院考古研究所、郑州市文物考古研究所：《河南新密市新砦城址中心区发现大型浅穴式建筑》，《考古》2006年第1期。

② 西江清高：《先史时代から初期王朝时代》，《中国史1—先史～后汉—》，山川出版社（东京），2003年。

③ 中国社会科学院考古研究所：《偃师二里头（1959年～1978年考古发掘报告）》，中国大百科全书出版社，1999年。

④ 许宏：《“连续”中的“断裂”——关于中国文明与早期国家形成过程的思考》，《文物》2001年第2期。

⑤ 许宏、刘莉：《关于二里头遗址的省思》，《文物》2008年第1期。

⑥ 中国社会科学院考古研究所二里头工作队：《河南偃师市二里头遗址宫城及宫殿区外围道路的勘察与发掘》，《考古》2004年第11期；许宏、陈国梁、赵海涛：《二里头遗址聚落形态的初步考察》，《考古》2004年第11期。

墓葬最为集中的两个区域。绿松石器制造作坊和铸铜作坊都位于宫殿区以南，目前已发现了可能把它们圈围起来的夯土墙。这一带有围墙的作坊区应是二里头都邑的官营手工业区。祭祀活动区位于宫殿区以北和西北一带。这一带集中分布着一些与宗教祭祀有关的建筑、墓葬和其他遗迹，东西连绵约二三百米（图四～图六）。

一般居住活动区位于遗址西部和北部区域。常见小型地面式和半地穴式房基以及随葬品以陶器为主的小型墓葬。

随着二里头大型都邑的出现，在其所处的洛阳盆地的中心地带出现了不少新的聚落，以二里头遗址为中心，较大型的遗址相隔一定的距离均匀分布，总体呈现出大的网

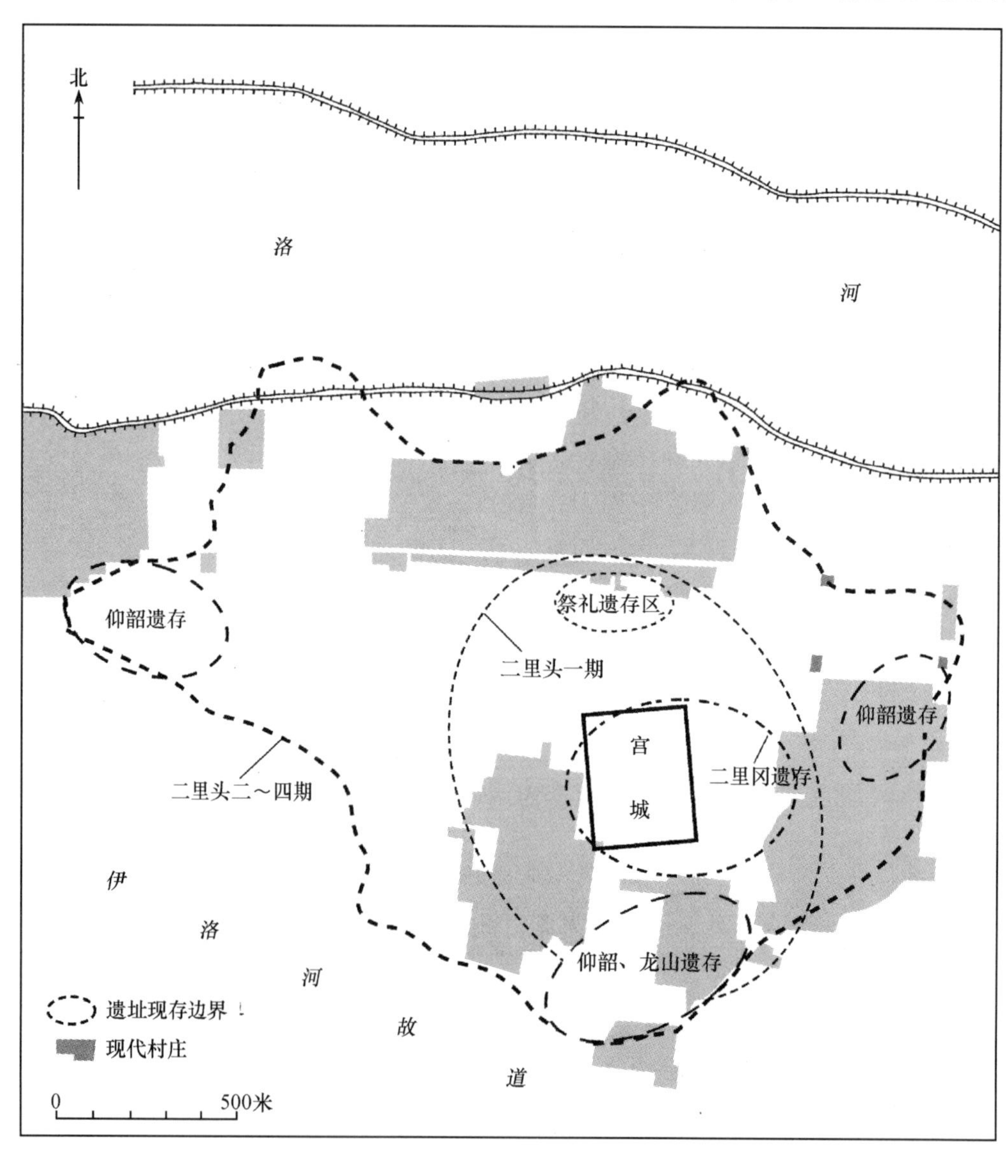

图三　二里头遗址分期平面图

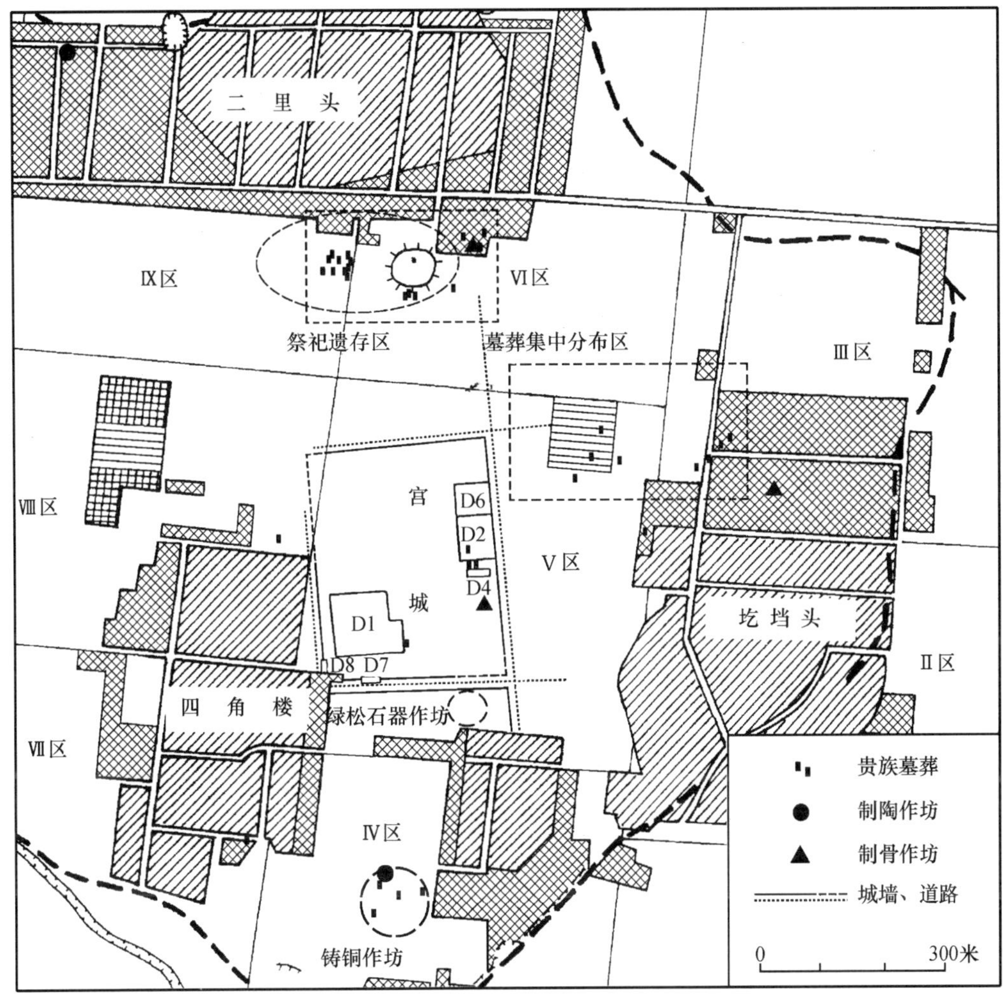

图四　二里头遗址重要遗存分布图

状结构①。我们近年对以二里头遗址为中心的洛阳盆地进行系统区域调查的结果，也可见这样的趋势②（图七）。其中面积达 60 万平方米的巩义稍柴遗址地处洛阳盆地东向与外界交往的交通要道之所在，除了作为次级中心外，应该还具有拱卫首都、资源中转等重要功能③。

---

① 大贯静夫：《〈中国文物地图集 · 河南分册〉を读む——嵩山をめぐる遗迹群の动态》，《住の考古学》，同成社，1997 年。

② 中国社会科学院考古研究所二里头工作队：《河南洛阳盆地 2001～2003 年考古调查简报》，《考古》2005 年第 5 期。

③ 陈星灿、刘莉、李润权、华翰维、艾琳：《中国文明腹地的社会复杂化进程——伊洛河地区的聚落形态研究》，《考古学报》2003 年第 2 期。

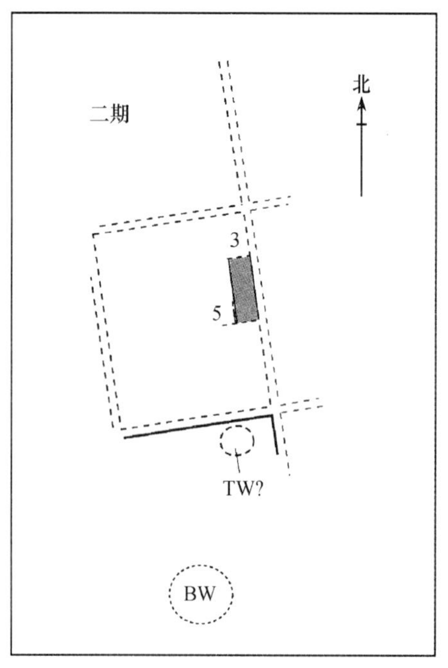

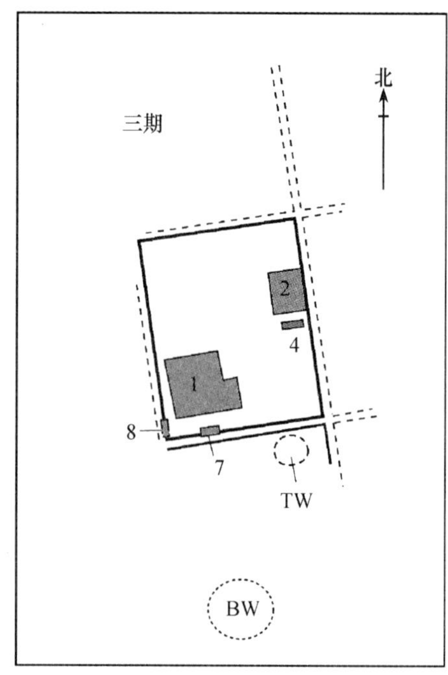

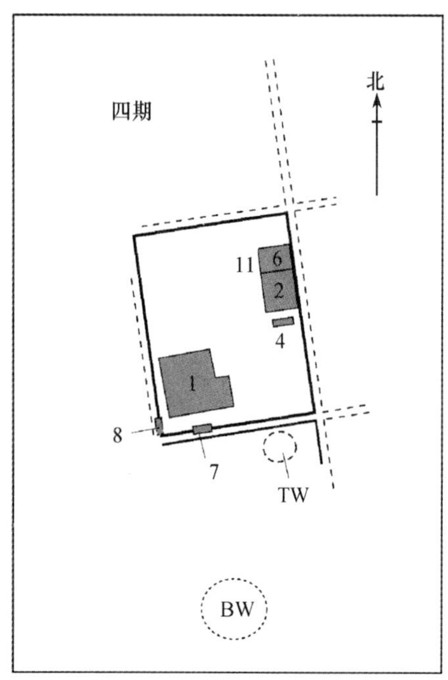

TW　绿松石器作坊

BW　铸铜作坊

1~11　大型建筑遗址

=== 道路

—— 夯土墙

0　200米

图五　二里头遗址中心区布局演变示意图

再向外，出有铜、陶酒（礼）器的20多处遗址（面积多在10～30万平方米）主要集中于嵩山周围的郑洛、颍汝区至三门峡一带，都是所在小流域或盆地内的大中型聚落，应属中原王朝畿内地域各区域的中心性聚落，它们的分布可能与以二里头王都为中心的中原王朝的政治势力范围大致重合（见图一）①。大师姑城址，则可能是二里头都邑设置在东境的军事重镇或方国之都②。

图六　二里头遗址6号建筑基址发掘场面

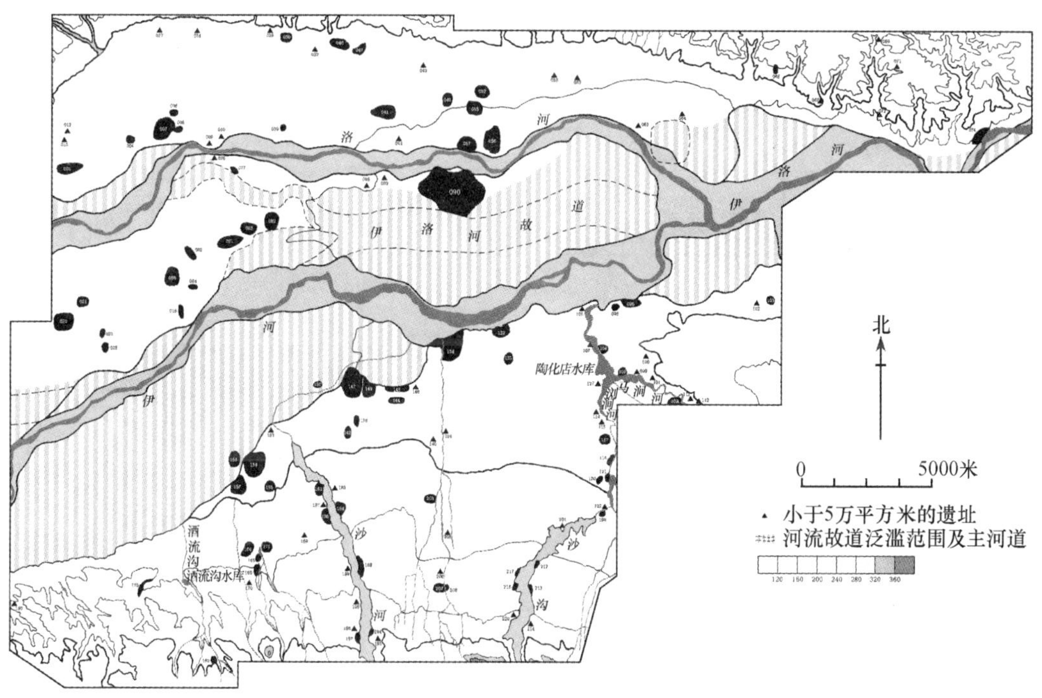

图七　二里头遗址周边二里头文化遗址分布图

自二里头文化第二期始，二里头文化向北越过黄河，向东、西方向也有所推进，而向南推进的力度最大。但上述区域少见出有陶礼器的聚落。外围的若干具有较多二里头文化因素的聚落，可能是二里头王朝为获取青铜合金和盐等重要资源所设立的战略据点③。

---

① 西江清高：《地域间关系からみた中原王朝の成り立ち》，《国家形成の比较研究》，学生社，2005年。

② 郑州市文物考古研究所：《郑州大师姑（2002～2003）》，科学出版社，2004年。

③ 刘莉、陈星灿：《中国早期国家的形成——从二里头和二里冈时期的中心和边缘之间的关系谈起》，《古代文明》（第1卷），文物出版社，2002年。

表一　二里头文化重要遗址一览表

编号	遗址名	面积	主要存在时间	重要遗迹	重要遗物	资料出处
1	偃师二里头	150～300 万 m^2	1～4 期	宫城/道路网/大型建筑/围垣作坊区	铜玉漆陶礼器	①
2	巩义稍柴	60 万 m^2	1～2 期		陶鬶爵觚	②
3	汝州煤山	20 万 m^2	1～2 期		陶鬶觚	③
4	新密新砦	—	2 期?		陶爵/玉琮	④
5	登封玉村	—	2 期		陶爵	⑤
6	伊川白元	20 万 m^2	2 期		陶鬶觚	⑥
7	洛阳矬李	35 万 m^2	2 期		陶鬶盉	⑦
8	洛阳东马沟	长 200m	2 期		陶鬶盉爵	⑧
9	洛阳东干沟	15 万 m^2	2 期		陶觚	⑨
10	陕县西崖村	16 万 m^2	2 期		陶爵觚	⑩
11	新密曲梁	24 万 m^2	2～3 期		陶盉爵觚	⑪
12	洛阳皂角树	9 万 m^2	2～3 期		陶爵觚	⑫
13	渑池鹿寺	2.6 万 m^2	2～3 期		陶盉爵	⑬

① 中国社会科学院考古研究所：《偃师二里头（1959 年～1978 年考古发掘报告）》，中国大百科全书出版社，1999 年；杜金鹏、许宏：《偃师二里头遗址研究》，科学出版社，2005 年。

② 河南省文物研究所：《河南巩县稍柴遗址发掘报告》，《华夏考古》1993 年第 2 期；陈星灿、刘莉、李润权、华翰维、艾琳：《中国文明腹地的社会复杂化进程——伊洛河地区的聚落形态研究》，《考古学报》2003 年第 2 期。

③ 洛阳博物馆：《河南临汝煤山遗址调查与试掘》，《考古》1975 年第 5 期；中国社会科学院考古研究所河南二队：《河南临汝煤山遗址发掘报告》，《考古学报》1982 年第 4 期；河南省文物研究所：《临汝煤山遗址 1987～1988 年发掘报告》，《华夏考古》1991 年第 3 期。

④ 北京大学古代文明研究中心、郑州市文物考古研究所：《新密新砦——1999～2000 年田野考古发掘报告》，文物出版社，2007 年。

⑤ 韩维周、丁伯泉、张永杰、孙宝德：《河南省登封县玉村古文化遗址概况》，《文物参考数据》1954 年第 6 期。

⑥ 洛阳地区文物处：《伊川白元遗址发掘简报》，《中原文物》1982 年第 3 期。

⑦ 洛阳博物馆：《洛阳矬李遗址试掘简报》，《考古》1978 年第 1 期。

⑧ 洛阳博物馆：《洛阳东马沟二里头类型墓葬》，《考古》1978 年第 1 期。

⑨ 考古研究所洛阳发掘队：《1958 年洛阳东干沟遗址发掘简报》，《考古》1959 年第 10 期。

⑩ 河南省文物研究所：《陕县西崖村遗址的发掘》，《华夏考古》1989 年第 1 期。

⑪ 北京大学考古文博学院：《河南新密曲梁遗址 1988 年春发掘报告》，《考古学报》2003 年第 1 期。

⑫ 洛阳市文物工作队：《洛阳皂角树——1992～1993 年洛阳皂角树二里头文化聚落遗址发掘报告》，科学出版社，2002 年。

⑬ 河南省文化局文物工作队：《河南渑池鹿寺遗址试掘简报》，《考古》1964 年第 9 期。

续表

编号	遗址名	面积	主要存在时间	重要遗迹	重要遗物	资料出处
14	渑池郑窑	0.6 万 m^2	2~3 期		陶爵觚	①
15	方城八里桥	10 万 m^2	2~3 期		陶盉爵觚	②
16	邓州穰东（陈营）	1.5 万 m^2	2~3 期		陶鬶盉爵	③
17	驻马店杨庄	4 万 m^2	2~3 期	环壕	陶鬶盉爵觚/漆器	④
18	荥阳大师姑	51 万 m^2	2~4 期	城壕	陶礼器/玉琮杯/绿松石/陶水管	⑤
19	伊川南寨	24 万 m^2	2~4 期		陶鬶盉爵觚/玉璋	⑥
20	陕县七里铺	11 万 m^2	3~4 期		陶爵	⑦
21	荥阳西史村	9 万 m^2	2、4 期		铜斝/陶盉爵/玉柄形器/贝饰	⑧
22	郑州洛达庙	3 万 m^2	4 期		陶盉爵斝/玉柄形器环/绿松石/陶水管	⑨
23	垣曲古城南关	—	4 期		陶盉爵斝	⑩
24	郑州黄委会（宫殿区）	80 万 m^2	4 期	大型建筑/贵族墓等	铜盉鬲戈/玉柄形器/绿松石/贝饰	⑪
25	新郑望京楼	5 万 m^2	4 期		铜爵斝	⑫
26	杞县段岗	—	4 期		陶爵	⑬

① 河南省文物研究所：《渑池县郑窑遗址发掘报告》，《华夏考古》1987 年第 2 期。

② 北京大学考古学系、南阳市文物研究所、方城县博物馆：《河南方城县八里桥遗址 1994 年春发掘简报》，《考古》1999 年第 12 期。

③ 河南省文物考古研究所：《河南邓州市穰东遗址的发掘》，《华夏考古》1999 年第 2 期。

④ 北京大学考古学系、驻马店市文物保护管理所：《驻马店杨庄——中全新世淮河上游的文化遗存与环境信息》，科学出版社，1998 年。

⑤ 郑州市文物考古研究所：《郑州大师姑（2002~2003）》，科学出版社，2004 年。

⑥ 河南省文物考古研究所：《河南伊川县南寨二里头文化墓葬发掘简报》，《考古》1996 年第 12 期。

⑦ 黄河水库考古队河南分队：《河南陕县七里铺商代遗址的发掘》，《考古学报》1960 年第 1 期。

⑧ 郑州市博物馆：《河南荥阳西史村遗址试掘简报》，《文物数据丛刊》（5），文物出版社，1981 年。

⑨ 河南省文化局文物工作第一队：《郑州洛达庙商代遗址试掘简报》，《文物参考数据》1957 年第 10 期；河南省文物研究所：《郑州洛达庙遗址发掘报告》，《华夏考古》1989 年第 4 期。

⑩ 中国历史博物馆考古部、山西省考古研究所、垣曲博物馆：《垣曲商城：1985~1986 年度勘察报告》，科学出版社，1996 年。

⑪ 河南省文物考古研究所：《郑州商城——1953~1985 年考古发掘报告》，文物出版社，2001 年。

⑫ 新郑县文化馆：《河南新郑望京楼出土的铜器和玉器》，《考古》1981 年第 6 期。

⑬ 郑州大学文博学院、开封市文物工作队：《豫东杞县发掘报告》，科学出版社，2000 年。

其外围的晋南（应属东下冯文化）、豫北（应属下七垣文化等）、豫东（应属岳石文化）等地乃至更远的区域，也出有零星的陶礼器，但日用陶器群应已不属于典型的二里头文化系统。以商州东龙山遗址为代表的陕东丹江上游地区的文化面貌尚不甚清晰，有待于进一步的工作和发掘材料的系统发表。

如果说中原龙山文化系统的诸考古学文化类型与该区域各地理单元的分布基本相符，呈现出自然分布的状态；那么二里头文化的分布范围则已突破了地理单元的制约，而在空间上涵盖了数个先行文化的分布区域①。二里头文化几乎分布于整个黄河中游地区，二里头文化的文化因素向四围辐射的范围更大于此。

三、二里头文化末期的聚落动态

关于二里头文化与二里冈文化的年代关系，我们倾向于认为二里头四期晚段与二里冈下层早段大体同时②。

进入二里头文化第四期，郑洛地区的聚落格局发生了极大的变化。

这一阶段，二里头都邑持续繁荣。所有建于第三期的宫室建筑与宫城，绿松石器作坊、铸铜作坊及其外的围垣设施，以及四条垂直相交的大路都沿用至此期末，均未见遭遇毁灭性破坏的迹象。此外，至少有 3 座新建筑得以兴建③。需要提及的是，著名的 1 号宫殿基址也并不像以前认为的那样废弃于三期末，而是与其他重要遗存一样，在第四期一直存在④。此期，这里仍集中着大量的人口，存在着贵族群体和服务于贵族的手工业，值得注意的是，从此期起，二里头都邑的铸铜作坊开始铸造斝、鼎等以非二里头系统陶礼器为原型的铜礼器，这与前此以爵、盉等陶礼器为原型的铜礼器铸造规制有显著的区别（图八）。有学者进而认为出现铜鼎和铜斝的二里头文化第四期“应属于二里冈下层的最早期阶段”，此期铸铜技术上一个显著的变化是，铸造铜容器的复合范由双范变为三范⑤。

与此同时，郑州商城宫殿区一带出现了大型聚落［仅据《郑州商城》报告⑥披露的地点统计，这一聚落（或聚落群）的面积即可达 80 万平方米］。这里发现了长 100

① 董琦：《虞夏时期的中原》，科学出版社，2000 年。

② 许宏、陈国梁、赵海涛：《二里头遗址聚落形态的初步考察》，《考古》2004 年第 11 期。

③ 中国社会科学院考古研究所二里头工作队：《二里头遗址 2004～2006 年田野考古的主要收获》，《中国社会科学院古代文明研究中心通讯》第 12 期，2006 年。

④ 许宏：《二里头 1 号宫殿基址使用年代刍议》，《二里头遗址与二里头文化研究——中国・二里头遗址与二里头文化国际学术研讨会论文集》，科学出版社，2006 年。

⑤ 宫本一夫：《二里头文化青铜彝器的演变及意义》，《二里头遗址与二里头文化研究——中国・二里头遗址与二里头文化国际学术研讨会论文集》，科学出版社，2006 年。

⑥ 河南省文物考古研究所：《郑州商城——1953～1985 年考古发掘报告》，文物出版社，2001 年。

余米，宽约8米的大型夯土遗迹，发掘者认为其应为城墙的夯土墙基①。从其存在基槽这一特点看，与郑州商城城墙平地起建的建筑风格有异，因此不排除其为大型建筑的可

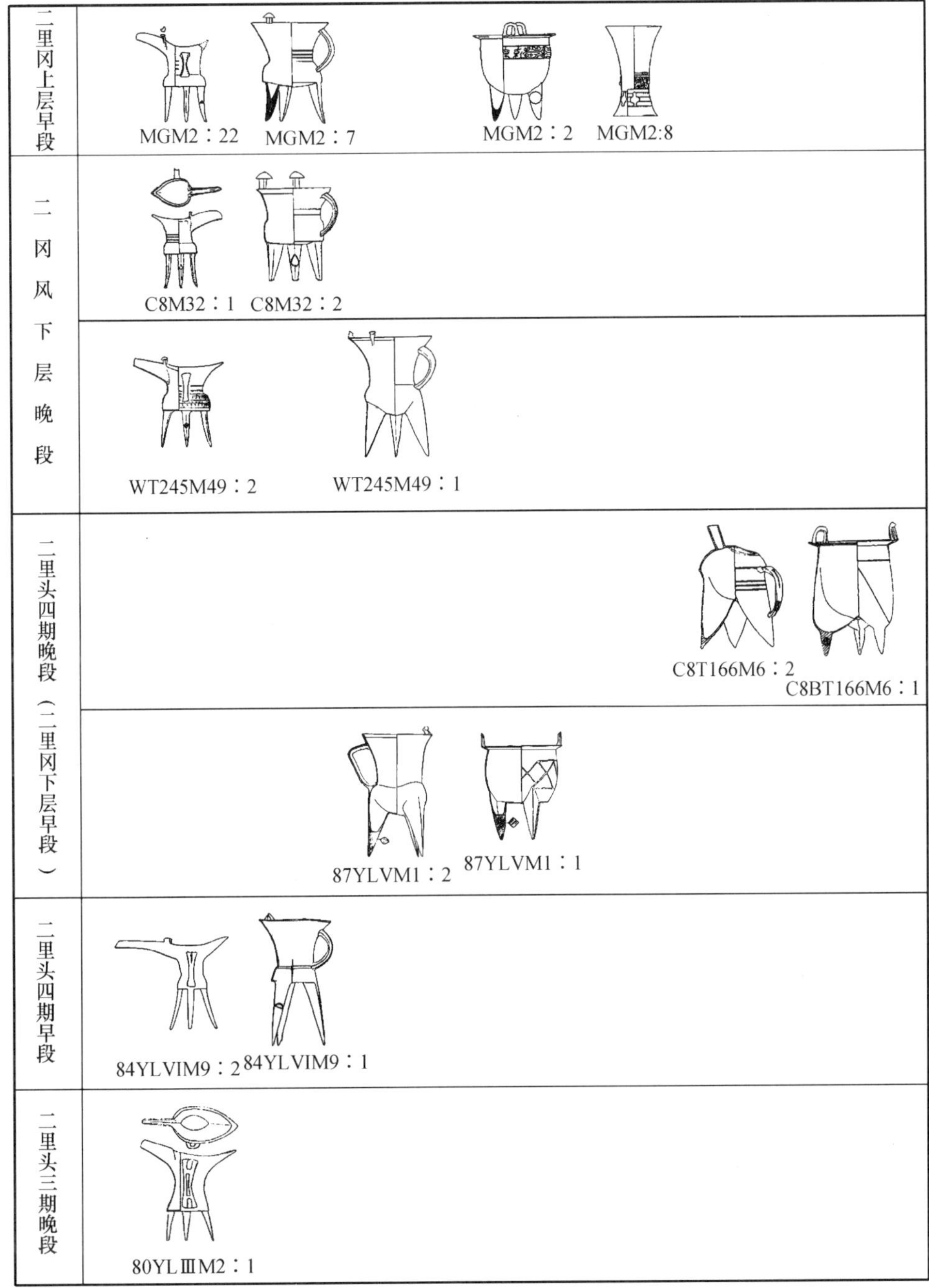

图八　二里头文化至二里冈文化青铜容器的流变

（WT245M49属王城岗遗址，C8T166M6、C8M32、MGM2属郑州商城，其余属二里头遗址）

① 河南省文物考古研究所：《河南郑州商城宫殿区夯土墙1998年的发掘》，《考古》2000年第2期。

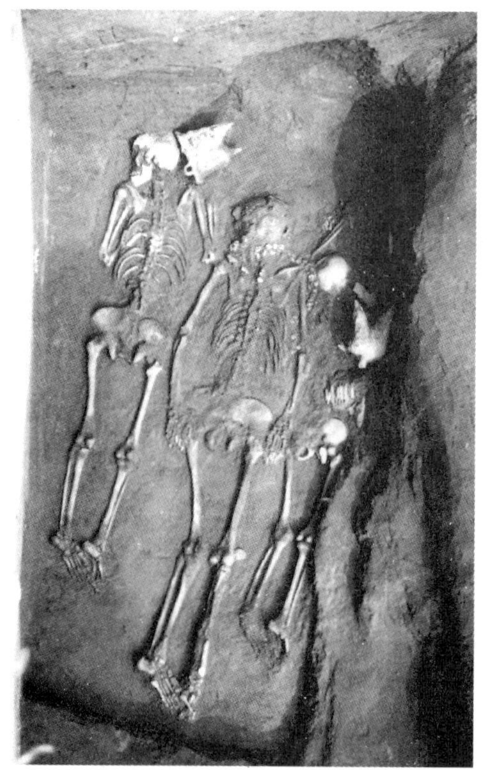

图九　郑州商城二里头文化末期墓葬（T166M6）

能性。无论如何，在相当于二里头文化第四期的阶段，郑州一带新出现了存在大型夯土建筑工程的庞大聚落，这在区域聚落布局上是一个值得予以充分注意的迹象。在这一聚落内，还发现了出土铜玉礼器的墓葬（图九）①。此期偏晚阶段，开始兴建郑州商城的城墙；但铸铜作坊尚未投入使用②。

在二里头和郑州之间的郑洛区，聚落兴废的变化也令人瞩目。前述大师姑城址废毁于此期。偃师商城宫殿区和小城开始兴建。荥阳西史村、高村寺，新郑望京楼等遗址也发现了二里头风格的青铜礼器。

青铜礼器组合中新器类的出现，以及青铜礼器从仅为二里头都邑内的贵族使用到见于二里头以外的聚落，反映了这一时期社会结构的重大变化。

在这一时期的陶器组合上，以二里头文化系统为主体，同时融进了下七垣文化、岳石文化等外来因素。这一出现于郑洛地区的新的考古学文化变体或可称为二里头文化“洛达庙类型”③，有学者称其为“伊洛·郑州系”④。它奠定了日后二里冈文化发展的基础。

作为早期王朝初期阶段的二里头时代与二里冈时代，统治者对青铜礼器铸造权保持着绝对的垄断。这种重要礼器生产上的排他性，可以作为判别核心都邑的决定性标志。随着下一阶段铸造青铜礼器的作坊由二里头迁至郑州南关外，二里头都邑沦为一般聚落，二里头时代也就正式为二里冈时代所取代。如果把视野下延至殷墟时代，可知二里头文化向二里冈文化、二里冈文化向殷墟文化演进的契机，就是这一大的历史发展阶段中王朝的主都由二里头、至郑州商城再向安阳殷墟的迁徙⑤。可以说，都邑的迁移是导致社会复杂化阶段考古学文化演变的重要因素。

---

① 河南省文物考古研究所：《郑州商城新发现的几座商墓》，《文物》2003 年第 4 期。

② 河南省文物考古研究所：《郑州商城（1953～1985 年考古发掘报告）》，文物出版社，2001 年。

③ 袁广阔：《先商文化新探》，《中原文物》2002 年第 2 期。

④ 秦小丽：《二里头时代の土器动态とその背景——中国初期国家形成过程における地域间关系の分析》，《东方学》（京都）第 106 辑，2003 年。

⑤ 许宏：《都邑变迁与商代考古学的阶段划分》，《二十一世纪的中国考古学——庆祝佟柱臣先生八十五华诞学术文集》，文物出版社，2006 年。

二里头文化一期研究初步

常怀颖
（中国社会科学院考古研究所）

一、学术研究现状

以王湾三期文化为代表的豫西龙山如何向二里头文化过渡，历来的研究一直存有歧见。近年来，豫西龙山文化与二里头文化的关系，或曰二里头文化来源问题的分歧，较为集中地体现在对于“新砦期”或“新砦类”遗存性质与归属的认定之上①。这一问题牵涉到豫西龙山文化晚期遗存、“新砦类”遗存与“二里头一期”遗存，以及“典型二里头文化（二里头文化二至四期）”② 遗存间的相互关系。对于“新砦类”遗存，研究者的共识是——“新砦类”遗存年代不晚于二里头文化一期，其文化面貌显示出由王湾三期文化向二里头文化过渡的迹象；分歧则实际集中在对“新砦类”遗存属性的认定，具体讲，即是将其作为二里头文化的一部分或河南龙山文化的一部分，是否可以独立成期；抑或是否可以独立为一种文化（类型）。用许宏先生的话来讲，“新砦类”遗存的归属分歧在于是“二分”还是“三分”③。

在所有的分歧之中，即在于如何看待二里头文化一期与“新砦类”遗存间的关系，成为对“新砦类”遗存认识的关键问题。就目前的认识，学术界对于二里头文化一期与新砦类遗存间的关系大致有如下八种认识：

第一类认识认为，“新砦类”遗存可以独立成期，其时代早于二里头文化一期遗存，但应该属于二里头文化。这种认识自 1985 年，赵芝荃提出“新砦期”的说法以

---

① 对于新砦类遗存研究的学术历程的简要回顾限于篇幅本文不作展开，部分研究情况可以参看许宏：《“新砦文化”研究历程述评》，《三代考古》（二），科学出版社，2006 年。

② 所谓“典型二里头文化”是许宏在研究“新砦文化”时将原“二里头文化一期”遗存作为“新砦文化晚期”后得出的结论，这里引用这一结论并非是要认同其说，只是为行文方便而做引用。

③ 许宏：《“新砦文化”研究历程述评》，《三代考古》（二），科学出版社，2006 年；《嵩山南北龙山文化向二里头文化演进过程管窥》，《中原地区文明化进程学术研讨会论文集》，科学出版社，2006 年。

来①，为很多学者所认可。这些学者并未将二里头一期遗存划归在新砦期中②。虽然对于“新砦期”的归属历经反复与犹豫③，但在赵先生的心目中，原二里头文化一期遗存除个别单位外，都应该是属于二里头文化范畴这一大前提却始终没有变化④。与赵先生一样，认可“新砦期”存在的学者，一般都是将新砦期置于二里头一期遗存之前，属于二里头文化，都未否认二里头一期遗存不属于二里头文化⑤。

第二种认识认为，“新砦类”遗存时代早于二里头文化一期遗存，但不必独立，更不属于二里头文化，而应属于以王湾三期文化为代表的河南龙山文化晚期。这种认识可以韩建业⑥、饭岛武次⑦、张海⑧为代表。

第三种认识认为，“新砦类”遗存时代早于二里头文化一期遗存，但应独立于龙山文化晚期与二里头文化之外，称为“新砦期”或“新砦文化”。可以赵春青⑨、庞晓霞⑩、杜金鹏⑪等学者为代表。杜金鹏将“新砦文化”置于王湾三期文化和原二里头二

---

① 赵芝荃:《略论新砦期二里头文化》,《中国考古学会第四次年会论文集》，文物出版社，1985 年。

② 赵芝荃:《略论新砦期二里头文化》,《中国考古学会第四次年会论文集》，文物出版社，1985 年。

③ 赵芝荃:《试论二里头文化的源流》,《考古学报》1986 年第 1 期；《夏代前期文化综论》,《考古学报》2003 年第 4 期。

④ 赵芝荃:《二里头文化的源流》,《考古学报》1986 年第 1 期；《试论二里头夏文化前后两端的过渡期文化——探索夏商文化 50 年小结之三》,《安金槐先生纪念文集》，大象出版社，2005 年。

⑤ 持这类观点的学者较多，有代表性的意见有：赵芝荃：《略论新砦期二里头文化》,《中国考古学会第四次年会论文集》，文物出版社，1985 年；赵芝荃：《试论二里头夏文化前后两端的过渡期文化——探索夏商文化 50 年小结之三》,《安金槐先生纪念文集》，大象出版社，2005 年；赵春青:《新砦期的确认及其意义》,《中原文物》2002 年第 1 期；方酉生:《略论二里头遗址第一期遗存与夏代纪年——兼评〈二里头文化一期遗存与夏代初始〉》,《中国史前考古学研究——祝贺石兴邦先生考古半世纪暨八秩华诞文集》，三秦出版社，2003 年；方酉生：《偃师二里头遗址第一期文化应比新砦期二里头文化为晚》,《江汉考古》2005 年第 1 期。

⑥ 韩建业、杨新改:《王湾三期文化研究》,《考古学报》1997 年第 1 期。

⑦ 〔日〕饭岛武次:《关于二里头文化——二里头类型第一期不属于二里头文化》,《夏商文明研究》，中州古籍出版社，1995 年。

⑧ 张海:《公元前 4000 年至前 1500 年中原腹地的文化演进与社会复杂化》，北京大学博士学位论文，2007 年。

⑨ 赵春青:《新砦期的确认及其意义》,《中原文物》2002 年第 1 期。

⑩ 庞晓霞:《试论新砦文化》，郑州大学历史与考古系硕士论文，2004 年。

⑪ 杜金鹏:《新砦文化与二里头文化——夏文化再探讨随笔》,《中国社会科学院古代文明研究中心通讯》第 2 期，2001 年。

期文化之间，将原二里头二、三、四期文化称为二里头文化早、中、晚期①，这种划分与其他学者最大的区别即在于否认二里头一期遗存属于二里头文化，这是与其他说法的根本分歧。

第四种认识不认可“新砦期”，认为应该将王湾三期文化最晚的遗存（称为煤山类型）与“新砦类”遗存一期合并入二里头文化，称为“煤山·二里头文化”。这种说法以方孝廉为代表②。

第五种认识否定“新砦类”遗存的独立性，认为应细分为前后两段。前段略早于二里头文化一期，后段则或与二里头文化一期同时，整体上可以弥补二里头文化中的早期阶段。其属性则应属于二里头文化。这种认识可以邹衡③、李维明④为代表。

第六种认识同意将新砦类遗存分为前后两段，但“新砦期”仅指其前段，时代上早于二里头文化一期，后者或与“新砦期”晚段遗存同时。这种认识以顾问（万发）为代表⑤。

第七种认识强调“新砦类”遗存的独立性，称其为“新砦文化”，并将其细分为前后两段，认为前段略早于二里头文化一期，后段或与二里头文化一期早段同时，认为“新砦文化”应该与二里头文化一并纳入“二里头系统”之中。持这一说法的学者以许宏为代表⑥。

第八种认识强调“新砦类”遗存的独立性，称其为“新砦二期文化”或“新砦期”，并将其细分为前后两段，均早于二里头文化一期。其性质既不属于王湾三期文化，亦不属于二里头文化，应是处于二者过渡阶段的一支考古学文化。这一说法以赵春青为代表⑦。

平心静气讲，对于具有过渡性质的物质遗存，将其归上、归下抑或独立，不同的出发点或学术目的会有不同的结论，一般都可以自圆其说。无论是将“新砦类”遗存独

---

① 杜金鹏：《新砦文化与二里头文化——夏文化再探讨随笔》，《中国社会科学院古代文明研究中心通讯》第2期，2001年；许宏：《“新砦文化”研究历程述评》，《三代考古》（二），科学出版社，2006年；许宏：《嵩山南北龙山文化向二里头文化演进过程管窥》，《中原地区文明化进程学术研讨会论文集》，科学出版社，2006年。

② 方孝廉：《夏代及其文化》，《夏文化研究论集》，中华书局，1996年。

③ 邹衡：《综论夏商四都之年代和性质》，《殷都学刊》1988年第1期。

④ 李维明：《二里头文化一期遗存与夏文化初始》，《中原文物》2001年第1期。

⑤ 顾问：《“新砦期”研究》，《殷都学刊》2002年第4期。

⑥ 许宏：《“新砦文化”研究历程述评》，《三代考古》（二），科学出版社，2006年；《嵩山南北龙山文化至二里头文化演进过程管窥》，《二里头遗址与二里头文化研究——中国·二里头遗址与二里头文化国际学术研讨会论文集》，科学出版社，2006年。

⑦ 北京大学震旦古代文明研究中心、郑州市文物考古研究所：《新密新砦——1999～2000年田野发掘报告》，文物出版社，2008年。

立成文化，还是向上归属于王湾三期文化，抑或向下合并于二里头文化，都需要明确三者的内涵与外延。但是，要确定三者的相互关系却并非易事。究其原因有四：

其一，研究者由于不同的出发点，对于三种遗存的内涵和特征存在较大的认识分歧。对于哪些具体的单位和器物属于上述三类遗存，三类遗存的文化面貌如何，并没有统一的标准。实际研究中，往往有使用同样的文化或遗存命名，却并非指代同一种遗存的现象。

其二，对于一种过渡性的遗存，如何在实际的研究中运用统计结果去处理量变与质变间的关系，是较为困难的问题。在器型的相似与否之外，若对陶质陶色及纹饰的计量结果加以重视，会在一定程度上增加说服力。就二里头文化研究而言，在器型的相似度之外，陶系与陶色的比例达到多少，纹饰的比例达到多少才能算作二里头文化，以往较少谈及。因此，假若仅以陶器器型作为比较的标准，而较少论及器类组合、器型组合比例，忽略或淡化纹饰、陶质陶色的量化标准，自然会对不同的研究者间产生不同的影响。侧重点存在差异，自然会引起结论的偏差，对于过渡型遗存更是如此。

其三，二里头文化存在不同的地方类型。但是过去的研究无论是将二里头文化分为两种类型①、四种类型②还是区分为五种类型③，在探讨二里头文化的源流时，却往往有意无意地将二里头类型之外的其他地方类型排除在研究之外。这种排除在一定程度上局限了研究视野，不能更加全面地探讨二里头文化的源流。

其四，至少在华人学术界中，将二里头文化与传说中的夏相关联，已是共识。但二里头文化积年不足文献中的夏纪年。所以探索早期夏文化的理论性缺陷之一，即如何从郑洛地区较为统一的王湾三期文化中，如何识别“夏有万邦”阶段处于部落林立中的早期夏文化。由于对二里头文化的研究最后都要不可避免地指向这一问题，所以，在讨论王湾三期文化、新砦类遗存与二里头文化的关系中，不可避免地会受到纯考古学文化之外的影响。

因此要想蠡清三者间的关系，首先就应该明晰三种遗存的内涵究竟是什么。

王湾三期文化最晚的遗存因为“新砦类”遗存性质的判定存在分歧，因此认识颇

---

① 邹衡：《试论夏文化》，《夏商周考古学论文集》，文物出版社，1980年；邹衡：《夏文化分布区域内有关夏人传说的地望考》，《夏商周考古学论文集》，文物出版社，1980年；殷玮璋：《关于夏文化的探索》，《新中国的考古发现与研究》，文物出版社，1984年。

② 赵芝荃：《关于二里头文化的类型与分期问题》，《中国考古学研究》（二），科学出版社，1986年；董琦：《虞夏时期的中原》，科学出版社，2000年。

③ 中国社会科学院考古研究所：《中国考古学·夏商卷》，中国社会科学出版社，2003年。

有不同。一些学者认为，可以将“新砦类”遗存作为王湾三期文化最晚阶段的遗存①。认为“新砦类”遗存可以单独成“期”或“文化”的学者与认为“新砦类”遗存仅是二里头文化最早阶段的学者，认为王湾三期文化最晚阶段应较“新砦类”遗存为早。由此可以看出，假若排除“新砦类”遗存的干扰，学者对于王湾三期文化最晚阶段遗存的认定基本是一致的。

但是由于王湾三期文化的地区差异，对于王湾三期文化的理解也有一些分歧。随着王湾三期文化的研究不断深入②，学者们逐渐注意到嵩山南北“王湾三期文化”在面貌上存在地域差异。无论采用何种命名，嵩山南北王湾三期文化最晚类的遗存在大多数学者的意见中是基本相同的③。略早于“新砦类”遗存的王湾三期文化单位有：嵩山以北“王湾类型”有锉李遗址三期、西吕庙遗址晚期、站马屯遗址第三期、古城寨遗址第四期遗存；嵩山以南“王城岗类型”有王城岗遗址第五期、郝家台第五期、煤山二期、瓦店三期等遗存。

反对“新砦期”或“新砦二期”的学者所反对的主要在于“新砦期”这一名称即此类遗存能否独立成为“一期”，同时分歧也集中在“新砦期”的性质上。但他们也并不否认“新砦类”遗存要稍早于二里头遗址二里头一期遗存的事实，在认为二里头文化的上限可以上推的问题上与认可“新砦期”的学者是比较一致的。邹衡先生认为新砦的发现可以增补二里头一期偏早阶段的遗存④。坚决反对“新砦期”的李维明先生也承认“新砦遗址二里头文化部分遗存可划入二里头文化一期早段范畴”⑤。并且他并不反对顾问所列举的大部分非新砦遗址的单位可以属于“新砦类”遗存。无论是否认可“新砦类”遗存可以单独称为一期或者一种文化/类型的研究者，都认可其与二里头一期遗存都含有较浓的龙山文化晚期韵味，均强调其有较强的过渡特性，并且认为这种过渡一直持续到二里头二期前后才得以完成。

在认可“新砦类”遗存略早于原二里头文化一期所认定的前提下，可以对“新砦

① 韩建业、杨新改：《王湾三期文化研究》，《考古学报》1997 年第 1 期；隋裕仁：《二里头文化早期遗存的文化性质及其来源》，《中原文物》1987 年第 1 期；董琦：《虞夏时期的中原》，科学出版社，2000 年。

② 关于王湾三期文化确立的过程，郭京宁有较为详细的学术史梳理，可参其《王湾三期文化研究历程评述》，《华夏考古》2005 年第 2 期。

③ 韩建业、杨新改：《王湾三期文化研究》，《考古学报》1997 年第 1 期；赵春青：《中原龙山文化王湾类型再分析》，《洛阳考古四十年》，科学出版社，1996 年；董琦：《虞夏时期的中原》，科学出版社，2000 年。

④ 邹衡：《综论夏商四都之年代和性质》，《殷都学刊》1988 年第 1 期。

⑤ 李维明：《二里头文化一期遗存与夏文化初始》，《中原文物》2001 年第 1 期。

类”遗存的内涵加以总结。综合各家说法，《新密新砦》报告中新砦二期文化的单位[①]与新砦遗址 79T2③、H9；煤山遗址 70H3、75H30、H19；蒲城店 H411①、H411②[②]、G8[③] 等单位发表器物较多，组合较全，可作为“新砦类”遗存的典型单位。

过分地强调“新砦类”遗存的过渡性的独立，就难以清晰把握郑洛地区龙山晚期至二里头时期文化演变质的变化。但同时，若仅从质的差异把握问题，忽略对量的渐变对比，是难以明确区分不同文化的演化过程的。可以说，缺少细致量化比较的结论，会在一定程度上造成论证过程中的论据与逻辑缺环。即便结论正确，也会因为论证过程而受到质疑。既往研究中，由于公布材料的缺乏，对于量化统计所显示的渐变过程，在一定程度上是不被放在重要地位的。随着王城岗、新砦遗址材料的公布和花地嘴、蒲城店遗址的新发现，给研究者新的契机去重新审视这一问题。本文即拟从量化角度入手，对“新砦类”遗存与二里头文化一期进行比较，从这一传统的角度对已有的结论进行检验与补充阐释。

二、二里头一期遗存的内涵

早在二里头一期遗存发现之初，对于其归属即存在认识分歧。许宏注意到洛达庙遗址因为不包含二里头一期遗存，因此在“洛达庙类型文化”命名时并不包括一期遗存，因此认为二里头一期遗存归入二里头文化是件十分随机的事情，甚至认为假若二里头遗址不存在一期遗存，二里头文化的分期方案中必然不会有一期遗存存在[④]。

1959 年二里头遗址试掘者认为一期遗存虽“与常见的河南龙山文化还不能衔接起来，尚有缺环”，但应属于“河南龙山文化晚期”[⑤]。到 1964 年，“二里头类型文化”已确立之时，命名者夏鼐先生仍坚持“早期（按：指二里头一期遗存）当属‘河南龙山文化’晚期。”[⑥]

① 中国社会科学院考古研究所河南二队：《河南密县新砦遗址的试掘》，《考古》1981 年第 5 期；北京大学考古文博院、郑州市文物考古研究所：《河南新密市新砦遗址 1999 年试掘简报》，《华夏考古》2000 年第 4 期；北京大学古代文明研究中心、郑州市文物考古研究所：《河南省新密市新砦遗址 2000 年发掘简报》，《文物》2004 年第 4 期。

② 河南省文物考古研究所、平顶山市文物局：《河南平顶山蒲城店遗址发掘简报》，《文物》2008 年第 5 期。

③ 魏兴涛：《蒲城店二里头文化城址若干问题探讨》，《中原文物》2008 年第 3 期。

④ 许宏：《二里头遗址发掘和研究的回顾与思考》，《考古》2004 年第 11 期。

⑤ 中国科学院考古研究所洛阳发掘队：《1959 年河南偃师二里头试掘简报》，《考古》1961 年第 2 期。

⑥ 夏鼐：《我国近五年来的考古新收获》，《考古》1964 年第 10 期。

1965年由方酉生执笔的简报中将二里头文化遗存划为三期，认为“三期之间有一定的区别，但属于一个文化类型”①。将一期遗存归入二里头文化之中，基本奠定了日后对于二里头文化性质的认定，此后似乎是没有什么疑问的。同时，大多数学者也都认识到二里头一期遗存与豫西龙山晚期遗存间的关系十分密切，且“夏文化二里头型与河南龙山文化之间还存在很大的差异……河南龙山文化晚期并未直接过渡为夏文化二里头型早期”②。在20世纪80年代前半以前只有方孝廉先生认为“（二里头一期）很像是继河南龙山文化晚期阶段之后的又一晚期阶段”③。

邹衡先生认为二里头一期早段是缺乏的，可以用其他材料加以弥补④。20世纪80年代中期以后，有人认为“新砦期与二里头遗址一期文化是处在同时期而文化性质不同的遗存。新砦期是王湾三期文化向二里头类型转变过程中的过渡性文化遗存，而二里头遗址一期则是这个过程中的局部性部分质变的文化遗存”⑤，在这种认识中，二里头文化一期已经不单纯是二里头文化，而是一种过渡性的物质文化遗存。李维明等学者认为二里头一期遗存可以分为早晚两段，因此将原报告与简报中的单位进行早晚顺序的排比得出早晚段的区分⑥。

二里头遗址发现的二里头文化一期遗存却并不丰富。直到1999年《偃师二里头》发掘报告公布了20世纪80年代以前二里头遗址发掘的主要材料。就报告所公布的材料，发掘者所认定的单位计有灰坑36个（公布有出土物的29个），墓葬6座（附录的墓葬登记表明确的有4座），窑址1座（？报告明确指出一期遗存中遗迹现象只有灰坑与墓葬，但依照一般遗迹命名编号规则推测IVY201或为窑址），据报告公布详细情况和发表遗物情况的地层单位38个（表一）。这些单位“年代有早有晚”⑦，大体可分前后两段。这批材料发掘年代不一，在早期的简报中均未公布单位，但据许宏先生透露，其中的部分单位（如IVM26、VT13C⑤）在期别归属上曾令发掘者出现前后认识的差异，但在总体上认识基本一致⑧。

---

① 中国科学院考古研究所洛阳发掘队：《河南偃师二里头遗址发掘简报》，《考古》1965年第5期。

② 邹衡：《试论夏文化》，《夏商周考古学论文集》，文物出版社，1980年。

③ 方孝廉：《试析煤山锉李两遗址的河南龙山文化和二里头文化》，《中原文物》1983年特刊。

④ 邹衡：《综述夏商四都之年代和性质》，《殷都学刊》1988年第1期。

⑤ 隋裕仁：《二里头类型早期遗存的文化性质及其来源》，《中原文物》1987年第1期。

⑥ 李维明：《二里头文化一期遗存与夏文化初始》，《中原文物》2002年第1期。

⑦ 中国社会科学院考古研究所：《偃师二里头——1959～1978年考古发掘报告》，中国大百科全书出版社，1999年。

⑧ 许宏：《“新砦文化”研究历程述评》，《三代考古》（二），科学出版社，2006年。

表一 《偃师二里头》公布二里头遗址一期遗存单位统计表

单位类别	单位号	合计
灰坑	IIH202、IIH214、IIH216、IIH221、IVH3、IVH69、IVH70、IVH85、IVH86、IVH106、II · VH102、II · VH103、II · VH105、II · VH106、II · VH130、II · VH144、II · VH146、II · VH148、II · VH155、VH72、VH74、VH75、VIIIH53、VIIIH62、VIIIH63、VIIIH93、IXH1、IXH6、IXH8	29
墓葬	II · VM54、II · VM56、II · VM57、IVM25、IVM26、VM53	6
窑址（?）	IVY201	1
地层	IIT210⑤～⑦、IVT3⑧～⑨、IVT4⑥、IVT6⑦、IVT8⑥、IVT9⑦、IVT12④B、IVT15⑥、IVT24⑥A～⑥C、II · VT101⑤、II · VT102⑤、II · VT103⑤、II · VT104⑤～⑦、II · VT106⑤、II · VT110⑤～⑥、II · VT111⑤、II · VT113⑤、II · VT114⑤、II · VT115⑥、II · VT116⑤～⑥、VT33D⑩、VT203⑦、VT204⑥、VT211⑥A、VIIIT14⑥B、VIIIT15⑥、VIIIT16⑥、VIIIT19⑥、VIIIT20⑦	38

由于种种原因，除《偃师二里头》报告公布的材料外，1980年至今二里头遗址二里头文化一期遗存的材料公布数量较少。田野工作中很多探方也因为种种原因未能清理到底，在客观上影响了一期遗存的发现。在这期间，公布的一期遗存材料大致有两批：

（1）《1982年秋偃师二里头遗址九区发掘简报》中公布的六个单位①：H12、H15、T10⑦、IVT3⑧、Ⅱ · ⅤT111⑤B、Ⅱ · ⅤT113⑤。

（2）《二里头陶器集粹》中公布的1986年、1992年、1993年度发掘材料中有8个单位属于二里头文化一期遗存②，其中86YLVIH18、93YLIVG1两个单位发表的材料较多，可以作为典型单位使用。

将所有公布材料整理后可以对历年简报与《偃师二里头》报告中公布的材料进行器类的整理，可以从中选择确定器类较丰富、器物时代特征明确的单位作为二里头遗址二里头文化一期遗存的典型单位（参表五）。绝大多数学者对一期遗存包含哪些单位是没有太大分歧的。

上述单位被发掘者认定的一期遗存单位，同时发掘者认为一期遗存还可以细分早晚段（"年代有早有晚"③）。赵芝荃先生在90年代末期否定自己先前的结论，认为II ·

① 中国社会科学院考古研究所二里头队：《1982年秋偃师二里头遗址九区发掘报告》，《考古》1985年第12期。

② 中国社会科学院考古研究所：《二里头陶器集粹》，中国社会科学出版社，1995年。

③ 中国社会科学院考古研究所：《偃师二里头——1959～1978年考古发掘报告》，中国大百科全书出版社，1999年。

VH105、II·VT113⑤等单位属于新砦时期的遗存①。杜金鹏则认为可以将“偃师二里头IIH216、VM57、VIIIH53、82VT15⑨D、82VT15⑩、86VIH18、93IVG1”等二里头一期单位“从二里头文化中分离出去”，作为“新砦文化”的代表单位②。

根据《偃师二里头》报告提供的统计数据，可以大致了解二里头一期遗存的一些特点。需要说明的是，《偃师二里头》报告的统计数据仅来自可以复原一百余件的整器，统计基数较小，所以数据在概率面的可信度相对会受到影响。由报告可归纳出几代发掘者认定的二里头遗址二里头文化一期遗存的主要文化面貌如下：

（1）陶系以黑陶为多，约占总数（112件）的40%，灰陶约占37%，褐陶22%。质料以细泥陶为最多，约占57%，夹砂陶与泥质陶数量接近。

（2）纹饰以篮纹为主（在195件复原陶器内统计），占17.4%，主要见于夹砂罐和泥质盆，这与王湾三期文化晚期特点接近，但纹道平浅，纹理粗疏，与王湾三期文化晚期区别较大；绳纹与篮纹比例几乎相同，占17%（加粗绳纹在内），较王湾三期文化晚期明显增多，方格纹较少，仅占2%，与王湾三期文化区别明显。旋纹与弦纹比例接近，一般装饰在器物肩颈部分，与龙山晚期接近，多与其他纹饰配合使用。附加堆纹一般在鼎腹部、大口尊肩腹部，与王湾三期文化晚期接近。但装饰在圆腹罐口部，是本时期特色，比例约占5%。素面陶器或略加磨光的较多，占34.4%（以八个单位的统计数据，应较可信），但是标本中显示很少，占选定标本中的2.6%。从一个侧面说明依据复原标本的统计是有较大的误差的。

（3）陶器鼎、罐、盆、甑类多折沿为主，占47%，卷沿和敛口的仅在部分器类上出现，占7%，与王湾三期文化陶器比较接近，但也应考虑到标本局限的原因。陶器一般皆无颈，与龙山文化区别明显。陶器一般比较粗矮，腹下部圆鼓，个别较瘦。器底一般为平底，占71%，与龙山文化接近。三足（18%）和（11%）圈足各占一部分，也只是见于特定的器类，有的器底转折较大，接近假圈足。

（4）炊器由深腹罐、圆腹罐、扁三角足鼎、甑等组成，不见乳足鼎。深腹罐较王湾三期文化晚期浅。鼎多敛口，鸡冠鋬流行。甑孔全在底部，腹壁与交界部分不见甑孔，与龙山时期区别明显。发现的一件甗，腰部有附加堆纹。盛食器盆用鸡冠鋬装饰比例较高。刻槽盆多深圆腹，不见王湾三期文化的喇叭口深直筒刻槽杯。大平底盆少见折沿。存储器中王湾三期文化常见的小口高领瓮十分少见，器体整体形态近方形，下腹转折生硬，高领风格已不流行，与王湾三期文化晚期浑圆形态差异较大。陶尊在龙山晚期

① 赵芝荃：《二里头文化的源流》，《考古学报》1986年第1期；《试论二里头夏文化前后两端的过渡期文化——探索夏商文化50年小结之三》，《安金槐先生纪念文集》，大象出版社，2005年。

② 杜金鹏：《新砦文化与二里头文化——夏文化再探讨随笔》，《中国社会科学院古代文明研究中心通讯》第2期，2001年。

豫西比较少见，一般装饰有附加堆纹。大口缸一般敞口，与龙山时期有附加堆纹的敛口大瓮差异明显。食器中三足盘常见，一般“C”字形足，零星出现舌形足。豆盘无论深浅基本不折沿，与王湾三期文化同类器差异较大；豆柄不似龙山时期的细柄风格，一般上粗下细，略有曲折，有的在上部有镂孔。酒器比较发达，墓葬中十分常见，与豫西龙山时期墓葬一般无随葬品的风格大相径庭。器盖折肩与弧肩比例相当，但折曲后下足一般外撇较大，钮部一般束腰尖顶，少见圈足钮与平顶钮。这些特点都与王湾三期文化晚期风格差异明显（表二）。

表二　偃师二里头遗址部分单位陶器器类统计表

器别 / 典型单位	深腹罐	圆腹罐	鼎	甑	觚	爵	鬶	豆	平底盆	圈足盘	三足盘	盆	大口罐	高领尊	高领瓮	捏口罐	刻槽盆	器盖	其他
IIH216	2													2	1				
IVM26			1		1														鸭鼎壶四足盘
II · VT104⑤	1	2	1						1	2	1				1	1		3	罐碟钵壶盅
II · VT104⑥		2	1					1	1			2	1			1		5	鼎壶
II · VT104⑦	1											1			1			1	高领罐
II · VT116⑤		1										1							高领罐
II · VT116⑥			1													1			
II · VH105									1		1	2	1		2				罐瓮
II · VH130				1							1						1	1	
II · VH148								2				1			1		1		罐缸
II · VM54		1			1	1		1	1			1						1	罐钵
II · VM56			1						1			1			1				罐
II · VM57		1	2				1	1	1		1								壶瓮
VIII14⑥B			1						1								1		小壶
VIIIH53	1							1						1					缸瓮
IXH1		1	1	1				1											
82VT15⑩			1					2										1	
86VIH18	1	1													1	1			各类罐
93IVG1				2												1	1	1	杯盘碗
86YLVIH18	1	2												1	1	1			敛口罐
93YLIVG1				2								1				1	1	1	盘碗壶

(5) 遗迹以灰坑最为多见，坑口一般呈（椭）圆形或不规则形等，直壁平底或斜壁圜底。

以此标准考核同类遗存，除二里头遗址外，另有多个地点，符合二里头文化一期的特征，其中以洛阳东干沟①、巩义稍柴②、荥阳竖河③、渑池郑窑④等遗址发表材料较为系统，争议较小，可以作为典型遗址加以分析。

三、陶质与陶色的比较

1. 王湾三期文化晚期陶质与陶色

从陶质和陶色来看，王湾三期文化晚期以泥质陶为大多数，夹砂陶的比例一般不会超过四成。从陶色来看，灰陶占绝大多数，磨光黑陶所占比例较大。褐（红）陶比例较稍后的阶段稍高（表三）。

表三 王湾三期文化晚期典型单位陶系统计表

类别 / 典型单位	陶质		陶色		
	泥质陶（%）	夹砂陶（%）	灰陶（%）	黑陶（%）	褐陶（%）
站马屯 T1/T2①	84.3	15.7	88.7	4	7.2
煤山 75T25③A	57?	43	70	17	13
王城岗原报告第五期	73.3	36.7	?	?	?
王城岗 W5T0672H76⑧⑤	56.89	43.1	93.75		6.24
王城岗 W5T0672H78	60.5	39.5	69	11.5	19.5
瓦店 97VT1H17⑥	55.2	44.8	43.2	44	12.8

2. "新砦类"遗存的陶质与陶色

"新砦类"遗存陶器的陶质和陶色可以典型单位的统计数据加以分析（表四）。

① 考古研究所洛阳发掘队：《1958年洛阳东干沟遗址发掘简报》，《考古》1959年第10期；中国社会科学院考古研究所：《洛阳发掘报告》，北京燕山出版社，1989年。

② 河南省文物研究所：《河南巩县稍柴遗址发掘报告》，《华夏考古》1993年第2期。

③ 河南省文物研究所：《河南荥阳竖河遗址发掘报告》，《考古学集刊》10，地质出版社，1996年。

④ 河南省文物研究所等：《渑池县郑窑遗址发掘报告》，《华夏考古》1987年第2期。

⑤ 北京大学考古文博学院、河南省文物考古研究所：《登封王城岗考古发现与研究（2002～2005）》，大象出版社，2007年。

⑥ 河南省文物考古研究所：《禹州瓦店》，世界图书出版公司，2004年。

表四　“新砦类”遗存典型单位陶系统计表

典型单位 \ 类别		陶质		陶色		
		泥质陶（%）	夹砂陶（%）	灰陶（%）	黑陶（%）	褐陶（%）
早段	新砦 99H101	72.9	23	92		3.2
	新砦 99H29	82?	14	65.1	17	
	新砦 00T2H11	53.6	46.4	68.6	11.22	20.19
	新砦 00T2H93	49.68	50.32	75.9	4.93	19.97
	新砦 00T4H26	46	54	71.22	9.02	19.76
	新砦 00T4H45	27.78	72.22	67.99	12.04	19.97
	新砦 00T4H53	41.79	58.21	72.33	13.17	14.5
	新砦 00T4H59	39.73	60.27	71.67	7.41	20.91
	新砦 00T12⑤A	49.62	50.38	71.7	18.15	10.15
晚段	新砦 00T2H11	53.61	46.39	68.59	11.22	20.19
	新砦 00T4H19	42.37	57.63	61.26	11.38	27.36
	新砦 00T6⑧	42.07	57.93	81.6	9.53	8.87
煤山 75H30		53?	26	69	6.7	6
煤山 88T3③		38?	34	64.6	3.7	3.6
蒲城店城墙夯土		40.12	59.87	89.02	7.21	3.76

由表中可知，“新砦类”遗存泥质陶数量高于夹砂陶，有一定数量黑皮陶或磨光黑/褐陶。灰陶占绝大多数。

3. 二里头一期遗存的陶质与陶色

陶器夹砂和泥质陶比例接近（表五），灰陶为多，但色多变，颜色较深，往往皮与胎并不相同，造成统计中灰褐往往难以分辨；黑灰陶、黑陶或黑皮陶占有较大的比例。陶器烧成温度不高火候较龙山晚期偏低，陶胎变厚。

表五　二里头一期文化典型单位陶系统计表

典型单位 \ 类别	陶质		陶色		
	泥质陶（%）	夹砂陶（%）	灰陶（%）	黑陶（%）	褐陶（%）
稍柴 T5④、T7④	56.4	43.6	93.7	3.7	2.3
东干沟 T521③	56	44			
竖河 H36、H95	42	53	75	9	19
郑窑 H28、H36	49.3	50.7	60	29	12

四、陶器纹饰风格的比较

1. 王湾三期文化晚期陶器纹饰风格

从陶器的装饰纹饰来看，王湾三期文化晚期遗存以篮纹为绝大多数，方格纹和绳纹的比例也不小，磨光黑陶比例较大，附加堆纹少见。嵩山以南似乎绳纹的比例要稍显少一些。陶胎较前段变厚，篮纹、方格纹不似前段规整，显得稍有散乱宽大（表六）。

表六　王湾三期文化晚期典型单位陶器纹饰统计表

纹饰 / 典型单位	素面%	篮纹%	绳纹%	方格纹%
站马屯 T1/T2①	51	35	8	5
煤山 75T25③A①	?	52. 3	10	33. 9
王城岗 W5T0672H76⑧	35. 64	41. 71	1. 74	20. 67
王城岗 W5T0672H78	25. 5	45		29. 5
汝州李楼 T3④H1②	59	26	3	10
瓦店 97VT1H17	14. 4	62. 4	2. 4	18. 4

2. “新砦类”遗存的陶器纹饰风格

已发表材料中“新砦类”较为详细的统计数据有以下几组（表七）。

表七　“新砦类”遗存典型单位陶器纹饰统计表

	纹饰 / 典型单位	素面（%）	篮纹（%）	绳纹（%）	方格纹（%）	旋纹（%）	附加堆纹（%）
早段	新砦 99H101③	?	29. 5	4. 1	19. 8	?	12. 8
	新砦 99H29④	?	51. 6	10. 2	18. 5	9	8. 8
	新砦 00T2H11	42. 71	28. 85	6. 33	14. 74		2. 8
	新砦 00T2H93	38. 43	21. 24	6. 32	23. 51		1. 14
	新砦 00T4H26	37. 45	31. 25	11. 67	16. 08		2. 4

---

① 煤山 75T25③A 纹饰统计数据未将素面陶加入统计总数，因此百分比仅为有纹饰的陶片中的百分比。素面陶所占比例不详。特此说明。

② 中国社会科学院考古研究所河南一队：《河南汝州李楼遗址的发掘》，《考古学报》1994 年第 1 期。

③ 新砦 99H101 纹饰统计数据未将素面陶加入统计总数，因此百分比仅为有纹饰的陶片中的百分比。素面陶所占比例不详。特此说明。

④ 新砦 99H29 纹饰统计数据未将素面陶加入统计总数，因此百分比仅为有纹饰的陶片中的百分比。素面陶所占比例不详。特此说明。

续表

典型单位＼纹饰		素面（%）	篮纹（%）	绳纹（%）	方格纹（%）	旋纹（%）	附加堆纹（%）
早段	新砦00T4H45	40.08	20.7	11.24	16.93		0.79
	新砦00T4H53	35.88	30.15	17.3	11.45		1.72
	新砦00T4H59	33.27	30.23	13.31	18.63		2.09
	新砦00T12⑤A	39.56	28.79	9.75	7.6		2.86
晚段	新砦00T2H11	65.9		2.69	24.21		0.29
	新砦00T4H19	25.42	33.66	16.46	15.74		1.93
	新砦00T6⑧	27.58	19.69	10.06	18.06	4.94	14.73
煤山75H30①		?	73.1	2.2	22.9	?	
煤山88T3③		35.7	28.4	13.8	12.8	3.7	5.5
稍柴T5、T7④		26.8	46	14	0.8	5.8	3.6
蒲城店城墙夯土		31.34	64.89	1.56			1.56

从上表的统计可以看出，“新砦类”遗存的素面陶器一般占三至四成的比例，有纹饰的陶器以篮纹为主，方格纹一般次之，绳纹一般占第三位。有一定数量的旋纹和附加堆纹。鸡冠鋬开始流行。

3. 二里头一期遗存纹饰风格

陶器以篮纹为主，细绳纹次之，有少量方格纹；泥质陶有的作磨光处理（表八）。大型和较大型器肩腹部施绳索状附加堆纹或凹凸弦纹等。圆腹罐、鼎的口沿往往增饰一条宽带花边。陶器制法分为轮制、手制和轮手合制等。总体制作不及王湾三期文化晚期和“新砦期”精细。

表八　二里头一期文化典型单位陶器纹饰统计表

典型单位＼纹饰	素面（%）	篮纹（%）	绳纹（%）	方格纹（%）	备注
稍柴T5④、T7④	26.8	46	14	0.8	
东干沟T521③		51.1	17.9		其余纹饰和素面陶占31%
竖河H36、H95	36	34	22	3	
郑窑H28、H36	20	44	17	5	

① 煤山75H30纹饰统计数据未将素面陶加入统计总数，因此百分比仅为有纹饰的陶片中的百分比。素面陶所占比例不详。特此说明。

五、陶器细部特征的比较

1. 王湾三期文化晚期陶器细部特征

王湾三期文化晚期鼎罐类陶器口沿由方变尖变圆，口沿折棱并不明显，下腹有的急收内凹，底部有的圜凹。高足鼎足部侧面的装饰粗糙。斝腹开始变浅，甚至无腹平底，早期下部突出的一块已经接近消失。小口高领瓮的领部有的略有内弧，下腹有的急收内凹。碗有的有假圈足，但大部分还是作小平底可兼为器盖使用。器盖少有折肩，口部圆唇外凸。豆柄较细，豆盘一般不折沿。甑一般罐形，腹底交接处一般有甑孔，甑孔一般圆形，梭形孔尚少见。

2. "新砦类"遗存陶器细部特征

"新砦类"遗存的陶器在细部特征上有一些特征值得注意。高足鼎数量增加，侧面多有刻划或捏制的花边。嵩山南北的乳足鼎与高足鼎比例不太一样，有王湾三期以来地区差异的延续性。鼎、罐类陶器口沿一般流行折沿，沿面比较平，但是折曲明显，有的在内缘面有凹槽以扣合器盖，腹部一般比较肥鼓。一般在上腹及肩部加饰旋纹配合篮纹或方格纹使用。小口高领瓮一般敞口，肩部转折较为明显，新砦遗址出土的硬折肩器可能是地方特色。时代较早的同类器有的在下腹急收，整体形态近似灯笼。甑器壁底部有孔与仅在底部有孔的同时出现，显示过渡形态。有的有豆盘一般有折沿，但豆柄已有上粗下细的倾向，有的甚至有镂孔（新砦遗址豆数量较少，且接近龙山风格的细把豆较多）。器盖肩部硬折，制作精细。花地嘴遗址的器盖钮部形态差异较大。盆类器多见鸡冠鋬手。鬶、盉、觚在各个遗址均有发现，形态有的与二里头遗址早期同类器差别不大。三足盘、圈足盘数量虽然不多，但是在各个遗址都有发现，有的三足盘已经出现舌形足。大平底盆已经出现卷沿风格。敛口瓮形态和腹部加附加堆纹的特点与二里头十分接近。

3. 二里头一期遗存陶器的细部特征

二里头文化一期遗存陶器"口沿方唇减少，圆唇增多；沿面内曲者减少，沿平展者增多；外侈角度小者减少，外侈角度大者即接近平沿者增多；沿下有承盖棱者减少，沿呈锐折或称硬折者增多，圆转无折棱又称软折者渐增"①。罕见卷沿器，器腹较圆鼓，下部内收者少见。以平底器最为多见，其次为三足器和圈足器，基本不见圜底器。少见空三足器和子母口器。

---

① 郑光：《二里头陶器文化论略》代前言，《二里头陶器集粹》，中国社会科学出版社，1995年。

六、陶器器类组合的比较

1. 王湾三期文化晚期陶器组合

总体来说，王湾三期文化晚期以深腹罐、罐形鼎、甑等为常见炊器，深腹盆、高领瓮为盛器，以豆、平底盆为食器，出现鬶、盉、觚作为酒器（表九）。但嵩山南北的王湾三期文化晚期在陶器组合上存在一定的差异。嵩山以北鼎较为少，以深腹罐为常见炊器。鼎多为截面三角或长椭圆的高足，而嵩山以南则以各种形态的乳足鼎为主，夹砂深腹罐的比例较嵩山以北为小。嵩山以北斝非常常见，而嵩山以南则十分少见。嵩山以北单耳杯的数量较多，而嵩山以南则以觚和高柄杯为主。嵩山以北的双腹盆，带双耳的直领瓮在嵩山以南比较少见。在嵩山以北，郑州与洛阳地区还存在东西地区差异①。

表九　王湾三期文化最晚阶段部分单位陶器器类统计表

器别 典型单位	深腹罐	圆腹罐	高足鼎	乳足鼎	甑	豆	觚	鬶	圈足盘	杯	平底碗	器盖	大口瓮	斝	高领瓮罐	刻槽盆	双腹盆	平底盆	其他
煤山 75H85		2													1				
煤山 75T19③						1	1	1		1									
煤山 87H15						1		1			3								
煤山 87H25			1	1							3		1						
煤山 87H29			1	2								2			1	1	1		
锉李 H22	1		1		1						1			1	1		1		
西吕庙 H9	3					1											1		壶
西吕庙 H14								1		1					1				
站马屯 T7①		1				1													
站马屯 T7②		1														1			灶
站马屯 T8①			1								1	1		1		1	1		
站马屯 T9①		2									1								甗
站马屯 F8		2						1			1				1				
古城寨城北 T2③	2	3	1			1	1			1	2	1		1	3		1	2	甗壶

① 王震中：《略论“中原龙山文化”的统一性与多样性》，《中国原始文化论集》，文物出版社，1989 年。

2. “新砦类”遗存的陶器器物组合

由于王湾三期文化到二里头文化的文化渊源关系，就器物而言，两种文化见有很大的共性，甚至可以说是延续性。以深腹罐、罐形鼎、甑、刻槽盆为炊具；以深腹盆、小口高领瓮为盛器；以豆、平底碗（钵）、平底盘、圈足盘为食器；以鬶、盉、觚为酒器是二者的共性。但是由于时代流变，“新砦类”遗存和二里头文化又都与王湾三期文化有所差异。从“新砦类”遗存的典型单位可以看出，“新砦类”遗存不见斝（至于花地嘴遗址发现的敛口斝则应当与晋中晋南的文化因素影响有关①）、双腹盆、出现圆腹罐、三足盘、器盖肩部硬折的特点与王湾三期差异明显。从器类的丰富性上看，新砦类遗存较王湾三期文化更为丰富，也具有二里头文化的一些特点。开始出现矮领直腹宽肩的大型瓮、舌形足三足盘、花边罐、小领出棱近子母口的鼎、弧折肩器盖、圜底罐等是其与二里头文化关系密切的证据。

表一〇　新砦遗址部分单位陶器器类统计表

器别 典型单位	刻槽盆	深腹罐	圆腹罐	乳足鼎	高足鼎	平底盆	甑	豆	觚	鬶	深腹盆	平底碗	单耳杯	大口罐	器盖	高领瓮罐	圈足盘	三足盘	瓮	其他
新砦 79T2③			3		2	2		2	1				1							壶
新砦 79H3		2			1	1					1			1	1	1				
新砦 79H7				1	2	1		1			1				1	1			1	盘
新砦 79H8		2	2		1	1					1	2		1		1			1	尊
新砦 79H9		1									1	1		1		2				
新砦 79H10		1	1				1			1					2	1	1			
新砦 00T6⑧	1	3	1	1	2	1	1	4		1		1			4	2			2	盅
新砦 00H19		1		1		1						1				1			1	
新砦 00H26④	1	1		1		1						2			1	1				
煤山 70H3			2	1			1							1			1			
煤山 75H1		1					1		1			1								
煤山 75H9								1		1								1		
煤山 75H19		1		1						1		1								
煤山 75H30		2		2				2			2			1						
煤山 75H64	1											1						1		
煤山 75H70	1			1										1						
煤山 75H59												1	1			1				
蒲城店 G8		1	1		1	1					2						1			
蒲城店 TG8	1	8						3								2				
蒲城店 H411①	1	1	1			1	1	1							1					敛口罐、瓮、缸
蒲城店 H411②		1		2				1												钵、子口盆

① 袁广阔：《再思二里头文化的来源》，《中国文物报》2005 年 6 月 24 日。

另外牛砦遗址 H1①、锉李遗址 H5② 等单位或许也可以划归"新砦类"遗存。

至于顾问提及的擂台子遗址，发掘者将遗址分为前后三期，认为第二期属于龙山时期，该期未发现任何遗迹，地层关系为 T1⑤a→⑤b→⑥③。发掘者认为二期文化中夹砂陶明显多于泥制陶，陶器和煤山类型的同类器几乎相同，文化面貌与中原龙山文化接近，应该属于中原龙山文化系统，年代相当于中原龙山文化中晚期。在分析简报公布的材料后发现，擂台子第一期文化也应属于龙山时期遗存，但文化性质与二期存在差异，接近杨庄遗址二期遗存，应不属于新砦类遗存的范畴。马庄 66T2H3 等材料未经公布，情况不详，不能轻下判断。

从目前的情况看，上述典型单位有分期的可能，但因发表材料太少尚难以明确指出具体的分段方案。

3. 二里头一期遗存的陶器器物组合

器物组合（表一一）。炊器：深腹罐、圆腹罐、罐形鼎、甑、刻槽盆、甗（罕见）；食器：高柄豆、平底盆、三足盘、圈足盘、钵；酒（水）器：鬶、盉、觚、爵、壶、杯（盅）；盛储器：折沿深腹盆、高领瓮（罐）、大口（敛口）罐、尊类器（小口、高领、矮领等）、缸；汲水器：捏口罐（数量较少）；其他：器盖。二里头文化一期遗存新出现或王湾三期文化晚期少见，现在比较常见，已经成为二里头文化的内涵因素器型有：高足罐形鼎、盆形鼎、捏口罐、圆腹罐、花边口罐、爵、三足盘、盆形甑、广泛流行的鸡冠鋬。开始消失或王湾三期文化时期常见，现在比较罕见的器物有：乳足鼎、小口高领瓮、小平底碗、敛口钵、斝、罐形甑、子母口瓮等。

表一一　部分遗址二里头一期典型单位器类统计表

器别 典型单位	刻槽盆	深腹罐	圆腹罐	高足鼎	平底盆	花边罐	甑	豆	觚	敛口瓮	小尊	盉	大口罐	器盖	高领瓮罐	圈足盘	缸	尊	其他
稍柴 H20	3	2	1	2	1		1	2		1	2	4	2	1	1	1	2		
稍柴 H35		1				3	1								2				
稍柴 H48		1								1				1	1		1		
东干沟 M1			1		1			1	1						1				
东干沟 H502	1				1														
竖河 H23		1	1																

① 河南省文化局文物工作队：《郑州牛砦龙山文化遗址发掘报告》，《考古学报》1958 年第 4 期。

② 洛阳博物馆：《洛阳锉李遗址试掘简报》，《考古》1978 年第 1 期。

③ 河南省文物考古研究所、信阳市文物管理委员会：《河南罗山县擂台子遗址发掘简报》，《华夏考古》2003 年第 2 期。

续表

器别 典型单位	刻槽盆	深腹罐	圆腹罐	高足鼎	平底盆	花边罐	甑	豆	觚	敛口瓮	小尊	盂	大口罐	器盖	高领瓮罐	圈足盘	缸	尊	其他
竖河 H42		2	1																
竖河 H36		1	2																
竖河 H95	1	2													1				壶
郑窑 J5		4	1				1								3				
郑窑 H28	1		2		1			1					1			1		1	
郑窑 H36					2		1									1			杯

七、"新砦类"遗存与二里头一期遗存的归属

可以说"新砦类"或者"新砦期"的提出，将二里头一期上归入新砦或龙山晚期还是将新砦类遗存下拉入二里头文化，为之增加一期，都是看到了新砦类遗存和二里头一期遗存与之前的王湾三期文化晚期遗存相比存在变化，与二里头文化的陶器组合、形制和风格有了更多的相似性。但是独立划开一刀却并不能从解释为什么在物质文化层面会出现这样的变化。

从文化质变的角度考虑，"新砦类"遗存和"二里头一期文化"恰恰是因为王湾三期末大规模的整合作用，使得嵩山南北的文化面貌出现了显著的变化。王立新先生注意到，"这一时期的遗存，在内涵上具有相当大的不稳定性。在同一遗址中，有的单位王湾三期文化的固有因素多一些，而有的单位则煤山文化的因素更浓厚一些。这正是一个新的考古学文化在动荡中的孕育时期。"① 笔者曾经提及，二里头文化早期遗存中的外来文化元素大多不是照搬"拿来"或简单的模仿，大部分器类都经过了相当程度的改造，口唇像此，腹底似彼，装饰类他的"一器多因素"现象并不鲜见。这也是笔者倾向于用"渗入—整合"来形容从王湾三期到二里头早期文化交流的原因所在。文化因素的多源和文化面貌的芜杂，构成了二里头文化"复合文化"特性。同时，在观察不同文化对本地区考古学文化演进的影响时应当注意到，不同的考古学文化所影响到的只是本地社会生活中的某一个层面甚至只是某一个层面中的一部分，完全"克隆"或是"拷贝"与循序渐进的逐步渐变都不是本地区文化演进的过程。在通向社会复杂化的进程中，本地区的人群是在不断的整合与渗入中完成自身的演进的。陈冰白先生也曾经指出"二里头文化的形成只能是在中原旧有的文化格局经历了破坏性振荡之后重建的新

① 王立新：《从嵩山南北的文化整合看夏王朝的出现》，《二里头遗址与二里头文化研究——中国·二里头遗址与二里头文化国际学术研讨会论文集》，科学出版社，2006 年。

的文化秩序，这意味着旧有各类文化的分化和重新组合。”①

在二里头文化的研究过程中，学术界一致同意将夹砂深腹罐、圆腹罐、鼎、刻槽盆、觚、爵、鬶、盉、豆、大平底盆、三足盘、小口高领瓮、大口尊、捏口罐、四系汲水罐、敞口弧腹盆、蘑菇状钮器盖等器类作为二里头文化的基本陶器组合，可以作为二里头文化陶器群的文化内涵代表。这些器物数量较多，分布较广，演变轨迹清晰，这是毋庸置疑的事实。但是很多学者却因为同一器物形态的前后变化，而不顾基本的陶器组合关系和主体因素将同类的陶器群分属不同性质的文化。这样在对于二里头文化的研究中势必造成对于二里头文化内涵把握的前后差异，直接的后果就是对什么才是二里头文化产生疑问。二里头文化形成之初，是在王湾类型与煤山类型相互整合并吸纳其他文化因素，以“滚雪球”的方式用融合—创新—发展的过程完成的。

将二里头一期文化从二里头文化中分离出去或者将“新砦类”遗存单独划开，并不能对于二里头文化的渊源流变的研究产生积极的影响。对于一种新兴的考古学文化在初始阶段中的不稳定状态单独划开实际是从性质上否认了其与同一文化后续阶段的一致性。

正是基于这一原因，笔者认为，非但二里头一期文化不能从二里头文化中分离，而且应将“新砦类”遗存划归入二里头文化中，并取消“新砦期”的命名，直接称为“二里头文化一期遗存”，并将其归入原二里头文化四期体系中，原来的四期均向后顺延一期。

从陶质与陶色上看，二里头文化一期遗存与原二里头分期体系下的四期遗存相比，更为接近。素面陶器一般占三至四成的比例，磨光陶的比例逐渐减少。黑衣陶增多。棕褐陶逐渐增多，与王湾三期文化晚段差异显著。灰陶的比例占绝大多数，但陶色的斑驳程度趋于简单，这一点是二里头文化一、二、三期遗存共同的特点。三期以后棕褐陶的比重上升较多。

从陶器装饰风格上看，二里头文化一期遗存与原二里头分期体系下的四期遗存相比，更为接近。有纹饰的陶器以篮纹为主，方格纹一般次之，绳纹一般占第三位。但从三者的比例构成看方格纹、篮纹所占比重已经较龙山晚期大为下降。有一定数量的旋纹和附加堆纹。这些特征与二里头文化二期接近。在二里头文化五期的流变过程中，总趋势是篮纹、方格纹减少到消失，绳纹比重逐渐上升。本阶段鸡冠鋬开始出现流行。

从陶器组合上看，二里头文化一期遗存与原二里头分期体系下的四期遗存相比，更为接近。二里头文化一期遗存所包含陶器组合基本上不见斝（至于花地嘴遗址发现的敛口斝则应当与晋中晋南的文化因素影响有关②）、双腹盆、出现圆腹罐、三足盘、器

① 冰白：《从龙山晚期的中原态势看二里头文化的形成——兼谈对早期夏文化的若干认识》，《中国考古学的跨世纪反思》（下册），商务印书馆（香港），1999 年。

② 袁广阔：《再思二里头文化的来源》，《中国文物报》2005 年 6 月 24 日。

盖肩部硬折的特点与王湾三期差异明显。从器类的丰富性上看，二里头文化一期遗存较王湾三期文化更为丰富，也具有二里头文化的一些特点。开始出现矮领直腹宽肩的大型瓮、舌形足三足盘、花边罐、小领出棱近子母口的鼎、弧折肩器盖、圜底罐、爵、豆柄上粗下细的镂孔豆、切口高流盉等等是其与二里头文化关系密切的证据。而一期遗存缺乏的捏口罐、大口尊数量增多则是在二里头文化三期（原二里头文化二期）开始的。这种差异是期别间的差异，而非文化的。

从遗迹现象上看，二里头文化一期遗存与原二里头分期体系下的四期遗存相比，更为接近。二里头文化流行锅底状灰坑，王湾三期文化普遍流行袋状坑，但二里头文化一期遗存中的袋状坑却并不十分典型。王湾三期文化墓葬一般墓圹狭小并不流行随葬品随葬。而二里头文化一期遗存的墓葬已经开始较为流行随葬品，其组合与二期遗存已经接近。

从旁证角度思考，碳-14 年代上看，二里头文化一期遗存的年代更接近二里头文化。20 世纪 70 ~ 90 年代对于偃师二里头遗址公布的碳-14 数据有 56 个，其中一期或早期数据有三个①，数据最早的为前 1824 年前后。原《偃师二里头》报告公布的二里头遗址原二里头一期文化碳-14 数据在前 1900 年左右②。夏商周断代工程研究中对于很多遗址进行了重新的测年，测年结果与以往的数据差异不大，属于原二里头文化一期的测年数据有 3 个，数据较早的为前 1860 年，晚的年代为前 1690 年③。但稍后同属于夏商周断代工程专家组成员却发布新的数据称"二里头文化一期的年代仅处于前 1700 多年"④。而最新的碳-14 高精度测年显示"新砦期"遗存年代普遍在前 1800 年前后⑤，新砦遗址的 7 个测年数据甚至到 1792 ~ 1700 间⑥。这与原二里头一期测年数据极为接

① 中国社会科学院考古研究所：《中国考古学碳-14 年代数据集（1965 ~ 1991）》，文物出版社，1991 年；中国社会科学院考古研究所实验室：《放射性碳素测年年代报告（一九）》，《考古》1992 年第 7 期。

② 中国社会科学院考古研究所：《偃师二里头——1959 ~ 1978 年考古发掘报告》，中国大百科全书出版社，1999 年。

③ 中国社会科学院考古研究所实验室：《放射性碳素测年年代报告（二八）》，《考古》2002 年第 7 期；夏商周断代工程专家组：《夏商周断代工程 1996 ~ 2000 年阶段成果报告》（简本），世界图书出版公司，2000 年。

④ 张雪莲、仇士华、蔡莲珍：《郑州商城和偃师商城的碳-14 年代分析》，《中原文物》2005 年第 1 期。

⑤ 具体数据尚未正式公布，但是在在北京大学考古文博学院 02 博张海博士论文开题及中华文明探源工程（第一阶段）成果报告会上，由赵辉、吴小红、张海联名公布的《2500BC ~ 1500BC 中原地区考古学文化谱系分期的精确碳-14 年代测定》中提及的数据大致在此范围之内。

⑥ 夏正楷等：《我国中原地区 3500aBP 前后的异常洪水事件及其气候背景》，《中国科学（D 辑）》2003 年第 33 卷第 9 期。

近，而与河南龙山文化晚期最新测年数据相差较大①。

从考古学文化命名与分期的意义来看，一种考古学文化的分期不应仅限于典型遗址的分期。对于二里头文化而言，将文化的分期局限于典型遗址二里头遗址而忽视相关遗存似乎并不恰当。对于二里头文化早期遗存而言，邹衡先生早就发现其一期偏早阶段的遗存是缺乏的。所以也建议可以增补入二里头文化一期的偏早阶段，但文化名称在当时的材料下他建议称为“二里头文化一期的偏早阶段”②。

综合上述六个方面来看，笔者认为，应该重新审视二里头文化的分期方案，将原“新砦类”遗存纳入二里头文化的体系之中称为二里头文化一期，原二里头文化一至四期名称均向后顺延一位。

八、二里头文化一期的分布及其与周边考古学文化的关系

任何一种考古学文化的确定都需要有一定的分布范围方能称其为考古学文化。而处于某种考古学文化中的某一期遗存也是一样，需要有其时空范围。在上文已经探讨了二里头文化一期遗存的时间，以下就其空间分布范围略作探讨。

由于目前可以确定的二里头文化一期遗存的遗址较少，仅分布于嵩山南北两侧。北界未过黄河，南界在沙河上游、外方山东麓一线，以颍河、北汝河上游与伊洛平原、洛汭地带为其在嵩山南北的分布中心。东界在贾鲁河以西，西界不出洛阳盆地。分布范围与二里头文化二期相较为小，较三期更小。但恰是如此，也正好反映出二里头文化的扩张态势。

从地域分布角度而言，在二里头文化一期时期，在嵩山南北出现了以二里头遗址二里头文化一期遗存、荥阳花地嘴、新密新砦三支文化面貌总体接近，但又略有差异的考古学文化遗存。在既往研究中，学术界较为一致的意见是这三支考古学文化遗存在年代上虽略有先后，但有较长的重合部分。从宏观角度而言，在中原腹心地带的豫中与豫西不同地区的相同时期内出现总体面貌相当的遗存，恰恰反映了当一个大的时代在发生转变时，同一种考古学文化内部所作出的相应转换。基于这一角度而言，更应该将这三支考古学文化归属于二里头文化。换言之，在龙山时代向二里头时期的转变过程中，一个新的文化或文明形态在其最初的转变过程中，虽然在不同地区出现了小的地域差异，但总体面貌上却与这一新的文化保持着高度的一致性。

宽泛地从二里头文化一期的分布来看，二里头文化一期的扩张似有沿嵩山东侧由南向北扩大的趋势。王立新先生也注意到“在龙山末期嵩山以南的煤山文化因素已开始

① 夏商周断代工程专家组：《夏商周断代工程 1996～2000 年阶段成果报告》（简本），世界图书出版公司，2000 年。

② 邹衡：《综述夏商四都之年代和性质》，《殷都学刊》1988 年第 1 期。

陆续向北渗透甚至穿插在王湾三期文化的分布区中。其传布的路线似乎是沿嵩山东侧北上，经由郑州地区而进入王湾三期文化的腹地。"① 这一传布的过程同时又是嵩山南北两地文化的交流过程，从目前的材料看，不排除整合过程中形成的二里头文化一期遗存因为传布过程的时空差异存在地区差异并形成不同的地方类型和继续分段的可能②。从二里头文化早期遗存中，可以发现那些往往被认为与礼制因素有关的一组器物如爵、鬶、盉、觚形杯等与王湾三期煤山类型的遗存关系更密切一些。

其实，在王湾三期文化中，嵩山以南的聚落等级和遗址分布情况来看，似乎较嵩山以北等级化更为完整一些，遗址的数量也较多。在陈星灿等人的调查中，伊洛河流域遗址数量从龙山时期的92个迅速减少到40个③。在许顺湛对于《中国文物地图册·河南分册》所公布的遗址调查情况所作的分析中也显示了相似的结论④。方燕明的研究⑤结论与陈星灿先生对伊洛区域的调查的结果差异较大，这从一个侧面证明了王立新先生的推断。在陈冰白的分析中提出"以洛阳盆地为中心的中原腹地，从龙山晚期起始呈现了漩涡式动态文化分布格局，经过考古学所看得出的激烈文化角逐，以颍、汝上游的煤山文化部分和黄河下游的龙山文化部分作为主导力量汇聚于洛阳盆地，由此形成了二里头文化。"⑥

王湾类型与煤山类型整合形成的二里头文化一期遗存，一方面说明王湾—二里头族群拓展了活动空间，便利了其对东西方文化因素的吸纳和东西方文化因素的全面融合。但从另一方面也说明了这其中或许存在着更深重因素。直接地讲，迫使王湾三期文化衰败、转换地缘文化中心的直接原因就是社会形态的转变。如陈星灿等人所分析的那样，虽然遗址数量在不断减少但单个遗址的面积却在不断增加，这表明"核心地区城市化过程中的聚落集中，很可能是国家通过人口分布的重组完成的。"⑦ 王立新先生则观察

---

① 王立新：《从嵩山南北的文化整合看夏王朝的出现》，《二里头遗址与二里头文化研究——中国·二里头遗址与二里头文化国际学术研讨会论文集》，科学出版社，2006年。

② 由于新砦遗址的大部分材料并未公布，花地嘴遗址的材料也没有公开。但据笔者整理与参观所见两遗址在文化面貌上有一定的差异，联系煤山遗址公布的材料，不排除可以将二里头文化一期分为嵩山南北与洛汭地区三个地方类型的可能。这三个类型既有地区差异也存在一定的时代差异。

③ Li liu & xing can Chen. *State Formation in Early China*, Gerald duckworth&co. ltd, 2003.

④ 许顺湛：《河南龙山聚落群研究》，《中原文物考古研究》，大象出版社，2003年。

⑤ 方燕明：《颍河上游早夏文化遗存的聚落形态考察》，《庆祝张忠培先生七十岁论文集》，科学出版社，2004年。

⑥ 冰白：《从龙山晚期的中原态势看二里头文化的形成——兼谈对早期夏文化的若干认识》，《中国考古学的跨世纪反思》，商务印书馆（香港），1999年。

⑦ 陈星灿等：《中国文明腹地的社会复杂化进程——伊洛河地区的聚落形态研究》，《考古学报》2003年第2期。

到在王湾三期文化时“各聚落群之间的相对独立性和相互抗衡性，以及各种迹象所体现出的暴力冲突现象的存在，似乎表明当时的嵩山南北尚没有形成一个统一的政治秩序，以规范和协调各部族之间的行为。”①

从聚落的角度观察，这一时期城市的出现和以二里头遗址为代表的第一个城市中心的出现反映了社会的巨大变革。龙山时期的城址与其说是城市中心，不如说是早期社会的地区性政治、经济中心，“与其用城墙和人口数字作为标准，不如说，城市最明显的特征在于它尽可能狭窄的地域内集中了最大量的经济活动，那里的人口因而十分密集。”② 在刘莉的考察中，对于龙山时期的城址解释为“龙山时期，集团间的战争频繁，对抗加剧。其结果，是地区中心随新的政治势力的出现而在不同的政治实体之间频繁转换。”③

由王湾三期文化晚期至二里头文化早期阶段，嵩山南北地区的两种考古学文化类型逐步整合（甚至可以说是统一），聚落形态由多中心布局演进到单中心结构。这显然是一次文化变更的过程。在这一过程中，二里头文化一期遗存与周邻的考古学文化发生了较密切的联系。

既往研究中学者们将原二里头一期文化的器物分为七组④或是五组⑤，从文化因素角度探讨二里头文化的形成过程中有哪些文化起到作用。需要补充讨论的是，二里头文化一期与同时期的考古学文化关系如何。这个问题十分复杂，笔者将另文探讨，这里仅作一简要概述。

首先需要探讨的是二里头文化一期遗存与晋南地区考古学文化的关系。在二里头文化的研究过程中，学术界往往对东下冯类型注意不够。一方面，由于东下冯的田野工作没有持续开展，很多问题无法说清；另一方面，是对东下冯类型二里头文化的年代问题始终没有得到解决⑥。但是东下冯与二里头二者间存在密切的关系这一点却是毋庸置疑的。在二里头文化一期遗存中有一组与晋南关系较为密切的器物是值得注意的。早在王

① 王立新：《从嵩山南北的文化整合看夏王朝的出现》，《二里头遗址与二里头文化研究——中国·二里头遗址与二里头文化国际学术研讨会论文集》，科学出版社，2006年。

② 〔法〕费尔南·布罗代尔：《法兰西的特性——空间和历史》，商务印书馆（北京），1994年。

③ 〔澳〕刘莉：《龙山文化的酋邦与聚落形态》，《华夏考古》1998年第1期。

④ 李维明：《二里头文化一期遗存与夏文化初始》，《中原文物》2002年第1期。

⑤ 王立新：《从嵩山南北的文化整合看夏王朝的出现》，《二里头遗址与二里头文化研究——中国·二里头遗址与二里头文化国际学术研讨会论文集》，科学出版社，2006年。

⑥ 对于二里头文化东下冯类型，学术界往往将其简单的认为是受到伊洛盆地中二里头类型的影响产生的。其年代分期虽然也比照二里头遗址分为四期，但均较二里头类型晚一期。碳-14数据显示就分期清楚的东下冯一至四期年代只有60余年，显然与实际出入较大。而所有的东下冯类型碳-14数据年代却从前2111年至最晚的前1225年，其间延续886年，若均分到东下冯类型的四期中将会是每期200余年，同样存在疑问。

湾三期文化晚期，晋中和晋南的某些文化因素就已经影响到王湾类型之中①。袁广阔先生也认为，二里头文化的一个重要来源就是以陶寺文化为代表山西龙山文化和东下冯遗址第一期遗存②。

其次需要分析的是豫东造律台类型与山东龙山文化与二里头文化一期遗存间的关系。小口瓮、深腹罐下腹急收的特点也与造律台类型龙山晚期的风格近似。花地嘴遗址发现的肩部折棱明显的器盖与鹿台岗河南龙山文化遗址同类器风格一致。新砦遗址、花地嘴遗址发现的三足盘、四足盘、子母口瓮（鼎）、圆锥穿孔足鼎与造律台类型同类器十分接近。

有学者曾认为在二里头文化早期阶段的东方因素是“新砦文化”“华东化”的特征之一③，但其实这些因素“可都直接来自河南龙山文化，并非直接来自山东龙山文化。”④ 陈冰白先生也曾举出二里头文化二期以洛阳东马沟为代表的一类墓葬，认为其所包含的鬶、盉、三足盘、深盘豆、浅腹盆以及爵等一套陶器组合来源于东方的龙山文化。但陈先生所举例证在山东龙山文化并不常见，或者形制有很大差异。王立新先生认为河南虽古为华夏之地，却早已有东夷之人穿插其间。如此，则未必一定要去山东寻找后羿的居地。二里头文化中所含的东方因素，绝大多数都应是由嵩山南北的龙山遗存中继承下来的⑤。故而山东龙山文化对二里头早期有较大影响或许并不妥帖。

其三，新砦遗址 00T6⑧: 902 盉在颈部往往有细泥条装饰，顶部有三角形遮板的做法；带把壶、三足盘、长颈壶、有三角划纹的装饰风格在淅川下王岗遗址龙山文化遗存中同类器形制几乎一样⑥。花地嘴遗址发现的圜底釜则与下王岗、大寺遗址⑦同类器十分相近。

其实，在生活层面，由王湾三期文化向二里头文化的转换过渡中我们看不到巨变而只有渐变。陶器群提醒我们当时并未发生大规模的文化变迁和人员流动，这说明王湾三期文化与二里头文化之间没有族群的差异而只有认同的转换。换言之就是，从王湾到二

① 常怀颖：《龙山时期至二里头早期的社会复杂化进程初探——以河南中西南部为观察中心》，四川大学历史文化学院硕士论文，2005 年。

② 袁广阔：《再思二里头文化的来源》，《中国文物报》2005 年 6 月 24 日。

③ 许宏：《嵩山南北龙山文化向二里头文化演进过程管窥》，《中原地区文明化进程学术研讨会论文集》，科学出版社，2006 年。

④ 邹衡：《关于夏文化的上限问题—与李伯谦先生商讨》，《考古与文物》1999 年第 5 期。

⑤ 王立新：《从嵩山南北的文化整合看夏王朝的出现》，中原地区文明化进程学术研讨会提交论文。

⑥ 河南省文物研究所等：《淅川下王冈》，文物出版社，1989 年。

⑦ 中国社会科学院考古研究所：《青龙泉与大寺》，科学出版社，1991 年；湖北省文物考古研究所等：《南水北调工程丹江口水库郧县淹没区新石器时代考古调查》，《江汉考古》1996 年第 2 期。

里头的人（族）群并没有变化，而生活样态、家庭组织、信仰内容或者礼仪甚至于统治者发生了变化①。

九、余　　论

对于二里头文化的探讨最终是无法回避对夏文化的探讨的。对于二里头文化一期遗存的初步探讨也需要对早期夏文化的研究作出相应的关照，这本是题中应有之意。

当前，学术界对夏文化的认识主要有两种，一种认为二里头文化即可代表夏文化；另一种认为二里头文化是夏晚期的文化，夏文化早期阶段的遗存应该在“新砦类”遗存或“王湾三期文化”中寻找。虽然也有学者质疑《竹书纪年》对夏纪年的471年说过长，但与二里头文化的碳-14测年相联系，二里头文化与夏纪年相较为短却是不争之实。于是，向上追溯将某类考古学文化遗存纳入夏文化的范畴也就成为必然。但是“所剩部分无论如何不够夏代年数，只能用龙山文化最晚一部分来补充，以至形成了同一文化（二里头文化）分属夏商，不同文化（河南龙山文化和二里头文化）凑成夏的奇怪现象”②，又使得上述的诉求成为矛盾。在上文的梳理中已然证明二里头一期遗存属于二里头文化的理由，接下来的问题就是二里头文化一期遗存属于夏文化哪一段的代表。

在以前对于“新砦期”的研究中，对于二里头文化一期遗存与夏文化的关联主要有五种意见：

（1）认为与禹、启有关③。新砦遗址晚期遗存或为启都④。

（2）认为与禹晚期至仲康前期有关⑤。

（3）认为应该与启对应⑥。

（4）认为应与后羿以及寒浞有关⑦。

（5）认为应与启继位后的征伐有关，尤其是与观、扈二族关系密切⑧。

《国语·周语上》云：“昔夏之兴也，融降于崇山”。韦昭注云：“崇，崇高山也。

① 常怀颖：《龙山时期至二里头早期的社会复杂化进程初探——以河南中西南部为观察中心》，四川大学历史文化学院硕士论文，2005年。

② 刘绪：《有关夏代年代和夏文化测年的几点看法》，《中原文物》2001年第2期。

③ 李德方：《二里头类型文化的来源及相关问题》，《青果集》，知识出版社，1993年。

④ 赵春青：《新砦遗址谱系与聚落研究的新进展》，《中国文物报》2004年9月10日。

⑤ 李维明：《二里头文化一期遗存与夏文化初始》，《中原文物》2001年第1期。

⑥ 张国硕：《夏纪年与夏文化遗存刍议》，《中国文物报》2001年6月20日。

⑦ 顾万发：《试论新砦陶器盖上的饕餮纹》，《华夏考古》2000年第4期。

⑧ 王立新：《从嵩山南北的文化整合看夏王朝的出现》，《二里头遗址与二里头文化研究——中国·二里头遗址与二里头文化国际学术研讨会论文集》，科学出版社，2006年。

夏居阳城，崇高所近。”又《太平御览》卷三十九“崇山”条下引韦昭注说：“崇嵩字古通用，夏都阳城，嵩山在焉。”嵩山是夏族发祥地当属无疑。《逸周书·度邑解》又有“自洛汭延于伊汭，居阳无固，其有夏之居”。《史记·周本纪》作“居易毋固”。蔡云章先生考证“居阳无固”当时说伊洛之滨地势平坦而有险固①。既然是在伊洛之滨且为有夏之居当是在禹居之地之后的事情。王立新先生梳理文献提出启上台后大会诸部，并且与不服自己的部分部族进行征战（主要是针对观和扈），在征战中完成由嵩山以南迁徙到嵩山以北已经文化融合的过程②。其观点新颖，值得进一步探究。

夏史之中，对于夏代早期的迁徙情况文献记载颇少，难以说清，与考古学遗存的照应关联工作中也往往缺少逻辑严密的推断。早期夏文化的探讨是一个复杂的研究课题，目前的考古学材料仅能从物质序列证明二里头文化的流变，二里头文化一期的推定也仅仅是力图完善二里头文化的渊源并试图弥合二里头文化与王湾三期文化纠缠中的分歧，但如何与文献记载的夏史相结合尚存相当大的距离。这也正是本文试图探索的方向，但进一步的研究尚待更多材料的公布。

① 蔡运章等：《“居阳无固”新解》，《夏文化研究论集》，中华书局，1996年。

② 王立新：《从嵩山南北的文化整合看夏王朝的出现》，《二里头遗址与二里头文化研究——中国·二里头遗址与二里头文化国际学术研讨会论文集》，科学出版社，2006年。

早夏文化的时空变迁

杨树刚
（河南省文物考古研究所）

尽管学界对何种考古学文化是夏文化还存在不同看法，但夏商周断代工程的顺利开展及初步结项成果，已使大多数学者趋同于二里头文化1～4期都是夏文化这一认识，这就为开展早期夏文化的研究工作打下了良好基础。本文结合近几年公布的考古新材料，对早夏文化的内涵、时空变迁现象及动力谈些粗浅认识。

一、早夏文化的内涵

夏文化的研究与探索由来已久，随着田野考古学的不断发展，目前学术界对于夏文化的一些认识正在逐步走向一致，比如说“夏文化是夏王朝时期夏民族的文化”、“二里头文化的主体一至四期都是夏文化”就已形成广泛共识。这样一来，就为进行早期夏文化的相关研究奠定了良好基础。

早期夏文化研究的核心是夏代初始问题，亦即何种考古学遗存为最早的夏文化。学界参与讨论者众多，现将主要观点归纳如下：

1. 河南龙山文化的某一部分为最早的夏文化

代表人物有李伯谦、赵芝荃、何驽、袁广阔、方燕明、程平山等。

李伯谦先生从政治事件与考古学文化的关系出发，认为夏初“后羿代夏”引起了河南龙山文化的突变，二里头文化中的东方因素正是这一政治事件带来的新鲜“因子”，因而二里头文化一期还不是最早的夏文化，于是“将王城岗古城使用期晚期遗存作为最早的夏文化，便不无道理”①。

赵芝荃先生曾主持二里头遗址的发掘工作，他认为“二里头第一至第三期只能说是夏代较晚的文化，至于夏代初期的文化，还要到更早的文化中去探索”，而“河南龙

① 李伯谦：《关于早期夏文化——从夏商周王朝更迭与考古学文化变迁的关系谈起》，《中原文物》2000年第1期。

山文化是理想的探索对象"①。他根据煤山遗址的发掘情况，把夏文化的上限定在河南龙山晚期文化之始，同时也认为新砦期遗存填补了河南龙山晚期文化与二里头早期之间的缺环。

何驽先生与袁广阔先生的论证视角则较新颖。前者运用景观生态学的理论，结合考古学的研究，期望从龙山文化遗存（如煤山二期）的文化板块中已露端倪的异质性文化因素，像禹州瓦店器物群、登封王城岗城堡等之类，来探讨形成早期夏文化的"异质性文化板块"②。后者则通过考察史载中发生在氏族社会末期的洪水结束的时间，来确定夏王朝建立的年代，认为豫西嵩山地区未遭洪水劫难，文化序列得以保持，继王城岗四期后发展成王城岗五期文化，进而又形成新砦期二里头文化，该期之后才是二里头一期文化，因此"夏文化应开始于豫中地区以登封王城岗五期和禹县瓦店四期为代表的时期"③。

程平山先生与方燕明先生分别从史学及考古学的角度来探讨早夏问题。前者认为"夏代始于大禹还是夏启，以及二里头文化始于何王之时探讨早期夏文化的关键"，从而得出"早期夏文化应包括大禹所处的河南龙山文化末期和夏启至少康中兴以前的二里头一期文化"的结论④。后者作为夏商周断代工程"早期夏文化"专题的负责人，其研究值得关注。他通过建立起嵩山南北地区河南龙山文化详细的考古编年序列，结合碳-14测年数据与文化间的因素分析，指认出夏文化，并进而大致确定夏文化的上限，结果也得出了与程先生相似的论断⑤。

2. 新砦期或新砦二期遗存是最早的夏文化

张国硕先生依其对考古与文献材料的整合研究，认为夏代纪年只有大约400年，夏代始年应为前2000年。而研究表明，二里头遗址只是太康至夏桀期间的文化遗存，所以新砦二期遗存应为夏启时期的夏文化遗存，是最早的夏文化遗存⑥。

赵春青先生主持了新砦遗址的再次发掘，亦著文确认新砦期的存在，认为它填补了龙山文化与二里头文化之间的空白，但对于它是否是最早的夏文化遗存，似存疑虑⑦。

杜金鹏先生将二里头文化原第一期遗存和第四期晚段从二里头文化中分割出去，而将"新砦期二里头文化"与二里头文化原第一期遗存合并，称之为"新砦文化"，二里

---

① 赵芝荃：《简论夏朝的断代问题》，《中原文物》1999年第1期。

② 何驽：《从异质性文化斑块角度看早期夏文化问题》，《中国文物报》2000年8月30日。

③ 袁广阔：《从古文献与考古资料看夏文化的起始年代》，《河南大学学报》（社科版），2000年第1期。

④ 程平山：《关于早期夏文化问题》，《中国文物报》2001年1月24日。

⑤ 方燕明：《早期夏文化研究中的几个问题》，《中原文物》2001年第4期。

⑥ 张国硕：《夏纪年与夏文化遗存刍议》，《中国文物报》2001年6月20日。

⑦ 赵春青：《新砦期的确认及其意义》，《中原文物》2002年第1期。

头文化原第二期至四期早段则成为重新定义的新“二里头文化”，并认为“就现有资料而言，夏文化主要包括新砦文化和二里头文化。至于夏文化的上限是否可前延至王湾三期文化晚期，尚可讨论。然而，王湾三期文化晚期遗存与夏族有关联，则无疑义。”①

3. 二里头文化一期是最早的夏文化

邹衡先生自提出“二里头文化1～4期都是夏文化”的论断以来，未有更改。他不赞同将河南龙山文化的一部分拉入到夏文化中，认为二者是不同的考古学文化系统，并且确定“夏文化的上限就是二里头一期”②。

董琦先生和李维明先生分别就“后羿代夏”及“新砦期”的相关问题阐述了自己的主张。前者通过对中原与东方文化交流的纵向分析，认为目前尚未寻到“后羿代夏”的考古学证据③，后者则通过对二里头一期遗存的分析，将新砦期遗存归到二里头文化一期早段，并称之为“二里头文化一期新砦型”④，共同认定二里头文化一期就是夏文化早期遗存。

那么，关于早期夏文化，我的认识是，新砦期遗存和二里头一期遗存都属于其范畴⑤。具体论证过程兹不赘述，简单而言，理由如下：

（1）关于夏年，学术界一般认为夏王朝建立于前21世纪，灭亡于前17世纪，存在约500年。有学者根据《竹书纪年》、《易纬·稽览图》等文献记载，认为夏年只有400余年，并且认为禹只是夏朝的奠基人，启才是夏代开国之君。即使如此，二里头遗址一至四期碳-14年代数据也不能完全涵盖该夏年，因此，二里头一期遗存并不是夏文化的上限，最早的夏文化还要到早于二里头一期的文化遗存中去寻找。

（2）王湾三期文化与二里头文化是分属不同性质的两个考古学文化，从命名原则看，二者相互不能替代。若将王湾三期文化晚期作为早期夏文化，那么王湾三期文化的早中期与晚期则分属两种不同性质的考古学文化，王湾三期文化的晚期与二里头一至四期遗存就成了同一时代、同一族属、具有相同文化特征的文化共同体，这与我们对二者的命名及前文的特征分析都发生冲突。同样，若将王湾三期文化晚期某段以后的遗存作为早期夏文化，也将面临类似窘境。因此，将王湾三期文化晚期或王湾三期文化晚期某段以后的遗存作为夏文化的看法，尚有待进一步的解释。

（3）古本《竹书纪年》载：“太康居斟寻，羿亦居之，桀又居之。”从文字表面

---

① 杜金鹏：《新砦文化与二里头文化——夏文化再探讨随笔》，《中国社会科学院古代文明研究中心通讯》2001年第2期。

② 邹衡：《关于夏文化的上限问题》，《考古与文物》1999年第5期。

③ 董琦：《关于早期夏文化问题》，《中国文物报》2001年9月20日。

④ 李维明：《二里头文化一期遗存与夏文化初始》，《中原文物》2002年第1期。

⑤ 杨树刚：《早期夏文化研究》，郑州大学硕士学位论文，2002年5月。

看，斟寻作为都城，仅太康、羿、桀所居，未言夏代其他诸王。经仔细推敲，二里头遗址应是夏都斟寻，且作为都城的时间很长，自太康始居此地，直到夏桀亡，一直未有变更①。

（4）有资料表明，夏部族之冠以夏名，大概自启始，启之活动中心，当在今禹州地区。以新砦遗址为代表的新砦期遗存，其文化面貌介于王湾三期文化与二里头一期遗存之间，但总体来讲，宜归入二里头文化最早的一个阶段，是早于太康时期的文化遗存。它主要分布在汝州、新密等地区，与禹州相去甚近，同文献记载中夏启的活动地域接近。将新砦期遗存作为夏启时期的考古学文化遗存，不仅弥补了前述夏年之不足，而且作为王湾三期文化与二里头一期遗存之间的关键链条将二者弥合起来，使得该地区的文化演进序列更完整。这样，由新砦期、二里头一期、二里头二期、二里头三期、二里头四期所形成的二里头文化就是夏王朝时期以夏族为主体所创造的考古学文化。

综上所述，早期夏文化作为夏王朝初期形成的考古学文化，是“少康中兴”以前的文化遗存，具体应包括夏启时期的新砦期遗存和太康至少康中兴以前的二里头一期遗存。

二、早夏文化的时空关系

1. 新砦期遗存与二里头一期遗存的历时性变化

新砦期遗存因新密市刘集乡新砦遗址而得名。该遗址于1964年由新密文物保管所所长魏殿臣调查发现，其独特的文化面貌引起了人们的注意②。1975年，中国社会科学院考古研究所在汝州煤山遗址又发现了“时代晚于煤山二期，与一般二里头一期文化相同或略早”的文化遗存。1979年，赵芝荃先生重新调查并进行试掘了新砦遗址，发现了介于龙山文化与二里头一期之间的文化遗存，从而提出了“新砦期二里头文化”的命名。之后，学术界对此展开了激烈讨论。一些学者否认新砦期的存在，认为它只是河南龙山文化与二里头文化遗物的大拼盘，也有学者承认新砦期，却把它作为龙山文化的最晚段，更有相当一部分学者持谨慎的态度，希望获取更多的材料来充实它、支持它。1999年和2000年，北大文明研究中心联合郑州市文物考古研究所对新砦遗址又进行了两次发掘，得到了一批遗物，最重要的是发掘出王湾三期文化、新砦期遗存和二里头早期遗存的叠压关系，为确认新砦期遗存打下了基石。由于新砦期已确定为二里头文化最早的一个阶段，为避免命名混淆，减小麻烦，原二里头文化一期遗存，我们称之为

① 杨树刚、高江涛：《夏代都制管窥——从〈竹书纪年〉的一条记载说起》，《殷都学刊》2002年第1期。

② 魏殿臣、谷洛群：《密县古文化遗址概述》，《河南文博通讯》1980年第3期。

“二里头一期遗存”。

新砦期首批测定的碳-14 年代数据有 7 个，其中早段 2 个，绝对年代早于前 1850 年；晚段 5 个，年代在前 1850 ~ 1680 年间①，数据明显偏晚。

二里头一期遗存的碳-14 数据有两批②，第一批的有 7 个数据，其中渑池郑窑 J5 和二里头 IIT104⑥两个偏早，其他经数轮校正过的年代在前 2010 至前 1900 年之间，取其平均数，约当前 1955 年左右。第二批公布的数据取自断代工程，拟合后的年代最早才到前 1880 年，后者略偏晚。

从对新砦期遗存公布的测年数据看，它明显晚于王湾三期文化的下限——前 2000 年，与王湾三期文化有一定的距离。从其特征上看，新砦期遗存与王湾三期文化的差异是比较明显的，尤其是新砦期新出现的一批器物，如平顶高把折壁器盖、直口球腹折沿盆、梭形甑、子母口鼎、子母口瓮、附加堆纹折肩尊、折肩瓮等令人耳目一新。即使是王湾三期文化与新砦期遗存共有的器类，也有较大差别，如鼎、罐类，新砦期流行尖圆唇或加厚作风，而王湾三期文化则盛行方唇。而且，王湾三期文化的典型器如双腹盆、斝等在新砦期不见，煤山类型中的乳足鼎等在新砦期也只有少量沿用，所以，新砦期遗存不是王湾三期文化的最晚段遗存，它具有自身的特点，二者应属于不同的文化系统。新砦期遗存与二里头一期遗存的关系则比较密切，相同点颇多。二者基本器类大致相同，都有绳纹夹砂罐、侧扁足鼎、球腹刻槽盆、三足盘、平底盆、附加堆纹折肩尊、细把豆、折壁器盖、带鸡冠耳的大口罐、深腹盆、梭形甑等。纹饰中的篮纹、绳纹、弦纹、附加堆纹也有承继关系，尤其是二里头一期盛行的篮纹加附加堆纹、鼎足上刻划的人字形纹及云雷纹等，在新砦期都已出现。在新砦遗址的一件器盖上刻划的兽面纹，据分析，也与二里头文化的同类纹饰有一定的渊源关系。因此，我们将新砦期遗存归入二里头文化系统。

同时，新砦期遗存与二里头一期遗存之间也有些许差别。二里头一期的典型器如花边口沿罐、圆腹罐、捏口罐等不见于新砦期，新砦期的乳足鼎、敛口钵、斜壁碗、子母口器等不见于二里头一期。同类器中，新砦期的夹砂罐一般腹部略鼓，底较小，二里头一期的夹砂深腹罐，腹呈筒状，底较大。二里头一期的鼎足与腹部交接部位较高，而新砦期的鼎足一般在鼎腹下部。纹饰中，新砦期有相当数量的方格纹，而二里头一期较少。

---

① 赵春青：《新砦期的确认及其意义》，《中原文物》2002 年第 1 期。

② 中国社会科学院考古研究所：《中国考古学中碳-14 年代数据集（1965 ~ 1981）》，文物出版社，1983 年；夏商周断代工程专家组：《夏商周断代工程 1996 ~ 2000 年阶段成果报告》（简本），世界图书出版公司，2000 年。

2. 新砦期遗存与二里头一期遗存的空间分布变化

新砦期遗存发现的遗址有新密新砦①、黄寨②、古城寨③、汝州煤山④、禹州崔庄⑤、荥阳竖河⑥、郑州北二七路⑦、巩义花地嘴⑧等，沈丘乳香台⑨亦有似新砦期的器物。

二里头一期遗存除了在偃师二里头遗址⑩的Ⅱ、Ⅳ、Ⅴ、Ⅷ、Ⅸ等五区都有发现外，发现的地点还有河南洛阳东干沟⑪、矬李⑫、伊川白元⑬、渑池郑窑⑭、巩义稍柴⑮、荥阳竖河、登封王城岗⑯、汝州煤山、新密新砦等。

从其空间分布地域看，新砦期遗存主要集中于嵩山东南的颍汝河流域，二里头一期遗存虽西至崤山，北以黄河为界，东至郑州左近，南不过伏牛山，已超出新砦期遗存的范围，但也主要集中分布在嵩山北部的伊洛河流域，这是一个值得注意的现象，即从新砦期到二里头一期，早夏文化的文化重心有自嵩山东南向嵩山西北转移的趋势。

三、对时空关系现象的解释

如上所述，在夏文化的早期阶段发生了文化重心由嵩山南部向嵩山北部转移的现

① 中国社会科学院考古研究所河南二队：《河南密县新砦遗址的试掘》，《考古》1981年第5期；北京大学考古文博院等：《河南新密市新砦遗址1999年试掘简报》，《华夏考古》2000年第4期。

② 河南省文物研究所：《河南密县黄寨遗址的发掘》，《华夏考古》1993年第3期。

③ 蔡全法、马俊才等：《河南省新密市发现龙山时代重要城址》，《中原文物》2000年第5期。

④ 洛阳市博物馆：《临汝煤山遗址试掘简报》，《考古》1975年第5期；中国社会科学院考古研究所河南二队：《河南临汝煤山遗址发掘报告》，《考古学报》1982年第4期；河南省文物研究所：《临汝煤山遗址1987～1988年发掘报告》，《华夏考古》1991年第3期。

⑤ 中国社会科学院考古研究所洛阳工作队：《1975年豫西考古调查》，《考古》1978年第1期。

⑥ 河南省文物研究所：《河南荥阳竖河遗址发掘报告》，《考古学集刊》第10辑，1996年。

⑦ 河南省文物研究所：《郑州北二七路新发现三座商墓》，《文物》1983年第3期。

⑧ 郑州市文物考古研究所、北京大学考古文博学院：《河南巩义市花地嘴遗址“新寨期”遗存》，《考古》2005年第6期。

⑨ 河南省文物研究所等：《河南乳香台遗址的发掘》，《华夏考古》1990年第4期。

⑩ 中国社会科学院考古研究所：《偃师二里头》，中国大百科全书出版社，1999年。

⑪ 中国社会科学院考古研究所：《洛阳发掘报告》，北京燕山出版社，1989年。

⑫ 洛阳博物馆：《洛阳矬李遗址试掘简报》，《考古》1978年第1期。

⑬ 洛阳地区文物处：《伊川白元遗址发掘简报》，《中原文物》1982年第3期。

⑭ 河南省文物研究所等：《渑池县郑窑遗址发掘报告》，《华夏考古》1987年第2期。

⑮ 河南省文物研究所：《河南巩县稍柴遗址发掘报告》，《华夏考古》1993年第2期。

⑯ 河南省文物研究所等：《登封王城岗与阳城》，文物出版社，1989年。

象，这究竟是一种偶然，还是历史的抉择，本文也试图对这一现象作一分析，找出其动力所在。

1. 夏族对生存环境的选择

在中国古代，由于社会生活水平和人们改造自然能力的低下，对自然地理环境的依赖性较大。伊洛河流域和颍汝河流域以嵩山为界，形成不同的地理单元，两者有着层次上的不同。

颍汝河流域特别是上游地区介于相对陡峭的山间河谷，早期虽为人类活动提供相对封闭的地理形势，但随着社会的发展，人口的增多，夏族的生存空间被牢牢局限在如此狭小的区域，势必影响夏族向更高层次的发展。或许，当时已经引起了该流域环境所能承受容量的危机，导致了生态环境的破坏。正是这样的背景，迫使夏族开始寻找新的发展空间①。

相比颍汝河流域而言，伊洛河流域具有更加广阔的人类生存空间。尤其是境内的伊洛平原，土质肥沃，物产丰富，这里交通便利，东行出黑石、虎牢二关进入华北平原；西逾函谷关可抵关中地；北过黄河可达晋陕大地；南出伊阙，面对颍、汝流域。

洛阳盆地其他地理环境因素也是十分优越的。纬度在34°~35°之间，属于暖温带大陆性季风气候，与世界其他三大文明一样处于温带或亚热带。土壤为第四纪冲积黄土（褐土），表面构造团粒细微，组织均匀疏松，肥力较高。

综上所述，伊洛河流域的自然地理环境条件十分有利人类的生存、繁衍、发展，这是夏部族对生存环境的新选择。可以说，早夏文化重心从嵩山南部向嵩山北部转移，这是历史的必然。

2. 战争的影响

夏王朝建立初期，由于是新生政权，同时与旧有的社会体制有不同，所以引起了各方面的挑战。首先是来自有扈氏的挑战，夏启亲率大军讨伐，双方在甘展开大战。据郑杰祥先生考证，甘之地望应在今天郑州以西的荥阳一带②。而扈之地望，多以为在陕西户县一带，金景芳先生则考证在今河南黄河北岸的原阳一带③。

其后有“五观之乱”，《书序》云“太康失国，昆弟五人，须于洛汭”。《潜夫论·五德志》：“启子太康、仲康更立，兄弟五人，皆有昏德，不堪帝事，降在洛汭，是为五观”。《水经·巨洋水注》：“〈国语〉曰‘启有五观’，谓之奸子。五观盖其名也，所

① 河南省文物考古研究所等：《颍河文明——颍河上游考古调查试掘与研究》，大象出版社，2008年。

② 郑杰祥：《夏史初探》，中州古籍出版社，1988年。

③ 金景芳：《中国奴隶社会史》，上海古籍出版社，1982年。

处之邑为其名为观”。可见，观地也有在洛汭一带的说法。

关于自太康起，夏族建都于斟寻，如前所述，也就是今天的偃师二里头遗址。据文献，斟寻地望在伊洛下游地区。《汉书·地理志》北海郡平寿县条下颜师古注引应劭云“古斟寻，禹后，今（斟字别体）城是也。”此言斟寻在山东。《史记·夏本纪》正义引臣瓒云：“斟寻在河南，盖后迁北海也。”“河南”指汉河南郡，其治所在今洛阳市，大抵可信。《左传·昭公二十三年》云：“癸卯，郊、寻溃。”杜预注：“河南巩县西南有地名寻中。”《史记·张仪列传》正义又引《括地志》云：“故寻城，在巩县西南五十八里。”根据这些与寻有关的地名，有学者认为巩义稍柴遗址可能是夏都斟寻，但目前尚未发现与夏都相称的考古遗存，我们认为它应是斟寻氏故居之政治中心，夏后氏因袭斟寻氏故居，或立新都于斟寻氏分布区内，故而得名。

因此，早夏时期，夏人由嵩山南部向伊洛地区的这一转移，“恐怕当和夏启继任联盟首领之初夏人对分布于嵩山以北的观和有扈氏等敌对势力的大规模征伐以及对二族故地的占领有关”①。

总之，目前对于早夏文化的认识，学者们还是仁者见仁，智者见智，而本文也只是谈谈自己的一些认识，相信随着新材料的涌现和新理论的运用，早夏文化的研究必将推上一个新的台阶。

① 王立新：《从嵩山南北的文化整合看夏王朝的出现》，《二里头遗址与二里头文化研究》，科学出版社，2006 年。

早夏文化来源研究

吴 倩
（郑州市文物考古研究院）

开展早夏文化探索，对于夏王朝和先夏历史的研究，以及早期国家和文明形成的研究，都具有重要的学术价值。根据文献记载和考古发掘材料的结合，早期夏文化在考古学上表现为夏启时期的新砦期遗存①及太康到少康中兴以前的二里头文化一期遗存②。在学术界对这一问题认识趋同的基础上，早期夏文化来源问题开始成为热门课题。

目前学术界关于早期夏文化来源的主要观点有豫西说③、晋南说④、山东说⑤、东南说⑥。而笔者认为早期夏文化最直接、最主要的源头是王湾三期文化，其他还有造律台类型文化、山东龙山文化、西北地区的齐家文化的文化因素。因此可以说，早夏文化的源头是多源的。本文分析不当之处，敬请方家批评指正。

一、早期夏文化的确认

笔者经过对伊洛汝颍流域王湾三期文化、二里头文化早期遗存的典型遗址进行较详

---

① 徐顺湛：《寻找夏启之居》，《中原文物》2004 年第 4 期；马世之：《新砦遗址与夏代早期都城》，《中原文物》2004 年第 4 期；赵春青：《新砦期的确认及其意义》，《中原文物》2002 年第 1 期。

② 河南省文物考古研究所：《河南考古四十年》，河南人民出版社，1994 年；李维明：《二里头文化一期遗存与夏文化初始》，《中原文物》2002 年第 1 期。

③ 邹衡：《试论夏文化》，《夏商周考古学论文集》，文物出版社，1980 年；李仰松：《河南龙山文化的几个类型谈夏文化的若干问题》，《中国考古学会第一次年会论文集》，文物出版社，1979 年；吴汝祚：《关于夏文化的初步探索》，《文物》1978 年第 9 期；赵芝荃：《试论二里头文化的源流》，《夏文化论集》，文物出版社，2002 年（原载《考古学报》1986 年第 1 期）等。

④ 刘起釪：《由夏族原居地纵论夏文化始于晋南》，《华夏文明》第一集，北京大学出版社，1987 年；王克林：《略论夏文化的源流及其有关问题》，《夏史论丛》，齐鲁书社，1985 年；袁广阔：《二里头文化研究》，郑州大学博士论文，2005 年。

⑤ 吕琪昌：《从夏文化的礼器探讨夏族的起源》，《中原文物》1998 年第 3 期；杜在忠：《试论二里头文化渊源——兼述泰山周围大汶口—龙山文化系统的族属问题》，《史前研究》1985 年第 3 期。

⑥ 陈剩勇：《夏文化东南说》，《寻根》1995 年第 1 期；闻惠芳：《夏代礼玉制度探源》，《东南文化》2001 年第 5 期。

细地分析，认为早期夏文化应发源于此。

（一）夏年的考证

关于夏年的文献记载多零散且互有抵牾，学者们以文献为基础，从自身学科的认识角度提出的夏年结论同样也歧异纷呈。

郑光先生坚持以刘歆为代表的古史观，依据其对文献中年代学资料的整理辨析，将夏年定于前23世纪～前18世纪①。《太平御览》卷八二引《竹书纪年》："自禹至桀十七世，有王与无王，用岁四百七十一年"，夏商周断代工程即采用此说，并从夏商分界之年——前1600年上推，将夏代始年定在前2070年。

笔者认为"夏商周断代工程"对夏代始年定得偏早。理由之一就是对文献记载中关于夏纪年有两种说法的不同解释。这两种说法，一是上述所引的"471年说"，二是《易纬·稽览图》等所载的"431年说"。关于两者相差40年，断代工程采用了前者包括后羿和寒浞代夏之"无王"时期（40年），后者不包括此阶段的解释。实际上，查《史记·夏本纪》："太康崩，弟中康立，是为帝中康。……中康崩，子帝相立。"可见"太康失国"后，中康、相先后为王，此时夏王朝并非"无王"。又据古本《竹书纪年》云："（相）元年，征淮夷、夷王，此时夏王朝并非"无王"。又据古本《竹书纪年》云："（相）元年，征淮夷、畎夷。二年，征风夷及黄夷。七年，于夷来宾。"夏后氏还拥有着征伐东方夷族的权势。因此，"无王"之说似乎很难成立。再考察"431年说"，可能性要大些。《易纬·稽览图》云："禹四百三十一年。"刘歆《世经》曰："伯禹……继世十七王，四百三十二年。"《汉书·律历志下》引《帝系》云："天下号曰夏后氏。继世十七王，四百三十二岁。"《初学记》卷九引《帝王世纪》皇甫谧注云："自禹至桀，并数有穷，凡十九王，合四百三十二年。"《路史·后纪》卷十三注引《三统历》云："十七王，通羿、浞四百三十二年。"近来，有学者指出了《竹书纪年》注文与正文的区别②，认为夏桀31年条下小字注"（自禹至桀）起壬子，终壬戌"是可信的，从而换算得出夏年为431年，且包括穷、寒二世，这说明了"431年说"为不妄之语。

理由之二，牵涉到夏年问题的还有夏代始于大禹还是夏启之争。范文澜《中国通史简编》第一编写道："照《礼记·礼运篇》所说，禹以前是没有阶级的，没有剥削，财产公有的大同社会；禹以后是财产私有的阶级社会。禹不曾废除'禅让'制度，是大同时代最后的大酋长。小康时代应以启开始。"而且，"战国以前书，从不称夏禹，

① 郑光：《关于中国古史的年代学问题—探索夏文化的关键之一》，《夏文化研究论集》，中华书局，1996年。

② 吴晋生、吴薇薇：《夏商周三代纪年考辨—兼评〈竹书纪年〉研究的失误》，《天津师范大学学报》（社会科学版）1998年第1期。

只称禹、大禹、帝禹；称启为夏启、夏后启。这种区别，还保存两人时代不同的意义。”李学勤主编《中国古代文明与国家形成研究》一书中也认为，夏王朝的建立是原始社会末期“僭取”与“反僭取”联盟最高职位斗争的终结，禹不是夏朝“家天下”的始作俑者，夏代的第一代君主是启。对此，吕思勉先生《先秦史》、金景芳先生《中国奴隶社会史》、孙淼先生《夏商史稿》、郑杰祥先生《夏史初探》等，均持相同看法。我们赞同这种观点，夏代始年应从夏启开始，而将禹排除在外。禹之在位时间，《竹书纪年》载：“禹立四十五年。”这样，从431年中除去45年，夏年只有386年，这从文献中也可得到佐证，《孟子·尽心下》孟子曰：“由尧舜至于汤，五百有余岁……。”尧舜在位时间较长，约百年左右，则从禹到汤就只余约400年的时间，果美侠、李维明两位先生运用数学概率的统计方法，对二里头文化分期与相关碳-14年代数据聚合，也得出了夏年跨度约400年的论断①。若依据夏商分界之年——前1600年上推，夏代始年为前1986年，这个数据与王湾三期文化的下限——前2000年已相差不远，应是可信的。

（二）夏都斟寻与二里头遗址

古本《竹书纪年》载：“太康居斟寻，羿亦居之，桀又居之。”从文字表面看，斟寻作为都城，仅太康、羿、桀所居，未言夏代其他诸王。我们经过分析，认为二里头遗址就是夏都斟寻，且作为都城的时间很长。理由是：首先，二里头遗址规模宏大，纵横2～3公里，面积达6平方公里之广。其地下堆积甚厚，遗存可分连续发展的四期。遗址中部为宫殿区，已发现有一、二号大型宫殿基址，其中在二号宫殿区北部还发现一座大型墓葬；南部为青铜冶炼作坊区，延续时间很长。北部和东部为制陶、制石和制骨作坊区。整个遗址布局合理，同时又出土了不少工艺复杂、精美无比的青铜器和玉器，“由此可见，这里绝不是一般的自然村落或城址，很可能是夏代的都邑。”其次，据文献，斟寻地望在伊洛下游地区。《史记·夏本纪》正义引臣瓒云：“斟寻在河南，盖后迁北海也。”“河南”指汉河南郡，其治所在今洛阳市，大抵可信。《左传·昭公二十三年》云：“癸卯，郊、寻溃。”杜预注：“河南巩县西南有地名寻中。”《史记·张仪列传》正义又引《括地志》云：“故寻城，在巩县西南五十八里。”根据这些与寻有关的地名，有学者认为巩义稍柴遗址可能是夏都斟寻，但目前尚未发现与夏都相称的考古遗存，我们认为它应是斟寻氏故居之政治中心，夏后氏因袭斟寻氏故居，或立新都于斟寻氏分布区内，故而得名。由于二里头遗址与夏都斟寻地望相合，自身又具备都邑性质，所以二里头遗址就是夏都斟寻。

最后，二里头遗址的碳-14数据表明，二里头一至四期作为连续发展的文化共同体，延续的时间长达300年以上，仅仅为两三个王所居是不可思议的。从文献上讲，今

① 果美侠、李维明：《夏年新证》，《首都师范大学学报》（社会科学版）2001年第2期。

本《竹书纪年》云“（仲康）帝即位，居斟寻”，又载少康复国后“自纶归于夏邑。”《通鉴地理通释》也说：“少康中兴复还旧都。”这里的“夏邑”“旧都”应指太康故都斟寻。又《吕氏春秋·音初》篇云：“夏后氏孔甲田于东阳萯山。”萯山，郦道元《水经注》引《帝王世纪》以为即东首阳山，《元和郡县图志》卷五河南偃师县条云：“首阳山在县西北二十五里。”其地在今偃师市北首阳山东站一带。孔甲田猎于此，其都邑也在此不远，故单从文献记载讲，夏都斟寻至少为6个王所居是没问题的。再从考古发现上讲，二里头文化一至四期都发现有宫殿或大型建筑址。90年代以来，二里头遗址发现了数座二里头文化早期的大型建筑基址，其使用年代不晚于二里头文化二期，建造年代的上限，极有可能早到二里头一期①。而且，二里头一期是从太康至少康中兴以前的文化遗存，二里头二期则是少康中兴以后的文化遗存，郑杰祥先生对此已有专文论述②，兹不赘述。

因此，夏都斟寻即二里头遗址，自太康始居此地，直到夏桀亡，一直未有变更。

（三）夏启与新砦期遗存

根据以上分析，二里头遗址一至四期遗存是太康至桀时期的夏文化遗存，其年代大约在前1955～前1600年。那么夏启时期的考古学遗存在哪里呢？考察文献记载，夏早期活动的地域多在今河南禹州一带。今禹州，古称阳翟，《汉书·地理志》颍川郡阳翟条下，清人吴调阳《详释》云：“阳翟，今禹州。”清代禹州即今河南禹州市。这里流传着较多禹都、启都的传说。《左传·昭公四年》云：“夏启有钧台之享。”杜预注：“启，禹子也。河南阳翟县南有钧台陂，盖启享诸侯于此。”《帝王世纪》云：“禹受封为夏伯，在《禹贡》豫州外方之南……今河南阳翟是也。”又云：“阳翟有钧台，在县西。”郦道元《水经·颍水注》云：“颍水经阳翟县故城北，夏禹始封于此，为夏国……又西南流经夏亭城西。”《史记·夏本纪·正义》引《括地志》云：“夏亭故城在汝州郏城东北五十四里，盖夏后启所封也。”郏城即今郏县，在禹州西南，夏亭故城亦在古阳翟境内。此外，《吴越春秋·越王无余外传》载：“启遂即天子之位，治国于夏。”这些资料表明，夏部族之冠以夏名，大概自启始，启之活动中心，当在今禹州地区。

新砦遗址位于河南省新密市东南约22.5公里，南临禹州地区。以新砦遗址为代表的新砦期遗存，据上文分析，其文化面貌介于王湾三期文化与二里头一期遗存之间，但总体来讲，宜归入二里头文化最早的一个阶段，是早于太康时期的文化遗存。它主要分布在汝州、新密等地区，与禹州相去甚近，同文献记载中夏启的活动地域接近。从年代上讲，夏启在位年数，据《竹书纪年》：“（启）在位三十九年。”若以

① 河南省文物考古研究所：《河南考古四十年》，河南人民出版社，1994年。

② 郑杰祥：《二里头二期文化与后羿代夏问题》，《中原文物》2001年第1期。

前文推定的夏代始年为前 1986 年，那么，太康始年即夏启终年则为前 1947 年，与二里头一期的碳-14 年代数据 1955 年相差不远。因此，新砦期遗存就是夏启时期的考古学文化遗存。

（四）早期夏文化的指认

通过以上的分析论证，我们认为早期夏文化应包括新砦期遗存和二里头一期遗存，是基于以下考虑：

（1）关于夏年，学术界一般认为夏王朝建立于前 21 世纪，灭亡于前 17 世纪，存在约 500 年。通过上文分析，我们认定夏年只有 386 年，并且排除了大禹，将启作为夏代开国之君。即使如此，二里头遗址一至四期碳-14 年代数据也不能完全涵盖该夏年，因此，二里头一期遗存并不是夏文化的上限，最早的夏文化还要到早于二里头一期的文化遗存中去寻找。

（2）王湾三期文化与二里头文化是分属不同性质的两个考古学文化，从命名原则看，二者相互不能替代。若将王湾三期文化晚期作为早期夏文化，那么王湾三期文化的早中期与晚期则分属两种不同性质的考古学文化，王湾三期文化的晚期与二里头一至四期遗存就成了同一时代、同一族属、具有相同文化特征的文化共同体，这与我们对二者的命名及前文的特征分析都发生冲突。同样，若将王湾三期文化晚期某段以后的遗存作为早期夏文化，也将面临类似窘境。因此，将王湾三期文化晚期或王湾三期文化晚期某段以后的遗存作为夏文化的看法，尚有待进一步的解释。

（3）新砦期遗存作为夏启时期的考古学文化遗存，不仅弥补了前述夏年之不足，而且作为王湾三期文化与二里头一期遗存之间的关键链条将二者弥合起来，使得该地区的文化演进序列更完整。这样，由新砦期、二里头一期、二里头二期、二里头三期、二里头四期所形成的二里头文化就是夏王朝时期以夏族为主体所创造的考古学文化。

综上所述，早期夏文化作为夏王朝初期形成的考古学文化，是“少康中兴”以前的文化遗存，具体应包括夏启时期的新砦期遗存和太康至少康中兴以前的二里头一期遗存。

二、早夏文化之文化因素分析

（一）新砦期遗存

新砦遗址文化遗迹包括城墙、城壕、大型建筑基址、墓葬、窑址、祭祀坑、灰坑，文化遗物以陶器为主，次为石器、骨器、蚌器，还有少量的青铜器、玉器等。

2003年年底，新砦遗址发现一平面基本为方形的大型城址①。现存东、西、北三面城墙及护城河。大型建筑基址位于遗址的A区梁家台村东最高的一块台地上，墓葬规模较小可分两大类：长方形竖穴土坑墓和灰坑葬。在巩义花地嘴遗址发现几座陶窑，陶窑为“非”字形火道，花地嘴遗址发现的三个祭祀坑位于遗址的西北部，主要为圆形，袋状，出土遗物丰富，有精美的玉器、大型陶器等②。灰坑主要依据坑口形状的不同分为：圆形、椭圆形、方形、不规则形等，其中以圆形居多。

新砦期遗存陶器分为泥质和夹砂两大类。炊器如深腹罐、鼎等和盛储器如部分瓮、折肩罐等多为夹砂陶。盆、豆、碗、钵、器盖等食器多为泥质陶。陶胎较厚，绝大多数为红胎、红褐胎。陶色有深灰、浅灰、褐、黑、红几种，以灰陶为主。素面陶在新砦期遗存中为最大比例，篮纹、方格纹、绳纹是其最常见的三种纹饰，此外常见的纹饰还有刻划纹、附加堆纹、弦纹、旋纹、镂空、鸡冠鋬等，特殊的纹饰如饕餮纹、云雷纹、半圆圈纹也有发现。制作工艺以轮制为主，器口常有手抹痕，手制多制器物的底部、口部或附件。新砦期遗存陶器器类特别丰富，常见有宽折沿的深腹罐、器盖、平底盆、豆、碗、小口高领瓮、扁三角形和乳头形足的鼎，一般扁三角形鼎足的一侧或两侧饰有“人”字形或“八”字形纹或指窝纹。此外，还有少量的鬶、盉、圈足器、陶铃等。石器器类主要有铲、斧、刀、镞、锛、凿、砍砸器、砺石、石饰品等。钻孔很普遍，石刀、石铲类几乎均有钻孔，多采用单面钻和两面对钻的方法，还有的是先凿后钻。骨器主要器类有作为生产工具的骨针、骨簪、骨匕及其他骨饰品等。此外，在一些灰坑和墓葬中还出土有卜骨，均有灼痕，多为动物的肩胛骨。常见的蚌器有镰、镞、贝等。花地嘴遗址中常见有蚌壳加工制成的箭头、半月形刀，另有少量的“圭”形器。花地嘴遗址中共发现玉钺、玉刀、玉璋等四件完整玉器，其中玉璋制作精良。新砦遗址中也发现有小件玉器。新砦遗址发现过铜刀残片、铜容器残片及铜颗粒。

（二）二里头文化一期

二里头文化一期遗迹现象有房基、灰坑、墓葬、窑址、灶址等。房基有方形和圆形，灰坑包括圆形、椭圆形、方形、不规则形等，墓葬形制有长方形竖穴土圹、无圹墓、瓮棺墓三种，葬式为仰身直肢，均有随葬品。

其陶器质地分夹砂和泥质两大类，泥质陶居大宗。陶色有灰、黑、褐三种，前两种较常见。陶器制作普遍采用轮制技术，形制规整，器表素面或略加磨光的器皿所占比例很大，且多见泥质陶类。纹饰中，篮纹、绳纹、方格纹是常见的纹饰，还有少量刻划纹、印纹，此外，还有较多的锯齿纹、小钮、鸡冠耳、镂孔等装饰物。器类按用途分为

---

① 赵春青、张松林等：《河南新密新砦遗址发现城墙和大型建筑》，《中国文物报》2004年3月5日。

② 顾万发、张松林：《巩义花地嘴遗址发现“新砦期遗存”》，《古代文明通讯》第18期，2003年。

炊器、盛储器、食器和酒器等，主要有深腹罐、圆腹罐、鼎、甑、刻槽盆、三足盘、尊、豆、瓮、缸、碗、壶、器盖、觚、爵等。除了大量精美的陶器，二里头文化一期也出土了不少骨、石、蚌质的生产工具和武器，铜器也发现有铜刀和铜渣块，还发现有象牙匕形器、卜骨和刻画符号等，反映了当时的工艺水平与精神世界活动的侧面。

三、早夏文化的主要源头

笔者认为，考察一个古文化的来源，应最先在同一区域内先于它的古文化中寻找。在早夏文化分布范围内广泛分布着王湾三期文化，而分析两者文化特征时，发现两者应是一脉相承的，其沿袭关系亦是十分清楚的。

（一）遗迹

三者遗址中所发现的遗迹基本相同，包括灰坑、窑址、灶址、墓葬等。

王湾三期文化与新砦期遗存的建筑形制、结构比较近似，有着明显的承袭关系。其早期的居住面大都铺白灰面，每层厚仅 0.1 厘米，有的铺 3 ~ 5 层，多的有 20 层，厚达 30 ~ 40 厘米。到其晚期，一般居址不再铺白灰，而改用净土铺地，并经夯打，同时也出现较大面积的夯土基址和夯土围墙，如登封王城岗城址、新密古城寨等，到新砦期的新砦城址，一直向更高的水平发展。

具体到墓葬而言，就其分布地点、种类形制、葬式和葬具和随葬品组合而言，早夏文化同样存在着许多与王湾三期文化相同的地方。一是两者的墓葬均是埋葬于遗址内，洛阳王湾①、锉李②、孟津小潘沟③龙山晚期的墓葬均埋葬于遗址范围内，煤山墓地④位于遗址西北，十里铺墓地⑤位于遗址北部。二是墓葬的种类都是除以陶罐做葬具的瓮棺葬外，主要有无圹灰坑葬和有圹竖穴墓两种，并且两者的灰坑葬都没有秩序，死者骨架肢体残缺、摆放凌乱，竖穴墓基本上都为长方形，都是以仰身直肢葬为主。三是二里头文化一期见到的以木棺为葬具和墓底四周的二层台以及墓底铺朱砂的现象，这在洛阳王湾和孟津妯娌等遗址的仰韶晚期至龙山早期就发现了不少使用木棺和墓底有二层台的墓葬，王湾等遗址内墓葬中死者头部涂朱的普遍现象，当与二里头墓地铺朱砂有着一定的联系。四是二里头竖穴墓中基本都随葬有陶器，在龙山晚期实际上就出现了以陶器随

① 北京大学考古实习队：《洛阳王湾遗址发掘简报》，《考古》1961 年第 4 期。

② 洛阳博物馆：《洛阳锉李遗址试掘简报》，《考古》1978 年第 1 期。

③ 洛阳博物馆：《孟津小潘沟遗址试掘简报》，《考古》1978 年第 4 期。

④ 中国社会科学院考古研究所河南二队：《临汝煤山遗址发掘报告》，《考古学报》1982 年第 4 期。

⑤ 河南省驻马店地区文管会：《河南上蔡十里铺新石器时代遗址》，《考古学集刊》3，科学出版社，1983 年。

葬的竖穴墓，如1976年在洛阳锉李发现的一座龙山时期的圆形竖穴墓就随葬了陶豆和单把罐各1件。其中1959年在偃师滑城发现一座龙山早期的墓，随葬了背壶、小圆罐、高足杯等8件陶器。特别是在河南上蔡十里铺新石器遗址内发现的两座龙山晚期木棺墓也有较多随葬品，其中M3随葬了豆、杯、壶等陶器7件；M5随葬有高领罐、豆、壶、鬶、杯等陶器九件。这里的陶器组合与二里头文化一期墓葬中常见的鬶、豆、觚、瓮相同而且两者同类随葬品的形制大体一致。就二里头文化一期墓葬中常见为陶器，还可以在不同类型的王湾三期文化遗址中找到相同或相似的器物。

新砦期及二里头文化一期的其他遗迹如灰坑、窑址和灶址等几乎均从前两者发展而来，未发生什么变化。

（二）遗物

首先是三者的石器、骨器、蚌器等。王湾三期文化、新砦期、二里头文化一期的石器制法基本相同，制法都以磨制为主，器形规整，边棱整齐，多数通体磨光。特别是石铲，磨制尤精。琢制主要用于石斧，特点是琢痕细小匀称。一些扁薄的石器有钻孔或先琢后穿孔。主要器形有方柱形石斧、长条形石锛和石凿、半圆形或梯形石刀、牛角形石镰等。早夏文化的石镞（包括骨镞）主要有圆柱形、三棱形、长三角形、扁叶性和长三角凹底镞等，与王湾三期文化石镞基本相同。特别是王湾三期文化和二里头早期都有打制小石镞，形状、大小、制法十分相似。另外，这两期都有石拍，这种石器均用于制作陶器。三期的骨器也基本相同，主要有铲、凿、镞、锥和针等。蚌制生产工具在三期中都占有重要的位置，不仅制作方法相同，器形也十分相似，都有刀、锯、锥、镞和纺轮。

其次，早夏文化的主要文化因素来源于王湾三期文化尤其表现在陶器方面。

两者陶器在质料方面基本相同，制作方法由细到简，磨光陶逐渐减少，黑衣陶和棕褐陶增多，口沿内凹发展到平折沿，腹下部由瘦变肥圆，平底由小到大，周缘由折角到小圆角，开始出现凹底。制陶技术的发展和陶器形态的演变是一脉相承的。

两者陶器的纹饰也大同小异，发展序列清楚。王湾三期文化的纹饰以大方格纹和篮纹为主，细绳纹、弦纹、刻划纹、指甲纹和附加堆纹只占一部分。篮纹纹痕很深，边棱整齐，有竖行和左右斜行，纹理清晰；方格纹较工整，边棱整齐，有正方形和长方形。新砦期以篮纹和方格纹为主，其次是细绳纹、弦纹、刻划纹和指甲纹等，附加堆纹增多。篮纹有的较浅，边棱较圆，多为左右斜行，少数平行，风格与前期不同，有的相似；方格纹有的较深，边棱清晰，粗细不一，形态多变，与前期相似，有的纹痕浅，与二里头文化一期相似。二里头文化一期以篮纹为主，方格纹和绳纹次之，附加堆纹盛行，弦纹、刻划纹和指甲纹不多；新增加几何形压印纹。篮纹纹痕平浅，边棱较圆，宽短或窄长，多为上左下右斜行，有的交错排列。方格纹较浅，边棱较圆，通常一件器物上面纹饰规整、清晰，下面则模糊不清。二里头文化一期盛行的鸡冠耳，在王湾三期文化中已出现，到新砦期数量增多。前者由少到多，关系明确。

两者陶器器类基本相同，共有的是鼎、深腹罐、甑、盆、刻槽盆、大口罐、高领罐、圈足罐、豆、碗、壶、觚、鬶、瓮、缸和器盖、圈足盘等。

王湾三期文化、新砦期和二里头文化一期陶器演变的规律十分明显，现以鼎、大口罐、深腹罐、盆、高领罐、刻槽盆、豆、觚、碗和器盖为例，分别说明（图一，图二）。

鼎　为王湾三期文化的主要炊器之一，主要有柱足罐形鼎、扁三足罐形鼎和乳头足深腹鼎三种。新砦期不见柱足罐形鼎。二里头早期不见乳头足深腹鼎，只有扁三足罐形鼎和盆形鼎。三期各类鼎的器形也有变化，王湾三期文化的扁三角足罐形鼎是外折沿，束颈，扁鼓腹，足窄而短；新砦期的外折宽沿，口稍大，圆腹微下垂，足宽而长；二里头文化一期的宽沿外折，口较大，圆腹，足上端突出。王湾三期文化的盆形鼎为卷沿，浅直腹，圆柱足；新砦期的是窄沿外折，束颈，圆腹较深，扁三角足；二里头文化一期的宽折沿，略有短颈，深直腹，足较高。王湾三期文化的乳头足深腹罐形鼎外折沿，束颈，深垂腹，圜底；新砦期的宽沿外折，口稍大，略有短颈，深腹稍下垂，圜底较平，足稍大。

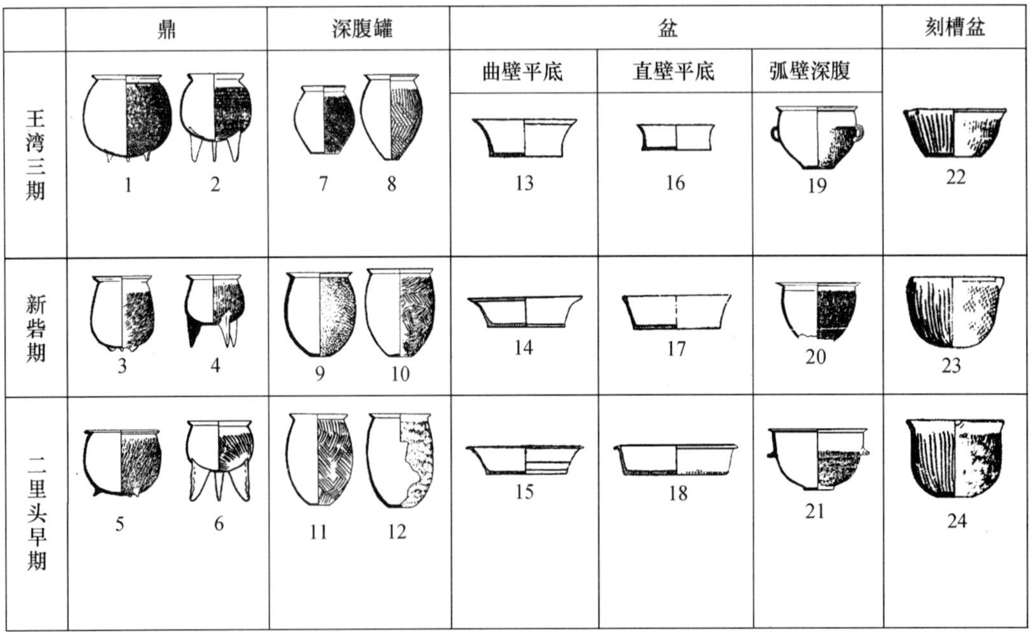

	鼎	深腹罐	盆			刻槽盆
			曲壁平底	直壁平底	弧壁深腹	
王湾三期	1　2	7　8	13	16	19	22
新砦期	3　4	9　10	14	17	20	23
二里头早期	5　6	11　12	15	18	21	24

图一　王湾三期文化、新砦期、二里头文化早期陶器比较图之一

1. 煤山 H57∶1　2. 煤山 T13③∶13　3. 新砦 H7∶4　4. 新砦 H7∶3　5. 煤山 H3∶12　6. 二里头ⅧT19⑥∶11　7. 煤山 T10③∶5　8. 灰咀 H17∶6　9. 新砦 H5∶2　10. 新砦 M1∶1　11. 二里头ⅡH216∶13　12. 二里头ⅤH103∶11　13. 新砦 T2③∶5　14. 新砦 H3∶7　15. 二里头 H146∶25　16. 新砦 T2③∶4　17. 新砦 H9∶10　18. 二里头 H105∶22　19. 王城岗 H536∶17　20. 煤山 H30∶6　21. 二里头ⅤT104⑥∶47　22. 煤山 H87∶1　23. 新砦 H2∶5　24. 二里头 H148∶15

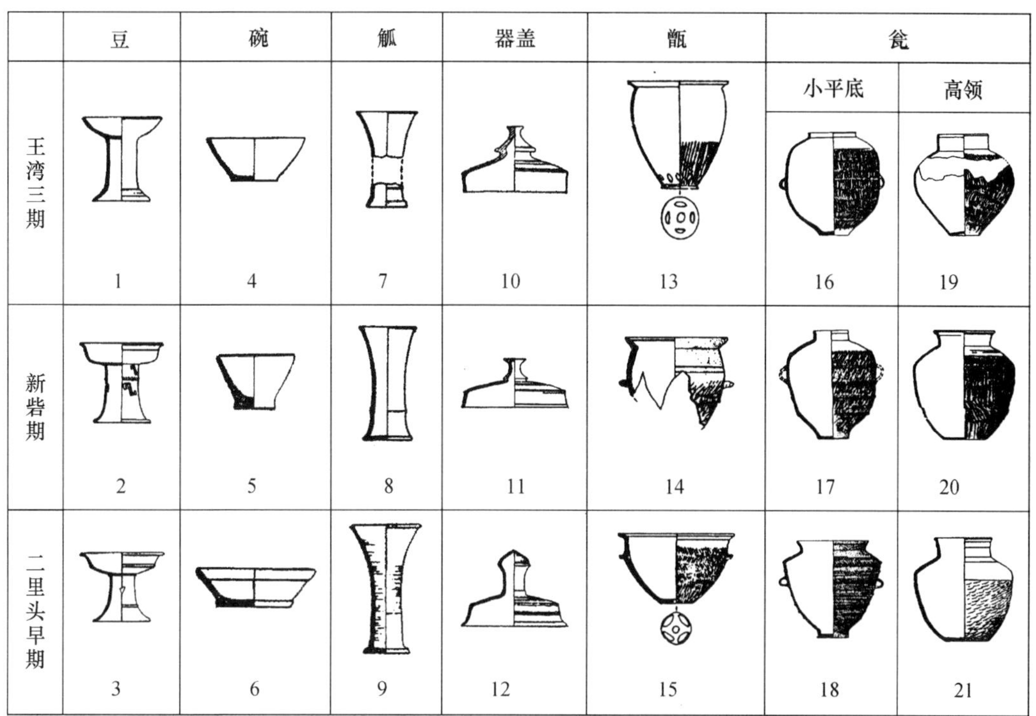

图二 王湾三期文化、新砦期、二里头文化早期陶器比较图之二

1. 牛寨 H:1 2. 东干沟 M1:1 3. 二里头 H148:40 4. 王湾 H4:3 5. 煤山 H19:1 6. 二里头 H214:11 7. 牛寨 H1:7 8. 东干沟 M1:2 9. 二里头 H54:4 10. 新砦 H11:13 11. 新砦 H5:3 12. 二里头 T104⑥:48 13. 灰咀 H17:14 14. 新砦 H2:7 15. 煤山 H3:19 16. 煤山 H60:4 17. 新砦 H7:2 18. 东干沟 T24③:1 19. 煤山 H59:4 20. 煤山 H70:1 21. 二里头ⅧT19⑥:11

大口罐 体形较大，多做容器，较小的为炊器。王湾三期文化的高领外侈，深腹下瘦，小平底；新砦期的领较直，口较大，深鼓腹，小平底。

深腹罐 是王湾三期文化到二里头文化一期的主要炊器之一，器形演变清楚。王湾三期文化的外折沿，沿面微内凹，圆鼓腹下瘦，饰方格纹；新砦期的一种是宽沿外折，鼓腹较深，饰方格纹，具有王湾三期文化到二里头文化一期过渡的特点；另一种是宽沿外折，圆腹，饰方格纹，形态与二里头文化一期的深腹罐相似；二里头文化一期的是窄沿外折，圆腹，平底较大，饰篮纹。

盆 王湾三期文化的宽带状双耳盆的口沿较平，深直腹，下内收，平底较大，腹下部饰篮纹，耳在下侧；新砦期不见完整器，二里头文化一期的一件，沿外折，浅弧腹下瘦，小圜底，腹下部饰篮纹，宽带状耳居中。王湾三期文化的鸡冠形耳双耳盆是窄沿微侈，敛口，浅弧腹，饰篮纹；新砦期的宽沿外折，深直腹，下部内收，大平底，饰绳纹，无耳。

刻槽盆 三期都发现有刻槽盆。王湾三期文化口部较小，腹较深，底较大，饰篮纹，内壁刻平行线状槽；新砦期的口微敛，有小流，半球腹，圜底，饰方格纹或篮纹；

二里头文化一期的口微侈，有小流，略显颈部，圆垂腹，平底较小，饰篮纹。

豆　王湾三期文化的敞口，浅腹，似碗，高柄喇叭口圈足，素面；新砦期的沿外卷，斜壁，似盘形，粗高柄喇叭形圈足，柄部有镂空；二里头文化一期折沿外卷，敞口，折腹，圜底，腹饰弦纹，喇叭形高圈足。

碗　敞口斜腹碗是王湾三期文化典型陶器之一，一直沿用到二里头文化一期。王湾三期文化的沿面中部有一周凹槽，腹较深，平底，底有轮制的痕迹；新砦期的腹较浅，假圈足，器壁增厚，底有轮制痕迹，素面；二里头文化一期的厚沿，浅腹，大平底，底边突出形似小盘。

觚　王湾三期文化的喇叭形口，腹内曲，下周有一周凸弦纹，平底周边突出，形似假圈足；新砦期的口稍大，沿稍平，体粗长，中部微内曲，近底部一周凸弦纹，大平底；二里头文化一期的大喇叭口，方唇，腹细高，底周边突出，似小圈足。

器盖　王湾三期文化到二里头文化一期的变化很明显。王湾三期文化器盖钮矮而粗，形似屋顶，小平底，折肩，周壁垂直，盖面较平；新砦期的钮盖较细，大平底，束腰，折肩，壁外侈，盖面略隆起；二里头文化一期的盖钮粗高，锥形顶，折肩，周壁外侈，盖面顶较平。

甑　王湾三期文化的是小平底，有的带小圈足，底布满箅孔，腹下部有一周器孔，器孔呈圆形或长圆形；新砦期的全部为小平底，没有小圈足，其他同于前期；二里头文化的甑底加大，底面有三角形和圆形大孔。

圈足盘　王湾三期文化盛行，到二里头文化逐渐减少。王湾三期文化的敞口，浅腹，平底，大圈足，饰弦纹；新砦期的为平底，粗圈足；二里头文化的圈足较细，饰十字镂孔。

壶　粗长颈，圆腹，平底，王湾三期文化与二里头文化一期器相似。王湾三期文化器粗颈特长，扁圆腹下瘦，平底较小。新砦期器平沿束颈，溜肩深腹，体形较瘦。二里头文化一期器颈呈筒形，口沿外卷，广肩圆腹，大平底周边外突。

圆腹碗　王湾三期文化器圆腹，壁饰三周弦纹，腹较深。新砦期器类上部较圆，下部内收，平底，口沿外部有一周弦纹，腹较浅。二里头文化一期器大口大底，浅腹壁略圆。

（三）宗教信仰遗物

卜骨　河南龙山中、晚期遗址中普遍发现有卜骨，是牛、羊、鹿的肩胛骨，只灼无钻凿；新砦期和二里头文化一期也普遍发现有这种卜骨。

综上所述，早期夏文化含有大量王湾三期文化文化因素，两者前后一脉相承。早夏文化的主要源头无疑是王湾三期文化。

四、早夏文化的其他源头

（一）造律台类型文化

造律台类型文化为河南龙山文化晚期中的一个类型，主要分布在豫东、鲁西南、皖西北地区。在遗址中发现城址一座，亦发现有铜器。最能代表其特征的器物是侧扁三角足罐形鼎、大口尊形器、长颈壶、横耳高领瓮、漏斗形器、圆钮器盖等。二里头文化一期Ⅱ式折沿罐形鼎的足即是扁三角足，二里头文化的长颈壶主要见于一期，基本特征是长颈，鼓腹，平底较大，或有宽扁单把手，把手上端有双泥饼。同类壶见于造律台文化中（图三）。

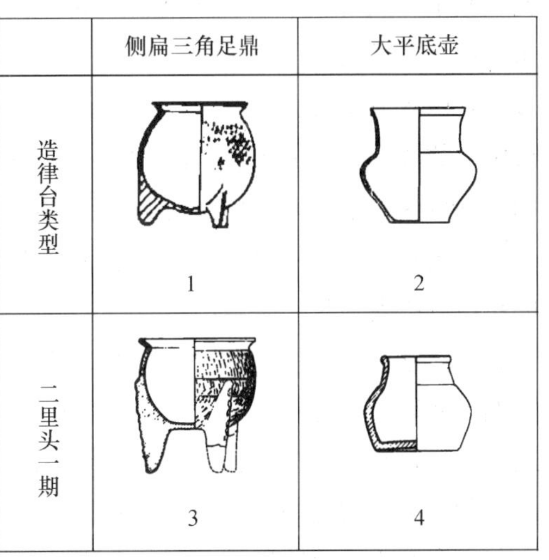

图三　造律台类型与二里头文化一期相似陶器比较图

1. 王油坊 H21∶1　2. 王油坊 H28∶2　3. 二里头Ⅱ·VT104⑥∶51　4. 二里头ⅧT14⑥B∶40

（二）山东龙山文化

山东龙山文化又可称为典型龙山文化，主要分布在山东境内和苏北地区。可分为东西两个类型，东为两城类型，西部为城子崖类型。典型龙山文化的制陶技术达到了我国新石器时代陶器制作的最高水平。陶色以黑陶居多，灰陶次之，还有少量褐、红、白、黄陶。器表以素面和磨光陶为主，纹饰流行弦纹、附加堆纹和镂孔。不少器物为子母口造型，安有乳钉、耳、鋬等附件。其中鸟喙形足、V形足、边有齿状的侧边三角形足的罐形鼎、盆形鼎、斜流袋足鬶、鬶形盉、甗、折沿浅盘粗圈足豆、三环足盘、三足盆、深筒腹盆、双横耳罐、单耳三足杯、蛋壳陶高柄杯、覆盆状器盖、罍是典型龙山文化常见的一群典型器物。

早夏文化来源于山东龙山文化的文化因素有直接和间接之分。

直接的山东龙山文化因素在早夏文化中不多，主要体现在陶器和玉器上面。

贯耳壶　二里头文化一期的基本特征是深鼓腹，圈足，其上镂圆形孔，肩部有对称的双贯耳，器身饰成组的弦纹。类似的贯耳壶见于典型龙山文化晚期，尹家城、青堌堆遗址均有发现。

盆形豆　早夏文化豆盘为大平底盆形，口外敞，壁斜直，壁底之交有折角。相同的器形见于山东龙山文化晚期，而在中原地区未发现。

1989 年秋，中国社科院考古所山东工作队在山东省临朐县西朱封村发掘了两座龙山文化大型墓葬①，出土了一批精美玉器。早夏文化与此有较多相似之处，如以刀、钺、璋为主要礼器，以绿松石为装饰品等。

所谓间接因素是指在早夏文化的前身——王湾三期文化所吸收的山东龙山文化因素，经过消化后成为自身文化的构成部分，随着时间的推移又延续到了早夏文化之中。

早在河南龙山文化早期，东方大汶口文化先民就曾有西迁之举。60年代以来中原地区屡次发现的大汶口文化墓葬以至墓地②即其明证。龙山时期晚期，东方文化因素又比较集中地出现于中原伊洛流域。主要表现在，在河南龙山文化晚期遗存中出现一批山东龙山文化的典型器物，如陕县三里桥、孟津小潘沟、洛阳锉李、临汝煤山等遗址出土过源自山东龙山文化的鬶、盉、煤山一、二期出土的侧三角足和“V”字形鼎足，三里桥出土的圈足盘③和禹县瓦店④发现的黑柄杯等都是山东龙山文化晚期的典型器物。它们都基本保留了山东龙山文化的特征。

三足盘　上部形制与大平底盆基本相同，下有三个（个别为四个）瓦片状足，有的足两侧内卷，足上多饰凹凸弦纹。三足盘出现于山东龙山文化的中期阶段，形制与早夏文化遗址中所见基本相同，王湾三期文化中三足盘甚少，在豫东的淮阳平粮台遗址第五期⑤和新砦遗址⑥各见1件，应与东方的同类器有内在联系。显然，极大的可能为，此类器物是在龙山晚期已传播到中原地区，并为二里头文化所继承。

鬶　早夏文化中的陶鬶，形制为高流，粗长颈，近锥形瘦袋足。这种鬶在总体形状上与山东龙山文化时期的陶鬶（如尹家城H472出土的几件⑦）十分接近。而在王湾三期文化就已出现了类似的陶鬶，所以，早夏文化的陶鬶应是间接接受山东龙山文化的传播的。

爵　在寻求陶爵的根源时，也有许多学者的目光都集中到了陶鬶身上。早在50年代，石璋如先生首先认为殷墟文化的陶爵与山东龙山文化的陶鬶“有密切的关系”，“形制都相似”⑧。李济先生也一再指出，陶爵的产生是集合了山东龙山文化的三足鼎形杯、单把有流罐形杯和鬶等陶器的三实足、与鋬垂直的流和直腹罐形杯体的造型特征所

---

① 中国社会科学院考古研究山东工作队：《山东临朐朱封龙山文化墓葬》，《考古》1990年第7期。

② 武津彦：《略论河南境内发现的大汶口文化》，《考古》1981年第3期。杜金鹏：《试论大汶口文化颍水类型》，《考古》1992年第2期。

③ 中国社会科学院考古研究所：《庙底沟与三里桥》，科学出版社，1959年。

④ 河南省文物研究所等：《禹县瓦店遗址发掘简报》，《文物》1983年第3期。

⑤ 河南省文物研究所等：《河南淮阳平粮台龙山文化城址试掘简报》，《文物》1983年第3期。

⑥ 北京大学考古文博学院等：《河南新密市新砦遗址1999年试掘简报》，《华夏考古》2000年第4期。

⑦ 山东大学历史系考古教研室：《泗水尹家城》，文物出版社1990年。

⑧ 石璋如：《殷墟最近之重要发现附论小屯地层》，《中国考古学报》第二册，1947年。

创造出来的新器物①。其后，唐兰先生和邹衡先生又对这一问题提出进一步的看法。唐兰先生是古文字学者，他从“爵”字字义作了解释，并认为大汶口文化像鸟形的陶鬶“就是最原始的爵，而不应该称为鬶”②。邹衡先生则从考古成果出发，然后结合字义与纹饰，认为爵“是从姚官庄一类的鬶演化而来”，“是从东方传来的”③。

觚　就现有资料而言，喇叭形细体平底或矮圈足觚最早见于大汶口文化中期后段，晚期阶段比较流行；到了龙山时代晚期，此类觚在山东龙山文化中极为少见，却在王湾三期文化中有较多发现，显然其应是大汶口同类器的继承和发展。由此可以肯定，二里头文化的觚当是直接继承王湾三期文化，而与山东龙山文化关系不大，不过其渊源还应在东方的大汶口文化。

大平底盆　此种形制的大平底盆在山东龙山文化中极为流行，是盆的主要款式。并且，此类盆在河南龙山文化中较少，从新砦期开始大量出现，这种现象也应与东方文化的传播有关。

侧扁三角足罐形鼎　前文已有交代，这种鼎二里头文化直接源自于河南龙山文化的造律台类型，但这种鼎最先出现于山东龙山文化，又是其典型物，而造律台类型由于与山东龙山文化分布区相邻很近，因此，此器物很可能是最先被造律台类型所吸收，而后被早夏文化沿袭。

新砦期出现的子母口器亦当来源于此。

二里头文化一期发现的山东龙山文化因素，不仅表现在陶器器形上面，而且在陶系方面也有所反映。黑陶是山东龙山文化最具特征的陶系，繁盛时期所占比例可超过半数，到了晚期阶段虽以灰陶为主，但黑陶仍不失为主要陶系。二里头文化一期也存在大量的黑陶和黑皮陶，所占比例高达40%以上。这一文化现象的出现无疑应与山东龙山文化的影响有关。上述具有山东龙山文化因素的器物亦多属黑陶或黑皮陶（图四）。

（三）齐家文化因素

早夏文化中出现花边口沿器在王湾三期文化中不见，但此种器物在西北地区的齐家文化中却大量发现。齐家文化得名于1924年发掘的甘肃广河县齐家坪遗址，其主要分布范围在甘肃中部、河西走廊和青海东部地区。陶器以红陶为主（多呈橙黄色），有泥质红陶和夹砂红褐陶，灰陶很少。其陶器数量最多最有特征的是罐，种类繁多，大体可分为侈口罐、锯齿状花边口沿罐、单大耳罐、双大耳罐等。

---

① 李济：《记小屯出土之青铜器》，《中国考古学报》第三册，1948年。

② 唐兰：《论大汶口文化中的陶温器》，《故宫博物院院刊》1979年第2期。

③ 邹衡：《试论夏文化》，《夏商周考古论文集》，文物出版社，1980年。

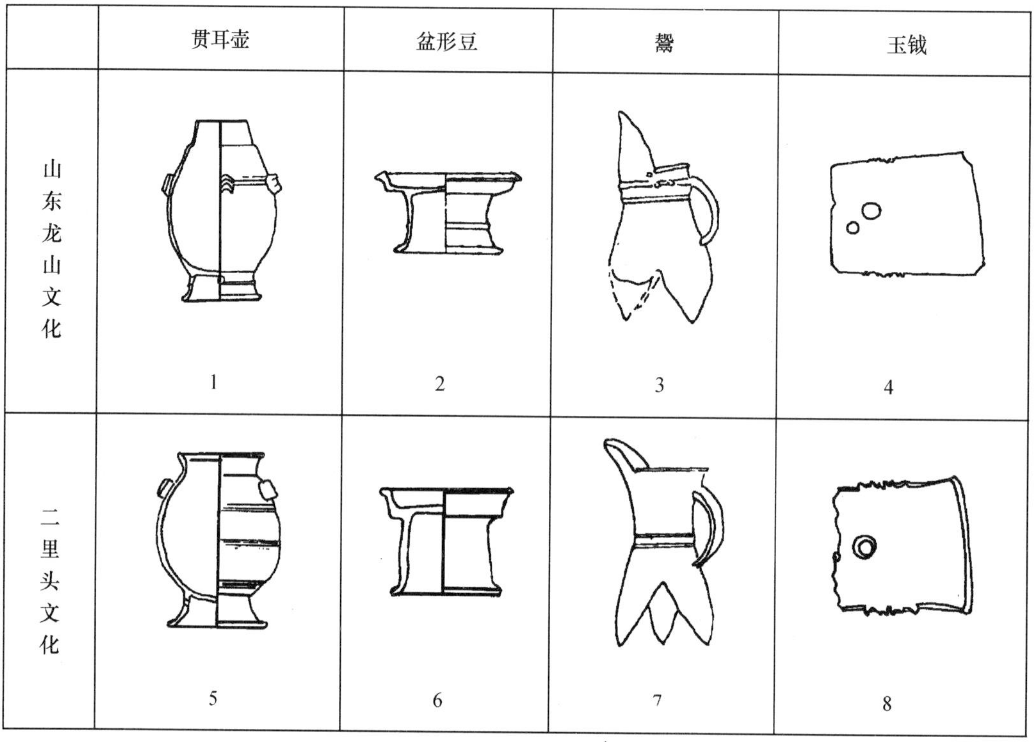

	贯耳壶	盆形豆	鬶	玉钺
山东龙山文化	1	2	3	4
二里头文化	5	6	7	8

图四　山东龙山文化与二里头文化相似器物比较图

1. 尹家城 H799:34　2. 尹家城 M203:3　3. 尚庄 H128:1　4. 朱封 M202:7　5. 二里头ⅣM26:3　6. 二里头ⅨH1:2　7. 二里头 87M49:2　8. 二里头 81YLVM6:1

花边罐　器口装饰是早夏文化陶器颇具特色的做法。夹砂灰陶，矮颈，口微外侈，口部外侧附一周附加堆纹，并有对称小鋬，圆腹或瘦腹，圜底内凹，饰细绳纹。这种罐与齐家文化的花边口沿罐有异曲同工之妙。

侈口罐　夹砂灰陶，高颈，鼓腹，圜底内凹，饰细绳纹。这类罐在早于早夏文化中的文化主要见于泾渭河流域的客省庄二期文化和齐家文化。

单耳小罐　夹砂灰陶，侈口，尖唇，圆腹，圜底内凹，饰细绳纹。这种小罐也主要见于西部的客省庄二期文化和齐家文化，尤与齐家文化的同类器相似。

大口瓮　它是二里头文化一期主要的贮藏器。泥质灰陶或橙黄陶，侈口、高颈、鼓腹、圜底内凹，颈部以下有数周附加堆纹，饰篮纹或细绳纹。王湾三期文化的瓮多为小口高领，腹两侧附对称双耳，它显然不是二里头文化一期瓮的来源。类似这种形式的瓮目前仅见于陇东镇原常山遗址下层文化①（图五）。

① 中国社会科学院考古研究所泾渭工作队：《陇东镇原常山遗址发掘简报》，《考古》1981 年第 3 期。

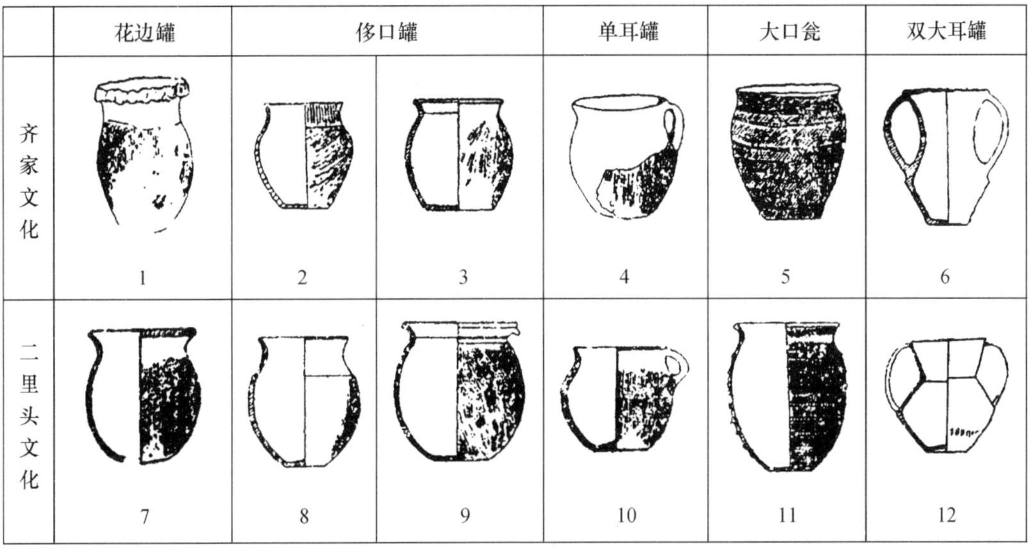

	花边罐	侈口罐		单耳罐	大口瓮	双大耳罐
齐家文化	1	2	3	4	5	6
二里头文化	7	8	9	10	11	12

图五　齐家文化与二里头文化相似陶器比较

1. 甘肃灵台桥村 H4:24　2. 陕西凤翔大辛村 H3:1　3. 甘肃秦魏家 M37:2　4. 甘肃灵台桥村 M37:2　5. 陇东镇原常山 H26:10　6. 甘肃秦魏家 M34:4　7. 二里头ⅤT13③:1　8. 东杨村 T3④:42　9. 东干沟 H25:4　10. 二里头ⅤH14:3　11. 二里头ⅤH75:10　12. 孟津波罗窑口（采集）

寻找夏都

许顺湛
（河南博物院）

《竹书纪年》说："自禹至桀十七世，有王与无王，用岁四百七十一年。"《夏商周断代工程》把夏代积年定位在前2070年至前1600年。在这期间，夏王朝的建都史书多有记载，但其具体地望亦多有分歧。近些年来考古学提供了许多很有价值的资料，与文献记载结合起来，为寻找夏都开辟了一条科学的研究途径。

确认夏都必须具备三个条件：第一，要有文献记载；第二，要有考古学证明；第三，碳-14测年基本上要符合历史年代。

一、夏代早中晚年代框架定位

采用机械的办法，把夏积年471年分为三等分，早、中、晚各为157年。另一种区分法：史学界称少康为中兴之王，我们可以把少康之前认定为夏代早期。《竹书纪年》说：

禹：在位8年。《古本竹书纪年》则说："禹立四十五年。"

启：在位16年。（《古本竹书纪年》："即位三十九年。"）

太康：在位4年。（《路史》卷二十三："在位十有九岁。"）

仲康：在位7年。（《路史》卷二十三："十有八岁。"）

相：在位28年。

以上为夏代早期各王积年。按《竹书纪年》计算：禹、启、太康、仲康、帝相共63年。如果按《古本竹书纪年》和《路史》的记载，五王共149年（后羿代夏后的年代与仲康、帝相重合）。这个数字大体符合夏代早期年限。

夏代中期诸王年代，依《竹书纪年》记载：少康，在位21年。帝杼，在位17年。帝芬，在位44年。帝芒，在位58年。帝泄，在位25年。以上共165年。

夏代晚期诸王年代，依《竹书纪年》记载：

帝不降，在位59年。帝扃，在位二十八年。帝廑（一名胤甲）在位8年。帝孔甲，在位9年。（《路史·夏后纪下》在位40年）帝昊（一曰皋），在位3年。帝发，在位7年。帝癸（即夏桀），在位31年。共166年。

如果绝对按照《竹书纪年》计算，夏代诸王在位年代之总和共363年，较夏年471年则少108年。现在根据《古本竹书纪年》和《路史》记载稍加调整，诸王在位年代共480年，较夏年多9年。但是与《路史》记载夏年“凡四百八十有三岁”基本符合。我这样计算只能说是一个参考。根据这个参考值，以前1600年为基点，夏代晚期定为前1600年至前1766年；夏代中期定为前1766年到前1931年；夏代早期定为前1931年到前2080年。实际上夏代早中晚的界限不会一刀切，不会这样有整有零。为了给人以宏观的大体概念，可以概括地说：前1930年作为早、中期的界限，前1760年作为中、晚期的界限。有了这个框框，可以把夏代诸王对号入座，分别纳入这个框子里进行研究。

二、夏代早期建都（居地）分析

夏初从禹始，关于禹的居地或都地，《古本竹书纪年》说：“禹居阳城。”《世本·居篇》说：“禹都阳城”。阳城的地望虽有四说，但是在史学界基本上取得共识的是登封的阳城。禹居阳翟史书也有记载，如《汉书·地理志》颍川郡阳翟县条，班固自注说：“夏禹国。”《史记·周本纪·集解》引徐广曰：“夏居河南初在阳城，后居阳翟。”《史记·夏本纪·正义》引《帝王世纪》云：“禹受封为夏伯，在豫州外方之南，今河南阳翟是也。”《元和郡县志》卷五河南府阳翟县条：“阳翟县本夏禹所都，春秋时郑之栎邑，韩自宜阳移都于此。”阳翟即今禹州市无二议。还有一说在山西，如《史记·封禅书·正义》引《世本》云：“夏禹都阳城，避商均也。又都平阳，或在安邑，或在晋阳。”《史记·夏本纪·集解》引皇甫謐“（禹）都平阳，或在安邑，或在晋阳。”《水经·涑水注》：“安邑，禹都也。”我认为禹在晋南建都是有可能的。因为禹是尧舜联邦政权中的重要成员，他自己的邦国居地在晋南是合情理的。当他代舜成了联邦的首领后，居住在尧舜故都也是正常现象。因此，禹都平阳或安邑之说不能排除，留作以后继续调查研究。关于阳城和阳翟，是禹最早发迹的故地，嵩山周围一直是夏族的本土。

关于禹都阳城，考古发掘提供了重要的佐证，在登封王城岗发现了35～40万平方米的龙山文化遗址，在遗址中发现了面积30万平方米的一座大城。据发掘报告介绍：“王城岗大城夯土城墙的年代下限就不晚于W5T0670⑤的前2070～前2030年或W5T0671⑤的前2090～前2020年，王城岗大城夯土城墙的年代上限应不早于W5T0670⑧的前2100～前2055年或W5TO50671⑧的前2110～前2045年。以上测年数据表明王城岗龙山文化大城兴建、使用的时间较短，前后只有几十年的时间。”“王城岗龙山文化前期小城的年代当稍早于夏代始年，而王城岗龙山文化后期大城的年代已进入夏代始年即前2070年以内。”但是从王城岗龙山文化全部测年数据来看，“前期存在的时间约100

年或稍长些。”“后期存在的时间约 200 年或稍短些。”① 这就是说，王城岗龙山文化延续了约 300 年，大城出现到废弃只占几十年。李伯谦教授在为发掘报告写的序言中说：“王城岗龙山文化小城的年代，上限不早于前 2200 ~ 前 2130 年，下限不晚于前 2100 ~ 前 2055 年，其中值约为前 2122 年。大城墙的年代，上限不早于前 2100 ~ 前 2055 年或前 2110 ~ 前 2045 年，下限不晚于前 2070 ~ 前 2030 年，其中值约为前 2055 年，与距文献推定的夏之始年基本相符。”他最后的结论是：“王城岗龙山文化晚期大城即禹都阳城之阳城。”“而早于大城的王城岗龙山文化晚期小城则可能是传为禹父的鲧所建造，从而为夏文化找到了一个起点。”② 我完全赞成这一观点，不再赘述。

关于禹居阳翟，考古调查发掘提供了一些情况。在禹州市发现的龙山晚期文化瓦店聚落遗址，已引起了学术界的关注。此处遗址经过钻探发现尚存 20 万平方米，是这里聚落群的中心聚落。考古发现有夯土地面建筑、有奠基坑、有大卜骨，可能是一处宗庙建筑或祭祀场所。在出土大量的文物中，发现有玉铲、大型玉璧和非常精致的觚形器、陶盉、陶鬶等礼器。表明这是一处较高等级的人群居住。瓦店龙山晚期文化遗址第一期和第三期公布了 4 个碳-14 数据，“若取其中间值，瓦店第一期的年代为前 2255 ~ 前 2160 年，即前 23 ~ 前 22 世纪；瓦店第三期的年代为前 2105 ~ 前 1755 年，即前 22 ~ 前 18 世纪。”③ 瓦店第一期年代早于夏代早期，瓦店第三期晚到 18 世纪，相当于夏代早期中期。这期间包括了禹居阳翟的可能性。

关于夏启之居，《竹书纪年》只是说：“帝启，元年癸亥即位于夏邑，大飨诸侯于钧台，诸侯从。帝归于冀都，大飨诸侯于琼台。”笺按：“《郡国志》：颍川阳翟禹所都。盖禹始封于此，为夏伯。启即位居此，故曰夏邑。《帝王世纪》曰：禹都平阳，或在安邑，或在晋阳，何以知此夏邑非安邑、平阳诸地也！以飨诸侯于阳翟之钧台，故知启即位于夏邑，即阳翟是也……《一统志》：钧台在禹州城北门外。”这段话说得很有道理。《竹书纪年》说：“帝归于冀都”也大飨诸侯。笺按《括地志》说：“安邑故城在绛州夏县东北十五里，本禹之都。”启归冀都之地望，现在还没有考古方面的信息。关于夏邑的地望，目前只能说瓦店龙山晚期遗址值得关注。

根据《穆天子传》和《水经注》的记载，新密的黄台之丘（新砦古城）可能是夏启之居。我已有专题评论④，这里从略。在新密的新砦发现了一座面积 100 万平方米的城址，始建于龙山文化晚期，二里头文化新砦期继续使用。主持古城发掘的赵春青先生

① 北京大学考古文博学院、河南省文物考古研究所：《登封王城岗考古发现与研究》，大象出版社，2007 年。

② 北京大学考古文博学院、河南省文物考古研究所：《登封王城岗考古发现与研究》序，大象出版社，2007 年。

③ 河南省文物考古研究所：《禹州瓦店》，世界图书出版公司，2004 年。

④ 许顺湛：《寻找夏启之居》，《中原文物》2004 年第 4 期。

说："新砦城址龙山文化晚期年代约为前2200年~前1900年。新砦期年代大约为前1900~前1750年"。"新砦城址始建年代约为前2000年至前1900年间。无论将夏王朝始年定在前2070年还是前2000年左右，从年代学角度分析，都不能排除新砦龙山文化城址始建于夏启的可能性。"① 新砦城址不仅规模大，而且有高耸的城墙和三道环城防御壕沟。城内有大型夯土建筑。《穆天子传》说，穆天子南游黄台之丘，不仅看到夏启之居，而且还入于启室，或宿于启室，可知夏启之居在黄台之丘。从古城的时代、文化属性、地望、规模来看，新砦城址是夏代早期都城无疑。结合《穆天子传》记载，确切一点说：新砦古城是启居黄台之都城。新砦期文化的年代当属夏代中期。

夏代早期阶段最后还有一处重要的居地便是斟寻。《竹书纪年》说"帝太康，元年癸未帝即位居斟寻"。"四年陟"。"帝仲康，元年已丑帝即位居斟寻"，"七年陟"。《史记·夏本纪·正义》引《汲冢古文》："太康居斟寻，羿亦居之，桀又居之。"太康、仲康居斟寻前后共11年。其实太康执政只有4年便被后羿赶出斟寻。《史记·夏本纪·集解》引孔安国曰："（太康）盘于游田，不恤民事，为羿所逐，不得反国。"《正义》引《帝王世纪》也说：后羿"自鉏迁于穷石，因夏民以代夏政"。之后，帝太康、仲康、帝相都先后流亡各地。后羿、寒浞代夏直至少康中兴约40年。关于斟寻的具体地望，《尚书·虞夏书序》："太康失邦，兄弟五人，须于洛汭，作《五子之歌》。《水经·洛水注》："洛水又东北流入河……谓之洛汭……昔夏太康失政，为羿所逐，其昆弟五人，须于洛汭，作《五子之歌》于是地矣。"《史记·夏本纪·集解》引孔安国则曰："太康五弟与其母待太康于洛水之北，怨其不反，故作歌。"上述几段话，表明太康居地距巩义的洛汭不会太远。《括地志》说得更具体："故寻城在洛州巩县西南五十八里，盖桀所居也。"《水经·洛水注》中有寻水、上寻、下寻，或称南寻、北寻。"又有故寻城，在巩县西南五十八里。"乾隆时期《巩县志》说："斟寻在巩县西南五十里，今罗庄。上寻在河南岸，亦谓之南寻。"《偃师县志》说："下寻在偃师城东孙家湾。"（亦称北寻，在洛河北岸）。通过考古调查，在巩县西南7.5公里的罗庄和孙家湾附近的稍柴村，发现了一处面积约100万平方米的大遗址，遗址背靠嵩山，面临两河，处于洛河与坞罗河交汇的三角洲地带，稍柴遗址经过发掘并发表了正式报告：认为稍柴一、二、三期，基本上与偃师二里头一、二、三期相同②。因此，稍柴遗址虽然与文献记载的斟寻基本符合。但它的绝对年代，一期只能达到夏代的中期，最主要的是二、三期，全属夏代的晚期，与夏桀居斟寻时期相当。夏代早期的太康、仲康和后羿居住的斟寻，其具体遗址现在还不很清楚。不过据我观察，对稍柴遗址不能排除有龙山晚期文化层的可能性。近年来在巩义的花地嘴，郑州文物考古研究院发现了夏代早期的文化遗址，面积约有35万平方米，虽然发掘的具体情况还不知道，据说发现了一座夏代早期的城址，城

① 赵春青：《新密新砦城址与夏后启之居》，《中原文物》2004年第3期。

② 河南省文物研究所：《河南巩县稍柴遗址发掘报告》，《华夏考古》1993年第2期。

内分布有夯土、房址、窑址、祭祀坑、窖穴和墓葬，出土文物有玉礼器等。虽然这处城址与文献记载斟寻的方位不符，但其距离并不很远，可以说在斟寻地域范围之内，而且与洛近在咫尺，应该给以特别关注。

三、夏代中、晚期建都（居地）分析

夏代中期包括少康、帝杼、帝芬、帝芒、帝泄五帝，共在位165年。我把这一段时间大体界定在前1930年至前1760年之间①。

关于少康，《竹书纪年》说："夏众灭浞，奉少康归于夏邑。"前边已经说过，夏邑当在禹州市。《路史・夏后纪下》说少康"都于栎。"注引《古道志》去："阳翟有少康城。"引《洛阳记》云："夏少康故邑。"引《水经注》云："颍水东历少康城，即此。"《路史・国名纪四》说："阳翟，栎也。今许之阳翟县，本曰夏，后曰有夏，本此。《世纪》云：夏，今阳翟是也。"《续汉书・郡国志》梁国条："有纶城，少康邑。"《元和郡县志》卷五河南府颍阳县条："古纶氏县，本夏之纶国也，少康之邑在焉。"《读史方舆纪要》河南府登封县条：说登封有纶氏城。不过在虞城县条则说："纶城，在县西三十五里，夏时虞国之邑。"纶有两地，少康初居虞国之纶，后迁居登封之纶。少康居栋、居纶在禹州、登封境内。禹州瓦店龙山晚期文化遗址第三期碳-14测年，包括了夏代早、中、晚期，少康"都栋"当在此地。

《竹书纪年》说：少康"十八年迁于原，二十一年陟。帝杼元年己巳帝即位居原，五年自原迁老丘。"少康居原3年，帝杼居原5年，共8年时间。关于原的地望《史记・赵世家・正义》引《括地志》曰："故原城在怀州济源县西北二里。"《竹书纪年》笺按："《左传》杜注：沁水西北有原城。盖少康自夏邑迁原也。"《济原县志》说："原城在今县西北四里，今呼为原村，夏后杼居原，今济原庙西（今称庙街）、龙潭寺东有遗址存焉。"通过考古调查发现，确实在庙街发现了面积约80万平方米的一处大遗址，它是济源龙山文化聚落群中的特级聚落，在它周围还有1处一级聚落、1处二级聚落、12处三级聚落。庙街遗址是这个聚落群的中心。经过发掘确认的时代是河南龙山文化晚期，甚至更晚。这处遗址的规模、时代、地理位置，与文献记载的少康、帝杼居原基本上是吻合的。

《古本竹书纪年》："帝宁（即帝杼）居原，自原迁老邱，"《左传》定公十五年杜注："老丘，宋邑。"《一统志》卷一八七开封府二《古迹》："老邱城在陈留县北。《寰宇记》：在陈留县北四十五里。"《地名考略》："县有老丘城，见《陈留风俗传》。"因陈留之地黄河泛滥、淤沙甚厚，已无法知其具体情况。帝杼之后诸帝，《竹书纪年》均未记其都地，可能皆居老丘。

① 许顺湛：《五帝时代研究》，中州古籍出版社，2005年。

夏代晚期包括帝不降、帝扃、帝廑（一名胤甲）、帝孔甲、帝昊（一作皋）、帝发、帝癸等七王，其绝对年代为166年。我把夏代晚期年代定位在前1760年至前1600年。

帝不降、帝扃二王不知居地。《竹书纪年》说帝廑（一名胤甲）即位居西河八年，帝孔甲即位居西河九年，二王在西河共居15年。如按《路史·夏后纪下》孔甲在位40年计算，则二王在位即48年。但是西河的具体地望，史学界众说不一，而且多为宏观所指，无法具体认定。但是孔甲的具体活动情况，比较具体。《竹书纪年》说：孔甲“三年，王畋于萯山。”《吕氏春秋·音初篇》：“夏后氏孔甲，田于东阳萯山。遇大风雨，迷惑入于民室。”《山海经·中次三经》有萯山，与其相邻的山水，均在伊、洛地区。关于萯山，《水经注·河水》引《帝王世纪》：“以为即东阳首山也。”《乾隆偃师县志》卷三说：“首阳山，一曰首山，一曰萯山，在县西北二十八里。”今仍名首阳山，二里头遗址在其南约数十里。《史记·夏本纪》：“帝孔甲立，好方鬼神，事淫乱。夏后氏德衰，诸侯畔之。天降龙二，有雌雄，孔甲不食（即不会饲养），未得豢龙氏。”刘累“学扰龙于豢龙氏，以事孔甲。”“龙一雌死，以食夏后。夏后使求，惧而迁去。”这里意思是：刘累给孔甲驯养龙，一雌龙死，刘累将龙肉（做成肉酱）供孔甲食用，即而孔甲又求之，刘累惧怕逃走。《竹书纪年》说：“刘累迁于鲁阳。”《括地志》说：“刘累故城在洛州缑氏县南五十五里，乃刘累之故地也”。缑氏县在偃师境内。对孔甲这两个故事进行分析：孔甲到偃师首阳山去田猎，因遇到大风雨，而迷惑入于民室，因此可以说他的居地不会距首阳山太远。刘累为孔甲驯养雌雄二龙，因雌龙死去，刘累把龙肉作成肉酱送给并不知情的孔甲。孔甲吃后还向他要龙肉酱，刘累害怕了，遂迁徙到鲁阳，即今河南的鲁山。刘累的故居在偃师的缑氏。因此，刘累居地与孔甲居地不会相距数百里或上千里，必然相距很近，才能供送龙肉，才能引起害怕而逃走。根据这两则故事分析，我有一个设想，会不会孔甲居地就在偃师境内。

《竹书纪年》说：孔甲死后，“帝昊（一作皋），元年庚辰帝即位。”没有说居地在何处。可是他的葬地史书却有记载，如《左传》僖公三十二年：“殽有二陵焉：其南陵，夏后皋之墓也（即帝昊）；北陵，文王之所辟（避）风雨也。”杜注：“殽在弘农渑也县西。”《续汉书·郡国志》：“弘农郡黾池县有二殽。”经调查传说中的夏后皋墓还能看到。这一现象一定是有来历的。文献记载夏后皋墓只此一说，故推测，他的居地也不会太远。

《竹书纪年》“帝发，元年乙酉帝即位，”也没有说具体居地。笺按分析：“帝发必先居河南之地，桀因居之，去成皋不远。”《竹书纪年》：“帝癸（即桀），元年壬辰帝即位居斟寻。”“十三年迁于河南。”关于斟寻的地望前边已经说过，主要在巩县（今巩义市）境内。太康、后羿居斟寻当属夏代早期，桀居斟寻当在夏代晚期。《竹书纪年》说夏桀在位31年，在斟寻居了12年，于“十三年迁于河南。”在“河南”居19年。斟寻已知其地望，那么“河南”是指什么地方？

偃师二里头遗址面积达 9 平方公里，发现了宫城、宫殿、大墓、铸铜作坊遗址与精美的玉器、青铜器和陶器。学术界认为即夏都。但是也有学者认为二里头遗址就是夏都斟寻①。夏代早期：前 2070 年至前 1930 年。夏代中期：前 1930 年至前 1760 年。夏代晚期：前 1760 年至前 1600 年。据《夏商周断代工程》公布的二里头遗址分期与常规碳-14测年数据②，二里头一期 4 个数据，最高为前 1880～1840 年，最低前 1740～1640 年；二里头二期 14 个数据，最高为前 1685～前 1650 年，最低为前 1640～前 1600 年；第三期 3 个数据，最高为前 1610～前 1555 年，最低为前 1598～前 1564 年；第四期 4 个数据，最高为前 1564～前 1521 年，最低为前 1560～前 1529 年。二里头二、三期是夏都的辉煌时期。二里头各期测年对照夏代早中晚的框架，二里头一期的数据，达不到夏代早期，最早只能达到夏代中期；二里头二期的数据，全部在夏代晚期；二里头三期数据在夏代末期；二里头四期的数据，落在夏代晚期之外，属于夏商混交阶段。概括地说：二里头遗址属于夏代晚期。换句话说，二里头遗址是夏代晚期之都。

如果说二里头是夏都斟寻，那么夏代早期的太康和后羿不会在这里居住，因为没有发现夏代早期的居住遗址。所以说太康所居的斟寻不是二里头遗址。夏桀居斟寻与二里头遗址时代能够对应，但是《竹书纪年》却说夏桀居斟寻在十三年时迁“河南”，如果二里头遗址是斟寻，夏桀迁到哪里去了？这些都值得思考。

二里头遗址从发掘的情况看，它的辉煌时期，其下限不会晚于前 1600 年，其上限不会超过前 1760 年，总共约 160 年。夏桀在位 31 年，居斟寻 12 年，在二里头居住 19 年。即前 1600 年到前 1619 年。之前还有 100 多年，其宫城、宫殿中住的是什么人？夏代晚期国王，在夏桀之前，还有帝发在位 7 年、帝昊（皋）在位 3 年、帝孔甲在位 40 年、帝廑（胤甲）在位 8 年、帝扃在位 18 年，帝不降在位 59 年，共 135 年。这一百多年都能与二里头遗址的辉煌时期相对应，这就是说夏代晚期的七个国王均有可能都于这里，或曾都于这里。国有两都同时存在的可能性不能排除，但是二里遗址作为夏代晚期的国都长达 100 多年我是相信的。

四、结　语

夏代诸王的都地或居地不能只认可一处，有可能迁居几处。文献有记载，但考古尚未证实的都不要排除，留给后人继续研究。从目前情况看，夏代早期的禹都阳城在登封，启都黄台在新密，在我的认识上完全能够接受。禹居阳翟、启居阳翟，有可能就是

① 夏商周断代工程专家组：《夏商周断代工程 1996～2000 年阶段成果报告》（简本），世界图书出版公司，2000 年。

② 夏商周断代工程专家组：《夏商周断代工程 1996～2000 年阶段成果报告》（简本），世界图书出版公司，2000 年。

禹州的瓦店遗址，但还需要等待考古学的帮助。关于斟寻的地望我相信在巩义境内，但目前还不能具体确认。夏代中期的诸王都地：少康居栎，当在禹州，也可能就是瓦店遗址。少康和帝杼居原在济源，我相信即庙街遗址，但因发掘研究不够，其具体面貌还不很清楚。关于帝杼迁老丘，因自然条件变化，不可能再考虑。关于夏代晚期的诸王居地，我们不能否定西河，但是从二里头遗址具体情况分析，诸王长期在这里居住是合情合理的，考古发掘的资料就是有力的说明。

二里头文化是夏代晚期文化，新砦期文化属于夏代中期，早期夏文化，学者们多认为河南龙山文化晚期，其中一定有夏代早期文化。登封王城岗大城的发掘，新密新砦古城的发掘，就是有力的证明。

夏早期都邑“阳城”与“阳翟”

蔡全法
（河南省文物考古研究所）

夏是我国第一个奴隶制王朝，他是在原始社会的废墟上建立起来的，最后灭亡于商王朝，中间经过了十三世十七王的统治，多数夏王都有过更移都邑的记载，再加之年代的久远，和世事的沧桑巨变，地望往往有多种意见，位置更难确指，随着数十年来考古工作者的努力，新的考古发现给这一问题的解决，带来了可喜的契机。现就夏早期的都邑阳城与阳翟的相关问题，结合考古发现粗谈己见，加以探索，不当之处恳望专家指正。

夏朝的建立，如果从禹算起到桀共十七王。夏朝的积年目前还没有统一的意见。古文献主要有两说，其一：古本《竹书纪年》：“自禹至桀十七世，有王与无王，用岁四百七十一年。”《史记·夏本纪》“集解”和“索隐”均引《竹书纪年》“四百七十一年”的说法。其二：《汉书·律历志》引《帝系》曰：“天下号曰夏后氏，继世十七王，四百三十二岁。”《帝王世纪》为“十九王”，包括羿和寒浞，但依然合四百三十二年。”《易纬稽览图》谓：“禹四百三十一年。”（“禹”是指整个夏代），时间误差一年。当以前者为是。据现代学者研究，最引人注目的是夏商周断代工程研究的成果，选定文献所见夏代积年较早的年代471年。将夏商分界估定为前1600年。夏代始年的推定为前2070年，基本落在河南龙山文化晚期第二段，即前2132至前2030年范围。暂以前2070年作为夏的始年①，已为广大学者所接受，也验证了古本《竹书纪年》的正确性。

夏代的十七王之所都，据文献记载，有阳城、阳翟、斟寻、原、斟灌、帝邱、老丘、西河、平阳、安邑、晋阳等，似难一一澄清。但从文献记载和考古发现看，夏的都城虽有迁徙，但主要在嵩山周围一带很少出今天的河南省境。尤其是夏早期都邑阳城和阳翟，当在今河南登封市和禹州市两地，似已有较坚实的考古例证。

夏的先祖为祝融氏，还有鲧与其儿子禹。他们的早期都重点活动在嵩山一带。《国语·周语上》说：“昔夏之兴也，融降于崇山。”韦昭注：“崇，崇高山也。夏居阳城，

---

① 夏商周断代工程专家组：《夏商周断代工程1996～2000年阶段成果报告》（简本），世界图书出版公司，2001年。

崇高所近。”《太平御览·地部》嵩山条下又引韦昭注：“崇、嵩字古通用，夏都阳城，嵩山在焉。”嵩山古称崇山，又称外方山，后称嵩山，属于秦岭山脉，位于河南中西部的登封、新密和伊川县之间，西接熊耳山脉，东临黄淮平原，北近伊洛盆地，南向颍、汝河谷，主峰在登封县，古称太室，又称中岳，我国古代的夏族就兴起在此山周围。夏部族的祖先鲧和禹，在文献中都冠于地名。《国语·周语下》称鲧谓“崇伯鲧”。《逸周书·世俘解》称禹谓“崇伯禹”。证明他们都是兴起于崇山一带，至今在太室山下还保留有汉代为纪念启母的功绩而修建的启母阙和天然开裂的启母石。该阙是汉武帝所建启母庙前的神道阙①。可知早在西汉时期，鲧、禹、启，这些夏的酋长与君王事迹已紧紧地和嵩山联系在一起。《史记·封禅书》云：“昔三代之君（居），皆在河洛之间。”又正义引：“《世本》：‘夏禹都阳城，避商均也，又都平阳，或在安邑，或在晋阳。’”《世本》所指禹都阳城是肯定的语气，而晋南一带诸地用语都不是那么肯定的，说明对后者的可靠性持有疑问。《汉书·地理志》注引《竹书纪年》：“禹居阳城”。《续汉书·郡国志》注引《汲冢书》：“禹都阳城。”《孟子·万章》云：“禹避舜子（商均）于阳城。”《史记·夏本纪》云：“帝舜荐禹于天，为嗣。十七年而帝舜崩。三年丧毕，禹辞避舜子商均于阳城。天下诸侯皆去商均而朝禹。禹于是即天子位，南面朝天下，国号曰夏后，姓姒氏。”《古史纪年》又说：“帝即位于夏邑。”统笺“郡国志颍川郡阳翟禹所都……即位居此，故曰夏邑。”从这些记载可以看出，夏人的早期活动主要在嵩山地区，虽有晋南之旁说，“因为到底禹居哪里作者自已也拿不准，而且作为一个以农业为经济基础的部族既居河南，旋居山西，迁徙往来无常处，实际是不可能的。”② 当仍以嵩山地区较为可信。夏族兴于嵩山地区，禹是夏代的奠基人，阳城是其早期的都城，阳翟是禹称夏后的第一个都邑。

禹都阳城，应在今河南省登封市告成镇西王城岗与八方村一带。1977 年河南省文物研究所在告成一带调查夏文化，在五渡河西的王城岗遗址发现了一座两城相连的小城堡③。城址北近阳城山，东临五渡河，面积万余平方米。此后又在告成镇北又发现了春秋、战国时期的阳城。而且出土了明确无误的“阳城”和“阳城仓器”陶文字④。其地理位置据《水经注》卷二十二载：“颍水出颍川阳城县西北少室山，又东南过其县南。”郦道元注：“颍水又东，五渡水注之……其水东南流迳阳城西……昔舜禅禹，禹避商均，伯益避启，并于此也。”阳城，杜预注：“在阳城县东北。”西晋之阳城县就是在今河南省登封市告成镇发现的古阳城遗址⑤。阳城坐落在阳城山南坡上。《水经·洧

① 河南省博物馆：《登封汉三阙》，文物出版社，1996 年。

② 郑杰祥：《新石器文化与夏代文明》，江苏教育出版社，2005 年。

③ 河南省文物研究所、中国历史博物馆考古部：《登封王城岗遗址的发掘》，《文物》1983 年第3 期。

④ 河南省文物研究所、中国历史博物馆考古部：《登封王城岗遗址的发掘》，《文物》1983 年第3 期。

⑤ 河南省文物研究所、中国历史博物馆考古部：《登封王城岗遗址的发掘》，《文物》1983 年第3 期。

水注》："洧水出河南密县西南马岭山。"郦道元注："水出山下，亦言颍川阳城山，山在阳城县之东北，盖马岭之统目焉。"是知阳城山又名马岭山，位于古阳城县即今登封告成镇东北，与杜预注正相符合。但由于小城堡面积仅万余平方米，使很多学者对此为夏禹之都，心怀疑问。可幸的是2002年"中华文明探源预研究"项目的实施，北京大学考古文博学院与河南省文物考古研究所合作，在王城岗和八方村一带又发现了一座大城，将小城堡括于其中，虽城墙的上限还缺少直接的证据，从城墙夯土的包含物看，都是龙山文化遗物，为龙山文化城址已不会有什么问题。大城仅存有北墙和西墙，以及城外之护濠。面积约30万平方米①。北墙残长370、宽8～12、残高0.5～1.2、北城濠长630、宽约10、深3～8米；西城濠残长130、宽10、残深1.5～2米。由此推测，原来发现的小城很可能是大城中的宫庙或社稷性质的遗存。从王城岗小城的年代距今4100年，当在夏的纪年之内，这样可以断言，这里非夏都阳城莫属。

王城岗遗址的上限，根据夏商周断代工程所测年代数据，第一期和二个数据分别为前2190～前2110年、前2190～前2105年。如果采二个数据的最大数和最小数，当为前2190～前2105年，距夏的始年前2070年早约120年到35年。也就是说，在筑建王城岗城址之前，这里的聚落已存在百年左右。如果单凭禹一人是不可能占用这么长时间的，至少在禹之前还有一代或两代人在这里经营，成为嵩山地区的中心聚落，然后又发展成为都邑性质的城址。由于王城岗小城内的奠基坑W153奠6和WT79奠8均与小城同期，为第二期，碳-14测定数据（拟合后的日历年代）分别为前2132～前2082年和前2128～前2084年②。年代都略早于夏立国之年，说明该城的修建者不当是禹，而是鲧。正如文献记载："鲧筑城以卫君，造郭以守民，此城郭之始也。"③ 王城岗大城套小城的布局也给这一筑城理念提供了实物证据。鲧之后的禹应当只是继承了这一成果或有所巩固和发展而已。

"从这里可以看出：旧的氏族社会的风俗习惯，已经不能维持了，必然要被新的国家组织所代替。"④ 犹如恩格斯所说："掠夺战争加强了最高军事首长的权力，习惯地由同一家庭选出他们的后继者的办法，特别是从父权确立以来，就逐渐转为世袭，人们最初是容忍，后来是要求，后来便僭取这种世袭制了。"⑤ 由此可知，禹在名誉上是以传统禅位给益，但事实上却暗地纵容启夺取天下。伯益代表着抱残守阙的社会保守势力，不达世变，结果被杀，成为禅让制度的牺牲品。启的胜利，宣告了私有制和王权世袭制

---

① 河南省文物考古研究所：《文物考古年报》，2002年。

② 夏商周断代工程专家组：《夏商周断代工程1996～2000年阶段成果报告》（简本），世界图书出版公司，2001年。

③ （汉）宋衷注、（清）秦嘉谟等辑：《世本八种》，中华书局，2008年。

④ 孙作云：《从天问看夏初建国史》，《光明日报·史学》，第118期，1978年8月29日。

⑤ 恩格斯：《家庭、私有制和国家的起源》，人民出版社，2003年。

的确立，新的国家组织的产生，社会进入到一个崭新的文明时代。这一重大历史事件就是发生在嵩山脚下，中国的王权世袭制也是从这里起步，以至滥觞数千年之久。

启的都邑，因其父禹居之阳翟，即今河南省禹州市一带。《史记·货值列传》“颍川、南阳、夏人之居也。”《汉书·地理志·颍川郡》阳翟县下班固注：“夏禹国”。《帝王世纪》：“禹受封为夏伯，在《禹贡》豫州外方之南……今河南阳翟是也。”《水经注·颍水》“颍水自竭东径阳翟北，夏始封于此，为夏国。”《史记·夏本纪·正义》引《括地志》云：“夏亭故城在汝州郏城县东北五十四里，盖夏侯所封也。”郏城东北正是古阳翟境内。《吴越春秋》：“启遂即天子之位，治国于夏。”今本《竹书纪年》：“帝启：元年癸亥，帝即位于夏邑，大飨诸侯于钧台。”《左传·昭公四年》云：“夏启有钧台之享。”杜预注：“启，禹子也。河南阳翟有钧台陂，盖启享诸侯于此。”《后汉书·郡国志·颍川郡》阳翟县下刘昭注补：“有钧台陂，《帝王世纪》曰：‘在县西’”。《水经注·颍水》载：颍水“又东南过阳翟县北。”郦道元注：“时人谓之山禺水，东经三封山东，东南历大陵西连山。《旧藏·易》曰：‘启筮享神于大陵之上，’即钧台也……其水东南流，水积为陂，陂方十里，俗谓之钧台陂，盖陂指台取名也。”杨守敬疏：“按《书抄》八十二、《初学记》二十四、《御览》八十二并引《归藏·易》曰：‘夏后启筮神于大陵而上钧台，’……《元和志》：‘钧台在阳翟县南十五里’。在今禹州南。”钧台又称夏台，《史记·夏本纪》云：“（桀）乃召汤而囚之夏台。”《索隐》“夏曰均台，皇甫谧云：‘地在阳翟’是也。”《大清统一志·河南·开封府》古迹条下：“阳翟故城，即今禹州治。”以上文献说明，清代禹州，即今之禹州。今禹州一带自禹、启以来，一直是夏人活动的重要区域，并在这里建立起夏王朝国家政权。阳翟先是禹都，而后启又继之。

阳翟之名义，今河南省禹州市古称阳翟，亦称夏或夏翟。是因古代其地盛产夏翟鸟而得名。桂馨《说文解字义证》引《本草嘉祐图经》云：“江淮伊洛间有一种尾长而小者为山鸡，人多畜之宽樊中，则所谓翟，山鸡者也。”《禹州志·山川志》引《旧志》云：翟山，在“州西四十里”。说明州西一带在古代当为翟鸟即山鸡的聚集之地。现在所保留下来的阳翟城，春秋战国时期，初为郑国栎邑。《春秋·桓公十五年》云：“秋，九月，郑伯突入于栎。”杜预注：“栎，郑别都也，河南阳翟县。”郦道元《水经注·颍水》引王隐曰：“阳翟本栎邑也。”栎，《山海经·西山经》云：“有鸟焉，其状如翟而五彩文。”郭璞注：“翟似雉而大，长尾。或作乐鸟。”朱骏声《说文通训定声》说：翟，“从羽，从隹，会意字。亦作阳翟，作乐鸟。”《山海经·西山经》又云：“又西……有鸟焉，其状如鹑，黑文而赤瓮，名曰栎。”可知翟是鸟名，称乐鸟，亦称栎，同是野山鸡之异名。

翟鸟又称夏翟。《尚书·禹贡》说：“羽畎夏翟。”孔颖达《正义》：“《释鸟》云：‘翟，山雉。’此音夏翟，则夏翟共为雉名。”夏有大意，亦有光明鲜艳之意。阳为高明之意。《尔雅·释天》：“夏为朱明。”又云：“夏为昊天。”《说文·阝部》：“阳，高明也。”阳，段氏注曰：“日之照曰阳。”说明夏、阳二字都有太阳光明高照之义。《尔雅·释诂》又云：“夏……大也。”邢昺疏引《方言》曰：自关而西，秦、晋之间，凡物之状大而受伟大之谓之夏。”据此，郑杰祥先生认为：清人吴调阳《汉书·地理志·颍川郡》详释云：“阳翟，今禹州。注云：“夏禹国。”按：禹都本在郑栎……地多夏翟，故国号夏。”“吴氏所说是正确的，启以武力夺权称王在这里建立起国家政权，此地以多有夏翟而著称，夏翟又单称作“夏”，夏王朝实因建立于夏地即后世的阳翟而称作为夏王朝，夏王朝的建立者也开始被称为夏部族。”① 此释纠正了以前多种猜测和不恰当认识，极为精当和正确。

从考古调查情况看，禹州的阳翟故城，是春秋战国时期所筑②，此城内还没有发现龙山文化或二里头文化的遗存。故非夏都之阳翟。正如东周阳城与夏时阳城不在同一位置一样。从文献记载所知相关遗迹除阳翟地名外，还有“钧台”，或称“夏台”，亦称“大陵”，相邻又有钧台陂。数十年来夏代阳翟还没有找到。近年南水北调水利工程沿线的考古发掘，在禹州市八里营的发掘项目称“阳翟故城”，位置在东周阳翟城北 4 公里。但在 2006 年《河南省南水北调中线工程文物保护项目年报》中，未见发布与阳翟故城有关的信息③。说明遗址性质的确定还存在一定的问题。“钧台”曾是夏启飨享诸侯和簉神的地方，夏桀也曾在这里囚禁过商汤。疑是夏宫庙所在或为其离宫别馆。钧，《说文·金部》曰：“钧，三十斤也，从金，匀声。”段玉裁《说文解字注》亦说：“钧，三十斤也……《汉志》曰：钧者，均也……平均也。按古多假钧为均。”由是可知，钧本意是重量单位，引申意约有十种之多，与本研究有关者为三种。为铨，衡量轻重。《吕氏春秋·仲春》曰：“日夜分则同度量，钧衡石。”注：“钧，铨衡石称也。”为喻国政。《补抱子·汉过》说：“阉官之徒，操弄神器，秉国之钧……。”此两种引申意可理解钧为国之政要之地。另一意为均，有平分、平等之意。钧与均可互为假借，《左传·襄公十六年》：“若多鼓钧声，以夜军之。”《国语·楚语（上）》《旧音》“钧或为均。”《史记·魏其武安侯列传》曰：“贵戚诸有势在已之右，不欲加礼，必陵之；诸士在已之左，愈贫贱，尤益敬，与钧。”广注：“钧与均同，同等也。”钧可借为均，均为平分，即一分为二，那么钧台就可能是分开的二个台，其意已十分明晰。台，一般认为是土筑高起的平地为台。《老子》：“九层之台，起于累土，”即此意。由此分析，钧台应是或南北或东西平分开的两座大型高土台基，故而称钧台，上边亦应有建筑。又称所谓的“大陵”或“夏台”。陵，《说文·阜部》曰：“陵，大阜也，从阜夌声。”段玉裁《说文字注》云：“《释地》、《毛传》皆曰：‘大阜曰陵’。《释名》曰：‘陵隆也，体隆高也。’”可见“大陵”，亦称“大阜”，亦是高起或隆起的台地。“夏台”，即夏邑

① 郑杰祥：《新石器文化与夏代文明》，江苏教育出版社，2005 年。

② 河南省文物局：《河南文物名胜史迹》，中原农民出版社，1994 年。

③ 河南省文物局：《河南省南水北调中线工程文物保护项目年报》，2006 年。

之台地，也是处理国之要务的重地。

文献所记还有“钧台陂”，其由来和钧台有关。陂，《说文·阜部》曰：“陂，阪也，一曰池也，从阜皮声。”段玉裁《说文解字注》：“陂，阪也。注曰：陂与坡音义皆同，凡陂必邪立。从阜皮声。一曰：池也。注曰：池名本作沱，误。今依《韵会》正……池与沱形意皆别，此云彼者，池也……许书沼池也。洼，深也……湖大陂也。”以上意为：钧台陂以临近钧台而得名，所以《左传·昭公四年》云：“夏启有钧台之享”。杜预注：“……河南阳翟有钧台陂，盖启享诸侯于此。”显然台与陂是在一个地方。这里的陂当为湖，故有“水积为陂，陂方十里”之语。钧台与钧台陂的地望有三：其一，为钧台，在县西①；其二，钧台在县南十五里②；其三，钧台在禹州老城北门里。③ 第二种提法较晚，禹州市文管所曾对禹州南十五里一带作过调查，并未发现与钧台或钧台陂相符的地形或遗址。所以城南十五里之钧台不可靠。其三禹州老城北门里之钧台，为清道光《禹州志》所记述，后因宋、金以来的瓷窑设在“钧台”，故称钧台窑，曾是宋代五大名窑之一，且流传至今。因为禹州老城是东周时期的阳翟，夏之钧台肯定不在阳翟老城“北门之里”。其二和其三之地望被排除，最后只有“钧台在县西”的地望了。

1979年河南省文物研究所，以探索夏文化为目的，为了解颍河下游“河南龙山文化”及“二里头文化”的分布情况，复查了闫砦、谷水河、崔庄三处遗址，还新发现了龙池、瓦店、董庄、吴湾、胡楼等十三处遗址，并对吴湾、崔庄、董庄三处遗址进行了试掘④。通过调查认为瓦店遗址是众多遗址中最重要的一处。故而在1980～1982年进行了三次发掘，发掘面积达700多平方米，发现的遗存主要是龙山文化时期⑤，1996年为配合“夏商周断代工程——夏代年代学研究，”河南省文物考古研究所承担了其中的“早期夏文化研究”课题。为此，1997年再次进行考古钻探与发掘，取得了更重要的收获，对于解决遗址性质及其龙山文化编年提供了重要资料。其一，瓦店遗址吻合钧台陂在县西的位置。瓦店遗址位于禹州市火龙乡瓦店村东部和西部的台地上。东距禹州市区7公里，颍河在遗址的北面由西北向东南流去，遗址的南面是滑济河，西面是滑济河的支流由西北折向南的转弯处，三面临河，水源丰富。其二，该遗址地形为东西两处台地。东台地长、宽皆约340米，面积11.56万平方米，西台地东西长340米，南北宽约300米，其面积约10.2万平方米。因台地边沿有水冲刷的痕迹，说明遗址中两台地面

① 《后汉书·郡国志·颍川郡》阳翟县下刘昭注补：“有钧台陂……‘在县西’。”

② 《元和郡县志》曰：“钧台，在县南十五里”。

③ 河南省文物局：《河南文物名胜史迹·钧台窑》，中原农民出版社，1994年。

④ 河南省文物研究所、禹县文管会：《河南禹县颍河两岸考古调查与试掘》，《考古》1991年第2期。

⑤ 河南省文物研究所、郑州大学历史系考古专业：《禹县瓦店发掘简报》，《文物》1983年第3期。

积原来是非常接近的，而经四千年左右的河水冲刷，土地平整或农民取土，发生变化十分正常。相邻的两台地十分吻合钧台的地形。其三，在两台地之间有一条自然的路沟，形成年代虽不详，但很可能古已有之。长约250、宽12～20米，沟南侧深3～4米，沟北侧深5～6米。其四，“从现存东台地和西北台地的情况看……东台地的东边就留有被颍河水冲刷的痕迹，直至20世50年代颍河涨水时，河水仍可漫到东台地东断崖下（断崖最高处达5.8米），水深1～2米……历经数千年的风雨剥蚀和颍河水泛滥冲刷之影响，瓦店遗址的规模是受到影响而缩小的。”① 这段记述带给我们这样的信息与线索，即瓦店附近的颍水在现代暴雨季节，水漫涨到瓦店遗址一带。在古代，特别是数千年前河床下切不深，涨水漫出河漕也是可能的。漫出的水存在洼地积水成陂，旱时水位下降，涝时不断地补充，保证了水源，使湖水不致干涸。如果此推断若能够成立，就会构成古代台、陂相依的特殊地形。其五，遗址以西是滑济河两条支流交汇处，由西北折而西南，入滑济河后东南流，汇入颍河。这条河在古代流经瓦店东南一带，也有可能成为钧台陂的另一重要水源。其六，作为瓦店遗址发掘的主要收获之一，在东台地即“ⅣT5F8为代表的夯土地面的发现，夯土基础残厚0.5米，残宽约5米，长10米尚不到边，在夯土基础上发现直径0.3米的柱洞和宽0.4米的残墙基，在夯土基础中有用于奠基的小动物，在ⅣT4⑤层中发现有属于两个个体的猪头骨的遗留。ⅤT1F1夯土地面建筑仅暴露一部分，在夯土基础上发现有直径0.35米的柱洞和一奠基坑（ⅤT1H16），坑内有分属三个个体的人头骨，盆骨和肢骨，而且都是分层埋置的。用于奠基牺牲的人，还有一些狭小墓葬和利用灰坑葬人，以及住半地穴房子中的人群其社会地位是十分低下的。他们与居住在以夯土为基础的地面建筑中的主人，分属不同的社会阶层，这种社会分层和严重分化现象的存在，亦当是中国文明时代开始的标志之一，也成为确定遗址性质的重要依据。其七，瓦店遗址西北台地上，发现ⅤT1F1这座带有奠基坑和柱洞的夯土地面建筑，并在其附近带有通道的窖穴中（ⅤT1H17）发现有大卜骨。其为牛肩胛骨，上有灼痕30多个，发掘者考虑到这一带文化堆积较薄而单纯，与东台地深厚且文化遗物丰富的地层有着明显的不同。推测ⅤT1F1可能为宫庙类建筑。大卜骨或是宫庙中使用过的祭祀用品，也吻合文献“夏后启筮神于大陵而上钧台”的记载。由此说明瓦店遗址并非一般聚落，可能曾有过政治中心的地位。作为旁证，在遗址中还发现有玉器，有玉璧、玉铲和玉鸟等。另外陶器的质量较高，其中的酒器如觚形、盉、鬶等十分精美，似说明瓦店遗址所居住的统治者具有较高的等级②。其八，瓦店龙山文化为河南龙山文化晚期遗存（王湾三期文化晚期）报告作者认为：年代大体与禹征三苗同时，是早期夏文化之一。瓦店的碳-14测定数据有4个，分别为瓦店一期和第三期中最早和最晚的。若取其中间数值，瓦店第一期的年代为前2255～前2160年，即前23～前22

① 河南省文物考古研究所：《禹州瓦店》，世界图书出版公司，2004年。

② 河南省文物考古研究所：《禹州瓦店》，世界图书出版公司，2004年。

世纪；瓦店第三期的年代为前2105～前1755年，即前22～前18世纪①。

这一年代当都在夏早期的纪年之内，钧台曾是夏启宴享诸侯的地方。就这一年代跨度分析，发掘报告称：“大体与禹征三苗同时”是不够的。也应当包括“夏启有钧台之享”的这一段历史或再晚的时间段。从文献记载看，禹在位的时间，《史记·夏本纪》云：“禹……居外十三年。”《禹贡》作：“十有三载，乃同。”《史记·河渠书》引《夏书》为“禹抑洪水十三年。”另还有八年、十年两说法②。本从《史记》引《夏书》之“十三年”。这十三年应不包括在“十七年而帝舜崩”的时间内。因禹治有功，舜方能荐嗣于禹。又有三年丧守，这是20年时间。《吴越春秋》曰：“舜崩……禹三年服毕，不得已，即天子之位。”也就是说禹是在舜三年之服完成后称夏后。禹治水13年，荐嗣17年，服丧3年，称夏后10年，共合43年。

启父禹“以天下授益。三年丧毕，益让帝禹之子启。”③ 此事发生在禹死后三年。实是启杀益而得帝位。启的卒年，从古本《竹书纪年》三十九年说，再加上禹亡三年丧服的时间，为42年。禹、启在位的年数相合为85年④。如果从瓦店第一期的最早年代前2255年，减去夏的起年前2071年，可证明在夏立国前瓦店这一聚落已存在约184年左右，若第三期1755年加上禹、启在位的85年，约为1840年。2071年减去1840年，等于禹、启之后还有约231年。禹征三苗，推测在尧舜时已经开始，这一计划的实施只在禹治水之后，中原安定下来，生产和经济有所恢复的情况下才能够进行。王鸣盛《尚书后案》说：“禹奉舜命征三苗，作誓，又偃兵修政。舞于羽，三苗自服”。瓦店遗址发现的石家河文化因素的遗物，正是华夏族和有苗征服融合的历史见证，但在约184年间，舜在位一世时间为五十年，据文献寿一百零五岁，或一百二十二岁，尧在位九十八年，寿一百一十八岁⑤。瓦店的龙山文化的早段，大体是处于尧、舜、禹时期。禹、启之后的约231年间，大致是太康至不降等9位夏王在位期间（包括羿代夏政）⑥ 作为夏的故都还在使用。

结　语

综上所述，夏代的存在，在周人较早的文献和商代后裔追述其祖先事迹的篇章中都有明确的记载，战国和秦汉时代的诸子和其他典籍也多有夏史的论述，特别是《史

① 河南省文物考古研究所：《禹州瓦店》，世界图书出版公司，2004年。

② 《孟子·滕文公》说：“禹八年于外。”《山海经注》引《尸子》说：“禹……疏河决口，十年不窥其家。”

③ 《史记·夏本纪》。

④ 启的在位和终年，何光岳先生有较多的引证，见：《夏源流史》，江西教育出版社，1992年。

⑤ 许顺湛：《五帝时代》，中州古籍出版社，2005年。

⑥ 何光岳：《夏源流史》，江西教育出版社，1992年。

记·夏本纪》系统而又具体地记述了夏代的史实，随着现代中国考古发掘和研究，确立了商代文明并初步揭示了夏代文明，从而证实了历史文献的可靠性。夏代始年的确立，也为遥远的五帝时代研究奠定了基础。约当前 21 世纪，随着第一个统一王朝在中原地区的建立，预示着文明时代的到来和新的国家组织的诞生。从文献记载到考古学文化实证，夏代的早期都邑，禹都阳城当在今登封市告成西之王城岗到八方村一带。特别是王城岗大城的发现，又有东周阳城及其“阳城”陶文作为旁证，是这一认识更为坚实。其城是因地近阳城山而得名，其始建者当为鲧而非禹，而且该城大小两城相套，是我国内城外廊的最早例证，也与“昔者，夏鲧作三仞之城。”① “鲧筑城以卫君，造郭以守民，此成廓之始也”的记载相照应。鲧成为较早懂得筑城技术和有明确筑城思想理念的人。作为其重要职能的城邑，亦应是从原来的氏族部落居住地、即原始聚落基础建立起来的，作为禹只是暂守其成或有所发展而已。“禹都阳城”是历代都把禹看做是夏的开国之君，所以认为阳城是夏的始建之都。阳城遗址事实上是部落联盟时期，或万国林立的酋邦时代的产物。真正的夏都是禹称夏后之后所居之阳翟，亦称夏或夏邑，是因古代其地盛产夏翟鸟而得名。

阳翟在今禹州市，似古今并无异说。但现今所知的阳翟城是春秋战国时期所筑，即春秋时期郑国的别都栎邑，后又成为韩之国都。夏代的阳翟长期以来并没有找到。与夏代有密切关系的还有钧台，钧台即是均台，为平分之台，是以双台为主要特征，而且临钧台陂。亦寓为处理国之要务的重地。禹州瓦店遗址不仅符合这一地形特征，其龙山文化的年代可始于禹征三苗前后。之后启承遗绪。再后的 231 年间，瓦店仍作为夏之故地，在不间断地使用，但目前出土夏后期的文化遗存和遗物还十分欠缺。钧台与阳翟当为从属关系。就瓦店遗址推测，钧台或是夏的宗庙所在，或是夏的离宫别馆的可能性较大，由于以前发掘揭露面积较小，一些遗迹面貌不甚完整，故还需要今后的发现来进一步证实。

---

① 《淮南子·原道训》，笔者按：一仞七至八尺，以八尺为准计算，三仞为二丈四尺。以今尺合 8 米。古代尺寸小于今尺，实际高度当不会到 8 米。

登封王城岗城址与禹都阳城

马世之
（河南省社会科学院）

王城岗城址位于河南省嵩山南麓的登封市告城镇西部。这里是豫中名川颍河流经的登封中部的小型河谷盆地，海拔 270 米左右。城址雄踞于颍河与五渡河交汇处的岗坡上。颍河发源于嵩山的太室山南麓，由西向东流，是淮河的主要支流之一。五渡河发源于太室山东侧，由北向南流，是颍河的支流之一。王城岗遗址东濒五渡河，南临颍河，南望箕山和大小熊山，西靠八方村，西望嵩山之主峰少室山，北依太室山前的王岭尖，地理位置十分重要。有人把这一地区同西亚两河流域新月形地带相提并论，说它是古代世界农业起源的中心之一，这种说法不无道理。

20 世纪 70 年代末至 80 年代初，王城岗遗址的发掘一鸣惊人，其龙山文化晚期小城，被视为当代最为重要的考古发现。本世纪之初，作为“中华文明探源工程预研究”课题，又发现了一座面积约 30 余万平方米的大城，在华夏文明的形成和发展研究中具有重要的学术地位与价值。

1975 ~ 1981 年间，河南省博物馆文物工作队和中国历史博物馆考古部对王城岗遗址进行发掘，发现了龙山文化晚期小城址。

这次发现的王城岗城址，是由东西并列的两座小城组成，两城隔一墙而连属，东城西垣就是西城东垣。岗上地势西高东低，东城较西城的地面低约 2 米左右。东城城垣大都遭到破坏，现存南垣西段残长约 30 米，西垣南段残长约 65 米，南垣与西垣的交角为 88°，近乎直角。东城的方向以西垣测知为北偏东 15°。该城角的建筑形制是内角为凹弧状，外角呈凸圆状，向外突出 2 米左右，似为城角的“马面”设施。由于古代五渡河道的西移，将东城大部分城垣冲毁。

西城除东垣与东城共用外，北垣东段和中段被西北部王岭尖下来的山洪冲毁，南垣、北垣西段的城墙基础槽和槽内夯土层，大部分或多或少都有保留。南垣东端有一段长 9. 5 米的缺口似为城门设施，其余残长 82. 4 米，西垣长 92 米，北垣西段残长 29 米。西垣的方向为北偏西 5°，它与南垣的交角为 90°，直角相接。西南城角的建筑形制也是内角呈凹弧状，外角呈突圆状，凸出城墙 3. 68 米，似为城角外的“马面”设施。西垣与北垣相交处的角度为 89°，也近似直角。西北城角虽然部分夯土损毁严重，但从残存的角形来看，其内角也呈凹弧形，外角为凸圆形，凸出城墙 2 米左右，为“马面”设施。从上述情况来看，西城的南垣、西垣和北垣应是同时修筑的，整个西城呈边长约90多米的正方形，城内面积近约8000余平方米。

东城与西城筑法相同，都是在筑城以前先按城墙走向挖出一条口部略宽于底部、两壁平直、平底或凹形底的基础槽，然后在槽内逐层填土夯实。根据西城西垣考古发掘资料，获知基础槽口宽4.4米，底宽2.56、深2.4米。槽内每层夯土的厚度为10～20厘米，也有24厘米的。在每层夯面上都有厚约1厘米的细沙层，每层细沙面上保留有夯窝印痕。夯窝形状和大小极不一致，有圆口圜底、椭圆形圜底和不规则形几种。夯窝口径一般为4～10厘米，窝深1～2.5厘米。有一层夯土面上还遗留有8～18厘米的河卵石，看来可能就是当时的夯具遗存。

东、西二城始建于王城岗龙山文化一期，大约是同时并建的二城。使用时间为王城岗龙山文化二期。

在西城内的中西部较高处和东北部一带，曾发掘出多处王城岗龙山文化二期的夯土基址遗存，其中以中西部分布较密，这些夯土基址很可能是当时人们在城内修筑的夯土建筑台基，为夯土台基底部的稳固，先将拟建台基下面的灰坑或坑内的松软灰土清理出来，然后再在坑内填土夯实。有的坑内仅填土夯实，即为夯土坑，有的则是在夯土层内填埋入动物骨架与人骨作为奠基坑，也有在较大的壕沟或大土坑中填土夯实，即成为不成形的夯土残片。由于地面上的夯土损坏严重，所以原来夯土建筑台基的形制已无法复原。经过分析，可以找到十余处夯土建筑基址，其中分布在中西部较大的两处，一为呈南北长方形的夯土建筑基址，面积约为150平方米左右，一为方形夯土建筑基址，面积约为70平方米左右。

在夯土建筑基址范围内，发掘出来的夯土坑13个；夯土残片多处，其中面积最大的约有3平方米左右，最小的约1.5平方米；奠基坑13个，坑内填埋完整人骨13具，例如1号奠基坑是1个圆形袋状坑，在偏下部的几层夯土层之间，填埋有成年、青年和儿童人骨架7具，2号奠基坑填埋人头骨1个，13号奠基坑填埋儿童头骨5个，5号奠基坑填埋成年人骨架2具，3、4、7号奠基坑内各埋人骨架1具。除1号奠基坑外，其他12个坑内的夯土仅清理了一部分，因而对于坑内填埋的人骨架和零散人骨数目尚不能确定。这种用多人奠基的情况，应当是宫殿或宗庙一类礼制性建筑的遗存。

西城内王城岗龙山文化三期出土的陶碗腹部和陶瓮肩部，均刻有“×”形符号。473号灰坑（H473）出土的一件黑陶杯外底残片上，有一个形似“共”字的文字。此字系由两个符号组成，像两手有所持执，已超越了象形文字阶段，而是比较成熟的会意字了。

王城岗龙山文化四期灰坑（H617）内，出土一件铜鬶的腹与袋状足的部分残片，残宽6.5、残高5.7、壁厚0.2厘米，器表锈蚀严重。经北京科技大学冶金史研究室用原子发射光谱、金相和扫描显微镜检验，断定此铜器残片系由锡铅青铜铸造而成。要铸造鬶这种复杂的青铜容器，需要比较高超的冶铸技术①。

21世纪之初，北京大学考古文博学院与河南省文物考古研究所分别于2002年、2004年两次对王城岗遗址进行考古发掘，在小城的西南部发现了大城。大城平面略呈长方形，北垣残长约350米，复原后长600米。现存城垣顶部残宽6.8、基础宽12.4、残高1.12米。夯层厚0.04～0.28米，夯窝直径0.05～0.07米，用黄色纯净土夯筑而成。其余各面城垣多被破坏。西垣复原长度为580米。东垣和南垣复原后分别为580米和600米。大城的北城壕在北垣外4米处，保存较好，长约620米，截面为口宽底窄的倒梯形，口宽约15、底宽约10.4、残深5.2米。西城壕仅保存西北角，残长约135米，复原后长600、宽约15、残深1.5～2米。复原后的城内总面积达34.8万平方米。大城城内发现几片面积大小不一的夯土基址。其中位于大城北部正中的夯土面积较大，南北长约50、东西宽约30、厚约1米；中部的一块夯土面积居中，南北长约20、东西宽约10、厚约1.5米；南部偏东的一块夯土面积较小，仅10米见方，厚0.5米。这几块夯土基址的形制、年代、结构等情况尚不清楚。此外，发现龙山晚期祭祀坑1座，位于大城的北部偏东处，为圆形袋状坑，已清理部分口径为2.55米，深0.6米。坑内北部有一头北脚南仰身的儿童人骨。出土陶器有鼎、罐、杯、瓸、钵形盆、瓮等，石器有石料、砺石、铲、钻芯、石饰片等，骨器有镞。另有灰坑16座，可分为椭圆形口大底小状坑、圆形袋状坑等。出土陶器有鼎、罐、瓮、甑、盆、钵等，石器有铲、凿、刀、钻芯、砺石、琮等，骨器有镞、锥等。

王城岗大城与小城的关系，小城位于大城的东北部，大城的北城壕打破小城西北拐角处的夯土城墙，大城的年代应晚于小城②。

王城岗遗址范围内发掘出来的文化遗存中，年代最早的为裴李岗文化，其次是龙山文化、二里头文化、商代二里冈文化、商代晚期文化及周代文化。在上述诸文化堆积中，以龙山文化的内涵最丰富。王城岗龙山文化遗存共分五期。一期是小城的始建期，二期是小城与城内的奠基坑、夯土建筑等的使用期，三期是小城废弃和大城城垣、城壕的使用期，四期是大城继续使用期，五期则是大城废弃后的遗存③。过去公布的二期年代为前2469～前2291年④，此数据明显偏早。最近，为配合夏商周断代工程的研究工作，重新进行了年代测定。根据王城岗遗址灰坑和奠基坑中出土骨头测定

① 河南省文物研究所、中国历史博物馆考古部：《登封王城岗与阳城》，文物出版社，1992年。

② 北京大学考古文博学院、河南省文物考古研究所：《河南登封市王城岗遗址2002、2004年发掘简报》，《考古》2006年第9期。

③ 方燕明：《早期夏文化研究中的几个问题》，《中原文物》2001年第4期；《登封王城岗城址的年代及相关问题探讨》，《考古》2006年第9期。

④ 河南省文物研究所、中国历史博物馆考古部：《登封王城岗遗址的发掘》，《文物》1983年第3期。中国社会科学院考古研究所：《中国考古中碳-14年代数据集（1965～1991）》，文物出版社，1991年。

的年代数据，拟合后的日历年代：一期为前2190～前2110年，或前2190～前2105年；二期为前2132～前2082年，或前2128～前2084年；三期为前2090～前2030年；四期为前2050～前1985年、前2038～前1988年，或前2041～前1994年；五期为前2030～前1965年①。

王城岗遗址出土器物中，陶器的数量最多，以龙山文化二期为例，砂质灰黑陶为主，泥质灰黑陶次之，砂质棕陶与黑陶很少。器表纹饰主要是篮纹和方格纹。器形有鼎、罐、甑、鬶、斝、盉、盘、杯、觚、壶、豆、碗、钵、盆、瓮、缸、澄滤器、筒形器与器盖等，不见甗和鬲。从出土陶器的陶质、陶色、纹饰和器形来看，具有嵩山地区颍河流域的地方特征，过去曾有人把这一地域的文化称为河南龙山文化“王湾类型”，最近河南省文物考古研究所把它从“王湾类型”中分出来，定名为“煤山类型”②。

王城岗城址位于嵩山南麓，同历史上的夏部族之间存在着比较密切的关系。《国语·周语上》载：“昔夏之兴也，融降于崇山。”韦昭注：“崇，崇高山也。夏居阳城，崇高所近。”又《太平御览》卷三九引韦昭注：“崇、嵩古字通。夏都阳城，嵩山在焉。”传说中的鲧是夏部族的重要首领。《国语·周语下》云：“其在有虞，有崇伯鲧。”《太平御览》卷一五五引《帝王世纪》：“夏鲧封崇伯。故《春秋传》曰，谓之有崇伯鲧。”伯即一方之长，在此指部族首领或古国的国王，因其活动在嵩山一带，嵩即崇字，故曰崇伯鲧。《左传·昭公七年》载：“昔尧殛鲧于羽山，其神化为黄熊，以人于羽渊。”《山海经·中山次经》云：“萯山之首……又东十里，曰青要之山。实维帝之密都，北望河曲，是多驾鸟，南望蝉渚，禹父之所化。”毕沅校本引《水经注》：“蝉渚水上承陆浑县东，渚在今河南嵩县。”可知所谓“羽渊”、“蝉渚”在嵩县境，其地距嵩山不远。鲧之“子”禹，既是夏部族的首领，也是夏王朝的创始人，他的早期居地和政治中心都在阳城。古本《竹书纪年》载：“夏后氏禹居阳城。”《汉书·地理志》颍川郡阳翟下，臣瓒曰：“《世本》：‘禹都阳城。’《汲郡古文》亦云‘居之’。”《后汉书·郡国志》颍川郡阳翟下，李贤注引《汲冢书》曰：“禹都阳城”。《孟子·万章上》云：“禹避舜之子于阳城。”赵岐注：“阳城在嵩山下。”《史记·夏本纪》谓：“禹辞辟舜之子商均于阳城。”《集解》引刘熙曰：“今颍川阳城是也。”《水经·颍水注》载：“颍水出颍川阳城县西北少室山……其水东南迳阳城西，石溜萦逶，溯者互涉，故亦谓之五渡水，东南流入颍水。颍水经其县故城南。昔舜禅禹，禹避商均，伯益避启，并于此。”《史记·五帝本纪》载：“禹亦乃让舜子。”《正义》引《括地志》云：“禹居洛州阳城者，避商均，非时久居也。”《太平御览》卷八二载：“禹避舜之子商均于阳城。”《册府元龟》卷五“帝王部·创业一”载：“禹辞辟舜之子商均于阳城。”卷九“继统一”

① 夏商周断工工程专家组：《夏商周断代工程1996～2000年阶段成果报告》（简本），世界图书出版公司，2000年。

② 杨育彬、袁广阔：《20世纪河南考古发现与研究》，中州古籍出版社，1997年。

载："益让帝禹之子启，而避居箕山之阳（注：阳字亦作阴）。"《通志》卷三上载："禹避舜之子于阳城……益避禹之子启居于箕山之阴。"卷四一谓："禹在阳城者，避商均之地而非都也。"《历代统计表·帝舜有虞氏》载："五十载禹避于阳城。"《王启》谓："二岁益避于箕山之阴。"顾祖禹《读史方舆纪要》卷四八，登封县载："古阳城也。禹避舜之子于阳城即此。《世本》言禹都阳城，误也。"《史记·夏本纪》载："益让帝禹之子启，而辟居箕山之阳。"《集解》曰："《孟子》'阳'字作'阴'。"《正义》引《括地志》云："阳城县在箕山北十三里。"《左传·昭公四年》云："四岳、三涂、阳城、太室、荆山、中南，九州之险也。"杜预注："阳城山在阳城县东北。"清人阎若璩《四书释地》"阳城箕山之阴"条谓："阳城，山名。汉颍川郡有阳城县，以山得名，洧水所出。唐武后改曰告成，后又曰阳邑。五代周省入登封。"阳城山即今之东岭山，在告成镇东北。章炳麟《神权时代居山说》云："夏禹所居曰嵩山；夏都阳城，即嵩山所在；古无'嵩'字，但以'崇'字为之，故《周语》称鲧为崇伯鲧，《逸周书》称禹为崇禹。"其《检论·辨乐》亦云："《世本》言禹都阳城，赵岐《孟子注》云：阳城在嵩山下，故因山以名其国。"由此可知，同夏部族关系极为密切的阳城，应在今河南省登封市告成镇附近的嵩山脚下。

根据文献记载，加上考古资料，不少学者主张王城岗小城就是禹都阳城。《登封王城岗与阳城》考古发掘报告载："王城岗龙山文化二期东西相连的两座城址的发现和城址内龙山文化二期许多重要遗迹与遗物的发现，对探索夏代文化是一个重大突破。这两座龙山文化二期城址的位置，和文献记载的夏代阳城的地望十分吻合。我们初步认为王城岗的两座龙山文化城址有可能就是夏代城址，而且很有可能就是夏代的阳城城址。"①又说："王城岗发现的相当于夏代时期的龙山文化中晚期城址，就很可能是夏代'禹都阳城'或'禹居阳城'的阳城遗址。"② 安金槐先生最早提出王城岗是禹都阳城，其理由如次：（1）王城岗城址的文化内涵属于豫西文化类型，豫西龙山文化中期与晚期文化遗存有可能属于夏代文化范畴。因而这座城址可能属于夏代城址。（2）王城岗城址的年代距今四千二三百年左右，大体上是在夏代纪年的早期或接近早期。（3）王城岗城址的地理位置，基本和有关文献记载夏代早期阳城的地望相吻合。王城岗的名字由来已久，王都所在地才称王城。（4）登封告成镇一带发现的东周到汉代时期阳城遗址，也是确定夏代阳城遗址位置的重要凭证。"至于有人认为这座城址的西城范围较小，城内面积不足一万平方米，不会是夏代的城址，更不会是夏代的阳城遗址，我们则认为王城岗西城的面积虽然不大，但它是东西并列的二城，东城已被五渡河冲毁，其面积大小已不可知。但从五渡河河床由东向西变迁了几百米来看，东城原来的面积可能比西城大些。若以文献记载与这一新发现的城址相接合起来予以研究，我们认为登封王城岗龙山

① 河南省文物研究所、中国历史博物馆考古部：《登封王城岗与阳城》，文物出版社，1992 年。

② 河南省文物研究所、中国历史博物馆考古部：《登封王城岗与阳城》，文物出版社，1992 年。

文化中晚期城址，很有可能是夏代的阳城遗址"①。李伯谦先生认为，文献上说"禹居阳城"没有说过"禹筑阳城"，筑城在前，居城在后。王城岗"这座城堡在同时代出现的城堡中的确不能算大，但其所处的地理位置十分重要，因为这正是先秦古籍中'禹居阳城'的所在地，而且恰恰就在其东不远处发现了战国时期的阳城城址，过去安金槐先生首倡王城岗龙山城堡'禹都阳城'说，不少人以为该城面积太小，时代过早而加以否定。不过细细研究有关文献记载，说的都是'禹居阳城'、'禹都阳城'、'禹避商均于阳城'，还没有一处是说'禹筑阳城'。因此我们不能排除禹受舜禅之前阳城已经存在的可能。如果允许作这种推测，那么将王城岗古城使用期的晚期遗存作为最早的夏代文化，便不无道理"②。李先登先生说："王城岗城址可能是'禹都阳城'之所在，城址虽小，但具备了城垣与宫殿，其所以小，可能与当时忙于治水有关，即'禹卑宫室而尽力乎沟洫'（《论语·泰伯》）。"③ 不过，也有学者不赞同或不完全赞同上述观点，主要是因为小城建城时间较早，已经超出了夏代纪年范围，从时间上看，该小城似应为鲧作之城。鲧是比禹更早的夏部族首领，是历史上著名的治水筑城英雄。《世本·作》载："鲧作城郭。"《吕氏春秋·君守》说："夏鲧作城。"《淮南子·原道训》云："昔者夏鲧作三仞之城，诸侯背之，海外有狡心。"《初学记》卷二四引《吴越春秋》谓："鲧筑城以卫君，造郭以守民，此城郭之始也。"《通志》云："尧封鲧为崇伯，使之冶水，乃兴徒役，作九仞之城。"徐旭生《中国古史的传说时代》指出："共工氏所发明，鲧所沿用的堤防（也就是鲧所作的城或城郭）大约就像今日北方乡间所筑的土寨子或叫作护庄堤。"筑堤与筑城关系十分密切，如果说规模不大的王城岗小城颇类今日北方乡间所筑的"土寨子"或"护庄堤"，是当年夏鲧所作，也许更加接近历史事实。因为此城在嵩山之阳与阳城山附近，所以人们便把它称为"阳城"。夏王朝开国前夕，夏禹为避舜子商均，曾在这里度过了一段隐居生活。因而被称之为"禹居阳城"。

夏商周断代工程专家组以前 2070 年作为夏的始年④。王城岗大城城墙和城壕的使用年代相当于王城岗龙山文化第三期，正在夏的纪年范之内，我们可以认为，禹受舜禅之后，便以此为国都，即所谓"禹都阳城"。

关于王城岗小城与大城的关系，方燕明先生指出："以前我们面对 1992 年出版的《登封王城岗与阳城》考古报告中丰富的王城岗小城使用期即王城岗龙山文化第二期遗存时，对同样丰富的王城岗龙山文化第三、四期遗存不甚理解。因为当时我们认为王城

① 安金槐：《河南夏商周考古综述》，《华夏考古》1987 年第 1 期。

② 李伯谦：《关于早期夏文化——从夏商周王朝更迭与考古学文化的变迁谈起》，《中原文物》2000 年第 1 期。

③ 李先登：《夏文化与中国文明的起源》，《中原文物》2001 年第 3 期。

④ 夏商周断工工程专家组：《夏商周断代工程 1996～2000 年阶段成果报告》（简本），世界图书出版公司，2000 年。

岗龙山文化第三、四期遗存已是小城废弃以后的堆积，为何与王城岗龙山文化第二期即小城使用期的遗存同样丰富？当我们发现王城岗大城并确定其年代是王城岗龙山文化第三期时，方能理解王城岗龙山文化第二、三、四期遗存之所以同样丰富，其原因当是这一时期有两座城即小城和大城存在并使用过。在王城岗遗址新发现的大城，是目前河南境内发现的最大的河南龙山文化晚期城址，与其共存的祭祀坑、玉石琮和白陶器等重要遗存都说明王城岗遗址应为嵩山东南麓、颍河上中游重要的中心聚落之一。联系到历史上夏的鲧、禹、启的传说多集中在这一带，我们认为：王城岗小城有可能为‘鲧作城’，而王城岗大城有可能即是‘禹都阳城’。”① 这种分析大体上符合夏代建国前后的历史实际。

综上所述，河南登封王城岗城址是近年来考古发现的最重要的早期城址之一，在中华文明起源与发展研究中有重要学术地位和价值。结合文献记载与有关历史传说，王城岗龙山文化晚期小城与大城均称“阳城”，小城大约是鲧作之城和禹所避居的阳城，大城则应为夏建国后禹所都的阳城。

① 方燕明：《登封王城岗城址的年代及相关问题探讨》，《考古》2006年第9期。

早期夏文化与早期夏都探索

张国硕
（郑州大学历史学院）

夏文化是指夏王朝时期夏族的考古学文化，而早期夏文化则为夏王朝早期阶段的文化遗存。多年来，学界就夏文化、早期夏文化以及早期夏都等问题展开了热烈而持久的讨论，可谓众说纷纭。有学者尤其是国外学者否定夏王朝的存在，当然也就不承认有所谓的夏文化和早期夏文化。多数学者赞同二里头文化是夏文化、二里头遗址是夏都，但对于何者为早期夏文化、二里头遗址是否涵盖早期夏都有着不同的看法。那么，如何进行早期夏文化探索？对否定夏王朝和早期夏文化的声音又怎样给予回击？夏王朝究竟始于何王时期？在二里头文化之外是否存在一个早期夏文化？哪些遗存是早期夏文化？何遗址最有可能为早期夏都？本文依据现有考古与文献材料，就这些问题谈谈自己的看法。

一

在早期夏文化与早期夏都研究上，考古材料与历史文献的结合是必由之路。长期以来，相当一部分学者不提倡甚至反对将考古材料与历史文献结合进行夏代史研究，对此，我们认为是不妥当的。考古学有着许多无法克服的难题和局限性，迫切需要借鉴历史文献学科的研究成果。如考古上尚未发现确凿无疑的夏代文字，无法直接确定一个遗址的“身份”；地层学、类型学只能显示出遗存的相对年代，而不能断定其绝对年代；考古工作者还不具备“火眼金睛”，现有方法和手段无法迅速、准确找出哪个地方是夏都和哪种遗存是夏文化，甚至不经过大规模挖掘无法了解地下文化遗存的真实面貌，有时对发现的遗迹现象和遗物难以解释其性质和用途等。因此，在早期夏文化与早期夏都研究过程中，必须以现有文献材料为引导。尽管有关夏代史方面的文献材料相对较少，但现有文献材料毕竟能够勾勒出这个阶段历史发展的轮廓。文献材料和历史学研究成果可以为考古研究提供许多信息。这些信息不仅为研究工作节约了大量精力和时间，而且也为一些考古学无法解释的遗存现象提供分析研究依据。如河南偃师二里头遗址就是在文献记载豫西为“夏墟”的线索导引下，由著名史学家徐旭生先生调查发现①，并由考

① 徐旭生：《1959 年夏豫西调查“夏墟”的初步报告》，《考古》1959 年第 11 期。

古工作者发掘而为世人所熟知。假若没有文献材料提供线索，也许二里头遗址的发现要推迟若干年，甚至今日也不会被人们所熟知。在分析二里头遗址考古遗存是否属于夏文化时，也是从文献记载的年代与文化特点而进行的。利用文献材料和借鉴历史学研究成果，学界进行了二里头遗址一号、二号宫殿的复原研究和用途探讨工作。因此，通过对现有文献材料进行认真细致的去伪存真、去粗取精、由表及里的“纯化”工作，相信许多文献材料完全可以成为早期夏文化与早期夏都研究的重要依据。

需要强调的是，考古学是广义历史学的一个重要组成部分，考古学研究的目的是为了阐明人类历史发展的客观过程与规律。完全撇开文献记载，不与现存的文献材料相结合，不与传承下来的自己祖先的历史相互引证，这样的考古学又有什么实际意义？20 世纪 90 年代以来，部分学者仿照国外某些人的研究方法，声称要保持考古学的“纯洁性”或“独立性”，不提倡甚至反对利用文献材料进行历史研究。持这种观点的人应该是没有充分理解中国古代文明发展的特点。中国古代有着系统而丰富的文献记载，这一特点与优势是世界许多国家所不具备的。把有着几千年文明史、历史文献材料浩如烟海的中国与仅仅立国二三百年、几乎没有什么古代历史文献的国家相提并论，要求其采用同样的研究方法和手段，这是不值得提倡的。实际上，国外与中国有着同样悠久文明历史的地区，如两河流域、埃及、希腊、罗马等，在考古学研究中都不可避免地要借助历史文献和借鉴历史学科的研究成果。在有关中国古代文明尤其是夏商文明的考古学研究中，言称完全摈弃文献去思考，既是唯心的，也是难以做到的。如二里头文化的发现，人们在探索其年代和性质时，很难控制自己不往夏商文化方面考虑。又如有关“郑州商城”、“偃师商城”的命名，尽管是一个考古学的名词，但其本身突出一个“商”字，实际上也是考古与历史文献结合的产物。

在研究过程中，当文献材料与考古材料结合、两种材料发生矛盾时，应注意以下两点：一是要仔细确认所提供的考古信息必须是经过多次实践而得出的结论性东西。尽量避免在取得的考古资料尚不十分充足、对所揭露的考古学文化尚未进行深入研究的情况下与有关文献牵强联系。要防止把那些主观推测、人为定性甚至是伪造的所谓重大“发现”当做考古材料应用于早期夏文化与早期夏都研究中去。二是在确认所提供的考古信息准确无误的情况下，若文献材料与考古材料仍然发生抵牾无法解释时，则应以考古材料显示的信息为准绳。因考古材料反映的是当时社会的真实情况，不存在后代更改、作伪的可能性；而文献材料在人们手中经历了几千年，难免存在真假掺杂的现象。

夏王朝的存在是确凿无疑的。在国外，一些考古学家和历史学家对夏王朝的存在持怀疑问题，认为中国学者坚持二里头文化代表夏代的原因是“害怕被戴上不爱国的帽子”，并称“基于现代中国政权的革命理想，无条件地接受古代文献中的传统思想已经成为检验是否‘政治思想正确’的标准”①。对于这些指责，相信中国大部分学者会用“荒谬”、“可笑”来评议。说出这样话的人，对当代中国发生的巨大变化是不完全了解的，还是用老眼光甚至“冷战”思维看待中国的一切，也不排除其对中国存在偏见的可能性。现今的中国古代史和考古学界，应该说享有充分的学术自由。承认不承认夏王朝的存在和二里头文化是否为夏文化，与是否“爱国”没有任何关系，更不存在所谓的政治压力导致学者承认夏王朝的存在。

商王朝之前存在一个夏代，这在较为可靠的先秦文献如《尚书》中属《周书》的《康诰》、《召诰》、《多士》、《多方》、《君奭》、《立政》等篇以及《诗经》中都有明确的记载，战国、秦汉时代诸子和其他著作如《论语》、《孟子》、《左传》、《礼记》中也往往有关于夏朝历史的论述。推翻商王朝的周人非常“崇夏”，往往以夏族之后自称，目的是“藉以巩固其统治”②。假若没有夏族和不存在夏王朝，那么周人是不会把自己与夏人相关联的。实际上，作为“疑古学派”代表的顾颉刚先生只是怀疑大禹的存在，而并不否定夏王朝的存在，他曾明确指出：“在西周和东周人的记载里，很清楚地告诉我们：在周的前边有夏和商二代……夏的存在是无可疑的。”③ 这些情况徐旭生先生早在20世纪50年代末就已明确指出④。诚然，以《史记·夏本纪》为代表的现有夏代史文献材料的确有一些神话传说的弊端，且多属后人追记性质，但通过对《史记·殷本纪》的研究实践，我们不应该再对其基本材料的可信性持怀疑态度。西汉史学家司马迁生活的年代距离商王朝亡国已达900多年，其撰写的《殷本纪》当然也属追记性质，且文中也夹杂有部分神话材料，故在1899年甲骨文发现以前许多人也怀疑其真实性。但殷墟商王世系甲骨卜辞的出土，证明《殷本纪》的记载基本上是真实的，只是有个别商王和先王世系位次颠倒或漏记。时至今日，似乎没有人再对商王朝的存在和商史的可信性持怀疑态度。由此推知，我们完全有理由相信司马迁有关夏代史的记载也不会全属杜撰的，应该是以古代流传下来的记载夏代历史事实的资料作为依据的，基本内容也是可靠的，夏王朝的存在也应是毫无疑问的。历代史家工作实践表明，后人在整理前代的历史资料时，使用了当时的文字与语法，渗入了当时人的思想观点，这是完全正常的现象，不能就此否定文献材料基本框架的可靠性。从考古发现来看，以安阳殷墟为代表的考古学文化学界公认属于商王朝后期的文化遗存，那么与殷墟文化关系密切的二里冈文化无疑属于商代前期文化遗存，如此，在地层上被二里冈商文化层叠压、且时代前后紧密相连、文化发展上密切相关、文化性质属于文明社会的二里头文化遗存若不属于夏

① 《哈佛亚洲研究杂志》2007年67卷第1期，转引自刘莉：《夏代——二里头关系问题的争论》，《中国文物报》2008年6月13日。

② 李民：《尚书与古史研究》（增订本），中州书画社，1983年。

③ 王煦华：《顾颉刚关于夏代史的论述》，《夏文化研究论集》，中华书局，1996年。

④ 徐旭生：《1959年夏豫西调查“夏墟”的初步报告》，《考古》1959年第11期。

文化，那又当属于什么文化？假若夏王朝根本不存在，假若中国的文明社会和所谓“信史”是从商王朝开始，那么二里冈文化层之下就不应该存在一种与商文化时代相连、文化关系密切、文化性质属于文明社会的文化遗存；而考古实践恰恰相反，二里冈文化层之下确实存在具有此三项特点的文化遗存，从而完全证明夏王朝的存在而非史家的“虚构”。

夏王朝应始于夏启时期，大禹时期不应属于夏代纪年范围之内。从文献记载推知，禹时期当属“尧舜禹时代”。这个时代社会发展正处于原始社会末期，或曰“酋邦”阶段。只是到了夏启之后，社会发展才有了质的变化，由《礼记·礼运》所说的“大同时代”进入“小康时代”。这就是说，夏王朝实际上是始于夏启，而并非始于大禹。对此，相当多的学者如吕思勉先生《先秦史》、吕振羽先生《史前期中国社会研究》、范文澜先生《中国通史简编》、金景芳先生《中国奴隶社会史》、孙淼先生《夏商史稿》、李学勤等先生《中国古代文明与国家形成研究》、郑杰祥先生《夏史初探》等，都已进行了充分论证，近年程平山先生又有论述①。范文澜先生曾经指出：“战国以前书，从不称夏禹，只称禹、大禹、帝禹；称启为夏启、夏后启。这种区别，还保存两人时代不同的意义。开始居大夏的是启，子孙虽然迁居，夏的名称仍相沿不改。”② 文献所见“夏代”积年歧说颇多，主要有两种记载：一是《太平御览》卷八二引《竹书纪年》所云从禹至桀共471年，二是《易纬·稽览图》所云从禹至桀共431年。关于禹之在位年限，《太平御览》卷八二皇王部引《竹书纪年》曰：“禹立四十五年。”若把大禹从夏代诸王中排除出去，则夏代积年就只有400余年或不足400年③。一般认为夏代大约距今3600年至4000年之间。

夏王朝的真实存在，从而形成了考古学上的夏文化。二里头文化是夏文化④，这是近年多数学者的共识。但目前材料显示，二里头文化一至四期可能涵盖不了整个夏王朝400年左右的积年，存在早于二里头文化的“早期夏文化”的可能性是很大的。一般认为，产生早期夏文化观念的诱因是多年的碳-14数据，实际上文献与考古材料也能提供有力的证据。20世纪80年代以前测定的二里头遗址16个碳-14数据，经树轮校正，除2个年代明显偏早、1个为前1450年以外，其余13个数据绝对年代皆在前1950年至前1600年之间⑤，前后延续三百多年。80年代，碳-14测年专家曾对有关二里头遗址的33个标本的碳-14数据进行分析，“从统计学的观点总体来看二里头遗址的时代应不早于前1900年、不晚于前1500年，前后延续300多年或将近400年”，并指出“这种年代

① 程平山：《关于早期夏文化问题》，《中国文物报》2001年1月24日。

② 范文澜：《中国通史简编》（修订本）第一册，人民出版社，1964年。

③ 张国硕：《夏纪年与夏文化遗存刍议》，《中国文物报》2001年6月20日。

④ 邹衡：《试论夏文化》，《夏商周考古学论文集》，文物出版社，1980年。

⑤ 中国社会科学院考古研究所：《中国考古学中碳-14年代数据集》，文物出版社，1983年。

范围的可信度为95%"①。20世纪末进行的"夏商周断代工程",其结项成果中有关二里头遗址一至四期的拟合后日历年代,确定在前1880～前1521年之间②,前后延续也只有300多年。当然,碳-14测年数据只是提供一个参考,而不能单独使用作为定性的依据③。而最为关键的是偃师一带的二里头文化不是在当地龙山文化基础上发展形成的,二里头遗址本身没有龙山文化遗存。在二里头遗址中心区域,二里头一期文化层之下除去叠压着少量仰韶文化层和庙底沟二期文化层以外,其余部分全是在生土层面上建立起来的④,这充分说明在二里头一期文化之前相当长时期内此地根本不是夏族的居住地,更不是其都邑所在。这就是说,二里头一带的二里头文化是外来文化,这恰好与文献有关夏王朝早期的活动中心不在伊洛地区、太康时期才入居伊洛地区的夏都"斟寻"的记载是一致的。研究表明,二里头文化是夏王太康至夏桀期间的夏文化⑤。那么,早于二里头文化且与其关系密切、年代相互衔接的文化遗存就应该是早期夏文化。

准上所述,则夏王朝早期主要是指夏启时期,而早期夏文化即为夏启时期夏族的考古学文化遗存,禹时期及其以前的夏族考古学文化应为先夏文化。

二

准夏王朝始于夏启、二里头文化为夏文化的观点,那么从现有材料综合考察,新砦期最有可能就是早期夏文化。

从文献记载来看,夏启并不在伊洛地区生活,而是在颍水中上游地区活动。早在禹时期,夏族人的活动中心就位于嵩山南麓的颍水中上游地区,也就是《国语·周语上》所云"有夏之兴也,融降于崇(嵩)山"。到夏启时,夏族仍然集中在颍水中上游地区生活,只是活动中心移至今河南禹州市境内的"夏"(阳翟),并在这里举行"钧台之享"等政治活动。《左传·昭公四年》载:"夏启有钧台之享。"杜预注:"河南阳翟县南有钧台陂,盖启享诸侯于此。"《吴越春秋·越王无余外传》记载:"启遂即天子位,治国于夏。"此"夏"所在,《帝王世纪》云:"夏伯,在《禹贡》豫州外方之南……今河南阳翟是也。"此外,夏启也可能在与今天禹州市相邻的新密市境内活动。《穆天子传》卷五记载:"丙辰,天子南游于黄台之丘,以观夏后启之所居,乃□于启室。"

① 仇士华等:《有关所谓"夏文化"的碳-14年代测定的初步报告》,《考古》1983年第10期。

② 夏商周断代工程专家组:《夏商周断代工程1996～2000年阶段成果报告》,世界图书出版公司,2000年。

③ 张国硕:《考古学年代与碳-14年代的碰撞》,《中国文物报》2005年4月8日。

④ 中国社会科学院考古研究所:《偃师二里头》,中国大百科全书出版社,1999年;许宏等:《二里头遗址聚落形态的初步考察》,《考古》2004年第11期。

⑤ 张国硕:《论二里头遗址的性质》,《二里头遗址与二里头文化国际学术探讨会论文集》,科学出版社,2006年。

《水经·洧水注》云："洧水又东南，赤涧水注之。水出武定岗，东南流，径皇台岗下。又历岗东，东南流，注于洧。"丁山先生认为"黄台之丘"可能即"皇台岗"，其位置在新密境内的洧水岸边①。

考古发现证明，新砦期是晚于河南龙山文化、早于二里头一期的一种考古学文化遗存，整体特征更接近二里头文化系统②。新砦期陶器有夹砂和泥质两大类。陶色以灰陶为主，部分泥质黑陶，少量夹砂褐陶和泥质红陶，还有极少量的白陶。器类主要有深腹罐、侧扁足鼎、小口高领瓮、折壁器盖、平底盆、折肩罐、折肩瓮、豆、刻槽盆、单耳杯、碗等。新砦期遗存虽然直接来源于河南龙山文化晚期，但与其差异也是十分明显的。如新砦期流行尖圆唇和口沿加厚作风，而河南龙山文化晚期则流行方唇。河南龙山文化晚期的典型器如双腹盆、斝在新砦期不见，乳足鼎在新砦期也少见。新砦期出现一批新器物，如平顶高把折壁器盖、直口球腹折沿盆、子母口鼎、附加堆纹折肩尊、折肩瓮等，令人耳目一新。相对来说，新砦期与二里头文化一期的关系比较密切。如二者基本器类大致相同，都有绳纹夹砂罐、侧扁足鼎、刻槽盆、三足盘、平底盆、附加堆纹折肩尊、细把豆、折壁器盖、带鸡冠耳盆等。纹饰中的篮纹、绳纹、弦纹、附加堆纹有承继关系，尤其是二里头一期盛行的篮纹 + 附加堆纹、鼎足上刻划的人字形纹、兽面纹等，在新砦期都已出现。当然，新砦期与二里头一期也有一些差别。如二里头一期的花边罐、圆腹罐、捏口罐等不见于新砦期，新砦期的乳足鼎、敛口钵、斜壁碗等不见于二里头一期。新砦期的夹砂罐一般腹部略鼓，底较小；二里头一期的夹砂深腹罐腹呈筒形，底较大。1999 年以来，考古工作者对新砦遗址又进行了多次发掘，确认新砦一期属河南龙山文化晚期遗存，新砦二期介于龙山晚期与二里头文化早期之间，再次验证了"新砦期二里头文化"的存在③。值得注意的是，这种遗存主要分布于河南中部颍水中上游的新密、登封、禹州一带，且新密新砦还发现有高规格的新砦期城址④；相反，伊洛地区却不见或少见新砦期文化遗存，这个地区河南龙山文化晚期之后直接是二里头一期文化。二里头遗址不仅见不到新砦期文化遗存，而且也不见河南龙山文化晚期遗存，此地大型聚落的建立年代是在二里头文化第一期之后。有学者认为，以洛阳盆地为中心的二里头文化墓葬，埋葬习俗总体特征是一致的，其"埋葬方式主要来源于嵩山南麓颍、沙、汝河流域的龙山文化方式"⑤，这从另一个侧面说明早期夏族的活动中心是在颍汝河流域。如此看来，新砦期遗存的分布范围和年代与文献记载夏启活动的中心区域

① 丁山：《由三代都邑论其民族文化》，《历史语言研究所集刊》第五本第一分，1935 年。

② 赵芝荃：《略论新砦期二里头文化》，《中国考古学会第四次年会论文集》，文物出版社，1985 年。

③ 北京大学考古文博院、郑州市文物考古研究所：《河南新密市新砦遗址 1999 年试掘简报》，《华夏考古》2000 年第 4 期。

④ 赵春青等：《河南新密新砦遗址发现城墙和大型建筑》，《中国文物报》2004 年 3 月 3 日。

⑤ 袁广阔：《河南二里头文化墓葬的几个问题》，《考古》1996 年第 12 期。

和所处时代是一致的，文化特征与属于夏文化的二里头文化联系密切，故其应属于夏启时期的夏文化，即早期夏文化①。

由上可知，二里头遗址早期的年代应不包括夏启在位时期，夏代活动的中心区域经历了由颍水中上游地区向伊洛地区的变迁。至于其变迁原因，文献没有载明，推测可能与生态环境和地理条件的优劣有一定关系。嵩山以南的颍河中上游地区，地貌相对破碎，山区、丘陵、台地、河谷冲积平原相间，生存空间受到一定限制，难以适应进入国家阶段之后社会大发展的需要，而且又无大范围的自然屏障用于政治中心的军事防御。而伊洛地区属于大盆地地貌，中心区域地势坦荡、开阔，河流纵横，土地肥沃，物产丰富；周边区域形势险要，东有黑石、虎牢雄关，西为崤、函之屏，南对伊阙、嵩岳，北倚邙山、黄河天险，易守难攻，合乎《管子·乘马》所云“凡立国都，非于大山之下，必于广川之上；高毋近旱，而水足用；下毋近水，而沟防省”的选址原则，历代皆为理想的建都之地。

三

准新砦期为早期夏文化，那么早期夏都也应该在新砦期分布的中心区域范围内寻找。早在大禹时期，夏族的政治中心就已位于新砦期分布的中心区域内的“阳城”，即今河南省登封市告成镇北的王城岗遗址。古本《竹书纪年》云：“禹居阳城。”《世本》曰：“禹都阳城。”《孟子·万章上》赵岐注谓阳城在“嵩山下”。《水经·颍水注》明确记载禹都阳城在颍水与五渡水交汇处。考古工作者在河南登封市告成镇的王城岗发现一座龙山文化晚期城址，包括两个小城和一个大城，在告成附近还发现了东周时代的阳城遗址②。王城岗城址的时代应包含大禹所处时代，位置与《水经注》等记载的阳城地望相合，故多数学者赞同登封王城岗一带即为禹都阳城所在地③。

禹时期应该有多个政治中心（都）。兴起于豫西地区的夏族，在禹争得豫陕晋相邻地区尧舜禹联盟首长职位之后，力图控制今晋南地区原属尧、舜等部族的分布地域，从而发生了夏族北上晋南的行动④。为了控占晋南，夏禹分设一些辅助性的政治、军事中心，作为其军事基地和驻跸之地。晋东南地区是夏族北上晋南的必经之地，禹很有可能在这里设立有辅助性的政治、军事中心。文献材料称今晋东南地区亦为禹都阳城之地。《路史》卷二十二罗泌注：“乃泽之阳城，尧舜皆都河东北，不居河南。”“泽之阳城”

① 张国硕：《夏纪年与夏文化遗存刍议》，《中国文物报》2001 年 6 月 20 日。

② 河南省文物研究所等：《登封王城岗与阳城》，文物出版社，1992 年；方燕明：《河南登封王城岗遗址发现龙山晚期大型城址》，《中国文物报》2005 年 1 月 28 日。

③ 安金槐：《豫西夏代文化初探》，《中国历史博物馆馆刊》1979 年第 1 期。

④ 张国硕：《从夏族北上晋南看夏族的起源》，《郑州大学学报》1998 年第 6 期。

是说阳城属泽州（今山西晋城市），所指是汉朝的濩泽县，自唐以后至今易名阳城县，位于晋城市之西。此外，在晋南的运城盆地和临汾盆地，禹可能分别设立安邑、平阳两个辅助性的政治、军事中心。《世本》记载："夏禹都阳城……又都平阳，或在安邑，或在晋阳。"一般认为安邑在今山西夏县，平阳（即晋阳）在今山西临汾一带①。通过在晋南地区设立三个呈三角形分布的辅助性政治、军事中心，禹最终控制了这一地区的局势。至夏启时期，夏王朝的政治中心集中在豫西地区，晋南诸"都"可能即被弃置。

有证据表明，启之时的夏都应是在今颍水中上游的河南禹州、新密市一带。从文献记载可知，夏启之都位于禹州市境内的"阳翟"，与位于登封市境内的"禹都阳城"相距不远；夏启在此举行过一系列的政治、军事活动。如《史记·周本纪·集解》引徐广曰："夏居河南，初在阳城，后居阳翟。"《左传·昭公四年》称夏启有"钧台之享"。《帝王世纪》解释："阳翟有钧台，在县西。"《后汉书·郡国志》刘昭注引《帝王世纪》曰："（钧台）在县西。"在今禹州市的颍水两岸，发现多处属于河南龙山文化晚期和新砦期的文化遗存。其中位于禹州市西的瓦店遗址，规模较大，规格较高②，不排除其为禹、启时期政治中心的可能性。此外，夏启也可能在与今禹州市相邻的新密市境内设立有政治中心。把《穆天子传》卷五记载的"夏后启之所居"——黄台之丘，与考古发现的面积超过70万平方米的属于新砦期的新密新砦高规格城址进行联系，推测新砦遗址也应为夏启之都③。

关于阳翟与黄台之丘的关系，文献没有载明，据现有材料，两者并存、同为启之都的可能性是存在的。其依据在于文献有较多"启（或禹）居阳翟"的记载，这些记载不应是毫无根据的附会之说，应反映一定的历史事实；而且在今禹州市的瓦店发现有属于河南龙山文化晚期和新砦期的大型聚落遗存。同样，年代亦属于河南龙山文化晚期和新砦期的新密新砦遗址规模大，发现有大型城垣和多重护城壕以及大型建筑遗存，建造年代与夏启时代接近，也不能排除其为早期夏都的性质。夏启时期可能存在两个以上都城的情况，与上述大禹时期设立多个政治中心以及夏代中后期存在多都④的现象是一致的。

---

① 李民：《夏商史探索》，河南人民出版社，1985年。

② 河南省文物考古研究所：《禹州瓦店》，世界图书出版公司，2004年。

③ 赵春青：《新密新砦城址与夏启之居》，《中原文物》2004年第3期；许顺湛：《寻找夏启之居》，《中原文物》2004年第4期；马世之：《新砦遗址与夏代早期都城》，《中原文物》2004年第4期。

④ 张国硕：《夏王朝都城新探》，《东南文化》2007年第3期。

郑州大师姑古城与夏之韦国

刘富良　李德方
（洛阳市文物工作队）

郑州大师姑古城是考古所见的首座筑有夯土城垣的二里头类型文化城址，其对于讨论夏文化分布及夏商文化关系等具有重要意义。笔者认为，大师姑古城所代表的应是夏王朝东境的一个方国，此方国亡于夏末且位于商兴郼地，其性质应为汤居郼之前的韦国都邑。本文分作两个方面，阐述这一认识。

一、大师姑古城为夏王朝东境方国都邑且亡于夏末商兴之时

大师姑古城位于郑州市西北郊的荥阳市广武镇大师姑村南地，东南距二里冈商城约20千米，北距《禹贡》黄河北折处（广武山北）约17千米，西距夏都偃师二里头遗址约70千米。古城所在台地属于荥阳北野的邙山（简称“荥阳北邙”）南坡低缓黄土丘陵区，海拔高度约108～110米。城址平面长方形，四面筑有厚16米左右的夯土城垣，外绕护城沟壕，城垣周长约2900米，城址面积51万平方米。其“夯土城垣始建于二里头文化二期偏早阶段，在二里头文化三期早晚阶段之间经过较大规模续建”，“城址内部的二里头文化堆积以二里头文化二、三期和四期偏早阶段的遗存为主体”，“初步推断大师姑夏代城址的废弃年代应在二里头文化四期偏晚阶段和二里冈下层之间。”①

以上系发掘者对大师姑古城的初步认识并可认定其为二里头文化中晚期夏王朝东境的一座较大规模城址。而若把此城址与荥阳北邙一带（含郑州市和荥阳市）的其他二里头文化遗存联系起来考察，则有理由认为此城址当系夏王朝东境的一处中心聚落亦即夏王朝东境的某一方国都邑。

迄今为止，荥阳北邙一带已发现诸多相当于夏代的考古遗存，其中相当于夏早期的遗存当为荥阳北邙一带的龙山文化晚期遗存。在龙山文化晚期发展阶段，此地域的文化面貌较为复杂，因为该地域的龙山晚期遗存较之为早的龙山早中期遗存和与其并存的煤

---

① 《郑州大师姑发现二里头文化中晚期城址》，《中国文物报》2004年2月27日。

山类型，在文化面貌上出现较大变化。以陶器为例，荥阳北邙一带的陶器纹饰以绳纹居多①且出现较多的鬲等袋足炊具并以此相异于较之为早的荥阳北邙一带的龙山早中期文化和与之并存的煤山类型，因为后者的陶器纹饰以篮纹方格纹为主且以鼎、夹砂罐、甑为习见炊具。文化面貌的不同便可能有族属差别，而且荥阳北邙一带又未见相当于二里头遗址一期的典型遗存。据此推测在夏王朝早期荥阳北邙一带似非属夏王朝的势力范围。

时至夏代中晚期而且主要在二里头文化的二、三期，亦当“少康中兴”② 之后，荥阳北邙一带分布的二里头文化遗址较为密集，既见洛达庙、上街、西史村、关庄、阎河、祥营、堂李等面积在10万平方米左右的小型聚落③，又见面积达51万平方米的大师姑大型聚落，而且小的聚落分布在大的聚落附近，例如面积为15万平方米的堂李遗址和面积为8万平方米的关庄遗址分别位于大师姑古城之东南4千米、之东9千米处。此外，郑州市区的二里冈商城遗址区亦有二里头文化遗址分布。据《郑州商城——一九五三年～一九八五年考古发掘报告》报告介绍，在商代城垣夯土中“不断发现有相当于洛达庙期的陶片”，其东城垣下“叠压有相当于洛达庙期的”壕沟，商城内东北部商代夯土基址“直接或间接地叠压着洛达庙期文化堆积层与灰坑”，而在商代宫殿区的黄委会青年公寓考古工地“则发掘出一部分保存较好的洛达庙期遗址”④。这些资料表明二里头文化遗址在荥阳北邙一带的分布较为普遍，而大师姑古城在这一地域的诸多二里头文化遗址中独占鳌头，故认为大师姑古城应属这一地域的一处中心聚落亦即夏王朝东境的某一方国的都邑。

我们说大师姑古城所代表的方国亡于夏末商兴之时，其主要依据仍是考古资料。时至夏末的二里头文化四期偏晚阶段亦当大师姑古城废弃之时，荥阳北邙一带突然插入了一支以袋足器为常见炊具的南关外期文化亦即学术界认识的早于二里冈文化的先商文化。以夏末南关外期先商文化的插入为契机，商文化在荥阳北邙一带迅猛发展。荥阳北邙一带不仅分布有二十里铺、佛岗、兰砦，东赵、岔河、洼刘、西连河等数十处商文化遗址，而且还筑有规模宏大的郑州二里冈商城，甚而诸多二里头文化遗址的二里头文化

① 例如，李昌韬等先生在论及郑州龙山文化晚期遗址的陶器时，言马庄遗址的“绳纹也较普遍”，牛寨遗址也多绳纹。见李昌韬《郑州地区龙山、二里头和商文化浅探》，《中原文物》1983年特刊；郑州市博物馆：《郑州马庄龙山文化遗址发掘简报》，《中原文物》1982年第4期。

② 李德方在《二里头类型文化的来源及相关问题》一文，提出“少康中兴”当始自于二里头类型文化一、二期之际。收入《青果集》，知识出版社，1993年。

③ 洛达庙、关庄、阎河、祥营、堂李的遗址面积分别为4万余平方米、8万余平方米、9万余平方米、30万平方米，15万平方米。见河南省文物局编制的《中国文物地图集·河南分册》（中国地图出版社，1991年）和郑州市地方史志编纂委员会编著的《郑州市志·文物卷》（中州古籍出版社，1998年）。

④ 河南省文物考古研究所：《郑州商城——一九五三～一九八五年考古发掘报告》，文物出版社，2001年。

堆积之上又见商文化遗存，可证二里头文化的衰落与商文化的兴起关联紧密。大师姑古城的废弃年代正当二里头文化四期与二里冈下层之间的夏商之交，故推知大师姑古城所代表的那个夏之东境方国亡于商兴之时。

二、大师姑古城位于商兴韦阝地并系汤居韦阝薄之前的韦国都邑

前已论及大师姑古城的废弃与商文化的兴起有直接关系，或言由于商人的插入而致使大师姑古城所代表的这个夏王朝东境方国消亡。这只是通过对荥阳北邙一带的夏商文化的分析而得的结论。从古文献记载分析，大师姑古城所在的荥阳北邙一带则确系商兴之地且商人于此筑城韦阝薄。

首先论论商兴地望。

《国语·周语》言："有夏之兴也，融降于崇山；商之兴也，木寿木兀次于丕山。"木寿木兀之神见于丕山而商兴，可证丕山一带乃商兴之地。丕山即《禹贡》大伾山。《尚书·禹贡》在记述大禹治水的功绩时云："导河积石，至于龙门；南至于华阴；东至于砥柱；又东至于孟津；东过洛汭，至于大伾；北过降水，至于大陆；又北，播为九河，同为逆河，入于海。"此记大伾山方位非常明确，即"东过洛汭至于大伾，北过降水至于大陆"，大伾山被界定在洛汭之东的洛汭、降水之间且黄河出大伾山出现北折。今荥阳北邙既位于洛水入河处（洛汭）之东且世人已考《禹贡》黄河北折处在荥阳北邙东端的广武山北，故荥阳北邙与《禹贡》大伾山的地望相合，荥阳北邙即《禹贡》大伾山亦即商兴之丕山①。

商兴即汤兴。史载契后十四世至汤时而商兴，可知商兴之荥阳北邙亦为汤兴之地。史载商汤灭夏之前居于韦阝薄。《吕氏春秋·具备篇》："汤尝约于韦阝薄矣，武王尝穷于毕程矣，伊尹尝居于庖厨矣，太公尝隐于钓鱼矣。"这里把汤居韦阝薄的那个时期称为被制约的时期且与伊尹、齐太公未入仕前屈于庖厨或隐于钓鱼台的情形相似，可知汤居韦阝薄时受到夏王朝制约，此时汤为商侯，非为天下共主。《吕氏春秋·慎势篇》："汤其无韦阝，武其无岐，贤虽十全，不能成功。"高诱注："韦阝、岐，汤、武之本国。"又证汤居韦阝时仅为一小国之主，汤是以韦阝为基地而"剪伐夏祀"，韦阝乃商族兴邦的立基之地。此韦阝薄必在荥阳北邙这一商兴地域。

汤为商侯所居之荥阳北邙何尔名韦阝？韦阝即汤灭了韦国而居其地、袭其名，或言汤在韦国之地筑城名韦阝。《诗·商颂·长发》："韦顾既伐，昆吾夏桀。"汤伐夏前首先灭掉

① 李德方：《商兴之丕山辨》，《郑州商都3600年学术论文集》，中州古籍出版社，2004年。

了荥阳北邙一带的豕韦氏所建的韦国并在这里筑城名亳，又相继灭了韦国北邻的顾国①和韦国南边的昆吾②，最后自东而西进入夏之腹地而灭了夏桀。《吕氏春秋·慎大篇》："汤立为天子，夏民大悦……亲郼如夏"。此郼即殷，可知汤居郼时的商人及此后的商人均可称郼人，而郼人的原意则指那些灭了韦国并居于韦地的商族。大师姑古城既位于商兴之地的荥阳北邙亦即汤兴之郼地，又于夏朝末年为商所灭，据此推定大师姑夏代古城应即为汤所灭的韦国都邑。

综上可作出如下结论：夏代中晚期的荥阳北邙一带为夏东境方国韦国地域，韦国的国都即大师姑古城；夏末，韦国被汤所灭，汤居韦地并筑城郼薄；汤居郼而始兴并以郼为基地伐夏。韦、郼只是在不同时期对同一地域的称谓。

① 顾为祝融八姓之一的已姓。据邹衡先生所论，顾国地望在"今黄河北原阳、武陟一带"，见邹衡《论汤都郑亳及其前后的迁徙》，《夏商周考古学论文集》，文物出版社，2001年。

② 昆吾为祝融八姓之一的已姓。昆吾的地望在今郑州之南的许昌。《左传》载楚灵王言："昔成皇祖伯父昆吾，旧许是宅。"

郑州大师姑城址学术价值浅识

李　锋
（郑州大学历史学院）

大师姑城址位于郑州市西北郊，隶属荥阳市广武镇大师姑村，东南距郑州商城22千米，西南距荥阳市约13千米。2002年郑州市文物考古研究所发现该城址，2004年《郑州大师姑》一书披露了其发掘与调查的成果①。城址内的文化面貌和主要遗迹的兴废年代显示，它早期曾是一座二里头文化晚期城址，晚期又是一座二里冈文化早期城址。从二里冈文化早期城址取代二里头文化晚期城址的考古实际中不难发现，这座城址既蕴涵着有关商夏分界问题的研究价值，又对商汤亳都和郑州商城的性质研究具有深远意义。

一、关于对夏商分界问题研究的价值

夏商分界问题在学术界久讼未决，二里头文化一期与二期、二期与三期、三期与四期、四期早段与晚段、二里头文化四期与二里冈文化下层一期、二里头文化四期与二里冈文化下层二期等诸多分界观点竞相纷呈②。在二里头文化各期间分界的诸说中，因难以区分各期之间在考古学文化性质上的差异，又难以找出各期重要遗迹前后之间兴废替代的考古实证，时至今日诸说之间仍不分伯仲。而在二里头文化四期与二里冈文化下层一期或二期间分界的诸说中，尽管二里头文化与二里冈文化之间在文化面貌上存在有明显不同，但二里头文化四期与二里冈文化下层一期或二期之间的连续性同样难以用考古学方法将两者割裂为不同性质的考古学文化，尤其两者重要遗迹之间缺乏直接替代的考古实证，故而也未得学术界公认。显然，解决夏商分界问题的关键，就是要在同一遗址中既能发现不同性质考古学文化前后间直接替代的考古实证，又能发现不同性质考古学文化前后之间重要遗迹直接兴废替代的考古实证，而且两种不同性质考古学文化之间直接替代的相对年代又必须与夏、商交替年代基本相当。依此而论，我们认为在现今发现的夏商城址中，唯有大师姑城址的考古实际蕴含着这方面比较明显的考古实证。

---

① 郑州市考古研究所：《郑州大师姑·2002～2003》，科学出版社，2004年。

② 中国社会科学院考古研究所：《中国考古学·夏商卷》，中国社会科学出版社，2003年。

首先，从考古学文化性质而言，大师姑城址内既发现有丰富的二里头文化遗存，又发现有相对丰富的二里冈文化早期遗存。址内的二里头文化遗存暂分为五段，“以第二段和第三段遗存最为丰富，遗迹众多，分布范围遍布整个遗址，表明此时为大师姑遗址二里头文化的繁盛期。第一段遗存发现的遗物数量虽然相对较少，但发现有地层堆积和数量较多的遗迹单位，尤其是夯土城垣在此段始建，表明此段也应是大师姑遗址二里头文化遗存的重要阶段。第四段发现的遗迹数量较少，地层堆积主要集中在遗址南部。第五段遗存仅在遗址个别地方发现有少量的遗迹单位，没有发现普遍堆积的地层。”① 代之而起的是相对丰富的二里冈文化遗存。二里冈文化遗存共分三期，其中，一期、三期遗存丰富，尤其是一期还扩充了二里头文化时期的城壕；二期遗存相对较少②。城址内的二里头文化一、二、三、四、五段出土物特征分别与偃师二里头文化二期偏晚、三期偏早、三期偏晚、四期偏早和四期偏晚出土物特征相近③。二里冈文化一、二、三期出土物特征分别与二里冈下层 C1H9 偏早阶段、C1H17 偏晚阶段和二里冈上层一期出土物特征相近④。属二里冈文化一期的 H9、H13、H40 分别打破城内二里头文化五段的 H16、H20、H34⑤，H55 分别打破城内二里头文化四段的 H61、H66⑥，H59 分别打破城内二里头文化三段的 H71、H73⑦。可见，大师姑城内的二里冈文化替代二里头文化应该是一个渐进的过程，其上限可能会早到城内二里头文化三段或略早，下限则不会晚于城内二里头文化五段。

值得关注的是属于二里头文化三期 G5 内的堆积成分。G5 位于城内中部略偏西南的 T5 内，口部呈不甚规则的长方形，已知长度为 10、宽 3.6 ~ 7.5、深约 2.1 米。开口于 T52 层下，其上分别被 H36、H37、H38、H39、H42、G3、M6 等单位打破，其下分别打破 H75、H76、H88 等单位。在打破 G5 的单位中，H36、H37、H42 被发掘者归入城内二里头文化三段，H38、H39 被发掘者归入城内二里头文化五段，G3、M6 无遗物。在被 G5 打破的单位中，H75、H76 被发掘者归入城内二里头文化二段，H88 被发掘者归入城内二里头文化一段。G5 自身被发掘者归入城内二里头文化三段。G5 堆积分为 4 大层 11 小层，其中 1 层分 4 小层，2 层分 3 小层，层内堆积成分中含大量草木灰和丰富陶片等遗物，陶片中有排水管道残片。3 层与 4 层内堆积成分主要是坍塌的夯土墙体和夯土墙风化土为主⑧。堆积现象显示，城内建筑在不晚于城内二里头文化三段之时曾遭

① 郑州市考古研究所：《郑州大师姑 · 2002 ~ 2003》，科学出版社，2004 年。
② 郑州市考古研究所：《郑州大师姑 · 2002 ~ 2003》，科学出版社，2004 年。
③ 郑州市考古研究所：《郑州大师姑 · 2002 ~ 2003》，科学出版社，2004 年。
④ 郑州市考古研究所：《郑州大师姑 · 2002 ~ 2003》，科学出版社，2004 年。
⑤ 郑州市考古研究所：《郑州大师姑 · 2002 ~ 2003》，科学出版社，2004 年
⑥ 郑州市考古研究所：《郑州大师姑 · 2002 ~ 2003》，科学出版社，2004 年。
⑦ 郑州市考古研究所：《郑州大师姑 · 2002 ~ 2003》，科学出版社，2004 年。
⑧ 郑州市考古研究所：《郑州大师姑 · 2002 ~ 2003》，科学出版社，2004 年。

受到毁灭性破坏。尽管从地层关系中观察到的直接打破者是同一文化三段的 H36、H37、H42 等遗存，但从毁灭性的破坏程度推断，应该不会是创造同一性质考古学文化者所为。根据城内二里冈文化一期 H59 直接打破城内二里头文化三段 H71、H73 的地层关系，我们推测毁灭性破坏城内二里头文化的元凶当是以 H59 为代表的二里冈文化一期遗存。因为，同一文化的变革或修补所形成的堆积不可能呈现出毁灭性的特征；二是从碳-14 测年结果看，城内二里头文化三段的年代大约在前 1610 ~ 1555 年前后①，城内二里冈文化一期的年代大约在前 1580 ~ 1480 年之间②，表明二里冈文化一期遗存的创造者在年代上存在着毁灭性破坏者的可能性。

尽管二里头文化某期属夏文化或是属商文化在学术界还尚存争议，但二里头文化三期与二里冈下层偏早阶段之间的文化面貌存在较大差异则应是不争的事实。近年有不少学者研究发现，在整个二里头文化分布的范围内，除偃师二里头夏代都城遗址外、其他的方国都城遗址或区域中心内，都在这一阶段出现了二里头文化的衰落和先商或早商文化的兴起现象，并认为造成这种兴废交替现象的直接原因是商汤的灭夏战争③。

而与上述情况相比，大师姑城址内的考古实际不仅显示了二里头文化的衰落和二里冈早期文化的兴起现象，更重要的是显示了此时的二里头文化遗存已经遭到了毁灭性的破坏。G5 内坍塌的夯土墙体、陶排水管道残片及大量草木灰等堆积物表明，其所受到的破坏很难用同一性质考古学文化自身变迁的原因去诠释，而应该是和不同性质考古学文化的替代有关，亦即和商汤伐韦的战争有关。

因此，我们认为大师姑城址内的二里冈早期文化取代二里头晚期文化应是夏、商两种不同性质考古学文化之间的取代。

其次，大师姑城址内发现了二里冈文化早期城址替代二里头文化晚期城址的考古实证。根据发掘与调查的成果，大师姑城址周围不仅发现有城墙，而且城墙之外还发现有两条城壕。发现的城墙分别为南墙西段 480 米，西墙北段 80 米，北墙西段 220 米，其他地段暂未发现④。叠压城墙内侧的地层中出土陶器年代为大师姑城址二里头文化第一段，其始建年代当不晚于此。城墙顶部“由于缺乏直接打破城墙的遗迹单位，夯土城

---

① 方燕明：《河南龙山文化和二里头文化碳-14 测年的若干问题讨论》，《中原文物》2005 年第 2 期。

② 张雪莲：《郑州商城和偃师商城的碳-14 年代分析》，《中原文物》2005 年第 1 期。

③ 中国社会科学院考古研究所二里头工作队：《河南偃师二里头遗址中心区的考古新发现》，《考古》2005 年第 7 期，另载《偃师二里头遗址研究》，科学出版社，2005 年；高炜等：《偃师商城与夏商文化分界》，《考古》1998 年第 10 期；袁广阔：《试论夏商文化的分界》，《考古》1998 年第 10 期；赵芝荃：《综论夏商分界的问题》，《华夏文明的形成与发展——河南省文物考古研究所建所五十周年庆祝会暨华夏文明的形成与发展学术研讨会论文集》，大象出版社，2003 年；杜金鹏：《“偃师商城界标说”解析》，《华夏文明的形成与发展——河南省文物考古研究所建所五十周年庆祝会暨华夏文明的形成与发展学术研讨会论文集》，大象出版社，2003 年。

④ 郑州市考古研究所：《郑州大师姑 · 2002 ~ 2003》，科学出版社，2004 年。

垣的废弃年代尚不清楚”①。

城壕位于城墙之外，北、东、南、西分别长 980 米、620 米、770 米、300 米。解剖资料显示，城壕分内外两条。内城壕的东壕为 G2，南壕为 G7。外城壕的东壕为 G1，南壕为 G6。其中，G2、G7 分别被 G1、G6 所打破。G1 出土少量敛口瓮、大口尊、缸等器物残片，G6 出土少量深腹罐、甑、盆等器物残片，发掘者均将其归入为二里冈早商一期（因其与二里冈下层 C1H9 偏早阶段相当，我们暂称其为二里冈文化早期。下同）②。G2 出土器物为二里头文化时期，G7 内出土器物极少，发掘者将其归为二里头文化时期城壕③。城壕解剖的实际显示，二里冈文化早期环壕位于二里头文化城墙的外侧与二里头文化城壕之间，环壕的“外侧或打破二里头文化护城壕沟，或利用该壕沟的外侧壕壁，内侧则为新挖，并打破了叠压城墙外侧的二里头文化地层”④。表明二里冈文化早期环壕是在二里头文化城壕的基础上扩充而成的，而且并未对二里头文化时期的城墙造成任何破坏。从“缺乏直接打破城墙的遗迹单位”的考古实际来看，即使是到了二里冈文化早期，城墙也不曾遭受到破坏，显然修筑二里冈文化早期环壕的目的是在有计划地利用和保护城墙。至此，二里冈文化早期环壕已经不仅仅是孤立的二里冈文化早期环壕，事实上，二里冈文化早期环壕已经和原二里头文化时期的城墙及城内的二里冈文化早期遗存一起又共同组成了新的城址，即二里冈文化早期城址。二里冈文化早期环壕的修筑与使用，既标志着二里头文化时期城址的终结，又标志着二里冈文化早期城址的新生⑤。

第三，根据前述地层叠压和遗迹打破关系可以看出，大师姑城址内的二里冈文化取代二里头文化的时间约在城内二里头文化三段前后，即相当于偃师二里头文化三期偏晚前后。碳-14 测年研究成果显示，偃师二里头文化三期的年代大约在前 1610 ~ 1555 年前后，四期的年代大约在前 1560 ~ 1521 年前后⑥，而二里冈下层偏早阶段（即先商期第Ⅱ组或二里冈下层 C1H9 阶段）的年代则在前 1580 ~ 1480 之间⑦。二里冈下层偏早阶段的年代与二里头文化四期的年代是基本相当或略早，二里冈下层偏早阶段的年代上限与二里头文化三期的年代下限已经有部分重叠。偃师二里头文化三期与二里冈下层偏早阶段之间在时间序列上已经不存在缺环。而这一时间段恰好与传统史学所持商灭夏在前 1600 年左右的观点基本吻合。

---

① 郑州市考古研究所：《郑州大师姑 · 2002 ~ 2003》，科学出版社，2004 年。

② 郑州市考古研究所：《郑州大师姑 · 2002 ~ 2003》，科学出版社，2004 年。

③ 郑州市考古研究所：《郑州大师姑 · 2002 ~ 2003》，科学出版社，2004 年。

④ 郑州市考古研究所：《郑州大师姑 · 2002 ~ 2003》，科学出版社，2004 年。

⑤ 拙著：《郑州大师姑城址先商韦亳说》，《考古与文物》2007 年第 1 期。

⑥ 方燕明：《河南龙山文化和二里头文化碳-14 测年的若干问题讨论》，《中原文物》2005 年第 2 期。

⑦ 张雪莲：《郑州商城和偃师商城的碳-14 年代分析》，《中原文物》2005 年第 1 期。

鉴上不难发现：大师姑城址既蕴含着夏、商两种不同性质考古学文化之间的交替，又蕴含着夏、商两种不同性质考古学文化之间重要城址遗迹的明显兴废等重要研究信息，且夏、商城址之间交替和兴废的年代又与碳-14 所测夏、商之间交替的年代基本相吻合。它的发现对当今夏、商分界问题研究所具有的重要学术价值就不言而喻。

二、关于在汤亳研究方面的价值

商汤都亳，史无异议。但在一亳或是多亳以及亳之地望等问题上的认识却是百花齐放，迄今的偃师二里头西亳说、偃师商城西亳说和郑州商城亳都说等主流观点仍处在相互纠葛之中。偃师二里头西亳说和偃师商城西亳说的文献依据大致相同，区别在于前者是将二里头文化某期推断为商代文化，后者则是将二里头文化推断为夏代文化。前者由于是在同一考古学文化中区分夏、商文化而不为持异议者所赞赏；后者则是因其对偃师商城始建年代的推断遭受质疑而难以定鼎。郑州商城亳都说虽然在夏、商文化性质的区分上得到多数学者的赞同，但其所推断的郑州商城始建年代既得不到考古地层学的支持、又得不到测年成果的支持，同样难成落锤之论。显然，关于汤亳问题的研究目前仍然是在山穷水复之困境中徘徊。而大师姑城址的发现却有可能使这一问题柳暗花明。

大师姑城址西距偃师二里头城址约 70 公里，是商汤由东向西灭夏的必经之地，城址内二里冈文化早期城址取代二里头文化晚期城址时间又与商汤灭夏前后的时间基本相当。因而，大师姑二里冈文化早期城址就与文献所载商汤灭夏前所居的亳产生了千丝万缕的联系。

根据《书序》："汤始居亳，从先王居。""汤既黜夏命，复归于亳，作《汤诰》。"《史记·殷本记》："汤归至于泰卷陶，中𫍽作诰。既绌夏命，还亳，作《汤诰》。"《吕氏春秋·具备》："汤尝约于郼亳矣，武王尝穷于毕、程矣，伊尹尝居于庖厨矣，太公尝隐于钓鱼矣，贤非衰也，智非愚也，皆无其具也。"《慎势篇》："汤其无郼，武其无岐。"《慎大览》："汤立为天子，夏民大说，如得慈亲，朝不易位，农不去畴，商不变肆，亲郼如夏。"等文献记载，商汤在灭夏之前确曾居住过亳和郼亳。

由于泰卷多被后世学者指定在山东定陶一带，大师姑城址应该与"汤始居亳"之亳无涉。

郼即韦。关于郼亳地望，学术界存有两说。一是依据《左传》襄公二十四年杜预注："豕韦，国名。东郡白马县东南有韦城。"之记载，将韦之地望确定在今河南滑县①。二是将韦之地望确定在今河南郑州一带。其依据是豕韦属彭姓，"按《诗·郑

① 黄盛璋：《〈孙膑兵法·擒庞涓〉篇释地》，《文物》1977 年第 2 期。

风·清人·正义》：‘彭，卫之河上，郑之郊也’。今郑州在新郑百里之内，可称为‘郑之郊’。”① “《国语·郑语》言祝融之后有昆吾、大彭、豕韦等，豕韦氏是祝融氏八姓中彭姓之一。《左传》昭公十七年云：‘郑，祝融之墟也。’杜注：‘祝融，高辛氏之火正，居郑。”商汤在灭韦之后，居其地而袭其名。此举后世也曾屡见不鲜。而杜预所注的白马县东南韦城则是豕韦氏残部北迁之后所建②。

从前引“汤尝约于郼亳矣，武王尝穷于毕、程矣，伊尹尝居于庖厨矣，太公尝隐于钓鱼矣”、“汤其无郼，武其无岐”、“汤立为天子，夏民大说……亲郼如夏”等文献中分析，商汤在灭夏之前曾居于郼亳应当无疑，虽然其在此地也曾受到过夏的制约，但其在此也酝酿着灭夏的大计，蓄积着灭夏的力量，而且其经营也受到了民众的拥戴。既然豕韦氏是祝融氏八姓中的彭姓之一，那么其封地在祝融之墟的郑地也当在情理之中。因此，我们赞赏郼亳郑地说。

在没有发现大师姑城址之前，曾有学者把郑州商城确定为商汤灭夏前所建的“郼薄”③，或商汤灭夏前的先商方国之亳④。两者皆以前述商汤灭夏后又返亳的文献记载为前提，再加上郑州商城的始建年代又被不少学者认定在南关外期或二里冈下层一期，故而其说并非没有合理性。不过，按一般正常逻辑而言，一座规模庞大的郑州商城当不会建于商汤灭夏之前。正如有学者在分析郑州商城不能早到灭夏之前的理由时曾指出：“实际上冷静思考一下，便不难理解。《孟子·滕文公（下）》载‘汤十一征’而灭夏，在戎马倥偬之际，在没有灭掉夏王朝，没有建立自己的稳定的政权的情况下，商汤怎么可能劳师动众，经年累月地建造一个规模达 16 平方公里的城池呢？即便不包括在建筑顺序上可能稍晚一些的外廓城，单就内城来说，也是不可能的。”“将考古实际和文献记载结合起来分析，我们只能说郑州商城（内城、外廓城）是汤灭夏复亳之后所建，而不能说是灭夏前始居之都。”⑤“这座规模宏伟的城墙和宫殿建筑，在商汤灭夏之前是不大可能建筑起来的，因为商汤建立商王朝的统治之前，正致力于灭夏的战争。频繁的战争，必须把他的部族的主要力量（包括人力、物力），集中到灭夏战争上来，如果一方面把部族的力量投入战争，另一方面又把部族的力量投入到大规模地建设上，势必影响到灭夏战争的顺利进行，两者不可兼得。因此，商城的建造，只有在商汤灭夏之后才

① 邹衡：《夏文化分布区域内有关夏人传说的地望考》，《夏商周考古学论文集》，文物出版社，1980 年。

② 王晖：《汤都偃师新考——兼说“景亳”、“郼亳”（郑亳）及“西亳”之别》，《偃师商城遗址研究》，科学出版社，2004 年。

③ 邹衡：《夏文化分布区域内有关夏人传说的地望考》，《夏商周考古学论文集》，文物出版社，1980 年。

④ 杜金鹏：《“偃师商城界标说”解析》，《华夏文明的形成与发展——河南省文物考古研究所建所五十周年暨华夏文明的形成与发展学术研讨会论文集》，大象出版社，2003 年。

⑤ 李伯谦：《对郑州商城的再认识》，《古都郑州》2005 年第 4 期。

有可能进行"①。显然，文献所记载的商汤灭夏后所返之亳应该不会是郑州商城。

尽管我们不赞赏郑州商城"鄗薄"或先商方国之亳说的观点，但对其所考"鄗薄"在郑州一带的结论却十分钦佩，因为大师姑二里冈文化早期城址的发现，印证了郑州一带有商汤韦亳的正确性。

考古实际显示，大师姑二里冈文化早期城址是在大师姑二里头文化晚期城址的基础上扩建而成的，从"缺乏直接打破城墙的遗迹单位"的考古实际看，二里冈文化早期城址应是在原封不动地利用二里头文化城墙的基础上，仅对二里头文化城壕进行了重新扩宽和加深。这些考古实际与有些学者所做的商汤灭夏之前在郑州所建的亳都只能是利用韦之旧城的分析完全是不谋而合的②。

如若从当时的地理和历史环境而言，大师姑二里冈文化早期城址也应是商汤灭夏之前最佳的战略经营场所。《诗·商颂·殷武》云："韦、顾既伐，昆吾、夏桀。"表明商汤在灭韦后和灭夏前还面临着灭顾和昆吾的战争。有学者将顾确定在怀庆府的沁水附近、将昆吾确定在今天的新郑与密县之间③，那么，夏桀、顾、昆吾三者正好形成一个等腰三角形，夏桀位居角端，顾与昆吾为两底角，而大师姑城址则正好处在顾、昆吾之三角形底边的中部，呈箭在弦之势，前面可直接与夏对峙，左右又可征伐顾和昆吾。尤为重要的是，此时的大师姑城址不仅有了城池之固可凭，而且北有黄河、敖山之险可依，西有虎牢可拥，西南又有颍洛通道，守攻皆宜，环境十分优越。因此，在灭韦之后至灭夏之前，无论是从地理环境考虑，还是从征伐顾、昆吾及夏桀之需着想，大师姑城址都应该是商汤灭夏前最佳的亳都经营场所④。

大师姑二里冈文化早期城址为商汤灭夏前所建韦亳说的确立，既可证明"郑亳说"所考商汤灭夏前所居之亳在郑州一带的可信性，又为偃师商城商汤灭夏后所建西亳说找到了合理的考古实证，这对汤亳问题的最终冰释无疑是送上了温暖的春风。

三、关于对郑州商城性质研究的重要意义

郑州商城发现于20世纪50年代中期，因其在文化序列上早于殷墟商代晚期文化、晚于偃师二里头早商文化而被安金槐先生推断为仲丁隞都⑤。虽然当时就有个别学者曾

---

① 陈旭：《郑州商代王都的兴与废》，《中原文物》1987年第2期。

② 王晖：《汤都偃师新考——兼说"景亳"、"郼亳"（郑亳）及"西亳"之别》，《偃师商城遗址研究》，科学出版社，2004年。

③ 邹衡：《夏文化分布区域内有关夏人传说的地望考》，《夏商周考古学论文集》，文物出版社，1980年。

④ 拙著：《郑州大师姑城址先商韦亳说》，《考古与文物》2007年第1期。

⑤ 安金槐《试论郑州商代城址——隞都》，《文物》1961年第4、5期。

提出过质疑①，但终因其与当时的考古实际比较相符，而成为当时学界的不二之论。1978 年，有学者提出了郑州商城汤都亳说的新观点②，肇启了郑州商城是隞或是亳的学术大讨论。随着偃师商城、郑州小双桥商代遗址、济南大辛庄遗址等相关考古新资料的不断发现和研究，有关郑州商城是属隞或是属亳的争论却仍未能水落石出。尽管新的碳-14测年成果基本排除了郑州商城大城作为商汤亳都的可能，而且有不少学者也认为规模庞大的郑州商城不可能在商汤灭夏前建成，但城内发现的部分洛达庙晚期遗存则被有些学者推定为商汤灭夏前所建亳之载体（下称“先商郑亳说”）③。显然，关于郑州商城的隞、亳之争也一时难以尘埃落定。而大师姑二里冈文化早期城址的发现则有可能会使郑州商城隞都说重现生机。

我们知道，现今郑州商城隞都说成立的重要前提之一就是要证明郑州商城本身及其前身均与汤亳无关。换言之，就是不仅要将“汤都亳说”从郑州商城中剥离出去，而且也要将“先商郑亳说”从郑州商城的前身中剥离出去。而大师姑二里冈文化早期城址的考古实际就为其剥离提供了实证。

首先，大师姑二里冈文化早期城址取代二里头文化晚期城址的考古实际，证明郑州商城始建年代的上限不会早到商汤灭夏之前。大师姑城内最早的二里冈文化属早商一期，年代约与二里冈下层 C1H9 时期相当；早商城壕内堆积物的年代最早也与二里冈下层 C1H9 时期相当，证明大师姑二里冈文化早期城址取代二里头文化晚期城址的年代下限不会晚于二里冈下层 C1H9 时期。而郑州商城的考古实际所显示的则是在其西墙下叠压有二里冈下层 C1H9 时期的一条小灰沟④。从层位学上证明郑州商城的始建年代不会早于二里冈下层 C1H9 时期。尽管学术界在对二里冈下层 C1H9 所代表的考古学文化是属先商文化或是属早商文化存在不一致的看法，但这些考古实际完全可以证明郑州商城的始建年代上限不会早到商汤灭夏之前。因此，将郑州商城排除于先商汤亳之外不仅符合考古实际，同时也与当时历史实际相符。

其次，大师姑二里冈文化早期城址的发现对郑州商城内部分洛达庙晚期遗存先商亳都说也产生了冲击，为先商亳都说从郑州商城的前身中剥离出去提供了契机。近年，郑州商城内发现有部分洛达庙晚期重要遗存，如 W22 夯土墙、C8T62、北大街夯土 7、夯土 9 和夯土 12 以及 97C8 Ⅱ T166M6 铜器墓等，其年代可能略早于二里冈下层 C1H9 时期。有学者将其确定为商汤灭夏前始居亳时所建的亳都遗存。理由是：

“由郑州往西北大约 22 公里有一座夏人的城邑——大师姑二里头文化城址，很显然，这是商汤灭夏进军路线上最大的障碍。大约正是因为夏、商两军在此地曾有过较长

① 刘启益：《“隞都”质疑》，《文物》1961 年第 10 期。

② 邹衡：《郑州商城即汤都亳说（摘要）》，《文物》1978 年第 2 期。

③ 李伯谦：《对郑州商城的再认识》，《古都郑州》2005 年第 4 期。

④ 河南省博物馆、郑州市博物馆：《郑州商代城遗址发掘报告》，《文物资料丛刊》1977 年第 1 期。

时间的对峙，商汤才不得不筑城屯守，积聚力量，准备作最后灭夏的准备。大师姑城衰落于二里头文化四期，与偃师二里头遗址的衰落及偃师商城的兴建基本在同一时段。联系有关文献记载，看来这些不会说话的遗迹、遗物都成了夏、商更替这一中国上古史上重大历史事件活的见证：偃师二里头遗址为桀都斟鄩，偃师商城为汤灭夏后在下洛之阳所建的'宫邑'即西亳。郑州商城包括W22夯土墙等可能代表的宫城和内城、外廓城是灭夏前后商汤所建的亳都"①。这一诠释的合理性不言自明。不过，从考古实际和历史实际而言，我们也可以得出另外一种相对合理的结论，即大师姑二里冈文化早期城址是灭夏前商汤所建的韦亳。除了前述的理由之外，还有以下理由可以做支撑：

（1）商汤率族西进灭夏至郑州一带时，其面临征伐韦、顾、昆吾三个夏代方国的艰巨任务，不可能将人力、物力用于筑城。且居其西北20千米左右的韦以及新密一带的昆吾、黄河以北的顾也不可能坐视商族在其卧榻之侧从容筑城建都。

（2）从"汤尝约于郼亳矣"和"汤立为天子，夏民大说……亲郼如夏"等记载中可知，商汤不仅在灭夏前确曾受制于郼亳，而且在灭夏前还曾经营过郼亳。显然，作为郼亳遗址不仅应该具有夏代晚期城址遗存，而且还应该具有先商和早商时期城址遗存。而在郑州商城内目前还尚缺乏相当于夏代晚期的城市建筑遗存，大师姑二里冈文化早期城址灭夏前商汤所建韦亳说的合理性愈以突出。商汤灭夏前所建韦亳从郑州商城的前身中剥离出去就为郑州商城隞都说的最终定鼎提供了坚实的基础。

当然，大师姑城址的考古工作才刚刚起步，相关资料还很不充裕，其所显示的学术价值也仅仅是个端倪而已。不过，随着资料的积累，我们相信其学术价值一定会异彩盛放。

① 李伯谦：《对郑州商城的再认识》，《古都郑州》2005年第4期。

王湾三期文化至二里头文化埋葬方式的演进*

郜向平

（郑州大学历史学院）

王湾三期文化、“新砦期”遗存和二里头文化是探索夏文化的重要对象。对这些文化和遗存特征及演变过程的分析，对于探讨夏文化的形成以及中原地区文明的产生、发展都有十分重要的意义。

埋葬方式研究是考古学研究的一项重要内容。目前对二里头文化墓葬的研究已经不少①，但对王湾三期文化的埋葬方式则鲜有涉及。目前发现的王湾三期文化墓葬虽多无随葬品，但就其数量而言，已有一定积累。本文拟基于现有材料，对王湾三期文化至二里头文化埋葬方式的演进过程进行考察。

一

王湾三期文化是龙山时代②晚期分布于嵩山南北地区的一支考古学文化。有学者主

* 本文为河南省哲学社会科学项目“二里头时期中原与周边地区考古学文化交流研究”（项目号：2008BKG002）阶段性研究成果。

① 刘绪：《从墓葬陶器分析二里头文化的性质及其与二里冈期商文化的关系》，《文物》1986年第6期；杨锡璋：《由墓葬制度看二里头文化的性质》，《殷都学刊》1987年第3期；缪雅娟、刘忠伏：《二里头遗址墓葬浅析》，《文物研究》第三期，黄山书社，1988年；郑若葵：《论二里头文化类型墓葬》，《华夏考古》1994年第4期；袁广阔：《河南二里头文化墓葬的几个问题》，《考古》1996年第12期；张剑：《关于洛阳二里头文化时期墓葬的几个问题》，《夏商周文明研究：97山东桓台中国殷商文明国际学术研讨会论文集》，中国文联出版社，1999年；杨冠华：《二里头文化与二里冈文化墓葬比较研究》，北京大学硕士研究生学位论文，2004年。李志鹏：《二里头文化墓葬研究》，《中国早期青铜文化——二里头文化专题研究》，科学出版社，2008年。

② 严文明：《龙山时代考古新发现的思考》，《农业发生与文明起源》，科学出版社，2000年。

张嵩山南北龙山时期的遗存在面貌上有较大差异，应分属不同的文化①，而二里头文化乃是在嵩山南北文化的互动、整合中形成的②。考察二里头文化埋葬方式的形成，综合嵩山南北文化的情况将更为合理，故本文仍采旧说，将嵩山南北的龙山时代晚期文化称为王湾三期文化。王湾三期文化可分若干期，但根据目前的资料，很多墓葬尚难以进行细致的划分，故此处不作进一步的区分。

目前王湾三期文化的墓葬见于洛阳王湾③、洛阳矬李④、伊川白元⑤、孟津小潘沟⑥、临汝煤山⑦、临汝北刘庄⑧、汝州李楼⑨、郑州站马屯⑩、郑州大河村⑪、郑州马庄⑫、禹州瓦店⑬、新密新砦⑭、新密古城寨⑮、郾城郝家台⑯、上蔡十里铺⑰和

① 冰白：《从龙山晚期的中原态势看二里头文化的形成—兼谈对早期夏文化的若干认识》，《中国考古学的跨世纪反思》（下册），商务印书馆（香港），1999 年；王立新：《从嵩山南北的文化整合看夏王朝的出现》，《二里头遗址与二里头文化研究：中国 · 二里头遗址与二里头文化国际学术研讨会论文集》，科学出版社，2006 年。

② 王立新：《从嵩山南北的文化整合看夏王朝的出现》，《二里头遗址与二里头文化研究：中国 · 二里头遗址与二里头文化国际学术研讨会论文集》，科学出版社，2006 年。

③ 北京大学考古文博学院：《洛阳王湾—田野考古发掘报告》，北京大学出版社，2002 年。

④ 洛阳博物馆：《洛阳矬李遗址试掘简报》，《考古》1978 年第 1 期。

⑤ 洛阳地区文物处：《伊川白元遗址发掘简报》，《中原文物》1982 年第 3 期。

⑥ 洛阳博物馆：《孟津小潘沟遗址试掘简报》，《考古》1978 年第 4 期。

⑦ 洛阳博物馆：《河南临汝煤山遗址调查与试掘》，《考古》1975 年第 5 期；中国社会科学院考古研究所河南二队：《河南临汝煤山遗址发掘报告》，《考古学报》1982 年第 4 期；河南省文物研究所：《临汝煤山遗址 1987～1988 年发掘报告》，《华夏考古》1991 年第 3 期。

⑧ 河南省文物研究所：《河南临汝北刘庄遗址发掘报告》，《华夏考古》1990 年第 2 期。

⑨ 中国社会科学院考古研究所河南一队：《河南汝州李楼遗址的发掘》，《考古学报》1994 年第 1 期。

⑩ 河南省文物研究所、文化部文物局郑州培训中心：《郑州市站马屯遗址发掘报告》，《华夏考古》1987 年第 2 期。

⑪ 郑州市文物考古研究所：《郑州大河村》，科学出版社，2001 年。包括报告的龙山文化中、晚期墓葬。

⑫ 郑州市博物馆：《郑州马庄龙山文化遗址发掘简报》，《中原文物》1982 年第 4 期。

⑬ 河南省文物考古研究所：《禹州瓦店》，世界图书出版公司，2004 年。

⑭ 北京大学震旦古代文明研究中心、郑州市文物考古研究所：《新密新砦——1999～2000 年田野考古发掘报告》，文物出版社，2008 年。

⑮ 河南省文物考古研究所、新密市炎黄历史文化研究会：《河南新密市古城寨龙山文化城址发掘简报》，《华夏考古》2002 年第 2 期。

⑯ 河南省文物研究所、郾城县许慎纪念馆：《郾城郝家台遗址的发掘》，《华夏考古》1992 年第 3 期。

⑰ 河南省驻马店地区文管会：《河南上蔡十里铺新石器时代遗址》，《考古学集刊》3，中国社会科学出版社，1983 年。简报认为十里铺二期遗存所含文化因素比较复杂，性质有待探讨，笔者同意这种看法。此处暂将十里铺二期的墓葬纳入探讨之列，这几座墓葬在与王湾三期其他遗址墓葬有共同之处的同时，在葬俗和随葬品上是有一些独特之处的。

襄城台王①等遗址。其中土坑竖穴墓约100座，瓮棺约30余座。

土坑竖穴墓墓室面积明确的有近60座，从不足0.2～2.5平方米不等。墓葬方向以东向者居多，次为西向和南向，北向者较少。

十里铺M3墓主足端有壁龛，M5中则有二层台，用以放置随葬品。两墓都用圆木对剖，刳空中心，再相合以为葬具。这是目前王湾三期文化中仅见的有木质葬具的墓葬。

墓主葬式基本都为仰身直肢，有的下肢稍屈，个别侧身屈肢。值得注意的是，肢体不全的墓葬有一定数量。如郝家台四期的墓葬中，“墓内骨架有的无头，有的缺下肢，有的仅存下肢”。1975年春发掘的煤山M5为一儿童墓，墓主仰身直肢，头与颈骨脱离，面向下，右上肢缺失。郑州大河村以及1987～1988年在煤山遗址发掘的墓葬中，也有不少人骨残缺不全，其中有的是后期扰动所致，有的则原因不明。此外，十里铺墓葬中，墓主头部发现有明显人工畸形的迹象。

有随葬品的土坑竖穴墓很少，见于报道者有13座。其墓室面积大多在1.1平方米以上，墓主经鉴定者大多为成年男性。其中随葬有陶容器的7座，器类有豆（或高足盘）、杯、壶、罐、瓮、鬶和碗，以豆、杯、壶最为常见，前者是盛食器，后两者应是饮器。1970年煤山M1、十里铺M3、M5和台王M3四座墓葬，规模较大，随葬陶容器5～10余件不等，以豆、杯、壶、鬶为主，似已形成较稳定的组合。1970年煤山M1随葬的高足盘、杯施有红、白彩绘，应是专为随葬而制作的明器。郝家台M45除随葬陶碗外，还有陶纺轮、石斧、石刀、石铲等，这是唯一一座随葬有石器的墓葬。其他墓的随葬品较少，种类除陶容器和陶纺轮外，还有骨笄、蚌镞。李楼92T3④M1墓内除墓主外，还有一瓮棺，是篮纹陶鼎和灰陶碗相扣而成，内有婴儿头骨。墓主双脚置于瓮棺之上，股骨下有半个猪下颌骨，类似的现象还见于屈家岭文化②中，但后者将瓮棺置于墓主股骨下的腰坑中。此外，站马屯M2在墓主头部和下肢骨附近发现一些陶片。

目前发现的王湾三期文化墓葬，有随葬品的基本都属王湾三期文化早段或晚段偏早时期。从文化态势上看，这一时期正处于受石家河等文化影响较多的时期③。此后，随着王湾三期文化势力的增强，有随葬品的墓葬反而不见了。

瓮棺葬的墓坑多为圆形或圆角方形，有的形状不规则。葬具通常是陶鼎或陶罐，口部向上，以盆、钵、碗或鼎覆扣，有的则未见覆盖器物。作为顶盖的盆、钵常在

---

① 河南省文物研究所：《襄城台王遗址试掘简报》，《中原文物》1988年第1期。

② 长江流域规划办公室考古队河南分队：《河南淅川黄楝树遗址发掘报告》，《华夏考古》1990年第3期。

③ 韩建业、杨新改：《王湾三期文化研究》，《考古学报》1997年第1期。

底部凿一圆孔，李楼 91T4④W1 用泥质黄褐陶尖底罐作葬具，上覆一盆，罐、盆底各凿一孔。

瓮棺内大多都是“儿童”或“婴儿”，表明瓮棺葬一般用作幼儿的埋葬。但另一方面，儿童不一定都用瓮棺葬，在土坑竖穴墓中有不少墓主是儿童。如大河村 M104 墓主即为幼儿。1987 至 1988 年在煤山发掘的 M5，墓主“骨骼较小，似为 10 周岁左右的儿童骨骼”。站马屯和煤山的一些土坑竖穴墓，墓主仰身直肢（个别下肢微屈），而墓长仅六七十厘米，则墓主年龄应较幼小。

瓦店遗址的瓮棺葬较特殊，共发现 4 座，规模较大，墓坑周缘（或部分）有二层台。葬具用大型的瓮或罐相扣而成，瓮口多被打掉，有的底部钻有孔。墓主葬式为二次葬或一次葬，2 座瓮棺内的人骨经鉴定，分别为成年男女。

瓮棺葬中，除作为葬具的陶器外，一般没有随葬品。但郝家台 W13 中却随葬有陶钵 2 件，重叠放于墓的东端。瓦店瓮棺葬的二层台上也都随葬有陶器，有甑、盆、小口高领瓮底等。瓦店ⅣT4W1 瓮棺内还有玉鸟、玉铲和玉器残段各 1 件。

在王湾三期文化向二里头文化演变的过程中，又有所谓“新砦期”期遗存。目前发现的含有“新砦期”文化因素的遗址很多，但典型“新砦期”遗址却很少，集中分布于环嵩山地区的东半部①。1999 年至 2000 年对新密新砦遗址的发掘中，清理有 7 座属于“新砦期”的墓葬②，其中 1999T2M4 无墓圹，发掘者认为是 H23 的奠基墓，非正常埋葬。其余 6 座均为长方形土坑竖穴墓，无葬具。葬式多为单人仰身直肢葬，仅 1 座为二次葬。除 1 座随葬有骨镞外，余均无随葬品。墓主头向除 1 座向南、1 座向东北③、1 座向西北外，余均向东或向西。

二

二里头文化的分布以豫西为中心，西达关中东部，东至河南东部，南抵豫鄂交界，北到沁水南岸④。一般认为二里头文化可以分为二里头和东下冯两个地方类型⑤，也有

---

① 北京大学震旦古代文明研究中心、郑州市文物考古研究所：《新密新砦——1999 ~ 2000 年田野考古发掘报告》，文物出版社，2008 年。

② 北京大学震旦古代文明研究中心、郑州市文物考古研究所：《新密新砦——1999 ~ 2000 年田野考古发掘报告》，文物出版社，2008 年。

③ 据报告介绍，1999T2M1“方向 202°”，墓内人骨“头朝西南”，但从发表的墓葬平面图上看，墓主却头向东北，见第 189 页。

④ 中国社会科学院考古研究所：《中国考古学 · 夏商卷》，中国社会科学出版社，2003 年。

⑤ 邹衡：《试论夏文化》，《夏商周考古学论文集》，文物出版社，1980 年。

学者进一步划分为四或五个地方类型①，但除二里头和东下冯类型外，资料都不够丰富。此外，有学者主张东下冯类型是一支独立的考古学文化，可称“东下冯文化”②。从墓葬来看，东下冯类型的墓葬在埋葬形式上也有一些自身的特点，鉴此，本文探讨的二里头文化墓葬暂不包括东下冯类型墓葬。

二里头文化墓葬以二里头遗址③发现最多，此外见于洛阳东干沟④、洛阳东马沟⑤、洛阳东杨村⑥、洛阳皂角树⑦、偃师灰嘴⑧、伊川南寨⑨、伊川白元、郑州洛达

① 赵芝荃：《关于二里头文化类型和分期的问题》，《中国考古学研究——夏鼐考古五十年纪念论文集》（二），科学出版社，1986 年。中国社会科学院考古研究所：《中国考古学 · 夏商卷》，中国社会科学出版社，2003 年。

② 郑杰祥：《夏史初探》，中州古籍出版社，1988 年；张立东：《论辉卫文化》，《考古学集刊》10，中国地质出版社，1996 年；宋豫秦、李亚东：《“夷夏东西说”的考古学观察》注释 38，《夏文化研究论集》，中华书局，1996 年；宋豫秦：《夷夏商三种考古学文化交汇地域浅谈》，《中原文物》1992 年第 1 期；张忠培、杨晶：《客省庄与三里桥文化的单把鬲及其相关问题》，《宿白先生八秩华诞纪念文集》，文物出版社，2002 年；于孟洲：《东下冯文化与二里头文化比较及相关问题研究》，《文物春秋》2004 年第 1 期。

③ 中国社会科学院考古研究所：《偃师二里头（1959 年 ~ 1978 年考古发掘报告）》，中国大百科全书出版社，1999 年；中国社会科学院考古研究所二里头队：《1980 年秋河南偃师二里头遗址发掘简报》，《考古》1983 年第 3 期；中国社会科学院考古研究所二里头工作队：《1981 年河南偃师二里头墓葬发掘简报》，《考古》1984 年第 1 期；中国社会科学院考古研究所二里头工作队：《偃师二里头遗址 1980 ~ 1981 年Ⅲ区发掘简报》，《考古》1984 年第 7 期；中国社会科学院考古研究所二里头队：《1982 年秋偃师二里头遗址九区发掘简报》，《考古》1985 年第 12 期；中国社会科学院考古研究所二里头工作队：《1984 年秋河南偃师二里头遗址发现的几座墓葬》，《考古》1986 年第 4 期；中国社会科学院考古研究所二里头工作队：《河南偃师二里头遗址发现新的铜器》，《考古》1991 年第 12 期；中国社会科学院考古研究所二里头工作队：《1987 年偃师二里头遗址墓葬发掘简报》，《考古》1992 年第 4 期；中国社会科学院考古研究所二里头工作队：《河南偃师市二里头遗址 4 号夯土基址发掘简报》，《考古》2004 年第 11 期；中国社会科学院考古研究所二里头工作队：《河南偃师二里头遗址中心区的考古新发现》，《考古》2005 年第 7 期。

④ 中国社会科学院考古研究所：《洛阳发掘报告——1955 ~ 1960 年洛阳涧滨考古发掘资料》，北京燕山出版社，1989 年。

⑤ 洛阳博物馆：《洛阳东马沟二里头类型墓葬》，《考古》1978 年第 1 期。

⑥ 洛阳市文物工作队：《河南洛阳吉利东杨村遗址》，《考古》1983 年第 2 期。

⑦ 洛阳市文物工作队：《洛阳皂角树——1992 ~ 1993 年洛阳皂角树二里头文化聚落遗址发掘报告》，科学出版社，2002 年。

⑧ 河南省文物研究所：《河南偃师灰嘴遗址发掘报告》，《华夏考古》1990 年第 1 期。

⑨ 河南省文物考古研究所：《河南伊川县南寨二里头文化墓葬发掘简报》，《考古》1996 年第 12 期。

庙①、郑州商城②、郑州大师姑③、巩县稍柴④、登封王城岗⑤、登封南洼⑥、荥阳西史村⑦、新密新砦⑧、陕县七里铺⑨、渑池郑窑⑩、郾城郝家台、平顶山蒲城店⑪、驻马店杨庄⑫、西平上坡⑬、邓州穰东⑭和淅川下王岗⑮等地。多为长方形土圹竖穴墓，约500座，另有10座瓮棺葬。

二里头文化的土坑竖穴墓，墓室面积从不足0.2平方米到6平方米不等⑯。墓葬方向以北向者居大多数，次为南向，东、西向者很少。北向者多略偏西，南向者则多略偏东。第三期个别墓葬中发现有二层台或腰坑。

二里头文化第一期的墓葬中，尚未见到铺洒朱砂的。从第二期起，常见在墓内铺洒朱砂的现象，此类墓葬约占已发表墓葬总数的1/3。一些大型墓葬中发现有木质葬具的痕迹或漆皮，此类墓葬中的朱砂往往很厚，且墓室面积都在1.2平方米以上。

---

① 河南省文物研究所：《郑州洛达庙遗址发掘报告》，《华夏考古》1989年第4期。

② 河南省文物考古研究所：《郑州商城——1953～1985年考古发掘报告》，文物出版社，2001年。

③ 郑州市文物考古研究所编著：《郑州大师姑（2002～2003）》，科学出版社，2004年。

④ 河南省文物研究所：《河南巩县稍柴遗址发掘报告》，《华夏考古》1993年第2期。

⑤ 河南省文物研究所、中国历史博物馆考古部：《登封王城岗与阳城》，文物出版社，1992年。

⑥ 郑州大学历史学院考古系、郑州市文物考古研究所：《河南登封南洼2004年春试掘简报》，《中原文物》2006年第3期。

⑦ 郑州市博物馆：《河南荥阳西史村遗址试掘简报》，《文物资料丛刊》5，文物出版社，1981年。

⑧ 中国社会科学院考古研究所河南二队：《河南密县新砦遗址的试掘》，《考古》1981年第5期。

⑨ 黄河水库考古工作队河南分队：《河南陕县七里铺商代遗址的发掘》，《考古学报》1960年第1期。

⑩ 河南省文物研究所、渑池县文化馆：《渑池县郑窑遗址发掘报告》，《华夏考古》1987年第2期。

⑪ 河南省文物考古研究所、平顶山市文物局：《河南平顶山蒲城店遗址发掘简报》，《文物》2008年第5期。

⑫ 北京大学考古学系、驻马店市文物保护管理所：《驻马店杨庄：中全新世淮河上游的文化遗存与环境信息》，科学出版社，1998年。

⑬ 河南省文物考古研究所、驻马店市文物工作队、西平县文物管理所：《河南西平县上坡遗址发掘简报》，《考古》2004年第4期。

⑭ 河南省文物考古研究所：《河南邓州市穰东遗址的发掘》，《华夏考古》1999年第2期。

⑮ 河南省文物研究所、长江流域规划办公室考古队河南分队：《淅川下王岗》，文物出版社，1989年。

⑯ 二里头遗址二号宫殿址上发掘的M1，据杜金鹏先生分析，可能非正常埋葬，此处不计。杜金鹏：《二里头遗址宫殿建筑基址初步研究》，《考古学集刊》16，文物出版社，2005年。

绝大多数为单人仰身直肢葬，仅有个别为侧身直肢或俯身葬，还有少量合葬墓。第一期墓葬中，个别墓主骨架有残缺，性质或有异。

二里头文化墓葬中的随葬品有陶、铜、玉石、骨器、蚌、贝、漆器等类别，其中以陶器最为常见，而又以陶容器的数量最多。陶容器种类有鼎、罐、爵、角、盉、觚、盆、三足盘、豆、器盖、钵、尊、壶、鬶、碗、罍、簋、鬲、瓮等。铜器有爵、鼎、斝、钺、戈、镞、刀、战斧（钺）、铃，以及镶嵌绿松石的铜牌饰和圆形铜器等。玉石器以绿松石数量最多，此外有玉柄形器、钺、戈、管状饰、铲、刀、璧戚、璋、镯，个别墓中有石磬。

第一期墓葬中的陶器以盆、豆、圆腹罐、鼎、爵、觚最为常见。盆或豆常成对出现，且形制有别，盆通常是一折沿深腹、一敞口大平底，豆则是一深盘、一浅盘。觚、爵为主要的酒器。玉石器很少，仅见少量绿松石及石器。

第二期墓葬中出土的陶器主要是盆、豆、圆腹罐、鼎、三足盘、爵、盉和觚。同类器物每墓一般只出1件，盆、豆、觚则常有2件同出的。一墓所出盆、豆形制仍常有区别。与第一期相比，三足盘数量增加。酒器中，盉出现，爵、盉成为最常见的酒器组合，但觚的数量也较多。此外，还有少量角、鬶。圆陶片也是一类重要的器物，始见于本期，数量尚少。本期仍未见铜容器，仅有3座墓中各随葬1件铜铃，其中一座还有铜牌饰1件。一些墓中发现有漆器。此期绿松石的数量大大增加，规模较大的墓葬中还出现了玉柄形器、钺、管状饰等。二里头文化墓葬中出土贝的数量不多，始见于本期，随葬贝的都是规模较大的墓葬。洛阳吉利东杨村此期的墓葬中还发现有随葬猪腿和兔的现象。

第三期墓葬随葬陶器的种类主要有圆腹罐、盆、豆、三足盘、爵、盉等。除豆还常2件同出外，其余多是一墓1件。盆多为卷沿。平底盆、鼎和觚的数量大大减少。圆陶片数量增多，多见于大型墓葬中，且墓葬等级较高者，随葬圆陶片数量也较多①，多可达5、6件。本期出现了铜容器爵，兵器戈、战斧，以及刀、镶嵌绿松石的圆形铜器等。有以陶盉和铜爵相搭配的现象②。墓葬中玉石器的种类和数量进一步增加，个别墓中绿松石饰件达数百件。玉柄形器、钺、戈的数量也较多，一般见于规模较大的墓葬中。此外还有铲、刀、璧戚、璋、镯，个别墓中有石磬。二里头遗址中，第一、二期随葬有陶器的墓葬，一墓所出陶器常在5件以上，多可达10余件；而第三期以后，一墓随葬陶

① 李志鹏先生已经指出，在二里头文化墓葬中，圆陶片的数量与随葬品的丰富程度以及墓葬等级有着对应关系，参见中国社会科学院考古研究所：《中国早期青铜文化——二里头文化专题研究》，科学出版社，2008年。

② 李志鹏先生已经指出了二里头文化墓葬中陶、铜、漆质酒器相互搭配的现象，参见中国社会科学院考古研究所：《中国早期青铜文化——二里头文化专题研究》，科学出版社，2008年。

器一般不超过6件，这似乎表明，随着铜器和玉石器等其他质地随葬品的增多，对陶器的重视程度有所下降。

第四期陶容器进一步减少，有盆、豆、簋、圆腹罐、爵、盉、尊等。陶爵数量减少，这和铜爵数量的增加是相应的。与前期相比，较明显的变化是簋和尊数量的增长。但陶容器的种类和数量与墓葬规模未见明确的关联。铜器中，出现了鼎、斝、镞，可能还有觚①。二里头遗址曾发现一件青铜钺，可能出于晚期墓葬中②。有铜器随葬的墓葬规模都较大，墓室面积基本都在1.8平方米以上。玉石器基本承续了三期的种类，也以规模较大墓葬中的数量较多。贝的数量也有所增加。

值得注意的是，二里头文化墓葬中的陶容器，多是打碎后随葬的，一般置于墓内或覆于墓主身上。

二里头文化中的瓮棺葬数量很少，见于二里头③、新密新砦、洛阳东干沟、驻马店杨庄、西平上坡和淅川下王岗遗址。多是幼儿瓮棺葬，以罐、瓮为葬具，仅西平上坡W4的墓主为壮年男性，但该墓是"用残陶片铺底，并围于四周"，似较特殊。

三

前引张剑、袁广阔先生文中列举了二里头文化与王湾三期文化在埋葬方式上的诸多相似性，如墓葬多埋于遗址内，都发现有带木质葬具的墓葬，随葬陶器在器类和形制上有较多相似之处。不过，从前文分析可以看出，王湾三期文化和二里头文化在埋葬方式上也存在着较大的差异，主要表现为以下几个方面：

（1）墓葬分布上，王湾三期文化的墓葬偏重于嵩山以南地区，尤其是瓮棺葬和有随葬品的墓葬基本都分布在嵩山以南地区；二里头文化的土坑竖穴墓以嵩山以北的洛阳、郑州等地最为集中，嵩山以南数量很少，而瓮棺葬仍以嵩山以南稍多。

（2）埋葬形式上，王湾三期文化中，除长方形竖穴土坑墓之外，还有数量较多的幼儿瓮棺葬，并且有成人瓮棺葬；二里头文化中则主要是长方形竖穴土坑墓，瓮棺葬相对较少见。

---

① 中国社会科学院考古研究所二里头工作队：《河南偃师二里头遗址发现新的铜器》，《考古》1991年第12期。

② 中国社会科学院考古研究所二里头工作队：《河南偃师市二里头遗址发现一件青铜钺》，《考古》2002年第11期。

③ 杜金鹏：《偃师县二里头遗址》，《中国考古学年鉴（1988）》，文物出版社，1989年。

(3) 王湾三期文化的竖穴土坑墓以东向者居多，西、南向者次之，个别墓葬以圆木作葬具，较为特殊，不见铺撒朱砂的现象，葬式基本都是仰身直肢葬，个别侧身屈肢；二里头文化的墓葬则以北向居多，南向次之，二期以后，常见铺撒朱砂的现象，大型墓葬中常见木质葬具，有的髹漆，但与十里铺王湾三期文化墓葬的圆木葬具不同，葬式以仰身直肢为主，有个别侧身直肢和俯身葬。

(4) 王湾三期文化中有随葬品的墓葬很少，随葬品种类以陶器为主，以豆、杯(觚)、壶最为常见，有的陶器是专用于随葬的明器，此外仅有少量玉石器和骨器；二里头文化中有随葬品的墓葬较为常见，有陶、铜、玉石、骨、蚌、贝、漆器等类别，常见陶器有圆腹罐、鼎、盆、豆、觚、爵、盉、三足盘、尊等，与王湾三期文化墓葬常见器类有一定差异，陶器均为实用器，多打碎后随葬。

目前经发掘的王湾三期文化遗址约有 30 处①，共清理土坑竖穴墓约 100 座、瓮棺葬 30 余座；经发掘的二里头文化遗址约有 40 处②，共清理土坑竖穴墓约 500 座，瓮棺葬 10 座，其中近 400 座墓都位于二里头遗址。因王湾三期文化没有二里头遗址那样的超大型遗址，其墓葬没有集中的发现也属自然。但如果排除二里头遗址，就其他已发掘遗址中墓葬的数量而言，王湾三期文化的墓葬并不比二里头文化为少。长期以来，王湾三期文化墓葬之所以少被重视，最主要的原因可能是多数墓葬中都无随葬品。如果承认这一点，那么，不重视物品的随葬，就应该视为王湾三期文化在埋葬形式上的一个特点，而这是与二里头文化墓葬中普遍随葬陶器的现象有着明显区别的。

上述差异中，朱砂和木质葬具的使用、随葬品的种类和数量，可能与生产力的发展以及对外交往的变化有关；埋葬形式、器用制度等则应与相关人群的丧葬观念、等级制度有关；而墓葬分布以及不同区域内墓葬的差异，又可能与人群的迁徙，以及不同人群对不同文化的融合、吸收有关。这些差异表明，从王湾三期文化到二里头文化，在社会生活、对外交往，以及思想意识领域中都是有一个巨大变动的。与其说，二里头文化埋葬方式是继承王湾三期文化而来的，倒不如说，是伴随着社会变动，在王湾三期文化埋葬方式的基础上重新整合的结果。

“新砦期”墓葬的发现较少，值得注意的是，新砦遗址发现的该时期墓葬墓主的头向多向西或向东（或东北、西北）。上文提到，王湾三期文化墓葬多向东或向西、向南；二里头文化墓葬则以北向为主，次为南向，东、西向者很少。从这一点看，“新砦期”墓葬似与王湾三期文化更为接近。

目前发现的二里头文化一期的墓葬不多，但从墓葬方向，以及随葬陶器的种类和组

① 韩建业、杨新改：《王湾三期文化研究》，《考古学报》1997 年第 1 期。

② 中国社会科学院考古研究所：《中国考古学 · 夏商卷》，中国社会科学出版社，2003 年。本文排除了东下冯类型遗址。

合上看，已经显著有别于王湾三期文化和“新砦期”遗存，具备了二里头文化墓葬的典型特征。不过，从另一方面看，二里头文化一、二期的墓葬之间也存在着明显的变化。如朱砂和木质葬具使用、随葬品中圆陶片、贝的出现、陶器中爵、盉组合的形成，以及玉石器种类、数量的大增，都发生在二里头文化二期之后。墓葬中铜器、漆器的出现也是在二期以后。这些现象当然可能和二里头文化一期的墓葬发现较少有一定关系，但是一期墓葬的葬俗，从特征上看，恰恰构成了从王湾三期文化、“新砦期”遗存到成熟的二里头文化的渐变和过渡。

浅议二里头镶嵌龙形器的面部纹饰复原

王　青
（山东大学考古系）

2002年春，社科院考古所二里头队在偃师二里头遗址清理一座贵族墓时，发现一件大型镶嵌绿松石龙形器，后整体套箱取回室内清理，至2005年正式发表相关资料①。这件龙形器以其用工之巨、制作之精、体量之大，引起国内外学术界的极大关注。随后，龙形器的清理者李存信先生著文（以下简称李文），详细介绍了清理和仿制复原的过程，尤其是公布的仿制复原成果，使我们能更清晰直观地了解这件神秘的圣物②。李文最后特意说明，龙首两侧等部位的纹饰复原还不够完善，能否准确反映原本固有的特征还需要讨论。我们观察其复原的面部纹饰也有同感，总感觉商周气息太浓，似乎还有进一步完善之必要。本文拟在李文复原的基础上，对这件镶嵌龙形器的面部纹饰做进一步复原，请同道们批评指正。

一

龙形器的整体形态呈巨首、长躯、卷尾，全长64.5厘米，躯体中部最宽处4厘米，连同卷尾顶上的条形饰，则长达70.2厘米。全身以2000余片绿松石片镶嵌而成，每片石片大小只有0.2～0.9厘米，厚仅0.1厘米左右。石片形状以条形居多，还有三角形、梯形、近圆形和弧边几何形等非条形石片，以镶出不同走向的纹饰。这些小石片镶在可能是木质的承托物上③，承托物表面呈浅浮雕式，层次有高低之分，但因年久朽坏，部

① 许宏、李志鹏等：《河南偃师二里头遗址发现大型绿松石龙形器》，《中国文物报》2005年1月21日；中国社科院考古所二里头队：《河南偃师市二里头遗址中心区的考古新发现》，《考古》2005年第7期。本文使用的龙形器清理照片承许宏先生提供，谨此致谢。

② 李存信：《二里头墓葬龙形器饰物的清理与保护》，《中国文物报》2005年5月6日。《二里头龙形器的清理与仿制复原》，《中原文物》2006年第4期。

③ 在龙形器清理过程中，曾在局部发现较多小块漆皮和少量白色朽灰痕迹，并取样等待检测。清理者推测承托物有木质、皮质和丝麻织品等几种可能，但皮质或丝麻织品质地较软，不利于镶上的石片长久稳固，也不容易涂漆，所以是木质的可能性较大。

分石片已经塌陷、移位，其中躯体和卷尾的石片保存较完整，仅局部有散落①，龙首散乱较严重（图一）。

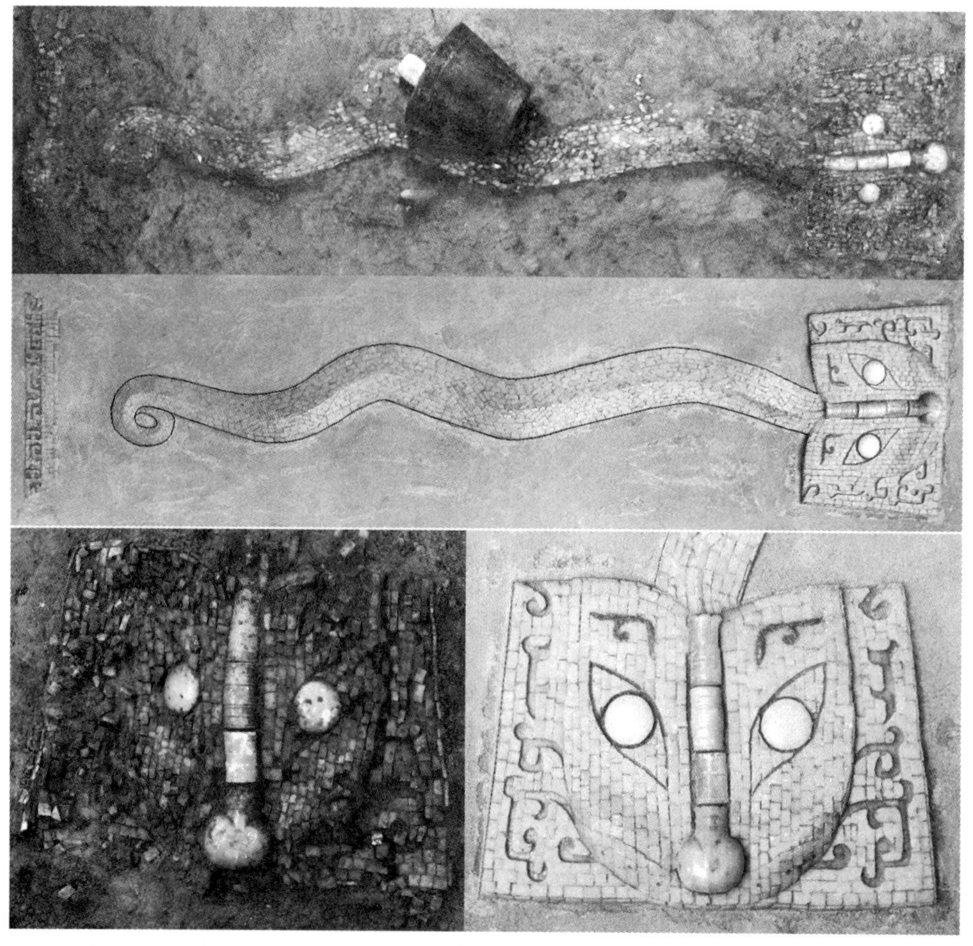

图一　镶嵌龙形器清理原貌及李存信仿制复原图

龙首整体而言为一个正视的兽面形象，大致呈梯形，长 12、宽 13 ~ 14 厘米。兽面内部用不同形状的绿松石片和少量玉制大件镶嵌，以表现不同部位的纹饰。通过观察，这些玉件表现纹饰的方式主要有四种：一是以大量宽度基本相同的条形小石片上下排列，镶出基本平行的纵向细密纹饰形成底纹，用来表现龙首满饰鳞片的质感；二是用明显高出小石片的大件镶在显著部位，大件本身的轮廓就是纹饰所在；三是底下承托物为浅浮雕式，在高低不平的表面镶上石片，以高差界限显示纹饰走

① 从公布的清理照片看，龙的躯体一侧有两三处石片散落在外，朱乃诚先生通过观察认为，这可能是龙爪所在，见《二里头文化“龙”遗存研究》，《中原文物》2006 年第 4 期，收入所著《中华龙：起源和形成》，生活 · 读书 · 新知三联书店，2009 年。这一看法值得考虑。

向；四是在非条形石片中间“让”出纹饰走向的缝隙，部分条形石片镶嵌的缝隙也较大，也能“让”出纹饰的走向或轮廓。这几种镶嵌方式是我们复原兽面纹饰（底纹除外）的基本依据。

根据石片的分布格局和镶出的高低层次，兽面的内部纹饰基本可分为脸庞以内和脸庞外侧两大部分。由于石片的塌陷、移位和缺失，只有两眼周围保存较完好，其他部位较散乱，尤其兽面的左半部破坏较甚，难以看出所要表现纹饰的原来模样，右半部保存相对略好，“让”出的缝隙较多，大致能看出主要纹饰的走向。好在整个面部的纹饰是左右对称的，只要复原了右半部，左半部也就自然可知。以下以现存石片的形状、位置和走势为基础，并参考李文的复原成果，以及有关的镶嵌铜牌饰等资料，重点对兽面的右半部纹饰做具体复原。

脸庞以内纹饰：主要应有吻、眼、角和脸庞边缘轮廓线等部位。吻部由四节大件组成，上三节为实心半圆形的青、白玉柱，代表整个面部的中脊和鼻梁，下接一个绿松石质的蒜头鼻，显得非常硕大醒目。这四节大件的外轮廓即代表吻部纹饰的走向。另据仔细观察，在蒜头鼻上还有两条相向内卷的短线，鼻头最底端也不是单纯圆弧的，而是在中间交点处向下尖出（图二，J），显然这些也应是吻部纹饰的组成部分。这样复原的结果，与新密新砦遗址残器盖上的兽面像和二里头遗址残陶器刻划的一首双身龙①的蒜头鼻很相似（图二，8～10），对此已有学者指出过②，在此已无需多言了。

眼睛的轮廓比较清楚，用一块顶面圆弧的白玉大圆饼镶出眼珠，眼睛下方由纵向非条形石片“让”出明显缝隙，由此勾勒出下眼角的轮廓。上眼角部位的石片比较零乱，但仍不难发现其间的缝隙走势，并有一件三角形的石片距离较远，这应是上眼角走势终止的地方（图二，G）。如此可复原出一个近似臣字眼的纹饰，与李文复原的梭形眼不同，而与二里头残陶器刻划一首双身龙的眼睛很相似（图二，8），该遗址出土另一件陶器上刻划的双眼③以及新砦残器盖上刻划的兽面像，其眼睛也近似臣字眼（图二，7、9、10），证明这种眼当时已经出现。在眼部上方还残存几个石片“让”出一条缓慢向上延伸的纹饰，其下方也能大约看到一些石片“让”出一个反“L”形纹饰，这两条纹饰应在斜上方相交汇，勾勒出类似龙角（或耳）的纹饰（图二，F）。

① 顾万发：《试论新砦陶器盖上的饕餮纹》，《华夏考古》2000年第4期；李丽娜：《也谈新砦陶器盖上的兽面纹》，《中原文物》2002年第4期；王青：《浅议新砦残器盖纹饰的复原》，《中原文物》2002年第1期；中国社科院考古所洛阳队：《河南偃师二里头遗址发掘简报》，《考古》1965年第5期。

② 许宏：《最早的中国》，科学出版社，2009年；朱乃诚：《二里头文化“龙”遗存研究》，《中原文物》2006年第4期，收入所著《中华龙：起源和形成》，生活·读书·新知三联书店，2009年。

③ 中国社科院考古所：《偃师二里头》，中国大百科全书出版社，1999年。

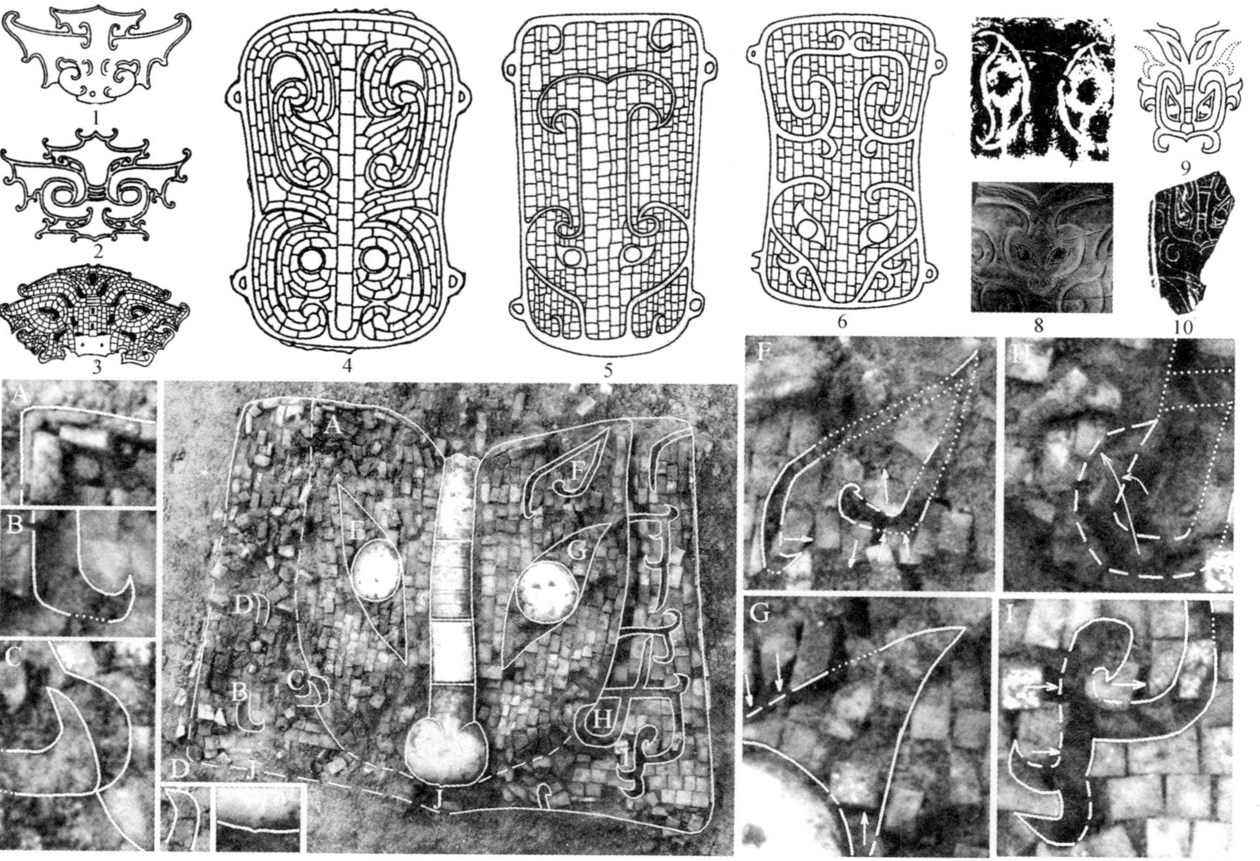

图二　龙形器面部纹饰复原图

（1～10. 参考器物或纹饰，A～I. 细部纹饰复原。虚线及箭头：移位石片及其原位方向，点线：石片缺失）

1. 陶寺遗址ⅡM22∶135 兽面玉饰　2. 台北故宫藏玉圭所饰兽面　3. 临朐西朱封 M202∶1 玉神徽（经笔者复原）　4～6. 镶嵌铜牌饰（二里头 81ⅤM4∶5、辛格所藏第 2 件、赛克勒博物馆藏第 1 件）　7. 二里头遗址ⅣT22⑥∶11 陶器所刻双眼纹　8. 二里头遗址残陶器所刻一首双身龙　9、10. 新密新砦遗址 99H24∶1 残器盖所刻兽面（9 为笔者复原纹饰）

脸庞边缘的轮廓线对整个面部纹饰的构图比较关键。因为浅浮雕普遍高出周围，脸庞上部的轮廓线已比较清楚，惟最上端与整个面部边缘的交界处不太清楚，但整个面部左半部的同一部位保存较好，可以复原成大致呈直角圆折的线条（图二，A）。下部轮廓线的走向因石片塌陷较多而不太明确，但对照面部的左半部，其脸庞下部的石片保存较好，可看出是较为圆弧的轮廓线（中间有一个进入脸庞的勾云纹，下详）（图二，C），向下应终止于鼻头最底端的尖出部位。这样复原的结果，就与二里头出土残陶器刻划一首双身龙的脸庞轮廓更加相似（图二，8）。而且，其脸庞线向下与最底端的尖出部位相连的处理方式，实际也同时代表口部的上颚尖出，这与新砦残器盖刻划兽面的处理效果也很相似（图二，9、10）。说明这很可能是那个时代的共同风格，应该引起重视。

二

脸庞外侧纹饰，指脸庞外侧到面部边缘之间，这个区间整体要比脸庞镶得低矮，隐约可见一些非条形石片能与周围的条形石片“让”出较大缝隙，这显然是要表现纹饰的，而且这些纹饰的线条比较粗。从整体布局看，这些纹饰大致可分为耳、翼和口三部分。耳部具体又有两个部位，最上部是两排非条形石片之间有一条弯曲的纵向缝隙，向上应通向面部的拐角处。此线以下可见三段纵向连接的卷曲纹饰（最上一段从脸庞轮廓线横出并上卷），非条形石片“让”出的缝隙都比较大。这三段纹饰的布局与新砦残器盖上刻划兽面相的耳部线条很相似，因此表现的应是耳的轮廓。

翼部位于耳的下方，非条形石片“让”出的缝隙也较大，隐约可见翼有两层卷曲纹饰上下展布。需要说明的是，在表现这些纹饰的低洼缝隙里还可见石片，纹饰的走向似乎因此显得不太确定。但据李文介绍，整个脸庞外侧区间的缝隙里都镶有一层石片（部分已脱落），以突出纹饰的立体效果。经过观察，翼部的下层纹饰的低洼缝隙里镶石片比较明显（图二，I），此外，在紧靠脸庞轮廓线的外侧等部位，也是在低洼的缝隙里镶有一层石片。正是因为可以另外填充石片，所以“让”出的缝隙就较大，整个脸庞外侧区间的纹饰就比较粗。

翼部靠近脸庞下部的纹饰因为石片散落严重，复原起来颇费思量。这里首先是有一团塌陷向下移位的石片，看似呈现一个圆涡。而在面部左半部相同部位并没有这样的纹饰存在，却能看到一个至少由三片非条形石片组成的大勾云纹（图二，C）。我们对右半部仔细观察，也发现有一个由非条形石片组成的、尖端朝右的类似勾云纹，从方向判断应是从上方脸庞上翻转塌落下来的，其原来方向应是朝左的，与左半部的勾云纹相对（图二，H）。附近一个类似石片也可能如此。左半部还有一些石片组成的纹饰（图二，B、D），可能对右半部相同部位纹饰复原有所帮助（图二，

I)。这样复原出的两层翼与襄汾陶寺遗址近年出土兽面玉饰、临朐西朱封遗址出土玉神徽以及台北故宫所藏一件玉圭①所饰兽面的翼部都很相似（图二，1—3），说明两层翼当时应是实际存在的。

口部在翼下方并与脸庞下部相接，翼部最下面的“S”形纹进入口部。这里的石片塌陷散落较多，但分布较密集，看不出有“让”出纹饰缝隙的迹象。惟在底缘发现一个由五片非条形石片“让”出的一个上卷短线条，如果把整个面部的左半部也考虑进来，这实际要表现的就是一对獠牙。如此一个口含一对獠牙的阔口形象，与辛格所藏第 2 件铜牌饰②的阔口含一对獠牙形象比较相近（图二，5）。赛克勒博物馆藏第 1 件牌饰③的阔口内是一个锚形纹饰，表现的应是口含两对（每对一上一下）獠牙（图二，6）。二里头 81ⅤM4∶5 牌饰④阔口里的锚形纹饰也是如此涵义，只不过方向有所变化（图二，4）。这说明，口含獠牙应是当时表现兽面阔口比较流行的手法。

李文将阔口底缘即整个面部的底缘复原成一条平直线，通过观察，阔口的区间主要是三排横向排列的石片，但在右下角这三排石片之下还有一些散落的石片，其位置超出了李文复原的平直线。这说明阔口的底缘不会是单纯的平直线，而应是一条从右下角逐渐向吻部收缩的上弧线，如果把面部左半部也考虑进来，实际就是一个下颚带尖角的阔口，这与台北故宫玉圭所饰兽面及新砦残器盖上刻划兽面的阔口下颚很相似（图二，2、9、10），证明这种阔口也是实际存在的。

三

以上即是对这件龙形器面部右半部纹饰的主要复原过程。将右半部纹饰对折到左半部，就会得到一个兽面的全部复原纹饰，再将石片的移位等因素考虑进去做适当修正，得到一个更完整的兽面形象（图三）。应该说明的是，笔者在复原过程中逐渐感到，由于石片位置和布局保存不佳，要想完全恢复这个兽面的真实面目难度是很大的，因此本

---

① 中国社科院考古所山西队等：《陶寺城址发现陶寺文化中期墓葬》，《考古》2003 年第 9 期；线图采自朱乃诚著《中华龙：起源和形成》；中国社科院考古所山东队：《山东临朐朱封龙山文化墓葬》，《考古》1990 年第 7 期；笔者曾对朱封玉神徽的镶嵌和饰纹做了复原，见《西朱封龙山文化大墓神徽饰纹的复原研究》，《刘敦愿先生纪念文集》，山东大学出版社，1998 年；《再议朱封镶嵌玉神徽的纹饰复原》，《中国文物报》2004 年 1 月 16 日；邓淑苹：《雕有神祖面纹与相关纹饰的有刃玉器》，《刘敦愿先生纪念文集》，山东大学出版社，1998 年。

② 王青：《记保罗 · 辛格医生所藏第二件镶嵌铜牌饰》，《中国文物报》2010 年 9 月 17 日。

③ 王青：《镶嵌铜牌饰的初步研究》，《文物》2004 年第 5 期；《国外五件所藏镶嵌铜牌饰的初步认识》，《华夏考古》2007 年第 1 期。

④ 中国社科院考古所二里头队：《1981 年河南偃师二里头墓葬发掘简报》，《考古》1984 年第 1 期。

文复原的形象肯定不是最合理、最规范的形象，只是根据现存石片的位置和布局，再参考一些相关考古资料，做出的最大程度的推测复原。它究竟能在多大程度上接近其本来面目，笔者并无多大把握。而且面部有些非条形石片因过于散乱未能纳入（图四），也说明本文的复原还有再完善之余地。

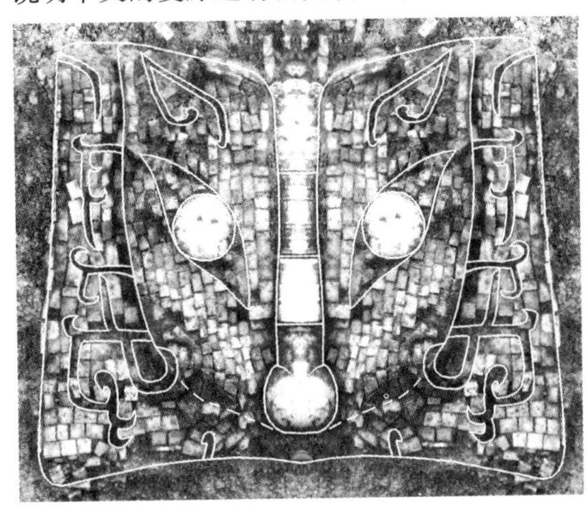

图三　面部纹饰复原效果图（左）及修正纹饰图（右）

尽管如此，通过本文在复原过程中与其他相关考古资料的相互比较，仍能看出某些共同的时代特点。在这件龙形器及本文使用参考资料的时代里（龙山晚期到二里头文化时期）①，兽面形象可能有以下一些带共性的特征：整个兽面的纹饰结构大体固定，但随表现材质和面积的不同，具体刻画出来的形象比较灵活；纹饰大都比较疏朗、圆滑而又不失遒劲，尤其纹饰的转折处多是圆折，不似商周时期是方圆折的；兽面多可分为脸庞及其以外两部分，

图四　面部纹饰复原中遗留非条形石片

① 据发掘报告，二里头镶嵌龙形器为二里头文化二期，刻划双眼的陶器属一期，81ⅤM4:5铜牌饰为二期，刻划一首双身龙的残陶器属早年三期分法的中期；朱封玉神徽为龙山中晚期之交，陶寺兽面玉饰为龙山晚期（陶寺文化中期），新砦刻划兽面的残器盖为龙山末期的“新砦期”；辛格所藏第2件、赛克勒博物馆藏第1件这两件铜牌饰笔者断为二里头文化二、三期，台北故宫玉圭现在看来很可能应晚于龙山。

脸庞为扁圆形较流行，眼睛则流行臣字眼和圆形眼（单纯的梭形眼很少见①），吻部前突明显的较多；脸庞以外有多层翼较常见，口部多为阔口含一对或两对獠牙，下颚往往带尖角。另外，眉心（或双角相对部位）还常见“介”字形冠②。

这些特点如果与后来的商代相关纹饰相比，其自身特色就会更加突出。早商时期的龙纹发现不多，目前可以郑州商城向阳食品厂窖藏铜器中铜卣的提梁两端所饰龙纹为代表③，晚商时期的发现较多，如日本京都泉屋博古馆藏虎噬人卣和殷墟妇好墓出土铜盘上的龙纹或蟠龙纹等④，仔细比较就会发现，其虽然仍旧保持了早先纹饰的总体结构，刻画出来的龙样式也比较灵活，但各部位的纹饰细节已发生了显著变化，瓶形角的出现和耳趋于形象化就是最大的变化（图五，2～4）。另外，本文复原的面部形象实可视为商周饕餮纹的初型，目前所知早商时期表现面积近似梯形的出土品，可以郑州小双桥出土青铜建筑构件上的饕餮纹为代表⑤，两相比较变化同样是很明显的，后者那副繁缛、威严而又高度程式化的神态，已经深深打上了时代发展的烙印（图五，5）。因此，依照笔者现在的认识，本文所复原的形象仍在一定程度上体现了所在时代的风格特点。

本文最后提出一点关于这件龙形器如何使用的认识。目前学者已提出了龙形器是龙牌、龙杖或龙旗等不同看法⑥。笔者在观察兽面阔口里的三排石片时，发现其横向镶嵌的方式与其他多数部位的纵向镶嵌很不一样，后来经过仔细思考，认为用意除了表现阔口所在范围之外，更多的用意可能还在于承托整个面部的石片重量对底缘造成的压力。另外，在阔口靠近脸庞下部的位置，还可见一些石片的一侧边缘有半圆形缺口，因为缺口直径太小，不太可能表现纹饰，推测是两片有这种缺口的石片对接起来形成一个小孔（李文对此已有复原），在小孔内插销某种圆形小物，就可以固定住这些石片防止松动，其用意仍是承托整个脸庞的石片重量对底缘造成的压力。这种镶嵌安排和考虑说明，当时龙形器应是头朝下竖立起来使用的，如果是平置使用，恐怕不会如此费尽心思。这对分析龙形器的使用场合及定名可能是有启发的。

① 在目前已发表的发掘资料中，只有二里头ⅥM11∶7这件铜牌饰的线图为较明显的梭形眼，但仔细观察这件牌饰的照片可以发现，其眼睛实际应是近似臣字眼（与本文图二之6赛克勒第2件牌饰的眼睛基本相同），并非梭形眼，原线图有误。见中国社科院考古所二里头队：《1984年秋河南偃师二里头遗址发现的几座墓葬》，《考古》1986年第4期。

② 龙形器面部左半部最上端靠近鼻梁处，可见至少三条弧线条，可能是“介”形冠的表现，本文暂未涉及。

③ 河南省文物考古研究所等：《郑州商代铜器窖藏》，科学出版社，1999年。

④ 中国社科院考古所：《殷墟妇好墓》，文物出版社，1984年。

⑤ 河南省文物研究所等：《1995年郑州小双桥遗址的发掘》，《华夏考古》1996年第3期。

⑥ 许宏：《最早的中国》，科学出版社，2009年。

图五　商代青铜器纹饰举例

1. 本文复原纹饰（龙身采自李文仿制结果）　2. 郑州商城向阳食品厂出土铜卣之龙纹（摹本）　3. 京都泉屋博古馆藏虎噬人卣之龙纹　4. 殷墟妇好墓出土铜盘之盘龙纹　5. 郑州小双桥建筑构件之饕餮纹（据原照片描黑）

试论豫南地区二里头时期遗存与周围文化的关系

徐　燕
（河南大学历史文化学院）

一

二里头文化时期中原地区文化繁荣，多种考古学文化在此交汇融合。豫南地区①二里头文化时期遗存与周围同时期遗存有着广泛的交流，使得自身文化因素较为复杂。随着周围各考古学文化势力的消长以及对豫南地区遗存影响的强弱变化，豫南地区遗存的文化性质和文化因素构成也发生了深刻变化。同时，豫南地区考古学文化也对周围的文化产生影响，随着本地区主体文化因素的强弱变化，对周围文化产生影响的强度也在发生变化。

我们认为豫南地区二里头时期的文化因素，大体可以分为3类：A. 地方传统因素；B. 外来因素；C. 融合改造因素。其中，外来因素较复杂，按来源和文化性质的不同又可分为西来的东龙山文化、北来的二里头文化二里头类型、先商文化南关外类型、东北来的岳石文化、南来的石家河文化等5组。下面分别对这三类因素进行分析（图一）。

（一）A类：地方传统因素

龙山文化时期豫南地区主要分布着王湾三期文化，二里头时期本地区遗存的地方传统因素包括从王湾三期文化继承下来的，以及文化自身发展过程中创新的文化因素。这类因素表现为：存在大量折沿深腹罐、圆腹罐和少量单耳杯、小口溜肩瓮、平底甑、高柄浅盘豆、斜壁碗、盆形擂钵等器类，存在少量带双贯耳或单耳器物。存在一定数量的黑陶。篮纹和方格纹在本地早期遗存中占相当比例。早期陶器制法主要是轮制，少量手制。这些特征表现出与王湾三期文化有明显的传承关系。但这类因素与王湾三期又有区别，在王湾三期文化的基础上有所发展创新。如折沿深腹罐，王湾三期的口径较大，折沿较宽，器腹圆鼓，器身较长，下腹内收成小平底；二里头文化的口径稍小，折沿较

---

① 本文研究的豫南地区是指河南南部的伏牛山、驻马店一线以南，桐柏山、大别山一线以北地区。该区西到丹江，东至安徽省西界。

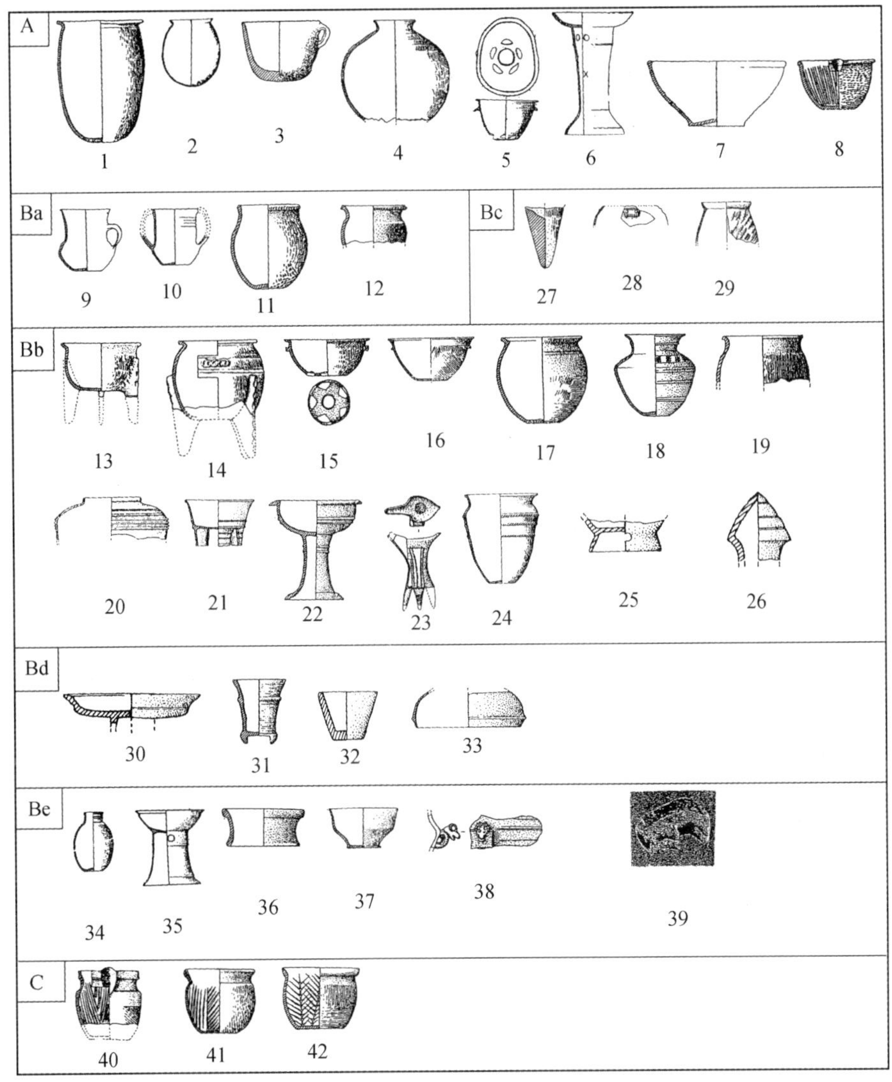

图一　豫南地区二里头时期遗存文化因素分类图

1. 折沿深腹罐（杨庄 T19②:52） 2. 圆腹罐（下王岗 H82:1） 3. 单耳罐（下王岗 H278:1） 4. 小口溜肩瓮（下王岗 H82:3） 5. 平底甑（下王岗 H249:9） 6. 高柄浅盘豆（下王岗 T14②:B39） 7. 斜壁碗（下王岗 H107:9） 8. 盆形擂钵（杨庄 T22②B:14） 9. 长颈单耳罐（下王岗 H248:6） 10. 长颈双耳罐（下王岗 H20②B:66） 11. 花边圆腹罐（杨庄 J2:27） 12. 束颈圆腹罐（杨庄 T17⑥:4） 13. 盆形鼎（杨庄 JZ1:17） 14. 罐形鼎（杨庄 T3④:1） 15. 盆形甑（杨庄 T7④:1） 16. 弧腹盆（杨庄 T19②A:1） 17. 敛口罐（杨庄 T11⑤A:3） 18. 高领罐（杨庄 T11④:5） 19. 汲水罐（杨庄 T22②A:6） 20. 矮领瓮（杨庄 T7③:2） 21. 三足盘（西平上坡 T4④:11） 22. 豆（杨庄 H18:3） 23. 爵（杨庄 T22②B:1） 24. 大口尊（杨庄 T19④:19） 25. 簋（杨庄 J2:21） 26. 器庄（杨庄 J4:6） 27. 鬲豆（杨庄 T20②:9） 28. 敛口瓮（杨庄 T21④:27） 29. 夹粗砂罐（杨庄 T6⑨:9） 30. 盘形豆（杨庄 T21⑦:3） 31. 尊形器（杨庄 T21⑤:3） 32. 小陶杯（杨庄 T21④:13） 33. 子母口器盖（杨庄 T8③:1） 34. 小口高领壶（杨庄 J4:4） 35. 粗柄豆（下王岗 H248:15） 36. 束腰式器座（杨庄 T18⑧:1） 37. 碗（下王岗 H248:8） 38. 羊头形器耳（杨庄 T19②:10） 39. 陶塑猪蹄（杨庄 JZ1:23） 40. 罐形擂钵（杨庄 T21⑥:15） 41. 罐形擂钵（杨庄 J3:15） 42. 罐形擂钵（杨庄 T7①:1）

窄，器腹瘦长，多平底，少量微凹平底，器底直径较大。甑，前者近似罐形，平底，器身较长，腹深，无鋬手；后者盆形，器身为扁长方体，腹浅，多附鸡冠鋬双耳。小口溜肩瓮，前者直领较高，腹呈扁圆形，最大腹径偏上，器底急剧斜收为小平底；后者斜领稍矮，球腹甚圆鼓，器底多为凹圜底。高柄浅盘豆，前者柄细高，后者柄较粗。

（二）B类：外来因素

Ba. 东龙山文化因素

此类因素主要包括长颈单耳罐、长颈双耳罐、花边圆腹罐和束颈圆腹罐。后两者在豫南地区二里头时期遗存早、中、晚三期中都可见到，而前两者仅存在于早期阶段。长颈单耳罐、长颈双耳罐这两种器物在客省庄文化和齐家文化中常见，但一般是折肩、素面或饰篮纹、绳纹，从不见呈圆肩施旋纹者，其他文化中亦没有发现①。可见，这两种器物是从关中东部向东传播的，是陕西东部龙山时代晚期器物的发展。这类器物传播到豫南地区，器形特征发生了细微变化。长颈单耳罐，长颈，口微侈，鼓腹，圜底内凹，颈腹间饰带状单耳，素面。长颈双耳罐，长颈，口微侈，浅腹，圜底内凹，由口至腹部饰2个袋状耳，颈部有四道凹弦纹，器物形态具有早期特征。花边圆腹罐和束颈小圆罐是陕西东龙山文化的创新因素，源于东龙山文化。经我们研究发现，东龙山文化中花边装饰和束口小圆罐的发展具有较清楚的演变序列，这种情况不见于豫南地区二里头时期遗存和周邻其他遗存。该地这类陶器的特点是：多夹砂灰陶，砂粒裸露，少数泥质陶，多手制而经慢轮修整，腹圆鼓，施绳纹；花边装饰分两种情况，一种在唇部外先贴窄细泥条，然后在其上压施花边，另一种直接在唇部压印花边。该器物唇部特征鲜明，唇面有一道凹槽，多凹圜底。在器物特征上体现出既吸收了东龙山文化因素，又有创新发展。

Bb. 二里头文化二里头类型因素

此类因素在早、中、晚三个阶段都存在。早期阶段器类就较丰富，主要包括盆形鼎、罐形鼎、盆形甑、弧腹盆、敛口罐、高领罐、汲水罐、矮领瓮、各式豆等。这类陶器的特点是：泥质陶多于夹砂陶，以灰陶和黑陶为主，素面陶多，器表多饰细绳纹和篮纹，流行鸡冠鋬耳和弦纹装饰，鸡冠鋬耳粗大，这些与二里头遗址同类器物相似。此类因素在中期阶段大量出现，器类极大丰富，在陶器群中占据主导地位，除了早期器类继续存在外，新出现的器物有平底盆、爵、大口尊、簋等。该期陶器的特点是：夹砂陶多于泥质陶；以灰陶和褐陶为主，其次是黑陶，还有少量黑皮陶；素面陶较少，纹饰种类极大丰富，以中绳纹居多，篮纹大大减少，弦纹仍然存在，还有指窝纹、方格纹、麦穗纹、乳钉纹、云雷纹、刻划纹、连珠纹等；该期附加堆纹较流行，尤其是大型陶器如瓮、缸、大口尊等器表多饰箍状附加堆纹；鸡冠鋬耳仍很流行，器耳开始退化变小。该

---

① 张天恩：《试论关中东部夏代文化遗存》，《文博》2000年第3期。

期此类因素与二里头文化同类器物完全相同，其来自二里头文化毫无疑问。此类因素在豫南地区中期的迅速繁荣表明以郑洛地区为中心的二里头类型文化在中期向南方传播并迅速占据主导地位，显示了文化的强势和生命力。晚期阶段，此类因素有所减弱，二里头类型的觚、爵、簋等器物消失不见，其他器类继续发展，但与典型二里头文化已存在差别。这期陶器的特点是夹砂陶占绝对优势，比例高达四分之三以上，陶色较纯，以灰陶居多，有少量棕黄陶和黑陶；绳纹占绝对优势，基本不见篮纹和方格纹；鸡冠鋬耳基本消失不见。该期此类因素的减少表明郑洛地区二里头类型文化已开始衰落，对南方地区的影响减弱，文化发展已由鼎盛期转入衰落期。

Bc. 先商文化南关外类型因素

此类因素存在于中、晚期阶段，主要包括鬲、敛口瓮和各式夹粗砂罐等。先商文化南关外类型主要分布于郑州地区。该类型的典型器物是鬲、甗等，而豫南地区出土的鬲，数量极少，不见完整器，仅见个别鬲足，锥形，上部饰条状中绳纹或素面，均手制，夹大量粗砂，砂粒裸露。不见于本地区的先行文化。考虑到该地区与先商文化南关外类型的地缘关系较近且后者是以鬲、甗为主体特征的文化类型，所以推测该地区的鬲是从南关外类型发展而来的。同时，敛口瓮和夹粗砂罐的形制也与南关外类型所出器物相似，与鬲情况相似，推测也是从先商文化南关外类型发展而来。该地区的敛口瓮，泥质黑皮灰胎，方唇，唇外有一道弦纹，圆肩，肩有耳，上饰两个乳钉，与郑州南关外遗址所出同类器颇相似。夹粗砂罐，形制多样，与先商文化所出夹砂罐相似。该地区二里头文化中晚期遗存的内涵丰富，与南关外类型相比，处于强势地位，对其影响很大。先商文化的典型器类如盆形鼎、罐形鼎、深腹圜底罐、圆腹罐、大口尊、三足盘、擂钵、高领瓮、捏沿罐等，与该地器物作风相似。

Bd. 岳石文化因素

此类因素出现于中晚期阶段，包括盘形豆、尊形器、小陶杯和子母口器盖等。这批陶器的特点是以夹砂红褐陶和泥质黑皮陶为主，灰陶次之，其中夹砂陶多手制，火候低，泥质陶多轮制；器表多素面，只有少量以塑拍、压印、刻划等工艺形成的纹饰；附加堆纹发达；流行突棱和子母口作风。盘形豆，平折沿较宽，器表黑色，沿面有一道凹槽，尖唇，施旋纹。尊形器，泥质浅灰色，敞口，平沿，上腹有一道凸棱，平底，两侧各有一长条形足，有模糊细旋纹。小陶杯，泥质灰色，敞口圆唇，斜直壁，平底，素面。子母口器盖，内壁浅灰色，外壁深灰色，盖口尖圆唇，鼓腹，素面。这些器类不见于豫南地区的先行文化，在岳石文化遗址中习见。而与此同时，岳石文化中也存在大量二里头文化的典型器物，如三足盘、附加堆纹瓮、花边罐等。这表明豫南地区与岳石文化分布区之间文化交流频繁。

Be. 石家河文化因素

此类因素出现于早期阶段，包括小口高领瓮、粗柄豆、束腰式器座和碗等，另外，柳叶形甑孔多见于石家河文化遗存，石家河文化遗存惯出动物形象的陶塑，是该文化的一大特点。而杨庄遗址①出土的陶器器耳个别是动物形象，如羊头形器耳（杨庄 T19②: 10）、龙头形器耳（杨庄 H8: 1），还有陶塑猪蹄。杨庄遗址所出的小口高领壶（杨庄 J4: 4），泥质黑陶，直口高颈，唇下和颈部有三周凸棱，鼓腹，凹底，饰条状中绳纹，与青龙泉遗址②所出同类器（T2⑤C: 25）相似。淅川下王岗遗址③所出的粗柄豆（下王岗 H248：15），豆盘折沿，腹较深，柄较粗，柄上饰凸弦纹两道，并有三个圆形镂孔，与邓家湾遗址④所出同类器（邓家湾 H1）相似。杨庄遗址所出的束腰式器座（杨庄 T18⑧: 1），泥质灰褐色，圆唇外有贴边，素面，与季家湖遗址所出同类器（季家湖 F2 上: 27）⑤ 相似。淅川下王岗所出的碗（下王岗 H107: 9），敛口，口较大，圆唇，圜底内凹，与季家湖遗址所出同类器（季家湖 F2 下: 1）相似。上述器类均不见于豫南地区先行文化，而石家河文化中这些器物又较多见，故推测这些器物是受石家河文化影响所致。石家河文化晚期遗存的文化面貌与中原地区二里头文化早期有较多共同点，而与石家河文化本身差异较大，说明它与二里头文化交流频繁。代表性遗址有石板巷子⑥、鄂西地区的白庙⑦、汉水中游的乱石滩⑧、下王岗⑨、大寺⑩，汉水下游的六合⑪、肖家屋脊⑫等，其中石板巷子遗址的碳-14 年代测定数据是距今 3770 ± 85 年⑬，基于学术界对二里头文化的年代判断，可以认为石板巷子遗存晚期已经进入夏纪年。考虑到石家河文化晚期开始走向衰落，中原二里头文化正处于上升阶段，在这两种文化的交流过程中，二里头文化占优势地位，所以石板巷子遗址的陶器表现出趋向于二里头文化的特征，这一点在豫南南部和鄂北地区表现尤为明显。有研究者认为石板巷子遗存的

① 北京大学考古学系、驻马店市文物保护管理所：《驻马店杨庄》，科学出版社，1998 年。

② 中国社会科学院考古研究所：《青龙泉与大寺》，科学出版社，1991 年。

③ 河南省文物研究所、长江流域规划办公室考古队河南分队：《淅川下王岗》，文物出版社，1989 年。

④ 石河考古队：《湖北省石河遗址群 1987 年发掘简报》，《文物》1990 年第 8 期。

⑤ 湖北省博物馆：《湖北当阳季家湖新石器时代遗址》，《文物资料丛刊》10，文物出版社，1987 年。

⑥ 宜都考古发掘队：《湖北宜都石板巷子新石器时代遗址》，《考古》1985 年第 11 期。

⑦ 湖北宜昌地区博物馆等：《湖北宜昌白庙遗址试掘简报》，《考古》1983 年第 5 期；湖北省宜昌地区博物馆：《白庙遗址第二次试掘简报》，《中原文物》1988 年第 2 期。

⑧ 中国社会科学院考古研究所长江工作队：《湖北均县乱石滩遗址发掘报告》，《考古》1986 年第 7 期。

⑨ 河南省博物馆等：《河南淅川下王岗遗址的发掘》，《文物》1972 年第 10 期；河南省文物研究所等：《淅川下王岗》，文物出版社，1989 年。

⑩ 中国社会科学院考古研究所：《青龙泉与大寺》，科学出版社，1991 年。

⑪ 荆州地区博物馆等：《钟祥六合遗址》，《江汉考古》1987 年第 2 期。

⑫ 杨宝成：《湖北考古发现与研究》，武汉大学出版社，1995 年。

⑬ 杨权喜：《江汉夏代文化探讨》，《中国文物报》1998 年 7 月 29 日。

器类组合与石家河文化少有联系，倒几乎涵盖了中原地区煤山类型几乎全套的器物组合①。

（三）C类：融合改造因素

此类因素较少，出现于早、中期阶段。主要表现为当地传统文化因素和来自二里头类型的文化因素比较强大，对周边地区同时期诸文化因素的改造。多种文化因素相互融合产生新器形，主要体现在罐形擂钵上。杨庄遗址出土的罐形擂钵，泥质浅灰色，直颈，口部有流，流由捏沿而形成，圆腹，腹内有竖向沟槽，也有叶脉形沟槽，器表施中绳纹。该类器物结合二里头文化的特征，如圆腹罐、捏沿罐、刻槽盆和石家河文化晚期的叶脉纹等因素于一体，是融合改造的产物。而二里头类型中不见此类罐形擂钵，只有盆形擂钵。

二

豫南地区二里头时期的遗存，按文化面貌的不同划分为早、中、晚三个阶段，各阶段的文化性质是由遗存中占主导地位的文化因素决定的。现试着对早、中、晚三个阶段遗存的文化性质进行分析。

（一）早期阶段

早期阶段的文化因素包括A类、B类因素中的Ba、Bb、Be类及C类因素。从文化因素构成来看，A类因素较多，器类包括大量折沿深腹罐、圆腹罐和少量单耳杯、小口溜肩瓮、平底甑、高柄浅盘豆、斜壁碗、盆形擂钵等。Bb类因素与A类相当，器类包括盆形鼎、罐形鼎、盆形甑、盆、敛口罐、高领罐、汲水罐、矮领瓮和各式豆等。A类和Bb类因素器类多、数量大，而且这一阶段的炊器和相当数量的盛贮器均出自这两类因素，能满足大部分的日用需求。因此，A类和Bb类因素占优势地位。Ba类因素次之，器类有长颈单耳罐、长颈双耳罐、花边圆腹罐和束颈圆腹罐，这类因素数量较少，是东龙山文化中较发达的盛贮器。Be类即来自石家河文化晚期的因素，包括小口高领壶、粗柄豆、碗、束腰式器座，数量极少。C类因素较少，主要指罐形擂钵。该期融合改造类因素的出现，说明当地传统文化势力还很强大，能够对外来因素进行改造利用。

通过以上分析，我们认为：豫南地区二里头时期早期阶段遗存是在当地王湾三期文化的基础上，接受了二里头文化二里头类型的大部分影响，同时也接受了少量的东龙山文化和石家河文化的影响而形成的一种文化遗存，它分布于豫南地区，年代与二里头文

① 杨宝成主编：《湖北考古发现与研究》，武汉大学出版社，1995年。

化第一期基本一致。代表性遗址有淅川下王岗、驻马店杨庄、西平上坡①。

现以材料公布较完整的淅川下王岗遗址来分析之。下王岗遗址第一期发现有房基、灰坑和瓮棺葬等遗迹。石器绝大部分为磨制，骨器也磨制精致。墓葬全是瓮棺葬，共24座，埋葬十分密集，以陶罐、陶瓮、陶鼎作葬具，基本无随葬品。从墓葬情况还看不出当时社会已经有明显分化，但从遗址中出土的生产工具和生活用器可以看出，当时社会生产力已发展到较高水平。

（二）中期阶段

中期阶段的文化因素包括A类、B类因素中的Ba、Bb、Bc、Bd类因素和C类因素。A类因素在此阶段急剧减少，不见单耳杯、小口溜肩瓮、斜壁碗等器物。与此同时，Bb类因素大量增加，新增器形有爵、簋、平底盆、三足盘、大口尊等，从中期阶段的陶器群来看，绝大部分都来自二里头类型。来自东龙山文化的Ba类因素减少，不见长颈单耳罐、长颈双耳罐。新出现的文化因素是来自先商文化南关外类型的Bc类因素和来自岳石文化的Bd类因素，数量较少。Bc类因素包括敛口瓮、各式夹砂罐和中期后段即第三期出现的鬲；Bd类因素有盘形豆、尊形器、小陶杯、子母口器盖等，且流行突棱作风。C类因素的罐形擂钵仍然存在且数量较多，C类因素的存在表明该期是多种文化因素融合汇集的时期。从中期阶段的文化因素构成来看，以Bb类因素占主导地位，其他因素均居次要地位，打破了早期Bb类与A类因素不相上下的局面。据此，我们认为豫南地区二里头中期阶段遗存属于二里头类型文化系统，是在吸纳融合二里头类型文化因素的基础上，又融入了部分传统文化因素以及东龙山文化、先商文化、岳石文化因素而形成的具有自身特色的一支考古学文化。其年代与二里头文化二、三期相当。鉴于此类遗存与二里头文化具有较强的共性，并且有一定的分布地域和自身特点，可以把它划分为二里头文化的一个地方类型。但是，豫南地区以桐柏山余脉为界可划分为东西两个地理单元，它们在考古学文化面貌上也有所区别。目前，考古发掘资料较完整的西区已划定一个文化类型，即二里头文化下王岗类型，因此东区似乎也可考虑另划一个类型，只是该区目前仍属发掘和研究的薄弱环节，资料缺乏，不宜过早下结论。

（三）晚期阶段

晚期阶段的文化因素包括A类、B类因素中的Ba、Bb、Bc、Bd类因素。A类因素进一步减少，包括折沿深腹罐和圆腹罐。B类因素也减弱。Ba类因素减少，仅存花边圆腹罐和束颈圆腹罐。Bc类因素仅存敛口瓮和各式夹砂罐，该地区鬲在中期后段即第三期出现，至第四期则消失不见。Bd类因素仍然存在，数量大大减少。而该期最有活力的、占主导地位的仍是Bb类因素，与其他因素相比，它不仅器类丰富而且数量多，

① 河南省文物考古研究所等：《河南西平县上坡遗址发掘简报》，《考古》2004年第4期。

但是与中期相比也略有衰落，该期不见中期出现的爵、簋等器形。由此可见，豫南地区二里头晚期是文化发展的衰落时期，各种文化因素与前期相比均有所减弱。据此，我们认为豫南地区二里头时期晚期阶段遗存也属于二里头文化系统，是中期阶段遗存的后续部分，从中期到晚期体现了该地区二里头文化从繁荣到衰落的发展过程。

从早、中、晚三阶段的文化因素构成来看，早期阶段地方传统因素与二里头文化二里头类型因素势力相当，二者在文化因素构成中占优势地位；中期阶段二里头类型因素急剧增长，占主导地位，其他文化因素种类多而数量少；晚期阶段二里头类型因素仍占主导地位，包括它在内的各种文化因素均呈衰落趋势，这是该地区二里头文化的衰落期。豫南地区属于二里头文化系统，其文化因素构成主要是北面的二里头类型因素往南传播所致，在这个过程中，本地文化因素和周边的其他几种文化因素与二里头类型因素相互交流融合，致使该地文化面貌复杂。二里头文化自三期开始猛烈向外扩张，它的向南发展，逐渐征服、替代了豫南地区的王湾三期文化，而且在与周邻文化相互影响中一直处于主导地位，产生了具有地方特色的二里头文化新类型。三期时遗存分布范围空前扩大，器类极大丰富，这是本阶段遗存最繁荣的时期。但到四期时，分布范围急剧收缩，同时器物种类也急剧减少，呈现出衰败、颓废趋势。

三

豫南地区在二里头文化时期较易受到周边文化的影响，但这只是问题的一个方面，交流从来都是双向的、相互的。本地区遗存在接受周围考古学文化影响的同时，也必然向周边地区辐射，对周围考古学文化产生影响。考古学文化的流向，取决于交流双方文化势力的强弱，一般来说，在文化交流过程中，强势文化主动影响弱势文化。二里头文化时期，豫南地区作为二里头文化分布区，势力较强，在与周边地区文化交流过程中，一直处于主导地位。

（一）早期阶段

本阶段的文化因素构成中，以本地王湾三期文化和北来的二里头类型因素为主，同时也包含少量东龙山文化、石家河文化因素和融合改造类因素。来自二里头类型的因素较多，器类丰富，包括盆形鼎、罐形鼎、陶盆、敛口罐、高领罐、汲水罐、矮领瓮、各式豆等。这些器物是炊器和盛贮器，均属日常生活用器。可见豫南地区与以伊洛地区为中心的二里头类型分布区在生活习俗、文化内涵上存在很大的一致性，可以认为在早期阶段二里头类型就强烈影响了豫南地区，开始向豫南地区输出大量本地文化因素。这一阶段，本地土著文化因素不够强大，周边同时期文化有能力向该区输出先进文化因素。东龙山文化因素有长颈单耳罐、长颈双耳罐、花边圆腹罐和束颈圆腹罐，数量较少。石家河文化因素更少，有小口高领壶、粗柄豆、碗、束腰式器座。二者相比，东龙山文化因素多于石家河文化因素。

本阶段在吸收外来文化因素的同时，也向周边文化输出进步的文化因素。这种输出的文化因素主体是本地王湾三期文化和北来的二里头类型因素，输入方是东龙山文化和石家河文化。输入东龙山文化的器形有器盖、小口鼓腹壶等。输入石家河文化的有扁足罐形鼎等，石家河文化晚期遗存受到了豫南二里头文化的强烈影响，其器形风格与中原二里头文化具有较大相似性。

（二）中期阶段

本阶段的文化因素构成中包含本地王湾三期文化、二里头类型、东龙山文化、先商文化南关外类型、岳石文化和融合改造类因素。二里头类型占据主导地位，其他因素次之，本阶段文化内涵的最大特点就是多种文化相互交流融合，而以二里头类型因素占据绝对优势。可以认为，本阶段的遗存已经属于二里头文化系统的地方类型。自本阶段开始，二里头类型因素大量涌入本地，占据绝对优势，其力量已远远超过本地文化因素。除早期的器类继续发展且数量大增外，新器形也很多，如平底盆、三足盘、大口尊、爵、簋等，不但包括日常生活用器，也包括大量礼器。由于二里头类型文化因素占据本地，本地文化力量增强，在与周边文化交流过程中处于主导地位，以向外输出为主，周边文化力量相对弱势，以吸纳接收为主。东龙山文化向该地输入的器物有花边圆腹罐、束颈圆腹罐，器类较前期减少，其从该地接纳的因素增多，除了早期的器盖、小口鼓腹壶外，还有觚。新出现的文化因素是先商文化南关外类型和岳石文化，它们在向豫南输入先进文化因素的同时也吸纳了该地的先进因素且以吸纳接收为主。先商文化的盆形鼎、罐形鼎、深腹圜底罐、圆腹罐、大口尊、三足盘、擂钵、高领瓮、捏口罐等，与豫南地区器物作风相似，这些文化因素可能来自豫南、也可能来自二里头类型，目前还不是很清楚。岳石文化与豫南地区相似的器物有三足盘、附加堆纹瓮、花边罐等，也可能是受豫南地区影响所致。该期由于多种文化类型相互交流融合，则融合改造类因素大量存在。

上述分析表明，豫南地区二里头时期遗存，与周边地区同时期文化发生过频繁交流。总的来说，属于二里头文化系统，甚至可以将其看做是二里头文化的地方类型，它以吸收接纳二里头类型因素为主，其文化主体是二里头类型因素和本地王湾三期文化。早期阶段，以吸纳、接收周边文化为主；中期阶段，文化发展达到鼎盛时期，以向外输出、征服为主；晚期阶段，仍处于强势地位，以向外输出征服为主，但开始衰落。

郧县辽瓦店子“夏时期”文化遗存分期初步研究

童　萌

（武汉大学历史学院）

一、前　　言

辽瓦店子遗址（以下简称“辽瓦遗址”）位于湖北十堰郧县辽瓦村，是汉水上游南岸一处延续时间长，文化堆积丰厚的古文化遗址。为配合南水北调工程施工，2004～2007年，武汉大学历史学院考古系、湖北省文物考古研究所等先后对该遗址进行了考古勘探及发掘工作，揭露面积共计4000余平方米，发现了从新石器时代到明清各个时期的文化遗存，其中尤以新石器时代晚期、夏、商、两周时期的遗存为丰。目前，辽瓦遗址正处于系统的室内整理阶段，其中，东周时期的资料已刊发考古发掘简报①。

辽瓦遗址“夏时期”②的考古遗存资料非常丰富，发现了一处结构布局完整的聚落居址。目前，遗址尚缺乏属于该阶段的测年数据，但通过与相关地区同时期的考古学文化相比较，初步认定遗存的年代跨度大体从龙山文化晚期延续至二里头文化早期，推断文化主体已进入“夏代”纪年，文化面貌表现出较强的地域特征。此前同类性质的考古遗存在鄂西北地区已有零星发现③。该遗存的发现与研究将为探索“夏时期”的汉水中上游鄂西北地区的考古学文化发展序列提供重要依据，对研究长江中游地区夏商时期古文化发展脉络的重要课题亦当有所裨益。

由于整理工作尚未全部完成，本文仅选取部分整理材料，从陶器的分期排队与分型

---

① 武汉大学考古与博物馆学系、湖北省文物局南水北调办公室：《湖北郧县辽瓦店子遗址东周遗存的发掘》，《考古》2008年第4期。

② 文中的“夏时期”特指二里头文化及其主要前身河南龙山文化晚期的发生年代，借用“夏”这一历史概念作时间范畴使用，而不涉及文化、族属或国家等其他方面意义的探讨。

③ 同类遗存见于湖北郧县青龙泉、大寺、花果园，均县乱石滩，房县七里河，河南淅川下王岗等地。

定式入手，对文化遗存做初步的但又是基础性的年代分期与文化性质的分析、探讨，并于此求教于各位方家！

二、陶器文化特征与分期研究

（一）文化特征

辽瓦遗址“夏时期”遗存以日用陶器的出土数量为最多，最能反映其文化面貌与时代特征，是遗存文化内涵的代表。综合已经整理的资料，辽瓦遗址“夏时期”遗存陶器文化特征可以概括为以下几点：

（1）陶质：泥质陶多于夹砂陶，夹砂陶中有部分羼和蚌粒或石英砂，细泥陶次之，夹碳陶最少。

（2）陶色：以灰陶、黑皮陶为主，红、褐陶次之，兼有少量黑陶及（灰）白陶。

（3）纹饰：以篮纹、绳纹为主，另有方格纹、弦纹、附加堆纹与刻划纹等。

（4）制作：釜、瓮等大件器物多为泥条盘筑，后经轮制修整，发现少量杯、碗为手工捏制，其他多为轮制，器底留有快轮所致的偏心涡痕。

（5）种类：以日用生活类陶器为大宗。其主要器类与器形有：a. 炊煮类器，包括鼎、釜、甑等；b. 盛食类器，包括盆、豆、圈足盘、钵、碗等；c. 存储类器，包括瓮、罐、缸等，形体较大的釜、瓮还多被用作葬具；d. 饮水（酒）类器，包括杯、壶、盉、鬶等。此外还有陶塑、坩埚、纺轮、网坠、陶拍等其他功用类。从形制上看，圈足器、圜底器与实足三足器发达；空三足器有鬶、盉与斝，但数量不多。其中，鼎、釜、直领广肩瓮（罐）、圈足盘、豆出土数量多、重复率高、沿用时间长，是基本陶器组合。

（二）典型层位关系介绍

因篇幅有限，仅选取四组既有明确叠压、打破关系，出土遗物又相对丰富的若干堆积单位。这些器物基本上代表了“夏时期”遗存的主要内涵。

T1021-1121：

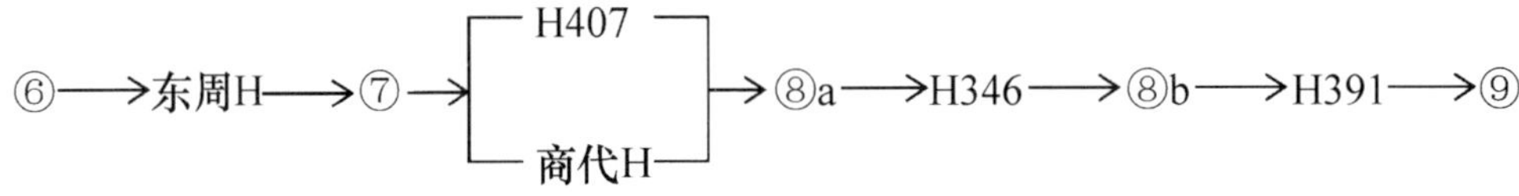

T0715：

H600

⑥→商代H→⑧a→H655→H799→⑨

H614

T0913：

⑥⟶商代H⟶⑦⟶H835⟶H881⟶⑨

└⟶H788⟶H791⟶↑

T1103：

⑥⟶⑧b⟶H48⟶⑧c⟶⑨

T1113：

⑥⟶⑧⟶H5⟶⑨

①为耕土层，②～⑤为现代扰动层，⑥为东周文化层，⑦为商代文化层，⑧为“夏时期”文化层，又细分为a、b、c三小层，⑨为新石器时代晚期的洪水淤积层①。其中，⑥东周与⑧“夏时期”文化堆积较为丰厚，分布连续，而商代文化堆积较为单薄，文化层在部分探方中缺失。⑨未完全发掘，目前，该层代表了辽瓦遗存中年代最早的文化堆积，包含的陶片数量极少，从陶片特征判断为石家河文化层②。

依据叠压、打破的地层层位关系，分析各单位所出的共存陶器的文化内涵，可以划分为早晚相承的三组堆积单位：

第一组：⑧a、H407、H600、H665、H799；

第二组：⑧b、H346、H391、H788、H791、H835；

第三组：⑧c、H5、H48、H881。

各组的早晚序列为：第一组最晚，第二组次之，第三组最早。

（三）典型陶器形制演变分析

本文以基本器物组合作为型式划分的主要对象，包括鼎、釜、瓮、罐、豆及圈足盘五类，并对其他重要的共存器物给予简要介绍。

鼎　砂质。完整器较少，鼎足较多。按鼎的上腹形态分为三型。

A型　釜形鼎。依据其演变规律，划分为三式。

AⅠ式　上腹呈釜形，下接横装扁形足。H881∶1，红褐陶，夹白色蚌粒，器表经磨光处理，折沿圆唇，鼓腹下垂，圜底，下腹接横装扁足，接合处施有连续按涡纹，足面亦各有3个按涡。三足皆残（表一-1，1）。口径20.7、腹径24、残高19.7厘米。

AⅡ式　上腹呈釜形，下接侧装三角形扁足，横装宽扁足少见，器表饰篮纹，出现形体高大者。H115∶1，夹粗砂夹蚌壳灰陶，大口，宽折沿斜上仰，沿面内凹且有多道刻划痕迹，厚圆唇，中间腹部残，推测为圆腹，Y形足，一足残，沿下饰斜篮纹至腹底呈交错篮纹，足外侧分叉处饰按涡（表一-1，2）。口径33.8、内口径26、胎厚0.5

① 武汉大学考古与博物馆学系、湖北省文物局南水北调办公室：《湖北郧县辽瓦店子遗址东周遗存的发掘》，《考古》2008年第4期。

② 完整的文化层堆积状况将以考古发掘报告的发表为准。

厘米。

AⅢ式　腹近盆形，器表多施绳纹。H268∶1，夹砂红褐陶，仰折沿，圆唇，内折处起棱，垂腹，圜底，侧装扁足，足外侧上部施指涡纹各2个（表一-1，3）。口径22.8、腹径22.4、高21.6、胎厚0.6厘米。H799∶13，夹砂灰褐陶，折沿微仰，内折处起棱，扁鼓腹，下腹残，足外侧施指涡纹（图三，1）。口径21、胎厚0.4厘米。

B型　罐形鼎，上腹呈直领罐形。仅复原1件。H346∶1，夹砂红褐陶，直口，圆唇，竖颈，广肩，扁鼓腹，圜底，下腹接三个侧装扁足，足外侧上部各施2个按涡，肩饰弦纹3周，以下饰粗篮纹，最大腹径处饰弦纹1周（图二，7）。

鼎足　砂质。数量很多。按形态特征分成三型。

A型　宽扁足，横接于鼎腹。T1103⑧c∶1，红陶，扁足较窄，素面，足残。H778∶9，红陶，扁足上宽下窄，足面施4个按涡，足残。

B型　三角扁足，侧接于鼎腹。H614∶27，红陶，三角扁足，足外侧上部施3个按涡，足残。T1121⑧a∶1，红陶夹石英粉末，三角形足，足面饰细绳纹，足外侧面顶端饰一对捏指纹，下部饰3个按涡，鼎腹残（图三，3）。

C型　柱状足，侧接于鼎腹。H614∶28，灰陶，柱足，上粗下细，外足面近连接处饰3个按涡。

釜　砂质。数量很多。按口径大小分为小口釜（口径≤20厘米）和大口釜（口径＞20厘米）。按口沿的不同分为两型。

A型　折沿，垂鼓腹，圜底。依据其演变规律，划分为四式。

AⅠ式　折沿上仰，器身饰浅细篮纹。H5∶1，夹砂灰褐陶，折沿上仰，沿面较平，尖圆唇，无颈，垂鼓腹圜底，最大径在下腹部，器身拍印有极浅的篮纹（表一-1，4）。口径13、腹径18.2、高16.1、胎厚0.3厘米。

AⅡ式　仰折沿，部分沿面内凹，腹饰粗、乱篮纹或方格纹，细篮纹已少见。H346∶2，夹砂灰褐陶，折沿圆唇，垂鼓腹，最大径在下腹部，圜底，通身饰粗乱篮纹（表一-1，5）。口径19、腹径24.6、高21厘米。T1021⑧b∶7，夹砂褐陶，宽折沿，沿面内凹，垂腹，下腹残，腹身施粗篮纹。口径13、残高8、胎厚0.5厘米。

AⅢ式　仰折沿，沿面近平，粗篮纹仍然流行，并开始出现绳纹，大口釜数量增多。H346∶29，夹砂红褐陶，宽仰折沿，垂鼓腹，下腹残，腹饰粗篮纹（表一-1，6）。口径21、残高10.2、胎厚0.6厘米。

AⅣ式　沿面变窄，介于折沿与卷沿之间，口、腹间出现短颈，绳纹替代篮纹成为主要纹饰，部分陶胎中羼和石英砂，器形制作略显草率，不若前三式规整。H251∶1，夹砂灰褐陶，仰折沿，沿面微凹，短颈，垂腹，圜底，通身饰粗绳纹（表一-1，7上）。口径16、腹径21.4、高18.6、胎厚0.6厘米。H407∶5，夹石英砂褐陶，卷折沿，竖颈，腹微鼓，底残，施粗绳纹（表一-1，7下）。口径18、残高7.6、腹径18.3、胎厚0.4厘米。

B型　卷沿，圆鼓腹，圜底。陶胎中多羼和石英砂。集中出现于第一组堆积单位中，暂未划分式别。H407∶7，夹砂红陶，卷沿，腹圆鼓，圜底，最大径在腹中，腹饰中绳纹（图四，1）。口径15.6、腹径20.8、高20厘米。H407∶23，夹砂红褐陶，卷沿，尖圆唇，束颈，圆鼓腹，底残，颈下饰粗篮纹（表一-1，8上）。口径13、腹径18、残高13厘米。T1212⑧a∶11，夹石英砂灰褐陶，卷沿，束颈，腹微鼓，下腹残，颈下饰粗乱绳纹（表一-1，8下）。口径17.4、腹径22.8、残高10厘米。

瓮　泥质为主。依据口及腹部形态特征分为三型。

A型　直领，广肩，下腹斜收，凹圜底、平底或饼足底。出土数量极多，又可分为两亚型。

Aa型　口较小，直领较高。

Ⅰ式　以红褐为主，陶色斑驳，陶质疏松。H5∶1，夹砂红褐陶，口微敞，尖唇，直领，广肩，肩以下残，器身拍印篮纹（表一-1，9）。

Ⅱ式　黑衣陶或灰陶，圆唇常见，通体饰篮纹或弦断篮纹，流行肩部饰一周或数周附加堆纹，陶胎致密。H614∶7，泥质灰陶，口微敞，圆唇，外缘明显，直领，广肩，鼓腹，最大径在上腹部，下腹斜收，小凹圜底，通体饰斜向篮纹，最大径处压印三周弦纹（表一-1，10）。H791∶7，泥质灰陶，微侈口，方圆唇外凸，直领，广肩，肩以下残，颈下饰斜向篮纹，肩上压印弦纹一周。口径13、肩径24、残高6.8、胎厚0.6厘米。

Ⅲ式　陶色以红、褐陶为主，而灰陶少见，篮纹减少，绳纹流行。H407∶19，泥质红陶，侈口，尖唇，竖颈，广肩，肩以下残，颈下饰细绳纹（表一-1，11）。口径15、残高7.5、腹径30厘米。

表一-1　辽瓦店子夏时期文化陶器型式分期表

器型	鼎			釜		直领瓮	
	A	B	C	A	B	A	
期别						a	b
一期	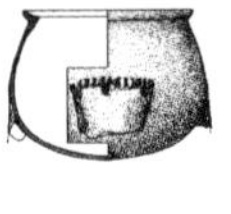 Ⅰ(1)			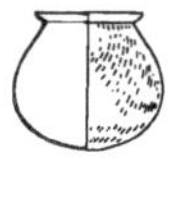 Ⅰ(4)		 Ⅰ(9)	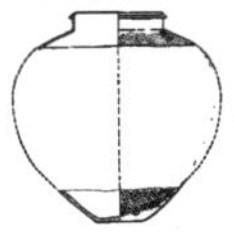 Ⅰ(12)
二期	 Ⅱ(2)			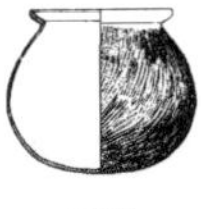 Ⅱ(5)  Ⅲ(6)		 Ⅱ(10)	 Ⅱ(13)
三期	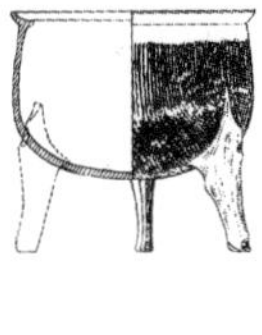 Ⅲ(3)			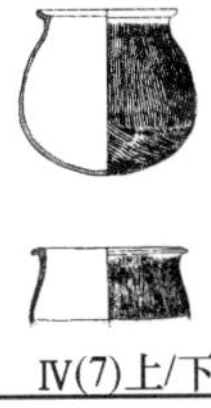 Ⅳ(7)上/下	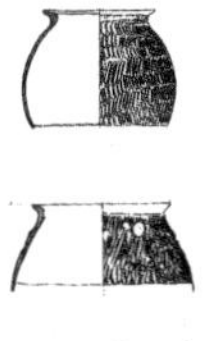 (8)上/下	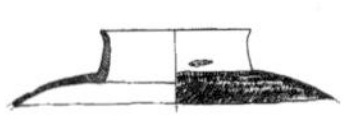 Ⅲ(11)	

Ab 型　口较大，短领，厚唇，厚胎。

Ⅰ式　夹粗砂，厚胎，火候较低。H881∶8，黑衣褐胎陶，直口，斜方唇外翻，短颈，广肩，腹残，推测为圆鼓腹，下腹斜收，凹圜底，通身饰方格纹（表一-1，12）。口径 23.2、推测高度 47、推测腹径 49、胎厚 0.7 厘米。

Ⅱ式　黑衣陶及灰陶流行；颈变得更短，唇外凸明显；陶胎致密。T1021⑧∶9，泥质灰陶，微侈口，圆唇，矮领，肩以下残，颈下饰斜向篮纹（表一-1，13）。口径 20、残高 3.8、胎厚 1～1.2 厘米。

B 型　泥质，折沿，深鼓腹。数量较少。H614∶8，灰陶，大口，仰折沿，溜肩，鼓腹，底残，肩腹部饰弦断篮纹（图二，1）。口径 31、腹径 38.4、残高 22 厘米。H791∶3，灰陶，小口，折沿近平，溜肩，腹扁鼓，下腹斜收，微凹圜底，肩下饰弦断细篮纹及底。口径 14、腹径 28.3、底径 9、高 26.5 厘米。

C 型　敛口瓮。泥质。尚无可复原者。H391∶8，黑衣褐胎，敛口，溜肩，腹胖鼓，下腹残，器表饰弦断篮纹（图二，10）。口径 15、腹径 29.2、残高 9 厘米。

罐　形式多样，暂分为五型。

A 型　直口罐，又可分为两亚型。

Aa 型　直领广肩罐。其与 Aa 型瓮相类，但个体略小。数量不多。

Ⅰ式　圆肩，鼓腹。H881∶10，泥质灰褐陶，侈口，尖唇，直领，圆肩，圆鼓腹，底残，通身饰乱篮纹（表一-2，14）。口径 13、残高 38、腹径 37.2、胎厚 0.6 厘米。

Ⅱ式　广肩，弧腹，磨光黑衣陶占有相当数量。H614∶18，细泥陶，黑衣褐胎，口微侈，圆唇，外缘明显，圆肩，肩以下残，器表经磨光处理，肩部饰弦纹三周，间以“x”与“＜”形刻划纹，薄胎（表一-2，15 上）。口径 14、腹径 26.4、残高 9.2、胎厚 0.2～0.4 厘米。H614∶5，泥质灰陶，口残。圆肩，鼓腹下收，小凹圜底；器身饰细绳纹，肩部压印三道弦纹（表一-2，15 下）。腹径 18.8、底径 7、残高 14、胎厚 0.4 厘米。

Ⅲ式　砂质，多见红、褐陶，绳纹流行。H407∶12，夹细砂红陶，直口，小圆唇，直领，圆肩，肩以下残，领下施细绳纹（表一-2，16 上）。口径 10.8、残高 5.5、胎厚 0.6 厘米。H407∶22，夹砂红陶，直口，圆唇，矮领，肩残，领下饰细绳纹，颈间处绳纹被抹去（表一-2，16 下）。口径 15、残高 4.1、胎厚 0.6 厘米。

Ab 型　直口，圆鼓腹，圜底。H614∶22，夹砂褐陶，直口，尖唇微撇，竖颈，溜肩，鼓腹，圜底，下腹至底饰细篮纹（图二，2）。口径 11.95、颈径 11.5、腹径 22、胎厚 0.4 厘米。

B 型　折沿深腹罐。泥质。数量较少。H788∶1，深灰陶，折沿，圆唇饱满，溜肩，扁鼓腹，下腹斜收，小凹圜底，肩部饰弦纹间隔的刻划纹带，腹中靠下部饰弦纹一周，以下为弦断篮纹，器表磨光（图二，5）。口径 19.5、腹径 23.3、底径 7.3、高 19.5、胎厚 0.4 厘米。H346∶12，黑衣褐胎陶，折沿外翻，圆唇，溜肩，腹微鼓，下腹残，肩部饰弦纹二周，以下饰斜向篮纹，器表磨光。口径22、腹径23.7、残高9、胎厚0.5厘米。

C型　花边侈口罐。泥质。数量少。H491∶19，灰陶，侈口，方唇，束颈较长，溜肩，腹弧鼓，下腹残，推为平底，唇部施划纹而作花边口，腹施细绳纹，颈部绳纹被抹去（图四，3）。口径15.2、底径8.8、胎厚0.5厘米。H665∶4，灰褐陶，侈口，折沿，短颈，圆肩，肩以下残，口部有锯齿状花边，肩部饰粗绳纹（表一-2，17）。口径10.8、胎厚0.4厘米。

D型　耳罐。泥质或砂质，又可划分为两亚型。

Da型　小耳罐。砂质，部分羼和石英砂。器形较小，数量不多。H251∶2，夹砂红陶，直口微侈，小圆唇，腹微鼓，圜底，腹中部贴有一桥形耳，通体饰细绳纹（图四，4）。口径9.8、腹径13.6、高11.4厘米。T1121⑧a∶5，夹砂红褐陶，桥形耳，通体饰细绳纹，仅剩罐耳部分，器耳上部近口部饰弦纹二周（表一-2，18）。

Db型　双耳罐。泥质，数量极少，复原1件①。H600∶2，泥质红陶，仅剩一段残耳，素面。

E型　小罐。砂质或泥质，数量较多。其造型极为小巧，尚不确定其用途，但应与其他盛储之陶罐有别。H614∶11，夹砂红陶，仰折沿，鼓腹，平底，素面（图二，3上）。口径6.6、高5.3、腹径7.6、底径4.8厘米。H614∶12，泥质灰陶，折沿近平，垂鼓腹，底残，形似A型釜（图二，3下）。口径8、残高7.2、腹径10.5厘米。

圈足盘　泥质。数量及种类很多。但可复原者较少。按圈足高矮分成两型。

A型　高圈足盘。以黑陶、褐陶、灰白陶为主，磨光细泥陶质，部分圈足上饰有箍一周或镂空装饰，制作精美。依据其演变规律，可划分为三式。

Ⅰ式　磨光薄胎较普遍，流行镂空装饰。H5∶4　棕褐陶，陶色略显斑驳，喇叭形粗圈足，足下起台，盘残，盘底较平，足上部有箍及弦纹各一周，器表磨光（表一-2，19）。足底径16.2、残高11、胎厚0.3厘米。

Ⅱ式　器形变得高大，但器表磨光程度不如Ⅰ式。H346∶3，灰白陶，喇叭形粗圈足，足底外撇，盘残，盘底下凹，素面，器表磨光（表一-2，20上）。足底径17.5、残高12、胎厚0.3厘米。T1021⑧a∶10，磨光黑陶，盘及底残，足面有箍一周，下饰“∩”形镂空纹饰（表一，20下）。足径13、残高5.6、胎厚0.5厘米。

Ⅲ式　流行黑衣陶或灰胎，器表磨光及镂空装饰风格逐渐消失。H407∶14，黑衣红胎陶，粗圈足，盘及圈足残，盘底近平，素面，盘底背面有一刻划符号（表一-2，21上）。足径13.2、残高3.7、胎厚0.6厘米。T1121⑧a∶3，灰陶，粗圈足，仅剩盘底接圈足部分，素面，经磨光处理（表一-2，21下）。

① 复原器物系湖北省文物考古研究所2006～2007年度辽瓦遗址发掘整理资料，笔者见于省所整理陈列室内，资料尚未发表。

表一-2　辽瓦店子夏时期文化陶器型式分期表

器型 / 期别	罐					圈足盘		豆	
	A		B	C	D	A	B	A	B
	a	b			a				
一期	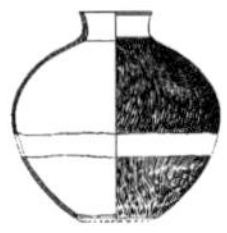 Ⅰ(14)					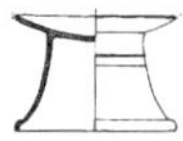 Ⅰ(19)			
二期	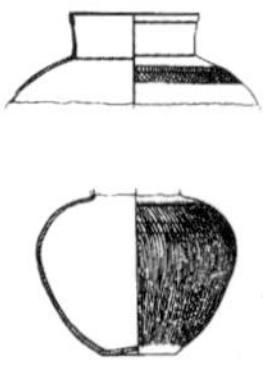 Ⅱ(15) 上/下					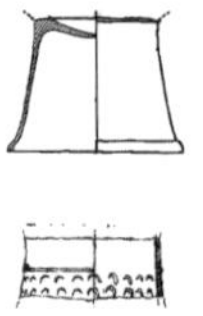 Ⅱ(20) 上/下	 Ⅰ(22) 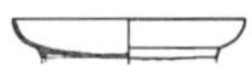 Ⅱ(23)	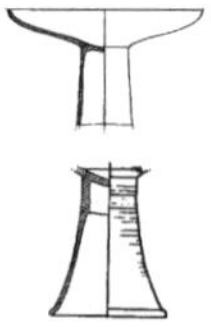 Ⅰ(25) 上/下	
三期	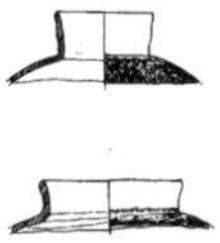 Ⅲ(16) 上/下			 C(17)	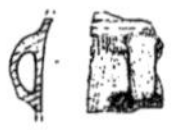 Da(18)	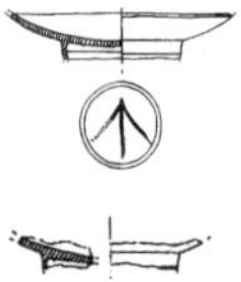 Ⅲ(21) 上/下	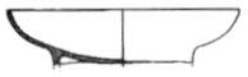 Ⅲ(24)	 Ⅱ(26) 上/下	

B型　矮圈足盘。以黑陶、黑衣红胎、灰（白）陶为常见，素面为主，足面或有一道箍。演变规律基本与A型一致，只是不见镂空装饰。暂划分为三式。

Ⅰ式　器表磨光程度高，制作精美。H391∶18，细泥陶，黑衣红胎，矮直圈足，足底微外撇，盘残，器表磨光，足面中部饰箍一周（表一-2，22）。足径17.6、残高5.4、胎厚0.4厘米。

Ⅱ式　出现体型较大者，但磨光程度不如Ⅰ式。H346∶8，灰白陶，折壁深盘，底部微凹，盘底接矮直圈足，足底残，素面，器表磨光（表一-2，23）。口径32、残高5.7、胎厚0.5厘米。

Ⅲ式　磨光灰白陶及黑陶已少见，流行黑衣陶。H407∶48，黑衣红胎陶，弧腹盘，圜底，盘底接直圈足，下足残，素面（表一-2，24）。口径27、残高6、胎厚0.4厘米。

豆　细泥陶质。数量很多，但可复原者少，多仅残存豆盘。依据其形态特点暂分为二型。

A型　豆柄较粗。可复原者少。依据豆座形态变化特征，暂分为两式。

Ⅰ式　微喇或裙形豆座，体态瘦高，以灰（白）、浅黄陶色为主，上足面或饰对称的圆形镂孔，部分器表经磨光处理。H614∶4，灰陶，浅盘，圆唇，斜弧壁，底部内凹，圈足残，素面，器表有轮制痕迹，或经过慢轮修整（表一-2，25 上）。口径 22、残高 12.5、胎厚 0.4 厘米。H346∶5，浅灰陶，微喇形瘦高圈足豆座，足底外撇，盘残，盘底下凹明显，器表磨光，器表有轮制痕迹，或经慢轮修整（表一-2，25 下）。足底径 13.5、残高 15.5、胎厚 0.5 厘米。

Ⅱ式 流行裙形豆座，圈足变粗，陶色以褐衣陶、黑衣陶、灰陶为主，而不见灰白陶。H407∶24，黑衣褐胎陶，裙形豆座，盘及足底残，素面（表一-2，26 上）。H665∶10，灰陶；仅剩足盘连接处，推测为裙形，盘底内凹，饰箍一道，器表磨光（表一-2，26 下）。

B 型 黑陶高柄豆。复原 1 件。F11∶2，磨光黑陶，圆唇，浅盘，豆柄细长，喇叭形圈足，足下起台，薄胎，素面，豆柄上部饰箍四周，台面上饰弦纹一周，十分精美。

其他陶器器类介绍：

盆 泥质为主，数量较少。暂分为三型。

A 型 刻槽盆。复原 1 件。H5∶2，夹砂灰陶，大口，方唇，沿面较平，外缘突出，深腹，圜底，内壁饰刻槽一周，腹饰方格纹。

B 型 敛口盆。

Ⅰ式 大口，多见磨光橙黄陶。H881∶2，泥质橙黄陶，器表磨光，敛口，尖圆唇，宽缘，腹斜收，小凹圜底，下腹有弦纹四周，弦纹以下饰细篮纹（图一，1）。口径 32、底径 10.5、高 17、胎厚 0.4 厘米。

Ⅱ式 器形变小，口微敛，灰、黑陶增多。T1212⑧a∶31，夹砂黑衣灰陶，敛口，薄圆唇，口唇外翻，斜弧腹，下腹残，素面（图二，6）。口径 22、残高 4.5、胎厚 0.4 厘米。

C 型 带流盆。H48∶16，夹砂灰陶，敞口，厚方唇，唇下有一道凹槽，口腹间斜伸出一短流，弧腹，底残，下腹饰篮纹（图一，4）。口径 38、腹径 33.2、残高 10.8、胎厚 0.6 厘米。

甑 数量较少，复原 1 件。H391∶1，泥质黑陶，平折沿，折沿处有棱，沿面内凹，圆唇，弧腹，底中空，箅已不存，腹部有弦纹七周，以下饰篮纹（图二，9）。口径 27、底径 11.6、高 18.4 厘米，胎厚 0.5 厘米。

斝 数量少，复原 1 件①。H407∶15 夹砂黑衣红陶，子母口，腹壁较直，下腹及袋足残，器腹饰细绳纹（图四，2）。口径 40、腹径 42.8、残高 9、胎厚 1.0 厘米。

尊 数量极少，均仅存折肩部。T0711⑧a∶14，泥质黑衣红胎，折肩，器表磨光，饰弦纹数周（图三，4）。

壶 泥质。暂分为两型。

---

① 复原器物系湖北省文物考古研究所 2006～2007 年度辽瓦遗址发掘整理资料，笔者见于省所整理陈列室内，资料尚未发表。

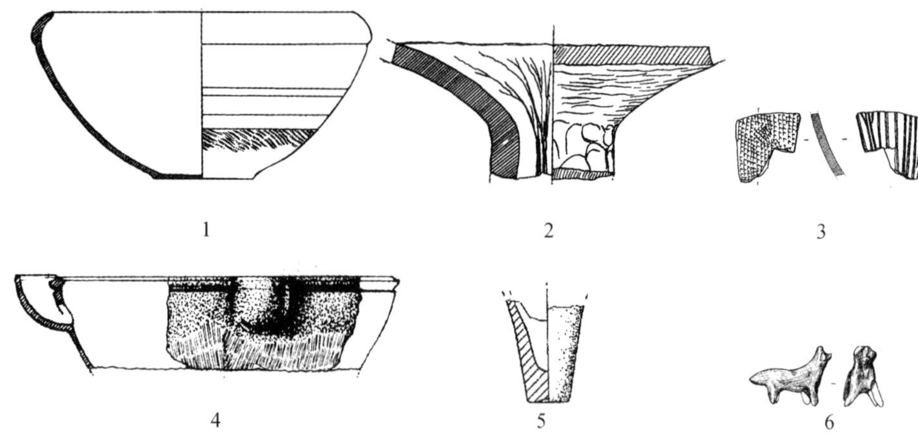

图一　辽瓦店子夏时期陶器

1. BⅠ式盆（H881:2）　2. 坩埚（881:28）　3. 研磨器残片（H881:27）　4. C 型带流盆（H48:16）　5. 红陶杯（T1323⑧b:9）　6. 红陶狗（H910:2）

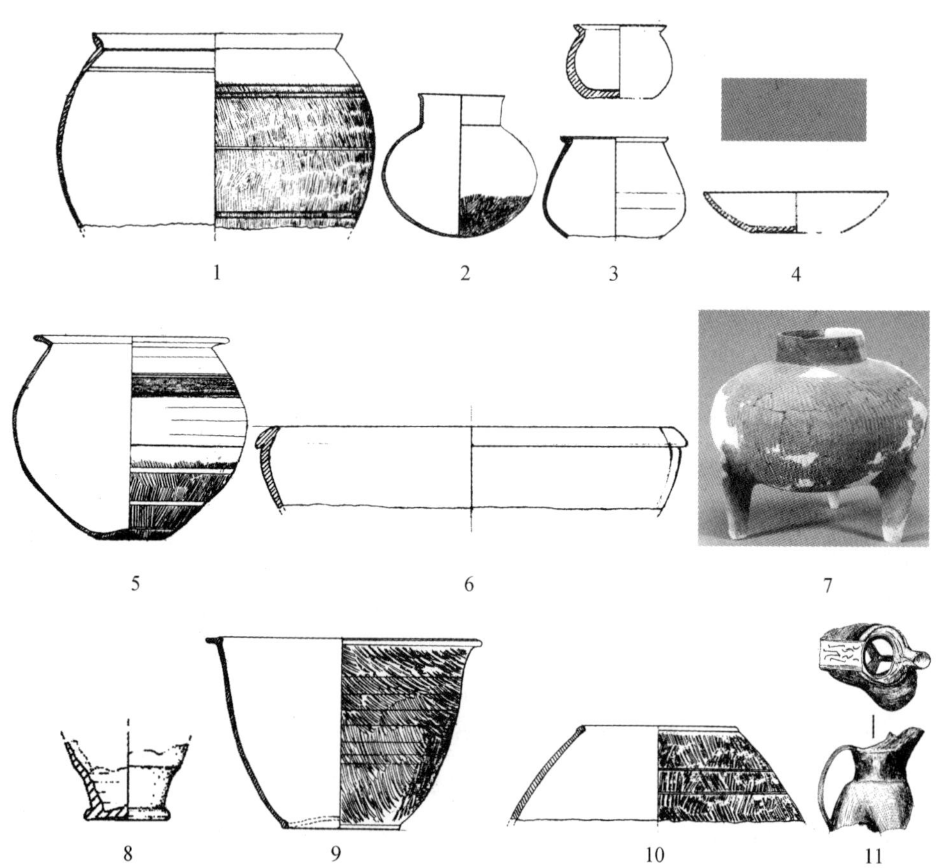

图二　辽瓦店子夏时期陶器

1. B 型瓮（H614:8）　2. Ab 型罐（H614:22）　3. E 型罐（H614:11、12）（上/下）　4. 碗（H614:2、钵 H614:10）（上/下）　5. B 型罐（H788:1）　6. BⅡ式盆（T1212⑧a:31）　7. B 型鼎（H346:1）　8. A 型壶（T1323⑧b:5）　9. 甑（H391:1）　10. C 型瓮（H391:8）　11. 盉（H186:2）

A型 小壶。数量较多。细泥陶，以黑陶、褐陶为主，陶胎较薄。H791:1，磨光黑陶，侈口，尖唇，短束颈，鼓肩，下腹内缩，平底，素面。口径5、腹径7.6、底径5.4、高7.6厘米。T1323⑧:5，磨光灰陶，口及腹残，下腹内收，平底（图二，8）。底径6.4、残高5.6厘米。

B型 耳壶。数量少。复原1件。T0715⑧a:5，泥质灰陶，敛口，小方唇，长弧腹，下腹残，器表饰弦纹数周，口部有一对横鼻耳（图三，2）。口径11.6、胎厚0.5厘米。

盉 泥质。数量较多，但可复原者少。H186:2，细泥红陶，薄胎，管状流，束颈，单鋬；分裆，三袋足，足残，鋬上有刻划符号，似一人形，流前口缘处也有对称的纹饰（图二，11）。残高15、肩颈径9、胎厚0.2厘米。

另有陶缸、器座、钵、碗、杯等器类，限于篇幅，描述从略。

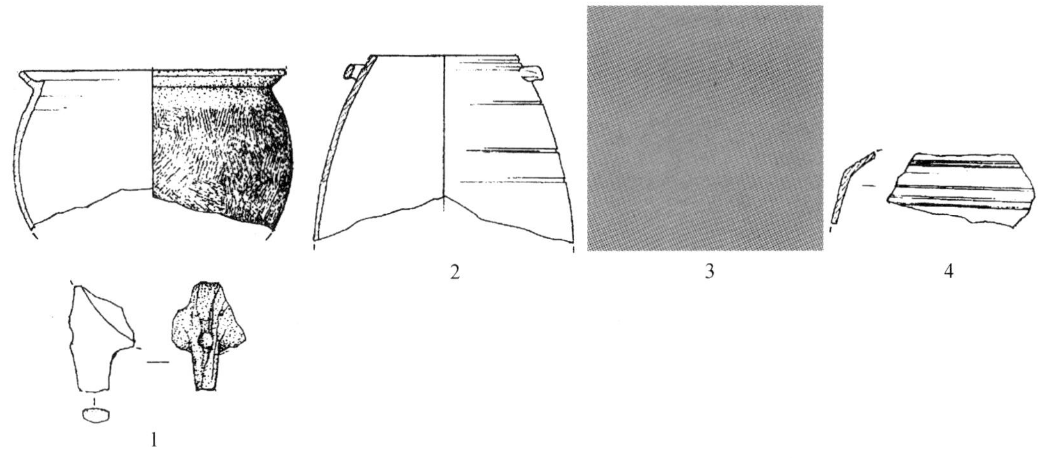

图三 辽瓦店子夏时期陶器

1. AⅢ式鼎（H799:13） 2. B型壶（T0715⑧a:5） 3. B型鼎足（T1121⑧a:1） 4. 尊肩（T0711⑧a:14）

（四）陶器组合与文化分期研究

通过对上述各组典型单位中共存器物的型式分析考察（表二），可以归纳出三组基本陶器组合关系（表三）。这三组组合关系揭示了主要共存器物在演化序列中的三个阶段性特征，代表了物质文化遗存在整个发展过程中的阶段特征，即由早及晚的三个文化发展期段。据此，可将辽瓦“夏时期”遗存暂划分为三期①。

第一期：属于该期的堆积单位数量较少，以H5、H48、H881等为代表。泥质陶略多于夹砂陶，还有少量夹炭陶。有的陶胎中羼和白色蚌粒。陶色以红、黑衣陶为主，灰、褐陶次之。篮纹普遍，此外常见的纹饰还有方格纹、弦纹、附加堆纹、指涡纹等，

① 器物分类、型式划分与分期均为初步方案，最终方案将以考古发掘报告为准。

表二 典型单位陶器共存关系表

（√表示存在某类型器物）

器形 出土单位		鼎		鼎足	釜		瓮				罐							豆		圈足盘		盆	壶		其他
		A	B		A	B	Aa	Ab	B	C	Aa	Ab	B	C	Da	Db	E	A	B	A	B	A	A	B	
第一组	⑧a			b	Ⅲ/Ⅳ	√	Ⅱ							√	√			Ⅱ		Ⅲ				√	钵、器盖
	H407			b	Ⅲ/Ⅳ	√	Ⅱ/Ⅲ				Ⅲ		√		√			Ⅱ		Ⅲ	Ⅲ	Ⅱ			盉、斝
	H600								√							√									
	H665				Ⅲ		Ⅱ							√			√	Ⅱ							尊、杯
	H799	Ⅲ			Ⅲ					√	Ⅲ		√			√		Ⅱ							杯
第二组	⑧b			b/c	Ⅱ/Ⅲ		Ⅱ	Ⅱ					√					Ⅰ/Ⅱ							
	H346		√	a/b	Ⅱ/Ⅲ		Ⅱ						√					Ⅰ		Ⅱ	Ⅱ	Ⅱ			
	H391									√							√	Ⅰ		Ⅱ	Ⅰ				甑
	H614	Ⅱ		b/c	Ⅲ		Ⅱ		√		Ⅱ	√					√	Ⅰ					√		碗、钵
	H778			a			Ⅱ						√												器盖
	H791	Ⅱ					Ⅱ		√														√		
	H835						Ⅱ																		缸
第三组	⑧c			a/b																					
	H881	Ⅰ		c	Ⅰ		Ⅰ	Ⅰ			Ⅰ	√						√	Ⅰ		Ⅰ				研磨器、坩埚
	H48			b			Ⅰ		√				√										√		带流盆、器盖
	H5				Ⅰ		Ⅰ													Ⅰ					刻槽盆

表三 陶器组合关系表

（√表示存在某类型器物）

器形 组别	鼎	釜	瓮	罐	圈足盘	豆	盆	壶
第一组	AⅠ	AⅠ	AaⅠ/AbⅠ	AaⅠ	AⅠ	√	Ⅰ	
第二组	AⅡ/B	AⅡ/AⅢ	AaⅡ/AbⅡ/B	AaⅡ/B	AⅡ/BⅠ/Ⅱ	AⅠ	Ⅱ	A
第三组	AⅢ	AⅢ/AⅣ/B	AaⅡ/AaⅢ/B	AaⅢ/B/C/D	AⅢBⅢ	AⅡ	Ⅱ	B

并流行素面镂空与磨光的装饰风格。鼎（AⅠ）接横装扁形足，足面饰若干个指涡纹；但a、b型鼎足共出。釜（AⅠ）作折沿、（垂）鼓腹，器型不大。直领瓮（罐）（AaⅠ）多见红、褐陶，胎质疏松。豆及圈足盘（AⅠ）器表磨光，部分有镂空装饰。除基

本陶器组合外，还有盆（Ⅰ）、磨研器、器座、缸（坩埚）、厚胎红陶杯与陶塑等（图一），但数量有限，器型重复率低。

第二期：属于此期的遗迹单位多，堆积丰厚。典型单位包括 H614、H791、H346 等。该期夹砂陶比例有所增加，但仍少于泥质陶，夹炭陶基本消失，夹蚌陶亦少见。红陶数量减少，灰陶与黑皮陶增多。灰白、浅灰陶在圈足盘及豆中的比例较高。篮纹仍是最主要纹饰，其次为方格纹、绳纹、弦纹等；新出现细密的刻划纹，装饰于罐肩或壶面。此期基本组合的核心地位更为明显，体现在器型重复率上。鼎流行釜形侧装按涡纹扁足（AⅡ），相应的 B 型鼎足数量大增，而 A 型锐减，此外还出现直口罐形鼎（B 型）。大口釜增多，多被用作瓮棺葬具。直领瓮（AaⅡ/AbⅡ）、罐（AaⅡ）盛行黑衣陶与灰陶，流行肩腹部饰一周或数周附加堆纹或弦纹；陶胎致密，烧成温度明显高于第一期。折沿罐（B 型）数量与种类增多，一部分的口沿特征与釜、釜形鼎口沿难以区别。豆（AⅠ）及圈足盘（AⅡ）的磨光程度不如一期。镂空装饰风格日趋衰弱、简化，圆形镂孔更为常见。此外，常见器型还有小壶、甑、盆、盉、鬶、钵、碗、器盖等（图二）。

第三期：属于这期的堆积单位亦不多，典型单位有 H407、H665、H799 等。这一期文化面貌发生了明显变化：陶胎中普遍掺夹石英砂或云母亮片；篮纹锐减，绳纹成为最主要的纹饰；鼎、直领瓮（罐）的数量减少；釜数量大增，AⅣ式与 B 型并存。圈足盘多见泥质灰、黑衣陶，有的盘底出现刻划符号；新出现的器类与器型有侈口花边罐（C 型）、耳罐（D 型）、耳壶（B 型）、斝、尊等。这一期的器物组合形式发生了重要改变，文化内涵明显有别于一、二期。

三、分期、年代与文化性质初析

一期文化中的 AⅠ式鼎、AⅠ式盆、带流盆（C 型）等在郧县“青龙泉三期遗存”①、大寺“屈家岭文化”遗存②均有发现，是具有本地传统特色的器物。直领广肩瓮、罐（AⅠ）、B 型鼎足、豆则表现出龙山文化因素的特征。陶釜与高圈足盘是南方地区新石器时代以来的传统器物，在鄂西—峡江地区、江汉平原等地分布广泛并有延续发展。此外，少量的厚胎红陶杯、动物陶塑等反映了江汉平原传统石家河文化对这一地区渗透与影响的残存。从文化内涵上看，石家河文化因素已不占主流，推断一期的年代上限应当已晚出“青龙泉三期”阶段。

二期文化中 AⅡ式鼎、AaⅡ式瓮、AⅠ式罐、B 型罐、BⅠ式圈足盘、AⅠ式豆、A 型壶等器物亦见于大寺“龙山文化”③ 和均县乱石滩“上层文化”遗存，是王湾三期

① 中国社会科学院考古研究所：《青龙泉与大寺》，科学出版社，1991 年。

② 中国社会科学院考古研究所：《青龙泉与大寺》，科学出版社，1991 年。

③ 中国社会科学院考古研究所：《青龙泉与大寺》，科学出版社，1991 年。

文化“煤山类型”（或称“煤山文化”）的典型器物（釜极少）①，这一组合与湖北宜都石板巷子H8②所出器物组合也基本一致（含釜）。石板巷子类遗存正是“煤山类型”大举南下并楔入鄂西地区的产物③。地处南北文化交汇融合的前沿地带，自然也受到了这股来自中原的强势冲击，其文化内涵反映出了与中原地区的高度一致。由此判断二期年代与河南龙山文化晚期，即与临汝煤山一、二期文化相当。另一方面，陶釜、镂空圈足盘、高圈足豆则表现了地方文化传统的延续发展。

三期文化内涵发生明显变化，文化面貌变得复杂，同类者见于均县乱石滩“上层文化”④以及河南淅川下王岗“龙山—二里头一期”遗存（或称“晚二期”遗存）⑤。本期新出现的陶器类型有侈口花边罐（C型）、耳罐（Da、Db型）、釜（B型）、横鼻耳壶（B型）等，基本不见于前两期，原基本组合内的器物形制上也发生了较大变化，推测受到新的外来文化影响。对比周边相关材料，分析这一期的器物组合，可以看出来主要来自于两个方向的文化影响：A. 中原文化系统：代表性器物有AⅢ式鼎、耳壶（B型）、折肩尊等（图三）。B. 陕西关中东部—陕南地方文化系统：代表性器物有侈口（花边）罐、双耳罐、斝等（图四）。A组器形见于河南临汝煤山二期⑥、偃师二里头一期⑦、郑州洛达庙一、二期⑧等遗存。除B型壶的形制特征显得时代略晚外，大体集中于二里头文化一、二期阶段。B组器物具有客省庄二期文化康家类型的特点⑨。辽瓦遗址发现的花边罐作侈口、长颈、圆腹；斝作直腹、三足较瘦长，双耳在口沿下；双耳罐作侈口，长颈，小鼓腹，口腹间饰一对带状耳，具有客省庄二期文化发展至晚期阶段的特点⑩。同类器物见于西安“老牛坡类型”⑪、商县紫荆“四期文化”⑫、商州东龙山⑬等相关遗存。另外，花边口罐也是二里头文化的典型器物。卷（折）沿、圆腹的绳纹陶釜（B型）是本期地方文化特征的代表器物（图四，1），可能是在A型釜持续发

① 中国社会科学院考古研究所河南二队：《河南临汝煤山遗址发掘报告》，《考古学报》1982年第4期。

② 宜都考古发掘队：《湖北宜都石板巷子新石器时代遗址》，《考古》1985年第11期。

③ 白云：《关于“石家河文化”的几个问题》，《江汉考古》1993年第4期。

④ 中国社会科学院考古研究所：《湖北均县乱石滩遗址发掘报告》，《考古》1986年第7期。

⑤ 河南省文物研究所、长江流域规划办公室考古队河南分队：《淅川下王岗》，文物出版社，1989年。

⑥ 中国社会科学院考古研究所河南二队：《河南临汝煤山遗址发掘报告》，《考古学报》1982年第4期。

⑦ 中国社会科学院考古研究所：《偃师二里头（1959～1978年发掘报告）》，科学出版社，1999年。

⑧ 河南省文物考古研究所：《郑州商城——1953～1985年考古发掘报告》上册，文物出版社，2001年。

⑨ 梁星彭：《试论客省庄二期文化》，《考古学报》1994年第4期。

⑩ 秦小丽、阎毓民：《临潼康家遗址客省庄文化遗存分期初探》，《考古与文物》1993年第1期。

⑪ 刘士莪：《老牛坡》，陕西人民出版社，2001年。

⑫ 商县图书馆、西安半坡博物馆、商洛地区图书馆：《陕西商县紫荆遗址发掘简报》，《考古与文物》1981年第3期。

⑬ 2007年5月陕西商洛考古研讨会议资料。王力之：《东龙山遗址发掘的意义及其收获》，《青年考古学家》，总第十一期，1999年。

展的基础上，受到外来文化因素影响而催生出的新的文化因素。在下王岗①、东龙山也有这类釜的发现，所属年代的判定都已进入二里头文化时期。由此，笔者推断三期文化的发生年代大体处在二里头文化早期阶段。

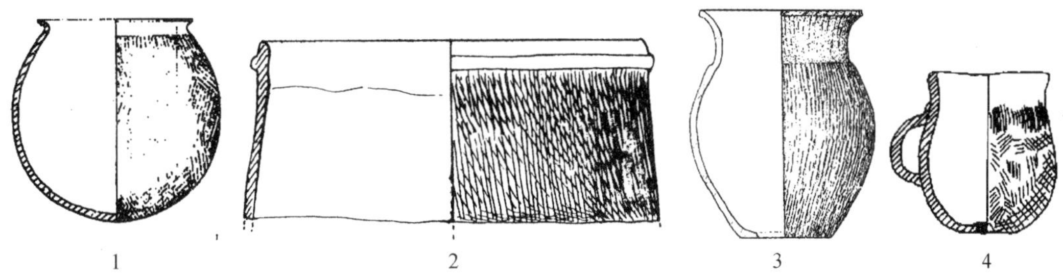

图四 辽瓦店子夏时期陶器

1. B 型釜（H407:7） 2. 斝上腹（H407:15） 3. C 型罐（T0719H491:15） 4. Da 型罐（H251:2）

根据夏商周断代工程对早期夏文化的研究，将河南龙山文化晚期（或称为王湾三期文化晚期）、新砦二期和二里头文化作为探索早期夏文化的主要对象。登封王城岗、禹州瓦店、偃师二里头等一批新的测年数据②，推测河南龙山文化晚期大约始于前22世纪，而结束于前20世纪，并将夏文化的始年推定前21世纪③。此时，江汉平原大部地区伴随着中原文化因素的强势冲击，进入了“后石家文化”④ 阶段。位于汉水中、上游的鄂西北地区是沟通南北、东西的交通的要道。作为各地文化交流、碰撞的前沿地带，这里的文化面貌更为复杂多变，对来自各地区文化影响的反应更为敏感与强烈。辽瓦遗址正体现了这种复杂与多变：脱胎于石家河文化“青龙泉类型”，先后受到来自中原地区和丹水上游的陕南地区文化等诸多文化因素影响，发生年代大体处于河南龙山文化晚期～二里头文化一、二期之间。这种文化特征已在乱石滩、下王岗遗址上初见端倪。辽瓦“夏时期”遗存的发现确定了在相当于早期夏文化阶段，汉水中上游的鄂西北—丹水中下游的豫西南地区确实存在着这样一种地方文化类型，它代表了在成熟的二里头文化（三、四期阶段）渗入江汉流域之前其边缘地区的文化发展面貌。

---

① 报告中称“Ⅰ式罐”。河南省文物研究所、长江流域规划办公室考古队河南分队：《淅川下王岗》，文物出版社，1989年。

② 夏商周断代工程专家组：《夏商周断代工程1996～2000年阶段成果报告》（简本），世界图书出版公司，2000年。

③ 夏商周断代工程专家组：《夏商周断代工程1996～2000年阶段成果报告》（简本），世界图书出版公司，2000年。

④ 孟华平：《长江中游史前文化结构》，长江文艺出版社，1997年。

中国古史传说之洪水说与大禹治水诸史迹的考古学观察

方燕明
（河南省文物考古研究所）

中国古史传说时代中的洪水说、鲧作城、大禹治水、禹都阳城等，一直是中国历史中备受关注的系列问题。笔者自 1996 年以来，先后承担有“夏商周断代工程”、“中华文明探源工程预研究”、“中华文明探源工程（一）”和“中华文明探源工程（二）”项目中若干与早夏文化研究，中华文明形成与早期国家起源等相关的课题研究，有机会和可能从考古学的角度探讨中国古史传说时代中的若干问题，且稍有收获。本文将采用徐旭生先生对中国古史传说时代的研究，结合近年的考古发现与研究成果，讨论学术界关注和感兴趣的中国古史中的问题。不妥之处，敬请方家指正。

一、“洪水说”的文献与考证

关于中国古史传说时代的研究，徐旭生先生认为：主要应该依靠传说材料，判断传说材料的价值，要解决一个先决问题，这就是要从它的本质与来源分为两类：①“原生的”，包括一切见于早期记载的传闻异说。②“再生的”，包括一切见于后期记载之假的、伪托的、孳生的传说故事。这种传说大部发生在东汉以后，其中却非全无“原生的”传说①。

关于“洪水说”的文献与考证，徐旭生按照材料的内容与写定的先后，大概可分为三期：第一期，包括商周到战国前期的作品。如甲骨文、金文及《尚书》、《周易》、《诗经》、《论语》、《左传》、《国语》等书。第二期，包括战国后期到西汉末的作品。如先秦诸子、《周书》、《山海经》、《国策》、《大戴礼》、《史记》、《淮南子》等著述。第三期，东汉以后作品。如谯周、皇甫谧、郦道元诸人书中保存的一部分古代原始的民间传说，可补前人著述的不足。对于传说故事，不能不信，也不能全信，要在研究中鉴别真实的历史成分，由可靠的线索中理解史事的真相。

关于我国洪水的命名，以及洪水与洚水，徐旭生认为：《说文》洪字下解释：“洚

① 徐旭生：《中国古史的传说时代》，文物出版社，1985 年。

水也”，这是本于《孟子》书的说法。《孟子·滕文公下篇》引《尚书》说：“洚水警予”，接着解释说：“洚水者，洪水也”。徐旭生通过考证指出：“洪水”原为一专名，并非公名；地域在今河南辉县及它的东邻各县境内；它与淇水会合后，入黄河，在它入河以前略与今卫河相当。“洚”、“洪”虽为古今字，可是究竟不过是一个专名，并且仅仅是一条小水，何以转变成公名，又用它代表“浩浩滔天”的洪流呢？……共地（辉县）正当黄河转折地方的北岸……因为共有古代著名的氏族，所以淇水虽是来源较远，流量较丰，可是还不能夺共水（洪水）的名字。黄河在上游不能为患，进入平原，纳了共水，才奔腾冲击，构成大患。共地的居民没有这些考察，不知道黄河径流山间、原间及平地的关系，只看见它原来不能为患，纳了共水，才无法制约，酿成大患，很容易误会祸源不属于河而属于共①。

关于洪水发生的地域，徐旭生认为：如果详细考察我国的地形，各代河患的沿革，以及中华民族发展的阶段，就可以明白洪水发生及大禹所施工的地域，主要是兖州。豫州的东部及徐州的一部分也可能有些小施工。此外北方的冀州，西方的雍、梁，中央豫州及南方荆州的西部，山岳绵亘，高原错互，全不会有洪水。兖州当今日山东西部及河北东部的大平原，豫、徐平原当今日河南东部、山东南部及江苏、安徽的淮北部分。洪水所指主要地是黄河下游及它的流域。淮河流域的一部分也可能包括在内，此外全无关系②。徐旭生指出：炎、黄两大部落顺着渭水及黄河两岸东下，太行及熊耳、外方各山麓就有很多的古国（氏族）。我们所知道尧、舜、禹时期的国（氏族）名很少，姑就所知道的主要国邑一考其所在：属于炎帝部落的共工氏建国于太行山南麓。共工族人四嶽（即太岳）受封于许。就是今河南中部的许昌。陶唐氏旧地应该是在今河北省唐县、望都一带。有虞氏的旧地大约在今河南省虞城县境内。皋陶旧地在曲阜。夏后氏的旧地，《周书·度邑篇》说“自洛汭延于伊汭，居易无固，其有夏之居”。朱右曾说：“洛汭，洛水入河之处，在河南府巩县北；伊汭，伊水入洛处，在河南府偃师县西南五里。延，及也；易，平也。”这是说从洛汭到伊汭，土地平坦，没有险阻，为夏后氏旧居。《孟子》书说：“禹避舜之子于阳城”，阳城就是今河南登封县东南三十五里的告成镇。《汉书·地理志》颍川郡阳翟县下有“夏禹国”的说法（阳翟今禹县），这一切全足以证明夏后氏旧地在黄河以南，外方山跟，离河南省东部平原很近。那么，当时的著名氏族差不多全在兖、豫、徐诸州境内，或在冀州东部与黄河相离不远的地方。可是这些地方却受洪水冲击，人民“荡析离居”，也难怪当日的君臣上下震骇恐惧，警为滔天大祸了。关于洪水的原因，徐旭生指出：《庄子·秋水》有：“禹之时，十年九潦而水弗为加益；汤之时八年七旱，而崖不为加损”之文。《管子·山权数》也有“禹五年水”之文。《荀子·富国》有“禹十年水”之文。《淮南子·齐俗训》也有“禹之时，天下大雨”。

① 徐旭生：《中国古史的传说时代》，文物出版社，1985年。

② 徐旭生：《中国古史的传说时代》，文物出版社，1985年。

这一些全可以证明尧舜禹时代恰好遇着雨量由少变多的周期①。

徐旭生先生对洪水的考证结果大体可归纳为以下几点：①洪水的洪原来是一个专名，指发源于今河南辉县境内的小水，因为辉县旧名共，水也就叫做共水，洪字的水旁是后加的。因为它流入黄河后，黄河开始为患，当时人就用它的名字指示黄河下游的水患。至于洪解为大是后起附加的意义。②洪水的发生区域主要是在兖州，次要的在豫州、徐州境，淮河流域的一部分也可能包括在内。余州无洪水。禹平水土遍及九州的说法是后人把实在的历史逐渐扩大而成的。③当时的著名氏族差不多全在兖、豫、徐诸州境内，或在冀北东部与黄河相离不远的地方。

苏秉琦先生则直接从考古学上分析出洪水现象的有关线索。他以为河北邯郸、洛阳涧沟、陕西武功赵家来和浒西庄这几个龙山文化遗址，都发现了龙山文化在沟下早，沟上晚的现象："沟下是洪水前，沟上是洪水后，从沟下搬到沟上，是五千年以后的事"②。

随着考古学资料的积累和研究的深入，尤其是"夏商周断代工程"、"中华文明探源工程预研究"、"中华文明探源工程（一）、（二）"等项目的开展以及所强调的多学科研究，使我们有可能从考古学的角度对中国古史传说中的洪水说和大禹治水等问题予以廓清和解释。

二、环境考古的洪水证据

环境考古是研究人类文化形成规律的科学，侧重研究人与自然界的历史关系，既研究人对自然界的依赖，也研究人对自然界的影响③。气候变迁是生态环境研究中的重要内容。竺可桢先生于20世纪六七十年代的研究中国近五千年气候变化史时发现："在近五千年中的最初两千年，即从仰韶文化到安阳殷墟。大部分时间的年平均温度高于现在2℃左右，1月温度大约比现在高3～5℃"④。长期以来中国地质学界针对中国北方的全新世大暖期开展了广泛深入的研究，积累了相当丰富的环境变迁的资料数据。学术界将全新世大暖期界定为距今8500年至3000年的时间范围内⑤。这是一个更为精确的数据，亦可作为"仰韶温暖期"起讫时段。这一时段正好和我国黄河下游地区的裴李岗——磁山文化、仰韶文化、龙山文化及夏商王朝的时代相对应。研究表明，全新世大

① 徐旭生：《中国古史的传说时代》，文物出版社，1985年。

② 苏秉琦：《中国文明起源新探》，生活·读书·新知三联书店，1999年；中国社会科学院考古研究所：《武功发掘报告——浒西庄与赵家来遗址》，文物出版社，1988年。

③ 汤卓伟：《环境考古学》序，科学出版社，2004年。

④ 竺可桢：《中国近五千年来气候变迁的初步研究》，《考古学报》1972年第1期。

⑤ 施雅风等：《中国全新世大暖期气候与环境》，海洋出版社，1992年。

暖期的重要特征之一是气候变化的不稳定，降温事件时有发生。

近年来，我们在淮河水系的颍河中上游地区王城岗遗址的发掘和周边遗址的考古调查中采集了大量反映环境信息的植物样品进行了孢粉、植硅石和浮选炭化植物种子的鉴定。通过对这些植物遗存的分析可以看出，颍河中上游地区仰韶文化中晚期到龙山文化时期为温暖湿润的亚热带疏林草原气候，木本与草本植物的比例已超过15%。对王城岗出土木炭碎块的分析，表明龙山文化时期遗址周围分布着大量阔叶树栎林、其他阔叶树种和刚竹属，因此王城岗地区具有亚热带气候特点，龙山文化亚热带北界比现在偏北。其后的二里头时期和春秋时期均不如龙山时期温暖湿润，但龙山时期以来的居民均喜欢以栎木作为薪材。同时，无论是仰韶文化还是龙山文化的遗存中均发现有相当数量的莎草科、泽泻科等水生植物，另外在各类农作物中水稻的比例虽然不高，但几乎在所有调查的仰韶和龙山文化遗址中均发现有一定的数量，说明当时降水量较充足，遗址周围应该有相当面积的水域的存在。尤其是位置更偏南，处于嵩箕山脉之间呈圈椅形地貌特征的瓦店遗址不仅水生植物和水稻的比例较高，而且还发现有水牛等典型亚热带动物，说明当时的环境是相当温暖湿润的。与龙山文化晚期相比，二里头文化的木本植物大大减少，木本与草本植物的比例降至9.2%，莎草科、泽泻科等水生植物的数量也急剧减少。据此推断，到了二里头文化时期气候很可能朝干燥的方向发展①。

位于沙汝河流域偏南的驻马店杨庄遗址的环境考古研究表明，从孢粉、植硅石、黏土矿物等情况看，该区前4000年至前1500年间整体属于亚热带气候。但也曾发生过若干次小的波动：相当于中原龙山文化早期石家河文化时期，气候温暖湿润，森林较为发育，龙山文化晚期气候略为干燥，森林植被开始退化，并延续至二里头文化的早期，二里头文化晚期，又进入到温暖湿润的阶段②。

郑州地区的气候变化大体与整个中国北方地区相一致。均在前2800年前后仰韶文化向龙山文化的过渡时期，出现过一次明显的降温事件，在前2300年之后的龙山文化晚期气温开始回升。郑州地区降水量的波动更为显著。无论是郑州西山上河王剖面还是新密新砦遗址，均记录了该区前2300年之后的龙山文化晚期气候较为干燥，为暖温带草原环境，而至前1800年前后则出现了一次明显的降水量增加的气候波动事件，并在新砦遗址上引发了洪水。但是，这次气候波动持续时间不长，很快又继续转向温暖干燥的温带草原气候③。

---

① 北京大学考古文博学院、河南省文物考古研究所：《登封王城岗考古发现与研究（2002～2005）》，大象出版社，2007年。

② 北京大学考古系等：《驻马店杨庄》，科学出版社，1998年。

③ 王晓岚等：《河南省郑州西山全新世中晚期地层》，《北京师范大学学报》（自然科学版）第35卷第2期，1999年；王晓岚等：《距今7000年来郑州西山遗址古代人类生存环境》，《古地理学报》第6卷第2期，2004年；夏正楷等：《我国中原腹地3500 aBP前后的异常洪水事件及其气候背景》，《中国科学》D辑第33卷第9期，2003年。

属黄河水系的洛阳盆地整体气候比较温暖湿润，特别是前3000年之前的仰韶文化时期，大面积的水域形成的湖沼分布十分广泛，至前2800年前后气候开始向温凉干燥的方向发展，湖泊逐渐消失，而至前1800年前后洛阳盆地的大片湖泊已经消亡，低地中大片平原的出现为人类的活动提供了更为广阔的空间，二里头文化中心即诞生于此地①。

有学者认为：整体来看前4000年至前1500年间中原腹地的气候温暖湿润，属暖温带——亚热带疏林草原气候，气温和降水量均比现在高，适宜的气候条件和丰富的动植物资源便于古人类生存繁衍。地处中原中心的洛阳盆地，从仰韶文化中晚期至龙山文化早期的千年时间内气候温度湿润，湖泊沼泽较为发育，尤其是盆地的中心地势低洼地带很可能分布有大片的湖沼。龙山文化早期气候开始转向干凉的方向发展，并一直持续到二里头文化初期，各地湖沼已基本消亡，人类能够在地势开阔的伊洛河冲积平原上活动。该区小区域气候相对稳定发展，较少受到剧烈环境波动事件的影响，但自仰韶文化至二里头文化时期区域环境景观的变化十分显著，主要表现为湖泊的消亡和大片冲积平原的出现。相比之下，郑州地区降水量的波动十分显著，尤其是进入龙山时代至二里头文化初期的阶段里，剧烈的降水变化和突发性的洪水事件时有发生，低洼地带的湖沼面积广阔，一些大型的湖泊如荥泽、圃田泽直至历史时期仍广泛见诸文献记载。该区小区域性气候波动显著，加上龙山文化以来的黄河多次改道，导致区域环境生态的稳定性差，考古学文化和聚落变迁频繁。颍河中上游地区和沙汝河流域气候更加温暖湿润，区域性环境波动虽然存在，但变化并不剧烈。与洛阳盆地相比较，这里的降水量比较充沛，自仰韶至龙山文化一直存在一定面积的水域，至二里头文化时期气候才朝干燥的方向发展，但该区的区域性环境景观变化不大②。一些第四纪研究者曾经指出中国全新世气候的变迁主要受东亚季风的影响，主要降水为来自东南海洋地区的暖湿气流与来自西北内陆的冷干气流交汇而形成，且具有明显的季节性特征③。中原腹地正处于我国第二阶梯向第三阶梯过渡地带，地形地貌复杂。嵩箕山脉的东南地区由于面向东南季风区，易于接受来自东南海洋的暖湿气流，加上山地的抬升作用，降雨量充沛。尤其是一些河谷地带，比如双洎河上游、颍河中上游和沙汝河流域多有三面环山向东南平原敞开大口

① 梁亮等：《中原腹地距今5000～4000年间古环境重建的软体动物化石证据》，《北京大学学报》（自然科学版）第39卷第4期，2003年。洛阳市文物工作队：《洛阳皂角树》，科学出版社，2002年；宋豫秦等：《河南偃师市二里头遗址的环境信息》，《考古》2002年第12期。

② 张海：《公元前4000至前1500年中原腹地的文化演进与社会复杂化》，北京大学博士研究生学位论文，2007年。

③ 安芷生等：《中国中、东部全新世气候适宜期与东亚夏季风变迁》，《科学通报》第38卷14期。

圈椅式地形的迎风坡，极易接受暖湿气流，形成暴雨和洪涝灾害①。相反，洛阳盆地等地，由于四面环山，冷干的冬季风和暖湿的夏季风都不容易吹到，气温和降水的波动相对不明显，尤其是夏季受幅热带高压带的控制时间长，降水量少，时常出现干旱②。根据现代气象学的研究，豫西地区不同区域的降雨量的差异很大，其中以洛阳盆地的偃师一带最为干旱，年均降水量低于沙汝河流域等地竟达 350 毫米左右③。由此可见，洛阳盆地龙山文化以来气候的干燥、湖泊的消失以及郑州等地的气候波动，洪涝灾害的频发等很可能都与复杂的区域地形地貌所导致的中原各地小区域气候的差异有关。

三、大禹治水的考古学观察

有学者指出：中国古史传说中有关于洪水斗争的，较早见于与颛顼“争为帝”的共工氏的事迹：《左传・昭公十七年》“共工氏以水纪，故为水师而水名”。《国语・鲁语上》“共工氏之伯九有也，其子曰后土，能平九土”。共工氏平土的方法是《国语・周语下》“壅防百川，堕高堙庳”，把高地铲平，低地垫高，故而失败。到尧舜时期，洪水的记载多了起来，成为五帝时代后期的主要历史事件。尧舜时关于洪水的记载，先是治水不成功，后才有治水成功的记载，据《史记・夏本纪》：“帝尧之时，鸿水滔天，浩浩怀山襄陵，下民其忧。尧求能治水者，群臣四岳皆曰鲧可。”鲧治水九年而水不息，功用不成，又改用大禹治水，大禹“疏九江，决四渎”，取得显著效果，“抑洪水十三年”④。

大禹治水始于他的父亲鲧。对此徐旭生考证到：大禹的父亲叫做鲧。按《国语・周语下》称他为崇伯。《汉书・地理志》颍川郡密高县下，班固自注：“武帝置以奉大室山，是为中岳”。颜师古注：“密古崇字”。今称嵩山，嵩为崇的别体。崇地就是指今河南登封县嵩山附近地。关于鲧的传说有两大类：一类是说他治水，因为他不循正法所以无成功。《尚书・尧典》、《尚书・洪范》、《国语・周语下》全说到这件事。另一类是说他创作城郭。《吕氏春秋・君守篇》说：“夏鲧作城”。《礼记・祭法篇》正义解鲧，引《世本》说他“作城郭”。《水经注》卷二河水下也引《世本》说：“鲧作城”。《广韵》引《世本》却说作郭。内为城，外为郭，分别不大。《淮南子・原道训》也说：“夏鲧作三仞之城，诸侯畔之，海外有狡心”。这两大类的传说，从前人没有从它

① 施其仁：《淮河上游的暴雨灾害和防治》，《河南大学学报》（自然科学版）第 24 卷 4 期，1994 年；施其仁：《淮河上游地形对大暴雨的影响》，《河南大学学报》（自然科学报）第 27 卷 1 期，1997 年。

② 千怀遂：《豫西山区干旱规律及其成因》，《河南大学学报》（自然科学版）1987 年第 3 期。

③ 李克煌：《论豫西山地区的水分平衡和气候干燥度》，《河南大学学报》（自然科学版）1985 年第 3 期。

④ 郭大顺：《追寻五帝》，商务印书馆，2000 年。

们中间看出有什么关系。我们觉得这实在是一件事。《尧典》说帝尧忧洪水的泛滥，问大家谁可以治，大家公推鲧可以治。帝尧只好让他去治，可是果然“九载绩用弗成”，这就是说他治水多年也没有成功。说鲧治水九年没成功，九仍是指多的意思，并不限于八加一，十减一的数目。鲧治水不成功的原因，《尚书·洪范篇》说：“鲧陻水”。陻与堙同，是窒塞的意思。《国语·周语上》说：“有崇伯鲧……称遂共工之过”。可见他用的办法是沿用共工氏的旧法，即把高地方铲平，把低地方填高。这样工作后人解释为筑堤防是对的。城同堤防本来是同一的东西：从防御寇盗说就叫做城；从防御水患说就叫堤防。共工氏所发明，鲧所沿用的堤防（也就是鲧所作的城或城郭）大约就像今日北方乡间所筑的土寨子或叫作护庄堤。因为共工氏不过防它自己氏族的淹没，所筑有限。鲧却是为各部落所推，大规模地工作，所以创作城郭的荣誉不正确地归于他。主要的城恐怕是筑起以防宗邑帝丘的淹没，余下的防御其他都邑。规模也许相当地大，不惟包围人民的庐舍，并且包围他们的耕田①。共工之城、鲧之城何在？由考古学研究是可以追寻到一些与其相关的遗迹的。

20 世纪 70 年代末，在登封王城岗发现龙山文化晚期城址一座，为东西并列的 2 座城堡，被称为东城、西城。东城可能为方形，南城墙西段残长 30 米，西城墙南段残长 65 米，东城墙和北城墙已毁。西城东城墙即为东城之西城墙，可能亦为方形，南城墙长 82.4 米，西城墙长约 92 米，北城墙西段残长 29 米，城内面积不足 1 万平方米。南城墙东部有一长约 10 米的缺口，被认为可能是南门遗迹。现在可以看到的城墙实际是墙的基础槽部分，槽呈倒梯形，槽口宽 4.4、底宽 2.54、深 2.04 米。槽内填筑夯土层厚一般为 0.1 ~ 0.2 厘米。在西城内发现有窖穴和灰坑以及一些夯土基础和奠基坑（该类坑内皆遗有人骨）②。王城岗城堡的相对年代被推定为王城岗龙山文化前期，其绝对年代上限为前 2200 ~ 前 2130 年，下限为前 2100 ~ 前 2055 年③，夏商周断代工程将夏代的始年推定在前 2070 年④，而夏商分界被推定为前 1600 年，依此夏代的基本年代可估定为前 2070 ~ 前 1600 年⑤。由此可知王城岗城堡使用年代较夏的始年稍早，联系到前述文献中鲧为崇伯，活动于中岳嵩山一带，很可能王城岗城堡即为鲧作之城，又考虑到王城岗城堡为东西并列两小城，也有可能即暗合鲧作城郭之说。王城岗城堡仅残存城墙基础，由基槽上口宽不足 5 米推测墙体不会太宽，同时由基槽深仅 2 米推测墙体亦不会

① 徐旭生：《中国古史的传说时代》，文物出版社，1985 年。

② 河南省文物研究所等：《登封王城岗与阳城》，文物出版社，1982 年。

③ 北京大学考古文博学院、河南省文物考古研究所：《登封王城岗考古发现与研究（2002 ~ 2005）》，大象出版社，2007 年。

④ 夏商周断代工程专家组：《夏商周断代工程 1996 ~ 2000 年阶段成果报告（简本）》，世界图书出版公司，2000 年。

⑤ 夏商周断代工程专家组：《夏商周断代工程 1996 ~ 2000 年阶段成果报告（简本）》，世界图书出版公司，2000 年。

太高，这既不宽且不高的墙体外侧也未见城壕等用于御敌的防御设施，而王城岗城堡又紧临颍河支流五渡河畔，其最初的起因很有可能即为鲧筑堤防以防水患。就目前所掌握的考古材料和史料看，鲧作城即为位于嵩山东南麓登封告成的王城岗城堡也许是合理的解释。

20 世纪 90 年代，在黄河北岸的辉县孟庄遗址发现一座龙山文化晚期的城址，该城位于太行山南麓，卫水的西侧。城址平面略呈方形，东、西、北三面城墙保存尚好。东城墙长 375 米，北城墙残长 260 米（复原长 340 米），西城墙复原长 330 米，南城墙已毁坏不存，仅见南护城壕。城墙的宽度由保存较好的东城墙和北城墙看，主体城墙基础部分宽 13 ~ 14 米，城墙上部宽 6 ~ 7 米，城墙残高 0. 5 ~ 1. 2 米。城内面积 12. 7 万平方米。城墙是在铲高垫低、将墙基平整之后，再从内外两侧取土略加夯筑而成。东城墙中部发现有宽 2. 1 米的门道，路土明显，门道两侧发现有基槽，基槽贴近墙壁处见清晰的木板灰。城墙外四周发现有护城壕，壕宽 20 米左右，壕底距现今地表深约 5 米。城内发现有房基、水井、窖穴、墓葬等①。孟庄城址在龙山文化晚期至二里头文化时期以前，有关洪水的迹象十分明显，这主要表现在以下几个方面：①孟庄龙山文化城址的东城墙、西城墙内侧都发现有二里头时期夯土修补的痕迹，北城墙外侧也有修补的夯土，这是二里头文化筑城之前受洪水或大量雨水冲刷的结果。②孟庄城垣内侧壕沟内均发现含龙山文化各期陶片的淤土。其南、北护城河中亦有 2 至 3 厘米厚的淤土。这些淤土应是持续一定时间的雨水造成的。③最能表明孟庄龙山文化城毁于洪水的证据是西城墙的中段，该城墙北部有一个大的缺口，宽达 15 米，原有龙山文化城墙夯土已全部被洪水冲掉，且洪水在此处下切生土深达 1. 5 米左右。冲沟内的淤土中包含有龙山各个时期的陶片。这段缺口是于二里头文化时期之前形成的②。发掘者推测辉县孟庄龙山文化城址有可能是共工之城，此说是有道理的。如前文所述，属于炎帝部落的共工氏活动于太行山南麓，而辉县孟庄古城西部的卫水即为古时的洚水——共水（洪水）。值得注意的共工氏治水即把高地方铲平，把低地方填高。而孟庄古城修筑也是铲高垫低，该不会是巧合吧。不过共工氏的孟庄城不像鲧的王城岗城堡最初的用途是防御水患，有着宽阔城壕和高大城墙的孟庄城在防御水患的同时，也会有很好的防御敌人的效果。孟庄城的相对年代为河南龙山文化晚期，其绝对年代为前 2321 ~ 前 1974 年、前 1913 ~ 前 1679 年。而共工氏与鲧亦为同时代之人。因此结合目前所见的文献史料和考古材料，将孟庄龙山文化晚期城址解释为共工所筑之城是较为合适的。

徐旭生认为：鲧治水失败，被逐远出（殛是诛责的意思。古人辩鲧并非被杀，大致不错），但是洪水继续为患，还是不能不治。共工氏同鲧虽说失败了，可是他们积累了不少失败的经验，成了治水的世家。不想治水则已，想治水就不得不往治水世家里面

① 河南省文物考古研究所：《辉县孟庄》，中州古籍出版社，2003 年。

② 河南省文物考古研究所：《辉县孟庄》，中州古籍出版社，2003 年。

找人才。禹又称夏禹、伯禹，是夏王朝的实际创建者，其治水敷土的故事在《诗经》中就被反复传颂。《诗经·商颂·长发》说："洪水茫茫，禹敷下坊。"（敷土即以土布填洪水）《诗经·小雅·信南山》说："信彼南方，维禹甸之。"《诗经·鲁颂·（宓）宫》说："奄有下土，缵禹之绪。"《尚书·尧曲》也记载禹为司空，负责平水土。《尚书·禹贡》更专门讲述禹治水布土和划分九州的情况。大禹同四嶽（岳）被举治水，利用他们家世的失败的经验，觉悟到从前所用枝枝节节的办法不能解决问题，必须大规模疏导，使水畅流，才有办法。这一次的施工方法，在先秦书中，只有《国语》、《墨子》、《孟子》三书所记较详。《国语·周语下》说："高高下下，疏川导滞，钟水丰物。封崇九山；决曰九川；陂鄣九泽；丰殖九薮；汩越九原；宅居九隩。合通四海"。这一段中最主要的是"疏川导滞，钟水丰物"及"陂障九泽，丰殖九薮"数句。因为从前水流不畅，到处全是沼泽，深不足以丰水产，通舟楫，浅却足以妨害耕种，阻碍行旅。现在把滞塞的地方疏导开来，水流自可通畅。水有所聚，把它的深处陂障起来，成为大泽，免致泛滥；浅的地方，就决之使干以利耕种，或置之为薮以丰财物，那人民就可以"利用"，可以"厚生"了。《孟子》书讲禹治水事迹的有两处。《孟子·滕文公上篇》："当尧之时，天下犹未平，洪水横流，泛滥于天下。草木畅茂；禽兽繁殖；五谷不登；禽兽偪人；兽蹄鸟迹之道交于中国。尧独忧之，举舜而敷治焉。舜使益掌火，益烈山泽而焚之，禽兽逃匿。禹疏九河，沦济、漯而注诸海；决汝、汉，排淮、泗而注之江。然后中国得而食也。当是时也，禹八年于外，三过其门而不入"。这一节说得很明白，并且大致不差。禹治水以前，黄河下游水势虽散漫，可是总有主流若干条。大禹把主流加深加宽，使"水由地中行"，水有所归，自不致再为患。把其他涣散微弱的流水决通，使归于主流，水就可以渐干，久即可耕。主流有十数道之多，就叫做九河了。大禹也是顺着河水下游自然散漫的形势加以疏导，使它不致壅塞，并不是创始穿凿以杀水势。孟子在前述文字中提及汝水和淮水，汝水离夏后氏阳城（今河南登封告成）旧都不远，曾经疏导，也或者可能，但据《水经注》，它发源于梁县（今河南临汝县境），东至原鹿县（今安徽太和县境）入淮，不入于江。我们今日据可靠的史料推测，大禹对于淮水有些关系，可能在那里动一点工程，但也没有什么证据。《孟子·滕文公下篇》书中关于治水另外还有一段，但比较简单①。

就大禹治水的文献材料而言，遂公盨的现世让人振奋。遂公盨是保利艺术博物馆于2002年购藏的一件有铭铜器，就器形与铭文字体等方面考察，其时代可定在西周中期偏晚。遂公盨有很高的学术价值，器铭出现后，立即引起学术界的重视。遂公盨铭文中有"天命禹敷土，随（堕）山浚川，"之句，就是讲大禹平土治水之事。《中国历史文物》2002年第6期率先公布遂公盨的器形照片和铭文拓本，同时发表了李学勤、裘锡

① 徐旭生：《中国古史的传说时代》，文物出版社，1985年。

圭、朱凤瀚、李零诸先生的研究论文①。有学者指出：王国维先生试图从新的途径来证明夏禹的存在，这便是利用地下材料。当时他用的是两件青铜器。其中一件为秦公敦（即秦公簋），内中有“鼎宅禹迹”句；另一件是齐侯鎛、钟，内中有“赫赫成唐（汤）”“处禹之堵”句。王国维首先考证这两件青铜器是春秋时器……郭沫若继承了王国维的二重证据法，同样列举秦公敦（秦公簋）和齐侯鎛、钟铭文讨论夏禹问题，但在考证上有了重大突破。郭沫若的《两周金文辞大系》已在清人刘心源《古文斋》的基础上考证齐侯鎛、钟的器主应该为叔夷……王国维、郭沫若利用两篇金文与先秦文献的对证，证明了禹真实存在，禹与夏有关系……遂公盨的年代是西周中期略晚，比秦公簋和叔夷鎛、钟要早得多，因此其证明的力度就更大。而且更重要的是，遂公盨铭文记载夏禹的历史，比秦公簋和叔夷鎛、钟更具体，更古老……遂公盨铭文的出现，使得证明夏代的地下文字资料由春秋时代提前到西周中期，由此提早了六七百年，与夏代的田野考古材料的呼应更近了②。

登封王城岗遗址发现龙山文化晚期城堡后，被发掘者和一些学者视为禹都阳城，其所属的河南龙山文化晚期，也被推定为早夏文化遗存。但也有一些学者认为该城址残存不足 1 万平方米，作为夏禹之都确实小了。随着王城岗龙文化晚期大城的发现，一跃成为河南境内龙山文化城址中规模最大者，这无疑是对禹都阳城之说的有力支持，河南龙山文化晚期为早夏文化之说必然以此为新的根据。王城岗龙山文化晚期大城是一座带护城壕的大型城址。这座大城西北部保存较好，东南部保存较差。北城墙残长 350 米，残高 0.5 ~ 1.2 米，复原长 600 米；西城墙复原长 580 米，东城墙和南城墙的长度复原后分别为 580 米和 600 米。大城的北城壕保存较好，长约 620 米，宽约 10 米，深约 3 米；西城壕仅保存北部，残长 135 米，宽约 10 米，残深 1.5 ~ 2 米，复原长 600 米；西北城壕拐角尚存。大城的东、南两侧利用了自然河道五渡河和颍河作为天然防御设施。复原后的大城总面积可达 34.8 万平方米。在大城内，发现大面积的夯土遗迹和龙山文化晚期的祭祀坑、玉石琮、白陶器等重要遗存。关于王城岗大城与小城的关系，由小城位于大城的东北部，大城的北城壕打破小城西城的西北拐角处夯土城墙的基槽，可知大城的年代晚于小城。大城的绝对年代上限为前 2130 ~ 前 2075 年，下限为前 1885 ~ 前 1835 年。夏商周断代工程将夏代的始年推定为前 2070 年。可见王城岗大城的年代已进入夏代的纪年，并为夏代最早的城址，很可能即为禹都阳城③。古代文献为此做了很好注

① 李学勤：《论遂公盨及其重要意义》，《中国历史文物》2002 年第 6 期；裘锡圭：《遂公盨铭文考释》，《中国历史文物》2002 年第 6 期；朱凤瀚：《遂公盨铭文初探》，《中国历史文物》2002 年第 6 期；李零：《论遂公盨发现的意义》，《中国历史文物》2002 年第 6 期。

② 江林昌：《遂公盨铭文的学术价值综论》，《华学》第六辑，紫禁城出版社，2003 年。

③ 北京大学考古文博学院、河南省文物考古研究所：《登封王城岗考古发现与研究（2002 ~ 2005）》，大象出版社，2007 年。

解。《国语·周语上》："昔夏之兴也，融降于崇山。"韦昭注："崇，崇高山也。夏居阳城，崇高所近。"《太平御览·地部》嵩山条下又引韦昭注："崇、嵩字古通用，夏都阳城，嵩山在焉。"崇山古称外方山，后称嵩山，属于秦岭支脉，位于今河南西部的登封、新密和伊川县之间，西接熊耳山脉，东临豫东平原，北近伊洛盆地，南对颍、汝河谷，主峰在登封北部，故称太室，又称中岳，我国古代夏部族就兴起在此山周围。因此，在嵩山周围流传着许多关于夏族祖先鲧和禹等人的神话和传说。同时，在登封告城发现的东周阳城以及战国"阳城仓器"铭文陶器的出土，表明东周阳城就在告成镇，这也为"禹都阳城"即为登封告成王城岗龙山文化城址提供了有力支持。

综观近年的新的考古学材料看中国古史传说中的大禹治水可信大体有以下几点：

首先，《登封王城岗与阳城》考古报告曾认为王城岗龙山文化小城的东城是被五渡河冲毁的，而西城是被来自王岭尖的洪水冲毁的①。果真如此吗？我们根据新的考古资料对此作一讨论。其一，关于王城岗龙山文化小城之东城，是被五渡河冲毁的，就目前东城保存情况看的确如此，但其被五渡河冲毁的时间，是龙山文化时期吗？经我们考证王城岗龙山文化小城被水冲毁应该是春秋晚期以后才发生的事情。假设东城真的是在龙山时期被五渡河冲毁，为何还要在紧邻东城处修筑西城而不怕再次被水患所毁，此举似乎不合逻辑。其二，关于王城岗龙山文化小城之西城是被王岭尖上下来的洪水所冲毁，有洪水冲沟为证。其实所谓冲沟实际是王城岗龙山文化大城的北城壕。据调查，王岭尖上的雨水，朝东行是通过竹园沟流入五渡河的，朝南行是通过箩筐沟流入颍河的。可见王岭尖上下来的山洪基本上不会对王城岗城址造成大威胁。试想假如王城岗小城受到王岭尖山洪的威胁或毁坏，龙山文化时期的人还会选择在王城岗上修筑大城吗？由此，可以认为王城岗龙山文化大城的修筑，恰恰说明大城的主人对河水的认识和利用有着较高的水平②。

其次，如果王城岗龙山文化晚期大城即为禹都阳城，那么是否可以找到与大禹治水有关的蛛丝马迹？王城岗龙山文化晚期大城北城壕全长620米，经测量得知该城壕东端至西北拐角高差约9米。为了解北城壕底部高差，我们对其进行了系列测量。由地表测量得知：W2T6571西南坐标点到W5T2373西南坐标点高差4.346米，这2个探方的直线距离为190米。而W2T6571、W5T2373这2个探方中北城壕底部高差仅为0.374米。在长达数百米的北城壕底部，其间的底部高差却不足0.4米，可见王城岗龙山文化晚期的人们已经掌握了一定的测量技术，这种城壕底部大体接近水平的设计和开挖，增加了中国古史中大禹治水的可信度。在大禹治水的过程中是以疏导使水畅流为主，如此具备

① 河南省文物研究所等：《登封王城岗与阳城》，文物出版社，1982年。

② 北京大学考古文博学院、河南省文物考古研究所：《登封王城岗考古发现与研究（2002～2005）》，大象出版社，2007年。

一定的测量技术和水平挖掘技术是必不可少的①。同时我们注意到王城岗城壕内是有水流动的。为了解城壕内水的来源，我们对五渡河和颍河进行了调查和测量。现代颍河水面海拔高为251.69米，五渡河水面海拔高为252.09米，两者水面海拔高度相比，颍河水面较五渡河水面稍低些。五渡河水面252.09米的海拔高度较北城壕底部海拔高255.985～256.572米还要低，由此看似乎五渡河水无法流入城壕中。我们在正对北城壕东端的五渡河以北约150米处西岸一高7.2米的天然挡水堤土崖壁（此处水面海拔高254米）上发现了五渡河不同时期的四层河床底部堆积。主要是河卵石、细沙层，最下层河床距现代水面约2.5米，再上一层河床距现代水面约2.9米，最上层河床底距现代水面约3.3米。当然目前观察到的不同高度的河床底形成年代尚无法确定，但是五渡河水面曾高出现在水面3～5米以上是可能的。依此五渡河水面海拔高度可推定为约257米，如此海拔高度的五渡河水是可以流入北城壕的。测量五渡河水面海拔高度的时间是2005年5月10日上午，按季节当时尚属春夏之交，应该是河水的枯水期，在进入当地7～8月的夏季时，正是河水的丰水期，河水的水平面海拔会更高，流进北城壕应该是没有问题。就城壕五渡河水口的水面海拔高于颍河水口的水面海拔，很可能是由五渡河水口进入北城壕，经西城壕由出水口流入颍河。由以上材料似乎可以得到这样的认识：王城岗龙山文化晚期大城的主人在修建城址时，已考虑到让五渡河水流入城壕内，城壕底部近似水平的设计大概就是为了河水的顺利流动。考虑到王城岗城址西北高、东南低的特点，大城是以人工挖成北面、西面城壕和南面颍河、东面五渡河共同构成完整的防御体系。城壕内引入河水增加了防御敌方的效果，同时如遇涝时亦兼有排水防灾的功能②，此举只有长期与水打交道，在积累了无数失败和成功经验的人方可为之。这种对水的认识和利用水平之高惟大禹莫属。反观王城岗小城单一的挡水功能可能真是出自鲧之手。同时，大禹能在鲧作城之地修建阳城，可见文献记载禹对淮河流域部分水系的治理可能性很大，属于淮河水系的颍河、五渡河大概经过大禹的治理安澜不惊，大禹方将阳城建于嵩山东南部的颍河与五渡河的交汇之处。如今望着川流不息的颍河和五渡河，已难觅大禹疏浚之痕迹了。

第三，我们已经在王城岗龙山文化城址的选址、设计、施工技术等方面搜寻到若干可能与大禹治水相关的痕迹。也许还可以从该城址的工程量和施工管理组织等方面找到一些与夏禹有关的线索。通过模拟实验，我们推测用当时的石质生产工具——铲来修筑这样一座30多万平方米规模的城址，如果以1000个青壮年劳动力每天工作8小时计算，需要连续工作1年零2个月的时间。若再加上进行设计、测量、管理和监督的人员

---

① 北京大学考古文博学院、河南省文物考古研究所：《登封王城岗考古发现与研究（2002～2005）》，大象出版社，2007年。

② 北京大学考古文博学院、河南省文物考古研究所：《登封王城岗考古发现与研究（2002～2005）》，大象出版社，2007年。

以及提供后勤保障的人员，修筑如此规模的一个工程所需劳力远非王城岗聚落本身所能提供，必然需要征集更大范围里其他聚落的劳力来共同完成。因此，在龙山时代的颍河上游地区应该存在一个以王城岗遗址为中心的聚落群，而这个聚落群的内部社会可能已经发展到相当复杂的程度。如果我们简单地根据当地现代农村的经验，按照一个村落能够常年提供 50 ~ 100 个青壮年劳力计算，要 1 年多的时间完成这个工程，需要征集10 ~ 20 个村落的劳力。这与我们目前所调查的颍河上游登封地区龙山文化晚期聚落遗址的数量基本符合。因此，很有可能的是王城岗龙山文化晚期城址是动员了以王城岗遗址为中心的整个聚落群的力量来共同完成的工程①。那么有谁可以或能够集中和调动如此多的人力和财力来修筑这样一座规模巨大的城址？又是谁需要在嵩山东南部的淮河水系的颍水岸边修筑这样一座位居战略要地的城址（王城岗城址西北背靠嵩山，东南面向黄淮大平原，其东向可抵御东夷，南向可进击三苗，北向扼守北狄南下之通道）？恐怕非夏禹莫属。

第四，夏禹时期的经济实力足以支持治水。除前文所述夏王朝建立前后与治水相关的技术水平较高外，其时的经济发展水平也可能是治水成功的要素之一。比如动物资源的开发与利用，在王城岗、瓦店遗址以及调查所获材料，依人类开发利用动物资源方式分两类：即野生动物和家畜。野生动物分三类：①水生动物，包括各种鱼类、螺、蚌、蚬和蟹。②鸟类。③哺乳动物，小型的有鼠、兔。大型有豪猪、鹿和熊。家畜主要是猪、黄牛、山羊、绵羊和狗。仰韶时期，见于杨村、袁村、袁桥、西范店、石羊关、胡楼调查，水生动物有鱼（鲶鱼）、螺（中华圆田螺）和蟹。鸟类。哺乳动物有鼠、鹿。饲养有家畜猪。龙山文化晚期，主要为王城岗、瓦店。水生动物有鱼、螺（中华圆田螺）、蚌（圆顶珠蚌）、蚬和蟹。小型野生哺乳动物有啮齿动物、兔、獾和鼬科动物。大型野生哺乳动物有鹿、豪猪和熊。家畜有猪、狗、黄牛、水牛和绵羊。二里头文化，来自王城岗和石道调查。水生动物数量较龙山文化晚期有明显下降，小型野生哺乳动物有鼠、兔。大型野生哺乳动物有鹿、豪猪。驯化家畜以猪为主，还有狗、黄牛和绵羊。从以上遗址出土的动物骨骼资料看，颍河中上游地区从仰韶至二里头文化各个时期动物种类均十分丰富多样，反映了人类广泛利用动物资源的情况。根据瓦店遗址统计资料看，家畜的比例均远高于野生动物，且还有不断增加的趋势。虽然各个时期的人们也大量食用水生动物资源，但从其所能够提供的肉食数量来看，食用水生动物资源只能是当时人们获取肉食资源的补充。家畜的驯养是当时人类获取动物资源的主要方式。对比仰韶文化、龙山文化晚期和二里头文化三个主要阶段驯养家畜种类的情况可以看出，龙山文化晚期的家畜种类最丰富，包括猪、狗、黄牛和绵羊。总之，颍河中上游地区从仰韶文化开始，以饲养家畜作为主要的肉食来源，另外渔猎方式也是获取肉食资源的重要补

① 北京大学考古文博学院、河南省文物考古研究所：《登封王城岗考古发现与研究（2002 ~ 2005）》，大象出版社，2007 年。

充。到龙山文化晚期，在获取的野生动物资源没有明显变化的情况下，饲养家畜的种类增多，黄牛和绵羊很可能是在这一时期被引入作为猪之外的重要肉食资源。从瓦店遗址的情况看，家畜在整个动物资源中所占的比例有逐步增加的趋势，除了用作食物资源之外，猪、牛和羊也同时被用来祭祀。另外，使用动物肢骨制作骨器的情况从仰韶文化开始在颍河中上游地区即已十分普遍。很明显，从龙山文化晚期开始颍河中上游地区的人们对动物资源的开发利用程度急剧增强，这与我们调查发现的聚落遗址的增加所反映的人口增长带来的消费的增长是相符合的①。袁靖先生曾经将新石器时代居民获取肉食资源的方式归纳为三种模式：依赖型、初级开发型和开发型②。从上述我们掌握的情况看，颍河中上游地区龙山文化晚期人们对动物资源的开发和利用很可能已经进入成熟的“开发型”阶段。与龙山文化晚期相比，二里头文化时期人们对动物资源的开发和利用没有大的变化，可能是本地社会稳定发展的反映之一。

在植物遗存、作物加工与农业经济方面，我们经过调查得知，仰韶文化到二里头文化各时期农作物 4 种：粟、黍、豆、稻。野生植物果实 5 种：酸枣、桃、杏、葡萄、山楂等。野草种子有：狗尾草、倒刺狗尾草、苋科、藜科、莎草科等共 36 种。从粮食作物比例看，各个时期均以粟为主，黍、豆和稻其次。其中仰韶文化和二里文化黍的数量相对较少，龙山文化黍的数量大大增加。稻的数量各期变化不一，仰韶、龙山晚期有一定数量的豆科作物。从野生植物籽实看，仰韶、龙山和二里头均采集有酸枣和桃，还有野葡萄和山楂。从野草种子看，各个时期均以苋科、藜科、菊科等伴人生草本植物为主，同时也有少量禾本科植物，反映当时人类活动的频繁和周围一定面积水体的存在。总之，颍河中上游地区从仰韶文化到二里头文化阶段，均以粟作经济为主，各类粮食作物的比例变化不大③。对农作物的加工与储存方式能够在一定程度上反映社会分工的方式，组织劳力的能力以及管理社会经济的模式，进而反映社会的复杂化程度。龙山文化晚期遗存中黍的数量急剧增加与这一时期的聚落数量和规模的急剧增加相吻合。因此也有可能的是与仰韶文化相比，龙山文化晚期随着聚落数量和规模的增加，需要更多的粮食来满足日益增长的人口需要。荒地被大量开垦，而黍在垦荒的过程中扮演了重要的角色。由于粮食生产数量的急剧增加，另一方面又由于黍的收获与粟的收获时间接近，因此很可能在龙山文化晚期，人们将更多的劳力用在收获粮食方面，反而没有额外的劳力对收获的谷物进行精加工之后再储存。二里头文化时期，遗址的规模基本稳定，与龙山文化晚期比并无大的变化，人口数量也基本稳定，垦荒活动减少，人们又开始组织一定

① 北京大学考古文博学院、河南省文物考古研究所：《登封王城岗考古发现与研究（2002～2005）》，大象出版社，2007 年。

② 袁靖：《论中国新石器时代居民获取肉食资源的方式》，《考古学报》1999 年第 1 期。

③ 北京大学考古文博学院、河南省文物考古研究所：《登封王城岗考古发现与研究（2002～2005）》，大象出版社，2007 年。

的劳力对收获的谷物进行进一步的精加工后再储存①。通过对区域调查诸遗址浮选土样的深入分析，发现仰韶文化阶段的农作物遗存以脱壳阶段的废弃物为主，龙山文化时期以扬场阶段的废弃物为主，表明龙山文化时期发生了农业生产组织方式的变化，即"从大家庭的社会结构向更小规模的核心家庭的社会结构的转变"。王城岗发掘所见龙山文化晚期除有粟、黍等作物外，还有稻谷和大豆。说明当时已经开始由以种植粟类作物的单一种植制度逐步地转变为包括稻谷和大豆在内的多品种农作物种植制度，这种先进的种植制度其意义不仅在于可以提高农业的总体产量，而且还在于能减少粮食种植的危险系数，是农业发展水平的一个重要标志。王城岗二里头文化有黍、小麦和大豆，其中发现的小麦有十分重要的意义，说明在二里头文化时期小麦已经传入到中原地区的核心地带。枣王遗址龙山文化土样中发现麦类植硅体，表明该地区至少从二里头时期甚至龙山文化时期就已经开始种植小麦了。而王城岗遗址二里冈时期小麦籽粒的大量发现，表明早在前1500年前后的商代早期，小麦的价值已为中原地区的先民所认知。由于小麦的加入，多品种农作物种植制度得到完善。王城岗龙山时期有水稻和谷子，还发现有谷物加工脱壳痕迹，说明在王城岗聚落内曾经有谷物（脱壳）加工活动②。植硅体分析表明，仰韶至二里头时代，颍河中上游地区的农业经济具有稻粟混作的特点，稻作农业比较普遍；浮选结果表明春秋时代王城岗遗址的稻谷相对数值下降，表明随着气候趋向干凉，稻谷在中原地区的种植规模开始萎缩。

有学者指出："在距今5000～3000年，大暖期后面的两千年间，距今四千年之前为气候波动和缓的亚稳定暖湿期。4KaBP前后为一多灾的时期，在敦德冰心记录曲线中出现较宽线的泛谷，甘肃齐家文化遗址气温和降水突然下降，农业北界南移了1度。中国东部有传说中历时数代的灾难性的大洪水可能导致龙山文化和良渚文化的结束。大禹治水的故事表明，先民已有领导的组织起来与自然灾害顽强斗争，取得了巨大成功。在这个灾难过后，直到3KaBP气候仍然比较暖湿"③。有学者认为：大禹治水的成功不能完全归功于人为的原因，而应主要为自然原因，即气候的变化。实际上在大禹治水之后，黄河流域出现过一个气候转向干凉的时期……在夏代初期的洪水过后，曾出现过气候相对干凉的时期。这也是华北地区洪水退却、陆地扩大的时期，大禹治水成功之后，有关夏代的文献中，再未发现有关大洪水的记载和传说，也在一定意义上表明这一气候的变化④。

---

① 北京大学考古文博学院、河南省文物考古研究所：《登封王城岗考古发现与研究（2002～2005）》，大象出版社，2007年。

② 北京大学考古文博学院、河南省文物考古研究所：《登封王城岗考古发现与研究（2002～2005）》，大象出版社，2007年。

③ 施雅风等：《中国全新世大暖期气候与环境》，海洋出版社，1992年。

④ 王星光：《生态环境变迁与夏代的兴起探索》，科学出版社，2004年。

四、大禹治水与文明起源和早期国家形成

关于中国文明起源和早期国家形成与大禹治水的关系，苏秉琦先生认为：中原地区国家是如何起源的？从文献与考古结合考察，洪水与治水传说是至关重要的，考古工作证明，沿京汉线与陇海线的邯郸—武功间至少有三处，在距今四五千年间发现过洪水的遗迹现象：一是邯郸，二是洛阳，三是武功（浒西庄、赵家来）。出洛阳城往西下一个大坡到涧沟（涧河之沟），涧沟的龙山文化，沟上早，沟下晚，沟下是洪水前，沟上是洪水后，从沟下搬到沟上，是五千年以后的事。涧沟的材料少，武功的材料丰富，最典型。武功浒西庄在下边，赵家来在上边，时间与涧沟上下对应。山西襄汾陶寺相当武功（赵家来），是迄今中原地区考古发现唯一较早近似社会分化达到国家（古国）规模的大遗址，绝对年代距今四千五百年前后，与传说《五帝本纪》后半的尧舜禹从洪水到治水，从治水不成功到成功的时期大致吻合。所以，中原地区的文明起源要从洪水到治水谈起①。苏秉琦指出：考古发现“大遗址”规格，就是古城古国所在，背景是人口密集、社会经济发达，社会已有分工。所以史载“夏有万邦”、“禹令诸侯于涂山，执玉帛者万国”是有据可依的。在距今五千年前后，在古文化得到系统发展的各地，古城、古国纷纷出现，中华大地社会发展普遍跨入古国阶段。古国时代以后是方国时代，古代中国发展到方国阶段大约在距今四千多年前。与古国是原始的国家相比，方国已是比较成熟、比较发达、高级的国家，夏商周都是方国之君。这时期一是群雄逐鹿，一是从洪水到治水。夏未亡而商已成大国，商未亡而周已成大国，是夏商周并立的局面，商汤伐桀、武王伐纣都用的是同盟军，是小国联合对付大国，是方国与方国间的战争。治水更需要打破小国界限组织起来，夏商周祖先都有治水的记录。《史记·五帝本纪》前半没有洪水一说，后半可一分为二，尧舜时代有洪水，有治水，没有治水成功的记载，只有不成功的记载。夏禹治水成功了，从有洪水、治水不成功，到治水成功是个大转折。所以，方国时代是产生大国的时代，也为统一大帝国的出现做了准备。不过，方国最早出现是在夏以前。江南地区的良渚文化，北方的夏家店下层文化是最典型的实例。五帝时代后半段的代表是尧舜禹，是洪水与治水……而夏、商、周三代，由于方国的成熟与发展，出现了松散的联邦式的“中国”，周天子的“普天之下，莫非王土，率土之滨，莫非王臣”的理想“天下”②。

有学者认为：洪水在当时生产力还较低下的情况下，无疑是巨大的灾难，但因治水成为国家大事，并坚持不懈的与大自然抗争，也为当时社会发展带来了积极成果。首先，因为治水的需要，加强了管理机构，据《尧典》，尧舜时已有四岳、十二牧组成的

---

① 苏秉琦：《中国文明起源新探》，生活·读书·新知三联书店，1999年。

② 苏秉琦：《中国文明起源新探》，生活·读书·新知三联书店，1999年。

贵族议事会，有以司空为首包括司徒、后稷、士、工（百工）、虞、秩序、典乐、纳言等部门官员的行政组织。还有了一整套刑法《尚书·虞书·舜典》“象以典刑，流宥五刑，鞭作官刑，扑作教刑，金作赎刑，眚灾肆赦，怙终贼刑”。有军队可以征伐四方，并有显赫的战功。《尚书·虞书·舜典》“流共工于幽州，放驩兜于崇山，窜三苗于三危，殛鲧于羽山，四罪而天下咸服”。这已经是一个有相当规模的国家机构了。治水还大大促进部族间联盟的扩大和加强，据载，尧舜时的部族联合，不仅有四岳、十二牧，以及共工、驩兕、鲧等，而且，尧与舜之间就是这种联盟的最高层次。记载帝舜的事迹和影响都超过了帝尧，尧、舜、禹之间各有自身发展的鼎盛时期，他们交替称霸。还可以从更大范围看待五帝后期部族间的大联合，那就是反映在考古学上的“龙山时代”的出现。总之，从洪水到治水，是五帝时代后期最为重大的事件，也是五帝后期古国形态进一步完善，最初文化共同体形成的主要推动力。逐鹿中原是中国历史发展大势。较早的三代是方国时代，夏、商、周都是“外来户”，大约夏来自东南，商来自东北，周则是从西北起家并逐渐向东发展的，他们交替占据了中原而先后成为方国的盟主①。

五、简短的结语

（1）对洪水和大禹治水较为完整记述见于《尚书》、《国语》、《孟子》、《淮南子》、《史记》、《汉书》等。徐旭生先生经过对这些文献的研究后认为洪水说的存在，而且以为，洪水原为一专名，指发源于河南辉县的小水，辉县旧名共，水也叫做共水，洪字的水旁是后加的，其流入黄河后开始为患。当时洪水发生范围主要在《禹贡》兖州地界的豫州、徐州的一部分，即今黄河下游、并包括淮河平原的一部分。有证据表明，在尧舜禹时代，黄河流域和淮河流域都有发生大洪水的迹象。由徐旭生从文献史料对古史传说时代的研究，使我们明晰了“洪水”的来龙去脉，洪水发生的大致时间和地域，洪水发生的原因以及洪水与夏人的关联。

（2）如何找到中国古史传说中的洪水和大禹治水这一记载的实物证据，由考古学（包括环境考古）、历史地理学以及从考古学与古史传说的结合上都已发现了一些线索。

据专家研究由仰韶文化结束和龙山文化开始的前2500年至商代结束的前1100年大致处于全新世大暖期的中段，其重要特征之一是气候变化不稳定，容易发生洪涝灾害。已有的研究表明，在仰韶温暖期，在全球相同的纬度上中国是升温程度最大的地区，北方地区温度上升值为3℃左右，温度上升和降雨量直接关系，这也是尧舜禹时期我国洪水泛滥的主要原因。第四纪生态学、地质学、考古学的发展和现代科学技术的应用，使人们获得了一些与洪水有关的证据，以嵩山为中心的嵩山西北部伊洛河流域和嵩山东南部颍汝河流域若干环境考古材料，有助于加深人们对中国古史中洪水及大禹治水传说的

① 郭大顺：《追寻五帝》，商务印书馆，2000年。

认识。

（3）大禹治水的考古学观察，根据已掌握的材料，可以有这样几点认识：其一，洪水发生的时间大体为考古学的仰韶文化晚期和龙山文化时期，即前3000年至前1800年。其二，西周时期遂公盨的现世，其中关于大禹平土治水之事的记载，使证明夏代的地下文字资料由春秋时代提前到西周中期，竟提早了六七百年，与夏代考古材料呼应更近了。其三，治理洪水的人，主要是华夏集团的共工氏、鲧、禹、四嶽（岳），已有考古材料表明：共工之城可能为辉县孟庄古城，鲧作之城可能为登封王城岗小城，禹都阳城可能为登封王城岗大城。其四，治理洪水的方式主要有两类：以共工氏和鲧为代表的治水方法窒塞，即把高地铲平，把低地填高。可以从共工之城——孟庄古城和鲧作之城——王城岗小城的筑城特征寻找到一些共工和鲧治水方式的遗留。以大禹为代表的治水方法为疏导，这又包括两方面：一为把散漫的水中的主流加宽加深，使水有所归；二为沮洳的地方疏引使干。可以从禹都阳城——王城岗大城的筑城特征发现夏禹治水方式的遗存。所列出大禹治水可信的四条理由：如筑城选址时对水的认识和利用，如治水过程中已掌握较高的测量、设计和施工技术，如筑城的工程量和施工管理组织所反映出的社会复杂化，如夏禹时较高的经济发展水平是治水成功的重要因素之一等，都是从考古学的角度证明中国古史中大禹治水的可信。

（4）大禹治水与中国文明起源和早期国家形成，有学者指出：河南龙山文化时期大规模的洪水泛滥及治水活动，对于中原地区率先跨入文明社会有可能是重要契机之一。中国国家权利的形成，极有可能与控制集体劳动的水利事业有关。而这正是发生在黄河中下游地区的庞大的集体劳动事业。治理洪水是一项十分艰巨的庞大工程，尧、舜、禹时期敢于承担这一浩大的工程，应是当时具有较强实力的证明。而大禹治水的庞大工程，也是夏禹时期已经开始形成国家规模的政权形成的重要标志之一①。

附记：本文为“中华文明探源工程（二）——颍河中上游流域聚落群综合研究”课题的研究成果之一。

① 王星光：《生态环境变迁与夏代的兴起探索》，科学出版社，2004年。

夏代“复合型”国家形态简论

王震中
（中国社会科学院历史研究所）

无论是中国古代文明与国家起源于“夏代之前说”还是起源于“夏代说”，夏代已进入文明时代、已属于国家社会，这在我国的学术界已获得相当程度的共识。然而，夏朝的国家形态即国家结构究竟是“方国联盟”、“城邦联盟”、“早期共主制政体”、“早期共主制政体下的原始联盟制”，还是“奴隶制中央集权王朝”抑或其他结构形态，这在学者们之间尚处于见仁见智、众说纷纭的状态。

如果借用《尚书》等典籍中表示国家的“邦”“国”之类的词语①，在夏代，既存在着被称为“夏后氏”的王邦，也存在着“韦”、“顾”、“昆吾”（《诗经·商颂·长发》、《国语·郑语》）、“薛”（《左传·定公元年》）、“商侯”（《今本竹书纪年》）等属邦（附属国），还存在着诸如“方夷”、“畎夷”、“于夷”、“风夷”、“黄夷”、“白夷”、“赤夷”、“玄夷”、“阳夷”（《古本竹书纪年》）等时服时叛的国族②。夏的王邦，若比照周人称周邦为王国的事例③，也可以称为王国；夏的属邦也就是《尚书》等文献中

① 王震中：《先秦文献中的“邦”“国”“邦国”及“王国”——兼论最初的国家为“都邑国家”》，《从考古到史学研究之路——尹达先生百年诞辰纪念文集（1906～2006）》，云南人民出版社2007年。

② “国族”这一概念中，“国”指邦国；“族”指族落。笔者在这里取用它的模糊性，即对于有些政治实体我们无法准确判定它究竟是邦国还是没有达到邦国的族落时，笔者采用“国族”来笼统地指称它们。

③ 先秦文献中，诸如《尚书·大诰》中的“周邦”、“我小邦周”等均指周国。此外，在先秦时期已出现“王国”一词，如《诗经·大雅·文王》：“思皇多士，生此王国。王国克生，维周之桢。”《诗经·大雅·江汉》：“四方既平，王国庶定。……王命召虎，式辟四方，彻我疆土。匪疚匪棘，王国来极。于疆于理，至于南海。”金文也有“保辥王国”（《晋公盆》，中国社会科学院考古研究所编：《殷周金文集成释文》第六卷，10342，香港中文大学出版社，2001年）。对于上引文献和金文中的“王国”，作为最一般的理解，应该指的是“王之国”即王都，亦即国都。但作为其引申义，于省吾先生认为这个“王国”与《尚书》中的“四国”、“周邦”、“有周”一样，不是单指国都，也不包括四方在内，而为京畿范围即王畿之地（于省吾：《双剑誃尚书新证》，北平直隶书局，1934年）。确实，根据《江汉》中“王国”与“四方”对举，可以认为这个“王国”就是指“周邦”即周国，亦即周王直接治理的地区，后世所谓的“王畿”。

“庶邦”，属于比王国低一等级的附属邦国；至于既包括王国又包括附属邦国在内的所谓“统一王朝”，则不妨称之为“夏王朝”或“王朝国家”。

夏的王邦已属国家形态，其证据材料应该说是较充分的。以往学者们在说到夏朝国家时，实际上主要是在论述夏的王邦。例如，在文献中，《尚书·汤誓》说：“夏王率遏众力，率割夏邑”。《史记·殷本纪》将这里的“夏邑”写作“夏国”，指的就是王邦之地。《白虎通·京师篇》即言：“夏曰夏邑，殷曰商邑，周曰京师”。

作为国家行政职能的官吏，《尚书·甘誓》说夏王朝有“六卿”、“三正”。“六卿”之“卿”或许用的是春秋时期的语言词汇，实即为《甘誓》所说的“王曰六事之人”，亦即《墨子·明鬼下》所转录《禹誓》所言的“左右六人”，是王身边的六个或六种管事的高层官吏。“三正”之“正”，《尔雅·释诂》曰：“正，长也。”《左传·定公四年》封唐叔“怀姓九宗，职官五正”，可见“正”指的就是官吏。陈梦家先生还举出毛公鼎中“亦唯先正”以及《诗经·大雅·云汉》“群公先正”等，证明“三正”指官吏①。因而，“三正”、“左右六人”都应该是指夏朝最高层官吏的一个集合名词②。此外，还有附属于王朝的属邦或部族之君在朝廷担任职官的情况。如位于山东滕县的薛国的奚仲，《左传·定公元年》说他曾担任夏朝的“车正”。商周的祖先都在夏朝任过官职。《国语·周语上》说：“昔我先王世后稷，以服事虞、夏。及夏之衰也，弃稷不务，我先王不窋用失其官，而自窜于戎狄之间。”可知周族祖先曾在夏朝担任农官稷。据《史记·殷本纪》，商的始祖契在夏初曾任管理土地的“司徒”之官职③。今本《竹书纪年》提到“商侯相土”，也提到夏王少康“十一年，使商侯冥治河”。《国语·周语上》说：“冥勤其官而水死”。韦昭注曰：“冥，契后六世孙，根圉之子也，为夏水官。”也就是说，商族另一位先祖冥担任过夏朝管理或治理水的职官。

作为强制性权力系统一个组成部分的刑法，在夏代已经出现。《左传·昭公六年》说：“夏有乱政，而作《禹刑》。”这是说夏代初年即已制定了刑法。夏初的这种刑法应该是在继承颛顼尧舜时代刑法的基础上而形成的。《左传·昭公十五年》引《夏书》说：“‘昏、墨、贼、杀’，皋陶之刑也。”皋陶乃东夷族，夏代之前的东夷已制定有皋陶之刑。《尚书·尧典》说：皋陶“作士，五刑有服，五服三就，五流有宅，五宅三居。惟明克允。”说的也是帝舜让皋陶担任刑狱职官，施用五刑。《尚书·吕刑》篇说：“苗民弗用灵，制以刑，惟作五虐之刑，曰法。杀戮无辜，爰始淫为劓刵椓黥。越兹丽

① 陈梦家：《尚书通论》（增订本），中华书局，1985年。

② 谢维扬：《中国早期国家》，浙江人民出版社，1995年。

③ 此处的“司徒（司土）”是用战国时的语言对历史进行的复述与概括，它有可能是从“司地以属民”的“火正”演绎出来的。参见田昌五：《中华文化起源志》（《中华文化通志·历代文化沿革典》，上海人民出版社1998年）、王震中：《先商社会形态的演进》（《中国史研究》2005年第2期）。

刑并制，罔差有辞。”这是说夏代之前的颛顼尧舜时代，南方苗蛮集团也已制定了刑法，其中有劓（割鼻）、刵（割耳，一说为刖即断足之刑）、椓（宫刑）、黥（墨刑，脸上刺字）等五种极残酷的刑法。夏之前的颛顼尧舜时期即已产生了刑法，夏代有刑法应当是可信的。《尚书·甘誓》记载夏与有扈氏大战于甘，夏王对将士们作战前动员时说：你们“用命（执行命令），赏于祖，弗用命，戮于社，予则孥戮汝。”夏王所具有的这种强制性权力是与他掌控着刑法密不可分的。

在夏的王邦之外，对于附属于夏的那些国族，欲论证它们的社会发展已进入国家形态，其材料远不如夏的王邦那么多。例如昆吾氏，《国语·郑语》说：“昆吾为夏伯”。至于昆吾方国内的状况则不得而知。在商汤灭夏之前，曾遭到商汤征伐的韦和顾①，依据商代青铜器铭文，在商代，韦族中“子韦”②、“册韦”③、“弓韦”④ 在王朝为官任职⑤，从甲骨文中可以看到，韦族有自己的军队和农田⑥。顾在商代甲骨文中称“雇伯”⑦，其地位于今河南范县东南，在商末征伐人方（夷方）的路线上⑧。然而有关夏代的韦国与顾国的具体情况，文献中找不到进一步的说明。夏代的有虞氏也属于国家社会。《左传·哀公元年》记载，夏的少康为了逃避寒浞的儿子浇的追杀，便逃奔到有虞氏那里，担任了有虞氏的庖正，娶有虞氏两女为妻，有虞氏让他以纶地为领地，并使他“有田一成，有众一旅”，这从侧面证明了夏代的有虞氏社会是一个邦国。先商的大部分时期与夏代是并行的，据笔者研究，商族从商契至王亥时期属于中心聚落形态，从上甲微至成汤时期属于邦国形态，从成汤对夏王朝的推翻和取而代之开始，商族实现了由邦国走向王国的转变⑨。

总之，在夏代除了作为王邦的夏后氏之外，还有相当数量的政治实体属于邦国即国家形态，这些邦国有的是在夏代由中心聚落形态发展为邦国的，也有许多在夏代之前就已是邦国，在夏代继续存在而已，为此，文献中每每有虞夏之际“万邦”、“万国”的说法。例如，《尚书·尧典》说帝尧能“协和万邦”。《汉书·地理志》说尧舜时期“协和万国”，到周初还有一千八百国。《左传·哀公七年》说：“禹合诸侯于涂山，执

---

① 《诗经·商颂·长发》：“韦顾既伐，昆吾夏桀。”

② 中国社会科学院考古研究所：《殷墟青铜器》六四、六五、六六诸器，文物出版社，1985 年。

③ 中国社会科学院考古研究所安阳工作队：《1987 年秋安阳梅园庄南地殷墓的发掘》，《考古》1986 年第 2 期。

④ 中国社会科学院考古研究所安阳工作队：《1980～1982 年安阳苗圃北地遗址发掘简报》，《考古》1986 年第 2 期。

⑤ 王震中：《商代都鄙邑落结构与商王的统治方式》，《中国社会科学》2007 年第 4 期。

⑥ 《甲骨文合集》28064：“戊寅卜，在韦𠂤师，人无𢦏异，其耤”。

⑦ 《甲骨文合集》13925 正：“贞：呼取雇伯。丁酉卜，宾贞：妇好有受生。”

⑧ 王震中：《甲骨文亳邑新探》，《历史研究》2004 年第 5 期。

⑨ 王震中：《先商社会形态的演进》，《中国史研究》2005 年第 2 期。

玉帛者万国，今其存者，无数十焉。”《战国策·齐策四》颜斶云：“大禹之时，诸侯万国……及汤之时，诸侯三千。当今之世，南面称寡者，乃二十四。”《荀子·富国》篇也说：“古有万国，今有十数焉。”这种“万邦”的概念，也出现于青铜器铭文和《尚书》的周书篇以及《诗经》之中，如《墙盘》铭文：“曰古文王……匍有上下，迨受万邦。”“迨受万邦”大意是说文王为万邦所拥戴。《尚书·洛诰》：“曰其自时中乂，万邦咸休，惟王有成绩。”这是周公说的话，大意为周王如果能够在这天下之中的洛邑治理天下，那就会“万邦咸休”，大功告成。《诗经·小雅·六月》：“文武吉甫，万邦为宪。”这是西周末叶的诗，称颂尹吉甫可以作万邦的榜样。

可以认为西周时期的金文与《尚书》及《诗经》中“万邦”一词是承袭尧舜夏商以来的说法，在这里，万字只是言其极多，不必实指，万邦表示了小国林立的一种状态。按照先秦文献中邦字国字的含义①，“万邦”、“万国”当然指的都是国家，但对于夏代之前的这些“万邦”、“万国”却需作一些辨析。笔者以为，上引《尧典》和《左传》所说的尧舜禹时的“万邦”、“万国”，也许是将尧和禹时期的所有独立的政治实体，诸如氏族、部落、酋长制族落（即现一般所谓的“酋邦”，亦即笔者所说的“中心聚落形态”）和早期国家等，统统都称之为“邦”或“国”了，它们当中既有属于国家的政治实体，也有许多还属于“前国家”的政治实体。我们当然不能因“万邦”一词的使用即认为当时所有的氏族部落都转化成了国家，但它也暗示出当时出现的国家绝非一个而为一批，所以，依旧可以称之为邦国林立。至于究竟有哪些属于早期国家，哪些属于氏族部落，哪些属于由部落正走向国家的酋长制族落，则需要通过对具体的考古学聚落遗址的考察、分析和论证才能作出判断和确认。在文献上，帝尧所代表的陶唐氏、鲧禹所代表的夏后氏、帝舜所代表的有虞氏，以及太皞、少皞、苗蛮族中的某些族落转变成了初始国家，而其他的，有的还属于一般的农耕聚落，有的属于中心聚落，也有的处于从中心聚落形态正走向初始国家的途中等。夏代的情况也是这样，所谓“万邦”之中，有一批属于真正的邦国即国家的政治实体，也有一些属于酋长制族落（中心聚落形态）乃至氏族部落，对此我们可以称之为“前国家的政治实体”。

在夏代，既有夏后氏这样的王邦，也有众多的庶邦。庶邦之中，有韦、顾、昆吾、有虞氏、商侯、薛国之类的附属国，笔者称之为“属邦”，取附属之意，也有时服时叛或完全处于敌对状态的诸夷之国。在王邦和庶邦之外，夏代还存在一些“前国家”的族落共同体。夏代既是由多层次政治实体构成的社会，那么它们之间的结构关系又是怎样的呢？《国语·周语上》内史过引《夏书》说：“众非元后，何戴？后非众，无与守邦。”韦昭注：“元，善也；后，君也；戴，奉也。”可见作为王邦的夏后氏与作为属邦即附属国之间的关系是一种不平等的关系。这种不平等是表现在政治、经济、军事等各

① 王震中：《先秦文献中的“邦”“国”“邦国”及“王国”——兼论最初的国家为“都邑国家”》，《“从考古到史学研究”之路——尹达先生百年诞辰纪念文集》，云南人民出版社，2007年。

个方面的。《孟子·滕文公上》说："夏后氏五十而贡。"这里的贡也许是贡赋的总称，但它也透漏出夏代的附属国是要向王邦纳贡的。《左传·宣公三年》说："昔夏之方有德也，远方图物，贡金九牧，铸鼎象物。"杜预注："使九州之牧贡金。""九州"是后人称禹时的行政地理区划，如《左传·襄公四年》即说"茫茫禹迹，画为九州。"但是，最初的"九州"是指一特定地域①，如《国语·郑语》所谓"谢西之九州"，《左传》昭公二十二年"九州之戎"之九州。后来"九州"被放大为指全中国之九州。夏代时虽说不会按照后来被放大的所谓"九州"的区划进行纳贡，但《左传·宣公三年》说夏代实行纳贡应该是可信的②。《墨子·耕柱》说："昔者夏后开使蜚廉折金于山川，而陶铸之于昆吾。"蜚廉为秦之先祖，夏后启使秦的蜚廉为他采矿冶金，这也是一种纳贡的方式。《左传·定公元年》说："薛之皇祖奚仲，居薛，以为夏车正。"《世本》、《荀子·解蔽》篇、《吕氏春秋·君守》篇、《淮南子·修务》篇都说"奚仲作车"。在二里头遗址已发现车轮轨迹的遗迹，可见夏代已有车，这说明奚仲发明制造车的传说是可信的。薛国之君作为专门的造车者并为夏的车正，当然也要以提供车辆的方式向夏王邦纳贡。《左传·昭公二十九年》晋太史蔡墨说："古者畜龙，故国有豢龙氏，有御龙氏……有陶唐氏既衰，其后有刘累，学扰龙于豢龙氏，以事孔甲，能饮食之，夏后嘉之，赐氏曰御龙。以更豕韦之后。龙一雌死，潜醢以食夏后。夏后飨之，既而使求之。惧而迁于鲁县，范氏其后也。"《左传·襄公二十四年》宣子曰："昔匄之祖，自虞以上为陶唐氏，在夏为御龙氏，在商为豕韦氏，在周为唐杜氏，晋主夏盟为范氏。"作为附属国族的豢龙氏、御龙氏，他为夏王孔甲畜养龙（即鳄鱼）③，供孔甲食用，这也是一种不平等的经济贡纳行为。

如前所述，在有关夏代的文献中还讲到一些附属的国族之君到王朝任职为官的情况，诸如薛之奚仲为夏之车正，商之冥为夏之水官等。这些情况与商周时期一些地方诸侯之君在商周王朝为官的情形是一样的④。《史记·殷本纪》说商纣以西伯昌、九侯（一作鬼侯）、鄂侯为三公，就是明显的例子。卜辞中的"小臣醜"（《甲骨文合集》36419）与山东青州苏埠屯出土的徽铭"亚醜"，也属于商代畿外侯伯或服属国族在王

① 王震中：《共工氏主要活动地区考辨》，《人文杂志》1985年第2期，又收入王震中：《中国古代文明的探索》，云南人民出版社，2005年。

② 夏代实行纳贡（即各地附属国向王邦纳贡）与夏代各地是按照"九州"区划实行纳贡是两个不同的概念。

③ 龙是古人将地上的鳄鱼和蟒蛇与天上的雷电合为一体而形成的，参见王震中：《图腾与龙》，收入王震中：《中国古代文明的探索》，云南人民出版社，2005年。

④ 王震中：《商代都鄙邑落结构与商王的统治方式》，《中国社会科学》2007年第4期。

朝为官者①。最近发现的殷墟花园庄54号墓是一座在朝为官的显赫贵族墓。墓内出土青铜器、玉器、陶器、石器、骨器、蚌器、竹器、象牙器、金箔、贝等各类器物共达570余件，其中有铜钺7件和大型卷头刀以及大量青铜戈、矛等兵器，并在所出的青铜礼器上，大多有铭文“亚长”二字。“亚”为武职官名，这与墓内随葬大量青铜兵器也是相符的；“长”为甲骨文中“长”族之长。为此，发掘者认为54号墓的墓主当为“长”族的首领，是一位兵权在握的显赫贵族②。在甲骨文中，长族邦君在甲骨文第一期时即被称为“长伯”（《合集》6987正），到廪辛康丁时期，出现有“长子”的称呼（《合集》27641）。卜辞中长族将领“长友角”、“长友唐”也是有名的（《合集》6057正、6063反等）。长伯的封地即称为长，商王关心长地的年成，卜问“长不其受年”（《合集》9791）。商王还经常与长族进行联络，常常卜问派遣官员“往于长”（《合集》7982、《怀特》956），也有商王亲自行至长地的记录（《合集》767反、36346、36776）。关于长在何地，根据长与𢀛方、羌（《合集》495）均有涉，以及今山西长子县西郊有春秋时期的“长子”古地名等情况，已故的林欢博士认为“长”族原居于今山西长子县，河南鹿邑县太清宫的长子口墓墓主人是商亡国之后南迁的“长子”族首领③。那么，花园庄54号墓墓主当为商王祖庚祖甲时期长族派遣到殷都并居于殷都、在朝为武官的大贵族。在周代，除了那些名为畿内诸侯实为畿内贵族在王朝中央担任一些官职外，一些畿外诸侯的国君也在王朝中央任职，如卫侯在中央可能任司寇，邢伯“世为王官”，春秋初年的郑庄公任王朝卿士等④。附属的国族或诸侯在王朝的中央机构内任职，说明这些国族或诸侯作为邦国虽有自己的独立性，但它又与整个王朝是一体的，反映出包含附属国族或诸侯在内的整个王朝在政治上所具有的某种程度的整体性⑤。这些附属的邦国或诸侯，在王朝中央任职，既是对王朝的国家事务的参与，亦是对中央王国

---

① 山东青州苏埠屯一号大墓是一座有四条墓道、墓室面积达56平方米、殉犬6条、殉人多达48人的规模极大的墓葬（山东省博物馆：《山东益都苏埠屯第一号奴隶殉葬墓》，《文物》1972年第8期；山东省文物考古研究所、青州市博物馆：《青州市苏埠屯商代墓地发掘报告》，《海岱考古》第一辑，山东大学出版社，1989年）。苏埠屯遗址虽然尚未发现城址，但是这种带有四条墓道的大墓的规格与殷墟王陵是一样的，而且由该遗址出土铸有“亚醜”族徽铭文的大铜钺以及五六十件传世铜器中都有“亚醜”铭记来看，亚醜最初可能是商王派到东土、住在苏埠屯的武官，随着时间的推移，他后来发展成了外在的诸侯，但同时还在王朝兼任小臣之职，称为“小臣醜”。

② 中国社会科学院考古研究所安阳工作队：《河南安阳花园庄54号商代墓葬》，《考古》2004年第1期。

③ 林欢：《试论太清宫长子口墓与商周“长”族》，《华夏考古》2003年第2期。关于长子口墓，也有一种观点认为它是周初封于宋地的微子启的墓葬，参见王恩田：《鹿邑太清宫西周大墓与微子封宋》，《中原文物》2000年第4期；松丸道雄《河南鹿邑県長子口墓をめぐる諸問題——古文献と考古学との邂逅》，《中国考古学》第四号，2004年11月。

④ 谢维扬：《中国早期国家》，浙江人民出版社，1995年。

⑤ 谢维扬：《中国早期国家》，浙江人民出版社，1995年。

这个天下共主的认可；而作为邦国分处各地，则发挥着蕃屏王邦，守土守疆的责任，这是对《国语·周语上》内史过引《夏书》所说的“众非元后何戴？后非众无与守邦”的最合适的注解。

上述夏后氏与诸附属国或国族的关系，显现出古代中国自夏代开始形成了一个“大国家结构”或可称之为“复合型国家结构”①，在这一结构中既包含有王邦（王国）也包含有属邦（附属国），王邦与属邦是不平等的，王邦为“国上之国”，处于天下共主的地位，属邦为主权不完整的（不是完全独立的）“国中之国”。这些属邦有许多是在夏代之前的颛顼尧舜时代即已存在的，夏王朝建立后，它们并没有转换为王朝的地方一级权力机构，只是臣服或服属于王朝，从而使得该邦国的主权变得不完整，主权不能完全独立，但它们作为邦国的其他性能都是存在的，所以，形成了王朝内的“国中之国”。而作为王邦即中央王国，则既直接统治着本邦（王邦）亦即后世所谓的“王畿”地区（王直接控制的直辖地），也间接支配着臣服或服属于它的若干邦国，因而王邦对于其他众邦其他庶邦当然就是“国上之国”。邦国的结构是单一型的，王朝在“天下共主”的结构中，它是由王邦与众多属邦组成的，是复合型的，就像数学中的复合函数一样，函数里面套函数。那么，对于这种复合型国家结构我们给予它一个什么样的名词呢？由于笔者已把王邦称之为王国，而这里所谓王国的范围主要指的是王畿地区，因此笔者主张将既包含中央王国也包含一般的附属国亦即所谓诸侯国的这种复合型国家结构称之为“王朝”或“王朝国家”。只是“王朝”这一词语也用于秦汉以后，而秦汉以来的王朝国家基本上属于高度发达的“单一制国家结构”，而不像夏商周三代那样是复合型国家结构，苦于没有更好的词汇概念，姑且用之。这样我们就可以用“邦国”、“王国”、“王朝”来区别表示三种不同层次的国家结构形态，其中，邦国指一般的属邦和庶邦，即普通的早期国家；王国则专指王邦，即作为天下共主的“国上之国”；而王朝或王朝国家则是既含有王邦亦含有属邦的复合型国家结构。自夏代出现的这种复合型国家结构，历经商代和周代获得了进一步的发展，特别是在周代，由于大范围、大规模分封诸侯，使得这种复合型国家结构达到了顶峰，形成了“溥天之下，莫非王土；率土之滨，莫非王臣”② 的牢固理念，而这一理念也从王权的视角对复合型国家结构的整体性作了形象的说明。

---

① 周书灿在《中国早期国家结构研究》（人民出版社，2002 年）一书中已提出“复合制国家结构”的概念，但是他将“复合型国家结构”只限定在西周，认为夏王朝的国家结构是“早期共主制政体下的原始联盟制”。而笔者认为整个夏商周三代都存在“复合型国家结构”，只是发展的程度，夏不如商，商不如周而已。

② 《诗经·小雅·北山》。

辨苗二则：物质文化中的故事

程一凡

（台湾中央大学）

克勒寇恩曾说："考古学要为没有历史的族群立史。"① "三苗"可算是个被征服而丧失话语权的族群。本文目的在对于"苗"定义作一些补充，尽管"苗"研究在考古界已经取得了长足的成果。首先，学界已大致同意屈家岭—石家河文化就是古书上所说的"三苗"②，不过到目前为止，专家们把"苗"等同于屈家岭—石家河文化所提的证据似尚可加强③。本文期透过"苗"字来源，配合农业考古以提出新证，冀对"什么是苗"的问题提供一个实物和文献可互参照的凭借。

第二个问题还是有关物质遗存，但遵循另一套方法论，关注的是苗—先夏冲突的时间④。关于此，最近一些文献已经发展了有利的研究基础，注意到了苗—夏之间势力的消长⑤。但是苗—夏争强若通过物质文化来解读，则如何指认族类集体间互动在物质文化上的书写是个难度较大的人文问题。本文重新推敲物质文化中的一些细节，以求把三苗乃至范围更大的早夏时序问题略加排理。恰巧石家河文化研究本身也面临了较严重的定义问题，更加彰显如果吾人对"文化"的定义完全仰仗对庞大对象群的会计与编目，乃至于物质文化与其他文化（如政治文化）间的关系问题却恒久荒疏，则对犹处于方兴未艾的早夏研究恐未尽全力推进。

---

① Clyde Kluckhohn. Developments in the Field of Anthropology in the Twentieth Century. *Journal of World History*, 1957（3）.

② 石兴邦、周星、张绪球先生等都已提出此看法，后者说三苗世界"至迟从屈家岭文化起，到石家河文化结束。"张绪球：《长江中游新石器时代文化概论》，湖北科学技术出版社，1992 年。

③ 俞伟超先生举了四条理由，第四条较得力，但还是间接证据（只是墓葬大致不见骨笄，可能由于《淮南子·齐俗》所说的"三苗髽首"。但不用冠笄的民族也自不少，怎见得屈家岭文化就是三苗呢?）见其《先楚与三苗文化的考古学推测》，《文物》1980 年第 10 期。

④ 几三十年前严文明先生已用"先夏"名词来指（"可能是"）王湾三期文化。《龙山文化和龙山时代》，《文物》1981 年第 6 期。

⑤ 如韩建业、杨新改：《王湾三期文化研究》，《考古学报》1997 年第 1 期；何驽：《试论肖家屋脊文化及其相关问题》，《三代考古（二）》，科学出版社，2006 年。本文以下"苗—先夏"字样有时为修辞省略"先"字。

本文分两节来讨论以上二问题，初步以差异（difference）为聚焦来验认族群间的文化特质①。我们关怀的地理范围是北纬30°~36°、东经110°~115°的空间，有了空间界限，对差异个体的指涉或可斟酌简化为“南”或“北”，以求把（先）夏—苗互动更突显地勾勒。完全单面地仰赖对物质文化的查稽登录有时反而使人对该文化起陌生的感觉，固然传世史料历久传来，可想经历了一定的腐蚀甚至扭曲，但研究者是应永远摒之于新考古学的门外，还是应重新拾回，而加以筛选、校正、利用？近来西方考古学在较上层问题的处理上犹在摸索②。语云：“解铃还须系铃人”，我们古人所说过的话也许对于研究古代中国社会能提供一些启示，则如何与西方的方法论话匣（discourse）作有意义之互动是为吾人面临之挑战。

一、农作进路

本节希望借重农业考古来确定古文献中的“苗”字最先描述的必为长在水田中的农作物，由此进而推断何为“苗”人。我国水稻的驯化与栽培源远流长，就豫境而言，自新石器时代中期的舞阳贾湖至商代各都城，稻米的栽培大致可循③，惟商前豫境内稻米的栽培似乎略有波折。本文由此切入，认为这有一段夏—苗斗争的底蕴，通过稻米栽种的族裔性，吾人期确定何种考古学文化最适合这“苗”字的指认。

我国史前水稻栽培至新石器时代中期基本分两大地带：长江中游与下游，就华中地区而言，湖北到新石器时代中晚期的水稻遗迹最为丰广（包括与之接壤的湖南北纬29°以上的北境）。湘北、鄂南自彭头山文化开始，历经皂市下层文化、城背溪文化和大溪文化，炭化稻谷遗存每见，尤其自城背溪文化开始，稻谷壳、粒多在陶胎中羼和④，湖北诸遗址自大溪文化始房屋建料即普遍用稻谷壳羼和（如宜都红花套）⑤。到了屈家岭

---

① Ian Hodder. *Reading the Past*. Cambrige：Cambridge University Press，1986.

② 例如伦福儒提出人类意识在透过表象（symbol）而表达时首重“价值”（value）观，则置权势（power）于何处？参考 Colin Renfrew，“Symbol before Concept ：Material Engagement and the Early Development of Society” in Ian Hodder，ed.，Archaeological Theory Today（Cambridge ：Polity Press，2001）.

③ 自偃师商城祭祀坑中发现大量炭化稻谷起，历郑州白家庄，到安阳殷墟，稻米至少在商都中屡见不鲜。赵志军：《关于夏商周文明形成时期农业经济特点的一些思考》，《华夏考古》2005年第1期。

④ 斐安平：《彭头山文化的稻作遗存与中国史前稻作农业》，《农业考古》1989年第2期；吴耀利：《中国史前稻作农业的成就》，《农业考古》2005年第1期。

⑤ 何介钧：《长江中游原始文化初论》，《湖南考古辑刊》第1集，岳麓书社，1982年。

文化，掺加料情况持续（一直到石家河文化结束）①，而像京山屈家岭遗址晚一和晚二期，稻谷壳和稻草茎的遗存更是密集，如严文明先生所说："数量之巨可以与河姆渡第四层相拮抗"②。即使无视于这些作物的遗存，就看羼和填料如此大量而习俗化的使用，已使吾人认知稻米生产的数量与常规性。说鄂境历来诸文化（至迟自屈家岭文化晚期始）是稻米文化绝对可成立。

湘北澧县城头山的发掘还提供了水田实物。该遗址揭露了面积达百余平方米的水稻田，可属汤家岗文化，相当大溪文化第一期（光释光测距今超过六千年）。有田埂三条，揭露最长者几达20米，田埂外稍高处有三个人工挖成的水坑与联通水坑的数条小水沟，显然为灌溉设施。田土厚40厘米左右，带黏性，呈纯净灰绿色，反映曾经历静水沉积，内杂大量炭化稻谷、稻叶、稻梗、稻根须，稻叶硅质体95%以上为粳型。同遗址壕沟内还清理出骨耜、骨耒等农具，而此田为迄今世界上最早之水稻田实物③。城头山田埂与田池的发现不但确定了古来"田"字书写与田埂纵横和沟渠灌溉脱不了关系，也把"苗"字和稻米文化结上了不解之缘（因为我国其他主要作物如粟、黍、稷都不需水田种植，而甲骨文的"苗"确是"田中出苗秧"之意）（图一）。

图一 甲骨文"苗"字

"苗人"虽如上论和湘鄂稻米文化有特殊联系，稻米的遗存除了在长江以南广布以外，在山东、陕西的史前文化中都或早或晚地发现过，吾人怎有把握这指涉的对象就是屈家岭—石家河文化？第一，用"苗"来称呼一个大族类较少可能是该族类自己的宣号，相反，更可能是另一族类用以描述该族类的总结代称，换言之，此描述者与被描述者之间最容易被视作后者特征的就成了后者的代号，这个假说的前提在于描述者本身是不从事稻米耕作的；第二，该描述族类极可能是传世文化的看管者，故他们的话语融入我国文献主流，这又系于他们必须是政权争夺获胜者的前提。第三，该描述族类既以"苗"为被描述集团的代称④，他们之间的接触应有一定的密集性，才会以不同的生活形态特点作为"他者"的代称。这种近距离观察说明描述者与被描述者至少一方有迁徙行为，配合晋南可能经历的人口压力⑤，北族迁入南地是可能的。那么难道北来人是稻米文化的旁观者吗?

2002年赵志军、何驽从山西襄汾陶寺五个遗迹单位收集了早、中、晚样品十，在

① 如在属石家河文化中后期的当阳季家湖遗址大量发现。湖北省博物馆：《湖北当阳季家湖新石器时代遗址》，《文物资料丛刊》10，文物出版社，1987年。

② 严文明：《中国稻作农业的起源》，《农业考古》1982年第1期。

③ 《1997年全国十大考古新发现评选揭晓》，《中国文物报》，1998年2月18日；湖南省文物考古研究所：《澧县城头山古城址1997～1998年度发掘简报》，《文物》1999年第6期。

④ 以"集团"来描写古代部族始见于徐旭生：《中国古史的传说时代》，科学出版社，1960年。

⑤ 人口问题，见拙著《中国考古学中的动静异同》，《中原文物》2004年第2期。

一万三千余粒的碳化植物种子中辨认出 9796 粒属栽培作物，其中粟就有 9160 粒，为谷物总量的 93. 5% ，稻仅 30 粒，为总量的 0. 3% （其他有黍，606 粒等）。主作物粟在时间纵轴上的分配非常均匀，早、中、晚期出土概率都在 90% 以上。浮选样品的时空分配是：早期采自下层贵族居住区，中期采自宫殿核心区，晚期采自普通居住区或工匠居住区①。由于没有此时空分配外的对照数据，吾人不知在早、中期（前三千纪中段至晚段）中上阶层区的极低稻谷出土概率是否会延续至陶寺晚期，但至少以已知数据看稻米不像是陶寺中上阶层的尝食，况早期出自下层贵族区不排除与征战或外交有关，中晚期在宫殿区或工匠区则或表示有“苗”人在宫殿或都城中供职。由其数量之少与阶层间分布的不均匀可见稻米大致只是边缘的“他者”之食。

陶寺文化是否可代表先夏（即尧舜集团）机关尽管尚未有十分确论②，从农业考古的角度看，苗的对峙者/描述者至少应不排除与陶寺文化有亲衍关系的文化。尤其当我们把视线南移时，上言的“陶寺模式”继续有参考性：无论是李炅娥等的植物考古，还是蔡全法的膳食研究都指向“夏代”河南人较少以稻米为主食③，这概况经过登封王城岗遗址的浮选习作得到辅证：龙山晚期出土粟 1415 粒，稻谷仅 16 粒④，“龙山晚期”应理解为夏早期，其稻遗存的稀少指向稻、粟两种作物的分配或与族属、文化的分界有关⑤。嵩山和豫南地区显示较明白的对比，豫南地区由陶器、房屋遗存看基本是属于屈家岭文化范围，果然南阳盆地邓州八里岗遗址就出土石家河时期的高量水稻植硅石⑥。我们说，北人称南人为“苗”似是有苗头了。

为了加深水稻遗存的指标效应，我们再看两个在嵩山以南文化交错地带的拉锯例子：汝州李楼地处王城岗西南，从各种迹象看，虽然一、二期文化都反映北来文化的主导性，但南方的遗风不可忽视，在稻谷遗存上最重要的发现为：在一期的探方与灰坑里分别拣出了 93 与 8 粒炭化稻米，而在二期土层中只有一个灰坑保存了 1 粒⑦，这说明稻米的使用在该遗址从一到二期正在衰退，是不是反映“苗”的遗风正在接受夏化的

① 赵志军、何驽：《陶寺城址 2002 年度浮选结果及分析》，《考古》2006 年第 5 期。

② 但近年学界对发掘晋南—豫西文化关联的兴趣有增无减。拙著《中国考古学中的动静异同》，《中原文物》2004 年第 2 期；袁广阔：《再思二里头文化的来源》，《中国文物报》2005 年 6 月 24 日。

③ 李炅娥、克劳福德、刘莉、陈星灿：《华北地区新石器时代早期至商代的植物和人类》，《南方文物》2008 年第 1 期；蔡全法：《双洎河流域史前农业及人类膳食结构之探索》，《黄河科技大学学报》2008 年第 5 期。

④ 赵志军、方燕明：《登封王城岗遗址浮选结果及分析》，《华夏考古》2007 年第 2 期。

⑤ 在同遗址所作的植硅体组合分析亦得仅“少量”扇形水稻植硅体。靳桂云、方燕明、王春燕：《河南登封王城岗遗址土壤样品的植硅体分析》，《中原文物》2007 年第 2 期。

⑥ 姜钦华、张江凯：《河南邓州八里岗遗址史前稻作农业的植硅石证据》，《北京大学学报（自然科学版）》第 34 卷第 1 期，1998 年。

⑦ 中国社会科学院考古研究所河南一队：《河南汝州李楼遗址的发掘》，《考古学报》1994 年第 1 期。

考验？同样，在驻马店地区偏北的西平上坡遗址在“龙山晚期”（所谓“龙山晚期”应即“夏”）浮选出数量可观的碳化黍（32粒），但无稻，一直到“二里头期”黍的数量一直偏高，而稻米虽在列，却不足旺。黍属陶寺浮选中仅次粟的作物种粒遗存，为晋南人次要主食，西平各期的稻米总数量仅为黍的1/7①。往南50公里的驻马店杨庄遗址在“石家河文化”（一期）之后的二期（应入夏）水稻植硅石亦似减少②。则稻和夏文明似乎总是那么格格不入，与商经验相较更是有明显反差。这种夏文明中稻的压抑难道不能从族裔背景来了解吗？农业考古为我们印证“苗”定义开辟了重要的蹊径③。

我们且对“苗”的认识作一些初步的总结：廖永民、向绪成、樊力等先生的研究已告诉我们屈家岭文化顶峰期的文物影响不但偏及豫境，而且达于晋南、陕汉④，但水稻遗存就前三千纪而言在豫境并不繁密，地理上偏趋豫南，且仅在确认为屈家岭或石家河文化或承其遗风的遗址发现。水稻非偏北族群主要或重要的农作，故当王湾三期文化扩张而和此南来族群有所接触甚至对峙时⑤，偏北族群极可能以“苗”来称呼此集团。在屈家岭—石家河文化之后（或之外）要等跳过了“夏”这一段时空，而到商时稻米文化才又兴旺起来，这事实使我们相信“苗”指的就是稻米文化的躬行者，也就是（先）夏人对屈家岭—石家河文化的总称呼。

二、工艺进路

“先夏”（本文指尧—舜—禹）时段的起讫点至今在考古界缺乏定论，一般印象定得偏晚⑥。另一个问题是关于石家河文化的性质，这问题又分两支：第一，学者们今日已纷纷觉察石家河文化自中期以后，面貌难以维持久远⑦，同时，声音较小，但绝非不重要的是屈家岭文化与石家河文化之间如何分割的讨论。以上这三个问题在俞伟超先生

① 魏兴涛、孔昭宸、余新红：《河南西平上坡遗址植物遗存试探》，《华夏考古》2007年第3期。

② 北京大学考古学系等：《驻马店杨庄》，科学出版社，1998年。

③ 如此由字源解“苗”否定了另一种说法：汉《山海经·海外南经》说三苗“一曰三毛国”，《海外东经》又说“有毛民之国”。“苗”衍成“毛”怕是因音附会，而无史实根据的。

④ 廖永民：《关于大河村四期遗存的文化性质与命名问题》，《中原文物》1986年第1期；向绪成：《试论长江中游与黄河中游原始文化的关系》，《考古与文物》1988年第1期；樊力：《论屈家岭文化青龙泉二期类型》，《考古》1998年第11期。

⑤ 最先提出“南北部族对峙”观念的是石兴邦、周星：《试论尧、舜、禹对苗蛮的战争》，《史前研究辑刊》，1988年。

⑥ 一些通识见樊力：《略论三苗族及其文化在中华文明进程中的地位和作用》，《中原文物》1998年第1期。

⑦ 如王劲：《后石家河文化定名的思考》，《江汉考古》2007年第1期；樊力：《乱石滩文化初论》，《江汉考古》1998年第4期。

的一小段话中也许都能得到些启示：

古史中的尧、舜、禹时期究竟相当于考古学文化序列中的什么阶段至今尚难肯定，但在长江中游一带，则可大致判明应该属于屈家岭文化至石家河文化之时①。

虽然俞先生可能只是泛指尧、舜、禹时期应不出屈家岭文化到石家河文化这两个时段的范围，但若俞先生的本意是说尧、舜、禹时期正坐落于从屈家岭文化转变成石家河文化之际，则我们认为他的话不啻是一盏明灯。

在上节已讨论的界定地理范围内，在新石器时代晚期（尤其若仅集中于前三千纪），我们很快由栽培作物残存的差异可看出先民生活方式大体可分北与南。物质文化中的制成品也许更能反映这种族类差异（只要“苗”是个时空实体，而非如个别学者所指是出自虚构想象的话）②。

陶器文化中鼎是大宗，为主要炊具（罐可为辅）。南北的鼎差别如何？我们先看鼎足，北人使用的鼎足部普遍较高，所谓高的意义是：以陕县庙底沟遗址二期为例，腹高与足的比例可达1∶1，最短足其比例亦不低于3∶1。南方的鼎自大溪文化以来一直有一些矮足很具特色，腹足比例可达7∶1，屈家岭文化承其绪，间有高足类型者③，但仍以矮足为中道④。另一种显著的区别是北人从庙底沟二期早段到龙山晚期⑤，其较大型炊、贮用具上多施横、斜甚至直篮纹⑥，而屈家岭文化中陶鼎除了早期间有彩饰以外，向来以素面为主，间以弦纹，这是二区文化打从根起的不同。

但当二文化带发生碰撞时，南北的纹饰、鼎足长都发生了变化。北器往南推进时，以禹州吴湾的龙山早期器为例，其鼎足已减至腹的五分之一，但鼎面仍饰横、斜篮纹，同存器组合亦一派北方色彩⑦。更南，到上蔡十里铺（三期），其鼎足长度比例已完全

---

① 俞伟超：《古史的考古学探索》，文物出版社，2002年。

② 美国艾兰教授认为所谓的夏“史”完全出自商人的神话构思。如果夏史非史，则被夏扫平的“三苗”更加非史了。Sarah Allan. *The Shape of the Turtle*: *Myth*, *Art*, *and Cosmos in Early China*. State University of New York Press. 1991: Ch. 3.

③ 以下可备考、分析有些缺环：余西云：《长江中游新石器时代的陶鼎研究》，《华夏考古》1994年第2期。

④ 以放鹰台65WFM44∶1为例（足长以长短矩平均值计），比例恰约7∶1，湖北省文物考古研究所：《武昌放鹰台》，文物出版社，2003年。

⑤ 庙底沟二期与龙山期间如何分野学界至今似尚无统一意见，较有影响力的分期示例首推中国历史博物馆等：《垣曲古城东关》，科学出版社，2001年，并参考韩建业：《晋西南豫西西部庙底沟二期—龙山时代文化的分期与谱系》，《考古学报》2006年第2期。

⑥ 此期间遗址中所出陶器、陶片纹饰难有“清一色”类型者，按时间分，北方纹饰由以篮纹进而至以方格纹为主，后来又是绳纹的天下，这已大致涵盖了由先夏到夏末的序列。而此序列又与石家河文化器纹饰变化完全同步（但后者稍滞），见张绪球：《石家河文化的分期分布和类型》，《考古学报》1991年第4期。

⑦ 河南省文物研究所、禹县文管会：《禹县吴湾遗址试掘简报》，《中原文物》1988年第4期。

向南方看齐[①]，从此矮乳足鼎广布于以嵩山地区为中心的王湾三期文化器[②]；而南方鼎面纹饰自石家河文化启始以来亦采纳北方的篮、方格等纹，鼎足加高。在器类上北方据点接受了南方的圈足盘、小口高领罐等而稍加改造，石家河文化则自早期起即仿制了北方的斝、折腹盆等[③]。表面现象是南北文化带彼此融合与交换，二者在交界区各自采取了对方的一些特色，这样的考古学素描中，似见不到古书里所述说的苗—夏紧张关系。

但如果我们的解读加入意识层面[④]，则所得会完全不同。当象征北方文化的篮纹出现于早期石家河文化器时，伴随而来的是明显的意识顿挫甚至失所。以郧县青龙泉三期来说，篮纹在鼎、罐、瓮、盆上出现，有时在一些器表（如斝）上密布，甚至及于器盖、器座，后四项在北器上通常是不广饰纹的，于是纹饰的敷施显得过分热心而有所不当。且部分器上纹饰的敷加显得仓促，一些水平纹饰（包括弦纹）失去了一贯的匀称平静感，该饰弦纹的地方有时改成了北方的附加堆纹，成品近于潦草凌乱[⑤]。模仿的北器（如斝）造型拙劣，反映制作者既非北人，但又不得不进行模仿，可能说明集体地位的降落。

同时，传统的屈家岭文化器样也在变形，文化传人似乎仅着重一定传统形式的维持而不复顾及美感的满足。像屈家岭文化独有的壶形器变成了石家河文化的腹中突出棱骨的高圈足杯，在美感上、均匀上、平衡上似把自大溪文化源远而来的的诸优雅水平完全丧失。总的来说，器物陶胎普遍变厚，制作难言细致。反观北方器群却毫无平行经验，不但王湾三期文化（尤其属前、中段者）的固有纹饰于器表清晰、规整、大方地施加，而且所承南方器“移植”情况良好，基本已成为新器皿群之有机乃至于典型成员。那么，南—北器群的融合或交换情况并非对等，早期的石家河文化与王湾三期文化南北器组比较说明二者间一定的均势已经打破。

---

① 河南省驻马店地区文管会：《河南上蔡十里铺新石器时代遗址》，《考古学集刊》3，科学出版社，1983年。

② 韩建业等：《王湾三期文化研究》，《考古学报》1997年第1期。

③ 仿折腹盆在石家河文化器组中多被名为“尊”或“缸”，如青龙泉三期的M7:1、天门肖家屋脊的AT14065:3等。湖北省荆州博物馆等［组］石家河考古队：《肖家屋脊》，文物出版社，1998年。器在郧县庹家洲、房县七里河等鄂北遗址亦见。

④ 就西方考古界的意识考古（cognitive archaeology）来说，从事者亦自觉面临方法论之诸多困境，尤其对于处理政治意识问题特感生疏，现有文献包括 Whitney Davis. Towards an Archaeology of Thought. Ian Hodder, ed.. *The Meanings of Things*: *Material Culture and Symbolic Expression.* London: Routledge, 1989. Colin Renfrew and Ezra Zubrow. *The Ancient Mind*: *Elements of Cognitive Archaeology.* Cambridge: Cambridge University Press, 1994. K. R. Dark. *Theoretical Archaeology.* Cornell University Press, 1995.

⑤ 如高领瓮T143B:38，中国社会科学院考古研究所：《青龙泉与大寺》，科学出版社，1991年；同样印象充斥于钟祥六合的石家河文化一期。荆州地区博物馆、钟祥县博物馆：《钟祥六合遗址》，《江汉考古》1987年第2期。

对于嵩山地区和丹江地区工艺质量的歧义（尤其是有关早期石家河文化器工的低迷）传世文献能给我们什么提示呢？《吕氏春秋·召类》说："尧战于丹水之浦，以服南蛮。"《六韬》逸文说："尧与有苗战于丹水之浦。"①《论衡·恢国》篇："尧有丹水之师。"《竹书纪年》载"帝（即尧）使后稷放帝子朱于丹水。"《史记·五帝本纪》说："尧子丹朱、舜子商均皆有疆土。"称"丹朱"以领地即丹，也就是说：北人在丹江地区有占领式的经营，于是对附近的压力可想。郧县正当丹江口附近，于是以上所说的石家河文化初期器似反映难以承当的压力忽然明朗了起来，（部分?）苗人在战败之余表示归顺是很自然的，于是不经意地把战争、屈降的伤痕写进了物质文化②。

读者心中可能有如此的疑窦：石家河文化和王湾三期文化在测年数据上可接壤？关于尧舜的绝对年代我们正应诘问古籍，《竹书纪年》说尧治一百年，舜立五十年，禹立四十五年，可想这段频闻战鼓的日子延续二百年或更久。有读者可说这是荒诞，哪有人活100年以上的呢？其实北器出现于嵩山南麓说自前2400年并不太早（可能更早），而我们如果把尧、舜、禹不看成是个人，而看成是族大人（即一连可有多人同以族为名）的话③，这问题就好理解多了。前2500～2200年是为屈家岭文化结束而为石家河文化取代的时代，也正是韩建业等所定义的王湾三期文化的前半，前与后半之间"主要变化"发生了，即王城岗系统大致成立④。于是青龙泉遗址三期的物质文化可算是一个讯号：军事冲突已经开始，苗的覆亡正在进行。

自此以往，在既设空间框架中的物质文化面貌变化几乎是千篇一律了。像汝州大张第二层（即下层）陶器大部是素面，到了第一层（即上层）则多篮纹（如鼎T4:73），方格纹慢慢增加⑤，反映该地该时已为北人所经略。汝州确为重要的南人据点：如上节已提过的李楼遗址，尽管测年似已入夏，但第一期仍有较多的素面罐、鼎，还有弦纹、鳍形足等南方特色，至第二期则鼎上篮纹更明显、规整，风格上更展现王湾三期文化⑥。再往南，进入湖北境，同样的变化在重复，以钟祥六合为例，其石家河文化第一期器虽然有篮纹，但并不广饰，多数器表仍为素面，不排除那些着篮纹的罐、盆得自交换，但至第二期则素面疏落，篮纹当家，方格等纹也在增加。更往东南，到黄陂也是如

① 《武经七书》本据《文选》二十应诏乐游苑饯吕僧珍诗注补。

② 稍后，早期石家河文化墓葬（大墓）所反映的前所未有的权富集中亦指向南人的军事化回应。张绪球：《屈家岭文化古城的发现和初步研究》，《考古》1994年第7期。

③ 关于北美西北岸印第安人"大人"观，见 Allen W. Johnson & Timothy Earle. *The Evolution of Human Societies*. Stanford University Press, 1987.

④ 此"王城岗系统"就是韩建业等所分出的王湾三期文化第三期。《王湾三期文化研究》。

⑤ 河南省文化局文物工作队：《河南临汝大张新石器时代遗址发掘简报》，《考古》1960年第6期。

⑥ 中国社会科学院考古研究所河南一队：《河南汝州李楼遗址的发掘》，《考古学报》1994年第1期。

此，第一、二阶段（止于屈家岭文化）素面，第三阶段（称“龙山时期”）篮纹①。这样的变化规律屡试不爽，尽管以上所言遗址间的具体时序尚待严格整理，总节奏视为北方文化不断南进应无问题，这是符合史书所载夏为夏—苗冲突的胜利者情节的。值得注意的是篮纹在每次变局中所扮演的角色总是主导而从不缺席，再次说明纹饰肯定含有重要的政治讯息。

先民的政治意识为何状貌？尽管时空区隔使吾人对一些原始礼俗已全失感觉，致使一些先民以为一致而明显的讯息吾人可视若无睹，但我们的任务犹在于重新发掘久久埋藏于物质文化中的各种话头。不巧西方的政治人类学（political anthropology）和意识考古尚未会师，种种分析理念非吾人自力更生莫得，于是我们试求助于自己的古典文献，看能否指点迷津？《荀子·正（政）论》说：“土地形制不同者，械用备饰不可不异也。诸夏之国同服同仪，蛮夷戎狄之国同服不同制。”② 什么叫“同服不同制”呢？“服”字甲骨文是以手掔人使屈跪，该字后来演变出多层意义，从“五服”这名词我们看出归顺向化不但是心里如此，还要由发式、服装等来表示。原始文化中人的文身、纹面皆与集体认同有关，而原始社会中物上标记，如大汶口文化晚期大口尊上文字、二里头大口尊口沿上的刻划符号，都为说明族属、氏属或私属。由于纹饰的表达直接而施加较机动，在器样大致保留不变（即尊重“土地形制不同”）的情况下，变化单调的新石器时代晚期北方纹饰施加于其陶器上应不脱族类辨别之作用，于是石家河文化的遍纳北纹就比较容易理解了。

我们认为石家河文化主要陶器（鼎、罐等）上的新纳纹饰是个政治标志。民以食为天，后来鼎质转铜，随着体积的放大，其象征意义在后世乃更彰明，在“原始”期鼎器上标志着政治认同应是那个公社时期的无声语言，换言之，日用陶器上的纹饰也许正是《荀子》话中由异族表示顺从（“同服”）的最有效方式，而器组类制的变化较缓则是各因传统而无法一时尽变之意。试想纹饰与视觉的关系最为直接，与先民上层审美标准关系亦最密切，除了有意识的作为以外，恐无不变器俗而先变饰俗之理。北方纹在石家河文化出现的层次更加符合夏伏三苗的进程：鄂北从青龙泉遗址三期、到随州黄土岗、西花园石家河文化早期的鼎从开始即以数式篮纹为饰③，自此以下历石河遗址群一

---

① 黄陂县文化馆：《黄陂境内的新石器时代文化遗存》，《江汉考古》1987 年第 2 期。

② 《荀子》这段话极为重要，后来汉人据之而生“五服”之说。《尚书·禹贡》（“五服”说之所出）原非春秋前书，多人已证。参考顾颉刚编：《尚书研究讲义·丁种》，1933 年线装本（集作者包括丁文江、郭沫若等）。

③ 湖北省文物考古研究所：《湖北随州市黄土岗遗址新石器时代环壕的发掘》，《考古》2008 年第 11 期；武汉大学历史系考古教研室等：《西花园与庙台子》，武汉大学出版社，1993 年。

直到当阳季家湖、宜昌下岸、白庙等①，新聚落越来越统筹性接受篮、方格、绳纹为饰，对北方纹式有“通吃”的趋势，也就是说：更多的原北方文化特色同时汇集涌现的概率也越大，反映那些特色在靠北的石家河文化中一头酝酿，一头散发，到鄂南则更能以从容、规整甚至整合的姿态出现，乃至残余的石家河文化完全消失为止（大致为二里头文化所取代）。这种北来因素较好地反映于制作上。我们说是进入了“化”的阶段，至于纪录北来震撼的石家河文化第一期我们说是“服”的功绩②。

唯作如此反省，后期石家河文化的诸多现象方好理解：后期石家河文化有两大特征：第一，各地区地方化趋势特强，各地发掘者不断以新的“类型”、甚至“文化”来识别各自所得；第二，所谓的“王湾三期文化”因素成为这些各自为政的“后石家河文化”们的唯一显着共性。这反映原有石家河文化的中枢神经早已被切断，完整的石家河文化早已不存在了，这些陶器仅为何驽先生等所看到的“石家河文化在距今4200年崩溃”的残骸③。《战国策·秦策》、《淮南子·修务训》记载了舜继尧后继续讨伐三苗的事，《史记·五帝本纪》：“三苗在江、淮、荆州数为乱，于是舜归而言于帝，请……迁三苗于三危”（《尚书·尧典》略同）。《战国策·魏策》又说是禹放逐的三苗（所谓的“数为乱”应反映原来是“治”的、服的），反正文献记载不是说“迁”，就是说“窜”。石家河文化在空间上似向鄂东、南、西三方面退缩，像湘北安乡划城岗遗址“龙山”期陶器大多保持素面，仅个别甑、缸有北方特征，可能得自交易，似提示位居“熟”苗范围之外④。鄂西沿江而上多险，西陵峡地区的白庙等遗址正居于石家河文化中、后期。所谓的“窜三苗于三危”，有学者考“三危”为四川岷山⑤，其实（先）夏人不可能去关心岷山的险峻与否，“三危”应就是“三峡”，这些“肖家屋脊文化”散播者应就是被迫“龟缩”的“苗民”们。

专家们不时对屈家岭文化和石家河文化器间容易发生混淆的问题做出提醒⑥，我们

---

① 湖北省博物馆：《湖北当阳季家湖新石器时代遗址》，《文物资料丛刊》10，文物出版社，1987年；国家文物局三峡考古队：《湖北宜昌下岸遗址发掘简报》，《考古》1999年第1期；湖北宜昌地区博物馆等：《湖北宜昌白庙遗址试掘简报》，《考古》1983年第5期。

② 尽管如此二分失之粗糙，但我提议在未和北器序列作亦步亦趋的“投影”对比之前，作石家河文化的分期或系谱都难全面。“投影”观念我首提于2008年的早夏会议，初步报告已归纳于方燕明：《“早期夏文化学术研讨会”纪要》，《中原文物》2008年第5期。

③ 何驽：《试论肖家屋脊文化及其相关问题》，《三代考古》（二），科学出版社，2006年。

④ 湖南省博物馆：《安乡划城岗新石器时代遗址》，《考古学报》1983年第4期。安乡离荆州有100公里之遥，自此以南，愈出本文所谓“热苗”的范围，参考王红星、胡雅丽：《江汉地区“龙山时代”遗存命名问题——“石家河文化”的特征、年代、分布》，《江汉考古》1985年第3期。

⑤ 此说外，“三危”探索的其他进路包括杨建芳：《“窜三苗于三危”的考古学研究》，《东南文化》1998年第2期。

⑥ 例如陈文：《屈家岭文化的界定与分期》，《考古》2001年第4期。

以为屈家岭文化是受到北方势力的冲击才开始逐渐转化为石家河文化的，《大学》说："身有所忿懥则不得其正，有所恐惧则不得其正。"最早石家河文化的物质遗存一方面反映这种平衡感的失落，一方面新器饰的接受亦意味着政治秩序的再造。举例来说，淅川下王岗后来整理者定为屈家岭文化二期的罐、鼎诸器已有篮纹出现①，张绪球先生认为应属石家河文化②，这是正确的。同时在石河遗址群中被划为屈家岭二期的陶器亦有不规则水平纹、篮纹等现象（邓家湾、肖家屋脊等都有），应作如何理解与分期，亦可详参众因素加以思考。本文的诠释框架不过是为如何归纳这些关键转型时期的鄂器皿多一副检视透镜而已。

三、结　　论

夏研究尽管在国内是一日千里，在国际学界我们仍被视为闭门造车。"苗"问题若能更加落实，则夏曾存在似更难推辞。本文起点是为夏存在寻找更多的线索，进而发现有关"苗"的话匣犹需作一些补充，于是，我们做的首要的是"钩沉"的工作。在研究策略上，文献为吾人理解物质与政治文化之间的关系提了不少词，吾人今日若弃文献不顾而仅听由物质遗存"无面目"下去，势必更难捉摸遗迹遗物们的底蕴。而今日的考古作业又丰实了我们对古籍指涉的了解（例如何驽的剖析告诉我们"城"的多功能来源或与屈家岭—石家河文化有特殊关系③，那么古籍所载的"鲧作城"，以及传说鲧以土堤止水可能真有点来历）。这样互为印证、相得益彰使我们期待老一辈考古学家们——如苏秉琦、如俞伟超——要奋起修史前史的愿望是终会有所回馈的④。

方法论是个门槛，本文尝试由权势消长的角度切入物质文化，进而由之摸索先民的政治语言。关于意识考古，无论中西都完全处于婴儿期，但如若有人假设先民没有政治意识，或假设先民虽有政治意识但不经由物质文化来表达，恐怕都是错误的。只要先民是在有意识（如苗表示归顺）或是无或低意识状态下（如王湾三期文化人士约定俗成地使用篮纹）在日用对象上留下族属识别的印记，主要器类器表上的纹饰是为此种印记的可能性就最大。在夏—商易代的个案中我们已在陶表纹饰象征意义的问题上逗留过⑤，其他的例子包括豫、鄂境偶有"共纹饰"（即一器存两种传统的纹）情况，和夏家店下层文化偶有磨去部分器表纹路情况，越使我们觉得纹饰的意义应不止于纯美感。

---

① 河南省文物研究所等：《淅川下王岗》第 3 章，文物出版社，1989 年；该期最初称为该遗址晚一期，见《文物》1972 年第 10 期的试掘报告。

② 张绪球：《长江中游新石器时代文化概论》，湖北科学技术出版社，1992 年。

③ 何驽：《屈家岭、石家河文化中心居址的地理环境分析》，《荆楚文史》1996 年第 1 期。

④ 苏秉琦：《关于重建中国史前史的思考》，《考古》1991 年第 12 期；俞伟超：《古史的考古学探索》，文物出版社，2002 年。

⑤ 拙文《亳与偃师二遗址的关系》，《二里头遗址与二里头文化研究》，科学出版社，2006 年。

当然在诠释策略上、在标绘古今意识差距上，我们犹须努力，例如在今日社会中政治归属标识全仰仗正式性（如现代参加某组织，即发证件、制服等），远古的政治组织与意识与今日当然不同，则器皿纹饰与族属之间对应性的界线与极限应是吾人进行意识考古犹须摩挲的问题。

本文另一种方法论上的涵义在于呼吁为今日的考古学思考中斟酌注入一点历史感，这样不但可以为当前考古学一向“以空间为纲”的思维路线开条岔道，而且还可能带入一些能动（dynamic）的观念因子，便利我们向建立一个由遗址文化间互动（横向）和迭压（纵向）经纬关系构成的时表迈进。如此争取架设一个合理的演义（narrative）框架会逼使我们广搜“线索”、“关系”，那么这种“线索主义”便可能穿插于考古学一贯的地缘视野之外了①。放眼全国，当横、斜篮纹也出现于山东大汶口、龙山文化之交时②，当同样器形模仿情况（如以鬼脸足盒顶替中原的斝）广布时，《竹书纪年》亦已影射尧舜对东夷的经略时③，我们怀疑类似夏—苗对峙情况亦发生于东方，而本论文集中燕生东先生对山东龙山末期器物鼎革的描述应是经略的结果，而非经略的征象。果真如此，则不但是尧舜年代的问题，整个中原文化兴起的问题都有空间可重新衡量了。

---

① 比方关于青龙泉三期和下王岗晚一期的质变，典型考古学家的解释是它们地理上“紧临”王湾三期文化。

② 参考栾丰实：《大汶口文化的分期和类型》、《海岱龙山文化的分期和类型》，《海岱地区考古研究》，山东大学出版社，1997年；个别遗址报告如《山东曲阜南兴埠遗址的发掘》，《考古》1984年第12期。

③ 《竹书纪年》说尧十二年“初治兵”，十九年命共工治河。共工氏据经典为少昊氏之裔，而少昊氏经多学者考证应即大汶口文化。约“四十”年后方有放帝子朱于丹水事。

豢龙氏、御龙氏考论

郜丽梅
（中国社会科学院研究生院历史系）

夏代是由众多国族①组成的早期国家，所谓“禹合诸侯于涂山，执玉帛者万国”②。“当禹之时，天下万国。”③ 夏代的国族有同姓和异姓之别。文献记载的与夏后氏同为姒姓的国族至少有十二个之多。除却夏后氏及其同姓国族，夏代还存在众多非姒姓的国族（包括夏后氏的与国或敌对国），即夏后氏的异姓国族。这些姒姓国族和非姒姓的国族（与国）共同构成了夏代国家的主体。当然，夏后氏及其同姓国族在夏王朝中占主体地位。然这些异姓国族亦是夏王朝的重要组成部分，对这些国族进行研究能推动夏代乃至夏文化的研究。豢龙氏、御龙氏即是夏代众多异姓国族中的两个重要的国族，本文试对二者进行氏族渊源梳理和地望考证，并结合考古发现来推测其存在。

一、豢　龙　氏

豢龙氏，董姓。其族源有二：第一，出自黄帝氏族。《新唐书·宰相世系表》：“董氏出自姬姓，黄帝裔孙有飂叔安，生董父，舜赐姓董氏。”④ “董，出自己姓，黄帝之后。封国于飂，其君叔安者，有嫡子曰董父，学扰龙以事帝舜，赐姓曰董，为豢龙氏，其后有鬷夷氏。”⑤ 只是《新唐书》把董氏与董姓混淆了。且此说所出较晚，其所依据已不可得知。第二，出自颛顼氏族。《国语·郑语》言祝融八姓中有“董姓鬷夷、豢龙”。韦昭注：“董姓，己姓之别受氏为国者。有飂叔安之裔子曰董父，以扰龙服事帝

---

① 王震中先生认为：“‘国族’这一概念中，‘国’指邦国；‘族’指部落。我们取用它的模糊性，即对于有些政治实体我们无法准确判断它究竟是邦国还是没有达到邦国的部落时，采用‘国族’来笼统地指称它们。王震中：《夏代“复合型”国家形态简论》，“早期夏文化学术研讨会”（2008 年 7 月郑州）论文。

② 杨伯峻：《春秋左传注》，中华书局，1981 年。

③ 许维遹：《吕氏春秋》，中国书店，1985 年。

④ 《新唐书》卷 75，中华书局，1975 年。

⑤ （宋）邓名世《古今姓氏书辩证》卷 21，第 922 册。文渊阁四库全书本。

舜，赐姓董，氏曰豢龙，封之鬷川，当夏之兴，别封鬷夷。”① 此董姓为祝融“八姓”之一，而祝融出自颛顼，所以飂国应是出自颛顼。然韦昭以为“八姓”中之董姓为己姓之别封，则或是把“董姓”与“董氏”混淆而言了。

帝舜时，飂叔安裔子董父因“实甚好龙，能求其耆欲以饮食之，龙多归之”②，乃为帝舜扰龙畜龙，是舜赐其董姓，为豢龙氏，并封其于鬷川，其后或以地为氏，为鬷夷氏。然《国族·郑语》“董姓鬷夷、豢龙”之语，则是以为鬷夷、豢龙为二国族。杨伯峻亦赞同《国语》之鬷夷、豢龙为两个氏族之说③。《左传》提及豢龙之后为鬷夷，或许只是说明鬷夷是豢龙的别封氏族之一，如姒姓之后分封除夏后氏之外还有其他许多氏族存在，只是夏后氏为姒姓的嫡系传承者而已。董姓亦复如是，豢龙氏直接继承之，之后还存在鬷夷之类的别封国族。所以《左传》与《国语》所言语义应相同。

豢龙氏在帝舜时地位显赫，然至夏代孔甲之时，却未能寻到豢龙氏，是《国语·郑语》以为“董姓鬷夷、豢龙，则夏灭之矣”。韦昭认为其“于孔甲前而灭矣”④。若孔甲前豢龙氏被夏后氏灭掉，则与刘累却仍能“学扰龙于豢龙氏”相矛盾。竹添光鸿以为孔甲时鬷夷、豢龙既灭，但其遗族尚存，“刘累之学，或从其遗族，而授其术也”⑤。然刘累又“学扰龙于豢龙氏”，是豢龙氏或未灭国。章太炎认为韦昭之言错误，以为《潜夫论·志氏姓》中的“豢龙逢”即“关龙逢”，夏桀杀逢，其国亦随之而亡。并以为《左传》所说“孔甲未获豢龙氏”，只是由于其子孙忘业之故⑥。是孔甲之前，豢龙氏并未亡国。孔甲时寻不到豢龙之人，或是由于豢龙氏子孙“不务正业”而致，或是由于其已衰落，后官职为刘累取代，地位亦渐衰退，至夏末，夏桀暴虐，其国君豢龙逢谏，夏桀杀之，豢龙氏始亡国。

豢龙氏之居，先秦史籍未载。《太平寰宇记》卷7：“豢龙城在（临颍）县西四十里，即今豢龙氏之邑也。昔董父实甚好龙……舜赐氏曰豢龙。”⑦《水经注释·颍水》卷23：“《名胜志》引《水经注》曰：‘颍水又东迳豢龙城，即古豢龙氏之邑也。城西有拒陵冈，今本无之。’”又《大清一统志》卷172：“御龙城在临颍县北十五里，亦名豢龙城。”⑧ 或是豢龙氏居地在今临颍县。然郑杰祥依据卜辞“龙”方之记载，以为其

① 徐元诰撰，王树民、沈长云点校：《国语集解》，中华书局，2002年。

② 杨伯峻：《春秋左传注》，中华书局，1990年。

③ 同②。

④ 同①。

⑤〔日〕竹添光鸿：《左传会笺·昭公二十九年》（四部刊要），汉京文化事业有限公司，1984年。

⑥ 章太炎：《春秋左传读》，《章太炎全集》（二），上海人民出版社，1982年。

⑦《太平寰宇记》卷7，第469册，文渊阁四库全书本。

⑧《大清一统志》卷172，第477册，文渊阁四库全书本。

即为豢龙氏，其地在今山西闻喜县①。仅以“龙”方在山西，就断定豢龙氏亦在此处，因此，其说存疑。

要之，豢龙氏出自于颛顼，兴起于飂叔安，帝舜时被封为豢龙氏，大概至夏末亡国。

至于鬷夷，史无具载。韦昭以为其亦为孔甲所灭。然又有三鬷乃鬷夷之余族之说（详见后文）。三鬷，夏桀时显，若其果为鬷夷之后，则鬷夷至夏末仍存在。三鬷之“三”或为概数，其以鬷为名，或许说明鬷夷后世分化为众多小国族。到春秋时，鲁国尚有鬷氏。《左传·襄公十九年》：“齐侯娶于鲁，曰颜懿姬，无子。其侄鬷声姬生光，以为大子。”杜《解》：“兄子曰‘侄’。颜、鬷皆二姬母姓，因以为号。”② 此鬷氏或为三鬷之后，如是，则汤伐三鬷并未灭掉其族，其遗族一直延续至春秋。

鬷夷之所在，或是依据地名、水名而来。《左传》曰“封诸鬷川”，杜预注：“鬷水上夷，皆董姓。”③ 然鬷川、鬷水无所考。其所居或是三鬷之所在④。《孔传》：“三鬷，国名，今定陶也。”《水经注·济水一》：“又东过定陶县南”，郦道元注：“（定陶）县，故三鬷国也。汤追桀，伐三鬷，即此。周武王封弟振铎之邑，故曹国也。”⑤ “古曹国，今定陶县西，古陶城是，是曹国在定陶境……又县北十五里有㚬山，㚬山有三鬷亭。”⑥ 即今山东定陶县北。三原一雄认为：“三嵕或即大戎，也即犬戎。”⑦ 其非明矣⑧。若

---

① 郑杰祥：《商代地理概论》，中州古籍出版社，1994 年。

② （晋）杜预注，（唐）孔颖达等正义，黄侃句读：《春秋左传正义》卷 34，上海古籍出版社，1990 年。

③ 同②。

④ 雷学淇：《竹书纪年义证》卷 10，修绠堂书店，1939 年。

⑤ （北魏）郦道元著，陈桥驿校证：《水经注校证》卷 7，中华书局，2007 年。

⑥ 《春秋地名考略》卷 12，第 176 册。文渊阁四库全书本。

⑦ 三原一雄的观点是：《尔雅·释地》，《疏》曰：‘戎，凶也’，又案大戎盖犬戎之谓，《穆天子传》卷一，犬戎伪作大戎，《史记·秦本纪》，犬字，绍兴本伪作太，其例证也。《左传》闵公二年，杜预曰：‘犬戎，西戎’，乂《周语》韦昭注云：‘大戎，西戎之别名’，《淮南子》高诱注，犬戎，西戎之别名。（今本脱名字），犬戎，《海内北经》作犬封。又《隶法汇纂》，犬字作大。”由此得出三嵕即是犬戎。（三原一雄：《夏后の研究》，陕甘文化研究所 1961 年重订版。）

⑧ 《尚书·商书·仲虺之诰》：“汤归自夏，至于大坰。”孔颖达曰：“大坰，地名未知所在，当是定陶向亳之路所经。”《尚书正义》卷八，19 册。四部备要本。《史记·殷本纪》“大坰”作“泰卷陶”，《史记》索隐“至于泰卷陶”下有解释：“邹诞生‘卷’作‘坰’，又作‘洞’，则‘卷’当为‘坰’，与〈尚书〉同，非衍字也。其下‘陶’字是衍耳。何以知然，解〈尚书〉者以大坰今定陶是也，旧本或傍记其地名，后人转写遂衍斯字也。”《史记》卷三。通观《索隐》其他地方，未有“三嵕作大坰”之言。可见三原一雄之论不确。

"这个'三朡'如可移解朡夷，则朡夷在今山东西南部的定陶县"①。王迅以为位于此地的安邱堌堆类型岳石文化可能为其遗存②。杨升南、刘起于、朱彦民亦以为三朡乃朡夷之后，然三人均以为朡夷、三朡居地在河南唐河县。

河南唐河县乃朡夷之先飂叔安之居。《左传》杜注："飂，古国也。叔安，其君名。"洪亮吉《春秋左传诂》："按杜注，飂，古国也。今考〈说文〉鄝，地名。鄝当即蓼国，飂、鄝、蓼古字通用。"③《左传·桓公十一年》："郧人军于蒲骚，将与随、绞、州、蓼伐楚师。"杜预注："蓼国，今义阳棘阳县东南湖阳城。"④《汉书·地理志》卷28："（南阳郡）湖阳（县），故廖国也。"⑤《春秋地名考略》卷13："蓼国，今义阳县东南湖阳城，卽古飂国"⑥，湖阳城在今河南唐河县南六十六里湖阳镇。此或即飂国、豢龙氏之所在。《左传·文公五年》亦有："冬，楚子燮灭蓼。"杜预注："蓼国，今安丰蓼县。"⑦ 此其地在今河南固始县东北，此蓼乃皋陶后所居。

杨升南考证三朡与"封诸朡川"的董姓朡夷豢龙氏有关，地在今河南南阳地区唐河县一带。以为南阳地区本是夏人长期经营的故地，三朡国与夏王朝关系密切，夏桀欲借此为最后的凭依⑧。刘起釪在认可三朡即朡夷之后的基础上，认为文献记载廖国即飂国，"是即朡夷之国，地在河南唐县即今唐河县之南，在今通行的地图出版社出版的中国地图上，犹可见唐河县之南有湖阳镇，即是古朡夷之所在，而朡即朡，那么也就是三朡之所在。"⑨ 朱彦民论证："夏桀败于今豫东境内开封之鸣条，应该往西或南或北而逃，唯独不能向东逃亡；如果三朡在今山东定陶一带。则在商汤领土之内，夏桀的逃亡，绝不可能荒唐到自投敌人的落（罗）网之中。所以三朡的地望不可能在殷商腹地的山东定陶之境可知也。"⑩ 顾、杨、刘、朱四人所言均有其合理性。然文献明确记载三朡在山东定陶县，这也是我们所不能否认的。杨、刘之说则把朡夷与豢龙看作同一个国族而论。然我们若考虑到上古国族经常迁徙之特性，此问题即可明了。是杜金鹏以为，文献屡言汤伐三朡而俘其宝玉，则三朡必富有玉产，然自古无闻定陶一代生产玉

① 顾颉刚：《祝融族诸国的兴亡——周公东征史事考证四之六》，《燕京学报》新8期，北京大学出版社，2000年。

② 王迅：《东夷文化与淮夷文化研究》，北京大学出版社，1994年。

③ 洪亮吉撰，李解民点校：《春秋左传诂》卷18，中华书局，1987年。

④ 《春秋左传正义》卷7。

⑤ 《汉书》卷28，中华书局，1962年。

⑥ 《春秋地名考略》卷13，第176册。

⑦ 《春秋左传正义》卷19。

⑧ 杨升南：《汤放桀之役中的几个地理问题》，胡厚宣主编：《全国商史学术讨论会论文集》，《殷都学刊》1985年增刊。

⑨ 顾颉刚、刘起釪：《尚书校释译论》（第二册），中华书局，2005年。

⑩ 朱彦民：《商族的起源、迁徙与发展》，商务印书馆，2007年。

石，是三鬷不当在定陶东，或当在今南阳、唐河一带，定陶东之三鬷，或系伐而迁之者①。然或可这样解释，鬷夷、三鬷或初居定陶，商汤伐三鬷之前，三鬷已经迁至其老本营河南唐河县。

二、御　龙　氏

御龙氏乃陶唐氏之后。《左传·襄公二十四年》宣子曰："昔匄之祖，自虞以上为陶唐氏，在夏为御龙氏，在商为豕韦氏，在周为唐杜氏，晋主夏盟为范氏。"② 是御龙氏之渊源明矣。然刘累与豕韦氏之关系，古来争论不休。唐杜氏亦有争论。

《左传·昭公二十九年》："有陶唐氏既衰，其后有刘累，学扰龙于豢龙氏，以事孔甲，能饮食之，夏后嘉之，赐氏曰御龙。以更豕韦之后。龙一雌死，潜醢以食夏后。夏后飨之，既而使求之。惧而迁于鲁县，范氏其后也。"③ 此言刘累学扰龙于豢龙氏，则又代替豕韦御龙。杜预注："以刘累代彭姓之豕韦，累寻迁鲁县，豕韦复国至商而灭，累之后世复承其国，为豕韦氏。"④ 是后世多以此作为解释该句之基础。孔颖达《疏》曰："〈正义〉曰：'〈传〉言以更豕韦之后，则豕韦是旧国，废其君以刘累代之。'〈郑语〉云：'祝融之后八姓，大彭、豕韦为商伯矣。又云彭姓，彭祖、豕韦则商灭之矣。'如彼文豕韦之国至商乃灭，于夏王孔甲之时，彭姓豕韦未全灭也。下文云刘累惧而迁于鲁县，明是累迁之后，豕韦复国，至商乃灭耳。"⑤《春秋左传诂》引贾逵语："刘累之后至商不绝祀，以代豕韦之后，祝融之后封于豕韦，殷武丁灭之，以刘累之后代之。"⑥ 是说彭姓豕韦氏在孔甲时灭国，刘累承袭了豕韦氏之国族名，后刘累迁至鲁县，彭姓豕韦又复其国，到商代又灭国，刘累之后世又代替了彭姓的豕韦氏。然豕韦在夏末时实力强大，所以其在夏代绝无被代替或是灭国的道理，详见豕韦氏之辨。至于说豕韦在商代被刘累所替，可能性也极小。徐旭生先生也认为：夏时"豕韦并未亡国，何能就替代豕韦的后人？在商代，豕韦强大称伯，刘累后人何以就能混称豕韦氏？杜预无法解释，就绕着弯说：'以刘累代彭姓之豕韦。累寻迁鲁县，豕韦复国，至商而灭。累之后世复承其国为豕韦氏。'……夏后赐刘累氏叫作御龙，不管他迁于鲁县，或又得豕韦氏的故土，均当称御龙氏，不应称豕韦氏"⑦。如此解释较为合理。

刘累因何要代替豕韦而为御龙氏，《潜夫论·志氏姓》之说或可提供些许线索。

---

① 杜金鹏：《商汤伐桀之史实与其历史地理问题》，《史学月刊》1988 年第 1 期。

② 杨伯峻：《春秋左传注》。

③ 杨伯峻：《春秋左传注》。

④ 《春秋左传正义》卷 53。

⑤ 《春秋左传正义》卷 53。

⑥ 洪亮吉：《春秋左传诂》卷 18。

⑦ 徐旭生：《中国古史的传说时代》，广西师范大学出版社，2003 年。

《潜夫论·志氏姓》云："朡夷、彭姓豕韦，皆能驯龙者也。"[①] "豷'、'朡'，形近相通，读音亦同，仅字体不同而已。以为豕韦也会豢龙之术。豷夷、豕韦皆为祝融之后，豷夷会豢龙之术，豕韦或可学于豷夷，也习得豢龙之术，在豷夷衰落或是不"官修其方"时代替其职官来为夏后氏豢龙。豢龙、御龙本为官职，"豢、御，养也。豢龙，官名，官有世功，则以官名"[②]。为官如果能忠于职守，建立功劳，则可以官赐氏。所以豢龙、御龙本具有两层含义。刘累代替豕韦，或许只是代替了豕韦之豢龙氏之职官。后来刘累迁鲁县之后，只是失掉了其为御龙氏职官的职位。而后有关刘累后代在商代复代豕韦之说，则只有可能是豕韦在商武丁时期亡国后，刘累之后承袭了豕韦之族号。但如徐旭生先生所言，此种可能性极小。豕韦在商以后已经不存在，所以，即使是刘累之后代替了豕韦，也只能是在豕韦灭国后，承袭了豕韦氏的国族名，而非成为豕韦氏之国君而完全取代了豕韦氏。

周代，范宣子之祖，也即刘累之后为"唐杜氏"。然唐杜氏有二说：一，唐杜氏之"唐"与"杜"应分开，为两个国族。杜氏注："唐、杜，二国名。殷末，豕韦国于唐。周成王灭唐，迁之于杜，为杜伯，杜伯之子隰叔奔晋，四世及士会食邑于范氏，杜，今京兆杜县。"[③] 唐、杜是前后承袭的两个国族。《左传·昭公元年》："迁实沈于大夏，主参。唐人是因，以服事夏商。"杜注："唐人，若刘累之等，累迁鲁县，此在大夏。"[④]《国语》韦昭注也云："周，武王之世，唐、杜，二国名。豕韦自商之末改国于唐，周成王灭唐而封弟唐叔虞，迁唐于杜，谓之杜伯。"[⑤] 此豕韦应该是刘累之后。刘累后世迁居鲁县，至商代豕韦之后，在商末迁至唐，国改为唐，后被周成王灭掉，迁其遗民至杜，称之为杜伯。刘累非代豕韦，上文已言明，然刘累迁鲁县，何以又居唐，此已不可得知。而《孔疏》引贾逵《国语》注云："武王封尧后为唐、杜二国。"[⑥] 是说唐、杜虽为两个不同国族，然二者并存，非灭唐迁杜也。二，唐杜应该为一个国族。孙诒让认为："杜说刘累子孙既居鲁县，又别居大夏，鲁县之裔后代豕韦，大夏之裔即为唐，唐为成王所灭，乃迁于杜，是则唐与杜各自为国，咸非鲁县之胄，即不得云豕韦国于唐、杜，两注义实自相牾……杜义自本韦昭《国语》注，韦则又因昭元年《传》成王灭唐之文而迁就其说。贾说'武王封尧后于唐者'，即隐据《王会》之唐公二国并封，于理虽可通，然既分为二国，则唐自为唐，杜自为杜，宣子为杜伯之后，自述家世，但数杜氏足矣，何必更援唐耶。今以《左传》、《周书》诸文参互校绎，乃知成王所灭以封叔

① 《潜夫论》卷9。四部备要本。
② 《春秋左传正义》卷53。
③ 《春秋左传正义》卷35。
④ 《春秋左传正义》卷41。
⑤ 徐元诰：《国语集解》。
⑥ 《春秋左传正义》卷35。

虞者，自为晋阳之唐，刘累之后所封者，自为杜县之唐杜，窃意杜本唐之别名，若楚之亦言荆也。彖言之楚曰荆楚，故唐亦曰唐杜是也。”① 若唐杜为一，则刘累之后所封为杜县之唐杜，而非居大夏。其地在今陕西西安市东南，长安县东北有杜陵，盖即唐杜故国②。

《陕西通志》卷 3 “杜”：“夏世侯伯，汉杜阳县地。”③ 即杜为夏之国族，然杜（唐杜）乃刘累后世在周代的存在，因此此说不确。

御龙氏地望，孔甲封刘累之前，刘累或居于缑氏县。《史记正义》引《括地志》云：“刘累故城在洛州缑氏县南五十五里，乃刘累之故地也。”④ 后孔甲求食龙不得，刘累害怕，于孔甲七年迁于鲁县。杜预注：“鲁县，今鲁阳也。”⑤《日讲春秋解义》卷 56：“今河南鲁山县东北有鲁阳故城。”⑥ 班固曰：南阳鲁阳“有鲁山。古鲁县，御龙氏所迁。”⑦ 鲁山县亦即今河南鲁山县。《大清一统志》卷 174：“豢龙城，在宝丰县东南五十里，古豢龙氏所国也。《寰宇记》在龙兴县东南五十里。《九域志》宝丰县有豢龙城。”⑧ 龙兴县即今河南宝丰县，在今鲁山县东北。此言豢龙城，是把豢龙氏与御龙氏混淆了。杜预以为刘累之后又至唐，也即大夏，杜注：“大夏，今晋阳县。”⑨《史记·晋世家》有“封叔虞于唐”，张守节《正义》引《括地志》云：“故唐城在绛州翼城县西二十里，即尧裔子所封。”⑩ 顾炎武《左传杜解补正》（卷下）也以为在翼城：“晋之始见春秋其都在翼今平阳府翼城县也……窃疑唐叔之封以至侯缗之灭并在于翼。”⑪ 按顾炎武所言，唐在翼城说较为合理。但据孙诒让所考，刘累之后并未曾居唐，而是迁于杜，杜，“今京兆杜县。”⑫ 所以刘累之后所居应是杜县。

总之，御龙氏出自于陶唐氏，其后刘累在夏代被封为御龙氏，以其官职而封其国族名。在商是否有豕韦氏之称不能确定，在周为唐杜氏，被封于西安杜县。豢龙、御龙氏

---

① 孙诒让：《籀庼述林·唐杜氏考》，1919 年刊本。杨伯峻也认为“唐杜，杜注谓‘二国名’，误。实一国名，一曰杜，一曰唐杜，犹楚之称荆楚。《唐书·宰相世系表》二十上、《通志·氏族略》二并谓杜氏亦曰唐杜氏，不从杜注。《春秋》前已灭绝。”杨伯峻：《春秋左传注》。

② 杨伯峻：《春秋左传注》。

③ 《陕西通志》卷 3，第 551 册。文渊阁四库全书本。

④ 《史记·夏本纪》卷 2。

⑤ 《春秋左传正义》卷 53。

⑥ 《日讲春秋解义》卷 56，第 172 册。文渊阁四库全书本。

⑦ 《汉书·地理志》卷 28。

⑧ 《大清一统志》卷 174，第 477 册。

⑨ 《春秋左传正义》卷 41。

⑩ 《史记·晋世家》卷 39。

⑪ 顾炎武：《左传杜解补正》卷下，第 174 册。文渊阁四库全书本。

⑫ 《春秋左传正义》卷 35。

为两个国族，其官职可能为水官。作为官名，豢龙、御龙为同一职官，而在夏代前后交替任职者则是出自两个姓氏不同的国族。

《左传·昭公二十九年》晋太史蔡墨曰："古者畜龙，故国有豢龙氏，有御龙氏。"疏："服虔曰，豢，养也，谷食曰豢。御，亦养也，养马曰圉。〈礼〉养犬豕曰豢，知其以谷养，盖龙亦食谷也。御与圉同，言养龙犹养马，故称御。"① 《管子》书皆以圉为御。《太平御览》卷 82 引《史记》曰："昔夏后启筮，乘龙以登于天。"②《山海经·海外西经》："大乐之野，夏后启于此儛九代，乘两龙，云盖三层。"③ 董增龄曰："则夏初本有御龙之法，故以此名赐刘累也。"④ 知豢龙或是御龙有使夏后氏乘龙之义。《艺文类聚》卷 96 引《括地志》云："禹诛防风氏，夏后德盛，二龙降之，禹使范氏御之以行。经南方，防风神见禹，怒射之，有迅雷二龙升去，神惧，以刃自贯其心而死。"⑤《国语·郑语》："夏之衰也，褒人之神化为二龙以同于王庭，而言曰余褒之二君也。夏后卜杀之。"⑥ 禹时，夏后氏方兴，二龙降之；及夏后氏衰，褒君化为龙，而夏后卜杀之，故龙似乎关乎夏后氏之兴衰。但到了夏末，刘累竟然把死去的龙给孔甲食用，而夏后氏竟然卜杀化为龙的褒君，可以推测龙本身的地位已经下降。蔡墨又言："夫物物有其官，官修其方，朝夕思之。一日失职，则死及之。"⑦ 此言及如何为官，蔡墨在此所言豢龙、御龙则应是官职。（元）胡一桂《周易启蒙翼传》下篇："龙，水物也，水官弃矣，故龙不生得。"⑧ 御龙之官职为水官，此关系到农业生产，则豢龙、御龙又有维护农业生产之目的，所以豢龙、御龙在夏代应该占有很重要的地位。

目前考古发现的夏代时期的龙遗存也很多。1999 年秋冬之际，北京大学考古文博院、郑州市文物考古研究所联合对新砦遗址进行了发掘⑨，在 T1H24 灰坑中出土一件残缺的陶器盖，该器盖上刻有纹饰，李丽娜、朱乃诚先生认为其纹饰为龙纹⑩，处于新砦

① 《春秋左传正义》卷 53。
② 《太平御览》卷 82，中华书局，1985 年。
③ 袁珂：《山海经校注》，上海古籍出版社，1980 年。
④ 董增龄：《国语正义》，巴蜀书社，1985 年。
⑤ 《艺文类聚》卷 96，上海古籍出版社，1965 年。
⑥ 徐元诰：《国语集解》。
⑦ 《春秋左传正义》卷 53。
⑧ 《周易启蒙翼传》，第 22 册。文渊阁四库全书本。
⑨ 北京大学考古文博学院、郑州市文物考古研究所：《河南新密市新砦遗址 1999 年试掘简报》，《华夏考古》2000 年第 4 期。
⑩ 李丽娜：《也谈新砦陶器盖上的兽面纹》，《中原文物》2002 年第 4 期；朱乃诚：《二里头文化"龙"遗存研究》，《中原文物》2006 年第 4 期。顾万发认为此纹饰为饕餮纹。

遗址二期晚段，属于夏代早期①。1963 年在二里头遗址Ⅴ区 1 号宫殿南出土 1 件陶片，外壁龙形纹有两条，“一条线条纤细流畅，已残缺，周围起鳞纹，巨眼，有利爪”②，其相对年代为二里头文化三期等。这些龙遗存的发现，都说明了夏代与龙之间的密切关系③。在这些龙遗存当中，最引人注意的就是大型绿松石龙形器的发现。

2002 年春，在清理二里头遗址 3 号基址南院的墓葬时，在 3 号墓（02VM3）发现了 1 件大型绿松石龙形器④。该器置于墓主人骨架之上，由肩部至髋骨处。龙头朝西北，尾向东南，很可能是被斜放在墓主右臂之上而呈拥揽状。龙为巨头，蜷尾，龙身起伏有致，色彩绚丽。龙头置于由绿松石片粘嵌而成的近梯形托座上，托座长 13.6 ~ 15.6、宽 11 厘米。龙头较托座微隆起，略呈浅浮雕状，为扁圆形巨首，吻部略突出。以三节实心半圆形的青、白玉柱组成额面中脊和鼻梁，绿松石质地蒜头状鼻端硕大醒目。眼为梭形，以顶面弧凸的圆饼形白玉为睛。龙身长 64.5 厘米，中部最宽处 4 厘米。龙身略呈波状起伏，中部出脊线，外缘立面粘嵌一排绿松石片。象征鳞纹的菱形主纹连续分布于全身，由颈至尾至少十二个单元。龙身近尾部渐变为圆弧隆起，尾尖内卷，跃然欲生。整个绿松石龙形器由 2000 余片各种形状的绿松石片组合而成，每片绿松石片的大小仅有 0.12 ~ 0.19 厘米，厚仅 0.11 厘米左右。距绿松石龙尾端 3.6 厘米处发现 1 件绿松石条形饰，其由几何形和连续的似勾云纹的图案组合而成。由龙首至条形饰总长 70.2 厘米。

在 3 号基址院内发现的中型墓葬，时代为二里头文化二期。其中 02VM3，是近长方形墓穴土坑墓，墓葬口长 2.24 米，北部宽 1.11 米，南部宽度不明，残深 0.5 ~ 0.6 米。墓底散见零星朱砂，墓主人为一成年男性，年龄在 30 ~ 35 岁。随葬品除铜铃和绿松石龙形器之外。还有鸟首玉饰 1 件，位于墓主头部东侧偏北。一组 3 件斗笠状白陶器，顶部圆孔处各有一穿孔绿松石石珠。这三件白陶器位于墓主头骨上方，呈“品”字形排列，其中 2 件顶面朝上，可能为头饰或冠饰组件。此外墓内四周还有种类和数量较多的漆器，陶器共有 10 余件，皆被打碎，大部分置于墓葬近东壁处。位于墓主人颈部的穿孔海贝数量超过 90 枚，2 枚较大的穿孔绿松石石珠位于墓主人头骨近旁。该墓

① 近来公布的 ^{14}C 测年数据的新成果显示：新砦早期的年代约为前 1870 ~ 前 1790 年，新砦晚期的年代约为前 1790 ~ 前 1720 年，龙山文化晚期—新砦期—二里头文化构成自成序列的考古学文化分期和明确的直接地层叠压关系，从年代上来说，新砦期遗存处于夏代早期范围之内。参见张雪莲、仇士华、蔡莲珍、薄官成、王金霞、钟建的《新砦—二里头—二里岗文化考古年代序列的建立和完善》一文，《考古》2007 年第 8 期。

② 中国科学院考古研究所洛阳发掘队：《河南偃师二里头遗址发掘简报》，《考古》1965 年第 5 期。

③ 有关二里头文化的“龙”遗存整理，见朱乃诚的《二里头文化“龙”遗存研究》，《中原文物》2006 年第 4 期。

④ 中国社会科学院考古研究所二里头工作队：《河南偃师市二里头遗址中心区的考古新发现》，《考古》2005 年第 7 期。

的随葬品非常丰富，但与二里头遗址已发现的以随葬青铜器、大型玉器为特征的贵族墓葬相比，02VM3 显然属于随葬品丰富的中下等贵族墓，墓主人极有可能不属于王族成员。

二里头遗址 02VM3 墓葬中的铜铃位于墓主腰部，铃内带有玉质铃舌，置于绿松石龙身之上。“在二里头遗址出绿松石铜牌饰的 81VM4、84VIM11、87VIM57 三座墓中，都出有铜铃，证实铜铃与绿松石龙形器及绿松石铜牌饰确是配伍使用的。”① 绿松石龙形器或许是“龙”的象征，而铜铃则有可能是御龙使用的工具，这为夏代御龙的存在提供了可能性。该墓位置接近于 3 号基址的中轴线，且随葬有大型绿松石龙形器，这在二里头遗址墓葬中是独一无二的，使其地位显得十分特殊。正如杜金鹏先生所言：“M3 主人死后不能归葬族墓地，但是享受一套比较高级的随葬品，似乎表明了既贵又贱的特殊身份。尤其是虽不具备使用青铜礼器（以铜爵为核心的容器）的高贵身份，但是拥有铜铃，更持有龙牌，说明这些高级物品在墓中的存在，大概不是因为死者的贵族身份，而更可能是因为其生前的职位。”② 而这个职位或许就是“御龙”之职，这种特殊的官职才显示了其地位的特殊。

由夏代“龙”遗存的发现，我们可以推测豢龙、御龙在夏代的存在是有其根据的。尤其是通过对豢龙、御龙氏的族氏源流及其地望的考察，我们相信，在夏代众多的国族之中，豢龙、御龙氏不仅存在，而且在其晚期还相当强大，以至于商之灭夏，必先攻伐曾经“豢龙”的豕韦。而夏代“龙”遗存的发现又从考古学的角度为夏代豢龙、御龙氏的存在提供了佐证。

事实上，通过对文献的梳理可知，夏代正是由豢龙、御龙氏这样众多的处于不同社会发展阶段的国族构成的政治实体。因此，不惟夏后氏及其同姓国族是夏文化的创造者，那些重要的异姓国族，例如昆吾、豕韦、顾、有鬲氏、有虞氏、有仍氏、有缗氏、薛、商族（先商时期）等都是夏文化的主要创造者，而这些国族许多都不在当前考古界所划定的夏文化圈之内③。可见，对夏代国族的具体研究，有利于推进对夏代国家性质及夏文化等等的深入。

---

① 朱乃诚：《二里头文化“龙”遗存研究》，《中原文物》2006 年第 4 期。

② 杜金鹏：《中国龙，华夏魂——试论偃师二里头遗址“龙文物”》，《二里头遗址与二里头文化研究》，科学出版社，2006 年。

③ 目前，许多考古学者认同“夏文化是指夏王朝时期、夏王朝统辖区域内的夏族（或以夏人为主体的族群）所遗留下来的考古学文化遗存”。见高炜、杨锡璋、王巍、杜金鹏：《偃师商城与夏商文化分界》，《考古》1998 年第 10 期。

从考古学材料中“蹲踞式”图像及甲骨文商人高祖“夒”字形的内涵

——新论“夏”字

顾万发

（郑州市文物考古研究院）

一、“蹲踞式”的类型及其本质内涵

李济先生早年写过一篇著名的文章，此文详细地讨论了“蹲踞”的造型，并引用了考古学中的有关材料，实际上，限于当时的材料和研究现状，尚有诸多类似材料未被纳入。现在看来，这类材料可以详细区分为以下几类：

（1）神人神兽综合体。这类神人神首多可看出主要的形体来，但不包括具有神兽有关特征的材料。这类材料中有的虽然呈典型的“蹲踞式”，但是手、足未“弯握”。这类材料主要存在于良渚文化和西周时代的中原特别是关中诸地，其中正面的神人之态像冯时先生所论的那样可以简单视为“俊”态。类似“大”字、“太”字或者“天”字，所谓“天一”、“太一”的称呼即是后来人对由这类神中的“天中”之神的称呼。另从小双桥遗址所出的建筑青铜构件及汉代的“四象”画像构件看，商代时南方之神的造型亦可用“蹲踞式”表示，这表明攀援建木天柱之神或人或巫均可采用此种造型。

（2）从良渚文化中存在单独神人的现象看，神人与神兽有时是可以相离的，考古学中发现过很多类似的材料，如故宫博物院所藏红山文化玉佩：神人为“蹲踞式”造型，手持有象征通天建木的权杖，其下的神兽仅有首，与有关机构中所藏的另一件构图特别相似。这类构图在龙山文化、商文化及周文化中很是常见，尤其是商代的两件“虎‘食’人卣”，构图与其亦类似。

（3）具有神兽有关特征的有关材料。这主要是指商代的诸多玉人，他们有的采用了鸟的某些特征，有的采用了神兽或猪龙的某些特征。这类神人双手多“弯握”，双足有的“弯握”，有的不“弯握”。

（4）具有神物的主要造型。这类材料商不多见，主要存在于西周。一类是为神鸟形，一类是采用饕餮的首和神鸟的足。

（5）实在的人形。双手上举或中立，双腿弯曲或略弯曲，主要存在凌家滩遗址，现在红山文化中亦有发现。另在红山文化还传出有另一类：蹲踞特别明显（有的接近坐姿，或属于刻意表示?)，这类神人头顶一般有“六枝”或“四枝”，本质意义上与河姆渡“六枝盆景”符号、大汶口文化中的与北斗建木大禾等相关的符号、龙山文化中诸多的北斗神或帝的玉、铜造像的冠、尉迟寺遗址所出的奇特镂孔器首的七个表示“天冠”的足似物的内涵是相同的，当然其中有的同时可以充当“耳”或“珥”。

(6) 双手弯握，两臂高低不一，此类神人明显属于神巫系列，其造型与其他类有较多区别，所以单独论之。其双腿直立未弯，应是“蹲踞式”的形式化使然，其双手之态和示意的法器已可以说明问题。我们证明其双手弯握的圆柱体实际是象征通天天柱的法器，有时仅以弯握手势示意，其两臂高低不一，实际是示意其在攀援建木天柱。

(7) 在龙山时代及更晚，出现诸多的由早期北斗神等神像演变成的玉雕或图案，这类神基本仅表现面容，我们原错认为是仿神鸟形的一类，亦应视为是省略了的“蹲踞式”(其为晚期所谓觽的造型所源之一)。

我们认为，本文文所讨论的诸多材料只是姿态为“蹲踞式”而已，实际非为“蹲踞”，其主要意思应是攀援北斗—天柱—建木的姿态。这方面的论据是很多的，像《山海经》等文献中有众帝自建木天柱上下之类的记载，民族学和文献中又存在以北斗为天柱的现象等。尤为重要的是，我们在考古材料中已获得证明，中国古代至少是战国以前的绝大多数“蹲踞式”姿态为“攀援建木之常态”的许多重要论据，像好川墓地的“建木—漆斗魁—北斗神”，龙山时代北斗神或具有北斗神某些神性的中空玉雕，大洋洲出土的商代中空铜神巫面，三星堆、金沙、強国墓地的铜神巫之类，另川藏地区的民族学材料亦不少。

二、卜辞中商人高祖字“□”含义

卜辞中的“□”字，学界多位学者曾作过论证，其中以王国维(《殷卜辞中所见商先公先王考》、《殷卜辞中所见商先公先王续考》、《观堂集林》第九册)及其弟子吴其昌所释最为有价(《卜辞所见殷先公先王三续考》，《燕京学报》，第14期)。当然其中亦有错误和未解之难题，像为何商人高祖为此态、帝喾为何名俊、为何会出现“夔一足”、商人玄鸟神话怎样理解等。我们认为：

(1) 卜辞中用为商人高祖之名的此字，若以此字形及相关字形，可释为晚期的夔或夓，再以夔或夓晚期的意思及其为商人的高祖论，则宜释为夔；因为《说文解字卷五夊部》：“夔：神魖也，如龍”，而夓，一般认为与猴有关，但若以猴子具有典型的“蹲踞式”特征来关联的话，释为“夓”和“夏”亦可。

(2) 依据《集韻》：“夓，或作獶、猱、蝚”，依据《禮·樂記》注：獶为獼猴也，又言獶或作猱。我们以为以“獶”作为“夓”是不正确的，从字源方面可以证明，“夓”字字源中的有关字形中不含“心”字。

（3）在文献中，玃、貜、猱等是一种动物，并且是与猴相关，甲骨文中确实有夒字，金文中还有形声字表明此字的读音，又由于在甲金文中这两个字的造型较为相似，所以易于混淆，造成误释。

（4）因为夒、猱、玃、貜在陆德明释文《尔雅释兽》，陈啓源稽古编《诗小雅角弓》等中均言其善“援木”或“升木”，现实中亦确是如此，而我们早已证明：商人高祖此种蹲踞姿态实际是其攀援（缘）建木之态，与夒、猱、玃、貜确有相似之处。但是并不能认为商人高祖之形是猴的造型，至于其有的有尾巴，实际应是表示其具有龙或虎的特征，因为商周时不少“蹲踞式”神人均有尾巴。

（5）因为卜辞中商人高祖“”（暂释为夔）、亥被商人认为是传说与现实中的两位始祖，所以卜辞中多将夔、亥与北斗关联，夔之“蹲踞式”姿态实际即是北斗神攀援（缘）建木天柱、格于上下之态；文献中言商人祖先帝喾，其名高辛，即说明其可与弗利尔玉璧昆仑台符号上的“辛字首——天柱北斗”相关，即位于高高的昆仑台上的“辛”，即“帝”。文献中言帝喾名“夋”（实为“蹲踞式”楚人写法及释读法），实际是以其类似北斗神的攀援（缘）建木天柱、格于上下之态命名，与帝舜名重瞳源自斗魁四星一样，均是将自己与北斗神关联（为天子）。“夔”字有时为鸟首、“亥”字首有时有神鸟，这不仅和玄鸟神话完全一致，还与弗利尔玉璧主体符号非常相符，与我们常论的玉圭上的神鸟北斗神一类图案或其他玉雕神鸟北斗神一类图案非常相似。至于有学者认为“亥”字首神鸟依文献为鸷类，与玄鸟不符，实际上玄鸟神话早，此类神话的图案化神鸟在龙山时代即开始出现鸷类化的现象，这从图腾演变文化学和民族学方面均容易解释。

（6）《说文》、《庄子秋水》、《吕览察传篇》、《国语·鲁语》韦昭注多将“夔”与怪兽关联，实际上饕餮的造型就是由以北斗神为主体的图案（蹲踞北斗图案、二里头及相关文化的牌饰等）演变成的，所以这种关联是正确的，又因为晚些的个别北斗神图案或由诸多以北斗神为主体的图案演变成的饕餮的造型存在“展开样式”，是可视为“一足”的（有的玉、铜饕餮个体或图案亦存在“一足”现象）。

三、“夏”字新论

有的学者还将商人高祖“”字释为“夏”，于夏字的本意而论，确是可以关联的，但是从商人高祖尚具有某些神怪的特征并结合夔字的含义看，还应释为夔字为宜。

《史墙盘》有一字，有的学者释为“夏”字；有的学者释为“夒”字，用之为“扰”字，此字从语境及《克鼎》“柔远能迩”、《晋姜鼎》“柔变百邦”、《薛氏□识□和鐘》“用康柔绥怀远廷”及《叔夷鐘等》“□伐夏司”看不宜释为“擾”，《埤雅》谈到“狨”字时言：一名猱。顔氏以爲其尾柔長可藉，制字从柔，以此故也。《集韻》

言，本作夒，或作獿、猱、蝚。从小篆看，“擾”字关键应有心字，《集韻》言，本作夒，或作獿、猱、蝚，这可能是从语音的方面考虑的。另一方面，制字从柔，从甲骨文柔字的内涵看，意思亦可。另，若“夏”字的意思确实与“中国”有关的话，则从“上帝司夏”下句“尤保受天子绾命，方蛮无不□见”看，其中的“中国”与“四方”正可以看作“互文”概念。

将此字释为“夏”，似更有理由。周人自称为“有夏”，有助于说明“夏”是“中国”甚或“天下”的意思。其实称“中国”或“天下”为“夏”是很早的事（童书業：《春秋左传研究》第7页，上海人民出版社，1980年版。郑光：《我对夏文化的认识》，《中国上古史研究专刊》（夏文化研究专辑），台湾蘭台出版社，2003年8月版），上帝是始终“司夏“的，至于人间的统治者，则由上帝“尤保受”代天统治的“绾命”（见《史墙盘》）。此“夏”字从《史墙盘》尤其是东土六国的文字看，均为“蹲踞式”（《史墙盘》不明显，不过从其身与首位置不在同一直线上知，其仍属于“蹲踞式”，从与《史墙盘》中与“此”字为一字可以看得很明显），但实际并不是“蹲踞”，其造型的含义与商之高祖夔一致。至于《史墙盘》中的“夏”字，两肩处对称，应为羽饰，卜辞及金文中的凤羽有此类造型，其蹲踞造型不明显，应是为羽类服装所掩，脚的左右端似为玉或为代表权力的法器，不太像羽符与龠，甲、金文中“龠”字与“夏”字右下符不似，此字作此造型，概是周人认为：位于天下之中的与北斗关联的“中国人”应与神鸟有关，因为，从商代的考古材料中已发现有“蹲踞式”神人面貌有鸟的特征或以鸟代之，到西周时基本全形为神鸟的“蹲踞式”神人多有发现，当然以神鸟为冠或以羽为冠的现象出现更早，双肩处有羽饰的考古学材料亦出现较早。“夏”与“乐”有关，主要是指“乐”的总称，像“九夏”，“夏”字的羽舞方面的含义应是由其与神鸟有关的涵义发展来的。

金文中的“上帝司夏”之“夏”字，总体与甲骨文中的“舞”字是有关的，将其左右两下端的符号和上端的符号接起来，实际非常类似卜辞中的“舞”字，“上帝司夏”之“夏”字右下端的符号可以视为是的变体，这从《史墙盤》之“豐”字的写法可以证明。只是“上帝司夏”之“夏”中人的主体为“蹲踞式”的侧面，之所以将其用以跳舞之工具“断开”写，可能是用以表示此人是在模仿“蹲踞式”的样子跳舞。这样其手所执之物件的位置显然会随“蹲踞式”跳舞姿态的高低变化同时出现位置的变化，类似的表示法至今绘画中仍然在使用。当然我们亦可以简单地认为上端为手，下端为所执之物，因为在甲金文中被手所执之物有的可以不与手相连。我们知道，就现在的考古材料看，学界多认为“夏”字首见于《史墙盤》，又因为史墙祖为商人，其又处周地，所以，其所理解的“夏”字的含义应比纯粹的祖为商、夏或祖为周并仍住于夏、商或周传统统治中心区的人所理解得更为准确。

从文献、国内外各民族的信仰、神话、传说，特别是从考古材料看，这类人最常见的姿态即为“蹲踞式”，因为“蹲踞式”是古代北斗等天神、诸帝最常见的造型，考古材料中有的蹲踞不明显，有的手拿或以手势示意其手拿"象征登建木天柱的法器"，以此示意其"蹲踞式"实际是攀援建木之态。像良渚文化中的神人或巫整个姿态为"蹲踞式"，或径直简单称为"俊式"或"蹲式"，但是其双手未弯握；凌家滩文化中的玉人亦类似，其中有的玉人双腿弯曲不明显；三星堆文化、金沙遗址、強国墓地的铜人或附铸的铜人双腿有很多不弯曲；红山文化中有的类凌家滩文化中的玉人，多数为极其明显或刻意强调的"蹲踞式"造型，当然其未"弯握"的双手显然亦是攀援建木的象征，又因为北斗神及诸多帝从文献及考古材料看，多与神鸟有关，像商之"蹲踞式"玉人或图案不少采用了鸟喙或者翅膀等，周人亦认为这类帝多有神鸟的特征，其中有不少的主体就制为神鸟形。显然，一个与神鸟密切相关同时又与"蹲踞式"神人造型相关的字当与卜辞中的"舞"字最近似。

我们特别提出，"夏"字首有的有长发，实际应与商周诸多玉器上的"蹲踞式"神人或玉雕神人首的发型羽冠饰有关。

周人将所制有羽舞内容的"文舞"名之为"大夏"或"夏龠"，此种认识类似于巫术中"禹步"的意思，均是将帝王圣贤神巫作法等姿态神秘化、礼仪化。早期发现的神人的"蹲踞式"姿态实际为攀援建木之态，而"上帝司夏"之"夏"字右下端的符号与卜辞和金文中的"龠"之造型或造型主体并不相似。从《礼记·明堂位》及《礼记·祭统》等材料看："文舞"被称为"夏龠"，即"羽"与"龠"，显然"夏"不应同时有"羽"与"龠"两方面的内容。

卜辞中的"舞"字虽然确实可用于特别高级的礼仪，可是其字的造型从诸多"蹲踞式"神人的造型看，不宜视之为"蹲踞式"神人或神帝的正面造型，当然"蹲踞式"神人的正面造型有时可认为是"大"字或"天"字，如战国或汉代的有关"太一"或"天一"的文献和镇墓的材料可以证明之。所以，我们认为代表"中国"的"夏"字的造型，既与卜辞中的"舞"字有关，又与卜辞中的高祖造型有关。另，我们发现，东土六国的古文字中有不少夏天之"夏"的声旁为"蹲踞式"神帝，东土国为何未用周字"夏"只用夏字主体，估计这种简单的差异是与他们的有关神帝具体造型的在认识方面的少量差别造成的。在金文中，舞蹈之"舞"已产生变化，与"无"及"夏"字分化。

四、相关问题论证

关于"夏"，章太炎《"中华民国"解》认为：夏之为名实因夏水而得。蒙文通先生谓：汉水名夏，为楚庄王以后事，春秋以前，汉水尚不称夏水。

有的学者认为夏是地名，在今河南禹州市阳翟。有的学者认为，"夏"是族称，"夏人"本是"黄帝族"的诨号。

有的学者认为最早的"夏"或许是族称与鸟名，后来逐渐演变成地名，古代"夏"

之地望，应在今豫中地区嵩山、伊洛一带。

其实夏是族称、鸟名或地名以及其与国名的关系，单独依据文献是不易于厘清的，不过从我们论证的“夏“字的意思看，称中国第一个王朝的名为夏，不太可能是因为地名或鸟名。文献中说，夏翟是一种五彩的鸟，五彩的鸟所以称为夏翟，依笔者判断，倒有可能是先有对“夏”字“好”的含义的明确，才会称呼五彩的鸟为夏翟。因为夏字不是一个简单的汉字，其源于神人“蹲踞式”的攀援建木之造型。将其作为一个王朝的名字，实际上即是说夏人为中国之人，其位于广义的天下之中，与广义的天中北斗或极星相对，显然可以视为是攀缘建木天柱的“蹲踞”者。从考古学材料和文献记载看，夏王朝在当时已有中国，又因为中国可宏观地认为像“昆仑台”一样位于天下之中，所以其上应于“天中”，由此代表或外化“中国”的人主显然应相应于天上的极星(早期主要是北斗)。那么怎么表示这样的人呢？依据我们的论述，这样的人就应是能攀援（缘）建木天柱、格于上下之造型显然就是我们所论的“夏”字的真正字源，亦是夏王朝命名为“夏”的重要原因。

另，由于夏字是“蹲踞式”、攀援（缘）建木天柱、格于上下之神人的造型，这类神人从考古学材料看，多是戴羽冠，着盛装。了解夏字造型的这一本质，则我们对于《左传·定公十年》言“中国有礼仪之大故称夏”、《书经》《尚书正义》注曰“大国曰夏”、《方言》称“自关而西，秦晋之间，凡物之壮大者而爱伟之，谓之夏”、《说文》言“夏，中国之人也”以及“雅在先秦文献中可作夏”等内容，就会很容易理解了。

史前时期晋南和北方地区考古学文化的交流与融合

宋建忠

（山西省考古研究所）

我们通常称中国历史上的汉朝和唐朝为汉唐盛世，因此才有了后来的“汉人”、“汉学”、“唐人街”等代表中国概念的称呼。汉唐盛世的形成无疑扎根于其前期的一个广泛的、持久的、强劲的民族和文化的交流与融合。由纽约大都会博物馆筹备6年之久，自2005年以来先后在美国、香港、日本展出的“走向盛唐”展就反映了上迄汉末、下至盛唐的3世纪至8世纪的中国全貌，展览引起了巨大反响。这一方面反映了世界各地对中国文化的青睐和关注，另一方面也说明了学者对一个盛世形成的理性思考。同大唐盛世相比，西汉盛世虽然早了500年，但其开放、交流与包容的程度并不逊色。鼎盛时期的西汉和唐朝都是当时世界上综合国力最强大的国家。因此可以说，没有开放的交流与融合就没有汉唐盛世。可见交流与融合对一个文化、民族、地区乃至国家有着多么重要的作用。

山西地处黄土高原东部的黄河流域，自古以来就是中华文明的发祥地。由于其独特的地理环境，山西在中国历史的不同阶段均有着十分重要的作用。从自然地理环境看，新生代以来的一系列地壳运动使山西大面积隆起，形成了东西两侧的太行山和吕梁山、南北两端的中条山和恒山以及中部地区的五台山、云中山、太岳山。与此同时，沿山西中部出现了一条纵贯南北的大裂谷，局部的横向隆起又将大裂谷分割为若干串珠状的断陷盆地。由此形成的贯通南北的河谷盆地成为北部边疆地区通向中原腹地的天然军事、贸易、文化通道，中国历史上许多重要的事件都发生在这条通道上。

从生业环境看，山西是华北平原、内蒙古草原、黄土高原三个地理单元的衔接地区，南部依中原腹地，历史上一直属汉文化的核心区，北部紧邻大漠与塞外游牧民族相接，历史上多数时期同游牧文化有紧密的联系。因而当历史上民族矛盾激化的时候，山西就成为保卫汉族政权的北大门；而当民族矛盾趋于缓和时，山西又成为民族和文化交汇融合的走廊地带，北朝时期的民族迁徙、交流与融合无疑充分地说明了这一点。那么，汉代北方地区以及同山西之间的交流情况如何？上野祥史先生最近三年来牵头组织的“汉代北方疆域的诸地域之间交流”的课题研究会给出答案。实际上，由于山西的特殊地理位置和其南北交流通道的作用，自古以来就反映在不同时期的文化面貌上。据考古资料看，至少在史前时期的仰韶时代，山西南部地区与北方地区已经开始了大范围的接触与交流，拉开了早期中国文化共同体或中国文化圈形成的序幕。

一

早在 1985 年山西侯马召开的“晋文化研究会”上，苏秉琦先生谈到晋文化考古时讲：“晋文化考古包括三个组成部分，三项内容：第一，作为中原地区古文化的一部分；第二，作为北方古文化的一部分；第三，作为北方、中原两大古文化区间的枢纽部分。”① 这里的北方古文化的北方地区大体相当于习惯上的“三北地区”，也即晋北、陕北、冀西北和内蒙古中南部一部分。它的界定范围大致西以包头—东胜（不清晰界线）、南以太原—榆次地区（不清晰界线）、东以张家口地区—锡林郭勒盟（不清晰界线）为限（图一）②。苏先生的高度概括深刻地揭示出了山西在中国历史上的地位和作用。虽然过去了 20 多年，但新的发现和研究仍在验证着这一观点。

晋南地区其西南两面黄河环绕，北到汾西、霍县一带。东北两面有中条山、太岳山和吕梁山为界。其间为断层陷落盆地，统称晋南盆地。以峨嵋岭为界，晋南区分成南北两个盆地，即运城盆地和临汾盆地。汾河贯穿临汾盆地，运城盆地主要是涑水河流域（图二）：

根据近年来的发现和研究，目前晋南地区最早的新石器文化是发现于翼城县的枣园文化，这支文化距今 7000 年左右，是后来盛极一时的庙底沟仰韶文化的直接前身③。庙底沟文化最早发现于河南陕县庙底沟遗址，长期以来认为其源于半坡类型的仰韶文化。但是随着 20 世纪 90 年代枣园文化的发现，我们认为庙底沟文化的真正源头就是分布于晋南、豫西一带的枣园文化。在枣园文化小口壶和卷沿盆基础上，逐步演变而成的双唇口尖底瓶和玫瑰花图案的彩陶盆是庙底沟文化中最具特色的文化因素④。庙底沟文化发展到距今 6300 年左右迎来了它最强盛的时期，这时以晋南和豫西地区为中心的庙底沟文化对外形成强大辐射波，向四周极度扩散，向北一直波及长城以北一带的北方地区。在改变了各地原有文化面貌的同时，各地区或保留沿用了原有部分因素，或发生出一些新因素，或吸取采用了其他地方的某些因素，从而形成了不同地区各具特色的庙底沟文化。

---

① 苏秉琦：《晋文化问题——在晋文化研究会上的发言》，《华人·龙的传人·中国人——考古寻根记》，辽宁大学出版社，1994 年。

② 韩建业：《中国北方地区新石器时代文化研究》，文物出版社，2003 年。

③ 山西省考古研究所：《翼城枣园》，科学技术文献出版社，2004 年。

④ 山西省考古研究所：《山西翼城北橄遗址发掘报告》，《文物季刊》1993 年第 4 期。

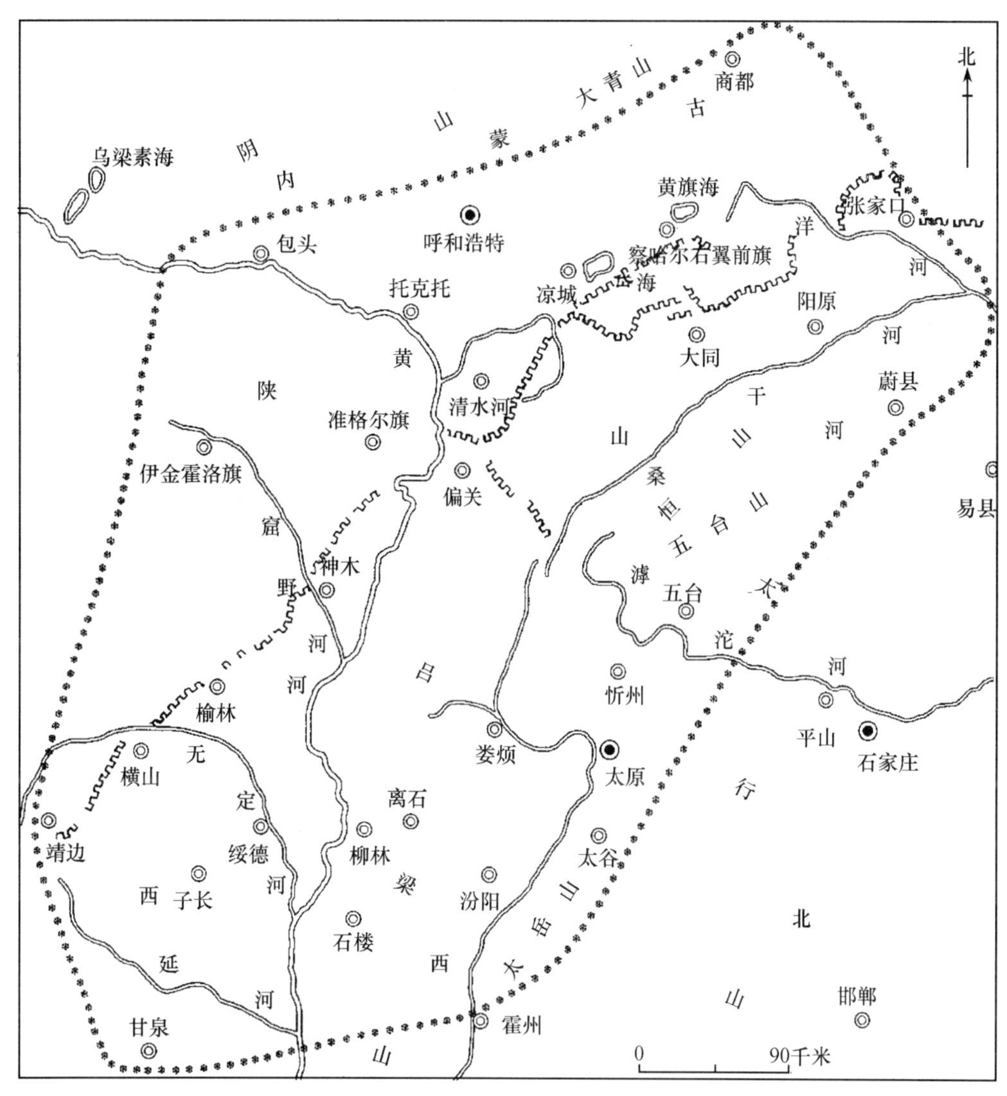

图一　北方地区地理位置

综合北方地区的庙底沟文化因素分析，庙底沟文化往北传播可能有两条路线，一是沿汾河谷地到达晋中的太原盆地，此后接桑干河流域而达晋北地区的大同盆地和冀西北地区。随着庙底沟文化往北逐渐传播渗透，使晋北地区和冀西北地区原有的后冈一期文化趋于消退。晋中地区以汾阳段家庄①和杨家坪②等遗址的陶器为代表，冀西北地区以三关遗址③为代表，属于典型的庙底沟文化。当庙底沟文化远播大同盆地时，受本地传

① 国家文物局、山西省考古研究所、吉林大学考古学系：《晋中考古》，文物出版社，1999 年。

② 国家文物局、山西省考古研究所、吉林大学考古学系：《晋中考古》，文物出版社，1999 年。

③ 张家口考古队：《一九七九年蔚县新石器时代考古的主要收获》，《考古》1981 年第 2 期。

统因素和周围地区部分文化因素影响，酿就了别具特色的庙底沟文化—大同马家小村遗存①。

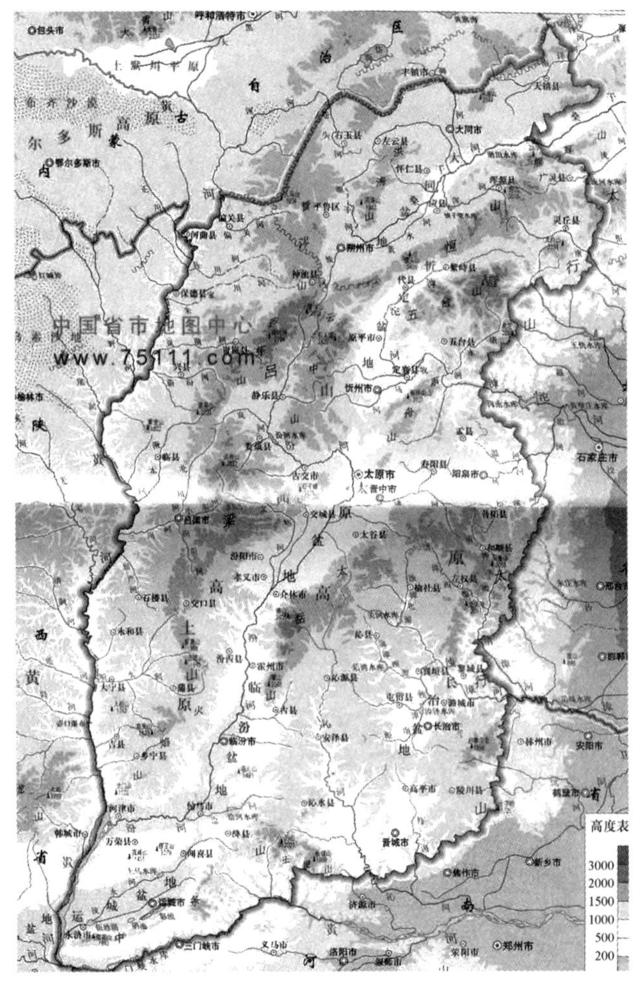

图二　山西省地形图②

马家小村属大同水泊寺乡，遗址位于桑干河的支流御河东岸。1991 年山西省考古研究所对该遗址进行了发掘，发现半地穴房址 4 座和一批庙底沟文化的陶器。其中 F3 保存较好，坐北朝南，平面呈圆角长方形，斜坡式门道，复原面积达 26 平方米。陶器有典型的庙底沟文化的双唇口尖底瓶、彩卷沿陶盆、钵、罐、瓮等，同晋南地区发现的庙底沟文化陶器基本相同。

---

① 山西省考古研究所、大同市博物馆：《山西大同马家小村新石器时代遗址》，《文物季刊》1992 年第 3 期。

② 地图采自http：//www. 75111. com。

庙底沟文化向北传播的另外一个途径，即从晋西南和关中沿黄河谷地及陕北高原的其他路线北上而达内蒙古中南部一带。庙底沟文化的冲击波不只局限于鄂尔多斯地区，而是影响到黄河以东以北地区，覆盖了从河套至集宁—丰镇丘陵地带的原后冈一期文化的分布区。陕北地区的庙底沟文化以栾家坪①和上烂泥湾部分遗存②为代表。内蒙古中南部的庙底沟文化因素中有圆点、勾叶、三角形黑彩彩陶和环形口小口尖底瓶，铁轨式口沿罐等，以岱海东南岸的王墓山坡下③和章毛乌素④遗址为代表。王墓山坡下遗址距离岱海约2500米，同大同马家小村遗址相类，该遗址发现的房址均为半地穴单间，直接挖在生土上，多呈圆角方形，室内均有灶，这种结构的半地穴房子同晋南地区的完全相同。该遗址发现的陶器也属比较典型的庙底沟文化。

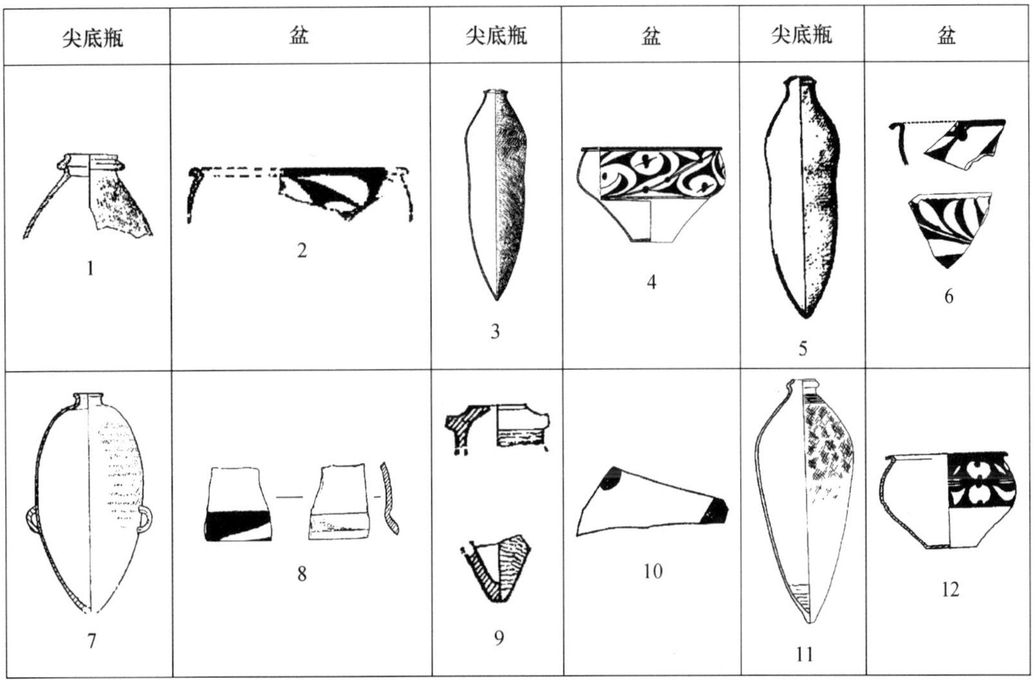

尖底瓶	盆	尖底瓶	盆	尖底瓶	盆
1	2	3	4	5	6
7	8	9	10	11	12

图三　庙底沟文化各地尖底瓶和彩陶盆比较

1、2. 晋南北橄遗址出土　3、4. 晋中杨家坪遗址出土　5、6. 蔚县三关遗址出土　7、8. 晋北马家小村遗址出　9、10. 陕北栾家坪遗址出土　11. 王墓山坡下遗址出土　12. 章毛乌素遗址出土

① 中国社会科学院考古研究所陕西六队：《陕西子长县栾家坪遗址试掘简报》，《考古》1991年第9期。

② 韩建业：《中国北方地区新石器时代文化研究》，文物出版社，2003年。

③ 崔璇：《内蒙古中南部石佛塔等遗址调查》，《内蒙古文物考古》1981年第1期。

④ 韩建业：《中国北方地区新石器时代文化研究》，文物出版社，2003年。

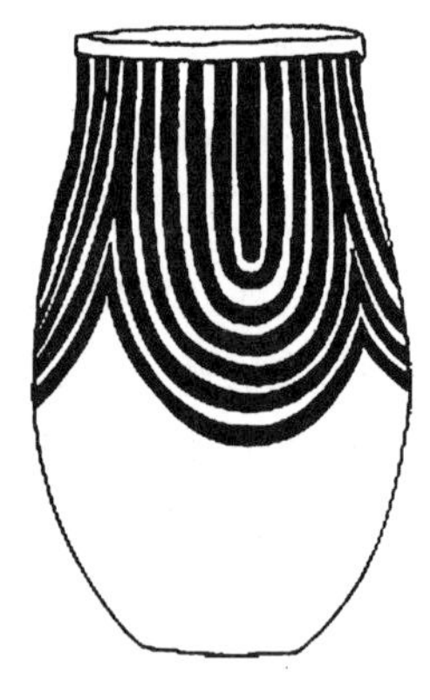
图四　红山文化彩陶罐

关于仰韶文化对长城以北的影响，苏秉琦先生当年在“晋文化研究会”上曾赋诗一首：“华山玫瑰燕山龙，大青山下斝与瓮，汾河湾旁磬和鼓，夏商周及晋文公”①。这其中第一句就是指仰韶文化同红山文化的交流与碰撞，也就是指源于华山脚下的庙底沟文化沿山西南北到张家口桑干河支流壶流河流域与源于辽河西的红山文化相遇，玫瑰花图案与龙形图案融合后迸发出采用仰韶文化彩陶构图技法的鳞纹彩陶罐②（图四）。这是仰韶文化影响波及的东北最远地带，由此可见庙底沟文化通过山西这条通道向北的影响力。

二

约前3500年前后，兴盛一时的庙底沟文化开始解体，中心区对外的辐射力和凝聚力逐渐减弱以至消失，开始步入仰韶时代晚期的最后阶段。在原来庙底沟文化占据的晋南和北方地区，演变分化为若干不同的考古学文化类型，即晋南的西王村类型③含西王村三期文化④，内蒙古中南部的海生不浪类型⑤和晋中的义井类型⑥等。这些文化之间交流融合，竞相辉映。附加堆纹的盛行和小口尖底瓶由环形口向喇叭口转变，尖底向钝底的转变是它们共同的特征所在。

西王村类型，以单唇口鼓肩束腰底呈钝角的尖底瓶、喇叭口阔肩双耳尖底瓶、宽沿浅腹盆、敛口曲腹钵、带流罐、折沿腹饰附加堆纹粗绳纹鸡冠耳夹砂罐等器形为特色。主要分布在东至渑池，西至宝鸡，南抵陕南，北达陕北晋中地区，再向北可达鄂尔多斯南部。西王村三期文化缸或瓮颈部饰附加堆纹的风格在内蒙古朱开沟为代表的遗存中可

① 苏秉琦：《中国文明起源新探》，商务印书馆，1997年。

② 苏秉琦：《中国文明起源新探》，商务印书馆，1997年。

③ 中国科学院考古所山西工作队：《山西芮城东庄村和西王村遗址的发掘》，《考古学报》1973年第1期。

④ 张忠培：《试论东庄村和西王村遗存的文化性质》，《考古》1979年第1期。

⑤ 北京大学考古系、内蒙古文物考古研究所、呼和浩特文物事业管理处：《内蒙古托克托县海生不浪遗址发掘报告》，《考古学研究》（三），科学出版社，1997年。

⑥ 山西省文物管理委员会：《太原义井村遗址清理简报》，《考古》1961年第4期。

见到①。晋南地区和陈郭部分遗存②为代表，晋中地区以白燕一期一段③为代表。

晋中义井类型的陶器中，以小口双耳鼓肩壶和夹砂罐为典型器物，尤以后者居多。但义井类型也存在一些地方性的差异，例如，偏东北的忻定盆地的阳白遗址④等，就未发现偏西南区流行的喇叭口小口尖底瓶，但却有较多素面侈口罐，而在离石马茂庄可见西王村类型的尖底瓶⑤。

内蒙古中南部以海生不浪类型遗存为代表，进一步又可分为东西两个类型，东为庙子沟类型⑥，西为阿善二期类型⑦，喇叭口小口尖底瓶流行于鄂尔多斯黄河两岸地区，如达拉特旗银生沟遗址⑧，不见于岱海—黄旗海地区。海生不浪类型与义井类型因深折腹钵和网纹、对顶三角纹、条带纹、棋盘格纹、同心圆纹等彩陶图案的存在，表明两者可能有着非同寻常的关系。

冀西北地区以姜家梁墓地⑨为代表的一类遗存，以上腹内凹的盆和浅腹细柄豆为基本组合，与海生不浪类型和义井类型判然有别，应属雪山一期文化⑩范畴。晋北地区大同水头⑪、浑源县庙坡、右玉丁家村⑫等遗址见有黑色或红色彩陶，其中平行条带纹、重三角形纹图案与雪山一期文化接近，网纹、棋盘格纹、同心圆纹等图案广见于义井类型、海生不浪类型和雪山一期文化。

---

① 内蒙古文物考古研究所：《内蒙古朱开沟遗址》，《考古学报》1988年第3期。

② 山西省考古研究所、襄汾县博物馆：《山西襄汾陈郭村新石器时代遗址与墓葬发掘简报》，《考古》1993年第2期。

③ 晋中考古队：《山西太谷白燕遗址第一地点发掘简报》，《文物》1989年第3期。晋中考古队：《山西太谷白燕遗址第二、三地点发掘简报》，《文物》1989年第3期。

④ 山西大学历史系考古专业、忻州地区文物管理处、五台县博物馆：《山西五台县阳白遗址发掘简报》，《考古》1997年第4期。

⑤ 国家文物局、山西省考古研究所、吉林大学考古学系：《晋中考古》，文物出版社，1999年。

⑥ 内蒙古文物考古研究所：《内蒙古察右前旗庙子沟遗址考古纪略》，《文物》1989年第12期。魏坚：《试论庙子沟文化》，《青果集——吉林大学考古专业成立二十周年考古论文集》，知识出版社，1993年。

⑦ 内蒙古社会科学院蒙古史研究所、包头市文物管理所：《内蒙古包头市阿善遗址发掘简报》，《考古》1984年第2期。

⑧ 韩建业：《中国北方地区新石器时代文化研究》，文物出版社，2003年。

⑨ 李珺、谢飞：《阳原县姜家梁新石器时代墓地》，《中国考古学年鉴（1999）》，文物出版社，2001年。

⑩ 韩建业：《中国北方地区新石器时代文化研究》，文物出版社，2003年。

⑪ 北京大学考古系：《山西大同及偏关县新石器时代遗址调查简报》，《考古》1994年第12期。

⑫ 山西省考古研究所、右玉县图书馆：《山西右玉丁家村新石器时代遗存》，《考古》1985年第7期。

陕北地区以上烂泥湾部分遗存①为代表，见喇叭口小口尖底瓶，饰多段附加堆纹的绳纹罐、折腹钵等器类以及网纹、对顶三角形黑红色彩陶，这些都与海生不浪类型和义井类型基本相似（图五）。

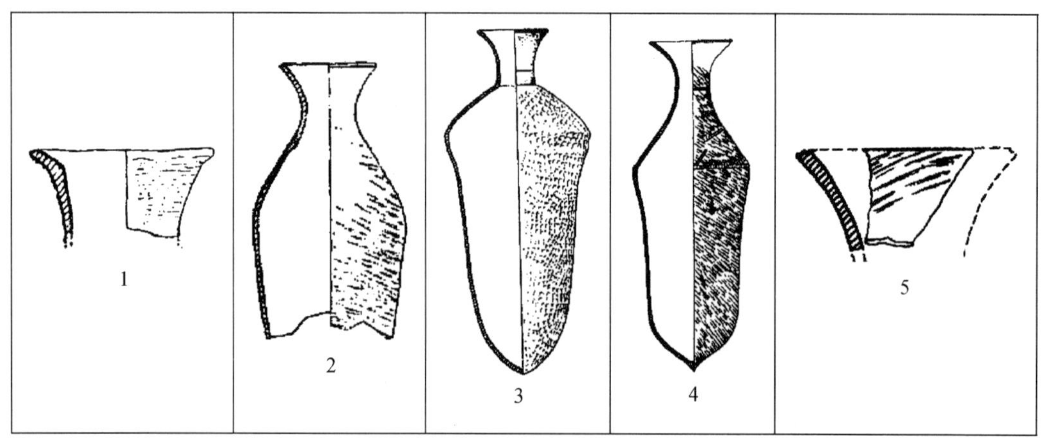

图五　西王村类型各区尖底瓶比较

1. 芮城西王村遗址出土　2. 襄汾陈郭遗址出土　3. 离石马茂庄遗址出土　4. 达拉特旗银生沟遗址出土　5. 上烂泥湾遗址出土

这一时期，北方地区诸文化之间的文化交流相对于与晋南区的文化交流可能更活跃，各文化之间保持了相对稳定、相互对峙、势均力敌的态势。

三

约前 2900～前 2300 年左右，在西王村三期文化的基础上，淘汰了以尖底瓶、彩陶为代表的一些器类或装饰风格，形成了以夹砂灰陶、泥质灰陶为主要质地，篮纹、绳纹为主要纹饰，以小口平底瓶、斝、釜灶、夹砂罐和鼎等器类为主要组合的新的考古学文化，即庙底沟二期文化②。晋西南是其中心和策源地，典型遗址是垣曲古城东关。晋南地区以临汾盆地为中心，典型遗址以侯马东呈王③、乔山底④等为代表，晋中地区以太谷白燕二期遗存⑤为代表。这一时期，晋南地区在对外关系中又一次表现得非常活跃，

① 韩建业：《中国北方地区新石器时代文化研究》，文物出版社，2003 年。

② 卜工：《庙底沟二期文化的几个问题》，《文物》1990 年第 2 期。

③ 山西省考古研究所等：《山西侯马东呈王新石器时代遗址》，《考古》1991 年第 2 期。

④ 山西省考古研究所侯马工作站：《山西侯马乔山底遗址 1989 年Ⅱ区发掘报告》，《文物季刊》1996 年第 2 期。

⑤ 晋中考古队：《山西太谷白燕遗址第一地点发掘简报》，《文物》1989 年第 3 期。晋中考古队：《山西太谷白燕遗址第二、三地点发掘简报》，《文物》1989 年第 3 期。

向北可达晋中、陕北、内蒙古中南部地区，晋北、冀西北地区限于资料较少，尚不能断定庙底沟二期文化对此的影响力。

内蒙古中南部和陕北地区分别以阿善三期白泥窑子类型①和小官道②及郑则峁遗存③为代表，晋中地区以白燕部分遗存为代表④。整体来看，高领罐、单耳罐、双耳罐和斜腹盆是这一时期各地共有器物。深折腹钵和折腹盆等常见于北方地区，斝和鼎共存由晋南扩展至三北地区晋中一带。普通的罐或瓮、缸类器物，一般饰多周附加堆纹，在北方地区多为小口广腹，在晋南区多为深腹较直或略鼓。小官道遗存陶器折肩小口平底瓶和深腹罐与庙底沟二期类型的同类器更为近似（图六）。

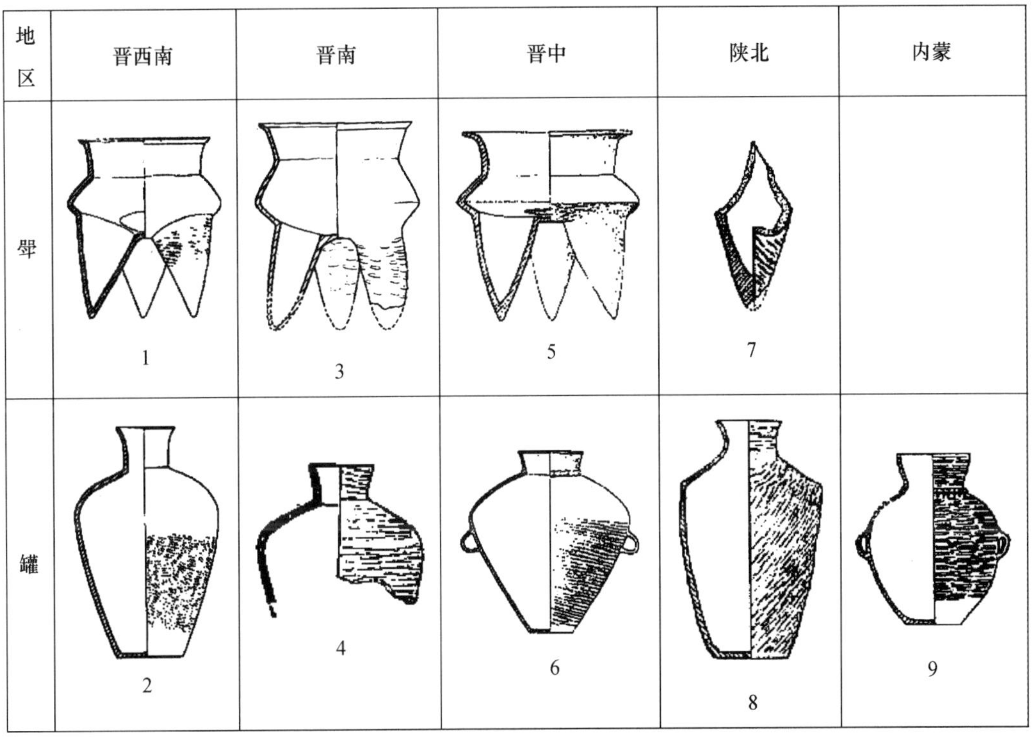

地区	晋西南	晋南	晋中	陕北	内蒙
斝	1	3	5	7	
罐	2	4	6	8	9

图六　各区庙底沟二期文化因素比较

1、2. 垣曲古城东关出土　2. 侯马乔山底遗址出土　4. 侯马东呈王遗址出土　5、6. 太谷白燕遗址出土　7. 府谷正泽峁遗址出土　8. 绥德小官道遗址出土　9. 白泥窑子出土

① 内蒙古社会科学院历史研究所考古研究室：《清水河县白泥窑子遗址D点发掘报告》，《内蒙古文物考古文集》（第2辑），中国大百科全书出版社，1997年。

② 陕西省考古研究所陕北考古队：《陕西绥德小官道龙山文化遗址的发掘》，《考古与文物》1983年第5期。

③ 陕西省考古研究所陕北考古队、榆林地区文管会：《陕西府谷县郑则峁遗址发掘简报》，《考古与文物》2000年第6期。

④ 晋中考古队：《山西太谷白燕遗址第一地点发掘简报》，《文物》1989年第3期；晋中考古队：《山西太谷白燕遗址第二、三地点发掘简报》，《文物》1989年第3期。

在庙底沟二期文化这一时期，义井类型在这个阶段的晚期被庙底沟二期文化所同化，而在内蒙古南部海生不浪类型分布范围内孕育了阿善文化，陕北区则在当地早期文化基础上发展为小官道遗存。相对于晋中区，这两个地区受到的影响和波及稍为有限。但龙山时代鬲的产生可能是受到了庙底沟二期文化斝的影响所致。

在内蒙古中南部岱海地区出现了素面小斝和绳纹釜形斝，准格尔地区同时或稍晚也出现了与之类似的器物，还新见最早形态的双鋬篮纹斝或斝式鬲，这些与晋南区的庙二时期釜形斝甚为相似，尽管作为中间地域的晋中、晋北地区该段遗存暂未发现而不能确认，但北方地区并没有空三足器的文化传统，因此可以推测它应当是受晋南釜形斝的影响产生的。正如有的学者所讲的①，晋南由于是斝的原发地，传统力量强，周围地区接受斝所在传统的影响推陈出新实属可能。岱海地区斝和鬲的文化因素可能是通过汾河河谷等通道受到了晋南或晋中的影响。

四

大约在前2300年左右，史前文化的发展进入了最后一个时期——龙山时代。在龙山时代，河北和山西北部的桑干河流域、山西省北部的汾河和滹沱河流域，山西和陕西北部及内蒙古中南部的黄河两岸地区，即三北地区，考古学文化面貌表现出高度的一致性。这种一致性以双鋬耳为特色的鬲、甗、盉、斝、瓮、罐、盆、甑等器物构成的陶器群为主要标志。目前学界或用游邀文化②或用老虎山文化③等多种说法来指称这类遗存，但赞同北方地区文化面貌的一致性确是毋庸置疑的。

这一时期北方区桑干河流域和黄河两岸成熟形态的鬲为非对称式双鋬，以永兴店遗址为代表④。而传向豫西晋南成熟形态鬲则均为对称式双鋬，地域上介于北南之间的晋北地区和晋中地区的成熟形态鬲则存在着非对称式双鋬和对称式双鋬两种形态，以杏花村遗址为代表⑤。在以成熟形态鬲为主要标志的龙山时代中期，南下的三北地区的双鋬鬲文化与西来的泾渭流域单耳鬲遗存在豫西晋南区汇合，并继承了当地庙底沟二期文化的一些传统，生成了以双鋬鬲、单耳鬲、釜形斝、双腹盆、釜灶、夹砂罐、圈足甑等器

① 韩建业：《中国北方地区新石器时代文化研究》，文物出版社，2003年。

② 许永杰、卜工：《三北地区龙山文化研究》，《辽海文物学刊》1992年第1期。

③ 田广金：《内蒙古中南部龙山时代文化遗存研究》，《内蒙古中南部原始文化研究文集》，海洋出版社，1991年。

④ 内蒙古文物考古研究所：《准格尔旗永兴店遗址》，《内蒙古文物考古文集》，中国大百科全书出版社，1994年。

⑤ 国家文物局、山西省考古研究所、吉林大学考古学系：《晋中考古》，文物出版社，1999年。

物构成的陶器群，分别形成了“陶寺类型”① 和“三里桥类型”，以垣曲东关为代表②（图七）。因此，龙山时期整个北方地区主要是一个积极对外施加影响的时期，鬲类器物大规模南下，一直到晋南豫西，使其当地文化发生了很大变化，表现出的是强烈的单向性。另外，距晋中不远的洪洞、霍州一带，除斝—鬲类器物外，其大口尊、双鋬深腹盆、高领罐、高领折肩尊等和北方地区同类器也非常相似。

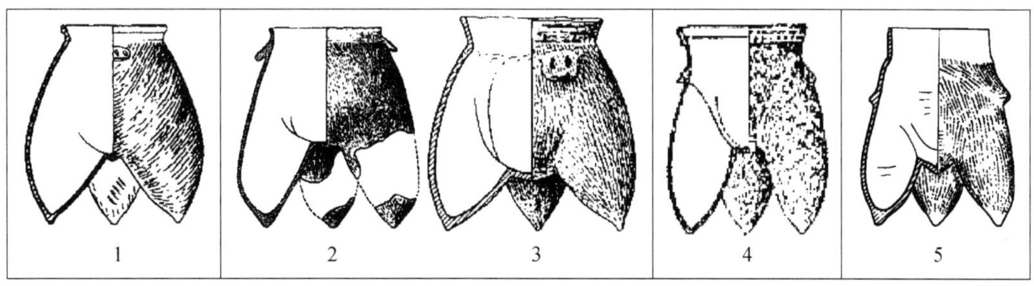

图七　龙山时代各区陶鬲比较

1. 内蒙永兴店遗址出土　2、3. 晋中杏花村遗址出土　4. 襄汾陶寺遗址出土　5. 垣曲古城东关遗址出土

龙山时代晚期，由于与不同考古学文化的接触，三北地区的考古学文化再次发生了分野，在内蒙古中南部、陕北和冀西北分别以朱开沟早期③、神木石峁④、蔚县三关⑤为代表。朱开沟早期器物三足瓮、蛇纹鬲等独特器物融入了不少陶寺晚期类型因素，并接受了二里头文化的影响。蔚县三关遗存则要纳入夏家店下层文化范畴。

晋中地区演化为两支文化性质不同的遗存，一支是以太谷白燕四期为代表的遗存，主要器类有高领无鋬耳鬲、甗、三足瓮、弧腹盆等北方地区的原生因素和残盘高柄豆、方杯等二里头文化和东下冯类型的因素。另一支遗存是以太原狄村、东太堡和许坦等出土的陶器群为代表的遗存，陶器主要有盆领鬲、单耳鬲、罐形斝、盆形斝、盆形鼎、甗、浅盘高柄豆、直颈壶、雷纹广肩罐等，其中甗和直颈壶是北方地区的原生因素，盆领鬲和单耳鬲是东下冯类型的常见器物，角和浅盘高柄豆是二里头文化常见器物。

纵贯龙山时代，晋中地区是三北地区的中心，是三北地区和晋南地区接触交流的桥梁和中介，早期有对称和非对称两种形式的双鋬鬲，晚期这里又出现了较多的东下冯类型和二里头文化的因素。

① 高天麟等：《龙山文化陶寺类型的年代分期》，《史前研究》1984 年第 3 期。

② 中国历史博物馆考古部等：《垣曲古城东关》，科学出版社，2001 年。

③ 内蒙古文物考古研究所：《内蒙古朱开沟遗址》，《考古学报》1988 年第 3 期。

④ 西安半坡博物馆：《陕西神木石峁遗址调查试掘简报》，《史前研究》1983 年第 2 期。

⑤ 张家口考古队：《一九七九年蔚县新石器时代考古的主要收获》，《考古》1981 年第 2 期。

五

晋南与北方地区文化的交流与融合，一是和它们之间有着可资凭借的通道——黄河、汾河、桑干河等有关，和先进文化对落后文化的征服占领有关，更是和全新世的气候演变①以及与这两个区的地理位置与自然环境有着莫大的联系。因此，结合考古学文化的谱系分析和对生态环境的研究，基本上可以看清晋南与三北地区的文化交流与融合过程：

距今约6300年前后，在东西文化交流融合背景下产生的庙底沟文化，凭借着全新世暖湿期到来的优越条件，在晋南这片尚未充分开发的土地上迅猛发展，表现为聚落数量多、规模大、分布密集②，这些反映出庙底沟时期较大的人口规模，而这一切是以发达的经济为后盾的，经济的发展和人口的增长自然会产生开拓疆土的需要，庙底沟文化的人们开始走南闯北，向北到达了三北全境。距今约5500年左右，西王村类型文化时期，气温明显下降，气候趋于干冷，北方和晋南地区的交流大为减少，区域性文化特征开始增强，形成了海生不浪类型、义井类型和西王村类型文化的对峙时期。距今约5000年庙底沟二期文化时期，农业文化分布的范围向南萎缩，可能是气候波动气温下降所致，内蒙古中南部、晋北和冀西北的人口急剧减少，但在晋南区孕育的庙底沟二期文化典型器——斝仍然为三北地区鬲的产生提供了启发和促进。龙山时代，距今约4300年，随着人们对气候适应能力的增强，在这一时期凉湿的气候环境下③，北方地区经济文化得到了迅速发展，人口膨胀，使环境面临着巨大的挑战，环境资源过度耗费，这迫使北方人民一度南下，从而在一定程度上减轻环境资源的压力，即以鬲为代表的北方文化逐步达至晋南，使当地产生了巨大的文化变革。

仰韶时代，北方区接受晋南区的文化影响较甚，特别是庙底沟文化的北进，与当地原有文化融合，使北方地区文化的统一性大为加强，仰韶时代后期还受到了西王村类型的一定影响；因此，来自晋南区的强烈影响对北方地区的文化发展起了巨大的推进作用。同样，在黄河中游晋南区优越的生态环境下所产生的陶器器类丰富、造型先进的庙底沟二期文化对北方地区形成了巨大冲击力，这一时期的庙底沟二期文化虽不如庙底沟时期对北方文化的冲击力强，与稍后的龙山时代北方鬲文化相比，对晋南形成的压力也颇为逊色，但因其自身的先进性仍然在广袤的三北地区留下了不少的“影子”。龙山时代，较为统一的北方鬲文化以不可阻挡之势直捣晋

① 田广金：《论内蒙古中南部史前考古》，《考古学报》1997年第2期。

② 国家文物局：《中国文物地图集（山西分册）》，中国地图出版社，2007年。

③ 田广金：《论内蒙古中南部史前考古》，《考古学报》1997年第2期。

南，使当地的文化面貌大为改观，鬲及其所代表的饮食习俗因此也就成为最典型的中国早期文化因素之一，从这一点我们也可以看到三北地区在中国古代文明起源中的地位和作用。

晋南地区和三北地区考古学文化的交流与融合是中国史前时期中国文化共同体的重要组成部分，是北方游牧文化与中原农业文化碰撞融合相互渗透的关系，这种双方的文化交流碰撞为中华文化不断输入新的动力，对于中国文化多元一体格局的形成做出了重要贡献，对中国文明的形成和发展产生了深远影响。

“早期夏文化学术研讨会”纪要

常怀颖
（中国社会科学院考古研究所）

2008年7月18～20日，由北京大学震旦古代文明研究中心、河南省文物考古研究所、郑州市文物考古研究院共同举办的“早期夏文化学术研讨会”在河南郑州召开。来自北京大学、吉林大学、山东大学、武汉大学、郑州大学、南京大学、首都师范大学、北京联合大学、河北师范大学、烟台大学、哈佛大学、普林斯顿大学、中国社会科学院考古研究所、中国社会科学院历史研究所、中国国家博物馆、中国文化遗产研究院、中国文物报社、河南省文物考古研究所、安徽省文物考古研究所、山西省考古研究所、陕西省考古研究所、河南博物院、河南古建研究所、郑州市文物考古研究院、洛阳市文物考古工作队等二十余家学术机构的老中青三代学者共一百余位参加了会议。北京大学震旦古代文明研究中心主任李伯谦致开幕词，河南省文物局局长陈爱兰、郑州市文化局局长阎铁成与中国社会科学院考古学研究所所长王巍分别致辞，河南省文物局副局长孙英民致闭幕词。来自中央电视台、新华社河南分社、河南电视台、河南日报、郑州日报、大河报等媒体的记者应邀参加了会议并进行了采访报道。

本次大会是第一次以早期夏文化为主题的专题学术研讨会，通过会议搭建的讨论平台，充分体现了学术界对于早期夏文化与中国文明起源问题研究的关注程度。

大会议题广泛而鲜明，几乎涵盖了当前夏文化研究乃至早期文明探索的最前沿的问题。通过大会10场主题报告、分组讨论、大会发言以及会上会下的交流讨论等形式，各位学者对夏文化研究中的诸多问题进行了广泛而深入的讨论，大会气氛积极热烈，部分问题甚至出现了争论。在为期一天的现场参观中，与会代表实地参观了禹州瓦店遗址及其发掘材料以及郑州市文物考古研究院所藏的新砦、花地嘴遗址的发掘实物，对这几批重要材料有了直观认识。

从整体看，大会讨论大致集中在以下的几个方面。

一、关于夏文化研究的可行性探讨

由于绝大多数华裔学者及部分日本学者承认夏王朝的存在，而绝大多数西方学者则对于夏王朝是否存在持怀疑态度，因此对于夏文化的研究有理论质疑。在西方学者看来，夏在文献上的记载是无法得到证实的。对于考古材料，他们质疑华裔学者寻找田野材料的出发点就是从文献出发的，如此通过文献记载的地域寻找的材料再来印证文献，有循环论证的意味。从论证的逻辑基点来看，他们认为，当无法把夏族与同时共存的族群区分开的时候，如何确定今日所见的考古学文化就是"夏族"的文化?

面对这种质疑，与会代表较为一致的意见是，夏王朝的存在是无可置疑的。但是，在没有夏文字发现的前提下，通过传世文献与出土资料的二重证据法对夏文化进行探索仍是可行的，王国维先生的二重证据法在对应夏文化研究中仍是最好的选择。文献记载的夏人活动地域、地望、都城与地下材料的互证并非遥不可及。许宏研究员提出，在没有文字材料证明的前提下可以通过考古学遗存进行夏文化研究，但仅能作为假说提出，不可作为确定的结论。就目前的材料而言，不能排除任何一种夏文化研究结论的可能性。

二、夏文化的定义与理论、研究方法的探讨

大部分与会学者仍旧赞同夏鼐先生的定义，但有学者认为"夏文化是指夏王朝时期华夏族创造、使用的文化"，也有学者提出"夏族是单指姒姓的夏人，还是包括姒姓以外的人群"的思考，还有学者坚持邹衡先生提出的"夏文化是指以夏族为主体的人群创造与使用的考古学文化"。这些讨论体现出目前学术界对夏族、夏人族属研究的反思。王立新教授认为二里头文化是夏启统一嵩山南北以后行程的结构稳定的文化，就是夏代夏国之人所创造、使用的考古学文化，此前的龙山文化、新砦期遗存年代可能进入了夏纪年，但还不是结构稳定的夏国之人的文化，不应笼统称其为早期夏文化，也就是说夏文化的形成要滞后于夏王朝本身。

李伯谦教授总结了几代研究者对于夏文化研究的成果，提出当前的夏文化研究在如下六个方面较为薄弱，有待进一步深入探讨：第一，无文字条件下能否进行研究，确认夏文化的存在；第二，"夏族"的物质文化如何与考古学文化对应；第三，政治事件与夏（考古学）文化的关系如何，考古学文化是否会因政治事件发生变迁；第四，早期夏文化的概念究竟是什么，夏文化的阶段性如何；第五，夏代社会的发展阶段问题，夏能否作为由部落发展至国家的标志；第六，夏代都城的确定及都城变迁的原因问题。

刘绪教授从整体宏观角度提出，对于早期夏文化的研究不能仅限于豫西地区，而应将眼光放大，对于晋南、豫北地区的龙山至夏商时期考古学文化缺乏通盘的考察，如何看待文献记载的夏商时期其他各族的遗存是缺少关注的重要问题。从研究对象而言，对于夏早期的墓葬研究还不够充分。就理论方面而言，三代考古研究的宏观理论尚未建立。商文化研究模式适用于商，但是否也适用于其他考古学文化，仍然需要验证，如夏文化早、晚之别；西周与先周之别等，都遇到了挑战。对于重大历史事件与考古学如何对应，"文化滞后说"的实用性和实际操作都缺乏理论支持。

许宏研究员在详细梳理夏文化研究史的基础上，认为文献记载的确是夏文化研究的基础，但不是绝对的，夏商世系记载不是史学意义的编年史。就方法论而言，由殷墟成功的个案并不能在方法论上得出相应的夏文化研究模式，商文化研究与夏文化存在很大的差异。目前对于早期夏文化的研究，最大的理论缺陷在于需要建立族属、文献与考古学资料三者间的理论解释体系。程一凡先生运用“投影方法”，从中原以外的周边地区来观察中原，以此观察权力的消长与扩张。通过对不同地区材料的对比，他认为从龙山时期开始，周边地区出现对中原地区的模仿。这种模仿，或许就是向中原地区“臣服”或早期国家阶段来临的体现。

绝大多数与会学者都强调在夏文化研究中应更注重多学科交叉研究，对于文献材料与考古学文化遗存如何拟合需要进行整合性的研究。曹兵武先生强调要把夏文化研究置于文明起源和国家形成阶段的大背景中去考虑，要注意为什么中原地区在这一时期有社会复杂化的过程，是否中原地区的文明进展模式可以作为中国的一种范式是值得分析的。郑杰祥先生认为夏王朝的出现与农业经济的发展、世袭制的出现、政权与族权的牢固结合、礼制的兴起和相对统一的中原王朝的兴起是密不可分的。郑光先生则强调考古研究应超越陶器的束缚，上升到精神领域的探索。

还有学者对夏文化的时段划分提出疑问，对如何界分早期夏文化，早期夏文化包括哪些考古学文化存在不同看法。大部分学者同意早期夏文化应包括豫西龙山文化晚期、新砦类遗存和二里头一期文化。李民教授认为夏文化主体文化的形成是一个漫长的过程，不能简单对待，早期夏文化应是处于万邦时期向国家阶段过渡的时期。韩建业先生认为王湾三期文化是早期夏文化，新砦是中期夏文化，二里头文化则是晚期夏文化。对于夏文化始于禹还是始于启，学者间的看法仍有不同。方酉生、郑杰祥、张国硕等学者再次强调夏代应始于启的观点。

三、文献、古文字材料与夏文化研究

由于夏文化探讨的起点始于对文献的判定与理解，因此，文献与古文字材料与早期夏文化研究也成为本次大会讨论较多的一个问题。大部分学者认为，在现有的情况下，对于文献记载的夏代与夏族史迹不能轻易否定，应当是可以相信的，应该作为探讨夏文化的基础。

李伯谦先生提出，对于文献记载的“穷寒代夏”等政治事件应该能够和考古学文化的变迁相联系，但具体的研究论证逻辑还需加强。

刘绪教授从文献记载的三代世数出发，以男子成丁生子的年限作为标准，推算三代积年，以此推测夏代始年的上限，提出夏代起始之年是否会有那么早？始于前19、18世纪有无可能？

曹兵武先生认为文献资料齐备本是中国考古学的优势之一，但操作不当用之过度则会变成劣势。对于原史时期的考古学研究，不能简单比附文献，禁锢于某种单一的话语系统，而应采用灵活的方式具体问题具体分析。

许顺湛认为斟鄩遗址仍应在巩义一带，二里头遗址应是夏代晚期的都城，但不一定是斟鄩，而可能是夏桀所迁之河南，瓦店或许是少康所居之地。文献所记的地点在考古上尚未发现，是有可能的。对于晋南的夏时期遗存还应更受重视。江林昌教授强调《尚书》、《左传》、《山海经》、《楚辞》在夏文化研究的作用应引起重视。罗琨先生提交论文，从文献中对尧舜禹的古史传说进行梳理，对早期夏文化的核心地区与年代上限进行了推测。靳松安先生认为王湾三期文化的南渐与“禹征三苗”有关。张国硕教授认为早期夏都应在颍水上游的新密、禹州一带，不排除阳翟、黄台之丘两个夏都并存的可能性。郜丽梅先生对《左传》中记载的豢龙、御龙二氏的源流和地望进行了考证。

对于王城岗城址的性质，很多学者与文献联系进行了推测。马世之先生认为王城岗小城是鲧所居之城，而大城则是禹所居之阳城。郑杰祥先生认为王城岗大城是阳城，但并非夏之都城。郑光先生认为王城岗大城是阳城，而禹并无自己的封地，只是居于阳城而已。杨肇清先生认为王城岗小城是禹居阳城之城，而大城则是禹建立夏之后的城市，其兴建与洪水有关。

对于新砦类遗存的性质，学者们也从文献角度加以推测。韩建业先生认为新砦、花地嘴的兴起，应该是“少康中兴”之后的情况。杨树刚先生认为新砦期遗存是目前寻找到的最早的夏文化，具体来讲，就是代表了夏启至“少康中兴”以前的夏文化。早夏时期，政权并不稳固，战乱频繁，文献中的“启伐有扈”、“五观之乱”等正是这一时期文化变迁的史影。

对于利用古文字材料探讨夏文化，是本次大会的一个特点。诸多学者认为夏代一定存在文字。葛英会教授对甲骨文中“夏”字本身进行考证，认为“雅”与“夏”在先秦时期是一个字，“夏”字与族称挂钩，即与中国对儒雅之风的尊崇有关，其象形是表现祭祀吟唱之态。而卜辞所见之“夏”，是指夏后氏大禹。商人在祭祀先祖时，将大禹与商先祖同祭。郝本性先生在赞同葛英会先生看法的同时，认为夏代有文字，但载体应不仅仅限于甲骨，而应考虑有无朱、墨书的可能。尤其提醒在今后的考古工作中应注意陶片的刷洗，以避免将文字刷洗掉。同时他提出“夏”字最早的含义或许与太阳崇拜有关，对于“夏”字的本意和形体应加以重视。顾万发先生认为“夏”字最早源于祭祀，部分陶器刻符反映了早期祭祀的一些状况，应该对陶文和刻画符号加以重视。

四、对于基础考古材料的研究

近年来，由于王城岗、瓦店、花地嘴、新砦等遗址的重要发现，对于夏文化的研究提供了极为重要的材料。大会对于近年来的新发现展开了热烈的讨论，从一个方面体现了学术界对于新材料带给夏文化研究的新的机遇与挑战是如何应对与调整的，也反映了目前夏文化研究的热点与前沿性课题。

在本次大会的十场专题报告会中，部分来自于一线的考古工作者向大会报告了许多新的材料，以助于早期夏文化的研究。在专题报告会上，方燕明研究员汇报了禹州瓦店遗址考古新发现与颍河流域夏时期的聚落变迁。刘绪教授汇报了王城岗遗址的考古新发现与研究。许宏研究员汇报了偃师二里头遗址的考古发现与研究成果。张松林研究员汇报了嵩山地区夏代早期文化遗址的考察情况与初步研究。胡亚毅先生介绍了新砦遗址的考古新发现。赵新平研究员介绍了濮阳戚城龙山城址的最新发现。童萌先生介绍了武汉大学近年来在郧县辽瓦店子遗址夏时期遗存的新发现。李锋教授介绍了郑州大学在焦作徐堡龙山城址的新收获。顾万发先生则介绍了花地嘴遗址的考古新进展。魏兴涛先生则在小组讨论中介绍了平顶山蒲城店遗址的新发现。

对于王湾三期文化，学者的讨论也较多。靳松安先生通过对王湾三期文化的重新分期和向南扩张研究，讨论了王湾三期文化与二里头文化南渐的问题，认为杨庄二期类型和乱石滩类型是王湾三期文化南扩后取代石家河文化之后形成的。袁广阔先生对豫东、豫北龙山时期的堌堆遗址进行了分析，认为这些堌堆遗址或与当时的洪水有关。

对于王城岗大城的发现，学者们进行了较为充分的讨论。许顺湛先生认为王城岗遗址就是阳城所在。杨肇清先生通过郝家台、王城岗遗址材料的对比认为，夏早期应该自王城岗三期开始，瓦店二期、郝家台三期相当于这一时期。王城岗小城即“禹居阳城”之城，大城则是禹建立夏王朝之后的都城。马世之先生认为龙山晚期是夏代早期，王城岗一期是王城岗小城的始建时期，二期是小城内夯土基址、奠基坑等的使用时期，三期是小城废弃，大城修筑的时期，到王城岗五期，王城岗大城也被废弃。

新砦类遗存是近年来早期夏文化研究的热点与核心之一，在本次大会中也是学者讨论较多的问题，学者间的不同意见在大会中充分得到表达。李伯谦先生认为新砦遗存是“太康失国”、“后羿代夏”时期的夏文化。杨树刚、顾万发先生认为新砦类遗存早于二里头一期文化，应独立成为一种考古学文化或一个考古学期别，称为新砦期或新砦二期文化。杨树刚先生认为新砦类遗存吸收了大量东方文化因素，从新砦期到二里头文化一期，夏部族活动中心由颍汝流域和郑州地区逐步转移到洛阳盆地。顾万发先生强调新砦二期晚段是在新砦二期早段的基础上发展起来的，新砦二期早段与造律台类型的最晚阶段相当。韩建业先生认为新砦类遗存多属王湾三期文化煤山类型的遗风，早于二里头文化一期，应放在龙山时期为好，作为王湾三期文化的晚期，成为“王湾三期文化新砦类型”，新砦、花地嘴的兴起是“少康中兴”以后的情况。常怀颖认为新砦二期遗存可以分为早晚两段，早段应属于王湾三期文化最晚的阶段，而晚段则应属于二里头一期偏早阶段。张莉对新砦类遗存进行了文化因素分析，对新砦类遗存的来源进行了初步的探讨。

对于二里头文化，学者的讨论范围较为广泛。许顺湛研究员认为应首先确定夏文化的年代框架，夏文化约可分三期，三期的分界年代大致可以前 1920 年与前 1760 年作为大体的分界。曹兵武先生认为二里头文化是夏文化的主体，但不能说夏文化就是二里头文化。张翠莲先生提出应该加强在豫东、鲁西的考古工作，这一地区的材料应该会有助于夏商文化一些问题的解决。韩建业先生则从二里头青铜文明的兴起背景、齐家文化为代表的西部地区考古学文化对二里头文化的影响、环境和文献四个角度对二里头青铜文明的兴起进行了详细的论述。二里头文化出现的圆腹花边罐应是受到西部齐家文化的影响而产生的。同时，冶金技术和车在二里头文化的出现与兴起也应与晚期齐家文化（前1800～前1600年）有一定关系。李德方先生认为，二里头一期需要重新详细区分，对二里头、锉李、白元、稍柴等典型遗址需要重新考虑，同时期伊洛河流域的遗存与郑州地区牛砦、马庄等遗址发现的遗存是有较大的差异的，需要注意不同地域文化遗存间的差异。郑光先生重申了二里头遗址二里头文化分为五期的观点，认为一期年代大约在前1880～前1750年前后，二期在前1750～前1650年前后，三、四期年代约在前1650～前1530年之间，五期分为早晚两段，早段年代约在前1530～前1460年间。郑州地区的二里头文化前期应相当于二里头四期或五期早，二里冈下层相当于五期晚段。二里头一期是夏代晚期，相当于新砦期早晚段之间，新砦晚期已经进入二里头二期。李维明先生认为二里头文化一期的有些文化因素的渊源应不仅仅限于龙山时期，二里头遗址在二里头文化一期时期已经成为都邑。常怀颖认为应重新梳理二里头文化一期遗存的单位，以此确认二里头一期文化的面貌。同时应详细梳理对比王湾三期文化、新砦类遗存与二里头文化一期遗存三者在陶质、陶色、纹饰、陶器细部特征、器类组合的计量分析，以此观察过渡时期考古学遗存的归属。徐燕先生则对二里头文化的南渐进行了详细梳理。

李素婷先生对安阳地区的先商文化进行了分期研究，认为其主体文化因素同于下七垣文化，但受到二里头文化的影响，具有较多辉卫型先商文化因素，年代上限相当于二里头文化第三期，下限进入了早商纪年。张天恩先生提交论文对关中东部夏代早期遗存进行了分析，将其命名为“东龙山文化”，认为其可分为“老牛坡类型”和“东龙山类型。”

五、碳-14测年技术与夏文化研究

夏商周断代工程以来碳-14系列样本测年在考古学界引起了较广泛的讨论，而测年数据对于原有的夏文化年代学研究提出了新的挑战。

在本次大会中，有许多学者对碳-14测年方法提出了质疑。大部分学者认为，碳-14测年数据不能作为考古学研究的主要证据，而仅应作为参考使用。李维明研究员提出碳-14测年方法与原理应更加普及，对于碳-14既不能忽视、不相信，但也不能仅以碳-14为准。对二里头一期文化公布的碳-14数据前后不一致、年代逐渐变晚的情况，他提出碳-14测年应该更加保持其独立性，不应为某种考古学观点服务。在测年数据与考古学文化拟合时，更应保持科学的独立性，考古学者对碳-14测年数据也不能过度诠释。王立新教授提示，在田野工作碳-14 样本采样时，应注意辨识晚期堆积中混入的早期炭样。同时他也建议在夏文化研究中不能完全依赖碳-14，只宜作为重要的参考。

吴小红教授对碳-14 测年方法本身和测年原理进行了解释，对常规测年方法和加速器质谱测年方法进行了对比和介绍，并对系列样本测年方法的原理进行了介绍和实例证明。从原理和实证两方面对部分学者对碳-14 测年方法的疑惑作出了解释。同时，吴小红教授也对目前碳-14 测年校正过程中存在的技术困难作出了回应，解答了学者提出的部分问题。

在三天的会议中，会议代表一致认为，这是一次适时的会议，学术气氛浓厚，对于当前夏文化的研究成果与信息的交流提供了极好的平台。正如孙英民先生在总结发言中所说“本次大会，对于夏文化研究具有里程碑的意义，一定能够推动夏文化的研究”。与会代表在肯定与总结夏文化研究探索的各项成果的同时，也认识到夏文化研究是一个任务十分艰巨的系统工程，需要继续进行大量长期的实际工作，不可能仅通过一次会议来解决。尽管存在较多问题，今后的研究中还会产生更多的问题，讨论甚至争论都是不可避免甚至于必要的，只有坚持百家争鸣、百花齐放的态度，积极吸取不同学者的合理建议，进行多学科交叉研究才能对夏文化研究取得新的进展。

下编　先商文化研究

先商文化考古的新征程

——在“先商文化学术研讨会”开幕式上的致辞

李伯谦
（北京大学震旦古代文明研究中心）

商代是中国上古史上一个重要发展时期，商族是中国古代一个重要部族。根据司马迁《史记·殷本纪》和其他史籍的记载，从商之始祖契至汤灭夏建立商朝前的先商时期，大体与夏代同时，先商时期商族（或以商族为主体）创造和使用的考古学文化称为先商文化。

从考古学上发掘出并意识到先商文化的存在，始于1957年北京大学历史系考古专业实习对涧沟遗址的发掘。如果从1979年邹衡先生以邯郸涧沟、新乡潞王坟、郑州南关外遗址为代表正式提出先商文化的命名开始，至今已有整整30年的历史。1989年，由于学术界对何种考古学遗存是先商文化认识不一，为便于讨论，我在《先商文化探索》一文中，曾建议暂以磁县下七垣遗址为代表的下七垣文化指代邹衡先生所论定的先商文化。

几十年来，围绕先商文化的调查、发掘和研究，取得了令人瞩目的成果，发掘出了易县下岳各庄、涞水渐村、任丘哑叭庄、邢台葛庄、邢台粮库、磁县下七垣、磁县界段营、安阳梅园庄、淇县宋窑、新乡潞王坟等一批有代表性的遗址，探讨了先商文化的命名、分布、分期、类型、与周邻文化的关系等学术问题，丰富了先商文化的内容，加深了对先商文化的认识，成为中国先秦考古和先秦史学研究中的一个亮点。但是，我们也不得不指出，如果与夏文化研究相比，先商文化研究无论在研究规模、研究队伍、研究深度还是研究成果方面，都还存在一定的差距。

新材料的涌现，新的理论、方法的运用，为研究的深入开展带来了新的契机。南水北调工程和第三次文物普查项目的实施，在河北、河南两省范围内发现了超过以往数倍的先商文化遗址，鹤壁刘庄、磁县南城两处先商文化墓地更是前所未见，从而为新的研究准备了丰富的资料。同时，大量国外考古学理论、方法的传入和新的科技手段的采用，也为新的研究提供了有益的借鉴和助力。

机会难得，时不我待。面对如此大好形势和条件，北京大学震旦古代文明研究中心和河北省文物研究所、河南省文物考古研究所经过研究协商，决定召开这次以先商文化为主题的研讨会，邀请在座的有关单位领导和活跃在先商文化考古第一线的朋友们会聚一堂，观摩标本，切磋讨论，回顾、检阅先商文化研究的历程和收获，酝酿先商文化研究的新课题，制订先商文化研究的新规划，明确目标，团结协作，把先商文化研究推进到一个新阶段，提高到一个新水平。

检阅以往研究情况和成果，我认为至少以下几个问题是可以和应该提到研究日程上来的：

（1）关于先商文化的界定。由于对相关文献解读、理解不同，对作为考古学文化的先商文化的特征掌握不同，究竟哪些考古遗存属于先商文化，目前至少已出现了五六种不同说法。我们不主张强行统一，但我们提倡在深入研究相关文献记载和考古材料基础上，通过切磋讨论，加以整合；

（2）关于先商文化的分布。对先商文化的界定不同，对先商文化分布范围的认识也不一样。如果继续遵从邹衡先生先前和我后来对先商文化的界定，先商文化的分布范围就要大得多，如果认为张立东先生主张的将邹衡先生划分的辉卫型另立为韦族辉卫文化、张渭莲女士主张的将沈勇先生提出的保北型另立为有易氏岳各庄文化，有合理性和说服力，先商文化的分布范围将大大缩小。这一问题的解决，前提是对先商文化的科学界定，同时也需注意从动态的角度观察作为考古学文化的先商文化的发展演变的过程；

（3）关于先商文化的分期和年代。先商文化或与先商文化关系密切的遗址发现越来越多，内涵也更为丰富，原来提出的三期说亟待调整和修正，也有可能提出更细的分期。依据地层关系和器物类型学研究得出的分期是相对年代，碳-14 测年得出的结果才是绝对年代。通过“夏商周断代工程”的实践，碳-14 测年技术的稳定性和精度已有很大提高，采集系列样品和系列样品测定方法已逐步得到推广，选择典型遗址典型单位系列采样系列测定，建立先商文化碳-14 年代框架，不仅需要而且可能；

（4）关于先商文化的类型。在一个考古学文化分布范围内，因不同地区文化面貌出现某些差异，往往将之划分为不同的类型。先商文化有没有不同的地域类型，前提仍然是先商文化的科学界定，同时要参考文献中先商时期商族曾 8 次迁徙的记载，在分期基础上与考古材料作整合研究，看看能否发现不同地区的考古材料是否确有某些差别；

（5）关于先商文化的社会发展阶段。聚落形态的变化能比较直接地反映社会结构、社会的诸文化发展阶段的变化。目前先商文化或与先商文化有关的遗址发现不少，但因多是配合基本建设，真正以聚落考古方法进行发掘的不多，迄今还没有发现像与其基本同时的二里头夏文化中那样的城址、大型建筑基址、青铜器及铸铜作坊等足以证明当时已进入文明建立国家的材料。从目前材料看，先商文化的确落后于夏文化，但也不至于会有如此大的差距，因此，在先商文化分布范围内寻找城址、大型建筑、铸铜作坊遗迹，乃是今后先商考古的重要任务；

（6）关于先商文化与周邻文化的关系。考古学文化关系是族际关系的反映，研究其与周邻文化的关系，不仅是彼此确认的条件，同时也是将考古学文化关系的考古学研究上升到族际关系的史学研究的必要步骤。先商时期，分布于太行山东麓狭长地带内的诸文化或文化类型，北以拒马河为界与夏家店下层文化毗邻；东以古黄河为界与岳石文化相交错；西越太行山，北有忻州游邀、太谷白燕遗存，南有夏县东下冯一类遗存；往南以沁水、古济水为界，与二里头文化相对峙。无论先商文化是包括下七垣、辉卫、保北三类型的大系统，还是单指以下七垣遗址为代表的下七垣文化，它都直接、间接与上述各文化发生过这样那样的关系，以往在这方面已有过一定研究，我们期望新材料能引起新思考、能带来新见解；

（7）关于先商文化的来源。一个考古学文化的形成渊源是很复杂的，既可能是当地先行文化的自然延续，也不排除源自早于它的周邻某文化，当然也可能是以某文化为主多种文化融合发展的结果。目前已有后冈二期文化说、山东龙山文化说、晋中龙山期文化说、哑叭庄类型文化说等不同意见，以现知先商文化最早期遗存向前追溯，尽量缩短其与龙山期文化的时间距离，看其在文化面貌上与何种龙山期文化更接近更密切，也许就有可能作出比较接近实际的判断；

（8）关于先商文化取代夏文化的过程。一个考古学文化取代另一个考古学文化是经常发生的，但其间的过程又是十分复杂的，一般来说，政治性较强的因素往往最早发生更替，而经济技术及思想意识领域则相对滞后，先商文化取代夏文化的过程折射出的是商族勃兴并最终灭夏的历史事实，在分析考古学现象时往往也会看出这样的规律。这既涉及先商文化漳河型向豫东推进的路线，也涉及杞县鹿台岗、郑州南关外、洛达庙以及二里冈下层一期遗存各自的时代、性质和相互关系，当我们将这种错综复杂的关系理清理顺的时候，其反映的中国上古史上夏商更替的历史事实也就会清晰地呈现在人们的面前。

先商文化考古，属于原史时代考古。欧洲历史学家将人类社会发展的历史划分为史前、原史、历史三大阶段，所谓原史时代，是指由史前向历史时期过渡的阶段，此时期文字资料缺乏，或只有后世的片断追述，对这段历史的研究，考古材料的重要性高于文字和文献材料，但又不能忽视文字和文献材料。因此，我们既要重视考古学研究，也要注意文字、文献材料的梳理和考古与文献的整合研究。

这 8 个问题都属于考古学的基础研究，我们的目的是想通过这些基础研究，回答创造和使用先商文化的商族（或以商族为主体）发展壮大并最终灭掉夏王朝的原因和契机，探索商族走向文明的模式。

此次会议是首次“先商文化学术研讨会”，我们期待以此为契机，开启一个先商文化研究的新征程，去夺取新的更大的胜利。祝大会圆满成功，谢谢大家！

先商文化考古学探索的一些思考

段宏振
（河北省文物研究所）

一、先商文化概念研究的演进历程

在经历了数十年的讨论之后，目前学界对于先商文化的概念定义，已基本上达成了一致的意见，即：先商文化是指汤灭夏以前以商人为主体创造和使用的考古学文化，下七垣文化基本上为先商文化①。很明显，这个概念是属于考古学意义上的，是建立在考古学研究基础之上的。考古学界对于这一概念的认识和探索经历了一个很长的时间，其研究的演进历程大致可分为3个阶段。

（一）第1阶段，20世纪60年代

1960年，北京大学考古专业《商周—青铜时代》讲义，将二里头遗存命名为先商文化，首次提出了先商文化的概念②。严格说来，此时所称的先商文化，还远不是严密准确的概念，但可视作先商文化考古学探索的正式起步。

事实上，考古学界自1928年殷墟考古发掘的开始，亦随即踏上了对商人及商文化源头的追寻征程。例如，李济不仅注意到了小屯地面下的先殷文化层，还提出了先殷、先商、前商、原商等诸多概念，并明确指出：夏未亡，已经有了商；殷商所继承的文化，不一定全部是夏的；商朝的文明，综合了东夷、西夏和原商三种文化传统等等③。这些颇有见地的理论，无疑极大地影响着后来对先商文化的认识。但由于当时对商文化的认识，主要是以殷墟的晚商文化为基础的，因此客观上还未具备探索先商文化的基本条件。这一点正如李景聃于1936年奔赴豫东商邱一带开展考古工作时，明确表示此行

---

① 李伯谦：《先商文化探索》，《庆祝苏秉琦考古五十五年论文集》，文物出版社，1989年；中国社会科学院考古研究所：《中国考古学夏商卷》，中国社会科学出版社，2003年。

② 北京大学历史系考古教研室商周组：《商周考古》，文物出版社，1979年；邹衡：《试论夏文化》，《夏商周考古学论文集》，文物出版社，1980年。

③ 李济：《小屯地面下的先殷文化层》，《殷代装饰艺术的诸种背景》，均收录于《李济考古学论文选集》，文物出版社，1990年；李济：《中国文明的开始》，《安阳》，河北教育出版社，2000年。

的目的就是要寻找殷墟文化的前身和来源，去商邱就是寻找商人的发祥地，殷墟的前身在商邱一带很有找着的希望①。但囿于当时考古发现的局限，具体说来就是龙山文化到殷墟文化之间的考古遗存的缺乏，致使人们自然地将殷商文化的来源探索集中于龙山遗存。例如，梁思永根据殷墟后冈遗址的考古发现，指出后冈二层（即龙山遗存）早于殷墟文化，是豫北殷文化的直接前驱，两者有很多相似点②。李济在讨论小屯地面下的先殷文化层时，也将这种黑陶文化（即龙山遗存）视作殷商文化的前身。因此，这一时期关于殷商文化源头的探索，由于考古发现的非常局限，还不能触及到真正意义上的先商文化遗存。但这些有价值的探索，对后来先商文化概念的正式提出具有重要的理论指导意义。

20 世纪 50 年代，以郑州商城为代表的早商文化的发现，以二里头遗址为代表的一类遗存的发现，龙山与殷墟之间考古发现的缺环得到比较严密地弥补，意味着追寻商文化前身的考古条件已经具备了。这大概就是 1960 年北大考古讲义将二里头遗存视作先商文化的一个原因。但是，介于龙山与早商之间的文化未必就一定是先商文化。关于先商文化概念的严密认识和精确理论建树，还需要一个相当长时间的研究积淀。这一问题在第 2 阶段得到了解决。

（二）第 2 阶段，20 世纪 70 ~ 80 年代

1979 年，邹衡先生在讨论夏文化的问题时，提出了先商文化的严格概念③。随即在次年出版的论文集中，详细阐述了夏文化和先商文化，全面系统地确立了先商文化的概念，将当时所发现的先商文化分作 2 组和 3 个类型，即漳河型、辉卫型和南关外型④。此 3 个类型所代表的文化内涵，既是地域的同时又是时间的。这个结论的论证基础是，商朝未建立以前的先商文化，应该是同夏文化平行发展的。这一理论的系统建构，标志着先商文化研究系统的正式确立，具有非常重要的学术意义。其主要表现有三：

其一，将夏、商两个朝代和两种文化的年代，进行明确区别和对应；

其二，将夏、商两种文化从考古学上辨认区别出来；

其三，将夏、商两种文化的平行期，即夏文化与先商文化，在平面格局上划分区别开来，明确其分布于不同的地域。

很明显，这一理论框架是对夏商一统论或同源论等理论的一种明显区别。因为，当时的学术界在对待夏商考古学文化的认知方面，还存在着许多不同的认识。例如，有学

---

① 李景聃：《豫东商邱永城调查及造律台黑孤堆曹桥三处小发掘》，《中国考古学报》第二册，商务印书馆，1947 年。

② 梁思永：《龙山文化——中国文明的史前期之一》，《考古学报》第七册，1953 年。

③ 邹衡：《关于探讨夏文化的几个问题》，《文物》1979 年第 3 期。

④ 邹衡：《试论夏文化》，《夏商周考古学论文集》，文物出版社，1980 年。

者认为，夏商是一个民族，其文化只能从朝代上区分①。并进一步指出，二里头到二里冈到小屯以及它们的前身龙山文化和它们的延续两周文化都属同一个文化系统，即古华夏族文化。在这里面不能强分出这个民族文化、那个民族文化……考古学上是无论如何反映不出那么多民族文化的②。由于在认识理论及层次上的若干差异，因此关于下七垣遗址第 4 层遗存的性质问题，也随之形成不同的看法：或认为其属于先商文化漳河型③，或划归于二里头文化④，或称之为二里头文化下七垣类型⑤。

本阶段关于先商文化探索的另一种论点来自张光直先生⑥。他在讨论殷商文明起源问题时，虽然并没有明确使用“先商文化”这一概念，但是提出了“真正的‘早商’文化”这种称谓。虽然他认为，殷商文明的起源在东还是在西？或是东西两个源头合流而成？目前还不能圆满回答这个问题。但同时他又比较明显地倾向认为，商民族起源于东方不仅在文献方面有诸多证据，而且在考古学上也得到很多支持：殷商文明中很重要的一些成分（绝大部分是与统治阶级的宗教、仪式、生活和艺术有关的）很清楚是起源于东方，追溯起来可以到东海岸的龙山文化甚至更早阶段的花厅文化。很明显，张光直先生将探索先商文化的目光主要放在东方。

总之，本阶段由于二里头以及山东等地的重要考古发现，学者们开始将先商文化探索的目标逐渐具体化起来。因此，先商文化概念明确地提出与系统确立，是夏商考古研究中的一件划时代大事。自此，先商文化探索在不断争议中愈来愈得到学界关注。

（三）第 3 阶段，20 世纪 90 年代前后至今

1989 年，李伯谦先生在《先商文化探索》一文中，提出了将漳河型、辉卫型一类遗存似可以下七垣遗址第 3、4 层为代表称为下七垣文化⑦。下七垣文化概念的提出和确立，绝不仅仅是对先商文化的一种改称或是对考古学文化命名原则的单纯恢复，而应是对先商文化概念把握的深化和严密。应当说，20 世纪 70 年代先商文化概念的提出和定名，是特定时代的必然，在当时具有不可替代的唤醒作用。但唤醒之后需要进入日常的探索轨道，伴随着大量考古新发现资料的积累，在经历了长期的争论之后，学界已经基本认可了先商文化的客观存在，在这种情况下，就需要对先商文化的概念进行严密的定义。

---

① 郑光：《二里头遗址与中国古代史》，《北京社会科学》1987 年第 1 期。

② 郑光：《二里头遗址与夏文化》，《华夏文明》第一集，北京大学出版社，1987 年。

③ 邹衡：《试论夏文化》，《夏商周考古学论文集》，文物出版社，1980 年。

④ 河北省文物管理处：《磁县下七垣遗址发掘报告》，《考古学报》1979 年第 2 期。

⑤ 赵芝荃：《试论二里头文化的源流》，《考古学报》1986 年第 1 期。

⑥ 张光直：《殷商文明起源研究上的一个关键问题》，《中国青铜时代》，三联书店，1983 年。

⑦ 李伯谦：《先商文化探索》，《庆祝苏秉琦考古五十五年论文集》，文物出版社，1989 年。

因此，下七垣文化既不是对先商文化的简单改称，也不是一种可以互用的替代。下七垣文化命名的提出以及与先商文化概念的并用，标志着先商文化概念的研究进入成熟时期。与下七垣文化的提出相应，先商文化系统内的考古学文化的性质细化探索，以及对先商文化的界定等研究，开始进入一个新阶段。1991 年，先商文化保北型的提出，从而将先商文化的分布北扩到保定地区①。1996 年，辉卫文化的提出，将辉卫型从先商文化系统中另立出来②。1999 年，下岳各庄文化的提出，是对唐河以北地区所谓保北型性质的新认识，从而将先商文化的北界局限在滹沱河流域③。

目前，学界对先商文化和下七垣文化两个概念都在使用，对每个概念的时间和空间的掌握也多因人而异，存在多种不同的认识，主要表现为：在纵向时间上长短不一，于平面格局方面大小有别。此正反映了先商文化概念研究的深化与细化，随着时间的推移，这种纷繁的探索大概会逐渐聚拢集中，最终将可能形成较为统一的认识。

本阶段，关于先商文化的另一个著名论点是：认为岳石文化属于先商文化。1993 年，张光直先生在北京大学的“中国考古学进入 21 世纪”学术研讨会上，宣读了论文《商城与商王朝的起源及其早期文化》④。在这篇文章里，张先生重申并补充了以往的论点：商王朝乃东夷中崛起的一个政权，代表东夷的岳石文化在商邱地区占据着早商或先商的年代地位是合情合理的。事实上即认为岳石文化为先商文化。1997 年，张光直先生明确论及关于先商文明的起源问题：商出于夷是中国上古史的常识，先商文化也许就是岳石文化的一支。但同时又指出，可能存在两个先商的源头：使用粗制灰色绳纹的日常烹饪陶器的被统治阶级可能来自冀南豫北的漳河流域，而使用夯土基址、城墙、铜器、文字等有财富和美术价值的宝贵物品的统治阶级，则可能来自东方的海岸地带⑤。这表明，张光直先生在坚持自己一贯论点的同时，似乎认为先商文化冀南豫北说也有一定可取之处。此一方面反映了先商文化探索的复杂性，另一方面也是先商文化研究深入化的标志。关于岳石文化为先商文化说论述最详细的是栾丰实先生，他通过对南关外下层遗存与岳石文化的比较分析，认为鲁豫皖地区岳石文化的创造者，就是先商居民⑥。总之，岳石文化为先商文化说，丰富开阔了对先商文化探索的空间和思路。

---

① 沈勇：《保北地区夏代两种青铜文化之探讨》，《华夏考古》1991 年第 3 期。

② 张立东：《论辉卫文化》，《考古学集刊》10，地质出版社，1996 年。

③ 张翠莲：《太行山东麓地区夏时期考古学文化浅析》，《三代文明研究》（一），科学出版社，1999 年。

④ 张光直：《商城与商王朝的起源及其早期文化》，《中国青铜时代》，生活 · 读书 · 新知三联书店，1999 年。

⑤ 张长寿、张光直：《河南商丘地区殷商文明调查发掘初步报告》，《考古》1997 年第 4 期。

⑥ 栾丰实：《试论岳石文化与郑州地区早期商文化的关系——兼论商族起源问题》，《华夏考古》1994 年第 4 期。

回顾先商文化概念研究的历史进程，第 1 阶段实际上是自殷墟发掘以来追寻商文化源头的首次最小范围和最近距离的接近；第 2 阶段以明确的考古学文化遗存，系统解决了先商文化是否存在及如何存在与发展等问题；第 3 阶段是对考古学文化与族群对应问题复杂性的深化认识，是对先商文化概念的复杂化细化研究。

二、关于先商文化概念问题的几点思考

无论是族群，还是考古学文化，均存在着复杂的结构与层次。它们本身虽曾经是客观存在过的，但如今的认识与探索难免具有或多或少这样那样的学者主观性。而族群与考古学文化的彼此之间对应，则是一个更加复杂的问题，其间绝不是一一结对那样简单和绝对。

先商文化概念的提出，无疑是在考古学文化研究的基础上，主要从族属性质方面命名的，因此具有族性与考古学文化的双重意义。这个概念的提出与使用，对深化研究夏商文化具有开创性的意义，也是考古学与历史学相结合研究的一个成功个例。试想一下，当年如果没有把当时的夏文化之中的先商文化分离出来（即将漳河型辉卫型遗存从二里头文化中分离出来），而是笼统一体地视作一个夏朝文化（或二里头文化），那对于夏商关系的研究无疑将是浅显的和平面化的，同时与历史文献的记载也难以相应。因此，先商文化的提出与确立，使得以往只存在于文献字里行间的商先公们的史迹，甚至汤灭夏的路线进程等，首次物质化活生生地凸显在考古学研究之中。这个突破性的进展，触动撕裂了考古与历史研究领域的某些固化板块，对后来的影响重大而深远。但同时也应当看到，先商文化的概念毕竟是以商族的名称命名的，而对其本质内涵的把握又主要是从考古学角度观察的。这里就产生了一个问题，即考古学文化和族群的多层次多角度观察与认知的问题，不同的层次和角度即产生不同的相应的结论。对于考古学文化来说，就是不同层次的平面格局变化问题。

从某种理论意义上讲，一支考古学文化的平面格局大小可能存在着一个较大的伸缩区间，这个幅度往往取决于观察层次的高低。如果依次降低观察的层次，一支考古学文化，可以依次分解成数支次级文化、小文化、类型等。反之亦然，如果增高观察的层次，这支考古学文化很有可能被纳入进其他某支更大的文化体系。考古学文化如此，族属构成的复杂性大概亦是如此，一个较大的族系群团大概包含着多个支系、亲族、近族、盟族等等，并且因时间而不断融合或分解。因此，观察深层次细化与微观剖析，将直接影响着结论。

考古学文化平面格局的观察，需要具备两个基本条件：纵向的同时性和横向的同层性，即在同一时刻、同一高度来观察格局。同时性需要一个详细的年代标尺，在基本同一的年代刻度上进行观察。同层性即需要俯瞰高度的基本一致，在同一高度把握平面格局。因此，每一支考古学文化，具有多层次和多角度；每一层次都有着自己的平面格

局；平面格局因时间而不断变化，是动态的。此认识，可能对研究先商文化和下七垣文化或岳石文化等，具有一定的理论参考意义。

具体到先商文化说来，如果我们在某一时期从某一层次的大宏观角度观察，将中原地区夏商时期视作一种延续的华夏族文化体系，亦未尝不可。在这一层次即使从考古学角度观察，也很容易地找出这一体系在考古学文化方面的代表性物质组合，例如，绳纹灰陶鬲、罐、盆等。这个结论在这一层次，并无什么不妥之处。换言之，认为夏商周同源或一统的观点，如果放在某一宏观的层次，也是可以理解的。但是，如果认为这种观点放置在任何层次都是合适的，那就有问题了。而且，历史与考古学的研究也不可能是单一层次和简单化的。宏观的整合与俯瞰很重要，微观的剖析和分解也是不可少的。如果我们降低一个层次观察，夏商之间的区别无论是族性还是文化面貌，都是显然而见的。这即是将先商文化从夏文化中解析出来的理论基础。但接下来如果我们再下降一个层次观察，所谓先商文化的内部又存在着可以再细化分解的可能性，这即是南关外类型、辉卫文化、下岳各庄文化等从先商文化系统分离而出的理论依据，与此紧密相连的还有依附于这些文化的族属。至此可以说，原来所说的先商文化，在某一层次上不仅包含着数支子文化，还包含着商族之外的若干个其他小族群。如果到此为止，综上所述，我们从三个层次观察夏代的中原地区，结果产生了三个结论。这三个结论本质上并不矛盾，它们在某一层次和角度都是客观的和实际存在的。这种复杂性实际上正是科学研究的真谛，而任何单一层面的固定不变的研究角度和模式，都可能是片面的肤浅的。

上述的文字如下面的排列所示意：

夏代某时期太行山东麓及邻近地区的考古学文化格局

…………

—鬲甗文化—罐盆文化—鼎尊文化—

—夏家店下层文化—下七垣文化—二里头文化—岳石文化—

—大坨头文化—下岳各庄文化—漳河型文化—辉卫型文化—二里头型文化—

…………

相应的族属系统大致有：夏、商、夷、有易、韦、顾、昆吾、共工等。

上述的排列示意，大致代表着目前考古界的研究现状。也就是说，这个表应是处于深化细化之变化中的，需要不断地补充完善和纠正。此正是考古学研究深入的体现。

目前考古学界多数人基本赞成认为，下七垣文化即先商文化。单从考古学意义上讲，无论是先商文化，还是下七垣文化，均包含着多层次结构，在不同的层次可以分解为次一级文化或三四个类型。若从族属族性方面看，所谓商族大概包括诸多分支系统，可能是以商族为主的族群团，也有可能是商族被包含于某个大的族群团之内。先商文化的概念具有族属和考古学文化双重意义，故平面格局亦为双层结构。平面格局的动态变化，往往反映着人群的移动、政治巨变事件的发生等等，例如：商人的迁徙、夏商的更替等。

基于上述认识，我们就可能更好地把握先商文化和某支考古学文化（例如下七垣文化）两个概念的对应关系。先商文化概念的族性意义突出一些，而下七垣文化则更凸显考古学方面的意义。两个概念可以并用，但并不能互相代替。两者的对应，包括族属层面的对应、考古学文化层面的对应。

将先商文化与某支考古学文化对应，或者说认定哪一种考古学文化属于先商文化，理论上可能存在三种对应模式，同时也是探索研究过程中的实际趋向和不同的角度：

（1）先商文化与某支考古学文化基本对应，两者大致重合，此应是理论上的一种理想存在。

（2）先商文化包括了数支考古学文化，其中或以某一支文化为主体，抑或者彼此间的地位大致相当。

（3）先商文化被包含在某支考古学文化之内，即某支文化系统之内，其内部还存在着与商族并行的其他数个族属。

回顾先商文化概念的研究进程：

第 1 种模式无疑是我们一直所追求的终极目标和理想标准，即某一支考古学文化正好与灭夏前的商族集团相合。

第 2 种模式以先商文化为基准，反映着近数十年来的研究历程。但随着考古发现的日积月累，原来所谓的先商文化系统内部，文化特征的地域和时间差异性愈来愈显现，甚至可以说先商文化可能是数支文化的融合体。即先商文化系统之内，可能还存在着与下七垣文化并行的其他数支考古学文化或类型，但将这些并行的文化类型与某些族系对应还是个复杂而困难的问题。

这里产生两个问题：一个民族同时使用两支以上的文化，在理论上和实际中是否具有一致的可能性？这种可能性在时间和空间方面需要受到什么样的限制？另外，究竟先商文化本身即是数支文化的融合体，还是我们人为地误将某些文化划归进先商文化系统之内？或者，先商文化的确属于数支文化融合体，但也确实存在扩大化将某支文化划归其内的现象，即对于这个融合体的边界还不是十分精确。因此，准确而精密判定哪一支或哪几支文化属于先商文化，或者说先商文化的精确边界问题，还并非一个已经圆满解决的问题。

第 3 种模式以某支考古学文化为基准，在这一物质文化系统内，可能存在着商族和其他族属，或者是以商族为主的包括数支其他族属的一个族群团。如果从理论层面简单说来，即这支考古学文化系统之内的诸多分支，可能各自代表着不同的族系。这种情况似乎恰与先商文化的概念相符，即以商人为主体创造和使用的考古学文化。

这里也存在着一个问题：一个文化如果同时被两个以上的个民族共用，如何把握这支文化内的内涵差异性与民族区别两者之间的对应？换言之，如何在统一文化的覆盖下准确区别出民族的特性文化来？例如，假如下七垣文化是先商文化，其中某一支地位占主体的文化类型，未必一定就是商人的文化。或者说有可能存在着这样一种情况：商人在政治上是主体，但在文化渊源和构成方面有可能相反。因此，准确而精密地判定商人的本始文化，也并非一个已经圆满解决的问题。

总之，三种模式都有着探索的意义和价值，其间并无根本性矛盾，无需非此即彼的相互排斥。只有后两种模式研究的不断深入和细化，才有可能逐渐接近第1种模式的目标。事实上，第2和第3种模式，差不多就是一枚硬币的正反两面，无论哪一面都有着存在的意义和价值，它们的方向虽然不同，但背景基础实际上是一回事。

三、先商文化与商先公活动地域的对应问题

相对于先商文化的考古学探索，关于商人起源地问题的历史考证历程则更为久远和丰富多彩。汤以前先公时期的史实，古代文献之记载语焉不详。近代学者多有考证，犹自王国维对自契至于成汤八迁考证其详以来，关于商人来源地的学说竟有东西南北中等诸方之多。学者们探索商先公曾经活动过的地域及移动路线，初时采取通过考据文献来论证地望，后来又加入考古发现资料的印证，以至于因循追溯至先商考古学文化的来源。

这里应当注意理论上的一个认识，即商文化或商文明的主要发源地或主要因素来源地，可能并不一定就是商人的起源地；先商文化的分布区，也不一定与商先公活动地域即完全照应；而商人起源地又与商先公们的活动地域不能完全画等号。

学界已经公认，商代文化乃至先商文化作为考古学文化，其文化来源可能是多元的。以目前的考古学分析，早商文化如果单从陶器谱系上观察，大致有三大来源：下七垣文化、二里头文化和岳石文化。三者之间的比重关系通过陶器成分计算可以得出一个大概的结果，但其中比重高者未必一定即是商人的本始文化。目前将下七垣文化视作先商文化，主要是基于追溯代表商文化基因的绳纹鬲发展谱系。但绳纹鬲的渊源，也不一定百分之百就是商人初始时期的物质文化载体。换言之，商人文化中所兴盛的绳纹鬲因素，很大可能即是从商人初始时一脉相承延续而来的，但也不排除可能是在商人早期发展的某一阶段引进或介入的外来因素。单从鬲形器的发生源来看，它在龙山时代即繁荣于黄土高原地区，并向高原的边缘地区辐射，随着时代的推进产生了诸多的分支变体。因此，鬲的家族谱系是个非常庞杂而巨大的系统，即是先商时期太行山东麓地区的陶鬲也存在着复杂的体系。因此，仅仅通过陶器谱系的追寻而来的先商考古学文化渊源连接，来论证商人来源地的方法，其结论还需要审慎地进一步全面论证可能更为可靠一些。同样，通过追溯建筑、葬俗、技术、宗教等方面的文化因素渊源探索，来推定商人起源地的理论，也需要更为有说服力的全面证据，何况这些因素大多在二里头文化之中已经具备，从这个意义上讲，与其说商文明的主要因素源自东方，不如直接说源自二里

头更符合实际一些①。

另一个方面，商族的民族形成也很可能不是单元的，其最终的诞生很可能也是数支亲族或近族，经过若干时间的融合和解析之后的一个新的联盟复合体。这一复杂的融合与解析过程，势必也是多元文化的碰撞与交流，目前的考古发现与文献考据的印证探索，究竟能够多大程度上准确反映出这一历史的轨迹呢？还有，商先公的活动地域是一个时间和空间都较为宽泛的概念，而商人起源地的概念相对要狭隘一些。当然，两者的范围也有可能大致一致。这一点在商人起源探索中，也是需要引起注意的。

因此，作为考古学文化意义上的先商文化或下七垣文化或岳石文化，其与商先公史迹的对应将是一个非常复杂的问题。将两者简单地互相对应，进而印证商人来源地的做法，还需要进一步更多的证据。如上文所言，考古学文化是可以多层次认识和观察的，同时又是不断发展变化的，这种变化既包括连续的演进，又包括发展的断裂，既有多元融合，又有分解离析。造成如此种种变化的动因，物质文化背后的人群活动当然是主要的，另外还有自然等方面的因素。这里可以邹衡先生的论证为例说明。邹先生考证认为，契至汤的八迁只能理解为商民族的八次移动，不能指定某一具体地点，只能大体确定某一地区，应不出先商文化漳河型分布区，中心地点应该在滹沱河与漳河之间，稍后渐次向南扩展，至汤时渡过黄河②。这一推论的重要意义在于，考古学意义上的先商文化漳河型与文献考证意义上的商先公活动地域基本相应相合，互为支持互为印证。以目前的考古发现观察，尚未有足够确凿的证据完全推翻此说，但也不能绝对地说完全没有可以假想的地方。

另外还要考虑的一个背景因素是，先商文化所处的太行山东麓地区自史前以来，一直就是一条南北狭长地域的文化走廊，其走廊文化的色彩主要有三个特点：所属文化区系的不稳定性（因时间而属于不同的文化区系），文化谱系发展的不连贯性（发展存在断裂与缺环），文化内涵的中介性（兼备四方因素）。走廊文化特性的背景根源，或是部族间战争，或是迁徙游移、或是联盟合并、或是分化瓦解等③。因此，如果先商文化成长于太行山走廊地区，其复杂性不仅有地域基础，还具有历史的长久渊源。

总之，正如早商文化的来源是融合了商夏夷等多元文化，先商文化的来源大概也应是多元的。同样，商族的形成很可能也是经历了一个长期的多元融合与分解的过程。如此复杂的多元因素和长时间的融合演进历程，无论是在考古学物质遗存方面，还是在文献记载的字里行间，都呈现着一种或多或少或隐或现的朦胧状态。因此，通过考古学和

---

① 张渭莲：《商文明的形成》，文物出版社，2008 年。

② 邹衡：《论汤都郑亳及其前后的迁徙》，《夏商周考古学论文集》，文物出版社，1980 年。

③ 段宏振：《太行山东麓走廊地区的史前文化》，《河北省考古文集》（二），北京燕山出版社，2001 年。

历史学紧密结合，来探寻商人起源及先商文化的形成等问题，大概还需要经过长期的探索历程，才能最终接近事实的真相。

四、今后研究的几点思考

先商文化的研究已经取得了很大的进展，但今后的研究方向还面临着不少的困难和挑战。这里试着例举几点不成熟的想法。

（1）考古学方面，先商文化所及的考古学文化的年代分期系统需要再进一步细化，这是研究平面格局的必须基础。先商文化考古学研究需要建立自己的年代学标尺系统。目前先商文化年代方面的研究，还主要是借助于二里头和二里冈的标尺，这明显有着很大的局限性和误差性。

在年代学基础上，注重探索考古学文化每一期段的不同层次的平面格局变化，即平面格局的动态演进历程轨迹。例如下七垣文化，目前尚不完全清晰的格局，可以举出的如：二里头二期和二期之前，漳河流域，漳河型之前的格局；卫河到黄河之间，辉卫型之前的格局。这两个地域，文化的发展一直是一脉相承的吗？或言，相当于二里头一到四期，文化格局一直是稳定的没有变化吗？这些相关格局的变化，无疑对探索先商文化的来源及形成具有重要的意义。概括说来，在对先商文化进行考古学研究的时候，应注意两点：文化的格局是分层次和角度的，而格局又是动态的和不断位移的。

当然，我们更期待着考古学上的突破性重要发现。比如，我们希望在冀南豫北地区能够发现下七垣文化的城址、铜器和文字，也希望在豫东地区能够发现商城（商丘）遗址。相信考古发现将最终能够回答目前关于先商文化探索的种种疑问。

（2）历史学方面，有关商先公活动地域的考证需要建立新的理论视角和框架，曾经活动地域与族群移动与物质文化关联等诸因素之间的印证，是一个非常复杂的问题，不能简单地一一对应。对商族的构成及占地区域、迁徙的性质及方式等，还需要认真剖析，不能笼统而论。可能比较稳妥的一个方法是，对黄河流域夏商时期所有部族的整体运行情况进行全面的探索和梳理，在此基础上，再对其中商族的形成和移动展开探索。

（3）先商文化格局的详尽研究，将有助于探索商族集团的形成和移动轨迹。因此，考古学者和历史学者应当继续紧密合作，同时还要注意加强理论层面的探索，例如关于考古学文化的结构与格局、考古学文化与人群的关系、古代民族的融合形成与解析、文献记载与考古发现的印证等。

2009年8月初稿

2010年4月修改

太行山东麓北部地区夏时期考古学文化述论

徐海峰

（河北省文物研究所）

本文太行山东麓北部地区系指北起拒马河，南至滹沱河一带区域。依现今地理位置看，这一地区北邻燕山南麓地区，西依太行山脉，东部面向华北平原，南隔滹沱河与太行山东麓南部地区相望。自古是东西文化传播交流的路径和南北陆路交通的通道。这一区域地势低平，海拔不超过100米，地势自西向东由低山丘陵和山前平原向扇形冲积平原倾斜。源自太行山脉以西的拒马河和滹沱河蜿蜒向东注入渤海，形成庞大的海河水系区。历史地理学研究成果显示：西周以前黄河下游流经河北平原而注入渤海。黄河泛滥频仍，广袤的河北平原湖沼密布，洼地成片。自然环境的制约，当时人类只能选择太行山东麓地势较高的低山丘陵和山前平原地区生息繁衍，而现今发现的夏时期遗存主要集中于太行山东麓与古黄河之间东西约70～120公里的狭长区域，有学者称之为太行山东麓走廊地区。本文所指区域约相当于走廊地区的中北部，不同类型的考古学文化在此碰撞交融，呈现出绚烂多姿的古文化分布态势（图一）。

一、发现与研究

太行山东麓北部地区迄今发现并发掘的夏时期文化遗存主要有易县下岳各庄①、七里庄遗址②，徐水北北里遗址③，容城午方、上坡和白龙遗址④，安新辛庄克遗址⑤，

---

① 拒马河考古队：《河北易县涞水古遗址试掘报告》，《考古学报》1988年第4期。

② 2006年配合南水北调工程考古发掘遗存，报告待刊。

③ 2006年配合南水北调工程考古发掘遗存，报告待刊。

④ 河北省文物研究所：《河北容城县午方新石器时代遗址试掘》，《考古学集刊》5，中国社会科学出版社，1987年；河北省文物研究所等：《河北容城县上坡遗址发掘简报》，《考古》1999年第7期；保北考古队：《河北省容城县白龙遗址试掘简报》，《文物春秋》1989年第3期。

⑤ 保北考古队：《河北安新县考古调查报告》，《文物春秋》1990年第1期。

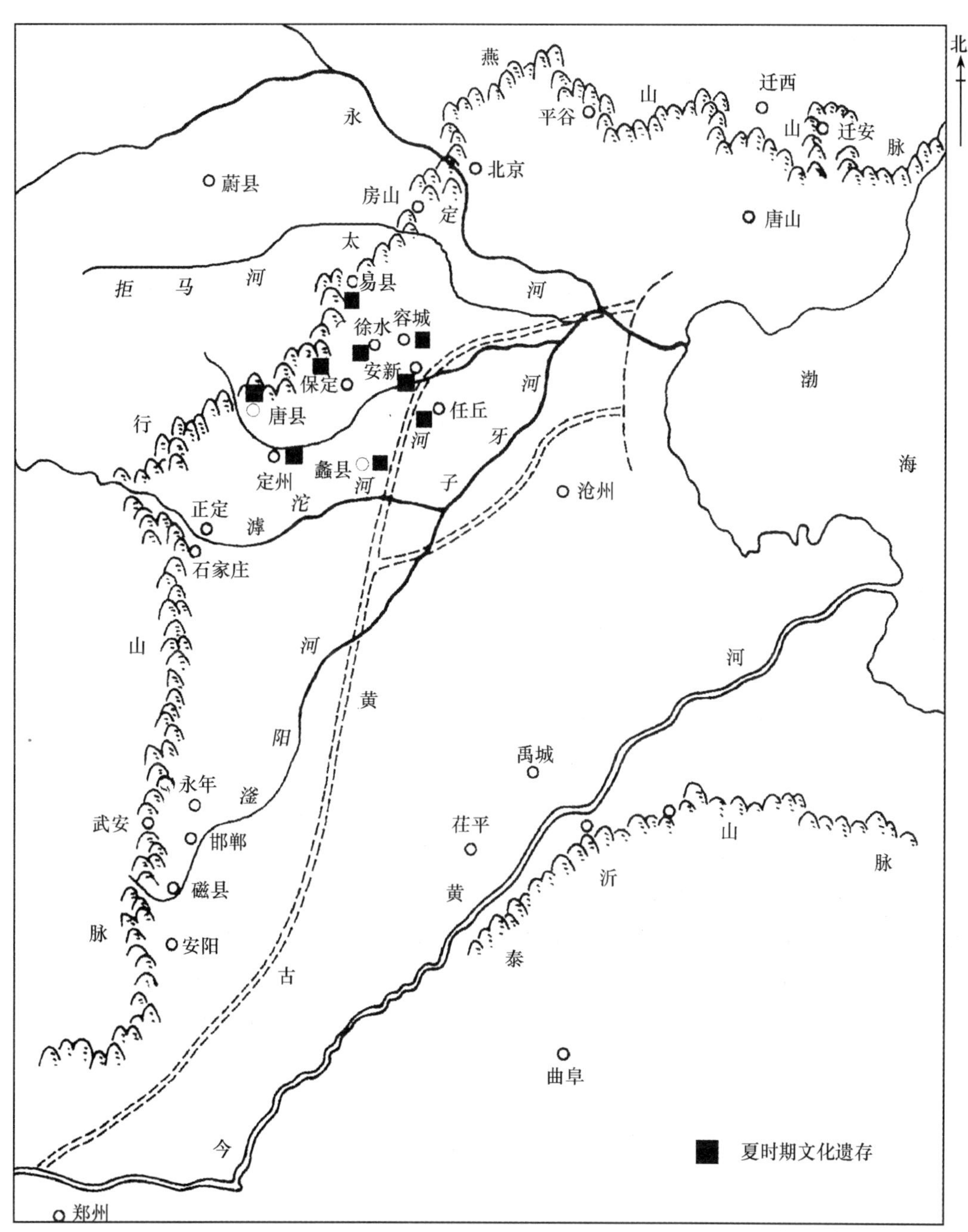

图一　太行山东麓北部地区夏时期文化遗存分布示意图

保定市郊小车遗址①，唐县北放水②、淑闾遗址③，定州尧方头遗址④，蠡县褚岗遗址和任丘哑叭庄遗址等⑤。其中以下岳各庄遗址一期遗存、七里庄遗址二期遗存、北放水遗址一期遗存、淑闾遗址一期遗存和哑叭庄遗址二期遗存为代表。学界对这一区域考古学文化认识主要有两种意见：一种认为其属于先商文化漳河型系统，但二者又不完全等同，是一个以先商文化为主体，吸收融合其他文化因素的新文化类型，称之为先商文化"保北型"⑥。另一种意见认为此类文化分布于滹沱河以北，拒马河以南地区，与分布于滹沱河以南的先商文化漳河型为邻，二者文化面貌存在较大差异，应属于不同的考古学文化，遂以"下岳各庄文化"来命名⑦。二者共同点在于均认为此类文化是一种新的文化类型。随着考古学材料的累积，我们有必要对此类文化进行再次梳理，对其文化内涵、性质有更为全面的认识，从而更加清晰地认识该地区夏时期文化格局。

二、文化特征与文化构成

该文化遗存遗迹类型主要有灰坑、房址、水井、壕沟四类。其中灰坑是最常见的一类遗迹。灰坑中有一类引人注目的大型坑。北放水和淑闾遗址皆发现一批直径近 5 米，深约 1 米的大型坑，平面除少数为圆形外，余均为不规则形。部分坑底发现有柱洞，如淑闾遗址 IH38，平面近圆形，斜壁圜底，近壁处发现柱洞 4 个，有大小两种：大柱洞 6 个，分布于坑底中东部，直径约 0. 2 米；小柱洞 8 个，直径约 0. 06 米。北放水遗址在第Ⅳ发掘区也发现直径 3. 5 ~5. 5 米，深约 1 米的不规则大型坑，且南北相间排列。推测此类坑应是房址废弃后的残留。小型坑有圆形、近圆形、椭圆形、长方形和不规则形五类。直径一般不超过 2 米，坑体结构以圆形或近圆形的直壁平底最常见，另外还有少量袋形坑。房址在北放水遗址和淑闾遗址皆有发现。房址均为简陋的近圆形半地穴式，直壁或缓坡状壁，活动面为略经踩实的生土硬面，未经修整，表面凹凸不平，有的局部有不规则形烧土硬面，环壁一周发现有大小不一的柱洞残迹，门道开向南或东，其中一座房址在近门道处发现有近圆形土坑灶。在北放水遗址ⅥI区发现了 4 座房址东西向成排分布。水井在午方遗址发现一例，平面呈圆角长方形，井壁光滑而规整，近底部有由

---

① 2004 年配合基本建设工程考古发掘资料，报告待刊。

② 2006 年配合南水北调工程考古发掘遗存，报告待刊。

③ 2006 年配合南水北调工程考古发掘遗存，报告待刊。

④ 河北省文物研究所等：《河北定州市尧方头遗址发掘简报》，《考古》2004 年第 9 期。

⑤ 配合基本建设工程考古发掘资料，报告待刊；河北省文物研究所等：《河北省任丘市哑叭庄遗址发掘报告》，《文物春秋》1992 年增刊。

⑥ 沈勇：《保北地区夏代两种青铜文化之探讨》，《华夏考古》1991 年第 3 期。

⑦ 张翠莲：《太行山东麓地区夏时期考古学文化浅析》，《三代文明研究》（一），科学出版社，1999 年。

十层圆木搭成的井字形木质井盘。在淑间遗址发现两段壕沟，均分布于夏时期遗存外围。从其结构、规模看，应是遗址外围的防御环壕。从北放水和淑间遗址的发现来看，这一时期已具备了一定的聚落规模，但因发掘面积所限，聚落内布局尚不明晰，这是今后工作的一个方向。

该文化遗物中陶器发现最为丰富。从北放水和淑间遗址的统计来看，陶质以夹砂（云母）黑皮褐陶最多，占45%以上，夹砂灰陶次之，占38%，泥质灰陶占16%。器表以细绳纹和旋断细绳纹为主，约占60%，素面占14%。以三足器、平底器和圈足器为主。三足器器类有鬲、甗、鼎、斝；平底器有盆、罐、尊、钵等；圈足器有瓮和豆类。除陶器外，还发现有石、骨、蚌器和小件青铜器。

学者根据目前发现的较为明确的一组地层关系：下岳各庄遗址：T4北壁①→H3（1）→H3（2）→H9→H5→H4；白龙遗址：TG①→②→H4；哑叭庄遗址：T37东壁①→②→H59→③→H57，T55②→H81。将其分为五期或三期，并以二里头文化分期为参照，认为其相对年代约相当于二里头文化二至四期。从目前发现看仍不失其合理性。北放水遗址有一组地层关系：IT0205、T0305④→H24；淑间遗址：IG2→IH37→IH38。综合地层关系和典型器物的特征演变将该文化遗存仍分为三期：第一期以下岳各庄H4、H20，哑叭庄T94③中，白龙遗址H2，北放水IH24，淑间IH38为代表；第二期以下岳各庄H5、H23，哑叭庄H2、H9为代表；第三期下岳各庄H7、H19，哑叭庄H61、H76为代表。将该文化代表性器类置于分期的维度上，可把握其一般演变规律。陶鬲分有实足根和无实足根两类，我们可分为A、B二型。A型鬲又可依颈部形态分为二亚型：Aa型高直领或长颈；Ab型高领束颈。属于第一期的Aa型鬲以北放水遗址IH24：1、IH24：2、白龙遗址0：19、哑叭庄遗址T101②：2、T94③：1鬲为代表（图二），与太行山西麓

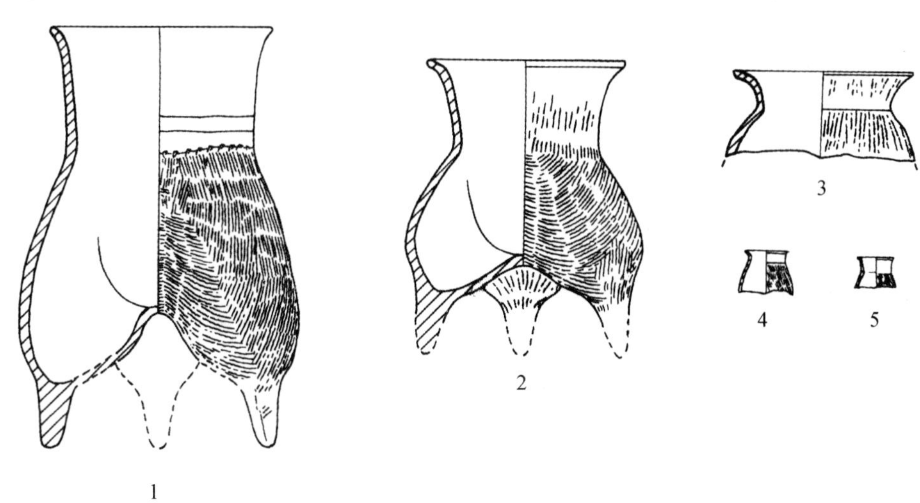

图二 Aa型陶鬲（第一期）

1、2. 北放水遗址IH24：1、IH24：2 3. 白龙遗址0：19 4、5. 哑叭庄遗址T101②：2、T94③：1

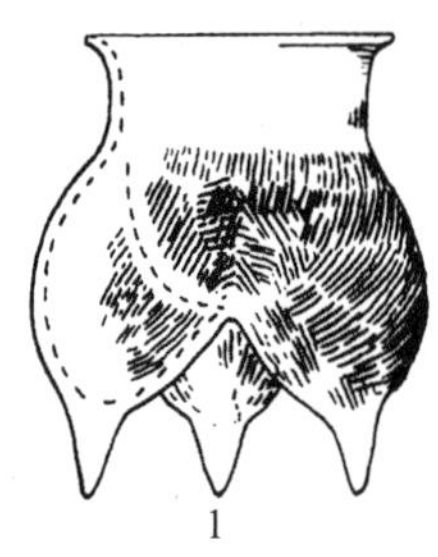

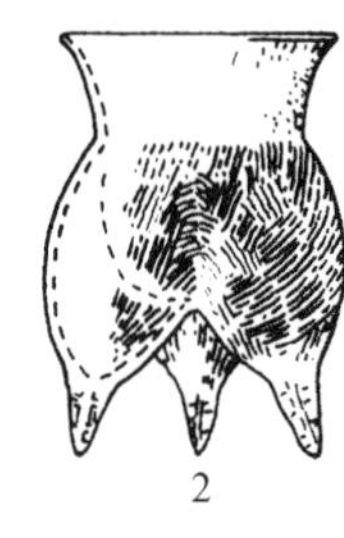

图三　白燕遗址陶鬲

1. H158∶10　2. H98∶176

晋中太谷白燕遗址 H158∶10、H98∶176 鬲相似（图三）[①]。鬲为高直领侈口圆唇、鼓腹略下垂、高锥状足根。其中北放水 IH24∶1 鬲，颈部呈筒形，颈长几占器身通高的二分之一，颈与腹相接明显，仿佛是筒腹鬲与高领鬲嫁接的产物，是迄今发现的首例。Ab 型鬲以北放水遗址 IIH22∶1、IIT0304③∶1，淑间 H01∶1，白龙 H2∶30 鬲为代表，鬲为卷沿高领束颈，肥袋足略下垂，高锥状足根（图四）。B 型无实足根

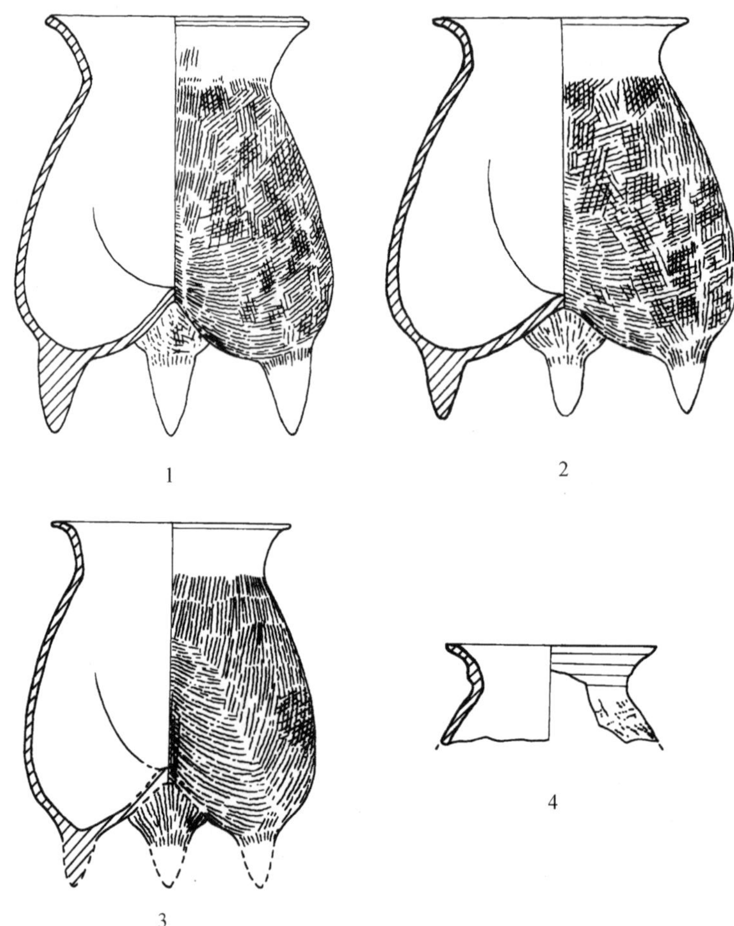

图四　Ab 型陶鬲（第一期）

1、3. 北放水遗址 IIT0304③∶1、IIH22∶1　2. 淑间遗址 H01∶1　4. 白龙遗址 H2∶30

① 晋中考古队：《山西太谷白燕遗址第一地点发掘简报》，《文物》1989 年第 3 期。

鬲以下岳各庄 H4:1，淑间 IH111:1 鬲为代表，敞口长颈，肥袋足（图五）。第二期 Aa 型鬲以下岳各庄H5:50、H23:1、23，哑叭庄 H2:15 鬲为代表，鬲为侈沿领较矮束颈，鼓腹略下垂，锥足根（图六）。B 型鬲以下岳各庄 H23:33 为代表，侈口、颈变短，腹较瘦。第三期 Aa 型鬲以下岳各庄 H7:1，哑叭庄 H61:8 鬲为代表，鬲的形态为卷沿低领鼓腹下垂，锥足根。B 型鬲以下岳各庄 H19:1 为代表，鬲为小口侈沿束颈，深鼓腹（图七）。从以上各期陶鬲的形态变化可看出 A 型鬲由早期的侈沿高直领向晚期的卷沿低领演变，而 B 型鬲则由早期的敞口长颈，肥袋足向晚期的侈口束颈，袋足较瘦长演变。在淑间和北放水遗址还发现一类侈口鼓腹锥足根较粗的小型鬲，在徐水大赤鲁则调查发现一件侈口折肩无实足根鬲，具有大坨头文化的某些特征①。同时淑间遗址还发现一件具有典型夏家店下层文化特征的筒腹鬲。

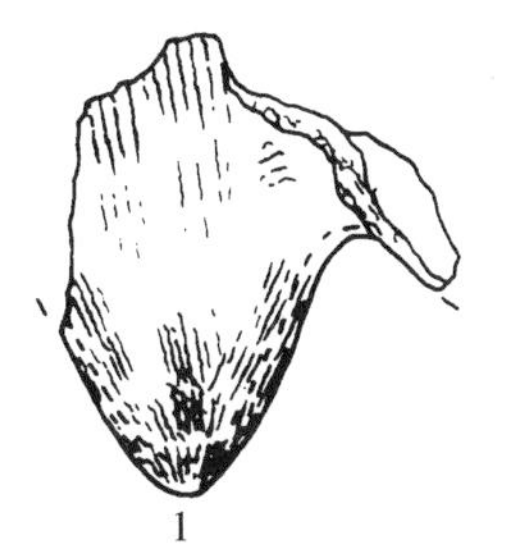
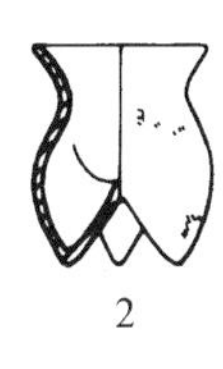

图五　B 型陶鬲（第一期）
1. 淑间遗址 IH111:1　2. 下岳各庄 H4:1

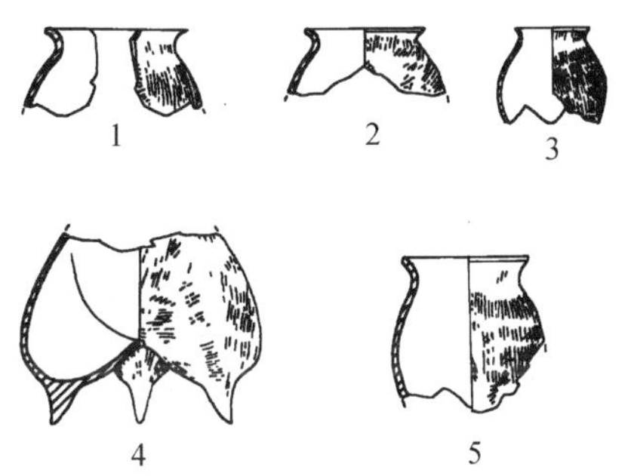
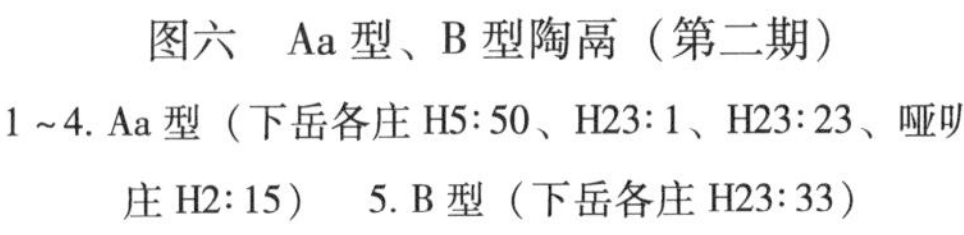

图六　Aa 型、B 型陶鬲（第二期）
1～4. Aa 型（下岳各庄 H5:50、H23:1、H23:23、哑叭庄 H2:15）　5. B 型（下岳各庄 H23:33）

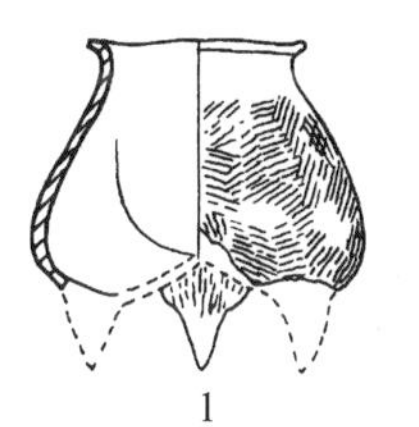
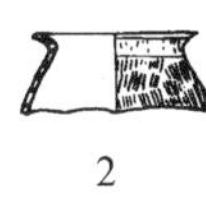
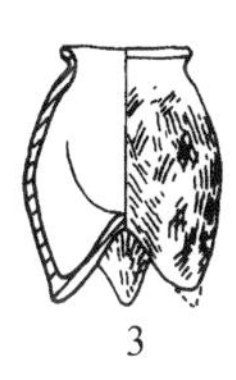

图七　Aa 型、B 型陶鬲（第三期）
1、2. Aa 型（下岳各庄 H7:1、哑叭庄 H61:8）
3. B 型（下岳各庄 H19:1）

除鬲之外，陶盆在该文化中也有较多发现，通过地层关系结合器物形态观察，盆由侈沿深弧腹向卷沿浅弧腹演变，浅盘豆则由侈口无沿腹较深变为平沿腹较浅。而陶鬲无疑是该文化的标型器，对于其形态和演变规律的把握，是认识该文化内涵的必不可少的方面。根据考古学文化的定义以及考古学文化命名的一般原则，考古学文化是指在一定时间、一定地域内具有共同特征的一群遗迹、遗物的总和。考古学文化通常以首次发现的地点或典型遗址来命名。在北放水等遗址发现以前，下岳各庄遗址最为典型，以下岳各庄文化命名符合目前该地区考古发现的实际。

任何一种文化在其形成和发展的过程中，都不是孤立和封闭的，来自周边的不同文

① 沈勇：《保北地区夏代两种青铜文化之探讨》，《华夏考古》1991 年第 3 期。

化无时无刻不对其产生着影响，这种影响或是激烈的碰撞，或是温和的浸润，关系有疏有密，也有远有近，使文化呈现出一种多元化的结构态势。但是总有一种占主导地位的因素决定着考古学文化的性质，是其多元文化结构的主体。纵览该地区目前发现的这一类遗存，我们发现其文化构成有六组不同的因素。

A 组：陶器类包括高直领或高领束颈鼓腹细锥足绳纹鬲、侈口旋断绳纹甗、卷沿旋断绳纹弧腹盆、小口束颈鼓腹罐、敞口浅盘绳纹豆、侈口深盘豆等；石器类包括扁平石铲、长方形有孔石钺、圆形或椭圆形石锤等；铜器有六棱形笄、双翼后锋式镞及泡饰等小件器物；骨器发现极少。本组数量最多，特征最鲜明，是该文化的主导因素（图八）。

B 组：陶器类包括筒腹鬲、敞口袋足无实足根鬲、敞口尊、肥袋足绳纹甗、折腹盆及算珠状纺轮等；石器有盘状器等。该组数量较多，属夏家店下层文化因素(图九)。

C 组：陶器包括鼓腹鬲、折肩鬲；铜器类有喇叭状耳环等。该组数量较少，属大坨头文化因素（图一〇）。

D 组：包括敛口蛋形瓮、带竖向沟槽和横向捆绑痕的陶鬲足等。该组数量较多，属晋中夏时期文化因素（图一一）。

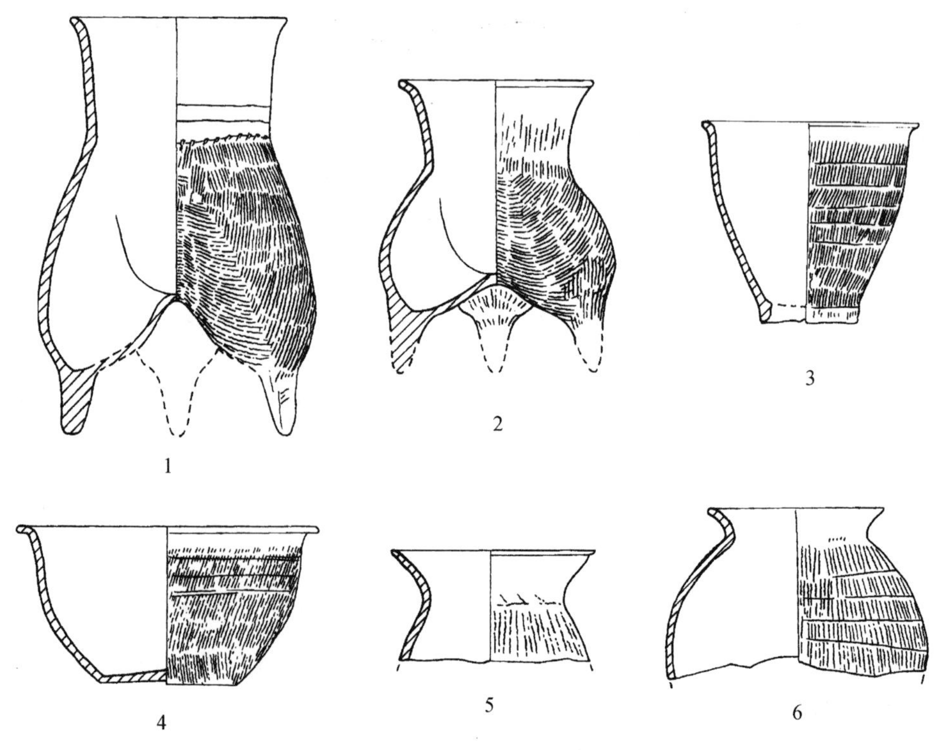

图八　A 组陶器

1～4. 北放水遗址　5. 白龙遗址

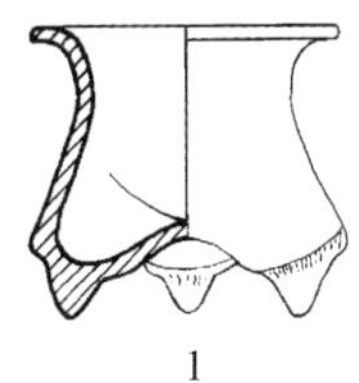

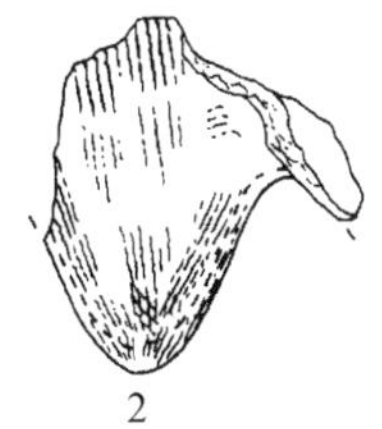

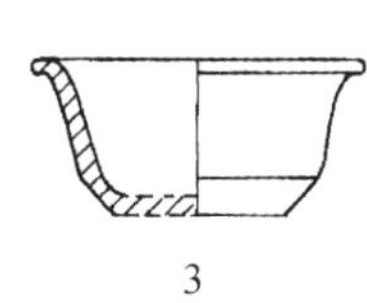

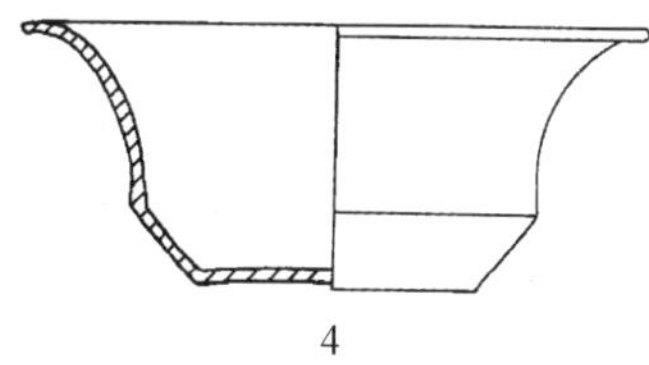

图九　B组陶器

1、2. 淑间遗址　3、4. 北放水遗址

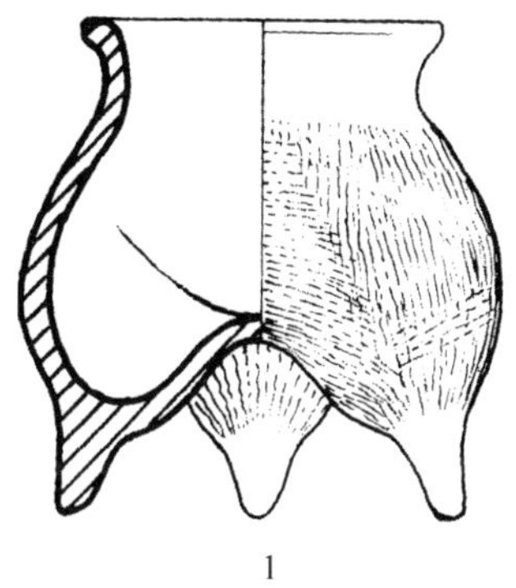

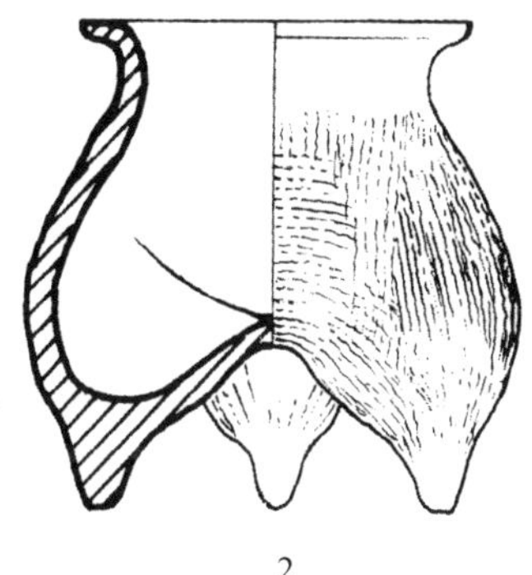

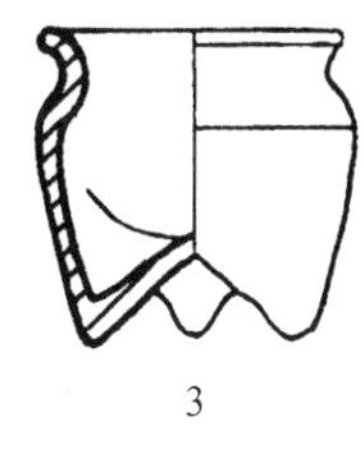

图一〇　C组陶器

1～3. 北放水遗址

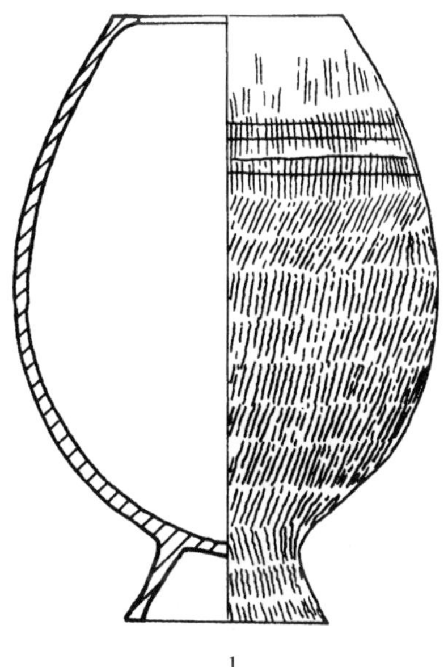

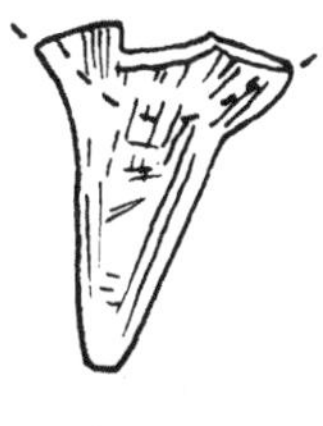

图一一　D组陶器

1～3. 北放水遗址

E 组：包括碗形豆、盘形豆、盂、小口素面鼓腹罐、侈沿小罐等陶器。本组数量也较少，属岳石文化因素（图一二）。

F 组：陶器包括卷沿高领薄胎绳纹鬲、侈口深腹罐、扁三角形足鼎及斗笠形器盖等；石器有弯月形石镰、矩形穿孔石刀等。本组数量也较少，属下七垣文化因素（图一三）。

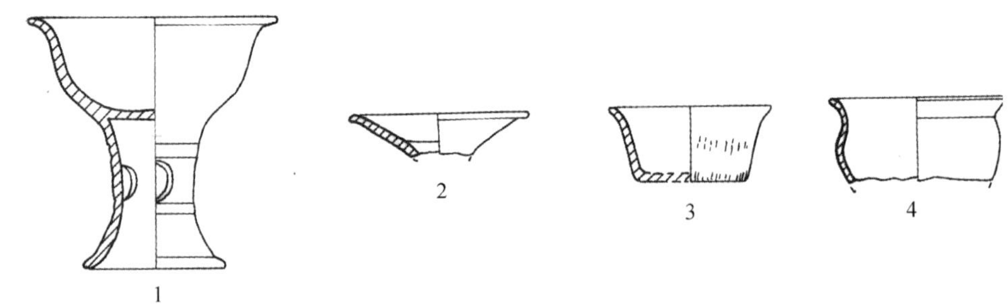

图一二　E 组陶器

1～3. 北放水遗址　4. 白龙遗址

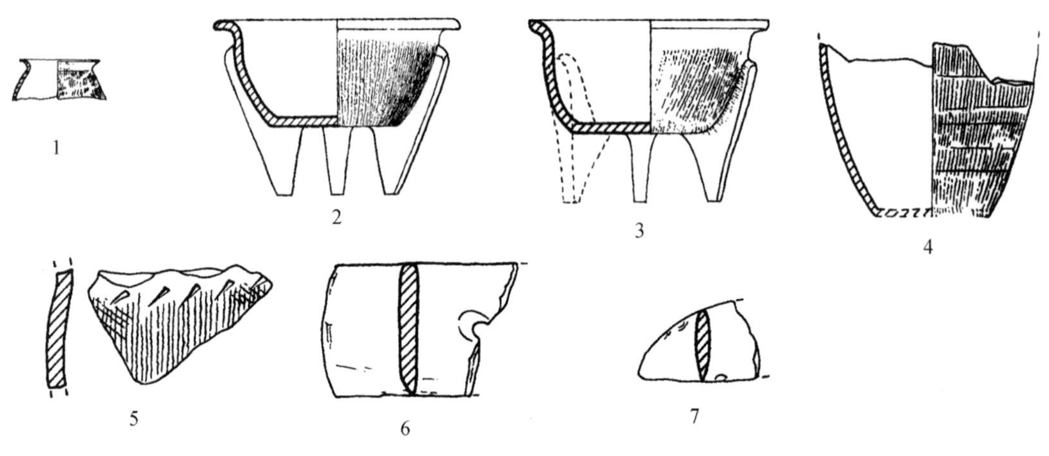

图一三　F 组陶器

1. 哑叭庄遗址　2、3. 淑闾遗址　4～7. 北放水遗址

从上述分组可看出，A 组因素是下岳各庄文化的主体，同时 B 组和 D 组也是该文化的突出因素。而其余组别因素则居于次要地位。

夏家店下层文化因素中，折腹盆的数量最多，筒腹鬲、敞口无实足根鬲发现较少，但是形态与典型夏家店下层文化同类器别无二致。晋中夏时期文化因素，带竖向沟槽及捆绑痕迹的鬲足根和蛋形瓮数量均较多。据北放水遗址的统计，约占 25%。蛋形瓮基本形态：敛口、平沿内勾、长鼓腹、圜底、外撇式高圈足。过去发现的多是圈足或口部残片，公之于众的未见完整器。此类器形体高大，蛋形特征突出，虽给人以头重脚轻之感，但外撇式圈足却很好地增加了其稳固性，造型与实用兼具。而蛋形瓮分布地域广袤，内蒙古中南部、关中、晋中、晋南及豫北冀南地区等均有发现，其中，内蒙古中南部、关中及晋中地区发现的蛋形瓮大多圜底下带有三足，又称为“蛋形三足瓮”，而在晋南、豫北冀南及冀中地区发现有平底、四足和圈足三类蛋形瓮，平底蛋形瓮在冀南下七垣文化遗址中屡有发现，但圈足蛋形瓮在冀南发现并不多，且多为口部及圈足残件，难觅复原器。在冀中以北放水、淑闾等遗址为代表的下岳各庄文化遗存中却发现了大量的圈足蛋形瓮，应是在晋中同类器物影响下的一种颇具地域性特色的器物。同处于太行山东麓的下岳各庄文化和下七垣文化隔滹沱河相望，对于二者比较可更好地把握下岳各庄文化的内涵。下岳各庄文化陶系以夹砂（云母）红褐陶为主，而下七垣文化则是以夹砂灰陶为主；前者器类中鬲、瓮、盆发现最多，不见后者常见的橄榄形罐、扁三角形足鼎及斗笠形器盖等；就陶鬲器形风格而言，前者陶鬲造型有粗犷奔放之势，长颈和高领的程度更大，胎厚质粗；后者陶鬲则呈现出中规中矩的内敛之气，胎薄质细；二者皆以绳纹为主，但前者绳纹较粗、较乱，不见后者繁密细如线的绳纹，前者绳纹地上加划弦纹特点很普遍，而后者这种纹饰比例相对较少，且常见的楔形点纹、指甲纹也不见于前者。除陶器外，石器中前者多见弯月形石镰、矩形穿孔石刀，而后者则以大量的扁平石铲为特色；前者骨器发现极少（仅见1件残骨锥），而后者骨器不仅数量多，而且器类也多样，后者较多见的卜骨也不见于前者，后者还发现有小件青铜器。从二者的遗迹来看，前者圆形灰坑和大型不规则形坑发现较多，且有一定数量的房址；后者遗迹中圆形和椭圆形灰坑较多见，且发现较多的陶窑。淑闾遗址中还第一次发现了下岳各庄文化的环壕。因此，从二者对比中可看出，其差异性远大于相似性，应是二支具有不同文化传统的考古学文化。

关于下岳各庄文化的族属，张渭莲教授作了深入而细致的论证，其从文献中有关商先公与周边部族征战的记载，并结合学者对古易水地望的考证，认为下岳各庄文化最有可能是有易氏所创造的①。这一论断不仅使该地区夏时期考古学文化的归属日渐明晰，而且也极大地推动了本地区夏时期古史的研究。下岳各庄文化在其形成过程中，不断吸纳周边文化因素，不同文化因素的存在，显示了不同的文化传统，而居于主导地位的文化因素，从本地区目前发现来看，其文化传承和流向尚不清楚，有待于本地区进一步的考古工作去揭示。

三、下岳各庄文化形成格局

下岳各庄文化从目前发现来看，其地理位置显要，西倚太行与晋中地区相望，北隔

① 张翠莲：《太行山东麓地区夏时期考古学文化浅析》，《三代文明研究》（一），科学出版社，1999年。

拒马河与燕山南麓相临，南阻滹沱河与太行山东麓南部地区毗邻，向东面向广袤的华北平原。独特的地理位置使不同的文化在此交融，大放异彩。从下岳各庄文化的构成来看，是一种“你中有我，我中有你”的错综复杂态势。

首先，来自北面的夏家店下层文化（包括大坨头文化）对下岳各庄文化影响最为强烈。在下岳各庄文化中均发现了典型的夏家店下层文化遗物，如北放水遗址折腹盆的比例较高，且与卷沿弧腹盆共出；在淑闾遗址中，筒腹鬲与卷沿高领鬲同出。反映了两种文化的交融共存局面。而这种浓厚的夏家店下层文化因素，也从地域上将夏家店下层文化遗存的分布范围扩展到拒马河以南地区，淑闾遗址发现的夏家店下层文化遗存更是迄今该文化分布最南界的明证。可以说，夏家店下层文化对下岳各庄文化的强烈影响，是下岳各庄文化的最为显著的特征。

其次，来自太行山西麓以太原盆地、忻定盆地为中心的晋中地区夏时期文化也对下岳各庄文化产生了深刻影响。有学者将晋中这类遗存称为下七垣文化“杏花村类型”。属于该类型的游邀、白燕等遗址中出土的高直领鼓腹鬲与北放水等遗址的同类鬲形态酷似，而且该类型的鬲锥足捆绑痕作风在北放水、淑闾等遗址中也屡见不鲜。下岳各庄文化的敛口内勾蛋形瓮也是杏花村类型的常见器物，唯足部形态相异，下岳各庄文化以外撇式高圈足为特色，而杏花村类型则以三矮足为特征，这或许是地域上的一种差别。杏花村类型文化与下岳各庄文化虽为绵绵太行所阻隔，但是通过源于太行西侧大河横切的峡谷幽涧，杏花村类型文化以一种和平浸润式的传播，对下岳各庄文化的形成产生深刻影响。

再次，下岳各庄文化中 E 组岳石文化遗存的存在，虽然在数量上远远处于劣势，但是以其鲜明的特色留下了该文化的印记。在下岳各庄文化遗存中，目前发现的具有岳石文化特征的器类单一，以豆和盖钮居多，却昭示来自东方的文化已渗透到太行山东麓北部地区，偏居内陆的下岳各庄文化受到东方濒海的岳石文化的影响而呈现出缤纷的色彩。

最后，南面的下七垣文化虽与下岳各庄文化有着不同的文化传承，但是二者文化内涵中均有对方的影子，空间毗邻、年代相近，联系不可谓不紧密，是一种均衡平分的对峙态势。

综上，纵观太行山东麓北部地区的下岳各庄文化形成格局：来自北面的夏家店下层文化强势进入，来自太行山西麓杏花村类型深刻影响，来自东方岳石文化的温和渗透，与南面毗邻而居的下七垣文化的紧密相依，不同文化在此汇聚，以共存、融合、渗透的方式，形成“你中有我，我中有你”的态势，从而展现出太行山东麓北部地区夏时期缤纷复杂的文化结构。

再论下岳各庄文化

张渭莲
（河北师范大学历史文化学院）

自20世纪80年代以来，在太行山东麓地区的易县、容城、安新等地不断发现有相当于夏时期的考古学文化遗存。李伯谦先生在《先商文化探索》一文中，首先对此进行研究，将其归入下七垣文化漳河型分布区域之内①。其后沈勇著文提出先商文化保北型的概念②。1998年在河北邢台召开的中国商周文明国际学术研讨会上，我们对太行山东麓地区夏时期的文化遗存进行分析，发现滹沱河以北地区的考古学文化面貌与南部地区相比存在着较大差别，从而提出下岳各庄文化的命名③。2002年据定州尧方头遗址新出土的资料再次对下岳各庄文化的分期与年代及其与周边考古学文化的关系等问题做过讨论④。

近年来在此区域集中发现了一批相当于夏代时期的考古学文化遗存，其中重要者有保定小车⑤、唐县北放水⑥、南放水⑦、淑闾⑧、易县七里庄⑨、徐水北北里⑩等。此外，发掘于20世纪80年代初的容城上坡遗址的材料也于此时公布⑪。这些新资料对于

---

① 李伯谦：《先商文化探索》，《庆祝苏秉琦考古五十五年论文集》，文物出版社，1989年。

② 沈勇：《保北地区夏时代两种青铜文化之探讨》，《华夏考古》1991年第3期。

③ 张翠莲：《太行山东麓地区夏时期考古学文化浅析》，《三代文明研究——1998年河北邢台中国商周文明国际学术研讨会论文集》（一），科学出版社，1999年。

④ 张翠莲：《论冀中北部地区的下岳各庄文化》，《文博》2002年第3期。

⑤ 贾金标、胡金华：《河北保定市发现先商时期遗址》，《中国文物报》2005年9月9日。

⑥ 徐海峰、高建强：《河北唐县北放水遗址考古发掘取得重要成果》，《中国文物报》2006年11月10日；徐海峰：《河北唐县北放水遗址》，《2005中国重要考古发现》，文物出版社，2006年；徐海峰：《北放水遗址夏时期文化遗存发现的意义》，《中国文物报》2007年10月17日。

⑦ 朱永刚、段天璟：《河北唐县南放水遗址发掘取得重要成果》，《中国文物报》2007年8月22日。

⑧ 刘连强：《河北唐县淑闾遗址考古发掘获重要成果》，《中国文物报》2006年12月15日。

⑨ 段宏振：《河北易县七里庄遗址发现大量夏商周时期文化遗存》，《中国文物报》2006年12月8日。

⑩ 盛定国：《河北徐水北北里遗址发掘取得重要收获》，《中国文物报》2008年4月21日。

⑪ 河北省文物研究所等：《河北容城上坡遗址发掘简报》，《考古》1999年第7期；段宏振：《北福地——易水流域史前遗址》，文物出版社，2007年。

研究太行山东麓地区北段夏时期的考古学文化遗存具有极为重要的意义。本文拟根据这些最新资料，对下岳各庄文化相关问题再次进行探讨。

一、下岳各庄文化分布范围

从现有的材料来看，大体相当于夏代时期，太行山东麓地区主要分布着下岳各庄和下七垣两支考古学文化。下岳各庄文化的主要遗址有易县下岳各庄①、七里庄、安新辛庄克②、容城白龙③、午方④、任丘哑叭庄⑤、唐县北放水、定州尧方头⑥等。下七垣文化的代表性遗址有邯郸涧沟、龟台⑦、新乡潞王坟⑧、辉县琉璃阁⑨、安阳梅园庄、孝民屯⑩、小屯⑪、大寒南岗⑫、修武李固⑬、淇县宋窑⑭、磁县界段营⑮、下潘汪⑯、下七垣⑰、武安赵窑⑱、永年何庄⑲、邢台葛庄⑳等。下岳各庄文化盘踞在此地区的北段，

① 拒马河考古队：《河北易县涞水古遗址试掘报告》，《考古学报》1988年第4期。

② 保北考古队：《河北安新县考古调查报告》，《文物春秋》1990年第1期。

③ 保北考古队：《河北省容城县白龙遗址试掘简报》，《文物春秋》1989年第3期。

④ 河北省文物研究所：《河北容城县午方新石器遗址试掘》，《考古学集刊》5，中国社会科学出版社，1987年。

⑤ 河北省文物研究所等：《河北省任丘市哑叭庄遗址发掘报告》，《文物春秋》1992年增刊。

⑥ 河北省文物研究所、保定市文物管理处：《河北定州市尧方头遗址发掘简报》，《考古》2004年第9期。

⑦ 北京大学、河北省文化局邯郸考古发掘队：《1957年邯郸发掘简报》，《考古》1959年第10期。

⑧ 河南省文化局文物工作队：《河南新乡潞王坟商代遗址发掘报告》，《考古学报》1960年第1期。

⑨ 中国科学院考古研究所：《辉县发掘报告》，科学出版社，1956年。

⑩ 中国社会科学院考古研究所：《殷墟发掘报告》（1958～1961），文物出版社，1987年。

⑪ 中国社会科学院考古研究所安阳工作队：《1973年小屯南地发掘报告》，《考古学集刊》（9），科学出版社，1995年。

⑫ 中国社会科学院考古研究所安阳队：《安阳大寒村南岗遗址》，《考古学报》1990年第1期。

⑬ 刘绪：《论卫怀地区的夏商文化》，《纪念北京大学考古专业三十周年论文集》，文物出版社，1990年。

⑭ 北京大学考古系商周组：《河南淇县宋窑遗址发掘报告》，《考古学集刊》（10），地质出版社，1996年。

⑮ 河北省文物管理处：《磁县界段营发掘简报》，《考古》1974年第6期。

⑯ 河北省文物管理处：《磁县下潘汪遗址发掘报告》，《考古学报》1975年第1期。

⑰ 河北省文物管理处：《磁县下七垣遗址发掘报告》，《考古学报》1979年第2期。

⑱ 河北省文物研究所等：《武安赵窑遗址发掘报告》，《考古学报》1992年第3期。

⑲ 邯郸地区文物保管所等：《河北省永年县何庄遗址发掘报告》，《华夏考古》1992年第4期。

⑳ 河北省文物研究所：《河北邢台市葛家庄遗址北区1998年发掘简报》，《考古》2000年第11期；河北省文物局第一期考古发掘领队培训班：《河北邢台葛庄遗址1996年发掘简报》，《河北省考古文集》（二），燕山出版社，2001年。

下七垣文化活动于南段，二者毗邻而居。此前我们曾提出二者的分界线在今滹沱河一线，主要依据的是两条考古资料：一是尧方头遗址，位于唐河南岸，是下岳各庄文化最靠南的一种遗址；另一条是市庄遗址①，位于石家庄市区西北角，属于滹沱河以南地区，是下七垣文化中位置最偏北的一处遗址，由此大体划定下七垣文化和下岳各庄文化的分界线在滹沱河一线。

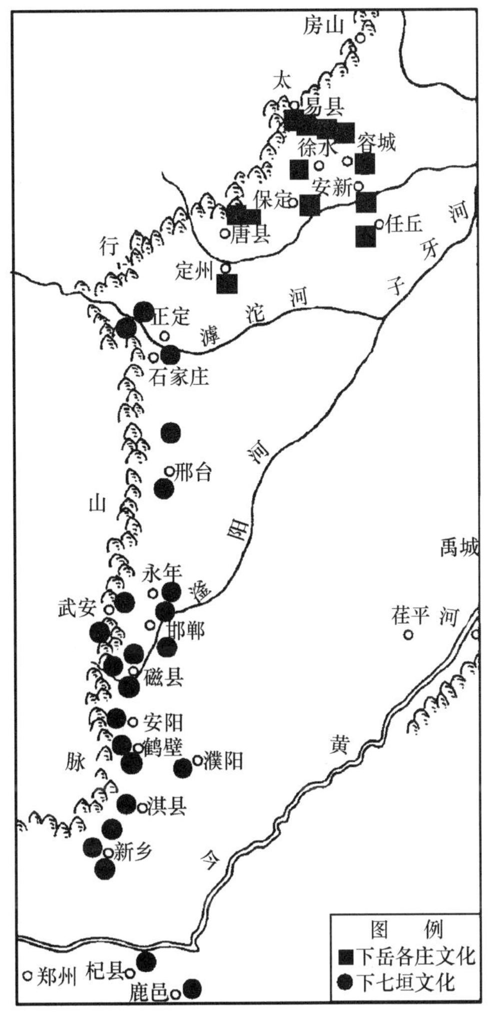

图一 下岳各庄文化与下七垣文化分布示意图

进入 21 世纪以来，考古工作者不仅在太行山东麓地区的北段发现了大量的下岳各庄文化遗存，也在太行山东麓地区南段发现了不少下七垣文化遗址，其中重要者如鹤壁刘庄②、新乡李大召③、辉县孟庄④、孙村⑤、涉县台村⑥、邯郸北羊台⑦、磁县南城⑧、临城补要⑨、鹿泉北胡庄等，这些考古新发现无疑为我们更准确地判定下岳各庄文化和下七垣文化的分界线提供了重要资料（图一）。

迄今为止发现的属于下岳各庄文化的遗址中，定州尧方头位于最南面，而下七垣文化的遗址中，以鹿泉北胡庄和正定西房头最为偏北。尧方头遗址地处唐河南岸，北胡庄和西房头遗址位处滹沱河两岸，其中北胡庄

① 唐云明：《河北境内几处商代文化遗存记略》，《考古学集刊》2，中国社会科学出版社，1982 年。

② 赵新平、韩朝会：《河南省鹤壁刘庄遗址 2005 年度发掘主要收获》，《东方考古》3，科学出版社，2006 年；河南省文物考古研究所：《河南鹤壁市刘庄遗址下七垣文化墓地发掘简报》，《华夏考古》2007 年第 3 期；《中国文物报》2006 年 2 月 6 日。

③ 郑州大学历史学院考古系：《新乡李大召——仰韶文化至汉代遗址发掘报告》，科学出版社，2006 年。

④ 河南省文物考古研究所：《辉县孟庄》，中州古籍出版社，2003 年。

⑤ 郑州大学历史学院考古系等：《河南辉县孙村遗址发掘简报》，《中原文物》2008 年第 1 期。

⑥ 河北省文物研究所、邯郸市文物研究所等：《河北涉县台村遗址发掘简报》，《河北省考古文集》（三），科学出版社，2007 年。

⑦ 河北省文物研究所等：《河北邯郸市峰峰矿区北羊台遗址发掘简报》，《考古》2001 年第 2 期。

⑧ 河北省文物研究所：《河北磁县南城遗址发掘获重要发现》，《中国文物报》2009 年 2 月 25 日。

⑨ 王迅、常怀颖、朱博雅：《河北临城补要村遗址发掘取得重要收获》，《中国文物报》2008 年 2 月 29 日。

位于滹沱河西南岸，西房头位于滹沱河东北岸，二者相距不远。由此看来，下岳各庄文化的南界已越过了唐河，而下七垣文化的北界也逾越了滹沱河，二者的分界应当在唐河和滹沱河之间。

二、下岳各庄文化的特征及其与下七垣文化的关系

此前我们在论述下岳各庄文化相关问题时，所依据的主要为易县下岳各庄、定州尧方头等遗址出土的材料，2005～2006年由河北省文物研究所发掘的唐县北放水是近年来发现的这类遗存中最为丰富的一处遗址，为我们深入认识下岳各庄文化的特征及其他相关问题提供了不可多得的材料。

分布于太行山东麓地区北段的下岳各庄文化，与太行山东麓地区南段地区的下七垣文化相比具有诸多独有的特征：如遗迹以灰坑最为多见，形状以圆形、椭圆形为主，长方形和不规则形次之，房址以带有斜坡门道的圆形半地穴式为主；遗物有陶器、石器、骨器、青铜器等，陶器以夹砂和泥质灰、褐陶为多，陶器外表多饰绳纹，主要器类有鼓腹鬲、绳纹盆、侈口鼓腹甗、中口绳纹罐、小口鼓腹瓮、圈足蛋形瓮等，石器以椭圆形石斧、有肩石铲和长方形扁平石铲、弧背弧刃石镰、弧背直刃石刀等为主，此外还发现有镞、笄、铜泡等青铜器。

从文化面貌上看，下岳各庄文化和下七垣文化之间存在着较大的差异。首先是二者的陶质不同。下七垣文化以夹砂和泥质的灰陶为主，下岳各庄文化则存在相当数量的褐陶。其次是纹饰有别。下七垣文化的绳纹多为整齐的细绳纹，下岳各庄文化的绳纹多不规整，且多见旋断绳纹。再者器类不同。下七垣文化中，最具代表性且数量最多的陶器是薄胎细绳纹高锥足鬲、薄胎绳纹甗、圜底罐形鼎、平底蛋形瓮、深腹平底橄榄形罐、带蘑菇钮的器盖、卷沿大平底绳纹盆，而下岳各庄文化则以高直领或高领束颈肥袋足鬲、侈沿旋断绳纹甗、圈足蛋形瓮、敞口深腹豆、侈口旋断绳纹盆、束颈横绳纹盆等器物为多。总之，下岳各庄文化和下七垣文化之间虽然存在着一些相似之处，但二者间存在的差别更为深刻。这种差别不是时代不同所致，而是文化性质的不同造成的。

尽管我们一直强调下岳各庄文化和下七垣文化属于不同的考古学文化，但不可否认，这两支考古学文化之间的差别，要远远小于它们与二里头文化、岳石文化以及夏家店下层文化之间的差距。这可能是由于观察的范围和高度不同所致。或者说，在一定高度之上，我们有可能将下岳各庄文化和下七垣文化视为同一联合体，将其与夏代时期其他考古学文化如二里头文化、岳石文化等置于同一架天平之上。从这个意义上来说，下岳各庄文化与下七垣文化犹如一对从兄弟，既有着某种血统上的共同基因，又有着各自独特的个性。如果近距离观察，会发现它们间确实存在不小的差异；而如果远距离地俯瞰，将它们置于更广阔的背景中，则会发现它们之间存在相当多的共性。

这两支考古学文化之间的关系之所以如此亲密，与其所处的自然环境有着直接的关

联。在战国筑堤以前，黄河下游曾多次决溢改道，但大致是自宿胥口向北流走，途经浚县、内黄、曲周、巨鹿、深县、蠡县、安新一带，也就是说在至少在西周以前，黄河下游是流经河北平原注入渤海的①。由于河北平原东部地势低洼，河流纵横，湖沼密布，所以并不适合人类生存，因而当时的人类只能居住于太行山与冲积泛滥平原之间的低山丘陵和山前洪积扇平原区。这些低山丘陵和山前洪积扇平原呈南北状分布于太行山脉之东麓，这一南北狭长大约宽 70 ~ 120 公里的空间更似一条走廊，东临古黄河，西依太行。分布于这一长廊上的下岳各庄文化和下七垣文化在发展过程中，不可避免地受到这一特殊自然环境的制约，也自然而然地促成了这两支考古学文化之间的频繁交流。这可能是相较于其他考古学文化来说，下岳各庄文化和下七垣文化之间的关系较为密切的重要原因。

三、太行山东西两翼夏代时期考古学文化间的交流

尽管受制于自然环境的约束，下岳各庄文化和下七垣文化仍与太行山西麓地区的同类遗存和古黄河以东地区的岳石文化有着一定的联系。尤其是山西境内的同期遗存，对于这两支考古学文化均产生过相当重要的影响。横亘于河北平原西部的太行山全长 700 多千米，虽不乏峰高坡陡路途奇险之处，但亦有不少地段被发源于山西向东流走的河流——比如拒马河、唐河、滹沱河、漳河、沁河等——所切断，这些河谷便成为连接太行山东西两麓的重要通道（图二）。

太行山西麓地区属于夏时期的文化遗存主要有东下冯②、白燕③、杏花村④、游邀⑤、西李高⑥等。分布于山西西南部地区汾水、浍水、涑水流域的东下冯遗存，拥有一批造型独特的陶器群，包括有较多数量的鬲、斝、甗以及卵形三足瓮、敛口三足瓮等。这类遗存的许多因素曾出现于辉卫型的遗址中，也许就与沁河这条通道的存在有关。

在以太原盆地和忻定盆地为中心的晋中地区，属于这一时期的文化遗存以太谷白燕⑦、汾阳杏花村⑧为代表，忻州游邀遗址的文化面貌也与此类似。这类遗存似可称为

① 谭其骧：《西汉以前的黄河下游河道》，《历史地理》创刊号，上海人民出版社，1981 年。
② 中国社会科学院考古研究所等：《夏县东下冯》，文物出版社，1988 年。
③ 晋中考古队：《山西太谷白燕遗址第一地点发掘简报》，《文物》1989 年第 3 期。
④ 国家文物局等：《晋中考古》，文物出版社，1998 年。
⑤ 忻州考古队：《山西忻州市游邀遗址发掘简报》，《考古》1989 年第 4 期；《忻州游邀考古》，科学出版社，2004 年。
⑥ 山西省考古研究所：《山西屯留西李高遗址发掘》，《文物春秋》2009 年第 3 期。
⑦ 晋中考古队：《山西太谷白燕遗址第一地点发掘简报》，《文物》1989 年第 3 期。
⑧ 国家文物局等：《晋中考古》，文物出版社，1998 年。

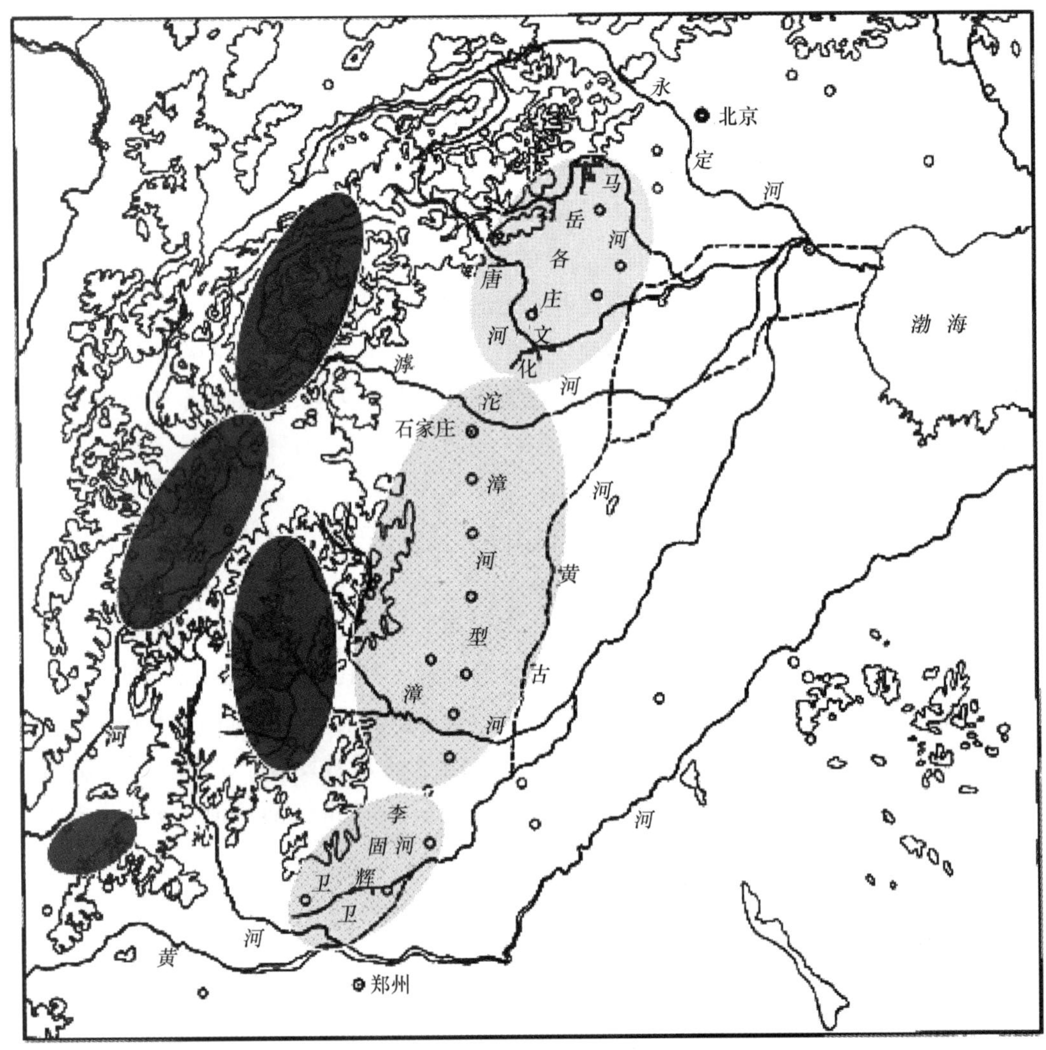

图二　太行山两麓考古学文化分布示意图

杏花村类型。单单从陶器上看，这类遗存中最流行的高领鼓腹鬲、袋足甗、蛋形瓮均可在太行山东麓同期遗存中找到。或许我们可以说，下七垣文化和下岳各庄文化以鬲和甗作为最主要炊具的传统可追溯至此。最有可能的情形是，晋中这类文化遗存在形成后即向周边地区不断扩散，通过滹沱河通道直接影响到了太行山东麓地区的文化面貌。

晋东南的长治盆地亦是一个不可忽略的区域。尽管在这一地区发现的相当于夏时期的文化遗存不是很丰富，但仅就长治小神村①和屯留西李高的发现尤其是西李高遗址来说，它对于漳河中下游地区的影响超乎我们的想象。而漳河对于建国前的商人来说具有

① 山西省考古研究所晋东南工作站：《山西长治小神村遗址》，《考古》1988 年第 7 期；《长治小常乡小神遗址》，《考古学报》1996 年第 1 期。

格外特殊的意义，甚至将之称做商人的母亲河亦不为过。在太行山东麓地区的山前地带和洪积扇平原上，成片分布着最有可能是建国前的商人创造和使用的下七垣文化遗址，而这类遗存的主要源头有可能即来自长治盆地。

四、下岳各庄文化的提出对于先商历史研究的意义

在商人早期发展历史中，最引人注目的莫过于其屡次迁徙了。班固曾说“商人屡迁，前八后五，自契至于成汤八迁”，其中的八迁五迁未必是实数，但立国前商人屡屡改变其活动中心却是不容怀疑的事实。对于商先公时期商人的迁徙，多年来历史学界进行过充分探讨，然而迄今未能达成一致意见。文献记载的缺乏固然是极为重要的原因，现有的考古资料尚不足以为此提供有力的支撑也是一个重要的方面。大约100年前，罗振玉于殷墟出土的甲骨卜辞中发现王亥之名，其后王国维结合文献记载，首次考证出卜辞中的王亥与《世本·作篇》中的胲、《史记·殷本纪》中的振、《楚辞·天问》中的该为同一人，进而挖掘出了王亥、王恒和上甲微几代人与有易交往乃至争战的这一湮没已久的史实。这一史实见于许多文献，如《山海经·大荒东经》载：“有困民国，勾姓而食，有人曰王亥，两手操鸟，方食其头。王亥讬于有易、河伯仆牛，有易杀王亥，取仆牛。”郭璞《山海经》注引《竹书纪年》也说：“殷王子亥宾于有易而淫焉。有易之君緜臣杀而放之，是故殷主甲微假师于河伯以伐有易，灭之，遂杀其君緜臣也。”

有易的地望，王国维先生考证在今河北易水流域，认为商人在王亥、王恒之世，“已由商丘越大河而北，故游牧于有易高爽之地”①。这实在是一个高屋建瓴的结论。自此以后，尽管学术界对于王亥之前及之后的商先公居地存有诸种异说，但对于王亥时期商人的活动地域却极少有异议。也就是说，在探讨商先公迁徙地望时，王亥的居地无疑已成为相对固定的一个支点。

由于资料所限，长期以来考古学界对于有易的活动地域极少关注。邹衡先生曾提出过有易的地望在滹沱河与漳河之间的观点。他认为“成汤以前，商人活动的地区，最早大概不出先商文化漳河型的分布区，也就是在今天河北省西南部和河南省北部的一大片平原上，其中心地点应该就在滹沱河与漳河之间。”而“在滹沱河以北，先商文化遗址的分布越来越少，尤其在唐河以北，迄今尚未发现先商文化遗址，据目前的考古材料判明，北方地区夏家店下层文化的南界已抵拒马河以南，因此古代所谓的北易地区，似乎不太可能发现先商文化。”所以“有易地望在北易的可能性并不是很大的。相反，南易无论是指滹沱，还是指漳河，都是先商文化漳河型的中心分布地区，因此我们认为先商时代有易的地望，应在滹沱河与漳河之间。”② 这种观点的提出是建立在两个支点之

① 王国维：《殷卜辞中所见先公先王考》，《观堂集林》卷九。

② 邹衡：《论汤都郑亳及其前后的迁徙》，《夏商周考古学论文集》，文物出版社，1980年。

上的，其一是夏家店下层文化既已越过拒马河，那么在北易地区便不太可能发现先商文化，进而由此否认有易地望北易说。其二是滹沱河和漳河之间既是商人活动的中心地区，又是有易活动地，也就是说有易的活动地望与先商是重合的。这样的考虑可能是以商人灭有易后，尽有其地为基础的。其实在先商与有易毗邻而居的时代，数以千计的小国林立，商只不过是其中之一，及至灭夏时“方地百里”，因此完全灭掉有易的可能性并不是很大。此外，据现有资料看，夏家店下层文化与下岳各庄文化的分界在拒马河一带，下岳各庄文化的中心地域正好在史上被称做北易的地区，因而以其作为有易氏的文化应当是可信的。

此外张忠培等先生曾提出，分布于永定河以北，包括潮白、蓟运河系在内的海河水系地区的夏家店下层文化“很可能是有易氏所属的考古文化”①，他认为海河北系区夏家店下层文化遗存“南与海河南系区的先商文化北境接壤”，其中提到的“先商文化”据注释知是依据邹衡先生的结论，而邹先生当时只是将先商文化的北界定在滹沱河而不是更北的北易地区。如此看来，海河北系区夏家店下层文化并非在“分布区域、年代、与邻境文化关系等方面都和文献中的有易氏相吻合”。

以下岳各庄文化作为有易氏创造和使用的文化遗存，便可以比较合理地解释其与下七垣文化的关系。从《山海经》、《竹书纪年》、《楚辞》等文献记载中，我们约略可以搞清楚王亥与有易发生冲突的缘由，以及王恒、上甲微率领商族与有易进行的战争经过和结果。如果对这些记载进一步加以推敲的话，我们不难得出这样的结论：在商族与有易发生冲突之前，这两个部族肯定有过相当长的一段和平共处的时光，否则王亥怎会贸然“仆牛”至有易。从这个角度出发，便可以理解何以下岳各庄文化和下七垣文化之间的关系如此密切的真正原因了。

---

① 张忠培等：《夏家店下层文化研究》，《考古学文化论集》（一），文物出版社，1987 年。

论先商文化补要类型

王　迅
（北京大学考古文博学院）

先商文化是邹衡先生于1960年提出的考古学文化名称。半个世纪以来，先商文化的考古资料逐渐丰富，学界对先商文化的认识也逐渐深化。1989年，李伯谦先生在《先商文化探讨》中，提出了下七垣文化的命名。2008年，张渭莲女士又出版了专著《商文明的形成》。这些研究都具有里程碑的意义。而本文不过是希望为构建先商文化大厦献一砖一瓦而已。

一、补要遗址发掘概况

临城县地处河北省邢台市西北部，属暖温带半干旱季风气候，有较好的光照和雨水条件，东部平原地区适于发展农业。西部为太行山，东部是山前丘陵和平原地区。这里生物资源丰富，有动物类、野生植物类、水产类。这样的生态环境有利于古代的人们生产和生活，因此，临城境内的丘陵和平原地区分布着很多的古代遗址。补要村遗址是一处包含仰韶文化、先商文化、商文化和唐代文化遗存的大遗址。其中先商遗存较为丰富。

2007年7月~2008年1月，北京大学考古文博学院在邢台市文物管理处、临城县文物局的协助下，对南水北调干渠穿过遗址部分进行了较大规模发掘，共发掘探方43个，发掘面积约4300平方米，勘探面积15000平方米。

为方便发掘，考古队以公路为界将遗址分为南北两区。其中南区发掘面积1300平方米，以先商时期和商代文化遗存为主。

二、先商时期遗存

（一）遗迹

主要包括灰坑和房址两类。灰坑坑口呈圆形、椭圆形、不规则形。房址为半地穴建筑。

图一　F3

H81　口部长方形。直壁平底。南北长2.7、东西宽1.2、深约0.6～0.64米。坑内填土分两层：①层褐色，包含陶片十分丰富；②层填土褐色夹白色灰土，陶片较少。

F3　口底部大致呈长方形，南壁较直，北壁略弧，四角略呈圆角。长5.2、宽约2.8、深1.4米。F3所出遗物较丰富，陶片逾千片，复原器物十余件。陶片有灰黑色、灰褐色等色；花纹有绳纹、旋纹、旋断绳纹、三角划纹、楔形点纹等，磨光陶甚发达（图一）。

（二）遗物

主要为陶器，其他还有石、角、骨器等。

1. 陶器

主要为生活用器，生产工具仅见纺轮。陶器以夹砂陶为主。据F3出土陶片统计，夹砂陶占86%，泥质陶占15%。陶色表皮以灰褐色为主，占62%；黑皮次之，占33%；红皮陶再次，占5%。陶器以素面占所有陶器的30%。陶器纹饰以各类绳纹为主，旋纹次之，有少量压印、划纹、弦纹、戳印纹、楔形点纹、附加堆纹、篮纹等。近半数平底器器底饰有纹饰。陶器磨光比例较高，制作精良。以平底器占绝大多数，三足器次之，圈足器再次。平底器器类有敞口盆、深腹盆、鼓腹盆、小口瓮、大口瓮、平口瓮、折肩罐、折沿罐、盂、钵、杯等，占出土器类的90%以上，三足器有鬲、甗、鼎。圈足器仅见豆、蛋形瓮。另有器盖。

鬲　皆夹砂陶，口沿多数经磨光处理。侈口，卷沿，圆唇或尖圆唇，束颈，鼓腹，分裆甚高，袋足有肥瘦两类，整体近长方形。部分鬲口作花边状。鬲足为实足根，后接，锥足尖，足面光洁未见有槽。器表滚压绳纹或线纹，绳纹较细，但不甚规整，绳纹下缘滚压至实足根上端约0.4厘米处。半数陶鬲器表涂抹有细泥，泥壳经火烧烤（图二）。

图二　鬲

鬲足　实足根后接，足尖呈锥状，上部仅存袋足底部。足根以上饰细绳纹，绳纹滚压不甚规整，足部素面。足面及袋足涂有细泥，经火烧呈红褐色。

甑　H89∶08，为甗上半部，夹砂灰陶，侈口卷沿，圆唇束颈，溜肩，腹微鼓。器表自颈部以下饰旋断细绳纹，残片可见旋纹三道。口径22、残高12.5、胎厚0.6厘米。

甗腰　有腰格，腰格后接，上端经修整较平，下端未经修整。上部盆甑残余部分器表饰纵向绳纹。下部陶鬲分裆较高，器表饰细绳纹，绳纹滚压不甚规整，分裆处绳纹横向滚压。

敞口盆　敞口卷沿，圆唇，斜腹较深，平底。沿面前端有凹槽一周。沿面及内壁经细泥磨光，呈黑褐色。器表下腹纵向滚压细绳纹，再以湿手按抹成旋纹划断绳纹。器底后接，器表腹底相接处加贴泥片加固，泥片与器壁相接处接缝以湿手抹光修整。之后于泥片表面斜向滚压细绳纹。器底以绳纹棍按压成组纹饰，压印纹以器底中心为圆心，成组放射状分布（图三）。

小口瓮　侈口，折沿近卷，尖圆唇束颈，溜肩，鼓腹缓收，平底。器表口沿细泥磨光。肩部至腹中饰两组旋纹，第一组位于肩部，第二组位于上腹部。器表第一组旋纹与颈下之间，一、二组旋纹之间亦经细泥磨光。每组中旋纹道数不等，旋纹划制不甚规整，有中断交合现象。第二组旋纹以下至下腹经刮抹修整，器表呈灰褐色。下腹至器底滚压较密集的细绳纹，绳纹较规整（图四）。

图三　敞口盆

图四　小口瓮

大口瓮　侈口近敞，方唇微勾，斜沿束颈，溜肩，上腹较鼓，下腹收束较急，平底。器表颈部以下斜向滚压粗绳纹。器底后接，器表腹底相接处包贴泥片，泥片抹平后滚压成组绳纹。

蛋形瓮　敛口，平圆唇，折沿深腹。肩部以下残。器表自口沿下纵向滚压细绳纹。上腹起饰旋纹划断绳纹。口沿面滚压同等粗细绳纹，器表沿外绳纹经湿手抹平，仅余绳纹痕迹。内壁未经刮抹，有手指印痕。多为圈足者。

平口瓮　烧成温度甚高，制作精良。敛口，圆唇，唇外饰旋纹一周，广肩。器表细泥磨光，呈黑褐色，打磨甚好。

折肩罐　侈口，斜折沿上倾，平底。

折沿罐　胎较薄，侈口折沿，尖圆唇，直腹微垂，平底。沿面及器表经细致抹光，

图五　豆

修整甚好。

豆　泥质灰陶，敞口，折沿，尖圆唇，斜腹浅盘，下端残。沿面经细泥磨光，盘内经轮修。器表颈部以下细泥磨光（图五）。

器盖　器盖圆唇外卷，唇外加贴泥条加厚，在缘部形成一道凸棱。盖面磨光。

2. 玉石器

石器以磨制最为常见，局部留有琢击痕迹。器型以镰最多，另有刀、有肩石铲、斧、凿等。二次改用石器亦有发现。玉器有玉璧一件。

3. 骨蚌器

以骨刀、蚌镰最为常见，亦有一定数量的骨锥。

三、先商文化补要类型的特点

补要村遗址所发现的陶器，有鬲、甗、侧扁三角足鼎、盆、盂、鼓腹罐、橄榄形罐、花边罐、折腹罐、小口瓮、平口瓮、三足蛋形瓮、盘形豆、碗形豆、碗等，与以往先商文化各遗址发现的陶器都有很多差异，极具代表性与地方性。鬲、甗、鼓腹罐和磨光、戳印纹陶器较多，有异于别的遗址。

本遗址文化遗物制作精良，特别是陶器，表现了一种文化处于发展上升阶段的特色。陶器受山东岳石文化影响明显，如折腹罐、盘形豆等占有一定比例。而鼎、橄榄形罐、花边罐等明显少于其南部的其他先商遗址，是其重要特征。正因为如此，我认为这类文化遗存可以称之为先商文化补要类型。

补要村遗址这些遗物的年代，从先商文化较早的时期延续到晚期，说明后来商人军队主力虽步步南下，如一把尖刀，直插夷夏之间，但对于北部的老根据地并未放弃。扩展和移动中的先商文化，每一个中心都是很重要的。补要遗址就是这样一个中心。

结合河北省境内的其他先商文化遗址观察，可以明显地看出，比较重要的遗址主要分布在太行山以东、京广铁路以西。时间是：北边偏早，南边偏晚。李伯谦先生对先商文化陶器的分期中，正是把保定徐水地区的陶鬲等排在了第一期。考古资料雄辩地证明了，在夏代，商族沿着太行山东麓南下的历史过程。

从山西到河北，穿越太行山脉，有很多山间道路，我曾经乘车走过临城进入太行深处的道路，导游说从小径步行竟然比汽车走盘山路还快。可见步行穿越太行并不是太困难。张翠莲画出先商文化传播路线，我认为可信，但传播路线可能不止一条，这些古道可能早在仰韶文化时期就已经存在。

商族南下到今河南郑州，建了一座郑州商城，这座城与建城阶段的文化堆积，是由先商进入商代的见证。

商人迁徙路线既定，商都西亳说便不攻自破。

因为凡人类都明白，人与其他物体要从甲地转移到乙地，都不可能不经过甲乙两地间的空间，直接到达。先商的人和他们的盆盆罐罐，有可能不经豫北、豫中，而直接飞到豫西（不经过中间地带，只能飞翔）吗？然后可能再修一座城，命名为亳。然后再返到东边郑州一带，再留下晚一些的遗物遗迹吗？显然是不可能的。

总之，先商民族迁徙路线日益清晰，要说明偃师商城不晚于郑州商城，并且是首都，是倍加困难了。

《列子·汤问篇》里讲了一个“愚公移山”的故事。说“太行王屋二山，方七百里，高万仞。本在冀州之南，河阳之北”。这冀州之南，河阳之北正是先商文化在发展中逐渐占领和占据的地区。

而愚公与全家人商议：“吾与汝毕力平险，指通豫南，达于汉阴，可乎？”豫南、汉阴正是商文化所分布的南部边境。故事最后的结果是两座大山被移走，“冀之南，汉之阴，无陇断焉。”冀之南到汉之阴，正是先商文化——商文化在持续发展中驱除中间的“垄断，最后所形成的商文化的北部边界和南部边界。”

《列子·汤问篇》的寓意，我们不能尽知，但很符合先商文化的南下与商文化的继续向南发展的总趋势，值得我们重温和思索。

试论下七垣文化的类型与分期

胡保华　王立新

（吉林大学边疆考古研究中心）

20世纪30年代，中研院史语所在安阳地区的小屯等地从事田野发掘工作，就曾发现过下七垣文化遗存①，李济先生称其为“先殷文化”②。1950年，中国科学院考古研究所对辉县琉璃阁H1的发掘③，则揭开了下七垣文化系统发现与研究的序幕。

据不完全统计，迄今已公布采集和发掘材料的下七垣文化遗址有70余处，但已知数量要远大于此，据乔登云、张沅先生1999年对邯郸境内下七垣文化遗址数量的统计，就有90处之多④；另据历年的考古调查与发掘，侯卫东先生统计洹河流域分布的下七垣文化遗址有34处⑤。从当前材料来看，这类遗存主要分布于豫北冀南地区的太行山东麓至运河之间的区域，最北可达北易水南岸，西南已至沁水以东的黄河下游地区，东界则为濮阳—滑县—长垣—杞县一线，豫东杞县鹿台岗遗址是目前所知其南限所在（图一下七垣文化遗址分布图⑥）。下七垣文化遗存分布地域非常之广，而且与同期并存的

---

① 李济：《中国考古报告集之二·小屯第三本·殷墟器物甲编·陶器上辑》，台湾中研院史语所，1956年，亦见《李济文集（卷三）》，上海人民出版社，2006年。

② 李济：《小屯地面下的先殷文化层》，《中研院学术汇刊》1944年第1卷2期，亦见《李济文集（卷二）》，上海人民出版社，2006年。

③ 中国科学院考古研究所：《辉县发掘报告》，科学出版社，1956年。

④ “多数（遗存材料）未经系统整理和鉴定”，参见乔登云、张沅：《邯郸境内的先商文化及其相关问题》，《三代文明研究》（一），科学出版社，1999年。

⑤ 侯卫东：《洹河流域下七垣文化与商文化关系研究》，中国社会科学院研究生院硕士学位论文，2008年；侯卫东：《试论漳洹流域下七垣文化的年代和性质》，首届“先商文化学术研讨会”（鹤壁—邯郸—石家庄）提交论文，2009年7月。

⑥ 该分布图上的遗址名称，除一部分来自正式的考古发掘和调查报告，另外的参考以下几种文献：邹衡：《试论夏文化》，《夏商周考古学论文集》，文物出版社，1980年；河北省文物研究所：《南水北调中线工程总干渠暨天津干渠——河北省文物调查报告》，编写于2004年11月；河北省文物研究所：《考古年报2008》（总第六期）；第三次全国文物普查材料；侯卫东：《洹河流域下七垣文化与商文化关系研究》，中国社会科学院研究生院硕士学位论文，2008年，对于洹河流域的下七垣文化遗址，本文仅选代表性的几个，详见侯文图一。另据“第三次全国文物普查网站”，在衡水武邑的大谷口发现有较为丰富的“先商文化”遗存，从分布图来看，该遗址明显孤立于其他遗址之外，因未有详细的发掘材料，我们对其性质暂不作任何探讨。

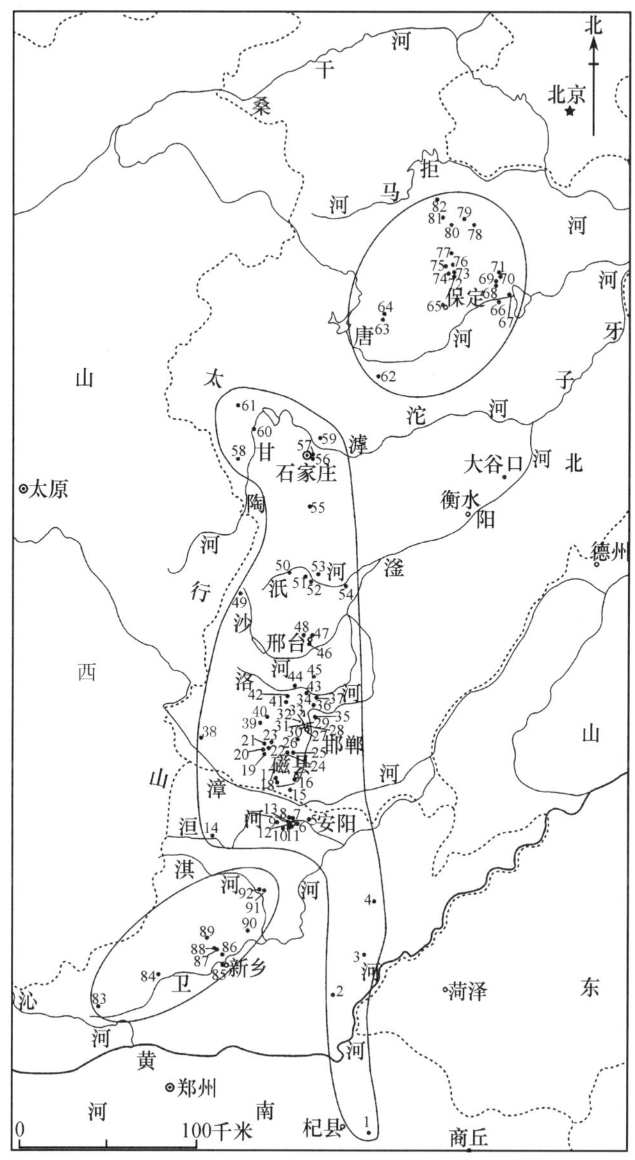

图一 下七垣文化遗址分布图

1. 杞县鹿台岗 2. 长垣宜丘 3. 滑县三义寨 4. 濮阳马庄 5. 安阳大正集 6. 大定龙 7. 袁小屯 8. 寨子 9. 西蒋村 10. 西高平 11. 梅园庄 12. 孝民屯 13. 小屯 14. 林州邵康庄 15. 磁县讲武城-南营 16. 下七垣 17. 界段营 18. 下潘汪 19. 峰峰矿区义西 20. 北羊台 21. 义张庄 22. 街儿庄 23. 香山 24. 磁县洛子村 25. 白村 26. 磁县南城村 27. 邯郸飞机场 28. 涧沟 29. 齐村 30. 零北村 31. 龟台寺 32. 东陶庄 33. 宿村 34. 薛庄 35. 水年何庄 36. 水年李沟 37. 水年小油村 38. 涉县台村 39. 武安崔炉 40. 磁山 41. 赵窑 42. 永年韩二庄 43. 台口 44. 武安杨屯 45. 沙市洛阳村 46. 邢台葛家庄 47. 邢台粮库（曹演庄） 48. 尹郭村 49. 白虎庄 50. 临城南三岐（三岐水库） 51. 柏村赵庄 52. 临城解村 53. 补要村 54. 隆尧东疙瘩 55. 元氏南程村 56. 石家庄北杜 57. 市庄 58. 灵寺北宅 59. 正定小客庄 60. 平山冶河东岸 61. 平山岗南镇（婆婆沟、南石殿） 62. 定州尧方头 63. 唐县淑闾 64. 唐县放水 65. 保定小车 66. 安新北刘庄 67. 漾堤口 68. 三台镇（辛庄克、申明亭） 69. 容城白龙 70. 午方 71. 上坡（上坡南） 72. 徐水巩固庄 73. 遂城 74. 韩家营 75. 太赤鲁 76. 文村 77. 定兴辛木 78. 涞水富位 79. 周家店 80. 易县老姆台 81. 易县七里庄 82. 易县下岳各庄 83. 焦作府城 84. 修武李固 85. 新乡李大召 86. 新乡潞王坟 87. 辉县孟庄 88. 辉县琉璃阁 89. 辉县孙村 90. 淇县宋窑 91. 浚县大赉店 92. 鹤壁刘庄二里头文化二里头类型、东下冯类型、白燕文化、岳石文化，以及北方青铜文化存在着密切的互动关系，可以说，有关该文化的深入研究对于探讨中国文明的起源以及早期国家的形成具有极其重要的学术意义。本文拟在已发表材料的基础上，首先对下七垣文化的类型与分期作简要探讨。

一、下七垣文化的内涵界定及类型划分

1980 年，邹衡先生首次提出豫北冀南地区二里头文化时期的遗存应是一种独立的考古学文化，鉴于这种文化的分布范围与商族先世的活动范围有相当程度的重合，年代在早商文化之前，且内涵上也可视为早商文化的前身，故可称为先商文化，并分之为漳河、辉卫二型，另将郑州南关外期遗存称为先商文化的南关外型①。1989 年，李伯谦先生将南关外型排除于先商文化之外，另将漳河型与辉卫型合并，称之为下七垣文化②。1998 年，笔者之一也曾提出南关外期遗存不宜归入任何一种已知的考古学文化③。因此，本文所讲的“下七垣文化”是以李伯谦先生的学术观点为基础的，南关外型暂不在本文探讨之列。

就现有材料看，漳河型主要分布于唐河以南、淇河以北、卫河以西的太行山东麓一带，以漳河、滏阳河一带的邯郸、磁县为中心。下七垣文化以平底器为主，细绳纹占主导地位，有一定数量的素面陶，以鬲、橄榄形深腹罐、甗为主要炊器。这些特征最先都是从漳河型中总结而来。

辉卫型的分布范围大致在“北自淇河，南至黄河，包括沁水下游、卫河上游一带”，它与漳河型的交接处当在“淇、洹之间”④。1990 年，刘绪先生称其为“李固—潞王坟类型遗存”，但同样认为与漳河型“可以划归一个文化”⑤。1996 年，张立东先生提出将辉卫型下七垣文化遗存命名为“辉卫文化”的观点⑥。2003 年，由张立东先生撰写的《中国考古学·夏商卷》一书的第三章称其为“潞王坟—宋窑类遗存”⑦，仍然认为其性质不同于下七垣文化。鉴此，有必要着重分析一下辉卫型的内涵及其性质归属。

① 邹衡：《试论夏文化》，《夏商周考古学论文集》，文物出版社，1980 年。

② 李伯谦：《先商文化探索》，《庆祝苏秉琦考古五十五年论文集》，文物出版社，1989 年。

③ 王立新：《早商文化研究》，高等教育出版社，1998 年。

④ 中国社会科学院考古研究所：《中国考古学·夏商卷》，中国社会科学出版社，2003 年。

⑤ 刘绪：《论卫怀地区的夏商文化》，《纪念北京大学考古专业三十周年论文集》，文物出版社，1990 年。

⑥ 张立东：《论辉卫文化》，《考古学集刊》10，地质出版社，1996 年。

⑦ 中国社会科学院考古研究所：《中国考古学·夏商卷》，中国社会科学出版社，2003 年。

辉卫型与二里头文化相似的因素，即李维明先生所分的辉卫型甲群器物①包括“圜底深腹罐、鼎、刻槽盆、大口尊、小口瓮”，纹饰有“箍状堆纹、鸡冠扳、花边口沿”，但二者主体文化因素区别明显。可以沁水下游的二里头文化与辉卫型遗存比较为例②：二者炊器类别不同，前者以深腹罐为主，占43%，胎薄而规整，而鬲和甗合计还不足4%，胎厚而粗糙；后者以鬲、甗为主，合计约占30%，罐类仅为4.8%。纹饰风格不同，前者以中粗绳纹为主，占77.2%；后者则以细绳纹为主，占56.1%，另有一定数量素面陶，约占32.9%。且即使是辉卫型与二里头文化共有的纹饰类别也“已有所蜕变……风格不尽相同”③。可见，二者文化性质当异。

辉卫型的器类有鬲、甗、鼎、罐等，几乎涵盖了漳河型的所有器类④，纹饰以细绳纹为主，如李固遗址细绳纹占一半以上⑤，也有一定数量的楔形点纹和弦纹装饰，这些都与漳河型极其类似。

显然，从整体文化面貌上看，辉卫型当与漳河型同属一个文化。当然，由于与二里头类型比邻分布，受其影响较大，是为与漳河型差异之故，因而可成一独立类型。

另需说明的是，张立东先生之所以从淇县宋窑遗址的分析中得出“辉卫文化”的概念，重要原因之一是在他的分期结果中深腹罐表现为由瘦高到矮胖，由平底到圜底，绳纹由细而渐粗的演变规律，与漳河型同类器的阶段性变化不同。但经过我们对地层关系的分析以及对遗存组的调整，发现器物的演变规律与漳河型是基本相似的（详后）。

随着田野工作的开展，有学者提出下七垣文化还能区分其他类型。1991年，沈勇先生提出河北省保定北部地区的“先商文化”遗存可称为“保北型”⑥。也有学者对下七垣文化的地域类型进行重新划分，如2003年出版的《中国考古学·夏商卷》认为下七垣文化可分为漳河类型、岳各庄类型、鹿台岗类型⑦，其中岳各庄类型即以往所称的“保北型”，鹿台岗类型则以豫东杞县鹿台岗遗址命名。最近，王迅先生又提出临城补要村遗址出土的下七垣文化遗存可另立为“补要类型”的观点⑧。

---

① 李维明：《从二里头晚期遗存与先商文化异同看其性质归属》，《华夏考古》1994年第3期。

② 刘绪：《论卫怀地区的夏商文化》，《纪念北京大学考古专业三十周年论文集》，文物出版社，1990年。

③ 李维明：《从二里头晚期遗存与先商文化异同看其性质归属》，《华夏考古》1994年第3期。

④ 中国社会科学院考古研究所：《中国考古学·夏商卷》，中国社会科学出版社，2003年。

⑤ 北京大学考古专业商周组等：《晋豫鄂三省考古调查简报》，《文物》1982年第7期。

⑥ 沈勇：《保北地区夏时代的两种青铜文化之探讨》，《华夏考古》1991年第3期。

⑦ 中国社会科学院考古研究所：《中国考古学·夏商卷》，中国社会科学出版社，2003年。

⑧ 王迅：《论先商文化补要类型》，首届“先商文化学术研讨会”（鹤壁—邯郸—石家庄）提交论文，2009年7月。该文称，临城补要村出土的下七垣文化陶器遗存“极具代表性与地方性”，受“山东岳石文化影响明显，如折腹罐、盘形豆等占有一定比例，而鼎、橄榄形罐、花边罐明显少于其南部的其他先商遗址”，因而“可以称之为先商文化补要类型”。

保北型分布于拒马河以南的太行山东麓，目前来看分布范围已及保南地区，至于滹沱河的北岸①。张翠莲先生认为冀中北部地区夏时期的考古学文化遗存在总体文化面貌上“与下七垣文化的差异比较明显”，可命名为“下岳各庄文化”②。段天璟等先生通过对京、津、保地区夏时期考古学文化遗存的思考与辨析，认为保定地区夏时期考古学文化虽受来自周邻同期并存文化的诸多影响，但“主体仍应属先商文化（下七垣文化）范畴。”③ 保北型典型遗址的主体文化面貌，可以唐县淑闾遗址④出土陶器组合为例，其主要器类有鬲、甗、盆形鼎、弧腹深腹盆、浅腹盆、敛口圈足蛋形瓮等，与漳河型基本一致，其他器类如筒腹鬲、折腹盆等，则体现了它的地方性特征，基于此，我们赞同保北型为下七垣文化的一个北方类型。其地方性因素，当是该文化在向北发展的过程中，至拒马河—涞水一线和北方青铜文化接触的结果⑤。蒋刚先生通过对涞水地区诸遗址文化面貌的分析，认为该地区是各文化类型展开剧烈文化争夺的区域⑥，下岳各庄遗址正处在与北方诸种青铜文化的交接地带，文化内涵中在所难免存有更大比重的北方青铜文化因素，因此，我们不主张“下岳各庄类型”的提法，暂时仍取“保北型”这一地域性的称呼。

至于“鹿台岗类型”，目前所知仅杞县鹿台岗一处遗址。从主体文化面貌上看，它与漳河型基本相似，如以平底器为主，鬲和橄榄形深腹罐为主要炊器（二者合计占全部陶器的1/3强），细绳纹约占半数⑦。因此我们认为将其归入漳河型即可，不宜再单独划分类型。鹿台岗遗址处于与岳石文化、二里头文化交汇地的位置，文化中自当有一些因素来自二者，从而与漳河型典型遗存有一定区别，但同大于异，文化性质并没有改变。况且，以一个仅发现这一时期的三个灰坑、一座房址的遗址命名一个类型资料仍显不足。

虑及鹿台岗遗址，漳河型的分布地域已不仅限于“唐河以南、洹河以北的太行山东麓”，学者称在“濮阳—滑县东部—长垣—杞县—鹿邑一线均发现有漳河型一类文化遗址和遗物”，这一狭长区域有可能是漳河型南进的“通道”所在⑧。豫东地区漳河型遗存的来源动因，还有待进一步的探讨。

---

① 目前发现的分布于保南地区的遗址有唐县南、北放水、淑闾，定州尧方头。

② 张翠莲：《论冀中北部地区的下岳各庄文化》，《文博》2002年第3期。

③ 段天璟：《京、津、保地区夏时期考古学文化研究的讨论与思考》，《文物春秋》2008年第6期。

④ 笔者曾于2006年7～8月参与该遗址的田野发掘，参见刘连强：《河北唐县淑闾遗址发掘获重要成果》，《中国文物报》2006年12月15日。

⑤ 李维明：《先商文化渊源与播化》，《考古与文物》2000年第3期。

⑥ 蒋刚：《试析夏商西周文化和冀西北、京津唐地区北方青铜文化的关系》，《北方文物》2007年第4期。

⑦ 郑州大学文博学院，开封市文物工作队：《豫东杞县发掘报告》，科学出版社，2000年。

⑧ 宋豫秦：《夷夏商三种考古学文化交汇地域浅谈》，《中原文物》1992年第1期。

至于临城补要村遗址，从我们对去其东南约5公里的临城解村东遗址出土的鬲、平底盆等下七垣文化典型器类的观察①，与漳河型面貌无二。该地区与邢台下七垣文化诸典型遗址亦相去不远。因此我们并不支持另立“补要类型”的观点。

鉴于以上分析，我们赞同将下七垣文化分为三个类型：漳河型、辉卫型、保北型。

二、各类型的分期

对于下七垣文化的分期，代表性的观点有三个②，邹衡先生最先提出两期说，并认为下七垣遗址下层年代要早于他所分的第一期，后有李伯谦先生提出的三期说，又有张立东先生的四期说。就目前来说，以上分期所依据的材料已有一定局限性，而且已有的分期对有些下七垣文化典型器类的演变规律未能很好地把握，可能会影响深入认识该文化的整体发展进程，所以我们认为有必要对这一问题进行重新探讨。

下文我们将对三个类型的分期分别予以探讨，然后找出类型间各期段的对应关系，以得出下七垣文化总的分期。

需要说明的是，虽然下七垣文化遗址已发现多处，但却无法“以一个典型遗址的系列层位证据建立起该文化的分期编年标尺”③，甚至就连可资分期的叠压打破关系也不多见，这种情况一方面可能与田野工作的精细程度与发掘规模等有关，另一方面，在更大程度上可能与该文化的自身堆积特点有密切的联系。也有些具有分期意义的重要遗址如葛家庄，虽经多次发掘，田野资料未能及时全面报导，发掘者仅在相关的综述性研究文章里按自己“所见”的层位关系，给出遗存的分期或分段，而对遗存的具体层位归属很少提及，这使得我们的研究遭遇一定困难。基于此，在一定程度上，我们不得不通过典型遗址的遗存分组及对陶器演变规律和时代风格的类型学观察，将一批未说明层位关系的遗存划分为不同的年代组。

另外，最近几年，由于南水北调中线工程抢救性考古发掘的开展，一些重要的发现，如2005年10～12月鹤壁刘庄发掘的338座辉卫型墓葬④，2007年9月～2008年

---

① 据吉林大学边疆考古研究中心2009年临城解村东遗址发掘材料。

② 邹衡：《试论夏文化》，《夏商周考古学论文集》，文物出版社，1980年；李伯谦：《先商文化探索》，《庆祝苏秉琦考古五十五年论文集》，文物出版社，1989年；张立东：《论辉卫文化》，《考古学集刊》10，地质出版社，1996年。

③ 中国社会科学院考古研究所：《中国考古学·夏商卷》，中国社会科学出版社，2003年。

④ 赵新平、韩朝会、靳松安、王青：《河南省鹤壁刘庄遗址考古发掘取得重要收获》，《中国文物报》2006年1月27日；赵新平、韩朝会：《河南省鹤壁市刘庄遗址2005年发掘主要收获》，《东方考古》3，科学出版社，2006年；河南省文物考古研究所：《河南鹤壁市刘庄遗址下七垣文化墓地发掘简报》，《华夏考古》2007年第3期；河南省文物局：《河南省南水北调工程考古发掘出土文物集萃》（一），文物出版社，2009年2月。

12月磁县南城村发掘的86座漳河型墓葬①，在学术界掀起了一股下七垣文化的研究热潮，也因而促成了2009年7月首届“先商文化学术研讨会”（鹤壁—邯郸—石家庄）的召开。2005年以降，一些下七垣文化遗址的发掘，如2005年4月～2006年7月唐县北放水②、2006年5～9月唐县淑闾③、2006年8～12月邯郸薛庄④、2007年7月～2008年1月临城补要村⑤、2008年3～8月邯郸霍北村⑥、2009年8～10月临城解村东⑦以及安阳鄣邓⑧、武安崔炉⑨等，均获取了较为丰富的下七垣文化遗存材料，但迄今为止，这些新材料的公布却非常有限。因此，本文的分期研究更大程度上是基于已发表资料的基础上得出的阶段性成果。当然，这里我们也适当参考了在冀、豫两省考察与调研的部分材料⑩。

（一）漳河型

1. 典型遗址分期及相互对应关系

（1）下七垣遗址

位于河北省磁县下七垣村西南台地上。1966年发现，1974～1975年发掘960平方米⑪，是下七垣文化得以命名的典型遗址。

报告称下七垣遗址“文化层从上而下分四层，上面三层为商代层，第四层为二里

① 河北省文物研究所：《考古年报2008》（总第六期）。

② 徐海峰，高建强：《河北唐县北放水遗址考古发掘取得重要成果》，《中国文物报》2006年11月10日。

③ 刘连强：《河北唐县淑闾遗址发掘获重要成果》，《中国文物报》2006年12月15日。

④ 笔者曾于2007年7～8月参与该遗址发掘材料的整理工作，参见井中伟、霍东峰：《河北邯郸薛庄遗址考古发掘取得重要收获》，《中国文物报》2008年5月2日。

⑤ 王迅、常怀颖、朱博雅：《河北省临城县补要村遗址发掘取得重大收获》，《中国文物报》2008年2月29日。

⑥ 河北省文物研究所：《考古年报2008》（总第六期）。

⑦ 据吉林大学边疆考古研究中心2009年临城解村东遗址发掘材料。

⑧ 据《安阳鄣邓遗址考古新发现》，首届“先商文化学术研讨会”（鹤壁—邯郸—石家庄）学术报告，2009年7月。

⑨ 河北省文物研究所：《考古年报2008》（总第六期）。

⑩ 2006年8月，笔者在唐县淑闾遗址的发掘间隙曾去往北放水遗址徐海峰先生的考古工地参观学习。2009年9～11月在冀、豫两省考古调研期间，得益于河南省文物考古研究所方燕明、赵新平、李素婷、武志江等先生的帮助，笔者曾有幸亲临鹤壁刘庄、安阳鄣邓遗址的器物库房观摩学习。

⑪ 河北省文物管理处：《磁县下七垣遗址发掘报告》，《考古学报》1979年第2期。

头文化层”，报告所说的下层遗存包括第四层及其下开口的H12、H61；上层遗存包括第三层及其下开口的H95、H99。

1980年，邹衡先生在《试论夏文化》一文中认为报告将下层定为“二里头文化”的观点值得商榷，“从文化全貌来看，因其绝大部分因素均不同于二里头型和东下冯型，显然不能称为二里头文化，而应该归之为先商文化漳河型”①。在邹衡先生看来，下七垣遗址下上两层的文化性质是完全相同的，二者还应存在年代上的早晚关系。目前来看，多数学者都认同这一观点。

下七垣遗址下上两层发表的陶器在器类器形上差异较大，除豆盘可以看出些演变线索外，尚无其他可资比较的同型器物。但陶器风格上的差异却比较明显，例如，下层陶器陶胎较厚，绳纹较粗，炊器有甗、鼎、罐，无鬲；上层陶器陶胎较薄，绳纹较细，鬲取代鼎、罐成为主要炊器，且类型多样。下层陶器口沿或器底沿装饰楔形点纹和花边的风格均不见于上层。其他器类如盆、罐等的形制也存有差别。

下七垣遗址下上两层文化性质相同，又有明确层位关系，我们只能认为其风格差异是所处发展阶段的不同造成的，故可将其分为早晚两段。我们将下七垣遗址下上两层所代表的遗存分别称为下七垣1、2组。显然，它们之间是有年代缺环的。

（2）葛家庄遗址

位于河北省邢台市区西南的葛家庄村北，西距太行山脉约10公里。1993年发现，1993～1999年发掘多次②。

1999年，郭瑞海、任亚珊、贾金标三位先生在《三代文明研究》（一）里发表的两篇文章③（以下简称郭文）对葛家庄1993～1997年的发掘工作进行详细介绍，并将

① 邹衡：《试论夏文化》，《夏商周考古学论文集》，文物出版社，1980年。

② 任亚珊、郭瑞海、贾金标：《1993～1997年邢台葛家庄先商遗址、两周墓地考古工作的主要收获》，《三代文明研究》（一），科学出版社，1999年；郭瑞海、贾金标、任亚珊：《邢台葛家庄先商文化遗存分析》，《三代文明研究》（一），科学出版社，1999年；河北省文物局第一期考古发掘领队培训班等：《邢台葛家庄遗址1996年发掘简报》，《河北省考古文集》（二），北京燕山出版社，2001年；河北省文物研究所等：《邢台葛家庄遗址1999年发掘简报》，《考古》2005年第1期；河北省文物研究所：《河北省邢台市葛家庄遗址北区1998年发掘简报》，《考古》2000年第11期。

③ 任亚珊、郭瑞海、贾金标：《1993～1997年邢台葛家庄先商遗址、两周墓地考古工作的主要收获》，《三代文明研究》（一），科学出版社，1999年；郭瑞海、贾金标、任亚珊：《邢台葛家庄先商文化遗存分析》，《三代文明研究》（一），科学出版社，1999年。两篇文章中详细介绍了葛家庄一、二段的划分，并披露了一些遗物材料，尤其是后者发表了很多完整器物。但前者图版中没有标明器号，更不知器物的单位归属情况；后者图版“葛家庄先商文化第一段陶器”排版有误，我们对其进行了仔细辨别，最大程度的将器号归还于原器物，但仍有些器物与器号无法对应，遂于本文图二中标明了其在《三代文明研究》（一）中的页码与图版号，如“P11：图四-2”表示其出处为第11页的图四，2。

该遗址的漳河型遗存划归两段："把第三层下开口的所有遗迹和第四层以及第四层下开口的遗迹，划为本期一段。把第二层下开口的遗迹和第三层划为本期二段"。由此可见，其分期是有明确层位依据的。

报告所分这两段的陶器特征是有差别的，一段夹砂灰陶多，手制为主，陶胎较厚，领较高，圆唇，卷沿，最大腹径靠上，整体形态矮胖；二段泥质灰陶较多，磨光陶增多，轮制陶增加，陶胎变薄，多矮领，折沿较多，最大腹径靠下，整体形态瘦高。炊器上，一段主要有鬲和甗；二段则为鬲和橄榄形深腹罐。纹饰上，一段绳纹浅而粗细不均，纹理不清，弦纹、素面居其次，花边口器较多，有少许篮纹、弦断绳纹、楔形点纹、三角划纹；二段绳纹细而规整，纹理清晰，弦纹、素面比例增加，篮纹消失，花边口器减少。另外，两段遗存又不乏共性，如均以平底器为主，典型器类有盆、罐、鬲、豆、瓮等。一些装饰风格也较类似：均有一定数量的腹饰成组弦纹的素面盆，罐、瓮腹饰弦纹或弦断绳纹。另外，两段遗存也表现出一定的形制变化，我们选几种代表性器物列成图二，二段 H09∶16 鬲（图二，7）与一段同类器相比由有领微卷而翻沿近折，腹更斜直，绳纹更细；二段深腹盆和浅腹盆较一段同类器口沿均有下压趋势，二段深腹盆颈部收束较一段同类器明显；二段 W1∶1 罐（图二，12）与一段同类器（图二，6）相比绳纹更细，器体更加瘦高。

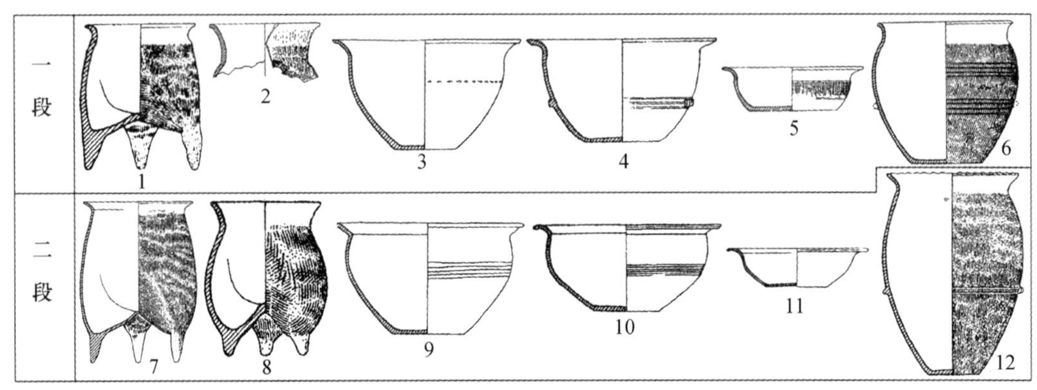

图二　郭文葛家庄陶器分段图

1. P11：图四-2　2. H78L∶10　3. P36：图二-11　4. G104∶13　5. P36：图二-7　6. P37：图二-26　7. H09∶16　8. P11：图五-2　9. H026∶2　10. H026∶2　11. P11：图五-13　12. W1∶1

鉴于以上分析，我们认为这两段的划分是有道理的。1996、1998、1999 年度的发掘简报均认可这种观点，三者分期意见基本一致。

因此，我们可以把葛家庄漳河型遗存分为两组：

第 1 组：郭文葛家庄一段、96 葛家庄一期、98 葛家庄一期一段、99 葛家庄二期一段。

第2组：郭文葛家庄二段、96葛家庄二期、98葛家庄一期二段、99葛家庄二期二段。

需要说明的是，2005年贾金标等先生在《关于葛家庄遗址北区遗存的几点认识》①一文中，将葛家庄北区的下七垣文化遗存分为三期，但其分期表中所选器物多为残器，且从器类上看多不具备明显的演变规律。通过与葛家庄遗址诸年出土遗存的类比分析，我们发现其第一期所选器物大多可划归葛家庄漳河型第1组，第二、三期基本可以合并，面貌同于葛家庄漳河型第2组。

下七垣2组“Ⅰ式鬲”的特征为卷沿，瘦腹，薄胎（图三，8），类似于葛家庄2组的主要鬲种——翻沿斜直腹细绳纹高尖足鬲（图三，1），这种鬲是二者共有的炊器类别；下七垣2组的“Ⅱ式鬲”即袋足鬲（图三，9）也与葛家庄2组同类器（图三，2）形态接近。另外，其他器类诸如罐、豆、四棱扁足鼎也可看出二者在文化面貌上有颇多相似性。因此，我们认为葛家庄2组年代相当于下七垣2组。

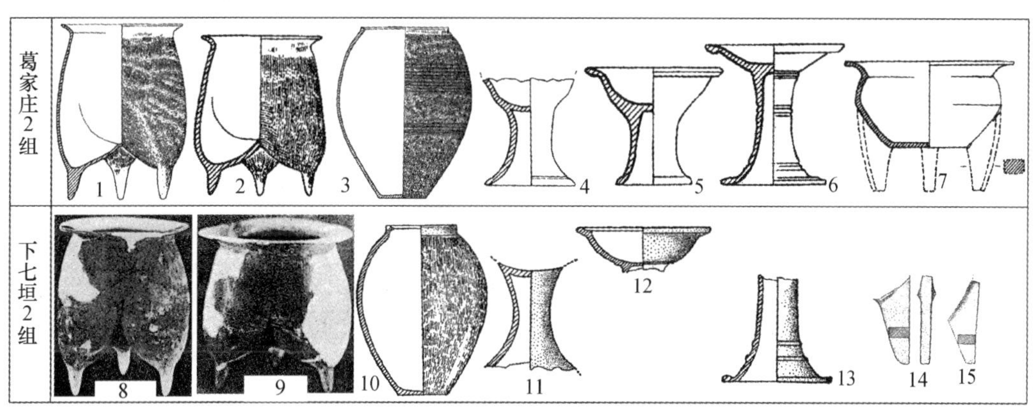

图三　葛家庄2组与下七垣2组同类器对比图

1～7. 葛家庄（郭文H09:16、郭文H03:4、郭文W3:1、99H82:10、郭文H31:4、P11：图四-8、郭文H2:2）
8～15. 下七垣（H95:1228、T11③:855、T7③:868、T10③:1389、T7③:1393、T7③:1492、T7③:1379、H95:1403）

从文化面貌上看，葛家庄1组与下七垣1组年代接近，如绳纹均较粗，陶胎较厚，制作较粗糙，均有花边口、篮纹和楔形点纹装饰。但后者又显偏早，如鼎有呈圜底罐形者，而前者鼎为平底，腹仍较深。且前者明显表现为后者的发展与延伸，如器类更加丰富，盆类器大增，磨光陶增多。因此，我们认为下七垣1组与葛家庄1组前后相继，又因葛家庄2组与下七垣2组年代相当，那么在一定程度上可以认为葛家庄1组填补了下七垣1、2组间的年代缺环。

① 贾金标等：《关于葛家庄遗址北区遗存的几点认识》，《考古》2005年第2期。

（3）涧沟遗址

涧沟遗址位于邯郸市西约 9 公里的涧沟村北。1957 年发掘①。

报告称涧沟的文化堆积为：汉代→东周→商文化→龙山，商文化可分两期，晚期与“安阳小屯殷墟文化的早期近似”，“早期以细绳纹卷缘陶鬲、甗、平底素面陶盆、细柄陶豆等为其主要特征”。

邹衡先生认为涧沟“早期商文化”与下七垣 2 组年代基本相当，即“下七垣文化第一、二、三层与邯郸涧沟村的商文化层是基本相似的”②。但从陶器特征上看，涧沟“早期商文化”遗存也有一些不同于下七垣 2 组和葛家庄 2 组的因素，而这些因素却与葛家庄 1 组非常接近，如涧沟的甗（图四，1）和鬲（图四，2）均为红厚胎，且口饰绳切纹花边、楔形点纹的风格与葛家庄 1 组同类器似，T18③b∶1 碗形豆与葛家庄 2 组同类器似，但腹更深，似比葛家庄 2 组年代更早。

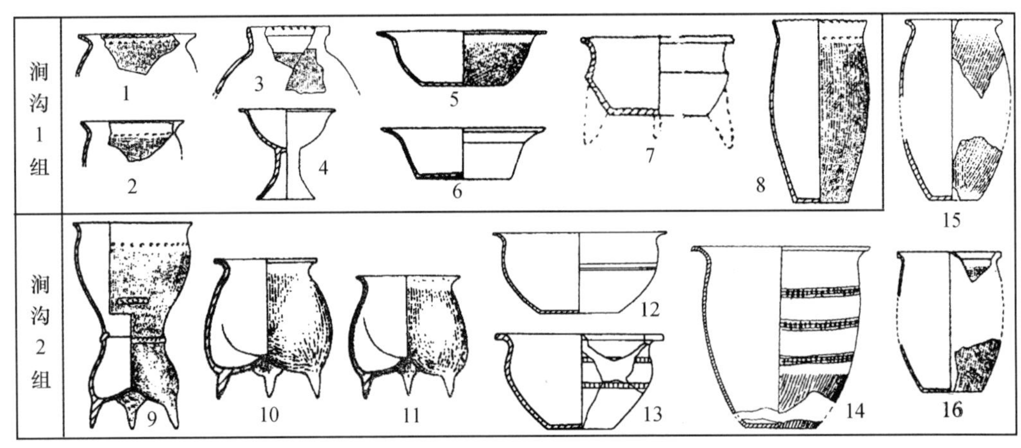

图四　涧沟遗址陶器分组图

1～3、5、15.（《试论夏文化》图十：2、4、5、3、1）　4. T18③b∶1　6、8、12、16.（《试论夏文化》图三：3、11、8、7）　7. T25∶47（《唐云明考古论文集》图表一：27）　9. T10②∶14　10. T3③∶226　11. H8∶6　13. HJ2T17（3B）∶566　14. HQH81

因此，参照葛家庄 1、2 组，我们可将涧沟遗存划归两组，如图四，第 1 组包括绳切纹花边且饰有楔形点纹的甗、鬲，夹砂中口罐，碗形豆等；第 2 组包括橄榄形深腹罐、素面弦纹盆、细绳纹高尖足的甗等。对于涧沟 T3③a∶226 和 H8∶6 两件鬲，我们认为其与下七垣 2 组 T10③∶855（图三，9）形制相似，可归入 2 组。涧沟 1、2 组年代分别相当于葛家庄 1、2 组。

---

① （北京大学、河北省文化局）邯郸考古发掘队：《1957 年邯郸发掘简报》，《考古》1959 年第 10 期。

② 邹衡：《“下七垣文化”命名的商榷》，《中国历史博物馆馆刊》2000 年第 1 期。

（4）何庄遗址

位于河北省永年临洺关西南15公里的何庄村北。1987年发现，1988年发掘①。报告称“现存文化堆积可分两层”，遗迹均开口于第1层下，第2层为“先商文化层”，分布不连续。

何庄两件深腹盆T11②∶1、T13②∶1口沿上扬、腹饰旋纹间楔形点纹的装饰与葛家庄1组同类器似；何庄两件深弧腹罐H5∶1、T10②∶1卷沿、方唇、中腹略鼓的形制，与涧沟1组夹砂中口罐似；何庄两件鬲H1∶1和H6∶1均与下七垣2组的T10③∶855Ⅱ式鬲形制相同。

据以上分析，我们认为何庄出土遗存可分为两组：第1组以H5、T10②、T11②、T13②等为代表；第2组以H1、H6、T9②等为代表。何庄1组年代相当于涧沟1组，何庄2组年代相当于葛家庄2组。

（5）北羊台遗址

位于邯郸峰峰矿区义井镇北羊台村北。1996年发现并发掘②。

从陶器面貌上看，北羊台H012∶2长腹罐与涧沟1组的夹砂中口罐似，H02∶5豆与何庄2组的T9②∶2似，两件鬲IIIH3∶1、21均与何庄2组H1∶1似。因此，北羊台遗址存在相当于葛家庄1、2组的遗存，暂称其为北羊台1、2组。

（6）义西遗址

位于河北省邯郸市峰峰矿区义井镇义西村。1996年发掘③。

本次发掘“发现了三个不同时期的考古学文化遗存”，其中第三期遗存为下七垣文化，文中称“遗迹多见于第2层（宋元文化层）下”。报告仅公布H4和H5两个灰坑的材料，二者没有直接层位关系，但陶器特征有别。H5∶50橄榄形深腹罐作高领，侈口，腹饰绳纹较粗，明显较早；鬲的形态不同，H5∶61较矮胖，口饰绳切纹花边，H4∶6、18两件鬲则表现为翻沿近折，薄胎，细绳纹。参照葛家庄1、2组的器物风格，我们认为其可分早晚两组，H5可称义西1组，H4可称义西2组，年代分别相当于葛家庄1、2组。

（7）宜丘遗址

位于河南省长垣县宜丘村。1998年发掘④。

报告公布了一组打破关系：H1、H2均开口于T0607②下，且H1→H2。H1∶1橄榄形深腹罐腹呈括号状，颈下腹饰线纹，比H2同类器更显修长，绳纹更细，明显较晚。

---

① 邯郸地区文物保管所、永年县文物保管所：《河北省永年县何庄遗址发掘报告》，《华夏考古》1992年第4期。

② 河北省文物研究所等：《河北邯郸市峰峰矿区北羊台遗址发掘简报》，《考古》2001年第2期。

③ 河北省文物研究所等：《邯郸市峰峰电厂义西遗址发掘报告》，《文物春秋》2001年第1期。

④ 郑州大学历史与考古系等：《河南长垣宜丘遗址发掘简报》，《中原文物》2005年第2期。

报告认为 H1、H2 可以分期，我们赞同这一意见。另，H4 开口于 T0507②下，与 H2 没有打破关系，但 H4 中橄榄形深腹罐比 H2 中同类器更显矮胖，绳纹更粗，且 H4 中多数器物口饰绳切纹花边的风格与后者迥然有异，参照 H2、H1 中橄榄形深腹罐的演变规律，我们认为 H4 应早于 H2。因此，我们可将宜丘以 H4、H2、H1 为代表的三组遗存按早晚关系分别称为宜丘 1、2、3 组。宜丘 1、2 组年代分别接近于葛家庄 1、2 组，宜丘 3 组晚于葛家庄 2 组。

（8）鹿台岗遗址

位于河南省杞县裴村店乡鹿台岗村。1976 ~ 1988 年在该地及邻境地区做过多次田野考古工作，1989 年试掘，1990 年发掘①。1990 年度的发掘共获灰坑三个和房址一座，其层位关系如下：

T2 北扩北壁：第 1 层（表土）→…→第 5 层（商代）→F1→H35→第 6 层→H9→H39→第 7-9 层（龙山）→生土

报告将第 6 层下开口的 H39、H9 定为第一期，将第 5 层下开口的 H35、F1 定为第二期。

但总体上看，各单位陶器特征差别并不太大，如炊器均以橄榄形深腹罐和鬲为主，二者合计分别占 H39、H9、H35 全部陶器的 30. 19%，40%（强），34. 88%；纹饰均以细绳纹为主，如 H39、H35 中细绳纹分别占 40. 63%、56. 21%；橄榄形深腹罐的形态酷似，如 H9∶5 和 H39∶5 均瘦高，束颈，腹饰近于线纹的细绳纹。因此，鹿台岗遗址的漳河型遗存总体可归一组，称为鹿台岗组。从橄榄形深腹罐的形态来看，H9∶3 极其瘦高，腹呈括号状，腹饰线纹的风格与宜丘 H1∶1 酷似，鹿台岗组年代上接近于宜丘 3 组。

（9）安阳地区诸遗址②

包括梅园庄、孝民屯、小屯西地、西高平、西蒋村等遗址出土的下七垣文化遗存。这些遗存从总体面貌来看，可归为一期，我们称之为梅园庄一期文化组，年代上相当于葛家庄 2 组。梅园庄一期文化组部分共存器物如图五。

① 中国社会科学院考古研究所二队、商丘地区文物管理委员会：《1977 年豫东考古纪要》，《考古》1981 年第 5 期。郑州大学考古专业等：《河南杞县鹿台岗遗址发掘简报》，《考古》1994 年第 8 期。郑州大学文博学院，开封市文物工作队：《豫东杞县发掘报告》，科学出版社，2000 年。

② 中国社会科学院考古研究所：《殷墟发掘报告（1958 ~ 1961）》，文物出版社，1987 年；刘一曼：《安阳小屯西地的先商文化遗存——兼论“梅园庄一期”文化的时代》，《三代文明研究》（一），科学出版社，1999 年；河南省文物考古研究所：《安阳市西高平遗址商周遗存发掘报告》，《华夏考古》2006 年第 4 期；侯卫东：《洹河流域下七垣文化与商文化关系研究》，中国社会科学院研究生院硕士学位论文，2008 年。

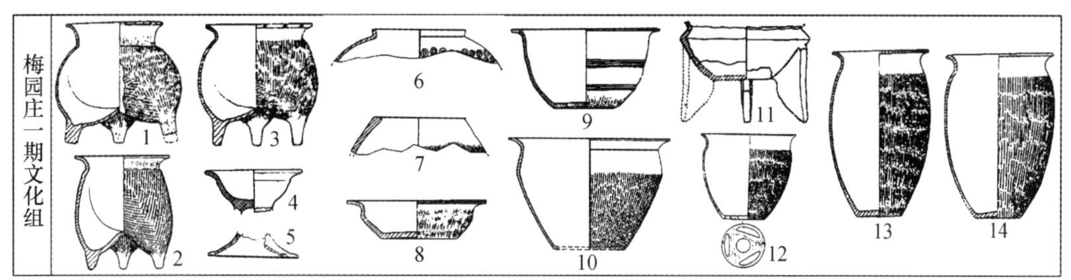

图五　梅园庄一期文化组部分共存器物

1、3、8、12～14. 小屯西地（H49∶1、3、12、4、9、8）　2、6、12. 西蒋村（H16③∶30、H3⑤∶3、H16③∶23）　4、11. 孝民屯（AHT301④∶6、AHT301③∶5）　5、9. 梅园庄（MT3⑥B∶26、5）　7. 西高平 H94∶9

通过以上典型遗址的分组对应分析，我们可将漳河型遗存归纳为以下四组：

第一组：下七垣 1 组。

第二组：葛家庄 1 组、涧沟 1 组、何庄 1 组、北羊台 1 组、义西 1 组、宜丘 1 组。

第三组：下七垣 2 组、葛家庄 2 组、涧沟 2 组、何庄 2 组、北羊台 2 组、义西 2 组、宜丘 2 组、梅园庄一期文化组。

第四组：宜丘 3 组、鹿台岗组。

2. 分期

通过以上分析，我们认为漳河型可分四段，如图六：

第一段以前述第一组遗存单位为代表。该段陶器以手制为主，夹砂灰褐陶最多，其次为泥质黑陶，灰陶较少，陶胎较厚，粗绳纹多，并有一定数量的楔形点纹和篮纹。主要器类有鼎、罐、甗、盆、豆。鼎多为深腹圜底，鼎足作三棱或四棱形，或有按窝；甗只见腰和足部，束腰较甚，甗鬲似较矮胖，高锥足；罐类器多，多高领，鼓腹，口、肩或底沿多饰楔形点纹，腹饰粗绳纹或箍状堆纹，橄榄形深腹罐作束颈方唇，腹饰篮纹；盆有深腹和浅腹之分，均较浅，饰粗绳纹或素面；豆均为磨光黑陶，腹作碗形，口外侈，柄有竹节状者。

第二段以前述第二组遗存单位为代表，内丘南三歧出土的漳河型遗存、石家庄市庄 H1①、邢台粮库出土的漳河型遗存②、邯郸薛庄 H315、H277 等单位③、安阳大寒南岗 H8④ 等可归入此段。该段轮制陶器增多，以夹砂灰褐陶为主，其次为泥质灰陶，有一

① 唐云明：《河北境内几处商代文化遗存记略》，《考古学集刊》2，中国科学出版社，1982 年。

② 河北省邢台市文物管理处：《邢台粮库遗址》，科学出版社，2005 年。

③ 据吉林大学边疆考古研究中心 2006 年邯郸薛庄遗址发掘材料，下同。

④ 中国社会科学院考古研究所安阳队：《安阳大寒村南岗遗址》，《考古学报》1990 年第 1 期。

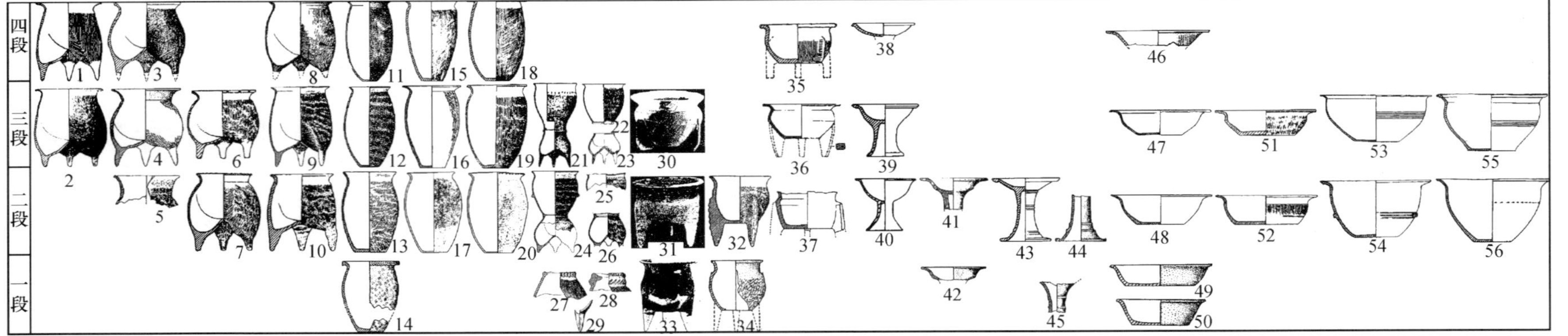

图六　漳河型陶器分段图

1、35. 下潘汪（T31r:21、H121:1）　2. 何庄（H1:1）　3、8、15、18、38、46. 鹿台岗（H39:6、H9:12、H9:5、H9:3、H39:35、H39:47）　4、16、23、30. 界段营（H8:35、6、31、8）　5、9、10、12、22、24、36、37、39、43、47、48、52、53、54、55、56. 葛家庄（郭文一段 H78L:10、郭文二段 H09:16、郭文一段、郭文二段 H40:10、99H82:10、郭文一段 H02:3、郭文二段 H2:2、郭文一段 H34:1、郭文二段 H31:4、郭文一段、郭文二段、99Ⅲ8:2、郭文一段、99H57:3、G104:13、96H30:82、郭文一段）　6、19、51. 小屯西地（H49:3、8、12）　7、13、25、26. 义西（H5:61、50、54、22）　11. 宜丘（H1:1）　14、27、28、29、33、34、42、44、45、49、50. 下七垣（H61:787、T25④:1417、T2④:1421、T6④:1414、H61:769、T7④:1334、T25④:1492、T7③:1492、T26④:1411、H61:781、T13④:622）　17、20. 薛庄（H315:62、H277:17）　21、40. 涧沟（T10②:12、T8③b:1）　31. 市庄（H1:1）　32. 大寒南岗（H8:3）　41. 南三歧 T9①:2）

定数量磨光黑陶和红陶，陶胎仍较厚，纹饰以绳纹为主，仍较粗，不规整，素面和弦纹居其次，楔形点纹仍然存在，除饰于甗、鬲口沿外，多介于两弦纹间饰于盆肩部，有一定数量的弦断绳纹，绳切纹花边口器增多，篮纹少见。主要器类有鬲、鼎、罐、甗、盆、豆、蛋形瓮等。鬲的数量增多，类型多样，领较高，口沿多饰绳切纹花边；圜底罐形鼎仍然存在，数量极少，取而代之的为平底罐形和盆形鼎，腹均较深，后者多束颈；罐类器类型多样，方唇较多，橄榄形深腹罐或口饰花边，腹饰中粗绳纹；甗口沿多饰花边，偶有沿下饰楔形点纹者，腹饰绳纹或弦断绳纹，或有鋬，甗鬲鼓腹下垂；盆类器多，口沿外侈或略外卷，有深腹和浅腹之分，前者多磨光黑陶，腹饰弦纹或楔形点纹，后者素面或腹饰绳纹；豆盘有碗形盘形之分，多为磨光黑陶，细柄喇叭形座；蛋形瓮上腹弧鼓，厚胎，腹饰中粗绳纹，整体较矮胖。

第三段以前述第三组遗存单位为代表，邯郸薛庄H3、H15、H275、H314等单位、龟台早殷一期①、涉县台村H4、H6等单位②、磁县界段营H8③、武安赵窑H5④等可归入此段。邯郸霍北村与武安崔炉两遗址⑤亦出有该段遗存。该段以泥质灰陶为主，其次为夹砂灰陶，有一定数量的泥质黑陶，亦有少量的红陶和黑皮红胎陶，陶器制作规整，胎较薄，流行细绳纹，次为素面和弦纹，有一定数量的弦断细绳纹，圆涡纹和S形纹，绳切纹花边仍有少量存在，楔形点纹极少，篮纹消失。主要器类有鬲、鼎、罐、甗、盆、豆、蛋形瓮、敛口瓮等。鬲多作卷沿，器体瘦高，通体饰细绳纹，亦有少许高领和口饰绳切纹花边者；鼎多作折腹盆形，腹较浅；罐类器形制多样，多卷沿，深腹，整体瘦高；甗的绳纹更细，甗鬲略显瘦高，鼓腹不明显；盆沿多下卷或平折；豆为细柄，碗形豆腹稍浅，盘形豆腹壁斜直，口沿宽平；蛋形瓮上腹近直，下腹弧收，多薄胎，腹饰细绳纹或弦断细绳纹；敛口瓮多为泥质磨光黑陶，折肩，上腹近直，最大径在中腹靠上，肩部饰有泥饼或内钩形鋬耳，腹饰数组弦纹。

第四段以前述第四组遗存单位为代表，涉县台村H7、下潘汪出土的漳河型遗存⑥可归入此段。该段以夹细砂灰陶为主，泥质灰陶次之，有一定数量的夹细砂褐陶、泥质褐陶。纹饰以细绳纹为主，有少量线纹，另有磨光、素面、杂乱绳纹等。主要器类有鬲、罐、豆、大口尊等。鬲多饰线纹，整体瘦高；罐多深腹，腹呈括号状，饰细绳纹或线纹；大口尊作束颈，深腹，腹壁斜直。

---

① （北京大学、河北省文化局）邯郸考古发掘队：《1957年邯郸发掘简报》，《考古》1959年第10期。

② 河北省文物研究所等：《河北涉县台村遗址发掘简报》，《河北省考古文集》（三），科学出版社，2007年。

③ 河北省文物管理处：《磁县界段营发掘简报》，《考古》1974年第6期。

④ 河北省文物研究所、河北文化学院：《武安赵窑遗址发掘报告》，《考古学报》1992年第3期。

⑤ 河北省文物研究所：《考古年报2008》（总第六期）。

⑥ 河北省文物管理处：《磁县下潘汪遗址发掘报告》，《考古学报》1975年第1期。

（二）辉卫型

1. 典型遗址分期及相互对应关系

（1）宋窑遗址

位于淇县县城西南的宋窑村，地处太行山东麓。1977 年发现，1988 年发掘，揭露面积约 284 平方米①。

张立东先生将宋窑遗址的辉卫型遗存分为五期，但通过对地层关系的梳理和对陶器特征的观察，我们认为需对其遗存组进行年代调整：本文第 1 组以 T302 的第 4 ~ 12 层（大坑内的堆积）为代表，基本相当于张文的第 3 组；本文第 2 组以 T301 的第 4、3 层和 T10、T11、T12、T13、T14、T21、T22、T23 的下层堆积（一般为第 4 ~ 6 层，个别探方有第 7、8 层）为代表，相当于张文的第 1、2、4 组；本文第 3 组以 T302 的第 3 层、H35、H43、H45、H46、H50 等单位为代表，相当于张文的第 5 组。这样的调整与张文所提供的层位关系并不矛盾。

通过调整我们看到，第 1 组的橄榄形深腹罐整体表现矮胖；第 2 组，橄榄形深腹罐较瘦高，但数量减少，新出现一类小底近圜的平底罐；第 3 组平底罐消失，流行圜底深腹罐。橄榄形深腹罐的演变规律基本与漳河型类似。宋窑遗址深腹罐分组图如图七。

（2）刘庄遗址

位于鹤壁市淇滨区大赉店镇刘庄村南。1932 年首次发现，2005 年发掘两次②。下层为仰韶时代大司空类型聚落遗存，上层为下七垣文化墓地。

刘庄辉卫型墓地共发现墓葬 338 座，可分三区，均为单人葬，其中有随葬品者 208 座，占墓葬总数的 60% 强，迄今材料见诸发表（完全或部分）的有十三座墓葬。从出土陶器的形制特征看，我们认为 M24、M35、M97、M102、M117、M218、M236 年代接近，暂称以其为代表的遗存为刘庄组。

刘庄组表现出与宋窑 2 组颇多的相似性，二者同类器的对比列为图八。另外，M35 出土的一件石钺 M35∶1 也与宋窑二组 T14④∶64D 型石刀形制类似，二者均为六曲齿刃，唯前者在器身上钻有一孔，后者钻有两孔。因此，我们认为刘庄组的年代相当于宋窑 2 组。

---

① 北京大学考古系商周组：《河南淇县宋窑遗址发掘报告》，《考古学集刊》10，地质出版社，1996 年。

② 赵新平、韩朝会、靳松安、王青：《河南省鹤壁刘庄遗址考古发掘取得重要收获》，《中国文物报》2006 年 1 月 27 日；赵新平、韩朝会：《河南省鹤壁市刘庄遗址 2005 年发掘主要收获》，《东方考古》3，科学出版社，2006 年；河南省文物考古研究所：《河南鹤壁市刘庄遗址下七垣文化墓地发掘简报》，《华夏考古》2007 年第 3 期；河南省文物局：《河南省南水北调工程考古发掘出土文物集萃》（一），文物出版社，2009 年。

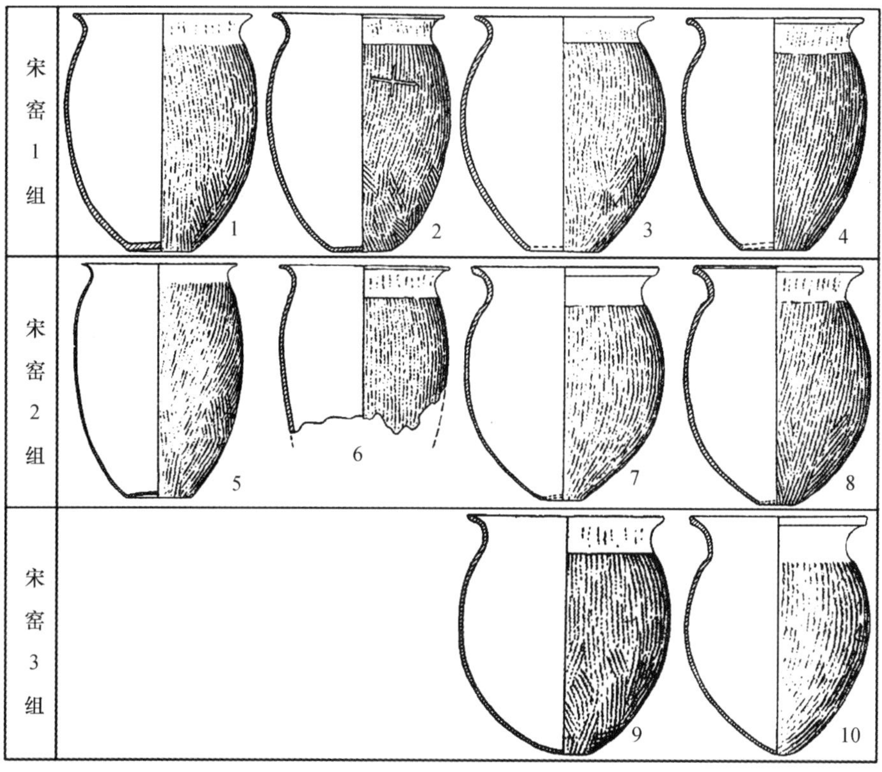

图七 宋窑遗址深腹罐分组图

1. T302⑩:173 2. T302⑨:148 3. T302⑦:143 4. T302⑧:185 5. T301③:105 6. T301④:54 7. T11④:129 8. T12④:315 9. H43:27 10. H50:14

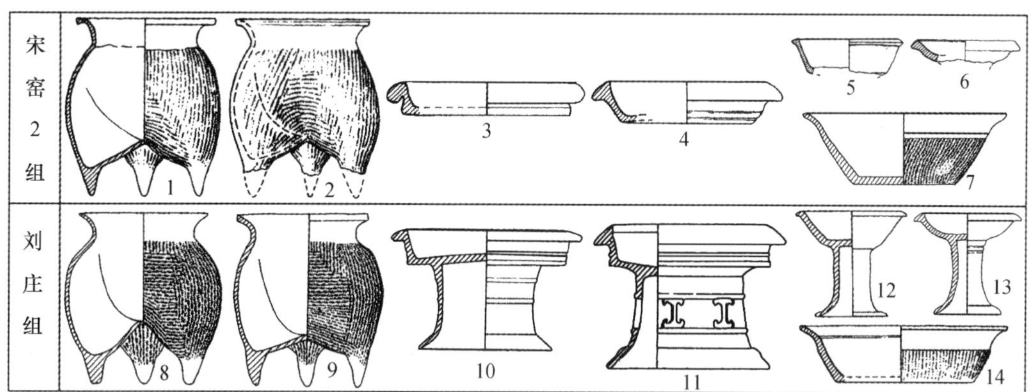

图八 宋窑2组与刘庄组同类器对比图

1～7. 宋窑（T12④:194、T23④:93、T10⑤:76、T21⑥:117、T12⑤:108、T23③:146、T10⑤:77）
8～14. 刘庄（M218:2、M24:1、M117:1、M218:1、M97:3、M218:4、M117:5）

（3）潞王坟遗址

位于河南省新乡县境内，在京广铁路潞王坟车站东北 1.5 公里处。1958 年发现并试掘①。

报告所称的潞王坟下层遗存属辉卫型。从文化面貌上看，潞王坟 T3:19 鬲与宋窑 T12④:192 似，T4:81 深腹盆与宋窑 T13④:67 形制接近，T4:74 圜底深腹罐与宋窑 H50:14 似，T4:82 大口尊口大于肩，高束颈，深长腹，明显较晚。

因此，可将潞王坟下层遗存分为两组：第 1 组以 T3:19 鬲、T4:81 深腹盆等器物为代表；第 2 组以 T4:74 圜底罐、T4:82 大口尊等器物为代表。潞王坟 1、2 组分别相当于宋窑 2、3 组。

（4）孟庄遗址

位于河南省辉县东部约 5 公里的孟庄村。1951 年发现，1992 ~ 1995 年发掘六次，发现辉卫型城址一座②。

共分 21 个发掘区，各区层位不同，辉卫型文化层不相连通。报告将此类遗存分为四期，但各期只有很少单位且没有代表性，参考宋窑遗址的分期，我们可对其重新分组：第 1 组以 H199、H158、H44、T45⑤等单位为代表；第 2 组以 M10、M26、M28、M45、T8611 等单位为代表；第 3 组以 M6、M8、M17、H301、H76 等单位为代表。

通过器物形制比较，我们认为孟庄 2 组的鼎 M45:1 与宋窑 T11⑤:135 似，平底盆 M45:2 与宋窑 T10⑤:77 似，三件鬲 M10:1、M26:1、M28:1 均与宋窑 T12④:192 似，因此孟庄 2 组年代基本相当于宋窑 2 组；孟庄 1 组豆 H199:46 与宋窑 T302⑧:28、T302⑥:200 似，孟庄 3 组平底盆 M8:2 与宋窑 H50:11 似，其他器物亦多类似，因此，我们认为孟庄 1、2、3 组年代分别相当于宋窑 1、2、3 组。辉卫型城址城墙夯土中陶片特征接近于孟庄 1 组。

（5）辉县琉璃阁 H1

位于河南省辉县县城东约 1 公里。1950 年发掘③。

琉璃阁 H1 是一口深约 11.5 米的井，内填堆积可分 16 层，报告称文化面貌没有差别。出土遗物中鬲数量最多，几乎占全部陶片的一半，都属同一类型：侈口，折颈，腹外鼓，锥状实足根，完整器仅 H1:87 一件，特征与宋窑 3 组 H34:10 相同；H1:135 盆与宋窑 3 组 H50:11 似，H1:133 大口尊与潞王坟 2 组 T4:82 似，H1:108 圜底尊形器与宋窑 3 组深腹罐 H43:27 似。因此，我们认为 H1 年代相当于宋窑 3 组。

通过以上遗址的分组对应分析，我们可将辉卫型遗存归为以下三组：

第一组：宋窑 1 组、孟庄 1 组。

---

① 河南省文化局工作队：《河南新乡潞王坟商代遗址发掘报告》，《考古学报》1960 年第 1 期。

② 河南省文物考古研究所：《辉县孟庄》，中州古籍出版社，2003 年。

③ 中国科学院考古研究所：《辉县发掘报告》，科学出版社，1956 年。

第二组：宋窑2组、刘庄组、孟庄2组、潞王坟1组。

第三组：宋窑3组、孟庄3组、潞王坟2组、琉璃阁H1。

2. 分期

通过以上分析，我们认为辉卫型可分三段，如图九：

第一段以前述第一组遗存单位为代表，新乡李大召出土的辉卫型遗存①可归入此段，焦作府城②亦有该段遗存。该段陶器以夹砂灰陶为主，有一定数量的夹砂黑褐陶和黑皮红胎陶。纹饰以中粗绳纹为主，有一定数量的弦断绳纹，少量绳切纹花边、圆涡纹和附加堆纹。主要器类有深腹罐、鬲、鼎、盆、豆、敛口瓮、大口尊等。深腹罐较粗矮；鬲领较高，上腹外鼓；鼎多为平底盆形和深腹罐形；有少量的圆腹罐，口沿饰有附加堆纹或绳切纹的花边，或有双鋬；盆有深腹和浅腹之分，腹壁多饰绳纹，前者束颈盆数量多，后者腹壁多外弧；豆的类型多样；敛口瓮多在肩、腹部饰条带状圆涡纹；大口尊口等于或稍大于肩，胎较厚，束颈明显，肩部饰有附加堆纹。

第二段以前述第二组遗存单位为代表，修武李固③、辉县孙村④出土的辉卫型遗存可归入此段。该段陶器以夹砂灰陶和泥质灰陶为主，有一定数量的褐陶、黑陶和红胎陶。主要器类有深腹罐、鬲、鼎、盆、豆、敛口瓮、大口尊等。橄榄形深腹罐整体瘦高，但数量减少，鼓腹罐底变小，另外盛行一种口饰绳切纹花边，腹饰弦断绳纹的深腹罐；鬲多束颈，口沿外卷；鼎领部变高，下腹微外曲，亦有肩明显外鼓，下腹斜直，平底上凹的深腹盆形鼎；深腹盆口沿外卷明显，浅腹盆除弧壁外曲者外，另外流行斜直壁浅腹盆；豆腹变浅；敛口瓮肩部下折明显；大口尊多高领，口大于肩。

第三段以前述第三组遗存单位为代表。该段以夹砂灰陶和泥质灰陶为主，有少量黑陶和黑皮红胎陶。主要器类有罐、盆、豆、大口尊等。花边罐和小平底罐消失，流行圜底和尖圜底罐；鬲的口沿外侈，更显瘦高；鼎为圜底盆形，但数量极少。

（三）保北型

学者提出“保北型”的命名，是因为从当时考古工作的情况看，遗址主要集中于保定北部地区。但随着南水北调中线工程抢救性考古发掘的开展，在保定南部的唐县淑

① 郑州大学历史学院考古系：《新乡李大召——仰韶文化至汉代遗址发掘报告》，科学出版社，2006年。

② 杨贵金、张立东：《焦作市府城古城遗址调查报告》，《华夏考古》1994年第1期。

③ 王迅：《论先商文化补要类型》，首届“先商文化学术研讨会”（鹤壁—邯郸—石家庄）提交论文，2009年7月。该文称，临城补要村出土的下七垣文化陶器遗存“极具代表性与地方性”，受“山东岳石文化影响明显，如折腹罐、盘形豆等占有一定比例，而鼎、橄榄形罐、花边罐明显少于其南部的其他先商遗址”，因而“可以称之为先商文化补要类型”。

④ 郑州大学历史学院考古系等：《河南辉县孙村遗址发掘简报》，《中原文物》2008年第1期。

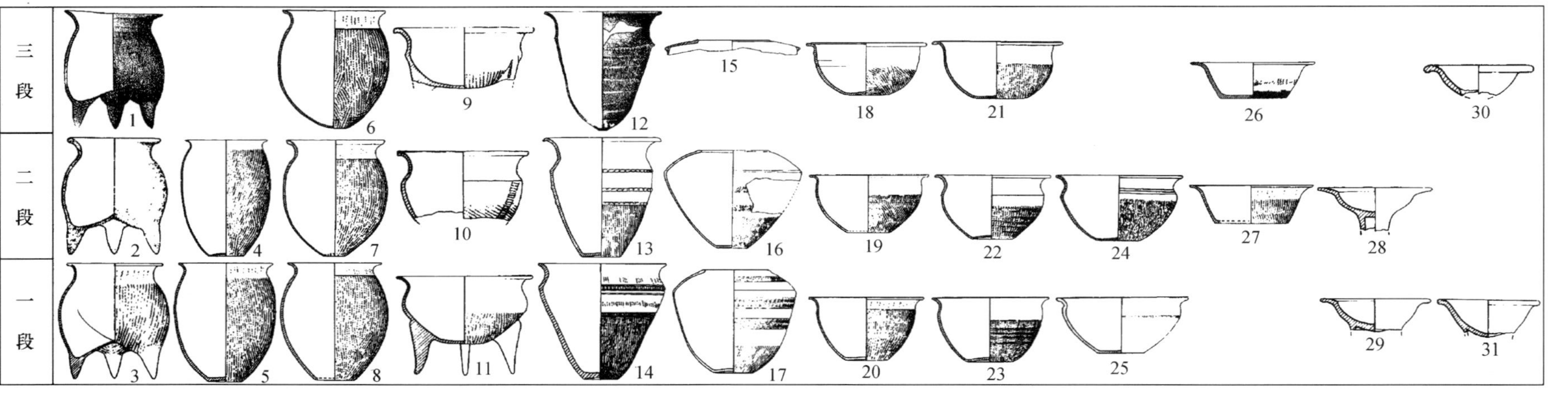

图九　辉卫型陶器分段图

1、12. 琉璃阁（H1∶87、H1∶133）　2. 潞王坟 T3∶19　3～11、13、16～23、25、27～31. 宋窑（T302⑩∶141、T301③∶105、T302⑩∶173、H43∶27、T11④∶129、T302⑦∶143、H50∶8、T11⑤∶135、T302⑩∶153、T11⑥∶131、T12⑤∶72、T302⑩∶219、H50∶12、T11⑥∶114、T302⑧∶157、T21②a∶57、T23④∶100、T302⑩∶146、T302⑧∶172、T23④∶95、T13⑧∶144、T302⑧∶28、T302③∶266、T302⑪∶152）　14、15、25. 孟庄（T45∶1、H76∶1、M8∶2）　24. 李固（T1⑤c∶39）

间、北放水、南放水等遗址相继发现了保北型遗存，因此其分布地域已不仅限于保定北部地区。1998年于唐河以南的定州尧方头遗址，“在汉墓分布的间隙发掘了……36平方米，发现了较为丰富的夏时期的文化遗存”①，亦属保北型同类遗存。

迄今为止，虽然经过发掘和调查的遗址已有20余处，但公布材料的仅有易县下岳各庄②、定州尧方头、容城午方③、上坡④、白龙⑤、安新辛庄克⑥等几处遗址。其余遗址的陶器材料多为采集品，或仅在学者的研究文章中有所提及⑦。2006年发掘的河北易县七里庄遗址亦出土了丰富的“夏商时期遗存”，发掘者称“文化面貌与下岳各庄一期、塔照一期基本相同”，并含有较多的北方青铜文化因素⑧，从发掘者披露的一件陶鬲的形态来看，属下七垣文化的典型陶器。

1. 遗存分组

（1）下岳各庄遗址

位于河北省易县阳谷庄乡下岳各庄村东北。1985年调查并试掘，发掘面积为90平方米。其中“第一期遗存”为保北型遗存，“以T4的H9、5、4和T5的3、4层、H20为代表”。该遗址处在与北方青铜文化交接地的位置，遗存中含有较多的北方青铜文化因素。

发掘报告提供了一组打破关系（H5→H4），H4∶11鬲饰粗绳纹，H5中鬲的绳纹则更为浅细且规整，它反映的应该是时代风格的差异，很多学者都认同H5、H4代表不同的年代组，我们亦持这种观点。从绳纹深腹盆的形态来看，H7∶12与H4∶9、H23∶28相比口沿由微卷到下翻，年代应较晚。另外H4、H18中鬲、罐的形态与H23中同类器似。因此我们将其分为两组：第1组以H4、H18、H23等单位为代表；第2组以H5、H7为代表。

---

① 河北省文物研究所、保定市文物管理处：《河北定州市尧方头遗址发掘简报》，《考古》2004年第9期。

② 拒马河考古队：《河北易县涞水古遗址试掘报告》，《考古学报》1988年第4期。

③ 河北省文物研究所：《河北容城县午方新石器时代遗址试掘》，《考古学集刊》5，中国社会科学出版社，1987年。

④ 河北省文物研究所、保定市文物管理所、容城县文物保管所：《河北省容城上坡遗址发掘简报》，《华夏考古》1999年第7期；河北省文物研究所：《北福地——易水流域史前遗址》，文物出版社，2007年。

⑤ 保北考古队：《河北省容城县白龙遗址试掘简报》，《文物春秋》1989年第3期。

⑥ 保北考古队：《安新县考古调查报告》，《文物春秋》1990年第1期。

⑦ 沈勇：《保北地区夏时代的两种青铜文化之探讨》，《华夏考古》1991年第3期。

⑧ 段宏振、任涛：《河北易县七里庄遗址发现大量夏商周时期文化遗存》，《中国文物报》2006年12月8日；段宏振：《七里庄遗址青铜文化遗存的演进》，《中国文物报》2007年6月15日。

（2）其他发掘材料

从我们对其他已发掘且公布材料的遗址诸遗存单位的排比分析，认为：辛庄克 H1 可归入下岳各庄 1 组；容城午方 J1、白龙 H1、H2、H4、上坡遗址第三层和 H34、定州尧方头出土的保北型遗存，年代接近于下岳各庄 2 组。

基于以上分析，我们可将保北型遗存归为两组：

第一组：以下岳各庄 1 组、辛庄克 H1 为代表。

第二组：以下岳各庄 2 组、白龙 H1、H2、H4、上坡遗址第三层和 H34、定州尧方头出土的保北型遗存为代表。

另外，对于河北省任丘市哑叭庄遗址第二期遗存，虽然报告认为其“与燕南京、津、唐，张家口地区夏家店下层文化同类器物基本相同”，可暂称为“燕南夏家店下层文化哑叭庄类型”①，但亦有学者认为其属于下七垣文化②。从陶器特征上看，哑叭庄第二期遗存确实有一些因素来自下七垣文化，但同时来自北方的文化因素也占相当大的比重。在地理位置上，虽然它与保北型诸遗址相距较近，隔唐河而相望，但又明显孤立于这些遗址之外。鉴于此，对其性质我们持存疑态度，暂不作探讨。

2. 分期

通过以上分析，我们认为保北型可以分为两段：

第一段以前述第一组遗存单位为代表，唐县南放水 H142③、淑闾 IH38、IH176④ 均可归入此段，保定小车⑤、唐县北放水⑥、徐水巩固庄、文村、容城上坡南⑦等遗址亦有该组遗存。

第二段以前述第二组遗存单位为代表，唐县北放水、淑闾、徐水文村、韩家营等遗址亦有该组遗存。

保北型可资分期的器物不多，有鬲、甗、盆等几种，陶器分段列为图一〇。从陶器特征上看，第一段以泥质灰陶和夹砂灰陶为主，有一定数量的褐陶和红胎陶以及少量的

---

① 河北省文物研究所、沧州地区文物管理所：《河北省任邱市哑叭庄遗址发掘报告》，《文物春秋》1992 年增刊。

② 中国社会科学院考古研究所：《中国考古学·夏商卷》，中国社会科学出版社，2003 年。

③ 据吉林大学边疆考古研究中心 2006 年唐县南放水遗址发掘材料。

④ 刘连强：《河北唐县淑闾遗址发掘获重要成果》，《中国文物报》2006 年 12 月 15 日。

⑤ 贾金标、胡金华：《河北保定市发现先商时期遗址》，《中国文物报》2005 年 9 月 9 日。

⑥ 河北省文物研究所：《南水北调中线工程总干渠暨天津干渠——河北省文物调查报告》，编写于 2004 年 11 月；徐海峰，高建强：《河北唐县北放水遗址考古发掘取得重要成果》，《中国文物报》2006 年 11 月 10 日。下同。

⑦ 沈勇：《保北地区夏时代的两种青铜文化之探讨》，《华夏考古》1991 年第 3 期。徐水巩固庄、文村、韩家营、容城上坡南材料亦见该文。

磨光黑陶。鬲多作高领，肥袋足；甗鬲特征与垂腹鬲腹部形态接近，鬲足或有捆绑留下的凹槽痕；豆有折腹碗形与浅盘形两种，豆盘均较深，碗形豆或有镂孔；绳纹深腹盆口沿外侈，腹略浅。其他器类有蛋形瓮、小口鼓腹罐、盆形鼎等。第二段以泥质灰陶为主，夹砂灰陶次之，有一定数量的夹砂红陶和磨光黑陶，少量素面。橄榄形深腹罐多束颈，弧腹微鼓，器形较瘦高；鬲领变低，裆渐高，整体器形较一段同类器稍显瘦高；甗鬲特征与垂腹鬲腹部形态接近，较一段同类器稍显瘦高；折腹碗形豆和浅盘形豆的豆盘均变浅，较一段同类器有整体下压趋势；绳纹深腹盆腹稍深，口卷向外翻卷，绳纹更细。其他器类有素面盆、绳纹束颈盆、蛋形瓮等。

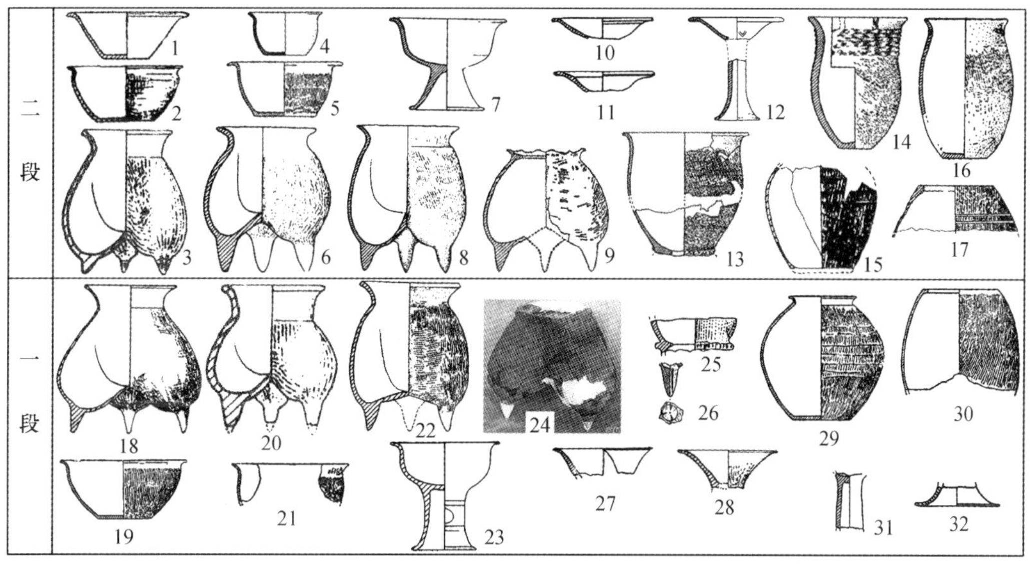

图一〇 保北型陶器分段图

1、5、9、19、21、29、30. 下岳各庄（H1:11、H7:12、H7:23、H4:9、H23:28、H18:1、H23:19） 2. 遂城:01） 3. 巩固庄:01 4、6～8、12. 上坡（T40③:594、采:011、T42③:758、H34:37、T40③:754） 10、11. 白龙（H2:23、H2:12） 13、14、16. 午方（J1:447、255、247） 15、23. 北放水 17、18. 淑闾 20. 老姆台:01 22. 七里庄 24. 小车 25～28、31. 辛庄克（H1:2、6、3、25、16、8）

三、下七垣文化的分期

（一）辉卫型、保北型与漳河型的段别对应关系

通过上文分析，我们把漳河型遗存分为四段，辉卫型分为三段，保北型分为两段。下面我们对辉卫型、保北型与漳河型的段别对应关系进行简要探讨。

辉卫型一段与漳河型二段风格接近：深腹罐均较矮胖，如宋窑 T302⑩:173（图九，5）与何庄 H5:2 似；鼎类器多为平底罐形，如孟庄罐形鼎 H199:37 与漳河型二段同类器市庄 H1∶1（图六，31）风格相似；二者均有口饰绳切纹花边的风格，如葛家庄 2 组与孟庄 1 组均有一定数量的花边口沿罐；二者均以中粗绳纹为主，细绳纹少。总体来看，可以认为辉卫型一段与漳河型二段年代相当。

辉卫型二段与漳河型三段风格接近：橄榄形深腹罐均较瘦高，腹饰细绳纹，如宋窑 T301③∶105（图九，4）与小屯西地 H49∶8（图六，19）酷似；花边口器仍有少量存在，如宋窑 T22④∶79 花边口鬲与小屯西地 H49∶1 似；盆类器亦多相同，如宋窑 T22④∶79 折腹盆与小屯西地 H49∶3 似；辉卫型典型的束颈鼓肩盆在漳河型中也有存在，如北羊台 H01∶3 形制基本与宋窑 T13④∶67 相同；在漳河型与辉卫型接近的安阳地区，二者均存在束颈鼓腹小平底罐，如宋窑 T11④∶129 与梅园庄 AHT301⑤∶20 形制接近；另外，漳河型三段也有与辉卫型二段相似的高领鬲，如界段营 H8∶35 与潞王坟 T3∶19 特征接近。因此，辉卫型二段年代基本相当于漳河型三段。

再看辉卫型三段与漳河型四段。辉卫型三段晚于辉卫型二段，漳河型四段晚于漳河型三段，二者均表现出较晚的文化特征，如宋窑 3 组、潞王坟 2 组、辉县琉璃阁 H1、孟庄 3 组均有一定数量的圜底深腹罐；宜丘、鹿台岗遗址的橄榄形深腹罐极其瘦高，腹饰细线纹的特征表明其绝对年代已经很晚。虽然遗存数量有限，但从文化面貌上看，两者也表现出一定的相似性，如潞王坟 T4∶8 箍状堆纹罐与鹿台岗 H9∶10 风格相似，孟庄 101∶4 鬲与鹿台岗 H9∶4 均作瘦腹，下腹微鼓。总的来说，辉卫型三段基本与漳河型四段属于同一时期。

保北型一段与漳河型二段风格接近：保北型一段的鬲普遍高领，如垂腹鬲老姆台∶01（图一〇，20）与漳河型二段同类器郭文葛家庄 H78L∶10（图六，5）领部形态极似；七里庄弧鼓腹鬲（图一〇，22）腹部形态虽与漳河型三段同类器何庄 H1∶1（图六，2）略似，但其高领束颈的特征明显较后者为早。深腹盆的口沿均表现为稍卷外侈，如下岳各庄 H4∶9（图一〇，19）与漳河型二段同类器相似；保北型的鼎类器作平底盆形，与漳河型二段者相似，如淑闾 IH38∶9 平底盆形鼎与郭文葛家庄一段 H34∶1（图六，37）酷似。因此，保北型一段与漳河型二段年代大致相当。

保北型二段与漳河型三段风格接近：二者鬲虽均为袋足，但器体均比前段更加瘦高，表现出相似的演变规律，如垂腹鬲巩固庄∶01 腹部形态与何庄 H1∶1（图六，2）类似；鼓腹鬲午方采∶011（图一〇，6）与界段营 H8∶35（图六，2）形制类似；弧腹鬲上坡 H34∶37（图一〇，8）与郭文二段 H09∶16（图六，9）形制类似；盆沿外卷的风格近同，如下岳各庄 H7∶12（图一〇，5）与漳河型三段同类器特征相同；甗盆形制极其类似，均为深腹，中腹微鼓，外壁饰细绳纹或弦断绳纹，如午方 J1∶447（图一〇，13）与涧沟 T10②∶14、葛家庄 99H82∶10（图六，21、22）形制类似；浅盘豆的形制相同，口沿宽平，如上坡 T40③∶754（图一〇，12）与何庄 T9②∶2 似；橄榄形深腹罐形制类似，如午方 J1∶247（图一〇，16）与下七垣 T7③∶954 似。因此，保北型二段与漳河型三段年代相当。

（二）文化分期

通过上文对辉卫型、保北型与漳河型的段别对应关系的探讨，我们可将下七垣文化分为四期：

第一期：漳河型一段。

第二期：漳河型二段、辉卫型一段、保北型一段。

第三期：漳河型三段、辉卫型二段、保北型二段。

第四期：漳河型四段、辉卫型三段。

四、下七垣文化的年代

下七垣遗址的下层叠压于涧沟型龙山文化层之上，故下七垣文化的年代上限应晚于当地龙山文化。

报告认为其“平底罐形鼎与二里头二期的相同”，年代应相当于二里头文化二期①。从陶器特征上看，下七垣文化一期T14④：1260罐外腹壁装饰数道附加堆纹的风格在二里头文化一期早段就已出现并一直向后延续，且该罐与二里头文化二期Ⅲ·ⅤH249：8Ⅰ式大口尊②的形制类似，但附加堆纹稍显稀疏，则与二里头一期ⅤH75：10Ⅰ式蛋形瓮和东下冯一期H42：4罍风格接近。鉴于此，我们认为下七垣文化一期可以早到二里头文化二期早段。沈勇先生也持这种观点③。

下七垣文化二期三足盘大寒南岗T②：4与二里头文化二期晚段同类器ⅨM10：5类似；且二里头文化二期的圆腹罐颈上部通常饰有附加堆纹花边和对称小鋬，与辉卫型孟庄一组风格接近；下七垣文化二期两件大口尊孟庄XXT45⑤：1、XXT31J2：1与二里头文化三期早段同类器ⅡT203G：11相似。因而，我们认为下七垣文化二期应定在二里头文化二期晚段至三期早段为宜。

二里头文化四期有一部分袋足鬲，形态与三期鬲的形态不同，对于后者，报告说“鬲是本期（三期）陶器的一种新的器类……二里头遗址的陶鬲是仿效罐的形式，从圆腹罐（鼎）发展起来的”④，但显然从二里头文化三期鬲的形制来看，已经接受了下七垣文化的一些影响，如二里头文化三期ⅣH57：96侈口鬲与下七垣文化三期同类器潞王坟T3：19均作高领，弧鼓腹；二里头文化四期早段的袋足鬲从形制特征上看，已经与下

① 河北省文物管理处：《磁县下七垣遗址发掘报告》，《考古学报》1979年第2期。

② 本文二里头遗址的器物材料均出自《偃师二里头》，参见中国社会科学院考古研究所：《偃师二里头》，中国大百科全书出版社，1999年。

③ 沈勇：《保北地区夏时代的两种青铜文化之探讨》，《华夏考古》1991年第3期。

④ 中国社会科学院考古研究所：《偃师二里头》，中国大百科全书出版社，1999年。

七垣文化三期辉卫型和漳河型的同类器极其接近。二里头文化四期也存在漳河型三段常见的橄榄形深腹罐，如ⅤH53∶11Ⅱ式平底深腹罐，其瘦腹，饰细绳纹的特征与漳河型三段同类器下七垣 T7③∶954 近同。同时，辉卫型三段大口尊的特征也与二里头文化四期同类器形制接近，比前期领部更高，口更外张，器腹更深。鉴于以上分析，我们认为下七垣文化三期可定在二里头文化三期晚段至四期早段。

下七垣文化四期的辉卫型遗存中存在一定数量的圜底或尖圜底深腹罐，与二里头文化四期晚段同类器特征接近。下潘汪的鬲，特征上接近二里头文化四期晚段同类器，且表现出与偃师商城一期一段、南关外期较为接近的文化特征。总的来看，我们认为下七垣文化四期的年代大体相当于二里头文化四期晚段、偃师商城一期一段或南关外期等过渡时期的遗存，尚无证据表明其年代下限可至早商第一期即二里冈下层时期。

通过上文分析，我们可将下七垣文化各类型分期对应关系列为表一：

表一　下七垣文化各类型分期对应表*

相对年代	分期	漳河型	辉卫型	保北型
四期晚段	四	四	三	
三期晚段—四期早段	三	三	二	二
二期晚段—三期早段	二	二	一	一
二期早段	一	一		

* 以二里头文化分期为标准。

鉴于下七垣文化碳-14 测年数据发表不多①，在此我们对其绝对年代暂不作探讨。

考古学文化的分期研究是其他各项研究的前提和基础，下七垣文化发掘材料已有一定积累，为分期研究奠定了基础。本文从陶器特征的分析入手初步界定了下七垣文化的内涵，认为下七垣文化只包括以往划分的漳河型、辉卫型、保北型。继而依据层位学与类型学相结合的原则，通过典型遗址的分期，将漳河型分为四段，辉卫型分为三段，保北型分为两段，最后找到诸类型各段别的对应关系，将下七垣文化总体划分为四期，并通过与二里头文化典型陶器的类比，判定了各期的相对年代范围。我们希望这项研究有助于构建下七垣文化的分期标尺和地域分布格局，从而为进一步的研究打下良好基础。

---

① 目前发表数据的仅有郭文葛家庄二段 H026，其碳-14 测年数据为距今 3620 ± 70 年（未做树轮校正），参见郭瑞海、贾金标、任亚珊：《邢台葛家庄先商文化遗存分析》，《三代文明研究》（一），科学出版社，1999 年。

试论漳洹流域下七垣文化的年代和性质

侯卫东

（北京大学考古文博学院）

自从邹衡先生从考古学意义上提出并论证“先商文化”① 之后，下七垣文化②与商文化的关系成为夏商考古学研究中的一个重要课题。学界多继承和发展了邹先生的观点，认为下七垣文化就是“先商文化”③，一些学者认为下七垣文化的年代下限进入了商文化二里冈期④。豫北冀南地区的漳河和洹河流域属于下七垣文化的中心地域，这里下七垣文化遗存分布密集，从早到晚一直发展延续。下七垣文化、二里头文化和岳石文化等三个两两相邻的文化相融合，发展成二里冈文化之后⑤，漳洹流域二里冈文化遗存仅零星发现⑥，漳洹流域以北二里冈文化遗存也很少见。漳洹流域的二里冈文化遗存与郑洛地区典型的二里冈文化相比，具有浓郁的本地下七垣文化传统，甚至在洹北商城时

---

① 邹衡：《试论夏文化》，《夏商周考古学论文集》，文物出版社，1980 年。

② 李伯谦：《先商文化探索》，《庆祝苏秉琦考古五十五年论文集》，文物出版社，1989 年。

③ 刘绪：《论卫怀地区的夏商文化》，《纪念北京大学考古专业三十周年论文集》，文物出版社，1990 年；李维明：《关于先商文化诸类型的相应年代》，《中州学刊》1990 年第 6 期；中国社会科学院考古研究所：《中国考古学·夏商卷》，中国社会科学出版社，2003 年；张渭莲：《商文明的形成》，文物出版社，2008 年。

④ 中国社会科学院考古研究所：《中国考古学·夏商卷》，中国社会科学出版社，2003 年。该书第三章“先商文化探索及相关问题”由张立东执笔，认为下七垣文化的年代下限应相当于二里冈下层一期晚段或二里冈下层二期早段。

⑤ 中国社会科学院考古研究所：《中国考古学·夏商卷》，中国社会科学出版社，2003 年。该书第四章“商代早期的商文化”第二节由张立东执笔，提出二里冈类型是下七垣文化、二里头文化、岳石文化等文化因素融合发展而来，该书第三章也提到了这一问题。

⑥ 目前漳洹流域可以确认的二里冈文化面貌的遗址仅有安阳小屯遗址和西郊乡遗址。小屯遗址二里冈文化遗存是笔者从李济先生编著的《殷墟陶器图录》中识别出来的，见李济：《中国考古报告集之二·小屯第三本·殷墟器物甲编·陶器上辑》，台湾中央研究院历史语言研究所，1956 年。西郊乡遗址的情况见中国社会科学院考古研究所安阳队资料。

期本地下七垣文化传统更明显①。因此，我们很有必要对漳洹流域下七垣文化的年代下限进行重新探讨，并进而讨论其性质问题。

一、漳洹流域下七垣文化的年代

漳洹流域下七垣文化与本地后冈二期文化的关系、与二里头文化的关系等对认识下七垣文化的年代上限很关键，也有可资探讨的空间，下七垣文化的年代上限晚于后冈二期文化的年代下限、不早于二里头文化的年代上限确是学界能够接受的事实②。如前所述，本文重点探讨漳洹流域下七垣文化的年代下限。

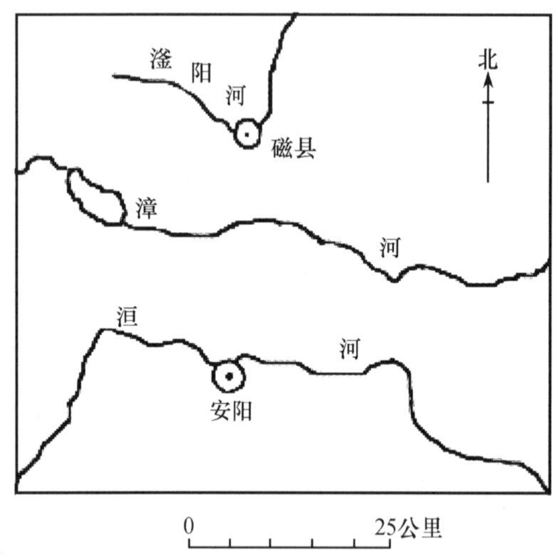

图一　漳洹中下游流域的地域范围

漳洹上游的太行山东麓山地做的工作不多，但也发现有零星的下七垣文化遗址③；漳洹中下游的太行山东麓山前平原发现的下七垣文化遗址多且密集，本文主要依据中下游的材料（图一）。安阳县西蒋村遗址出土了较丰富的下七垣文化遗存和少量洹北商城时期商文化遗存④；安阳市西郊乡遗址出土了丰富的二里冈文化遗存，且具有浓郁的本地下七垣文化传统⑤，

① 西郊乡遗址的二里冈期商文化遗存各类器物的下七垣文化传统主要表现在纹饰上，流行平底深腹罐，其口沿和器体属于二里冈类型商文化风格，只有平底属于本地下七垣文化传统。洹北商城出土的洹北商城时期的细绳纹鬲和深腹盆等器类的一些器形具有明显的下七垣文化传统，虽然比例不大，但更直接。参见下文图六～图九。

② 中国社会科学院考古研究所：《中国考古学·夏商卷》，中国社会科学出版社，2003 年。

③ 如涉县台村遗址、林州邵康庄遗址等。河北省文物研究所等：《河北涉县台村遗址发掘简报》，《河北省考古文集》（三），科学出版社，2007 年。林州邵康庄遗址系中加洹河流域区域考古调查（第二期）项目发现的，资料存中国社会科学院考古研究所安阳工作队。

④ 中国社会科学院考古研究所安阳工作队、安阳市文物考古研究所：《河南省安阳县西蒋村遗址的调查与试掘》，《考古》待刊。

⑤ 西郊乡遗址的资料存中国社会科学院考古研究所安阳工作队，该遗址东距下七垣文化梅园庄遗址 400 米左右。

与其紧邻的梅园庄遗址①具有丰富的下七垣文化遗存；洹北商城遗址具有下七垣文化遗存②和洹北商城时期商文化的中心性都邑遗存③，该遗址洹北商城时期商文化遗存中又存在明显的本地下七垣文化传统（图九）。这三个遗址的资料相对丰富，三者之间的距离有近有远（图二～图四），每个遗址中或附近都具有本地下七垣文化和殷墟时期之前的商文化遗存，有利于从遗址本身的文化面貌和聚落的空间分布关系两个方面进行案例分析。

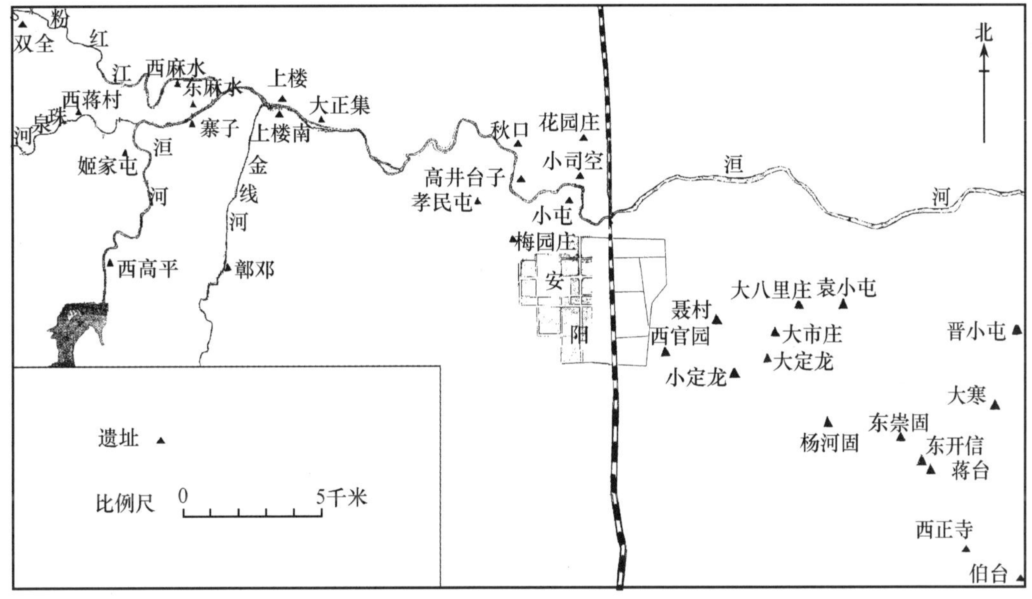

图二 洹河流域下七垣文化遗址分布图

西蒋村遗址的下七垣文化遗存可以分为两期三段④，第二期第三段的鬲的器形特征与二里冈下层二期相近，年代应不早于二里冈下层二期（图五）。西蒋村遗址出土有洹北商城时期商文化遗存，并且有洹北商城时期商文化遗存直接叠压下七垣文化遗存的现象，洹北商城时期一些器物的特征具有本地下七垣文化传统（图六）。

---

① 中国社会科学院考古研究所：《殷墟发掘报告（1958～1961）》，文物出版社，1987年。

② Zhichun Jing，Jigen Tang，George（Rip）Rapp，James Stoltman. *Co-Evolution of Human Societies and Landscapes in the Core Territory of Late Shang State—An Interdisciplinary Regional Archaeological Investigation in Anyang. China* 2000～2001，Figure 27，Upper Row. 该组陶片有花边深腹罐等下七垣文化典型器类。

③ 中国社会科学院考古研究所安阳工作队：《河南安阳市洹北商城的勘察与试掘》，《考古》2003年第5期。

④ 中国社会科学院考古研究所安阳工作队、安阳市文物考古研究所：《河南省安阳县西蒋村遗址的调查与试掘》，《考古》待刊。

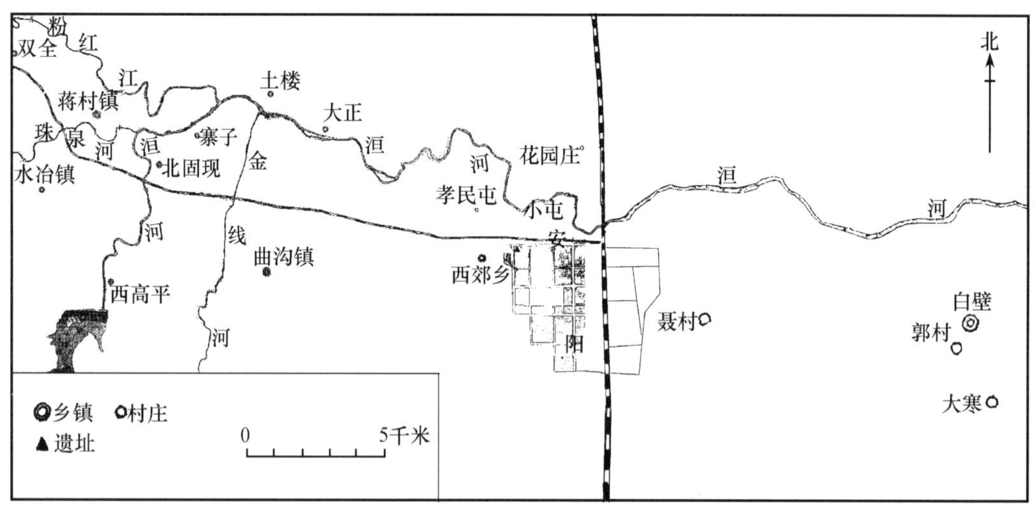

图三　洹河流域二里冈文化遗址分布图

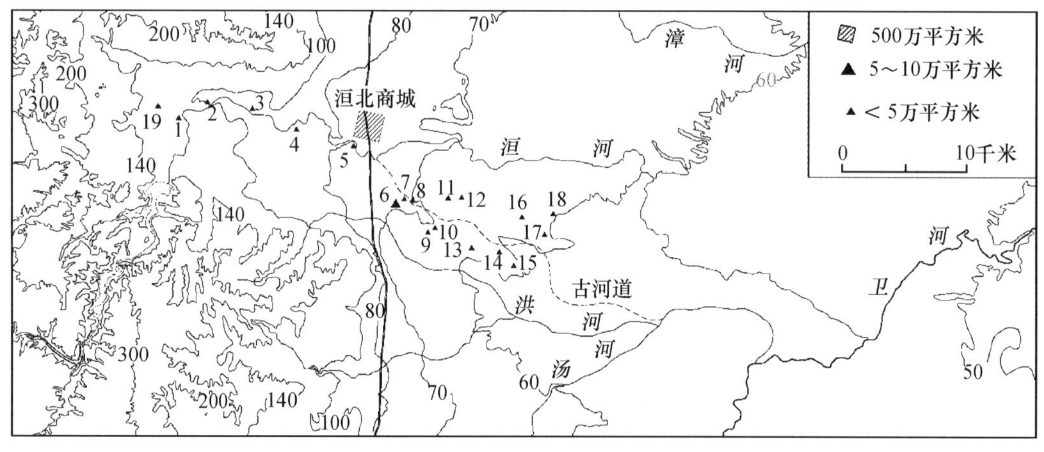

图四　洹河流域洹北商城时期商文化遗址分布图

（采自唐际根、荆志淳：《安阳的“商邑”与“大邑商”》，《考古》2009年第9期，西蒋村为笔者添加）

1. 姬家屯　2. 东麻水　3. 大正集　4. 柴库　5. 小屯东北地　6. 西官园　7. 东官园　8. 聂村　9. 小定龙　10. 大定龙　11. 大八里庄　12. 晁家村　13. 杨河固　14. 东崇固　15. 开信　16. 郭村西南台　17. 大寒南岗　18. 晋小屯　19. 西蒋村

西郊乡遗址二里冈文化遗存可分为三段，第1段的特征与二里冈下层二期至二里冈上层一期之际相近，第3段的特征与洹北商城一期相近，陶器的纹饰和一些器形等具有浓郁的本地下七垣文化传统①（图七、图八）。

洹北商城遗址洹北商城时期商文化遗存中有一定量的本地下七垣文化传统，该遗址

① 中国社会科学院考古研究所安阳工作队资料。

洹北商城时期的主要文化因素可分为四组（图九），以A组二里冈文化传统为主体，其中B组为本地下七垣文化传统，占的比例很小①。

洹北商城、西蒋村等遗址中洹北商城时期商文化中的本地下七垣文化传统是从哪里来的呢？早于洹北商城时期并且具有本地下七垣文化传统的考古学文化，只有本地下七垣文化和本地二里冈文化，只能从二者之中去寻找。

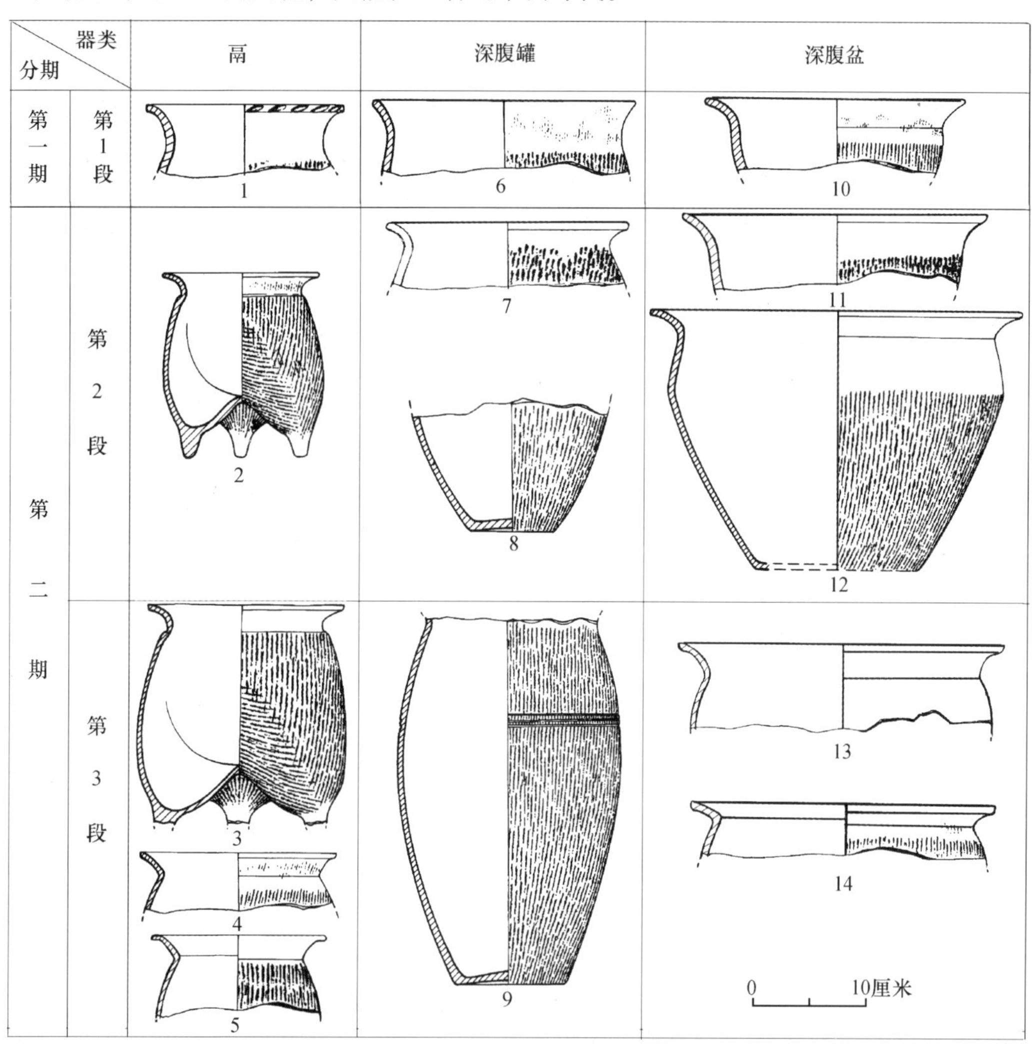

图五 西蒋村遗址下七垣文化陶器分期图

1～5. 鬲（H3④：12、H16③：30、H4②：5、H4①：5、H18①：1） 6～9. 深腹罐（H3④：7、T2②下：1、H16③：3、H19：4） 10～14. 深腹盆（H3④：4、H16②：8、H16③：23、H4②：4、H18①：4）

① 参见洹北商城历年的发掘资料，例如中国社会科学院考古研究所安阳工作队：《1989～1999年安阳洹北商城花园庄东地发掘报告》，《考古学集刊》15，文物出版社，2005年。

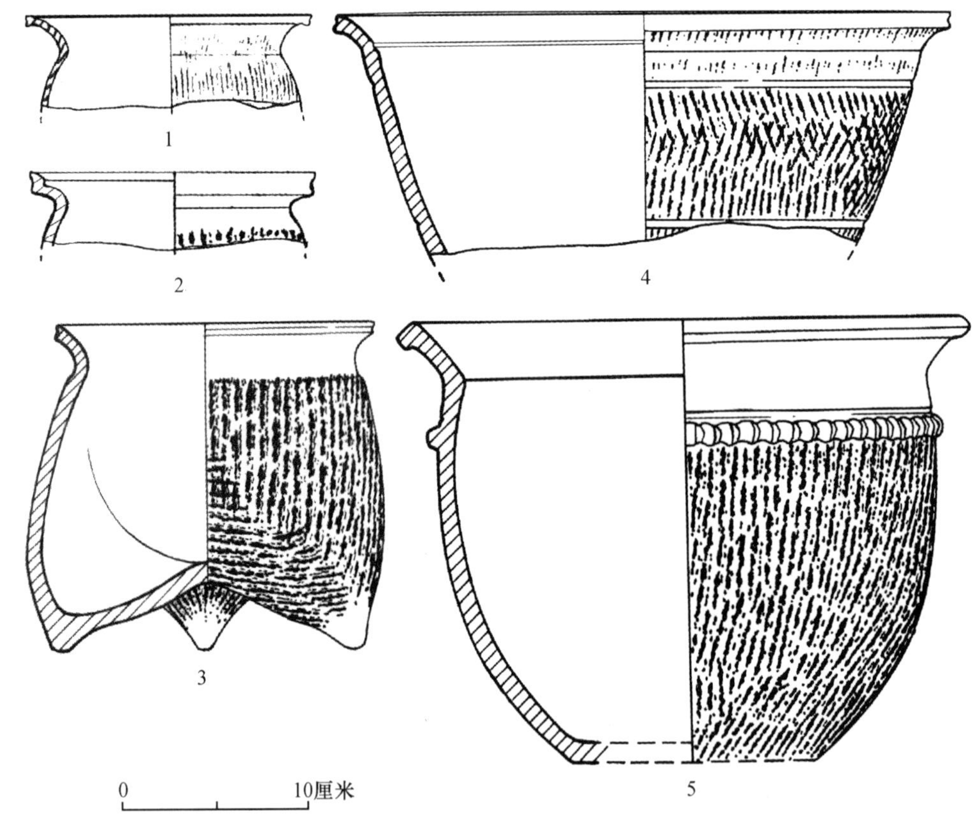

图六　西蒋村遗址出土洹北商城时期陶器

1～3. 鬲（G1∶1、采∶10、H5②∶4）　4、5. 深腹盆（H5①∶1、H5②∶1）

我们看一下漳洹流域下七垣文化、二里冈文化和洹北商城时期商文化三者之间的聚落分布关系。下七垣文化遗址和洹北商城时期商文化遗址都比较多，而二里冈文化遗址仅零星分布，洹河流域的情况如图二、三、四所示；漳河流域的情况和洹河流域类似，目前发现的下七垣文化遗址和洹北商城时期商文化遗址都很多，二里冈文化遗址迄今鲜有发现。由于漳洹流域的考古工作非常扎实，上述情况大体反映了殷墟时期之前本地下七垣文化和商文化聚落的分布关系。漳洹流域下七垣文化、二里冈文化和洹北商城时期商文化的空间分布关系，使我们认识到下七垣文化和洹北商城时期商文化在这一地域非常活跃，并且二者多为同一处聚落，而二里冈文化仅仅是零星地发展到了该地域。因此，洹北商城、西蒋村等遗址洹北商城时期商文化中的下七垣文化传统，从本地二里冈文化中传承而来的可能性不大，而很可能是从本地下七垣文化中直接继承过来的。

从层位关系上看，在漳洹流域有很多洹北商城时期商文化遗存叠压打破下七垣文化遗存的案例，也有很多遗址中下七垣文化遗存与洹北商城时期商文化遗存交错分布而不见二里冈文化遗存。例如，洹北商城遗址内发现有下七垣文化陶片与洹北商城时期商文

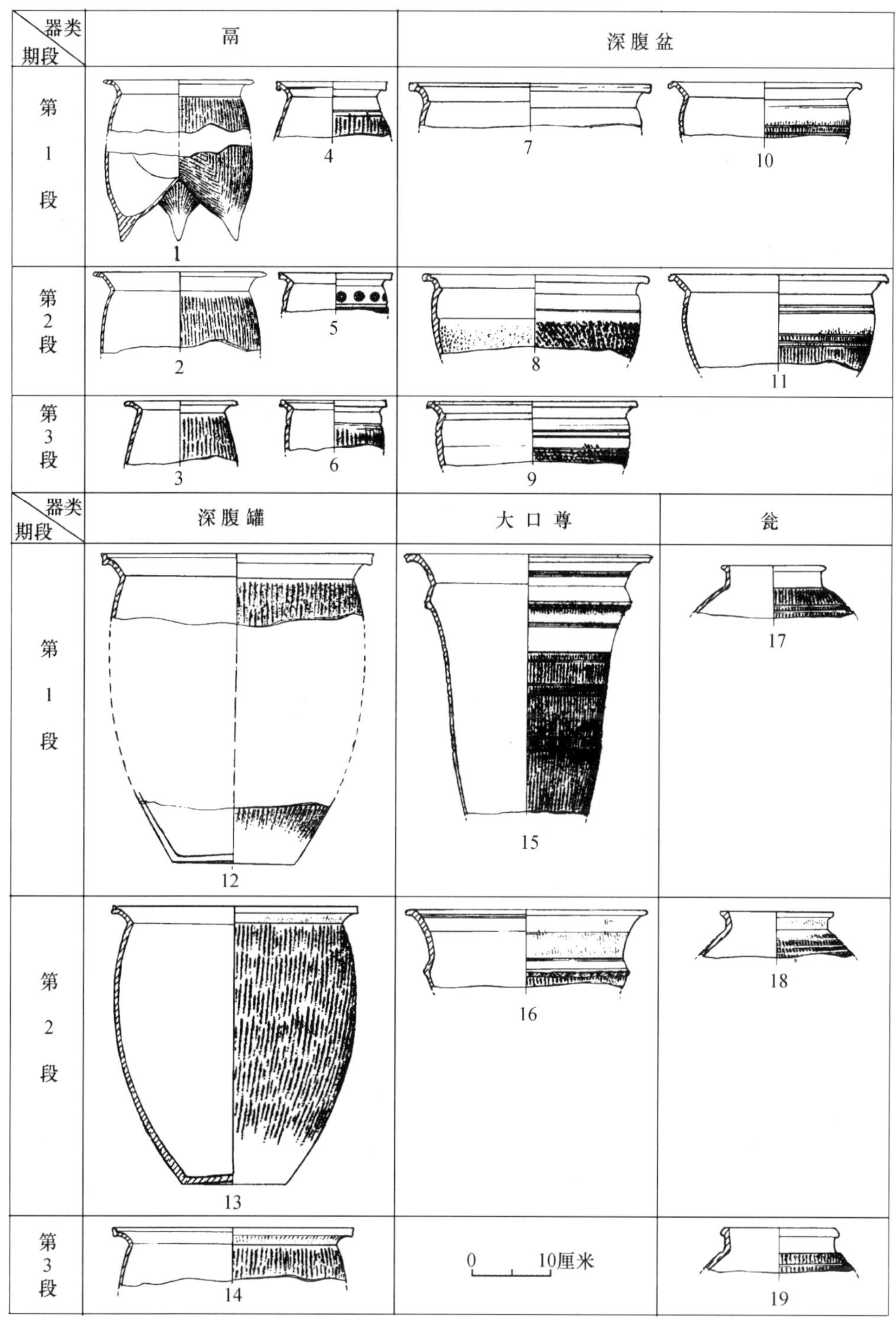

图七　西郊乡遗址二里冈期商文化分期图（一）

1～6. 鬲（H5∶1、H2∶17、H7∶2、H3∶26、H2∶7、T10⑤∶1）　7～11. 深腹盆（H4∶2、H2∶47、T12⑤∶1、H3∶4、H2∶33）　12～14. 深腹罐（H3∶10、W1∶3、H7∶1）　15、16. 大口尊（H5∶2、H2∶75）　17～19. 瓮（H3∶42、H2∶4、T10⑤∶2）

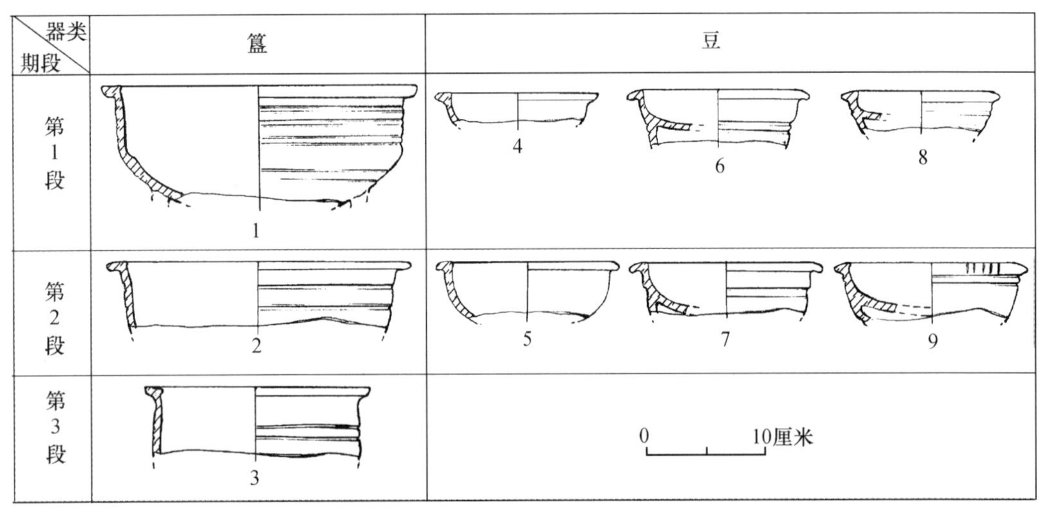

图八　西郊乡遗址二里冈期商文化分期图（二）

1～3. 簋（H3∶44、H2∶95、H7∶3）　4～9. 豆（H3∶19、H2∶65、H3∶13、H2∶63、H4∶4、H2∶61）

化陶片伴出①，说明该遗址洹北商城时期直接扰动过下七垣文化遗存；西蒋村遗址有洹北商城时期商文化直接叠压下七垣文化的地层关系，并且发现有洹北商城时期的灰坑②；东麻水遗址文化层中有下七垣文化和洹北商城时期商文化遗存③；下七垣第二层（含同期灰坑）属于洹北商城时期商文化，直接叠压下七垣第三层，下七垣第三层属于下七垣文化，这是洹北商城时期商文化直接叠压下七垣文化的一个重要案例④；界段营遗址有下七垣文化遗存和洹北商城时期商文化遗存⑤。漳洹流域稍北一些的下七垣文化和洹北商城时期商文化遗址也广泛存在类似案例，例如北羊台遗址洹北商城时期商文化

---

① Zhichun Jing, Jigen Tang, George (Rip) Rapp, James Stoltman. *Co-Evolution of Human Societies and Landscapes in the Core Territory of Late Shang State—An Interdisciplinary Regional Archaeological Investigation in Anyang. China* 2000～2001, Figure 27, Upper Row. 该组陶片有花边深腹罐等下七垣文化典型器类。

② 中国社会科学院考古研究所安阳工作队、安阳市文物考古研究所：《河南省安阳县西蒋村遗址的调查与试掘》，《考古》待刊。

③ 中国社会科学院考古研究所安阳工作队：《河南省安阳洹河流域的考古调查》，《考古学集刊》3，中国社会科学出版社，1983年。该文中“商文化遗存第三期”东麻水遗址的文化层中出土有“夹砂灰陶卷沿细绳纹鬲”为代表的下七垣文化遗存和假腹豆为代表的洹北商城时期商文化遗存。

④ 河北省文物管理处：《磁县下七垣遗址发掘报告》，《考古学报》1979年第2期。

⑤ 河北省文物管理处：《磁县界段营发掘简报》，《考古》1974年第6期。

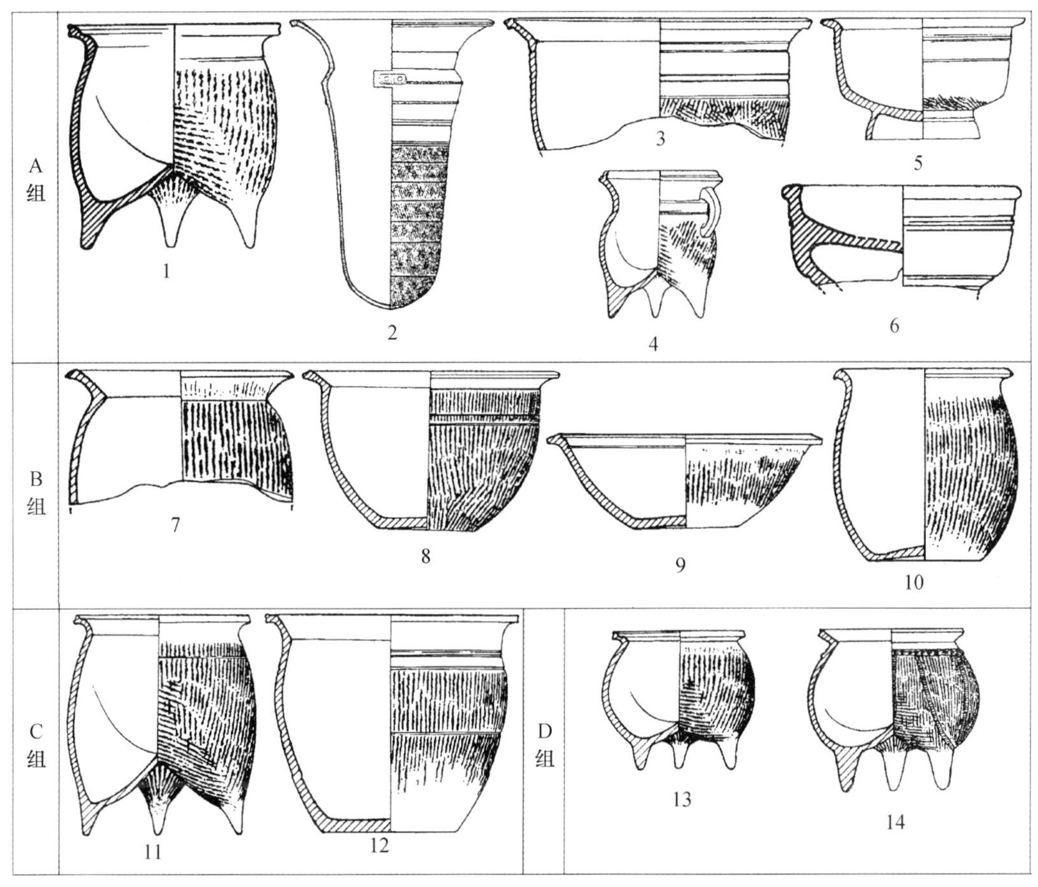

图九 洹北商城遗址洹北商城时期商文化早期文化因素分组

A组．二里冈期商文化二里冈类型因素 1. J4∶4 2. H2∶7 3. H7∶1 4. J3∶2 5. H8∶2 6. H8∶5 B组．本地下七垣文化因素 7. G④B∶8 8. H8∶9 9. H8∶12 10. G4∶49 C组．二里冈期商文化台西类型因素 11. G4∶1 12. H17∶9 D组．二里冈期商文化琉璃阁类型因素 13. H12∶2 14. H6∶3 （1、11、12、14为1997年发掘，2、5、13为1998～1999年发掘，余为2001～2002年发掘，比例不详）

遗存直接叠压下七垣文化遗存①；赵窑遗址“商代中层文化”为洹北商城时期商文化，“商代下层文化”为下七垣文化，二者之间没有其他遗存②；香山遗址发现有下七垣文化遗存和洹北商城时期商文化遗存③；邢台粮库遗址发现多组洹北商城时期商文化遗存与下七垣文化遗存的叠压关系④；尹郭遗址存在下七垣文化遗存和洹北商城时期商文化

---

① 河北省文物研究所、邯郸市文物管理处、峰峰矿区文物保管所：《邯郸市峰峰矿区北羊台遗址发掘简报》，《考古》2001年第2期。

② 河北省文物研究所、河北文化学院：《武安赵窑遗址发掘报告》，《考古学报》1992年第3期。

③ 邯郸地区文化局：《邯郸地区文物普查资料汇编》，1978年印内部资料。

④ 河北省邢台市文物管理处编著，李恩伟等主编：《邢台粮库遗址》，科学出版社，2005年。

遗存①。漳洹流域及其以北地区的聚落中下七垣文化遗存和洹北商城时期商文化遗存之间罕见二里冈文化遗存的现象，为洹北商城时期商文化中的本地下七垣文化传统是从本地下七垣文化直接继承而来提供了地层学上的可能；本地二里冈文化与下七垣文化遗存之间没有叠压打破关系，也为二者在二里冈期共时发展提供了地层学上的可能。

西郊乡遗址为代表的漳洹流域二里冈文化遗存中的下七垣文化传统主要表现在陶器的纹饰上，深腹罐和一些盆类多继承了本地下七垣文化传统（图七）。以洹北商城和西蒋村遗址为代表的洹北商城时期商文化遗存中的下七垣文化传统主要表现在陶器的陶质、陶色和纹饰上，如砂质红褐陶、黑皮陶、细绳纹等；个别器类如鬲、深腹盆，其中一些器形的整体特征都是本地下七垣文化传统（图六、九）。本地下七垣文化传统在洹北商城时期商文化中的比例虽然没有在本地二里冈文化中的比例大，但本地下七垣文化传统在洹北商城时期商文化中表现得更直接，表明洹北商城时期商文化中的下七垣文化传统不是从本地二里冈文化中继承而来的，而是直接从本地下七垣文化中继承过来的。二里冈文化对漳洹流域的下七垣文化也产生了一定的影响，但影响很小，例如西蒋村、梅园庄等遗址的下七垣文化晚期遗存中仅有极少量的二里冈文化传统（图一〇），这从另一方面反映了二者的共时性。

我们通过聚落分布、地层关系和文化传统等几方面的分析，认识到漳洹流域洹北商城时期商文化中的本地下七垣文化传统是从本地下七垣文化直接继承过来的。二里冈文化在二里冈下层二期或稍早已经对漳洹流域的下七垣文化产生影响，直到二里冈下层二期至上层一期之际漳洹流域才出现个别二里冈文化聚落。整个二里冈时期，下七垣文化和二里冈文化在漳洹流域相互融合、并行发展，而以下七垣文化为主流，形成具有本地独特面貌的二里冈文化和本地新面貌的下七垣文化。在二里冈时期与洹北商城时期之际，二里冈文化大量北上至漳洹流域，与本地下七垣文化、二里冈文化台西类型等融合发展，形成以二里冈文化传统为主体的洹北商城时期商文化，漳洹流域的下七垣文化传统融入了洹北商城时期商文化之中。岳石文化在山东地区的年代下限及其与本地商文化之间的关系，与上述情况类似②，也从侧面支持了上述认识的可信度。

二、漳洹流域下七垣文化的性质

下七垣文化是二里冈文化的主要来源之一，以郑州商城和偃师商城为代表的二里冈文化是早于洹北商城时期的商文化，下七垣文化与商文化的关系是一个难以回避的话题。

---

① 唐云明：《试论河北商代文化及相关的问题》，《唐云明考古论文集》，河北教育出版社，1990 年。

② 方辉：《岳石文化的分期与年代》，《考古》1998 年第 4 期。

下七垣文化、二里头文化和岳石文化是二里冈文化的三个主要来源，学界多认为下七垣文化是先商文化，并且把二里头文化和岳石文化排除在先商文化之外①。本文赞同下七垣文化为商系文化，仅做一些简要的补充讨论。

二里头文化随着二里冈文化的形成，很快就在其中心腹地融入到二里冈文化之中了，而下七垣文化和岳石文化在各自的中心腹地一直发展延续到二里冈上层时期，说明二里冈文化取代的对象是二里头文化，下七垣文化和岳石文化不是二里冈文化的取代对象才得以在各自的中心腹地一直发展延续到二里冈期之末。以郑州商城和偃师商城为代表的二里冈文化继承和发展了以二里头遗址为代表的二里头文化的礼制传统，如宫城和大型夯土宫殿建筑的结构与布局、青铜礼器和玉礼器等；二里冈文化的陶器系统中的大口尊、圜底深腹罐、捏口罐、刻槽盆等器类直接从二里头文化继承而来，鬲、深腹盆、小口瓮、豆等器类的很多器形也有明显的二里头文化传统，从陶器所反映的文化面貌来看，二里冈文化继承最多的文化传统无疑是二里头文化②。既然二里冈文化继承了二里头文化的礼制传统，二里冈文化的日用陶器继承最多的也是二里头文化传统，是否与上文“二里头文化是二里冈文化的取代对象”的认识相矛盾呢？这是一个具有中国特色的理论性命题，如果把中国夏商以来的考古分为两大阶段：夏商周和秦汉至元明，从考古材料来看，每次王朝的更迭都是后代对前代的继承和发展，继承的最核心的就是前代的礼制性建筑和器物，每代也都有发展变化，我们可称之为“核心文化传统的变与不变”。我们把丰镐、周原地区为代表的西周早期文化和安阳殷墟为代表的晚商文化之间的关系拿来比较一下，发现西周早期的都邑也继承和发展了晚商的礼制，如大型夯土宫殿建筑、青铜礼器、玉礼器等，甚至还继承和发展了晚商王室占卜和书写系统——甲骨文，西周早期的陶器系统也受到晚商文化传统的重大影响，学界并没把晚商文化当做先周文化，先周文化自在关中本土。二里冈文化与二里头文化之间的关系，和西周早期文化与晚商文化之间的关系有着惊人的相似，这使我们想到孔子在周取代商500年后说的一段话：“殷因于夏礼，所损益，可知也；周因于殷礼，所损益，可知也”③。总之，从上述两个方面来看，二里头文化是二里冈文化的取代对象的判断合乎实际，二里头文化不是商系文化。

下七垣文化和岳石文化作为二里冈期商文化三大主要来源的两支，它们又不是商人的取代对象，二者之一应为商系文化。在郑州商城、偃师商城、洹北商城、殷墟等为代

① 李伯谦：《先商文化探索》，《庆祝苏秉琦考古五十五年论文集》，文物出版社，1989年；张渭莲：《商文明的形成》，文物出版社，2008年。

② 参看二里头、偃师商城、郑州商城等遗址的发掘资料，中国社会科学院考古研究所：《偃师二里头》，中国大百科全书出版社，1999年；杜金鹏、王学荣：《偃师商城遗址研究》，科学出版社，2004年；河南省文物考古研究所：《郑州商城——一九五三年～一九五八年考古发掘报告》，文物出版社，2001年。

③ 《论语·为政》。

表的商文化中，继承的除了被取代的二里头文化传统之外，还有大量商系文化传统。下七垣文化和岳石文化是二里冈文化三大主要来源的两支，并在各自的中心地域在二里冈期与二里冈文化并行发展的现象，说明二者是取代二里头文化的盟友，被商文化继承最多的一支应是盟友中的主力——商系文化。郑州商城和偃师商城的二里冈期商文化遗存中下七垣文化传统都明显多于岳石文化传统，并且下七垣文化传统一直为商文化继承和发展，所以下七垣文化就是商系文化；那么，岳石文化就不是商系文化了，而是商系文化的盟友。下七垣文化的主要分布地域豫北冀南地区和岳石文化的主要分布地域豫东鲁西南地区，都有一些商先公活动的相关文献。由于下七垣文化是商系文化，相信商先公活动的地域有豫北冀南地区；下七垣文化在豫东地区的发展，是否就表明了商先公曾在该地域活动过，还需要进一步的证据。

漳洹流域的下七垣文化在整个二里冈期又继续发展，考虑到考古学文化命名的连续性和表述的方便，二里冈期之时仍然可以称之为下七垣文化。在指认郑州商城、偃师商城为代表的二里冈期商文化为最早阶段的商文化的前提下，下七垣文化作为商系文化，在二里冈期之前属于先商文化；二里冈期漳洹流域的下七垣文化属于商文化的一部分；二里冈期之后，漳洹流域的下七垣文化成为本地洹北商城时期商文化的直接来源之一。

弄清漳洹流域下七垣文化与商文化的关系之后，我们再讨论一下其文化面貌和聚落形态所反映的问题。

漳河北岸的下七垣文化遗存中极少发现辉卫型因素①，漳河南岸渔洋遗址的下七垣文化遗存中有浓郁的辉卫型因素②，洹河两岸的下七垣文化遗存中辉卫型因素都很浓郁（图一〇）。二里冈期之前，洹河两岸的下七垣文化遗存以漳河型因素为主，具有浓郁的辉卫型因素；从二里冈期之初开始，辉卫型因素逐渐减少，二者逐渐融合③。上述情况表明洹河两岸为漳河型和辉卫型的过渡地带，漳洹流域的辉卫型和漳河型在二里冈期逐渐融合。二里冈期商文化对漳洹流域的下七垣文化也产生了一些影响，如一些鬲的形制与偃师商城同类器相近以及平底爵的出现等（图一〇），但这些占的比例非常小。在漳洹流域，二里冈文化对下七垣文化的影响远没有下七垣文化对二里冈文化的影响大。

关于漳洹流域下七垣文化的聚落形态及其所体现的社会结构，可资利用的材料不多，我们仅粗略地谈一下。下七垣文化主要来源之一的后冈二期文化（龙山时期），在

① 下七垣遗址出土的云雷纹陶片应是辉卫型因素，但数量极少，参见河北省文物管理处：《磁县下七垣遗址发掘报告》，《考古学报》1979年第2期。

② 安阳县渔洋遗址，资料存渔洋村史博物馆。

③ 刘一曼：《安阳小屯西地的先商文化遗存——兼论“梅园庄Ⅰ期”文化的时代》；见《三代文明研究》编辑委员会：《三代文明古研究》（一），科学出版社，1999年；中国社会科学院考古研究所安阳工作队、安阳市文物考古研究所：《河南省安阳县西蒋村遗址的调查与试掘》，《考古》待刊。

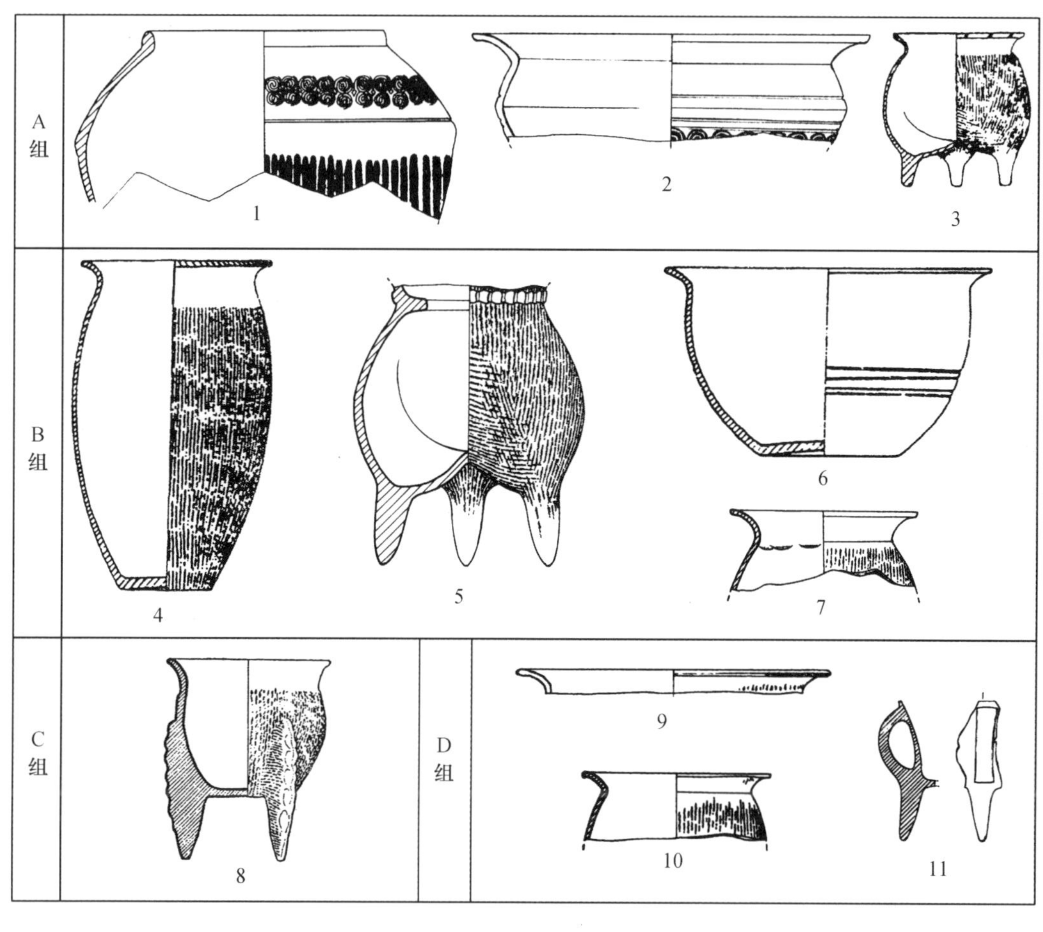

图一〇　洹河两岸下七垣文化遗存文化因素分组

A组．辉卫型文化因素　1. 04AXH84∶11　2. 06西高平∶采集　3. H49∶3　B组．漳河型文化因素　4. H49∶9　5. H3⑥∶10　6. H49∶10　7. H17∶1　C组．二里头文化因素　8. H8∶3　D组．二里冈期商文化因素　9. H16∶12　10. H11∶9　11. H4②∶14　（1、2. 西高平，3、4、6. 小屯西地，5、7、9、10、11. 西蒋村，8. 大寒）

漳洹流域有后冈城址①，漳洹流域南邻的淇河和卫河流域也发现了多座龙山时期城址，如孟庄②、戚城、徐堡③等；二里冈时期漳洹流域南邻地区发现有府城商城④；洹北商城时期漳洹流域有大型中心性都邑洹北商城，可见漳洹流域下七垣文化之前和之后本地

① 梁思永：《后冈发掘小记》，《梁思永考古论文集》，科学出版社，1959年。

② 河南省文物考古研究所：《辉县孟庄》，中州古籍出版社，2003年。

③ 北京大学、河南省文物考古研究所等单位2008年在郑州召开的“早期夏文化研讨会”上发布的信息。

④ 袁广阔、秦小丽：《河南焦作府城遗址发掘报告》，《考古学报》2000年第4期。

都有城址，二里冈时期其南邻地区有城址。为什么漳洹流域却没有发现下七垣文化城址呢，是根本没有还是没发现？

漳洹流域南邻地区的二里冈期商城和本地的洹北商城，城址的建筑都是二里冈文化传统。龙山时期漳洹流域及其南邻地区建城的传统是否为本地下七垣文化所继承呢？长期以来的考古工作，在下七垣文化的所有发展到的地域都没有发现下七垣文化城址；漳洹流域以北下七垣文化分布范围内甚至没有发现龙山至洹北商城时期的一座城址，其实下七垣文化的另一个主要来源——太行山西麓龙山时期文化也没有发现城址。把这些现象联系起来考虑，下七垣文化是否没有建城的传统？

从目前发现的下七垣文化遗址来看，地层堆积都比较薄，距地表也很浅，聚落的面积也不太大，从聚落的规模和遗存的规格上也很难找出“中心聚落”。下七垣文化“中心聚落”的模式还需要大量的田野考古工作去探索，下七垣文化是否建城也是一个期待田野工作解决的重要课题。

三、结　　语

下七垣文化在漳洹流域一直发展到商文化二里冈时期和洹北商城时期之际。二里冈期之前，漳洹流域的下七垣文化属于先商文化；漳洹流域的下七垣文化在整个二里冈期继续发展，此时应属于商文化的一部分。本文主张一直使用下七垣文化的概念，有两方面的原因：一方面漳洹流域下七垣文化的面貌在二里冈期没有发生根本性变化，另一方面其年代跨度为先商和早商。从文化面貌上看，洹河两岸为漳河型和辉卫型的过渡地带，漳洹流域漳河型和辉卫型相互影响的过程中，漳河型对辉卫型的影响较大，并且越来越明显。在漳洹流域乃至下七垣文化发展到的所有地方，都没有发现下七垣文化的城址或“中心聚落”，使下七垣文化的聚落形态研究成为待解之谜。

当然，漳洹流域下七垣文化年代下限的最终解决，还需要一批绝对年代证据，这要寄希望于未来的考古工作中能够采集到若干批理想的测年标本。

附记：中国社会科学院考古研究所安阳工作队给笔者提供了发掘和整理西蒋村遗址、西郊乡遗址的机会，向安阳队诸位先生致谢；西郊乡遗址的发掘简报尚未完成，而本文无法回避地使用了相关材料，向安阳队诸位先生致歉。本文是在笔者硕士学位论文的基础上写成的，导师唐际根教授和荆志淳教授付出了大量心血，文中有价值的部分得益于二师的指导，不妥之处乃笔者的责任。

河南辉县琉璃阁第一灰坑检视

李维明

（中国国家博物馆）

1950年秋，中国科学院考古研究所在河南辉县琉璃阁遗址调查与发掘，获得一批商周文化遗存材料。其中第一灰坑（以下简称H1）是一处重要遗迹，报告估计其为水井遗存，时代早于安阳小屯，相当于郑州的殷商早期①。1980年，邹衡先生将H1归入先商期第一段第Ⅱ组，与郑州二里冈C1H9同组，估计与二里头文化四期相当②。此后，学者多认同其属于先商文化遗存，其中有学者估计其时代可早在二里头文化二期偏晚③，也有学者估计其时代晚于二里冈C1H9，属于早商时期④。为此，笔者对H1材料学习检视，供学者讨论。

一、材料检视

H1，深11.5米，依堆积顺序从上至下编为16层。除第1层为扰土层外，第2～16层为商文化堆积，其中包含有丰富的陶器、铜器、卜骨、石器、骨器、兽骨、树叶等遗物（表一）。

表一　H1堆积内涵

编号	深度（米）	土质、土色	厚（米）	遗迹现象	遗物
耕土	0～0.2	疏松黄土	0.2		无重要遗物
1	0.2～0.4	扰土、黄土	0.2		无
2	0.4～0.7	灰褐土稍硬，含姜石块	0.2～0.4		鬲足、绳纹陶片
3a	0.6～2.4	黄褐土，质疏松杂红土粒、姜石块	1.8	深1.8米，厚0.8米淤泥。深2.1米，有1平方米淤泥	陶片、制陶工具（锤头）1，石器碎块4，刻花骨板1、卜骨2，兽角、蜗牛壳（少量）

① 中国科学院考古研究所：《辉县发掘报告》，科学出版社，1956年。

② 邹衡：《试论夏文化》，《夏商周考古学论文集》，文物出版社，1980年。

③ 沈勇：《商源浅析》，《文物春秋》1990年第3期。

④ 杜金鹏：《关于夏商界标研究几个问题的讨论》，《三代考古》（二），科学出版社，2006年。

续表

编号	深度（米）	土质、土色	厚（米）	遗迹现象	遗物
3b	0.9 ~ 17	灰土含姜石块	0.8		绳纹陶片、鬲足，石刃碎片1、铲1，骨针1、锥1、板1、卜骨2、，蜗牛壳（少量）、龟甲1
4	2 ~ 3.6	灰夹红土土	1.2	夹红烧土块间以生姜石、砾石，深3米处存0.4米厚的黄淤土，深3.1米有两陶器（鬲、鼎）对口放置	陶鬲1、鼎1、工具（锤头）2、纺轮3、残片1，石刀残片5、铲残片1，骨镞1、簪头1、刀1、片2，卜骨4、蜗牛壳（多）
5	3.6 ~ 4.1	黄褐土夹杂红色土块	约0.3 ~ 0.5	深3.7米存有0.4平方米深褐土，内有木炭块，厚约0.15米	陶工具（锤头形器）1，石铲残片2，卜骨1
6	3.8 ~ 4.4	腐殖质土（黑芦土）	0.4米	间夹薄灰土	陶片，石器残片1，蜗牛壳
7	4 ~ 5.6	灰土	0.8 ~ 1.2	红烧土和灰夹层相叠，间夹纯灰土，黑白层次分明，5.2米处灰层夹红土块，质较硬，内有麦草、烧过的兽骨	陶片、尊1、鬲1、纺轮1、工具（锤头）1，铜镞1，石刀1、刀残片1、铲残片1、纺轮1，骨镞2、刀1，卜骨6，蜗牛壳（成层），兽骨（烧）
8	3 ~ 4	红土	约0.8	小片，近南壁，似曾夯过	陶四足方形器1
9	5 ~ 6.6	黄褐土，疏松	1.5	内间有几片薄灰层	石刀1、铲残片1，树叶印痕1
10	6.6 ~ 7.7	灰土	1	夹红烧土块，黄土薄层与灰层相叠	陶片、四足方形器1，石斧1、铲残片1、打制石器1，骨锥1，鹿角1，少量蜗牛壳
11	7.7 ~ 9	红土层，疏松，含少量生姜石	1.3	深8.4米处，有一层淤泥	骨镞1，四不像鹿角1
12	6.5 ~ 8.5	红硬土	2	似为夯土，内有生姜石块	陶片（少量），兽骨（色白洁净）
13	约8.4 ~ 8.8	灰褐土（如腐殖质土）	0.5	近南壁	

续表

编号	深度（米）	土质、土色	厚（米）	遗迹现象	遗物
14	9～11.3	由红、褐土夹杂黄土形成的五花土和青色泥土	2	约以10.4米处为界可分两层，之上为五花土之下为青色泥土	五花土中包含有石铲残片1、石镰残片1
15	约11.2～11.4	灰黑色青泥层	0.15		
16	约11.4～11.5	坑底	约0.1		陶片层，骨簪1

经初步核对，材料记录中存有一些失误现象：

（1）堆积层依相对早晚编序有误。比如，文中所编第8层，其堆积层位至少应相对晚于第6层，甚至第5层①。

（2）文、图对堆积土层表述不一致。如第13层，文字表述为“灰褐土层”，图一表述为“花土层”。第14层，文字表述为“五花土层”，图一表述为“黑沃土层”②。

（3）遗物名称不一致。如出自第4层的编号1∶49的陶器，先后分别称为鬲、鼎③。编号1∶40的陶器，先后分别称为盆、盘④。

（4）遗物编号不一致。如出自第7层的铜镞，先后编号为1∶73，1∶93⑤。出自第8层的陶质四足方形器，先后编号为1∶70，1∶170⑥。

（5）遗物所在堆积层位、数量、编号表述不一致。以卜骨材料报道尤为明显（表二）。

表二　H1卜骨报道不一致现象

第4页，3、4、5、7层共出土15块	第13页，文述17块，表三显示17块
第4页，3b层，1∶23；4层，1∶43、1∶67	第13页，表三，卜骨无此编号
第4页，3a、3b层，4块，编号：1∶9、1∶13、1∶4、1∶23	第13页，表三，3层，3块，编号：1∶9、1∶13、1∶93
第4页，4层，4块，编号：1∶41、1∶42、1∶43、1∶67	第13页，表三，4层，5块，编号：1∶1、1∶2、1∶3、1∶4、1∶96

① 中国科学院考古研究所：《辉县发掘报告》，科学出版社，1956年。
② 中国科学院考古研究所：《辉县发掘报告》，科学出版社，1956年。
③ 中国科学院考古研究所：《辉县发掘报告》，科学出版社，1956年。
④ 中国科学院考古研究所：《辉县发掘报告》，科学出版社，1956年。
⑤ 中国科学院考古研究所：《辉县发掘报告》，科学出版社，1956年。
⑥ 中国科学院考古研究所：《辉县发掘报告》，科学出版社，1956年。

续表

第4页，5层，1块，编号：1∶80	第13页，文述5层3块，表三显示5层3块，编号：1∶41、1∶42、1∶58
第4页，第7层，6块，只显示4个编号：1∶100、1∶101、1∶91、1∶93	第13页，文述7层1块，表三显示7层1块，编号：1∶80
第4页，9层，无卜骨	第13页，文述9层6块，表三显示9层5块，编号：1∶74、1∶91、1∶94、1∶100、1∶101

二、时代判断

1. 遗迹

报告认为H1可能原来是水井。笔者按不同时期不同功用分为两个阶段：

第一阶段，水井。时代上限始于水井挖掘形成，下限终于水井坍塌废弃。第16层陶片层、骨簪应为水井使用时期汲水时的残留器物（图一，1）。第15、14层下部青泥土部分为坍塌堆积，来自从井口至深5米处井壁（图一，2）。

第二阶段，水井废弃后堆积。依据包含物的差别可分为两个时段：

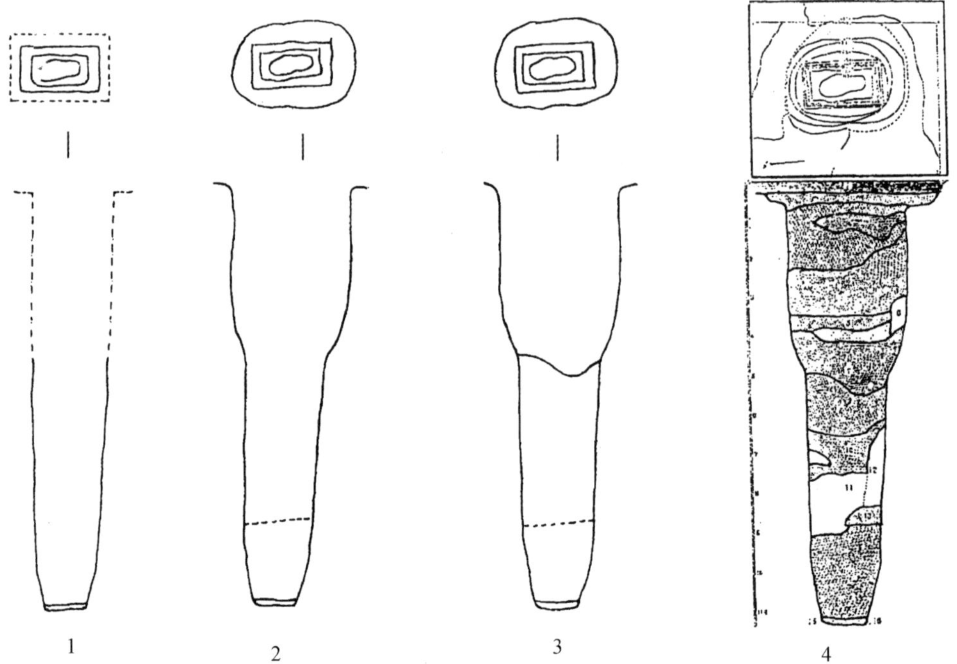

图一　H1形成与废弃堆积过程的示意

1. 形成与使用　2. 坍塌　3. 废弃堆积　4. 废弃堆积Ⅱ

第Ⅰ时段，上限始于第14层上部五花土，下限至距井口深5米处的第9层堆积（图一，3）。本时段堆积包含有陶质生活用具（如小型四足方形器）、石质生产工具（如斧、铲、镰、刀、打制石器）、骨质工具（锥、镞），动物骨骼（蜗牛、鹿角、色白而洁净的兽骨）。根据射猎工具骨镞和鹿角共存现象判断，本时段堆积可能与某种宗教祭祀活动有关。

第Ⅱ时段，上限始于第7层，下限至与井口持平的第2层（图一，4）。本时段堆积包含遗物最为丰富，有陶质生活用具（如鬲、鼎、四足方形器），石质生产工具（如铲、刀、纺轮）、陶质生产工具（如纺轮、陶拍）、骨质工具（锥、针、镞），生活用品（骨簪），艺术品（刻花骨板），占卜器（卜骨），动物骨骼（兽角、烧过的兽骨、牛、猪、龟甲、蜗牛）。根据两个陶鬲人为对扣放置和骨镞、兽骨、大量卜骨共存现象判断，本时段堆积宗教祭祀活动特点明显。

由此判断，H1的时代跨度具有阶段性，可以区分为水井形成使用和坍塌后废弃堆积两个阶段。

2. 遗物

H1出土遗物比较丰富。报道有陶器、铜器、石器、骨器、动物骨骼等。其中陶器、铜器特征对于判断其考古学文化编年位置具有参照意义。

陶器，材料公布约44件①，以鬲、盆、罐居多（表三）。

表三　H1陶器器类统计

炊器					食器		盛器			酒器		乐器	工具		计	%
鬲	鼎	甑	饼（箅）	罐	豆	碗	盆	罍（瓮）	尊	爵	方杯	埙	纺轮	拍垫		
7	1	2	1	4	2	2	7	2	1	1	2	1	4	7	44	
15.9	2.3	4.5	2.3	9	4.5	4.5	15.9	4.5	2.3	2.3	4.5	2.3	9	15.9		99.7

说明：甑，原报告称圜底过滤器；罐，原报告称罐形器、圜底尊；碗，包括原报告所称小型卷沿器；方杯，原报告称四足方形器；拍、垫，原报告称锤头、压锤；盆，包括原报告称锅形器、敞口陶器等；尊，原报告称尊形器；豆，包括原报告所称盘。

观察明确堆积层位和图形显示的6件陶器，器类有鬲、鼎、四足方形器、圜底过滤器、圜底尊，其相对时段属于H1第二阶段第Ⅱ时段。其中鬲、鼎、四足方形器、圜底过滤器（图二）特征可参照判断编年位置。

鬲，分别出自第4层（1∶87）、第7层（1∶50），特征为侈沿，鼓腹施细绳纹，分

① 有图陶器器物22件，其中显示堆积层位的6件。见于文字报道22件。

裆，三个锥状实足。其造型特征与郑州二里冈 C1H9∶36①，南关外 C5T87③∶144② 相近，判断两者年代相当。

鼎，出自第4层（1∶49），体作罐形，鼓腹饰绳纹，下侧安三个饰绳纹实足。特征与郑州南关外 C5H9∶8③ 相近，判断两者年代相当。

四足方形器，出自第8层（1∶70）。特征为方形体，体侧有柄，体下有四个四方小足。此造型亦见于郑州南关外 C5T97④∶44④，判断两者年代相近。

圜底过滤器，出自3b层的1∶128，侈沿，深弧腹上饰细绳纹，圜底稍偏有1个椭圆形孔。整体造型特征可与偃师二里头遗址二里头文化四期ⅤH65∶15⑤ 类比，判断两者年代相近。

据此判断，H1第二阶段第Ⅱ时段，时代跨度最大上限可在二里头文化三、四期之交，下限可在二里头文化四期。

观察只有图形显示而未有明确堆积层位的16件陶器，器类有盆、罍（瓮）、豆、大口尊、罐、爵，当为H1两个阶段遗物混合。时代特征与偃师二里头、郑州南关外同期遗物具有可比性的器物有爵，罐、大口尊、豆（图二）。

爵，残，灰褐色，胎较厚，手制，腰微束。标本1∶103特征与郑州南关外T87∶119⑥ 相近，判断两者年代相当。

罐，侈沿，鼓腹饰粗绳纹，底微凹。标本1∶5与偃师二里头遗址二里头文化四期ⅢT22④∶1⑦ 相近，判断两者年代相当。

大口尊，口径大于肩径。标本1∶133与郑州南关外灰沟出土一件同类器 CST4∶6⑧ 相近，判断两者年代相当。

豆，浅盘，柄饰三个等分“十”形镂孔。二里头文化三期青铜器圆片上存有成排的“十”形镂孔，以镶嵌绿松石。陶豆柄饰“十”形镂孔见于偃师二里头遗址二里头

---

① 河南省文物考古研究所：《郑州商城——一九五三年～一九八五年考古发掘报告》，文物出版社，2001年。

② 河南省文物考古研究所：《郑州商城——一九五三年～一九八五年考古发掘报告》，文物出版社，2001年。

③ 河南省文物考古研究所：《郑州商城——一九五三年～一九八五年考古发掘报告》，文物出版社，2001年。

④ 河南省文物考古研究所：《郑州商城——一九五三年～一九八五年考古发掘报告》，文物出版社，2001年。

⑤ 中国社会科学院考古研究所：《偃师二里头1959年～1978年发掘报告》，中国大百科全书出版社，1999年。

⑥ 《考古学报》1973年第1期。

⑦ 《考古》1984年第7期。

⑧ 《文物资料丛刊》1，文物出版社，1977年。

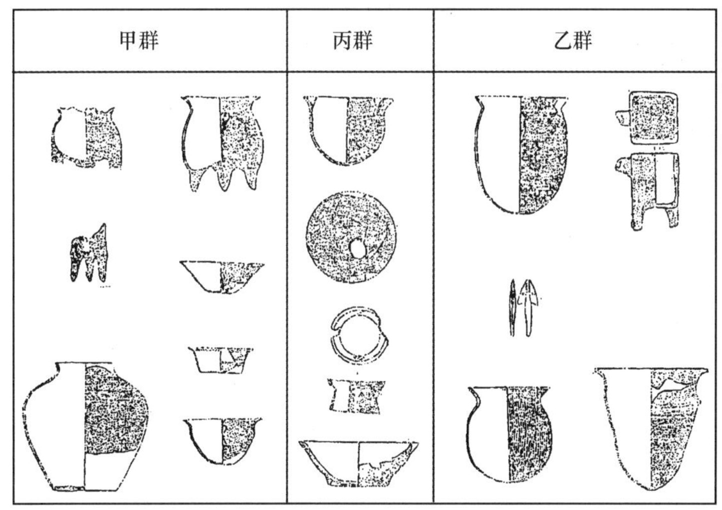

图二 H1 主要出土陶器、铜器分群示意图

文化四期ⅤH90:12①。大致同时期的饰“十”形镂孔陶豆还见于新乡李大召遗址Ⅳ T0512H205:55②。

铜器，H1 第 7 层出土铜镞 1 件（按，有两个编号 1:73，或 1:93）。特征为双翼、有脊、长铤（图二）。其双翼展开程度近于偃师二里头遗址二里头文化四期同类器ⅤH66:13③，判断两者年代相近。

综上判断，H1 时代跨度最大上限可在二里头文化三、四期之交，或可进入二里头文化三期晚段，下限约在二里头文化四期。原初功用为水井，坍塌废弃后为祭祀活动堆积。

三、卜骨分析

H1 出土卜骨 17 块（表四），是先商文化出土卜骨材料数量最为集中④的一批材料。

---

① 中国社会科学院考古研究所：《偃师二里头 1959 年～1978 年发掘报告》，中国大百科全书出版社，1999 年。偃师二里头遗址ⅤH89 也有。原报告将这两个单位定为二里冈下层，笔者核对材料后认为应属二里头文化四期，依“十”形镂孔豆序列，当排在二里冈 C1H9 组，约相当于二里头文化四期早段。另据报道，偃师二里头遗址Ⅳ区发现属于二里头文化四期的“十”形镂孔豆，见《中国考古学年鉴》（1987），文物出版社，1988 年。

② 郑州大学历史学院考古系：《新乡李大召仰韶文化至汉代遗址发掘报告》，科学出版社，2006 年。

③ 《考古》1974 年第 4 期。

④ 据不完全统计，约占先商文化漳河型、辉卫型公布卜骨数量的 21.8%。

表四　H1 卜骨概况

器号	胛骨	整治	灼	钻	挖	坐标（x、y、z）			原定堆积层	判断堆积层
1∶1	牛	√	√	√				1.06	4	3
1∶3	牛		√					1.1	4	3
1∶96	牛	√	√					1.1	4	3
1∶4	牛	√	√	√	√	2	0.55	1.35	3b、4	3b
1∶2	牛	√	√			1.55	1.1	1.5	4	3
1∶9	牛	√	√		√	1.45	1.6	1.73	3	3
1∶13	猪		√		√	1.7	3	1.8	3	3
1∶41	牛	√	√		√	1.8	1.45	2.85	4、5	4
1∶42	牛	√	√		√	2.1	1.25	2.95	4、5	4
1∶80	猪	√			√	2.1	2.2	3.15	5、7	4
1∶58	牛	√	√	√	√	2	0.7	3.2	5	4
1∶74	牛	√	√		√	1.7	1.2	4.3	9	7
1∶93	牛	√	√	√		2.9	1.85	4.6	3、7	7
1∶91	牛	√	√	√	√	1.6	2.1	4.7	7、9	7
1∶94	牛	√	√		√	2.2	1.65	4.7	9	7
1∶100	牛	√				3.4	1.8	5	7、9	7
1∶101	猪				√	2.7	2	5.02	7、9	7

笔者依据报告表三提供的坐标结合各层堆积的深度对出土卜骨层位进行核对①后，判断 H1 卜骨集中出土于 H1 第 7 层至第 3 层，属于第二阶段第Ⅱ时段。依修治与否分为两类：

第一类，14 件。骨料修治。按骨料动物种属不同分两种。

牛肩胛骨，13 件。依修治不同分两群：

甲群，13 件。骨臼保持原状。依骨脊修治不同分两亚群：

甲 a 群，10 件。骨脊削平。依占卜程序有别分为四型：

A 型，4 件。挖、灼。如标本 1∶9、1∶41、1∶74、1∶94。

B 型，2 件。挖、钻、灼。如标本 1∶58、1∶91。

C 型，2 件。钻、灼。如标本 1∶1、1∶93。

D 型，2 件。灼。如标本 1∶2、1∶96。

甲 b 群，2 件。骨脊留根。分两型（标准同上）。

A 型，1 件。如标本 1∶42。

E 型，1 件。未施挖、钻、灼。如标本 1∶100。

---

① 中国科学院考古研究所：《辉县发掘报告》，科学出版社，1956 年。

乙群，1件。骨臼下挖槽。骨脊削平同甲a群。占卜工序属B型。挖、钻、灼。如标本1:4。

猪肩胛骨，1件。骨脊削平同甲a群。占卜程序只有一型：

F型，挖。如标本1:80。

第二类，3件。骨料不经修治。按骨料动物种属不同分两种。

牛肩胛骨，1件。占卜程序同第一类牛肩胛骨甲a群D型。灼。如标本1:3。

猪肩胛骨，2件。占卜程序可分两型：

A型，1件。挖、灼。如标本1:13。

F型，1件。挖。如标本1:101。

综上分析（表五），可以对H1出土卜骨得出如下几点认识：

表五　H1卜骨类型分析

类型 堆积	第一类								第二类			计	%
	牛肩胛							猪肩胛	牛肩胛	猪肩胛			
	甲群						乙群						
	甲a				甲b		同甲a	同甲a					
	A	B	C	D	A	E	B	F	D	A	F		
3	√1		√1	√2			√1		√1	√1		7	41.2
4	√2				√1			√1				4	23.5
7	√2	√1	√1			√1					√1	6	35.3
计	5	1	2	2	1	1	1	1	1	1	1	17	
%	29.4	5.9	11.8	11.8	5.9	5.9	5.9	5.9	5.9	5.9	5.9		100

骨料多选用牛肩胛骨（约82.4%），其次选用猪肩胛骨（约17.6%）。

占卜前多对骨料进行不同程度的整治（约82.4%），也有不加整治（约17.6%）。

占卜程序有挖、钻、灼，或三者兼用，或只用其二，或只用其一。以挖、灼最多（约41.2%），次为直接施灼（约17.7%），再次为钻、灼（约11.8%），挖、钻、灼兼施（约11.8%），单挖（约11.8%）。

以堆积相对年代观察，较早（第7层）流行挖、灼（约占同期卜骨总数33.3%），较晚（第3层）出现并流行直接施灼（约占同期卜骨总数42.9%）。

四、文化性质与社会环境

与周邻同期文化比较，可以初步判断H1遗存文化因素构成（图二）：

甲群，先商文化因素。如鬲、盆、爵、瓮等。

群，受二里头文化影响因素。如大口尊、四足方杯、圜底罐、铜镞、选用猪肩胛骨不加整治直接施灼的卜骨等。

丙群，显示本地文化特点因素。如柄饰三个等分“十”形镂孔豆、圈足碗、偏孔甑、实施挖、钻、灼占卜程序的牛肩胛卜骨，打制石器等。

三群中以甲群居主导地位，如报道鬲残片最多，几乎占全数陶片的二分之一，在全部器类中居于首位。乙群亦十分显著，丙群特征明显。据此判断，H1 文化性质属于受到二里头文化较强影响的先商文化辉卫型遗存。

通过 H1 观察当时社会环境，可以获得如下信息：

H1 原初作为水井，为当时人们生活用水的来源。水井的存在显示这里当时存在着人们居住的村落。挖掘水井表明是当时的人们具有抗旱工程的能力。

水井的最大深度显示，其形成时的地下水位距地面约 11 米，如此深的地下水位表明当时气候正值干旱。水井自距井口约 5 米处发生的坍塌，很可能是由于地下水位上升到距地面约 5 米左右时，由于高水位的浸泡和水压的增强导致自地下水位线至水井口发生了塌落，水井遂被废弃。地下水位大幅度地提升显示这一时期雨水量增大。

H1 内堆积层包含物显示，这一时期人们使用石、骨、蚌质工具从事农业（铲、镰、斧、刀）、手工业（锥、针、纺轮、陶拍）、渔猎（镞、鹿角、兽骨）等经济活动。当地能够烧制陶器（制陶工具）。刻花骨板、卜骨反映当时人们具有较高的精神文明。

H1 内堆积层包含物显示，这座废弃后的水井可能成为当时人们进行某种祈求意义的宗教活动。有学者指出这一时期出现的长方形竖井式带有脚窝的灰坑，应是甲骨文所指“陷祭”活动遗留①。大量卜骨的存在显示出强烈的宗教活动色彩，也许与甲骨文记录的“井丁（示）”（《甲骨文合集》1106、2666 反、14794 反）有关。

---

① 卜工：《文明起源的中国模式》，科学出版社，2007 年。

孙村遗址的先商文化遗存

张国硕　刘丁辉
（郑州大学历史学院）

孙村遗址（原定名为“孙村墓地”）位于河南省新乡市所属辉县市西北约8公里的高庄乡孙村西南至郝庄村北一带，“南水北调工程”中线干渠里程598.7公里～596.2公里之间，地理坐标为东经113°43.195′，北纬35°30.843′，海拔96米。遗址东西长约1000米，南北宽约600米，总面积约51万平方米。遗址地势西高东低，起伏较少，中线干渠自西向东穿遗址而过（图一）。近现代村民平整土地、取土挖沙等活动，对遗址扰乱严重，上部文化层被破坏殆尽，大深坑散布遗址各处。2006年7月～10月，为了配合“南水北调”中线工程建设，郑州大学历史学院考古系受河南省文物管理局“南水北调”办公室委托，会同新乡市文物管理局、辉县市文物局等单位对孙村遗址进行了考古勘探和抢救性发掘，实际发掘面积2020平方米，发现一些先商文化遗存和较为丰富的殷墟文化、战国文化遗存以及少量汉代和汉代以后文化遗存，采集有新莽时期“大泉五十”钱范等遗物。其中先商文化遗存系在辉县西部地区首次发现，对于了解豫北地区夏代社会文化面貌以及探索商文化来源和夏、商文化关系等问题具有一定的学术价值和意义。本文在对相关遗存进行介绍的基础上，就该遗址先商文化的特征、属性以及与其他文化的关系等问题进行初步探讨。

一、地层堆积与分布

孙村遗址的发掘按照象限法将遗址分为Ⅰ、Ⅱ、Ⅲ、Ⅳ等四区，发掘工作主要位于干渠占压的Ⅰ、Ⅱ区内进行（图二）。

遗址文化层一般残存1米左右，个别遗迹单位可深达数米。南部文化层相对较厚，北部较薄。其中Ⅰ、Ⅳ区地层堆积一般可分3（或4）层：第①层为耕土层和近现代扰乱层，其中耕土层厚15～30厘米，近现代扰乱层厚15～30厘米；第②层为红褐色沙土层，厚20～40厘米，属于商代文化层，个别地段为先商文化层；第③层属于较纯净的黄沙土层，少见包含物，其下为细沙层和生土。Ⅱ区地层堆积较为简单，可分作3层：第①层为耕土层，厚20～40厘米；第②层为红褐色黏土层，厚20～45厘米，为东周文化层；第③层属于黄砂土层，厚20～40厘米，较纯净，无包含物，其下为生土。

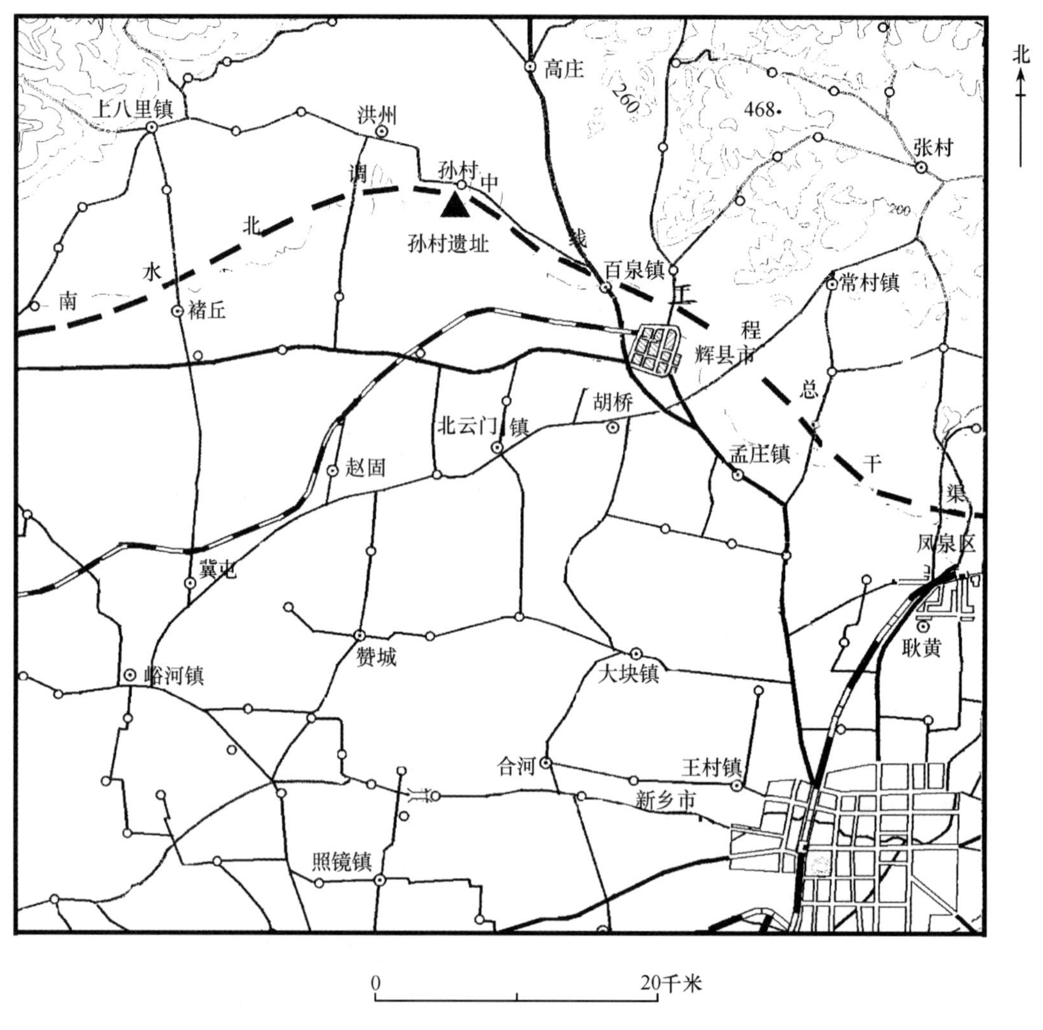

图一　孙村遗址地理位置示意图

先商文化遗存主要集中分布在遗址的东部边缘，分布范围较小。遗存被破坏严重，最东部大部分已被村民取土挖沙所毁坏，中部地段也被后来的殷墟文化地层和灰坑所扰乱。整体来说，文化层堆积较薄，遗迹现象简单，缺乏连续的叠压或打破关系，故对其文化属性和年代分期的判断，主要通过器物的形制特征以及与周围遗址出土的同类器物进行比较得出。

二、先商文化遗存的确定

孙村遗址发现有少量的先商文化遗迹，主要是灰坑和墓葬。其中灰坑共11个，墓葬1座。

灰坑依据坑口形状可分为长方形、圆形、椭圆形和不规则形四类。其中椭圆形和不

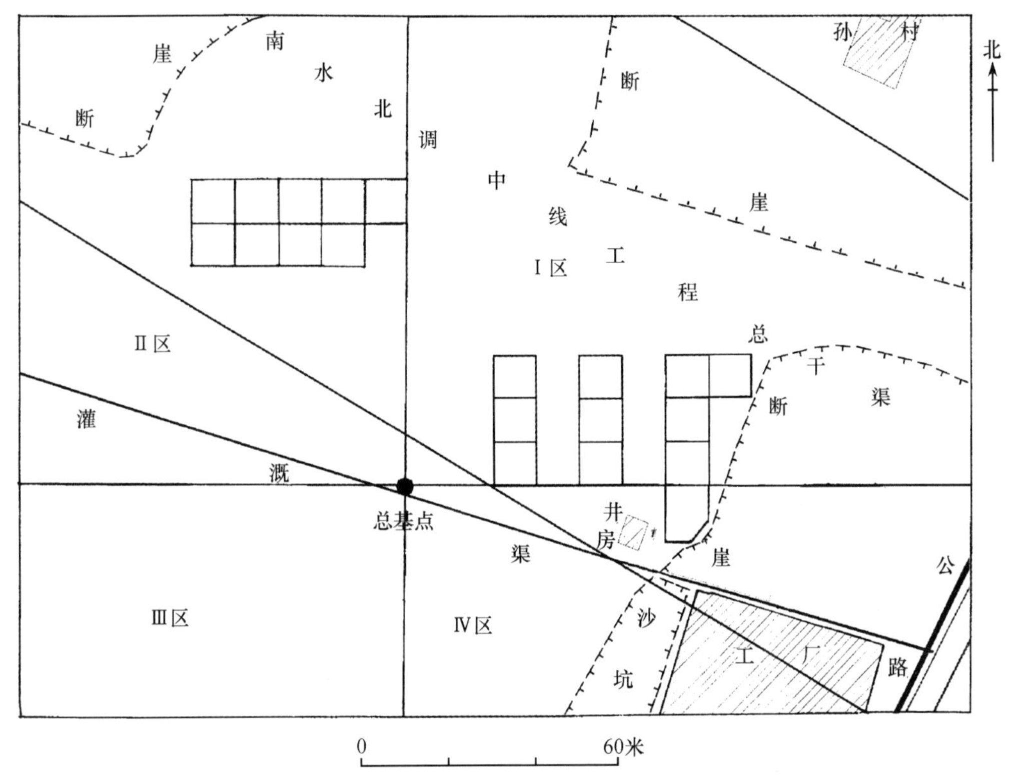

图二　孙村遗址发掘探方分布示意图

规则形居多，圆形次之，长方形最少。灰坑H36为椭圆形，坑口长2.84、宽2、坑深约0.5米。坑壁较直，坑底较平。出土有陶罐、陶盆、石刀、石铲、陶纺轮以及陶纺轮半成品等。灰坑H47也为椭圆形，部分被H46打破，坑壁斜直，坑底较为平坦。坑口长约1.8、宽约1.28、坑深约0.75米。出土器物有卵形瓮等，坑内上部有一狗骨架（图三）。

墓葬仅发现一座，编号IM1，为竖穴土坑儿童合葬墓，上部已被破坏。残存墓室呈圆角长方形，直壁。墓口长约1.8、宽约1.7、墓深约0.32米。墓内共发现两具骨架，均头向西南。人骨保存较好，其中西边骨架长约1.3米，东边骨架长约1.2米。二者均仰身直肢，没有发现葬具。各随葬一陶罐，其中西边骨架随葬的陶罐位于右腿部外侧，东边骨架随葬的陶罐位于头部东侧（图四）。墓主人应为两个儿童，性别不详。

出土遗物以陶器为主，另有少量的石器。

陶器以夹砂陶居多，泥质陶次之。陶色以灰陶为大宗，黑皮陶次之，另有少量褐陶。陶胎较薄。纹饰以印痕较浅的细绳纹为主，中绳纹次之，另有少量弦纹、附加堆纹和压印同心圆纹（图五）。器类有罐、鬲、盆、甗、豆、瓮以及纺轮等。数量上，罐、鬲最多，其他器类较少。

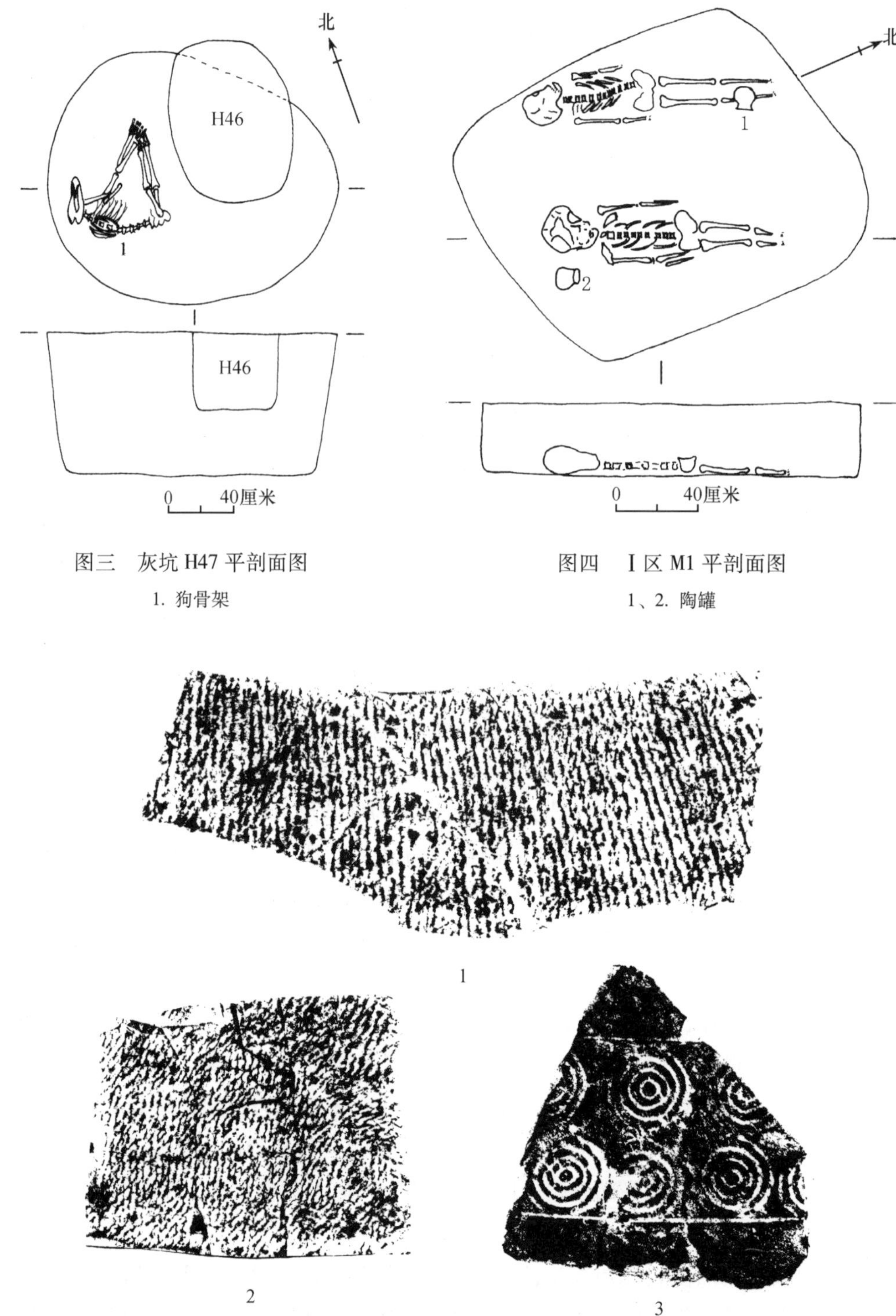

图三　灰坑 H47 平剖面图

1. 狗骨架

图四　Ⅰ区 M1 平剖面图

1、2. 陶罐

图五　先商文化陶器纹饰拓片

1. 中绳纹　2. 细绳纹　3. 同心圆纹

罐分深腹罐和圆腹罐两类（图六）。深腹罐多为薄胎、细绳纹、卷沿、高领。口部为小口或敞口，广肩或溜肩。圆腹罐也为薄胎，颈部以下饰细绳纹至底，印痕较浅。按口部、颈部特征分两型：A 型为侈口，圆唇，高领，束颈，鼓腹，凹圜底，颈部以下饰细绳纹至底，印痕较浅；B 型为卷沿外翻，无领，圆唇，腹部微鼓，小平底。

鬲完整者数量较少。夹砂灰陶，胎较薄。敞口，卷沿外翻，圆唇，束颈，领部较高，鼓腹，裆较高，腹饰细绳纹，实足上无纹饰（图七，8）

瓮多为卵形瓮、平口瓮。卵形瓮为夹砂灰陶，小口，宽平沿，尖唇，唇向内勾，上腹部素面（图七，1、2）或饰倾斜中绳纹（图七，4）。平口瓮为泥质灰陶，敛口，圆唇，广肩，沿下有一周较宽的浅凹槽，下部残缺（图七，11）。

盆按领部特征可分三型：A 型为敞口，卷沿，圆唇，束颈，鼓腹，领下饰竖向细绳纹，腹部有一道凹弦纹（图七，3）；B 型为卷沿，圆唇，高领，上腹较直（图七，5）；C 型为敞口，微卷沿，无领，腹部微鼓，素面（图七，10）。

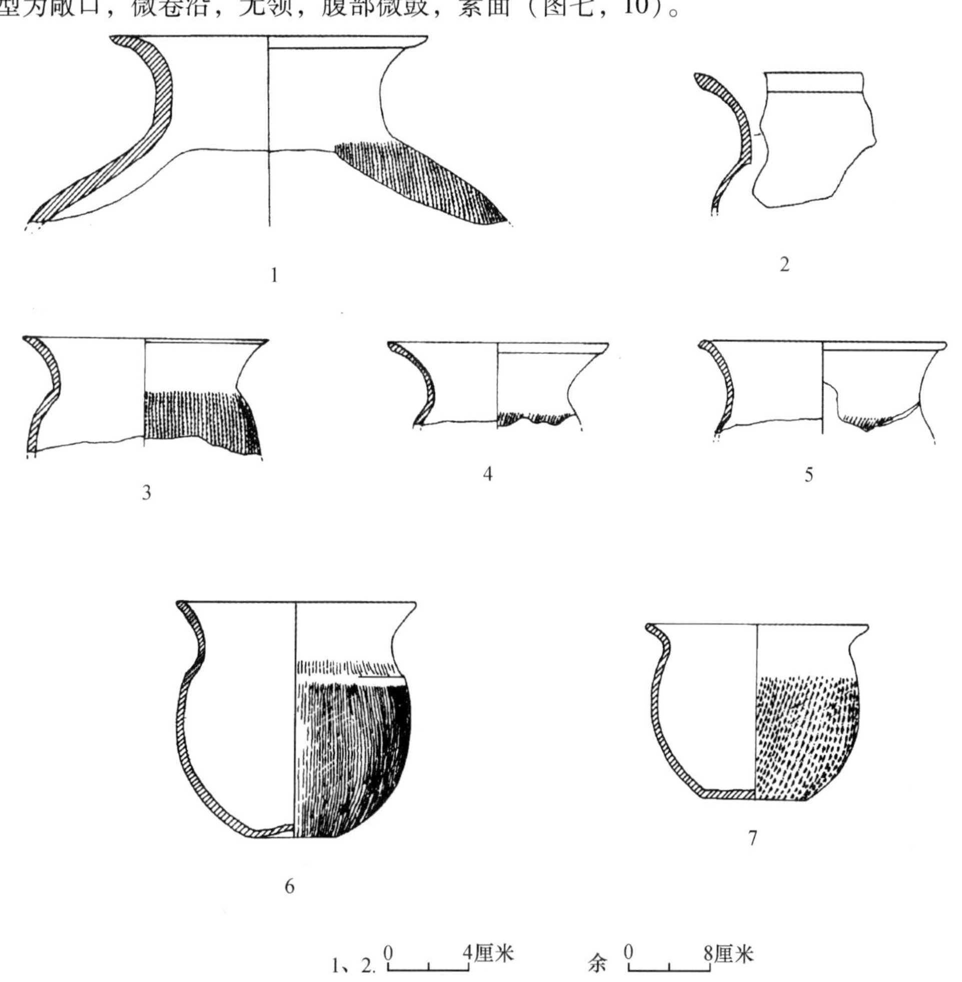

图六　先商文化陶罐

1～5. 深腹罐　6. A 型圆腹罐　7. B 型圆腹罐

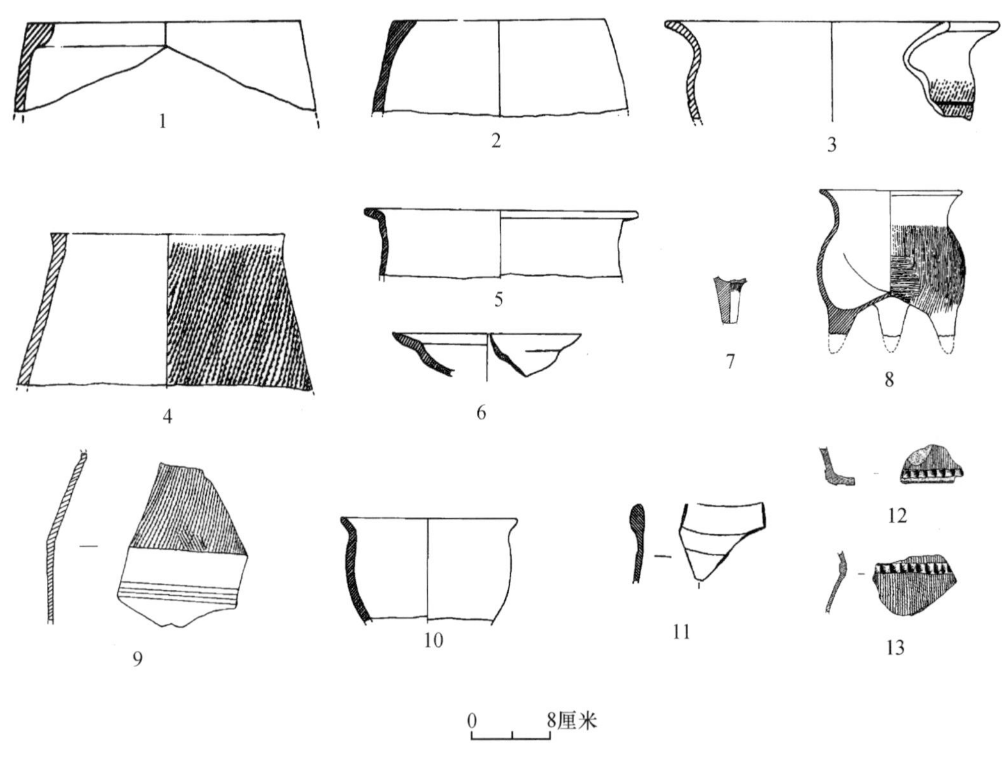

图七　先商文化陶器

1、2、4. 卵形瓮　3、5、10. 盆　6. 豆　7、8. 鬲　9. 瓮　11. 平口瓮　12、13. 甗

甗为夹砂褐陶，表皮颜色稍深，腰内侧有隔，腰部外侧饰一周附加堆纹，器表可见中绳纹（图七，12、13）。

发现豆 1 件，泥质黑皮，敞口，尖圆唇，浅盘，盘内壁有一凸棱，中部下凹，柄部残（图七，6）。

发现的纺轮为圆饼形，中间有圆形穿孔，半成品无穿孔，夹砂红褐陶或夹砂灰陶，素面或饰有中绳纹（图七，5、6）。

石器有刀、铲和杵等。刀为磨制，矩形，一面刃微曲，直背，中部有对穿圆孔 1 个（图八，1）。铲为磨制，长条形，横断面呈长方形（图八，2、3）。杵为黑色砂石磨制而成，横断面呈椭圆形（图八，4）。

通过对比可知，上述孙村遗址所出的卷沿、圆唇、高领、鼓腹陶鬲（图七，8），与一般认定的先商文化遗存，如淇县宋窑遗址①所见鬲（T302⑩:141）、温县北平皋遗

① 北京大学考古系商周组：《河南淇县宋窑遗址发掘报告》，《考古学集刊》10，地质出版社，1996 年。

址①所见鬲（H1∶49）、修武李固遗址②所见鬲（T1 扩⑤b∶1）、新乡潞王坟遗址③所见鬲（T3∶19）、辉县琉璃阁遗址④所见鬲（H1∶87）等相近。孙村遗址见到的敞口、矮领、束颈、鼓腹深腹盆（图七，3），与淇县宋窑遗址所见深腹盆（T302⑧∶179）、修武李固遗址所见深腹盆（T1⑤C∶39）较为接近。孙村遗址出土的高领、束颈、鼓腹、凹圜底、细绳纹圆腹罐（图六，6）与辉县琉璃阁遗址的陶罐（H1∶108）比较接近，只是孙村的表现出稍早的特征。孙村遗址出土的矩形石刀（图八，1）与潞王坟遗址同类石刀颇似。年代分期上，孙村遗址的先商文化遗存与淇县宋窑遗址先商文化早期二段3组、李固遗址先商文化和潞王坟第1组⑤特征非常接近，其年代应该相近。邹衡先生把

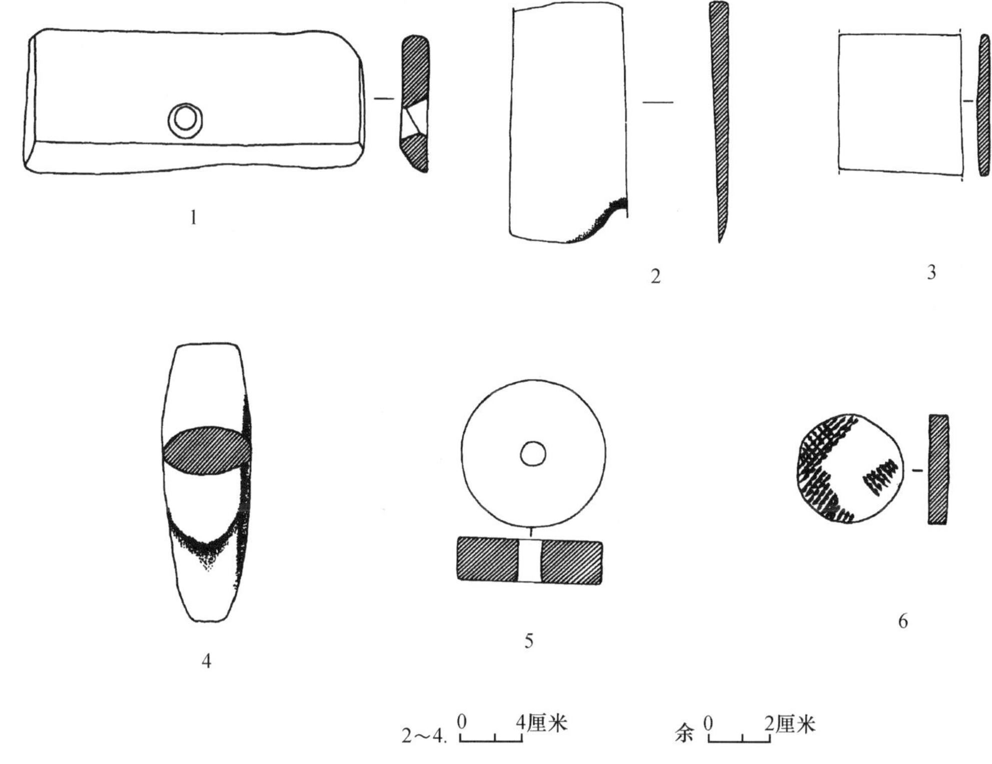

图八　先商文化生产工具

1. 石刀　2、3. 石铲　4. 石杵　5、6. 纺轮

---

① 刘绪：《论卫怀地区的夏商文化》，《纪念北京大学考古专业三十周年论文集》，文物出版社，1990年。

② 北京大学考古专业商周组等：《晋豫鄂三省考古调查简报》，《文物》1982年第7期。

③ 河南省文化局文物工作队：《河南新乡潞王坟商代遗址发掘报告》，《考古学报》1960年第1期。

④ 中国科学院考古研究所：《辉县发掘报告》，科学出版社，1956年。

⑤ 张立东：《论辉卫文化》，《考古学集刊》10，地质出版社，1996年。

辉县琉璃阁 H1、潞王坟下层归为“先商文化第Ⅱ组”①，认为其年代相当于二里头文化第四段（期）。综合起来看，孙村遗址的先商文化遗存应相当于二里头文化三期偏晚到四期偏早阶段。

三、与周边同类遗存的关系

先商文化探索是目前学术界的一个重要课题，其对探索中国古代文明的起源与形成、商文明的起源与发展具有重要意义。先商文化是指商汤灭夏以前商族（或以商族为主体）所创造的文化遗存，与属于夏王朝时期夏族的文化——二里头文化分属两种不同的考古学文化。1980 年，邹衡先生首先提出了“先商文化”问题，认为以新乡潞王坟下层、磁县下七垣第 3 层、4 层为代表的一类遗存，即为早于二里冈期商代前期文化的先商时期文化②。经过学术界几十年的研究与论证，“先商文化”这一概念及内涵已经逐渐得到了多数学者的认同。从考古资料来看，先商文化主要分布在豫北、冀南地区，北达河北省中部；往东大约到今河北与山东、河南与山东省界线一线，往南越过黄河至开封、郑州地区，商丘地区最西部的民权县西部也是先商文化的分布范围；西部大约以太行山为界，西南以沁河为界。

先商文化可分诸多类型。邹衡先生在论证夏文化的同时，根据各地先商文化所包含文化因素的差别，将唐河以南的冀南地区和淇河以北的豫北地区的先商文化称作“漳河型”，把分布于淇河以南、沁河以北、古黄河以西、太行山以东的先商文化称作“辉卫型”，把分布于郑州地区的先商文化称作“南关外型”③。之后，随着考古材料的不断增多，先商文化类型划分逐渐细化，有一些学者又陆续提出了保北类型④、鹿台岗类型⑤、葛庄类型⑥、沁东类型⑦等。

漳河型与辉卫型既有诸多共性，也有一定的差异。从陶器特征来看，二者都以灰陶为主，并有少量褐色陶，分泥质陶和夹砂陶；二者纹饰都以细绳纹为主，并有较多的素面陶；在器形上，二者都以平底和三足器最为流行，烧制火候一般较高，器壁较薄，都以鬲、甗为主要炊器，另有鼎、盆、豆、罐、蛋形瓮、敛口瓮、器盖等器类。不同的是，辉卫型中有一定数量的圜底、凹圜底器，漳河型中基本不见；辉卫型的捏沿（口）

① 邹衡：《试论夏文化》，《夏商周考古学论文集》，文物出版社，1980 年。

② 邹衡：《试论夏文化》，《夏商周考古学论文集》，文物出版社，1980 年。

③ 邹衡：《试论夏文化》，《夏商周考古学论文集》，文物出版社，1980 年。

④ 沈勇：《保北地区夏时代两种青铜文化之探讨》，《华夏考古》1991 年第 3 期。

⑤ 郑州大学考古专业等：《河南杞县鹿台岗遗址发掘简报》，《考古》1994 年第 8 期。

⑥ 任亚姗等：《1993 ~ 1997 年邢台葛家庄先商遗址、两周贵族墓地考古工作的主要收获》，《三代文明研究》（一），科学出版社，1999 年。

⑦ 杨贵金：《沁水下游的夏文化与先商文化》，《中原文物》1997 年第 2 期。

罐、圜底深腹罐、研磨器等在漳河型中几乎没有发现，而漳河型常见的带耳器和橄榄形深腹罐在辉卫型中比较少见；辉卫型中薄胎器不如漳河型多，细绳纹比例不如漳河型为高，有一定数量的涡纹和圆圈纹；辉卫型中鼓腹鬲较多，漳河型晚期则直腹鬲多①。从这些对比我们可以看出，漳河型和辉卫型在大部分陶器特征上是一致的，应该属于同一种考古学文化，只是在局部特征上不尽相同。这些差异不应是时间先后自然演变的结果，其形成原因与地域的差别、族属分支不同有着直接的关系。

从考古材料来看，辉卫型先商文化主要分布于今河南省的新乡、焦作地区。张立东先生根据调查资料进一步推断其范围：西南到焦作以西的沁河，东北到淇、洹之间，东南可能已越过古黄河而逼近今黄河，西北则以太行山为界②。而孙村遗址位于新乡市所属辉县市西北约 8 公里处，正位于辉卫型的分布范围之内。

孙村遗址所在的新乡地区西部先商文化遗址分布较为密集，已经过考古发掘的遗址主要有新乡市潞王坟遗址、新乡县李大召遗址③，辉县孟庄遗址④、辉县琉璃阁遗址等遗址，邻近地区还有修武李固、淇县宋窑等遗址（图九）。经过几十年的发掘和研究，这一地区的先商文化内涵及发展脉络已逐渐清晰，整体上以鬲、甗、有肩盆、橄榄状罐和素面纹、细绳纹、泥质陶为主要特色，与整个辉卫型先商文化一致，最后发展演变为本地区的早商文化。虽然这一地区呈现出多种文化因素汇集的特点，二里头文化因素相对较多，但整体上始终是以鬲和甗为主要炊器、细绳纹居多等先商文化因素为主，其他文化因素均居次要地位。而孙村遗址先商文化，陶器分夹砂、泥质陶，夹砂陶多于泥质陶。陶色以灰陶为主，黑皮陶次之，另有少量褐陶。纹饰以细绳纹为主，中绳纹次之，有少量弦纹、附加堆纹和压印同心圆纹（圆圈纹），并有较多的素面陶，陶胎较薄。器类以鬲、甗为主要炊器，另有盆、豆、罐、蛋形瓮、敛口瓮，有一定数量的圜底、凹圜底器，橄榄形深腹罐少见，见有鼓腹鬲，故整体上应属于辉卫型先商文化范畴。

孙村遗址先商文化遗存也有一定的自身特点。淇县宋窑遗址的先商文化遗存中发现有较多的二里头文化因素，如发现有腹部装饰着附加堆纹的侈口罐、平底罐形鼎、瓦足皿、伞状钮器盖、大口尊、捏沿罐等，这些均为二里头文化最具特色的陶器。在距孙村遗址更近的孟庄遗址先商文化遗存中也含有大量二里头文化因素，如陶器中绳纹较多甚至多于细绳纹，器口部流行绳切纹花边，腹部盛行鸡冠状和舌状鋬，有较多的圆腹罐、大口尊、刻槽盆、鼎等器物。相比之下，孙村遗址的先商文化较为“单纯”，几乎不见或少见这些二里头文化因素。

---

① 李伯谦：《先商文化探索》，《庆祝苏秉琦考古五十五年论文集》，文物出版社，1989 年。

② 张立东：《论辉卫文化》，《考古学集刊》10，地质出版社，1996 年。

③ 郑州大学历史学院考古系：《新乡李大召》，科学出版社，2006 年。

④ 河南省文物考古研究所：《辉县孟庄》，中州古籍出版社，2003 年。

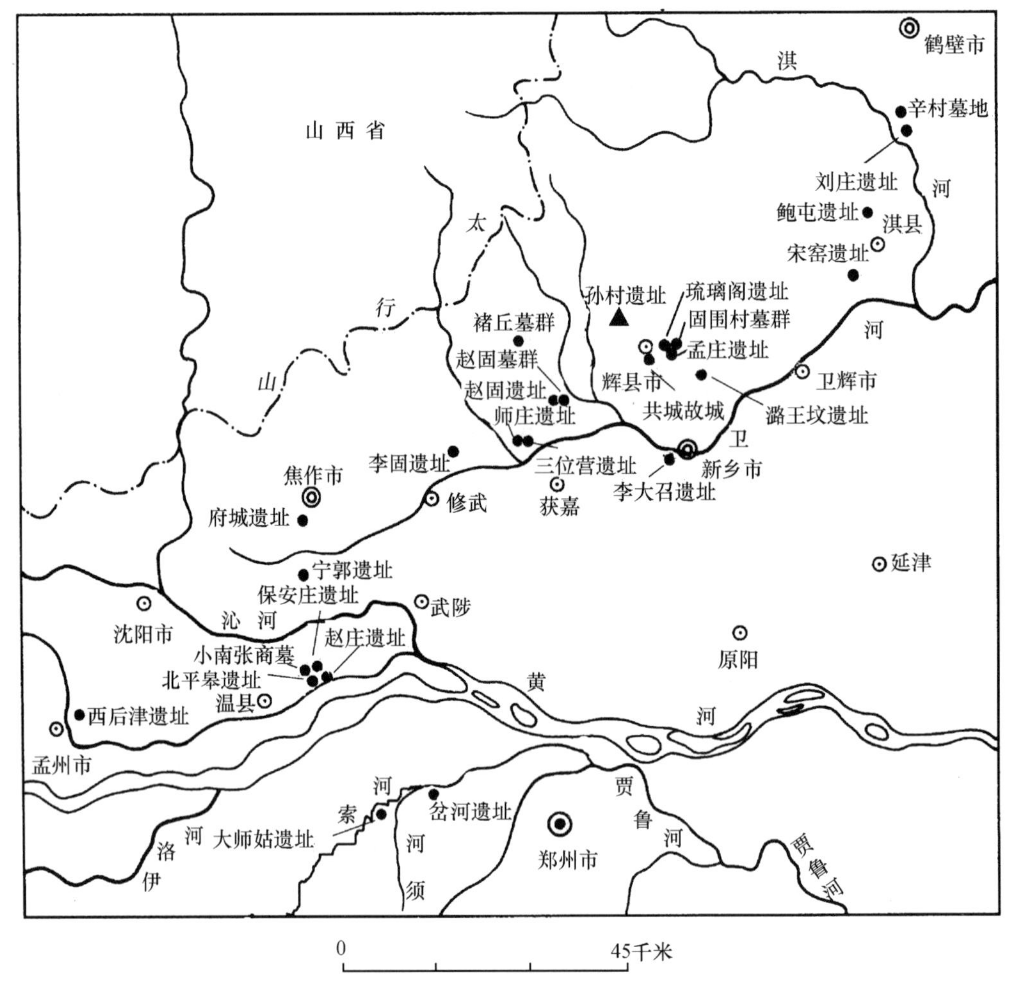

图九　孙村遗址周围主要遗址分布图

新乡西部在辉卫型先商文化的分布区中处于中心位置，应属于辉卫型先商文化的核心分布区。通过对辉卫型先商文化诸遗址的对比分析，我们不难发现，这些遗址中以辉县孟庄遗址规模最大，且建造有大型夯土城垣，文化遗存最为丰富，其他遗址则如众星捧月般分布在其周围，似乎可以把孟庄遗址看作这一地区乃至整个辉卫型先商文化的政治中心或中心聚落。而孙村遗址距离孟庄遗址约 15 公里，规模上与孟庄遗址相差甚远，文化遗存简单，显然二者应是一般聚落与中心聚落的关系。

至于孙村遗址的先商文化遗存中不见或少见二里头文化因素的原因，除了发掘面积所限和历史上人为破坏等原因之外，不排除辉县地区东部与西部存在一定文化差异的可能性，还可能由于孙村遗址位于太行山东麓的冲积扇上，位置较为偏僻，没有处在辉卫型先商文化与二里头文化交流的主要路线上，以至于外来文化因素较少，文化因素较为单纯。

河北磁县南城遗址浅析

石　磊　王会民　梁　亮
（河北省文物研究所）

在南水北调基本建设工程中，磁县南城村遗址的考古发掘为跨年度的考古项目。河北省文物研究所，会同邯郸文物研究所、磁县文保所组成磁县南城遗址考古队，于2007年9月14日至2008年1月23日、2008年3月4日至2008年12月15日，历时419天，先后对南城遗址进行了两次田野考古发掘并取得重要发现。

一、磁县南城遗址概况

磁县南城遗址位于邯郸市磁县南城乡南城村村西北，为太行山东麓山地向平原过渡的丘陵地带。东、南为平原，西、北为丘陵，其间沟壑纵横。古洄河在遗址西北分为南北两支环绕遗址，东至高级渠。遗址西南，现尚有一条季节性小河，为原古洄河支流。经过考古勘探遗址现存面积约12万平方米，整个遗址位于古洄河主河道南岸台地上，呈东、西带状分布。以东经114°22′55″，北纬36°30′24″，海拔74米为中心；四置为东至：东经114°22′16″，北纬36°30′37″，海拔76米；南至：东经114°21′44″，北纬36°30′16″，海拔69米；西至：114°21′37″，北纬36°30′42″，海拔74米；北至：东经114°21′52″，北纬36°30′41″，海拔79米。南水北调工程从遗址西北穿过，渠线内遗址面积约4万平方米（图一）。

根据发掘所提供的地貌信息，遗址在汉代以前岗坡起伏，沟壑纵横，古洄河水势浩大，周边动、植物茂盛，湖沼密布，唐、宋以后水势渐小至清末干涸。

二、磁县南城遗址的地层、年代划分与主要收获

此次磁县南城遗址的田野考古发掘，发掘区位于磁县南城乡南城村村西北400米台地上，整个遗址的西部。发掘区被古洄河环绕，三面较低，东南与台地相连，形似半岛。发掘分三区进行，2007Ⅰ区位于遗址西部，2008Ⅱ区位于遗址西部、Ⅰ区的北部，2008Ⅲ区位于遗址西北部。Ⅰ区布10米×10米探方20个，10米×3米探沟12条，

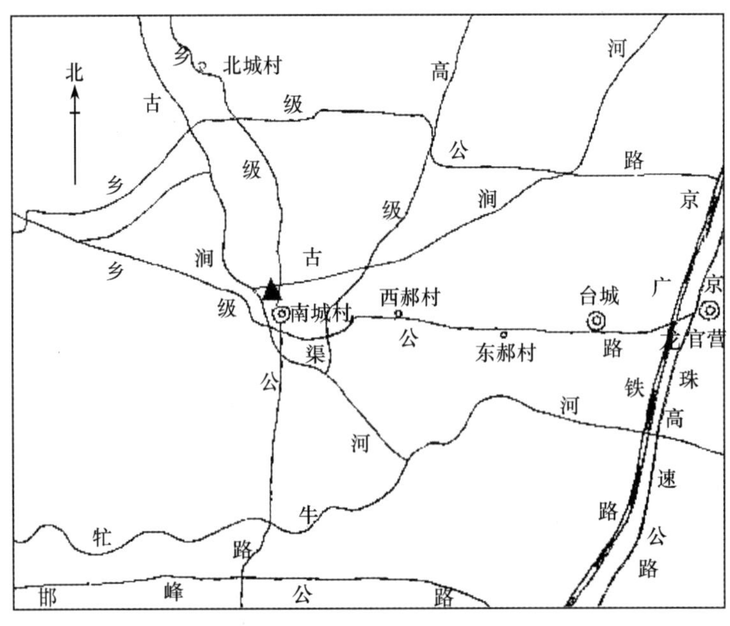

图一　磁县南城遗址位置示意图

Ⅱ区布5米×5米探方96个，10米×3米探沟2条，Ⅲ区布5米×5米探方56个，扩方面积100平方米，总发掘面积6580平方米（图二）。

磁县南城遗址，根据发掘和勘探情况来看，遗址地层堆积明确，自仰韶时期、龙山时期、先商、商、汉、北朝一直延续至唐、宋，内涵十分丰富。共清理各类遗迹365处，其中房址5座、井5座、灰坑205座、灰沟21条、窑址5座、窖穴6座、墓葬116座、烧土遗迹2处。共计出土陶器、铜器、铁器、石器、玉器、骨器、蚌器、贝饰等各类文物679件。

重要的发现有Ⅰ区的龙山文化堆积、商代文化堆积和Ⅱ区的先商时期墓葬尤为重要。

根据发掘情况，现将地层堆积说明如下（图三）：

第①层：耕土层，浅灰土，松散，厚0~30厘米。层内包含物有少量陶片，青花及近现代瓷片等，为近现代堆积。

第②层：灰土层，黄灰色，土质，较松散，较为纯净，厚20~30厘米。层内包含物有少量陶片和清花瓷片及康熙通宝等遗物，为明、清堆积。

第③层：黄土层，浅黄色，土质，紧密，夹杂有小贝壳，厚30~40厘米。层内包含物较少，局部有大量瓦砾堆积，包含物有陶片、瓷片及砖瓦等物，为宋代堆积。

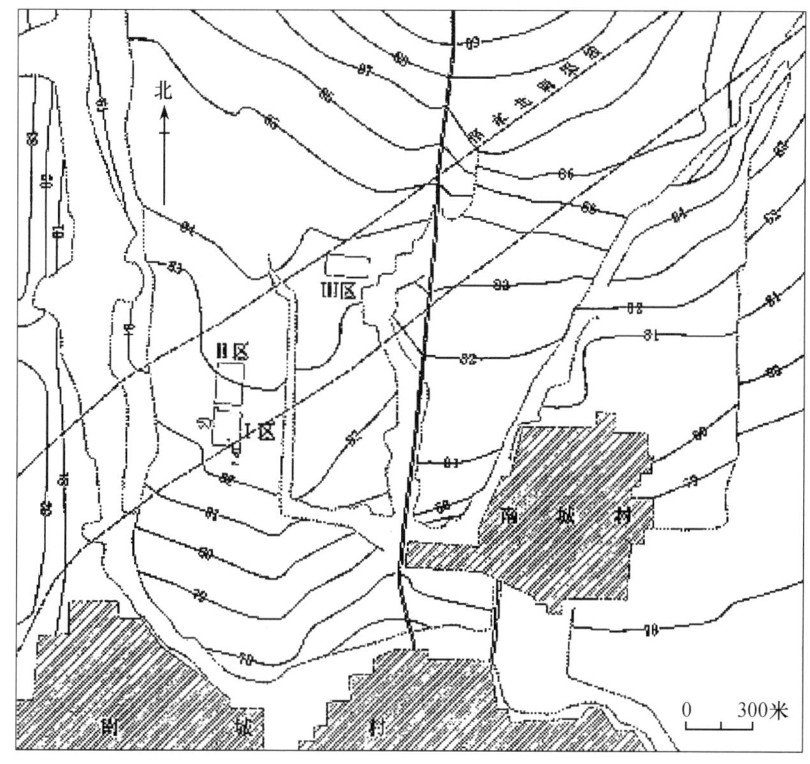

图二 磁县南城遗址探方分布图

第④层：黄褐层，深黄色，土质，紧密，厚20～30厘米。层内包含物较少，局部有大量瓦砾堆积，包含物有陶片、瓷片及砖瓦等物，为唐代堆积。

第⑤层：红褐土层，红褐色，土质，较坚硬，质密，夹杂有小贝壳、炭粒等，厚30～50厘米。层内包含物有大量陶片及板瓦、筒瓦、圆形瓦当、陶盆、瓮等口沿，为东汉时期的堆积。

第⑥层：灰褐土层，灰褐色，土质，坚硬，质密，厚20～30厘米。层内包含物有大量陶片，可辨器形有鬲、豆、罐、盆等口沿及残片，为商代中、晚期堆积。

第⑦层：黑褐土层，深褐色，土质坚硬，质密。厚30～50厘米，层内包含物可辨器形有碗、罐、盆、钵、甗、甑、瓮、器盖等，为龙山时期的堆积。

第⑧层：灰黄土层，灰黄色，土质坚硬，质密，厚20～30厘米，层内包含物较少。为仰韶时期的堆积。

其下为生土，灰白色，杂有礓石，坚硬，纯净。

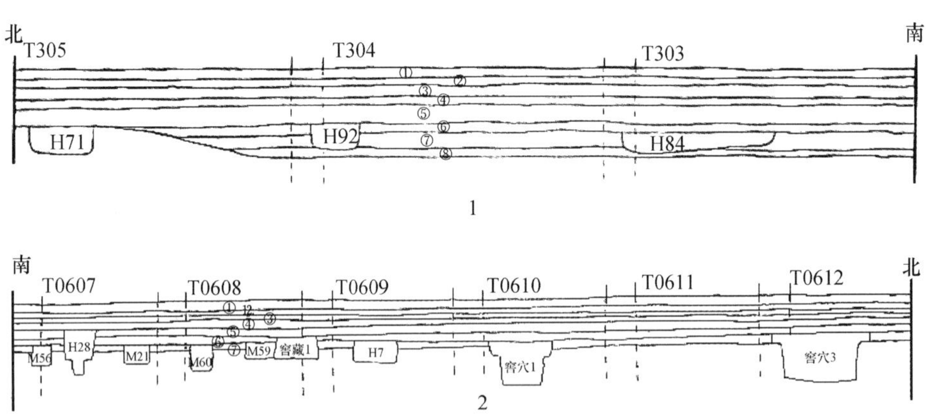

图三　磁县南城遗址地层堆积

1. 2007 年Ⅰ区 T303、T304、T305 东壁剖面　2. 2008 年Ⅱ区 T0607、T0608、T0609、T0610、T0611、T0612 西壁剖面

三、磁县南城遗址内的遗迹、遗物

（一）磁县南城遗址内的遗迹

1. 房址 5 座

其中，龙山时期房址 4 座，唐代房址 1 座。

以龙山时期房址为例：均为半地穴式，分为椭圆形和半圆形两种，形制分单室、双室和三室三类。

2008NCNⅠ区 T402⑦F2，F2 开口于 T402⑦层下，由门道、前室和后室三部分组成，门道向东，方向 107°，未发现柱洞。房址通长 7.6 米，门道呈椭圆形，最长 1.25、最宽 1、深 0.4 米；前室呈椭圆形，最长 4.8、最宽 3.3、深 1.75 米；后室为圆形，直径 2.3、深 1.1 米。前室中部发现一灶，呈椭圆形，最长 1.2、最宽 1 米（图四）。

2. 井 5 座

其中商代 1 座、东汉 1 座、唐代 2 座、宋代 1 座。

商代 2008NCNⅡ区 T0510⑥J3，J3 开口于 T0510⑥层下，井口为圆形、井壁微向外斜，有三对称的脚窝、平底。井口直径为 1、深 2.4 米，脚窝宽 0.12、深 0.1 米。

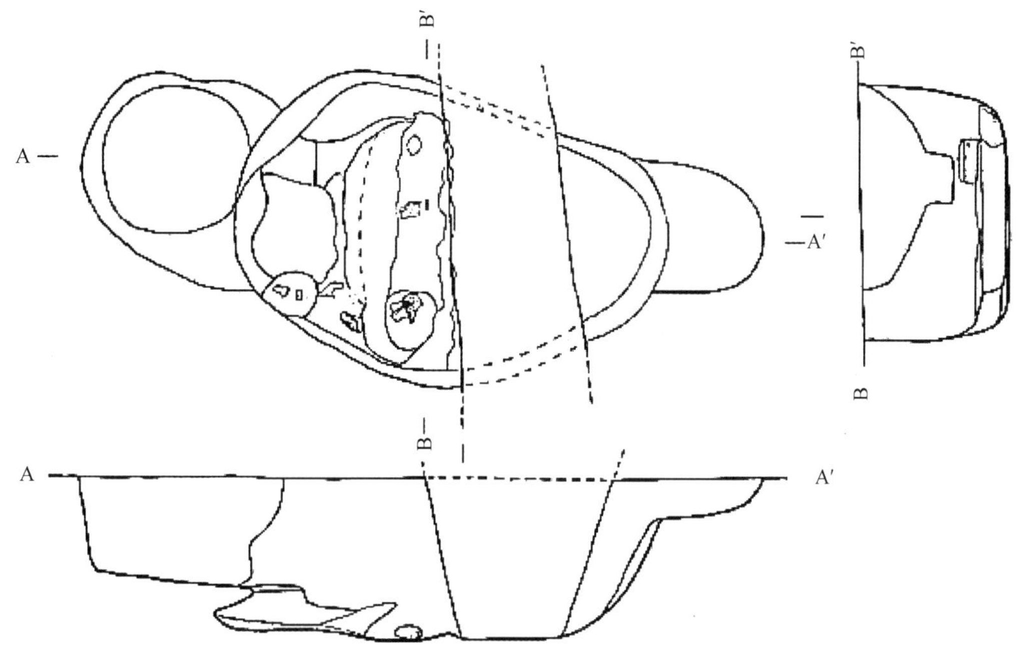

图四 2008NCNⅠ区 T402⑦F2 平、剖面图

3. 灰坑205座

其中仰韶时期3座，均为圆形，圜底。龙山时期68座，先商17座、商代59座、东汉11座、唐代30座、宋代17座。仰韶时期均为圆形，圜底。龙山、先商、商代灰坑分为圆形、椭圆形和不规则形三类，以圆形、斜壁、平底为主。东汉以圆形、直壁、平底为主。唐代圆角长方形、直壁、平底为主。宋代为圆形、直壁、平底为主。

4. 灰沟21条

其中仰韶时期1条、商代5条、东汉3条、唐代9条、宋代3条。除2007NCNⅠ区G5、G6和2008NCNⅡ区G5、G9为人工沟，皆为自然沟。以G6东汉沟为例：2007NCNⅠ区T104、T204、T304、T404、T403、T402、T401⑤G6横截面呈倒梯形。为两面斜坡式，上部宽3米，底部较窄，宽仅0.3米，可见少量淤土，整体做工规整。

5. 窑址5座

其中龙山时期4座、商代1座。

以龙山时期窑址为例：2007NCNⅠ区T305⑤Y4。Y4开口于T305⑤层下，由窑室、抛柴孔、火道、火膛组成，窑室平面呈圆形，直径1.5米；抛柴孔，呈椭圆形，最长0.4、最宽0.3米，窑室有斜坡状火道四条，长1.2、宽0.1、深0.2米；火膛呈椭圆形，深0.5、最长0.8、最宽0.3米。顶皆塌毁，未见烟囱（图五）。

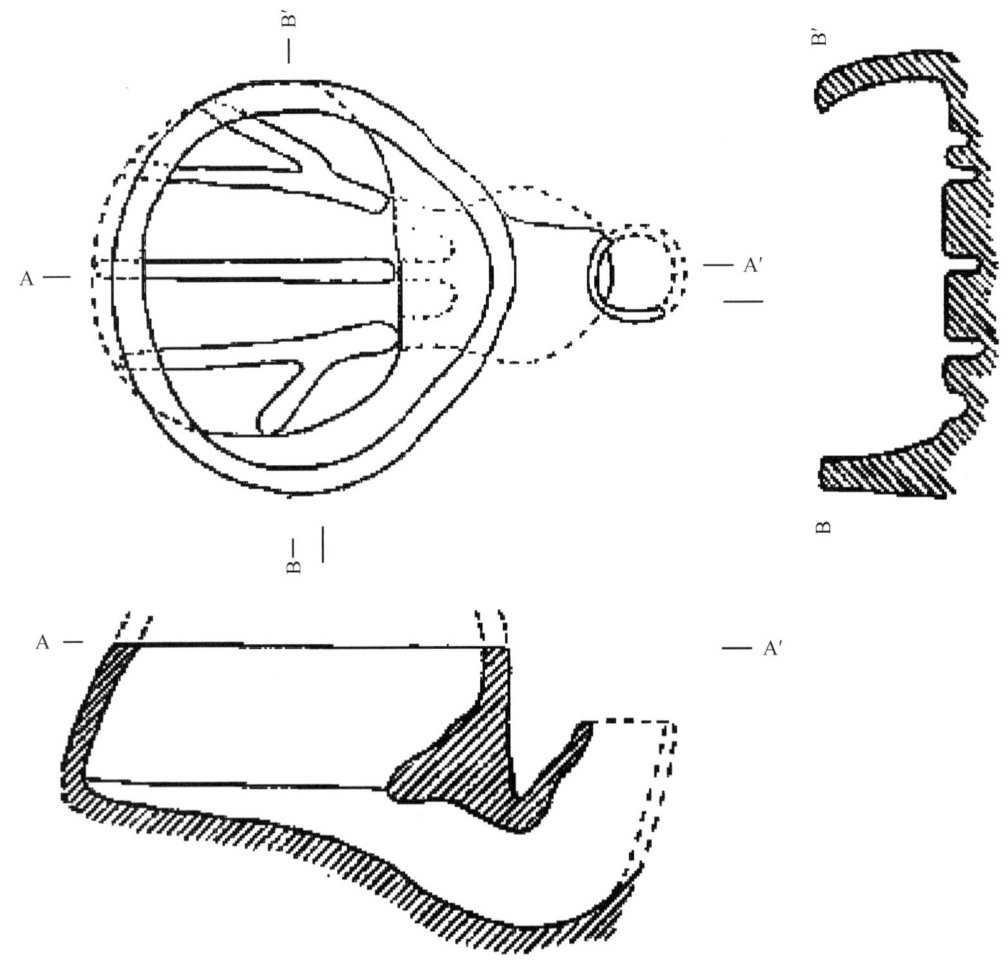

图五　2007NCNⅠ区 T305⑤Y4 平、剖面图

6. 窖穴 6 座

其中商代 4 座、东汉 1 座、唐代 1 座。

以商代窖穴为例：平面均为圆形、为半地穴式建筑。2008NCNⅡ区 T0610⑥窖穴 1。开口于 T0610⑥层下，直径 3、深 1.7 米，在上部设有一周浅的二层台，二层台深 0.4 米，二层台上分布有 12 个柱洞，柱洞直径 0.1、深 0.2 米，底部 1 个柱洞，直径 0.2、深 0.4 米。

7. 墓葬 116 座

其中先商墓 82 座、商墓 12 座、东汉墓 4 座、南北朝墓 1 座、唐墓 14 座、宋墓 3 座。

以先商墓为例：先商墓 82 座墓葬均为圆角长方形竖穴土坑墓，开口⑥层下，方向基本一致，墓葬深浅不一。比较集中的分布在南北约 60、东西 30 米的范围内。部分有木棺，其中有一座有一棺一椁，墓主皆仰身直肢葬。随葬品放置在头前、腰部、脚下，有的用贝壳覆面。

（二）磁县南城遗址内的遗物

磁县南城遗址中出土各类遗物共计679件。遗址内出土各类遗物较多，不能尽述，现只能简述如下：

（1）仰韶时期遗存中遗物以陶器为主，器形有圜底钵、长颈壶、罐、横耳、彩陶仅一片。

（2）龙山时期遗存中遗物以陶器为主，另有石器、骨器、蚌器几种。陶器器形有斝、甗、尊、甑、罐、盆、杯、碗、瓮等；石器有斧、铲、凿、长方形双孔刀等；骨器有锥、针、簪、镞等，蚌器有刀、镰、锯等。

甗　标本2007NCNⅠ区T302⑦H62∶1，残，袋状足，上饰拍印纹。残高28.5厘米（图六，1）。

盆　标本2007NCNⅠ区T202⑦H33∶1，敞口，曲腹，平底盆。口径21.9、底径16.5、深7.5厘米（图六，7）。

双腹盆　标本2007NCNⅠ区T203⑦H37∶1，敞口，折腹，平底盆。口径16.2、腹径12.6、底径12、深9厘米（图六，2）。

圜底盆　标本2007NCNⅠ区T302⑦H61∶1，凸方唇，口微敛，圜底。口径24、深9厘米（图六，8）。

罐　标本2007NCNⅠ区T205⑤Y3∶1，敞口，圆唇，鼓腹，底微向内凹。口径9、腹径13.8、底径6、高15厘米（图六，3）。

双耳罐　标本2007NCNⅠ区T303⑦H81∶2，残，斜直腹，平底，下腹部贴附对称双耳。底径9、残高13.5厘米（图六，4）。

双耳罐　标本2007NCNⅠ区T303⑦H81∶3，残，鼓腹，平底，腹贴附对称双耳。腹径36、底径12.5、残高27.5厘米（图六，5）。

直口罐　标本2007NCNⅠ区T405⑦H71∶1，直口，圆唇，鼓腹，平底。口径6、腹径8、底径4.6、高7厘米（图六，11）。

罐　标本2007NCNⅠ区T402⑦F2∶3，残，腹部微鼓，平底，腹部饰波折纹。腹径8、底径4、残高8.4厘米（图六，10）。

杯　标本2007NCNⅠ区T405⑦H71∶1，侈口，圆尖唇，曲腹，平底。口径5.6、底径4、高5.6厘米（图六，9）。

（3）先商遗存和墓葬中出土的遗物和随葬品有陶器、玉器、蚌器及贝饰。陶器器形有鼎、豆、鬲、罐、盆、碗、瓮、器盖等，骨器有锥、针、簪等；蚌器有刀、镰、蚌覆面等；玉器均为小型饰件。

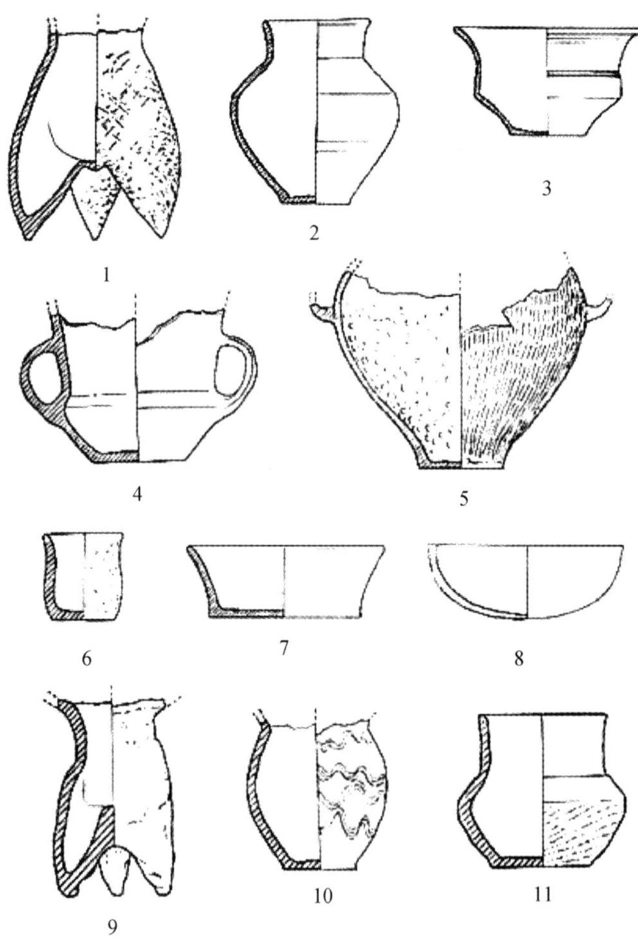

图六　龙山时期遗存中的陶器

1. 甗（T302⑦H62∶1）　2. 双腹盆（T203⑦H37∶1）　3. 罐（T205⑤Y3∶1）　4. 双耳罐（T303⑦H81∶2）　5. 双耳罐（T303⑦H81∶3）　7. 盆（T202⑦H33∶1）　8. 圜底盆（T302⑦H61∶1）　9. 杯（T405⑦H71∶1）　10. 罐（T402⑦F2∶3）　11. 直口罐（T405⑦H71∶1）

豆　多浅盘，高柄豆，少量盘沿外折。标本 2007NCN Ⅰ区 T303⑥H81∶1，浅盘豆，残，盘沿外折。直径 16、残高 4 厘米（图七，2）。

罐　多为敛口，深鼓腹，平底。标本 2007NCN Ⅰ区 T302⑥H61∶2，口径 16、腹径 20、底径 10、高 26 厘米（图七，4）。标本 2007NCN Ⅰ区 T101⑥H16∶1，口径 10. 8、腹径 12、底径 7. 2、高 10. 2 厘米（图七，5）。

盆　标本 2007NCN Ⅰ区 T302⑥H61∶2，残，敞口，折沿，深鼓腹，平底。口径 18、残深 12 厘米（图七，3）。

盆　标本 2007NCN Ⅰ区 T302⑥H61∶2，敞口，微敛，曲腹，平底。口径 17. 4、底径 6、深 6 厘米（图七，6）。

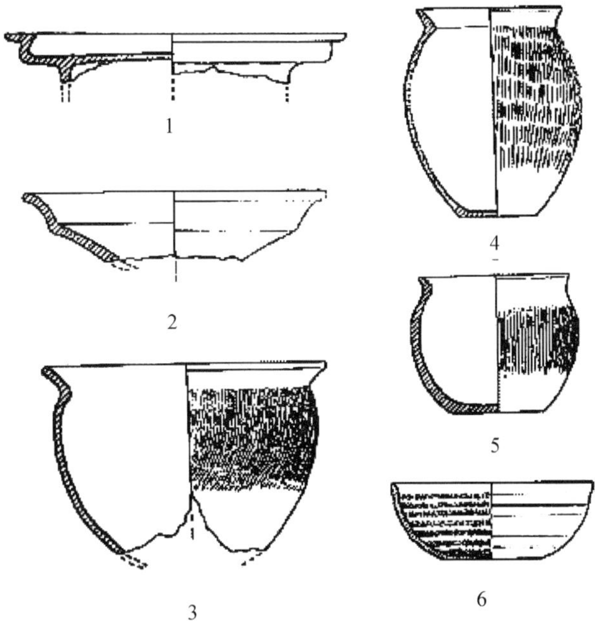

图七 先商遗存中的遗物

1. 器盖（T202⑥H40∶1） 2. 豆（T303⑥H81∶1） 3、6. 盆（T302⑥H61∶2、T302⑥H61∶2）
4、5. 罐（T302⑥H61∶2、T101⑥H16∶1）

器盖 标本2007NCNⅠ区T202⑥H40∶1，残，口径21.6、残高3厘米（图七，1）。

（4）商代遗存中遗物以陶器为主，另有石器、骨器、蚌器几种。陶器器形有簋、豆、鬲、甗、尊、甑、罐、盆、杯、碗、瓮、器盖等；石器磨制精细，有斧、铲、凿、刀等；骨器有针、簪等，蚌器有刀、镰、锯等。

豆 标本2007NCNⅠ区T308⑤H18∶3，残，敞口，圆唇，盘较深。直径16、残高6厘米（图八，1）。

罐 标本2007NCNⅠ区T308⑤H18∶3，小口，短径，深腹，腹部圆鼓，近平底。口径19.2、腹径43.2、底径12、高50.4厘米（图八，4）。标本2007NCNⅠ区T303⑤H80∶2，圆唇，束颈，折肩，斜腹，平底。口径6.9、肩部5.6、底径5.4、高12厘米（图八，6）。

三足器 标本2007NCNⅠ区T308⑤H18∶3，敞口，曲腹，底部三足残。口径15.6、残高6厘米（图八，5）。

祖 标本2007NCNⅠ区T205⑤H54∶1，直径4.4、长7.2厘米（图八，3）。

器盖 标本2007NCNⅠ区T303⑤H80∶3，覆碗形，桥形器钮。直径25、高12.5厘米（图八，2）。

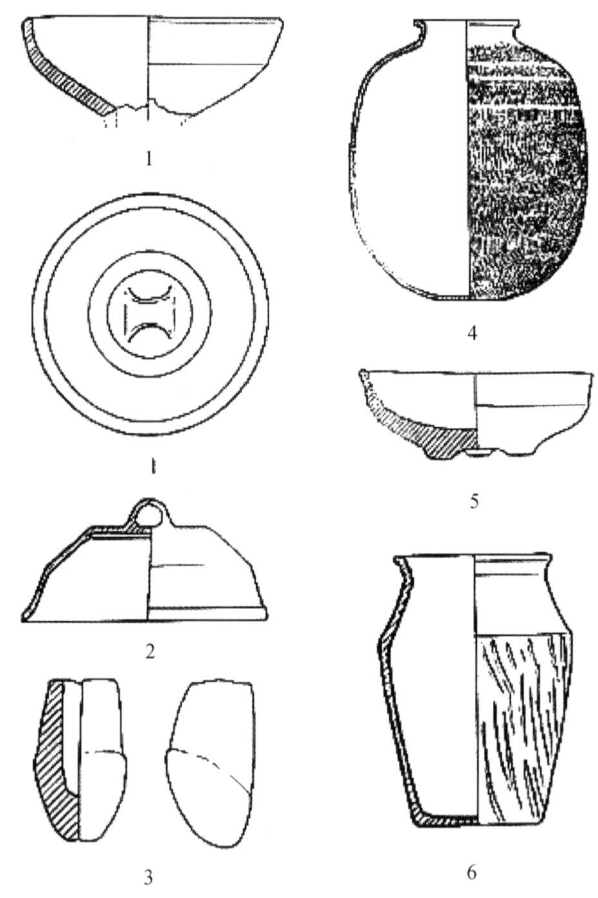

图八　商代遗存中的陶器

1. 豆（T308⑤H18:3）　2. 器盖（T303⑤H80:3）　3. 祖（T205⑤H54:1）　4、6. 罐（T308⑤H18:3、T303⑤H80:2）　5. 三足器（T308⑤H18:3）

四、磁县南城遗址内的先商墓葬

2008 年在对遗址进行了田野考古发掘中，Ⅱ区发现先商墓葬共 82 座，墓葬分布相对集中，墓向基本一致，均开口⑥层下，以小型墓为主，均为圆角长方形土坑竖穴，除 M51、M46、M70、M76、M78 五座为南北向，其余均为东西向，墓向均在 85°～105°之间。墓葬长 2.7～1.7、宽 1.1～0.45、深 0.4～0.96 米，葬式除 M51 为侧身屈肢、M70 为仰身屈肢 2 座外，余者均为仰身直肢，随葬品有陶器、玉饰、蚌饰、贝饰四类（图九）。

1. 墓葬形制

墓葬形制分为：Ⅰ形有棺有椁仅 1 座（M15）、Ⅱ形有棺无椁共 2 座（M3、M63）、

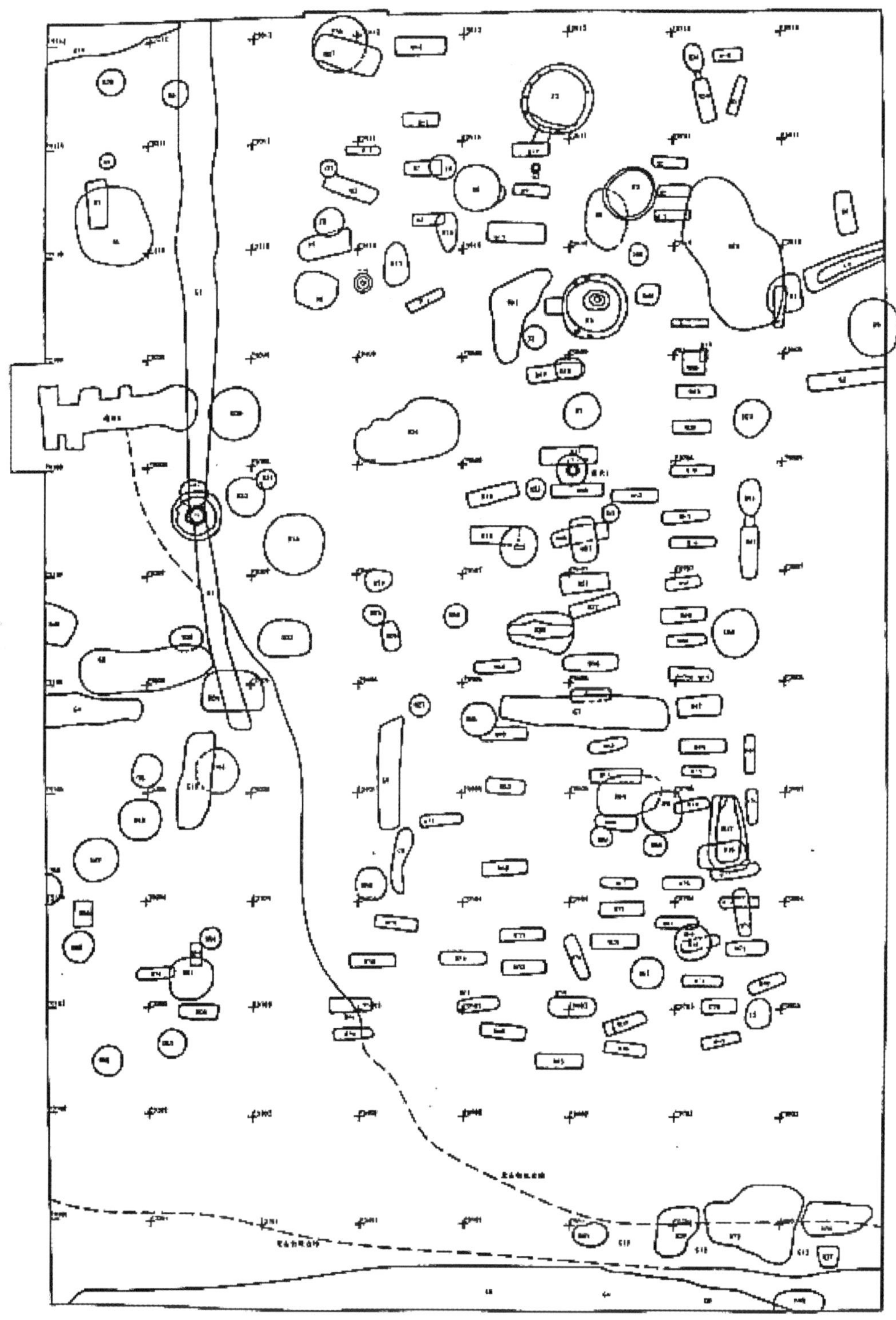

图九 先商墓葬分布图

Ⅲ形无棺无椁有二层台共 22 座（M17、M21、M30、M33、M36、M37、M38、M42、M44、M56、M59、M60、M61、M64、M69、M71、M72、M74、M77、M81、M83、M86）Ⅳ形无棺无椁无二层台共 57 座，四类。

2. 随葬品

陶器有鼎、鬲、簋、豆、盆、罐、瓮、玉饰、蚌覆面、贝饰，共出土随葬品 63 件。

鼎　17 件，分二型。

A 型　13 件，罐形鼎，其特征为敞口，圆鼓腹，圜底，三锥形足。

Ⅰ式：8 件。其特征为敞口，卷折沿，微束颈，圆鼓腹，圜底，三锥形足。分别为 T0711⑥M5∶1、T0711⑥M10∶1、T0405⑥M23∶1、T0404⑥M29∶1、T0608⑥M42∶2、T0706⑥M47∶1、T0704⑥M72∶1、T0706⑥M69∶4。

标本 2008NCNT0405⑥M23∶1，夹细砂灰陶，素面，磨光，足饰戳印三角纹。口径 12.4、腹径 11.7、高 13 厘米（图一〇，1）。

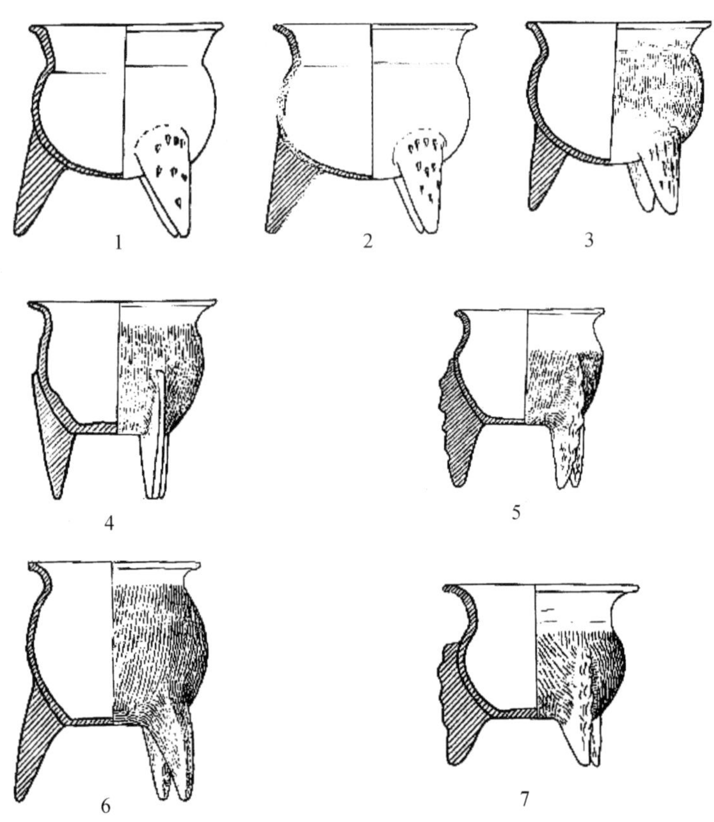

图一〇　先商墓葬出土的鼎

1. A 型Ⅰ式（T0405⑥M23∶1）　2、3. A 型Ⅱ式（T0706⑥M45∶1、T0511⑥M15∶1）　4～6. B 型Ⅰ式（T0603⑥M38∶3、T0411⑥M7∶2、T0705⑥M73∶1）　7. B 型Ⅱ式（T0603⑥M36∶1）

Ⅱ式：5件。其特征为敞口，卷沿，圆鼓腹，圜底，锥状足。T0511⑥M15∶1、T0508⑥H19∶1、T0706⑥M45∶1、T0608⑥M60∶1、T0604⑥M78∶1。

标本2008NCNT0706⑥M45∶1，夹砂灰陶，素面，足饰戳印三角纹。口径14.5、腹径14.4、高14.9厘米（图一〇，2）。标本2008NCNT0511⑥M15∶1，夹砂灰陶，腹部饰细绳纹，足饰刻划纹。口径17、腹径15.5、高15.4厘米（图一〇，3）。

B型 盆形鼎，其特征为圆鼓腹，平底，扁棱状三足。4件。

Ⅰ式：其特征侈口，束颈、鼓腹、平底。3件。

标本2008NCNT0603⑥M38∶3，夹砂灰陶，弧腹，平底，腹部饰绳纹，三角形扁足。口径15.2、腹径12.7、高14.8厘米（图一〇，4）。标本2008NCNT0411⑥M7∶2，泥质灰陶，磨光，腹部饰绳纹，三鸡冠形贴足。口径13.8、腹径10.9、高16.5厘米（图一〇，5）。标本2008NCNT0705⑥M73∶1，泥质灰陶，腹部、底部饰绳纹，四棱形柱状足。口径13、腹径13、高16.5厘米（图一〇，6）。

Ⅱ式：圆唇，卷沿，圆鼓腹，平底。1件。

标本2008NCNT0603⑥M36∶1，泥质灰陶，磨光，腹部、底部饰绳纹，三鸡冠形贴足。口径15.2、腹径12、高13.3厘米（图一〇，7）。

鬲 13件，分为三型。

A型 7件，其特征为卷折沿，束颈，袋状足。

Ⅰ式：6件，卷折沿，短颈，袋状足。T0411⑥M3∶1、T0607⑥M21∶1、T0605⑥M66∶1、T0606⑥M57∶1、T0606⑥M64∶1、T0612⑥M91∶1。

标本2008NCNT0606⑥M64∶1，夹细砂灰陶，高裆，腹部饰中绳纹，裆部绳纹不对称。口径13、高15.1厘米（图一一，1）。

Ⅱ式：1件，卷折沿，束颈，瘦腹，袋状足。

标本2008NCNT0504⑥M32∶2，夹砂灰陶，高裆，腹部饰中绳纹，裆部绳纹对称。口径10.9、高12.2厘米（图一一，2）。

B型 2件，卷沿，颈部微束，腹部微鼓，尖足。T0704⑥M79∶2、T0705⑥M76∶1。

标本2008NCNT0705⑥M76∶1，夹砂灰陶，敞口，卷沿，裆较高，腹部饰中绳纹，裆部绳纹对称，尖足外撇。口径9.2、高12厘米（图一一，3）。

C型 4件，侈口，腹部较瘦，高尖足。

Ⅰ式：3件，侈口，圆唇，颈部微敛，腹部较瘦，高裆，高尖足。T0504⑥M31∶1、T0403⑥M39∶1、T0610⑥M88∶1。

标本2008NCNT0610⑥M88∶1，夹砂灰陶，裆较高，腹部饰中绳纹，裆部绳纹对称，尖足外撇。口径13.4、高17.6厘米（图一一，4）。

Ⅱ式：1件，甗形鬲。

标本2008NCNT0506⑥M62∶1，夹砂灰陶，侈口，圆唇，颈部微敛，斜弧腹，高裆，细尖足。口径10.7、高16.4厘米（图一一，5）。

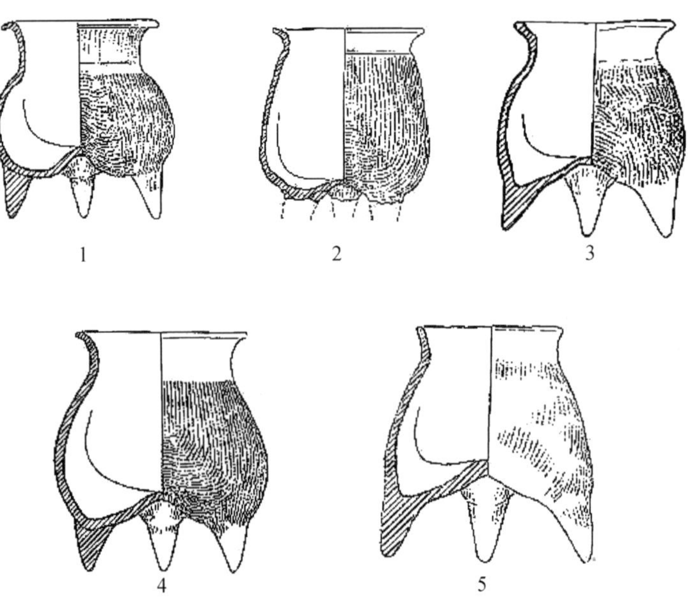

图一一　先商墓葬中出土的鬲

1. A 型Ⅰ式（T0606⑥M64∶1）　2. A 型Ⅱ式（T0504⑥M32∶2）　3. B 型（T0705⑥M76∶1）　4. C 型Ⅰ式（T0610⑥M88∶1）　5. C 型Ⅱ式（T0506⑥M62∶1）

豆　13 件，分两型。

A 型　5 件，深腹豆。

Ⅰ式：2 件，卷沿，深腹，粗柄，喇叭形圈足。T0504⑥M32∶1、T0704⑥M72∶2。

标本 2008NCNT0704⑥M72∶2，敞口，卷沿，深腹，粗柄，喇叭形圈足。泥质灰陶，素面，磨光。口径 22.3、底径 17.4、高 18.6 厘米（图一二，1）。

Ⅱ式：3 件，卷折沿，深腹，粗柄，喇叭形圈足。T0607⑥M21∶4、T0603⑥M38∶1、T0604⑥M78∶2。

标本 2008NCNT0604⑥M78∶2，敞口，卷折沿，深腹，粗柄，喇叭形圈足。泥质灰陶，素面，磨光。口径 20、底径 15.4、高 14.5 厘米（图一二，2）。

B 型　8 件，浅腹豆。

Ⅰ式：6 件，平折沿，圆唇，浅腹，高柄，喇叭形圈足，沿面有一凹弦纹。T0607⑥M21∶2、T0706⑥M69∶3、T0608⑥M42∶1、T0608⑥M60∶2、T0706⑥M69∶2、T0704⑥M79∶1。

标本 2008NCNT0608⑥M42∶1，高柄上饰二处刻划凹弦纹，泥质灰陶，磨光。口径 16.9、底径 12.8、高 18.3 厘米（图一二，3）。

Ⅱ式：1 件，敞口，圆唇，浅腹，高柄，喇叭形圈足。

标本 2008NCNT0511⑥M15∶3，圆唇，浅腹，高柄，泥质灰陶，磨光。口径 13.8、底径 11.4、高 14.9 厘米（图一二，4）。

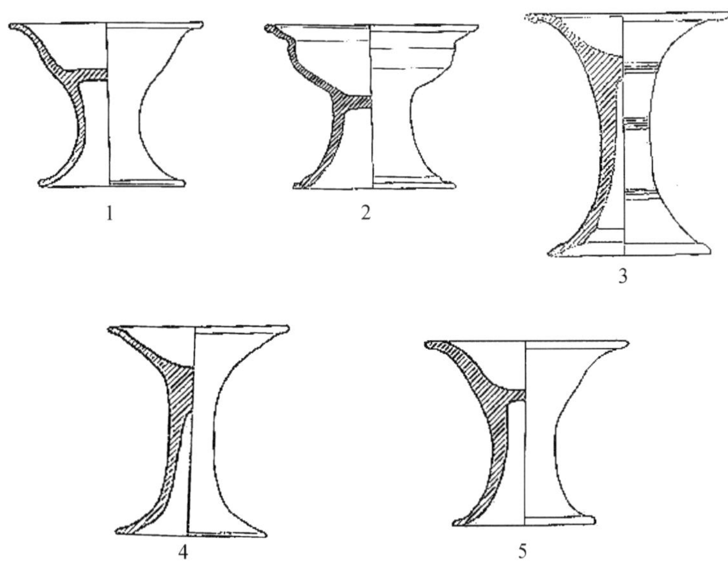

图一二　先商墓葬中出土的豆

1. A 型Ⅰ式（T0704⑥M72∶2）　2. A 型Ⅱ式（T0604⑥M78∶2）　3. B 型Ⅰ式（T0608⑥M42∶1）
4. B 型Ⅱ式（T0511⑥M15∶3）　5. B 型Ⅲ式（T0603⑥M38∶2）

Ⅲ式，1 件，卷沿，粗柄，喇叭形圈足。

标本 2008NCNT0603⑥M38∶2，圆唇，浅腹，夹砂灰陶，素面。口径 16.5、底径 11.1、高 14.2 厘米（图一二，5）。

盆　5 件，分四型。

A 型　T0411⑥M7∶1、T0511⑥M15∶20（图一三，1、2）。

B 型　1 件，圆唇，卷折沿，微束颈，圆肩，曲腹，平底。

标本 2008NCNT0704⑥M79∶3，泥质灰陶，腹部饰中绳纹。口径 20.8、腹径 17.7、底径 8.1、高 12 厘米（图一三，3）。

C 型　1 件，方唇，侈沿，束颈，曲腹，平底。

标本 2008NCNT0607⑥M21∶1，泥质灰陶，腹部饰中绳纹。口径 24.3、腹径 20.3、底径 10.3、高 14.5 厘米（图一三，4）。

D 型　1 件，侈口，斜直腹，平底。

标本 2008NCNT0706⑥M69∶1，泥质灰陶，素面，磨光。口径 26.7、底径 14、高 8.4 厘米（图一三，5）。

罐　4 件，分三型。

A 型　1 件，敞口，直颈，圆唇，折腹，平腹，平部。

标本 2008NCNT0606⑥M57∶2，夹细砂灰陶，上腹部绳纹抹段，下腹部饰细绳纹。口径 10.6、腹径 14.6、底径 7.2、高 11.9 厘米（图一四，1）。

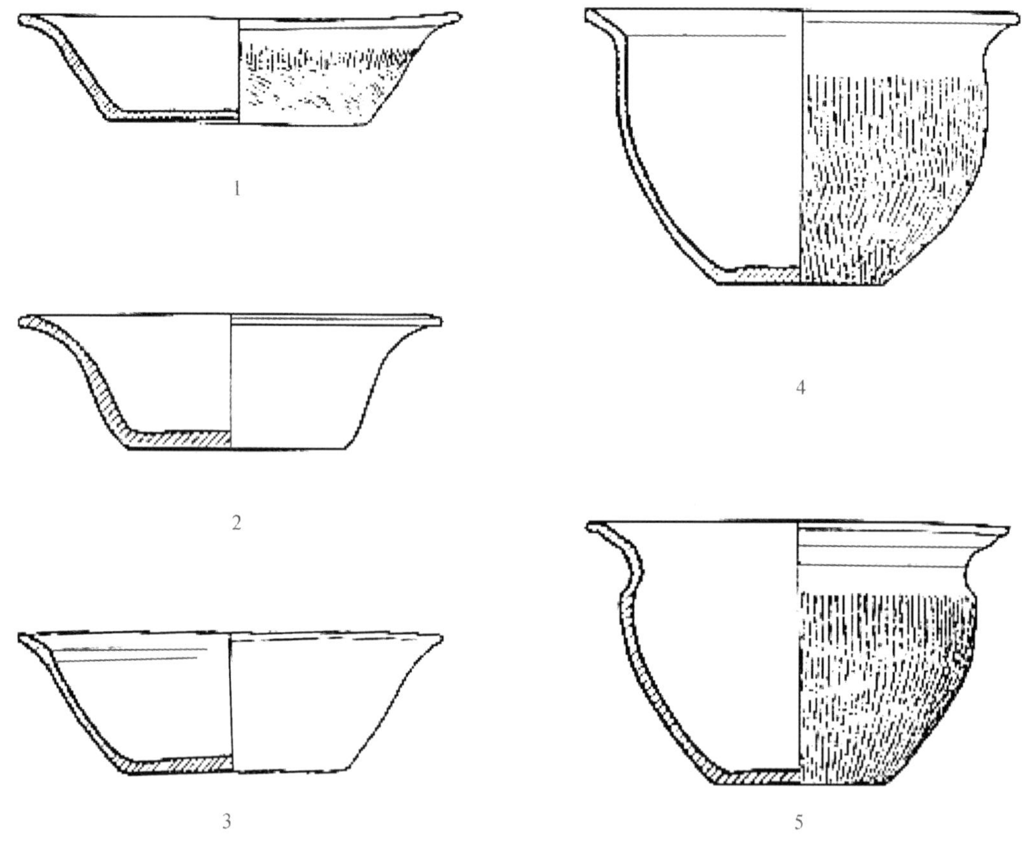

图一三　先商墓葬中出土的盆

1、2. A型（T0411⑥M7∶1、T0511⑥M15∶20）　3. B型（T0704⑥M79∶3）　4. C型（T0607⑥M21∶1）　5. D型（T0706⑥M69∶1）

B型　2件，圆唇，微束颈，鼓腹平部。

Ⅰ式：标本2008NCNT0304⑥M30∶1，夹细砂灰陶，腹部饰细绳纹。口径10.4、腹径11.7、底径5、高11.9厘米（图一四，2）。

Ⅱ式：标本2008NCNT0610⑥M88∶2，单耳罐，夹细砂灰陶，上、下腹部绳纹抹段，中腹部饰中绳纹。口径10.6、腹径11、底径4.8厘米（图一四，3）。

C型　2件，侈口，圆尖唇，腹中部，稍外鼓，平底。

标本2008NCNT0504⑥M33∶1，泥质灰陶，腹部饰细绳纹。口径12.2、腹径12、底径6.5、高12.5厘米（图一四，4）。

瓮　1件。

标本2008NCNT⑥M54∶1，敛口，圆唇，折肩，小平底。泥质灰陶，肩至上腹部饰刻划凹弦纹，下腹部饰细绳纹。

玉饰　6件。均为椭圆形。分为二型。

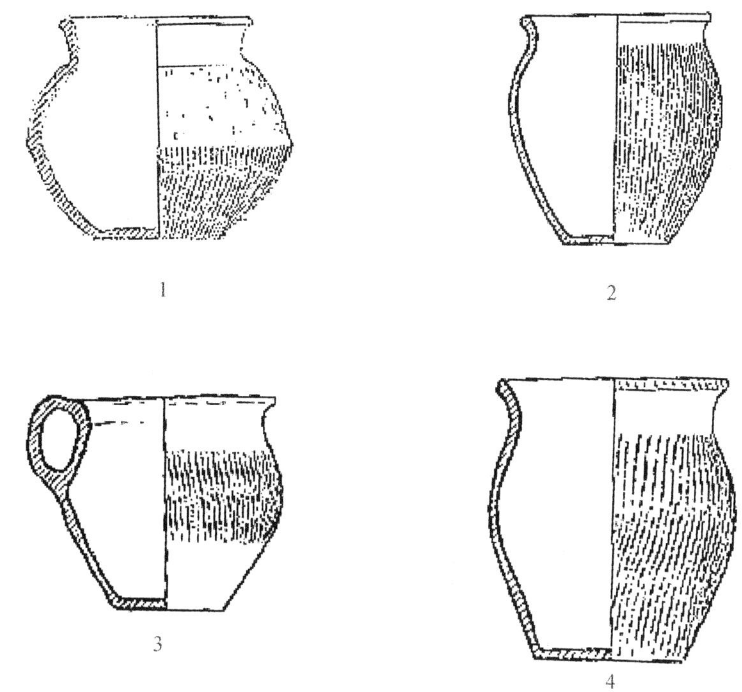

图一四 先商墓葬中出土的罐

1. A型（T0606⑥M57:2） 2. B型Ⅰ式（T0304⑥M30:1） 3. B型Ⅱ式单耳（T0610⑥M88:2）
4、C型（T0504⑥M33:1）

A型 5件。为椭圆形，截面呈椭圆形。T0511⑥M12:1、T0608⑥M15:4、T0503⑥M40:1、T0605⑥M66:2、T0704⑥M80:1。标本2008NCNT0704⑥M80:1，长2.1、宽1.7、孔径0.4厘米（图一五，1）。

B型 1件。为椭圆形，截面呈三角形。标本2008NCNT0510⑥M89:1，长1.8、三角形三边为1.5、孔径0.3厘米（图一五，2）。

蚌覆面 3件。

蚌覆面为海蚌磨制，上对称钻有两小孔。3件，T0411⑥M3:2、T0511⑥M15:5、T0709⑥M87:1。标本2008NCNT0411⑥M3:2，长15.3、宽14.4厘米（图一五，3）。

贝饰 3件。

耳坠 1对，标本2008NCNT0411⑥M11:1，长2.2、宽1.4厘米。2008NCNT0411⑥M11:2，长2.3、宽1.6厘米。

项饰 1串，共90枚，标本2008NCNT0411⑥M3:3。

3. 随葬品器物组合形式

可大致归纳为13类：第一类，共9座，仅有1鼎；第二类，共5座，1鼎、1豆；第三类，共2座，1鼎、1豆、1盆；第四类，共1座，1鼎、1盆；第五类，共8座，

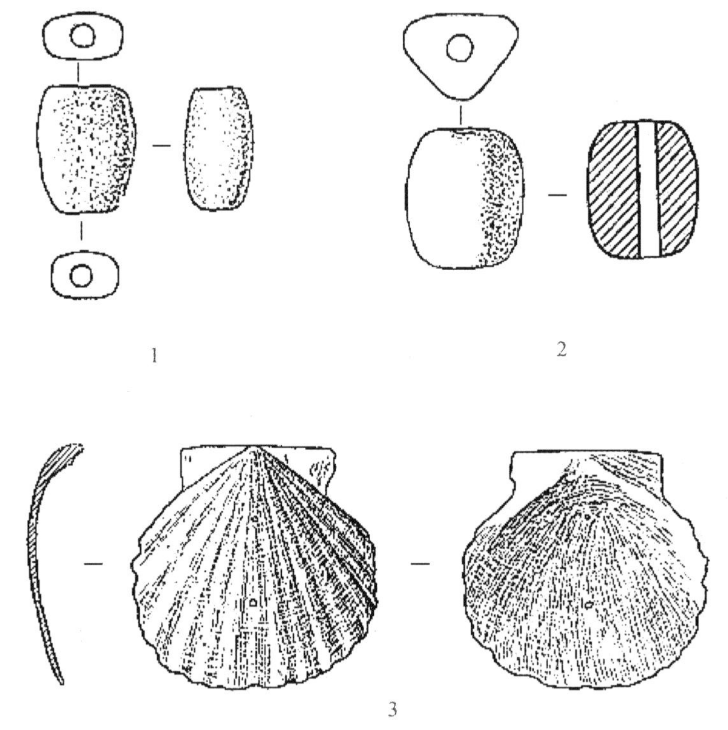

图一五　先商墓葬中出土的玉饰、蚌覆面

1. A 型玉饰（T0704⑥M80∶1）　2. B 型玉饰（T0510⑥M89∶1）　3. 蚌覆面（T0411⑥M3∶2）

仅 1 鬲；第六类，共 1 座，1 鬲、1 豆；第七类，共 2 座，1 鬲、1 豆、1 盆；第八类，共 2 座，1 鬲、1 罐；第九类，共 2 座，仅有 1 罐；第十类，共 1 座，仅有 1 瓮；第十一类，共 4 座，仅有 1 玉饰；第十二类，共 1 座，仅有 1 蚌覆面；第十三类，共 1 座，有 2 贝饰。

五、磁县南城遗址与周边遗址的比较

1. 磁县南城遗址内仰韶时期文化堆积

仰韶时期遗存中遗物以陶器为主，器形有圜底钵、长颈壶、罐、横耳、仅有彩陶 1 片。为敛口彩陶钵，另有灰陶平底碗、平底盆。与正定南阳庄仰韶文化遗存相似。

2. 磁县南城遗址内龙山文化堆积

龙山时期遗存中遗物以陶器为主，另有石器、骨器、蚌器几种。陶器以灰陶为主，黑陶次之，褐陶、红陶较少。纹饰以绳纹为主，篮纹、划纹、方格纹较少。以轮制为主，小器多手制。器形有斝、甗、尊、甑、罐、盆、杯、碗、瓮等。石器有斧、铲、凿、长方形双孔刀等。骨器有锥、针、簪等，蚌器有刀、镰、锯等。盆多为卷唇、曲腹、平底。罐多为直口、平底。碗多为敞口、斜直腹、平底。与邯郸涧沟、永年台口村、安阳后冈二期相似。

3. 磁县南城遗址内先商代文化

先商墓葬中出土随葬品有陶器、玉器、蚌器及贝饰。陶器以灰陶为分为夹细砂和泥质两类，泥质多为磨光，纹饰有绳纹、素面和戳印三角纹，器形有鼎、豆、鬲、罐、盆、瓮等；玉器均为小型饰件；蚌器为蚌覆面和贝饰。

M38∶3 的鼎与河南郑州洛达庙遗址的用盆做器身，扁平或三角形的鼎相似。M7∶2 的鼎与下七恒 H61∶782 的鼎相似。而 M62∶1、M64∶1 的鬲与邯郸界段营 H8∶31、H8∶35 的鬲基本一样。罐与邯郸界段营遗址、涧沟遗址的罐相似。

4. 磁县南城遗址内商代文化

商代遗存中遗物以陶器为主，另有石器、骨器、蚌器几种。陶器为分为夹细砂和泥质两类，纹饰以绳纹为主、划纹和素面，器形有簋、豆、鬲、甗、尊、甑、罐、盆、杯、碗、瓮等；石器磨制精细，有斧、铲、凿、刀等；骨器有针、簪等，蚌器有刀、镰、锯等。

商代遗存中的豆、鬲、罐、盆的形制与邢台葛家庄遗址、永年何庄遗址的器型相似。

六、对磁县南城遗址的初步认识

从磁县南城遗址内先商时期墓葬的形式上看，土坑竖穴为当时流行的一种埋葬方式，墓葬无腰坑，棺、椁和二层台的使用尚处在初级发展阶段。随葬品较少，多者 5 件，少者仅 1 件。陶器以食器为主，玉器使用不广，器形简单，种类单一，精细的蚌覆面、贝饰的使用，证明了精细手工业有了一定的发展。

先商墓葬的发现，是河北近年来发现墓葬数量最多，墓地范围较大，保存最为完整、获取材料最为丰富的一处先商墓地。先商墓葬中鼎的发现丰富和极大充实了先商文化的内涵，为先商文化增添了新的内容。为探索这一地区先商文明的起源及特点，都将起到极为重要的影响。磁县南城遗址是继邯郸涧沟①、磁县下潘旺②、界段营③、永年何庄④遗址后，又一次重要发现。

---

① 河北省文化局文物工作队：《河北邯郸涧沟村古遗址发掘简报》，《考古》1961 年第 4 期。

② 河北省文物管理处：《磁县下潘旺遗址发掘报告》，《考古学报》1975 年第 1 期。

③ 河北省文物管理处：《磁县界段营发掘简报》，《考古》1974 年第 6 期。

④ 邯郸地区文物保管所等：《河北永年县何庄遗址发掘报告》，《华夏考古》1992 年第 4 期。

一种文化的起源不应是一元的，而应是多元的，是与周围其他文化互相碰撞、影响，吸收，融合而形成的。磁县南城遗址在文化发展上，是本地区文化与周边其他文化因素相互融合、相互吸收的基础上形成的，南城遗址中的先商文化既有本地区文化特色的鼎，又有辉卫型和漳河型的鬲，还有与北方地区相似的豆，这也说明这一地区的文化正处在吸收，融合、发展阶段，体现了既有与其他文化相互联系、又相互区别的发展特色。综上所述磁县南城遗址先商文化，虽然有其他文化的因素，但其主体应属漳河类型的范畴，应为先商文化的中、早期。

（摄影：梁　亮　绘图：李中敏）

河北磁县几处先商遗址的考古发现与探索

乔登云

（邯郸市文物保护研究所）

磁县地处太行山东麓漳河及滏阳河流域，是先商民族的主要发源地之一，其代表性遗存下七垣文化遗址即发现于漳河北岸。据历次文物普查及考古发掘可知，磁县境内与下七垣文化相类似的先商时期文化遗址已达 17 处①。其中滏阳河流域的滏阳营、槐树屯和河北村（飞机场）等 3 处遗址，是我所 2004 年以来配合邯郸飞机场扩建及南水北调工程考古发掘而认定的。因材料尚未系统整理和报道，故本文拟首先对 3 处遗址的主要发现予以概要介绍，进而对所属文化遗存的基本特点、文化性质、相对年代、发展关系及文化来源等相关问题予以初步探索。不妥之处，敬请指正。

一、各文化遗址的主要发现

（一）槐树屯遗址

槐树屯村位于磁县城西约 3.5 公里处，北临滏阳河，属丘陵边缘地带。遗址坐落在村西 100 米处一片地势相对较高的平台上。2006 年冬，为配合南水北调中线工程建设进行了发掘，揭露面积仅 67.4 平方米。经勘探发掘可知，渠线范围内主要为近现代或明清时期堆积，偶见宋元或极少的先商地层。

遗迹，仅发现先商时期灰坑 3 座。其中 H1，开口于宋元层下，局部打破先商文化层。形似房址，由一个方形坑、通道和一个长椭圆形坑相连而成，全长 11 米；方形坑似后室，直壁平底，边长约 3 米，深 0.5 米；通道长 1 米，宽 0.55 米，深 0.25 米；椭圆形坑弧壁缓平底，长 6.9 米，宽 1.85 米，最深 0.9 米。填土为一次性堆积，呈灰褐色，土质疏松，含草木灰、红烧土及大量陶片、卵石、蚌壳、兽骨等。H2，开口于明

---

① 其中 1986 调查发现东高禄遗址 1 处，1988 年发现前辛安（石落坡）、武吉、南营、东陈村（水磨沟）遗址等 4 处，1989 年发现袁家坟、洛子遗址 2 处，2007 年发现西光禄遗址 1 处。另 1959 ~ 1974 年发掘或试掘下潘汪、界段营、下七垣、下七垣东遗址等 4 处，2004 ~ 2009 年发掘河北村（飞机场）、南城、滏阳营、槐树屯、白村遗址等 5 处。

清层下，打破H3。坑口平面呈椭圆形，弧壁，底部呈缓坡状，最深约1.5米。填土可分三层，土色黑褐或灰褐，内含草木灰、烧土颗粒及陶片、蚌壳、兽骨等杂物。H3，叠压于H2之下，上部已遭破坏。坑口呈圆形，直壁，底角圆缓，平底，口径3米余，残深0.9米。填土呈黄褐色，土质松软，内含烧土颗粒、草木灰等，陶片仅20片。

遗物，以陶器残片为主，多数不能复原，另有少量石器和骨、蚌器等。其中数量最多的陶器，泥质陶约占60%，夹砂陶约占40%。陶色多不太纯正，火候相对较低。大体来看，夹砂陶以红褐陶为主，次为灰褐陶，纯灰陶较少；泥质陶也以红褐陶居多，次为黑皮红陶及灰褐陶，另有少量黑陶，纯红或纯灰陶极少。器表以素面和磨光居多，纹饰以篮纹为主，绳纹和附加堆纹次之，另有少量弦纹、划纹、坑点纹、网格纹和涡纹等。以平均值计，素面和磨光约占54%，篮纹占26%，绳纹占14%，附加堆纹占5%，其余仅占1%左右。磨光多施于高领罐、折腹盆、长颈瓶、钵、碗、豆等泥质陶上，绳纹和篮纹多饰于鼎、鬲、甗、甑、罐、瓮等夹砂或粗质器物上，附加堆纹多饰于罐、甑颈部和甗腰、折肩等部，坑点纹见于素面盆腹部等。器物造型以平底器为主，另有部分三足器和圈足器，高领、宽折沿器较多，并常见绳切纹花边口、宽带耳和鸡冠鋬等装饰。器类包括鼎、甗、甑、罐、盆、碗、钵、豆、杯、瓮、大口尊等，另有少量鬲足及口沿残片；并以扁三角侧装三足鼎、腰隔甗、小口罐形甑、花边口鼓腹罐、小口高领宽肩罐、宽折沿大口尊、直口折腹盆、敛口钵、敞口碗、细柄浅盘豆较常见（图一）。

（二）滏阳营遗址

滏阳营村位于磁县城南约4千米处，东临京广铁路和107国道。遗址东距滏阳营村约0.8千米，总面积约10000余平方米，地势西高东低，西部为丘陵，东部为平原。2006年10～12月间，为配合南水北调工程建设进行了局部发掘。发掘区位于遗址东部边缘，揭露面积450平方米。

地层堆积厚约1～1.5米，堆积层次各方互有缺失，不尽统一。总体来看可分为五层：第①层，灰褐色耕土，含有近现代杂物；第②层，黄沙土，含有明清时期白黑釉瓷片、灰陶片及砖瓦残片等；第③层，仅分布于发掘区东半部，红褐土，含有宋元时期黑白釉瓷片和陶器残片等；第④层，黄灰色黏土，略发黑，含有少量夹砂灰陶及夹砂褐陶片，除少量素面外，多饰绳纹，当属先商时期；第⑤层，仅分布于发掘区东半部，灰褐色黏土，含有较多夹砂灰陶、夹砂褐陶片及少量泥质褐陶片，器表除素面外，纹饰多为绳纹，另有少量弦断绳纹、弦纹、涡纹等，亦属先商时期。

遗迹共发现灰坑15个、沟11条、陶窑2座。除灰沟及3座灰坑属魏晋至近现代遗迹外，其余12座灰坑、2座陶窑，分别开口于④或⑤层下，均属先商时期。

灰坑，分圆形、椭圆形、不规则形几种。圆形坑3座，近直壁或斜壁，平底或斜平底；直径0.95～2.9米，深0.25～0.8米；一次性堆积，内含陶片等杂物。椭圆形坑7

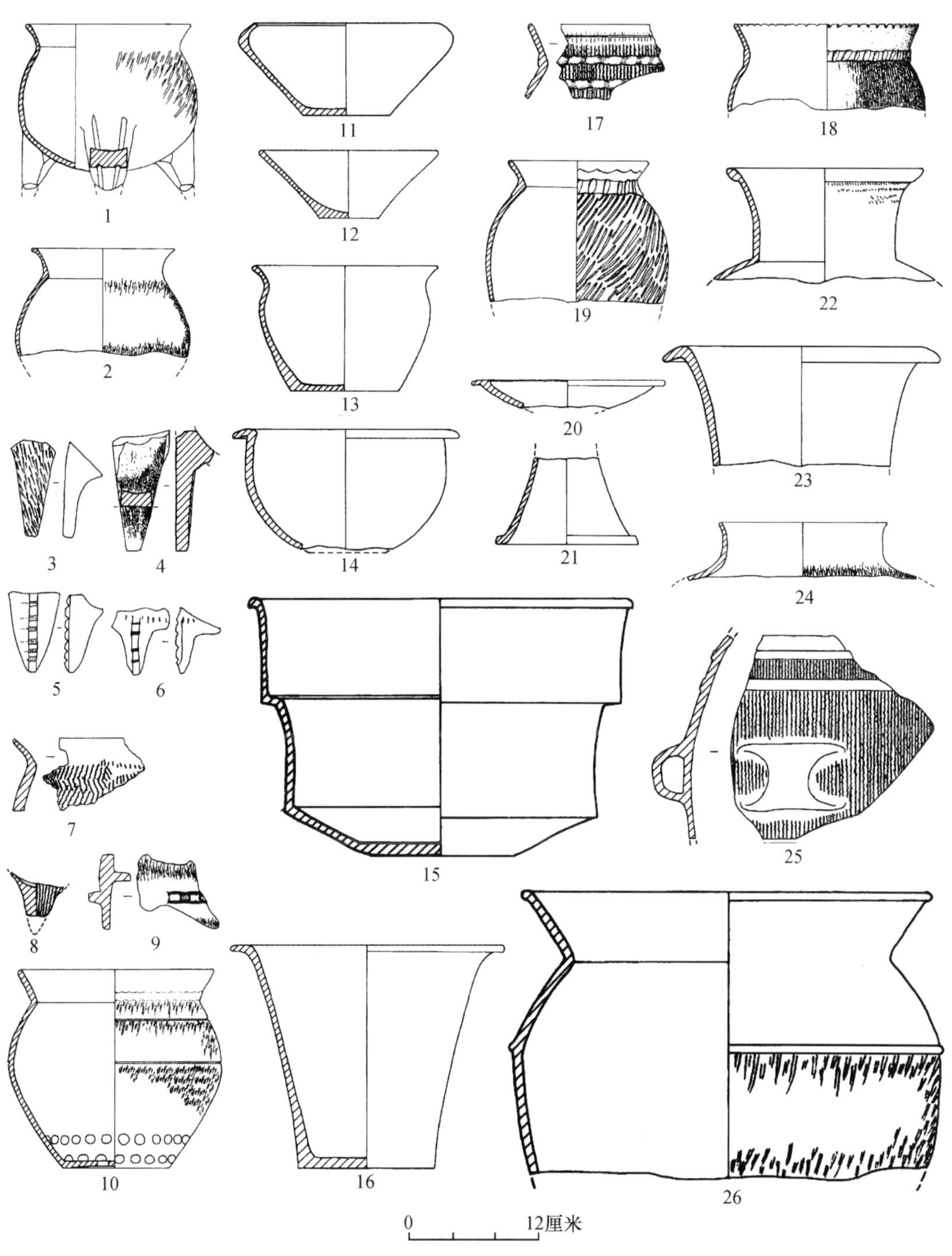

图一 槐树屯遗址出土陶器

1、2. 鼎 3~6. 鼎足 7. 鬲沿 8. 鬲足 9. 甗腰 10. 甑 11. 钵 12. 碗 13、14. 盆 15. 双折腹盆 16. 筒形盆 17~19. 罐 20、21. 豆 22、23. 高领罐 24. 小口瓮 25. 敛口瓮 26. 大口尊

座，多数不太规则，以弧壁为主，底有平底、缓平底、斜坡和锅底形多种；大小不等，小者长径在1.3～1.7米之间，大者长径达2.5～4.4米，深均在0.35～1.1米内；多一次性堆积，个别分二至三层，包含物多寡不一，主要为陶、石、骨、蚌器残片等，还发现有铜饰片。不规则形坑2座，规模较大，坑底不平，均未清理至边；现长可达10～18米，深在0.3～0.95米之间；填土也有一次性和二次性堆积之分，包含物较丰富，除陶片及石、骨、蚌器外，亦发现有铜片等。

陶窑，均为升焰式竖穴窑，由窑膛、窑箅、火膛和火门组成，窑膛直径在1米左右，各部保存较差，且完残程度不一，包含物也很少，仅见陶片数片或10余片。

遗物，以陶器残片为主，另有少量石器、骨器、蚌器等，还发现铜饰片2件。陶器以夹砂陶为主，可达三分之二，余为泥质陶。陶色多不纯正，其中以夹砂灰褐陶居多，其次为夹砂或泥质黑皮红陶及夹砂红褐陶，另有部分泥质黑陶，纯灰或纯红陶相对较少。器表除素面和磨光约占28%外，装饰纹饰以绳纹为主，约占60%，其次为弦纹和弦断绳纹，约占8.6%，另有附加堆纹、涡纹、方格纹、篮纹、压印纹、坑点纹等，多者数十片，少者数片，所占比例均比较小。磨光多见于盆、豆、敛口瓮、大口尊等泥质陶器上，绳纹以略粗的中绳纹为主，多饰于鼎、甗、盆、罐、卵形瓮等夹砂器物上，弦断绳纹多用于罐、瓮上，弦纹以泥质瓮、盆上较常见，附加堆纹多饰于罐颈和甗腰部，坑点纹、涡纹多点缀于泥质或磨光陶器的肩腹部等。器物造型主要分平底器、三足器和圈足器等，口部以卷沿居多，亦常见绳切纹或压印纹花边口、宽带耳等装饰。器类以鬲、甗、鼎、罐、盆、豆、瓮、大口尊等最常见，另有杯、小盆、小罐、器盖及爵鋬、盉流残片等，多数不能复原。据现存情况来看，鬲分圆鼓腹和垂腹两种，或为粗壮袋足，或另附绳纹尖足；甗腰外饰附加堆纹或压印纹，内有腰隔，足尖或内钩或有捆缚沟槽；鼎多为罐形，足为捏边三角形；罐有瘦长腹及圆鼓腹之分，有的口部饰花边，颈部饰附加堆纹；盆有泥质和夹砂陶两种，泥质以素面卷沿深腹为主，多饰弦纹，夹砂以侈口弧壁浅腹较常见，腹饰绳纹；豆有高矮及粗柄、细柄之别，豆盘外沿与腹间或有折棱；瓮分泥质和夹砂陶两类，泥质陶瓮以敛口厚圆唇折腹为主，少数有内敛矮领，夹砂陶瓮主要为平口卵形腹，平底或底附圈足，唇沿多饰压印纹，外腹及足部饰绳纹；大口尊以宽折沿斜肩和侈口长颈较具特点（图二）。

（三）河北村（飞机场）遗址

河北村位于磁县城北20公里处的台城乡境内，北距邯郸市约10公里，东距107国道约1.5公里，地属缓丘陵地带。遗址在村北约1公里处的邯郸机场内，原面积约10000多平方米，地势相对较高、较平坦。2004年4月中旬至5月底，为配合邯郸机场扩建工程，对遗址进行了抢救发掘，发掘区位于东南侧跑道范围内，西北侧已遭建设破坏，发掘面积677平方米。

地层堆积，可分两种情况：一是大部分区域堆积较简单，主要包括耕土、汉代和先

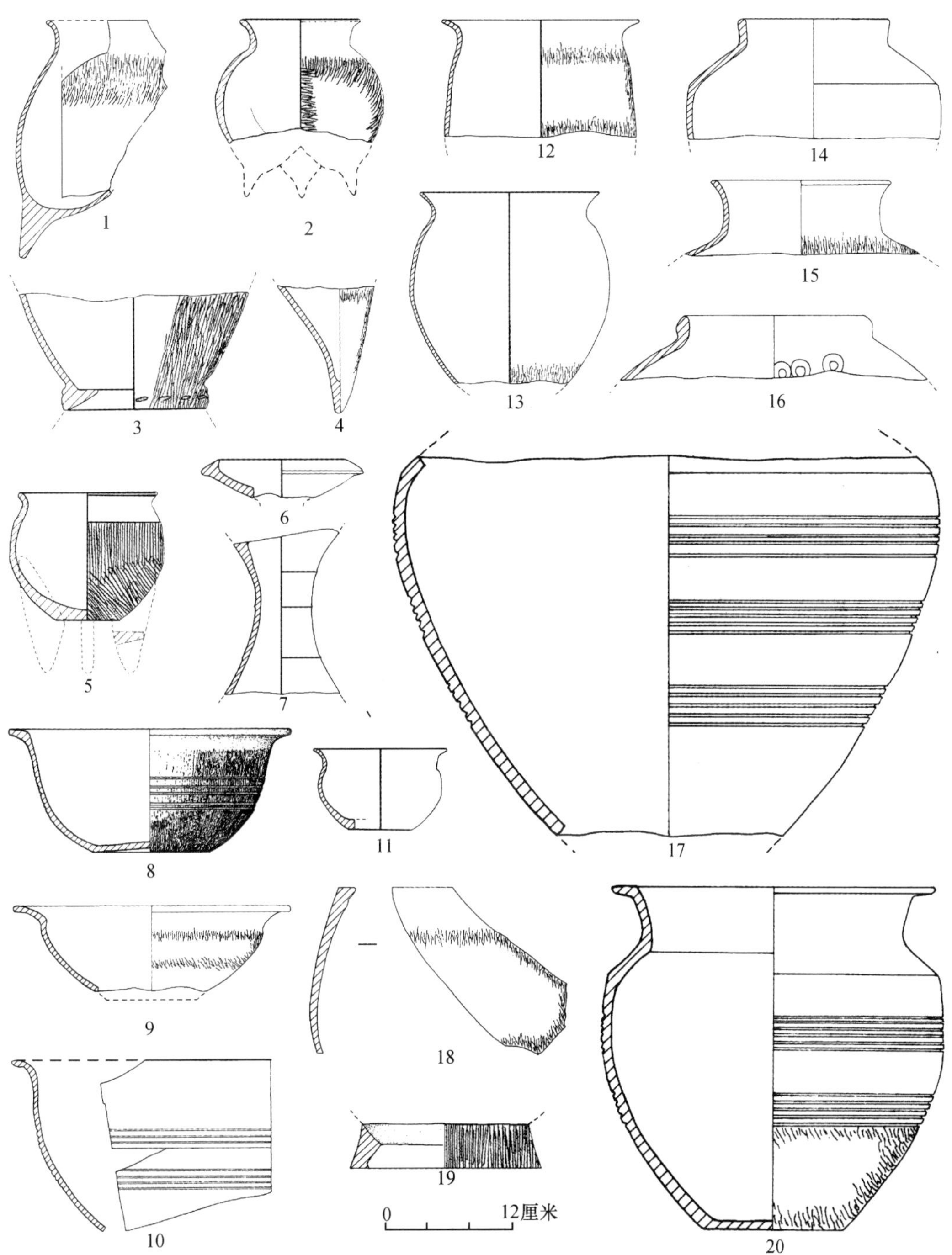

图二 滏阳营遗址出土陶器

1、2. 鬲 3、4. 甗 5. 鼎 6、7. 豆 8～10. 盆 11. 盂 12、13. 罐 14. 折肩罐 15. 小口瓮 16、17. 敛口瓮 18、19. 卵形瓮 20. 大口尊

商时期等三层，且多为局部堆积，总厚度多不足0.5米，但灰坑等遗迹较多。二是发掘区东北部为一片洼地或大沟，呈东南至西北向，探方内长约22米，宽约7米，距地表深约2米，除地表耕土外，可分三层：上层为青褐色淤土，包含物很少，只有零星红烧土颗粒或料礓石子；中层为浅黄色土，出土陶片较丰富，多为细绳纹鬲及盆、罐残片等，另有石镰、石铲等残石器；下层为黑灰土，土质疏松，出土遗物与中层相似，但数量相对较少，据分析本沟应属先商时期。

遗迹，全部为灰坑或窖穴，共23座。其中较完整者14座，另9座均延伸至探方外，整体形状不详。坑口分圆形、椭圆形和不规则形几种。圆形坑3座，直壁，平底，直径1.3～2.2米，深0.7～1米；多一次性堆积，陶片等包含物多寡不一。椭圆形坑7座，有的坑口不太规则，坑内分直壁平底、弧壁平底、弧壁锅底和袋状平底几种，坑口长径1.8～5.2米，深0.35～3.2米不等，个别底部还另挖有直径约1米，深0.55的小袋形坑，当为窖穴；填土有的可分两层，陶片等遗物较丰富，另有石器、骨器和蚌器等。不规则形坑4座，一般规模较大，坑口长4.7～6米，深1～2米；填土也多为两次堆积，包含物有陶器、石器等，多为残片。

遗物，也是以陶器为大宗，另有石器、骨器、蚌器和小件铜镞等。陶器以泥质陶为主，可达75%以上，夹砂陶不足25%。陶色可分灰、褐、黑、红等几类，灰陶多呈土灰或灰黄色。其中以泥质灰陶为主，约占陶片总数的55%以上，次为泥质黑陶、夹砂灰陶或夹砂灰褐陶，三者分别占11～18%左右，泥质或夹砂红陶较少。器表除素面和磨光约占23%外，纹饰以绳纹为大宗，且均比较细，约占陶片总数的三分之二，其次为弦纹及弦断绳纹，约占8.6%，另有少量篮纹、附加堆纹、戳印纹、坑点纹、圆圈纹和云雷纹等，总数不足1%。各种装饰所施器物或部位与上述遗址基本相似，唯绳纹运用更加普遍，除少数泥质器物外，几乎无所不在。器物造型也主要为平底器、三足器和圈足器，唯袋形三足器数量剧增，花边口、宽带耳罕见或数量减少。器类以鬲、甗、甑、盆、罐、瓮和鼎最常见，另有尊、豆、器盖等，但数量较少。鬲均为薄胎细绳纹、卷沿或宽折沿、深腹高尖足。甗亦为薄胎，器表满饰细绳纹，腰部最易辨识，内附腰隔，外有抹平泥条痕。甑仅见下腹及底部，可能为大口罐形，腹饰绳纹，底施稀疏椭圆形箅孔。盆分深腹和浅腹两类，深腹者多宽折沿、微鼓腹，上部磨光，下饰绳纹，平底；浅腹者亦多宽沿平折或斜折，腹壁微弧，素面，平底。罐以瘦长腹为主，形似橄榄形，多方唇宽沿，小平底，并有绳纹和素面弦纹之别；另有折肩罐、小罐等。瓮有泥质和夹砂陶两类，泥质陶瓮有的为敛口、方折肩、深腹平底，器表通体磨光，腹饰弦纹带，或肩部磨光，腹饰绳纹，有的为敛口、圆鼓腹，腹饰弦纹带；夹砂陶瓮多平口内敛、卵形深腹、小平底或圜底圈足，外腹、圈足及唇沿饰粗绳纹，也有的为小口方唇、宽卷沿、短束颈、圆肩鼓腹、平底，腹饰细绳纹。鼎为折腹盆形，上腹磨光，下腹饰绳纹，平底，下附三角式方棱足。尊形器为长颈折肩，豆多为厚方唇、平底、粗圈足。器盖为菌形钮（图三）。

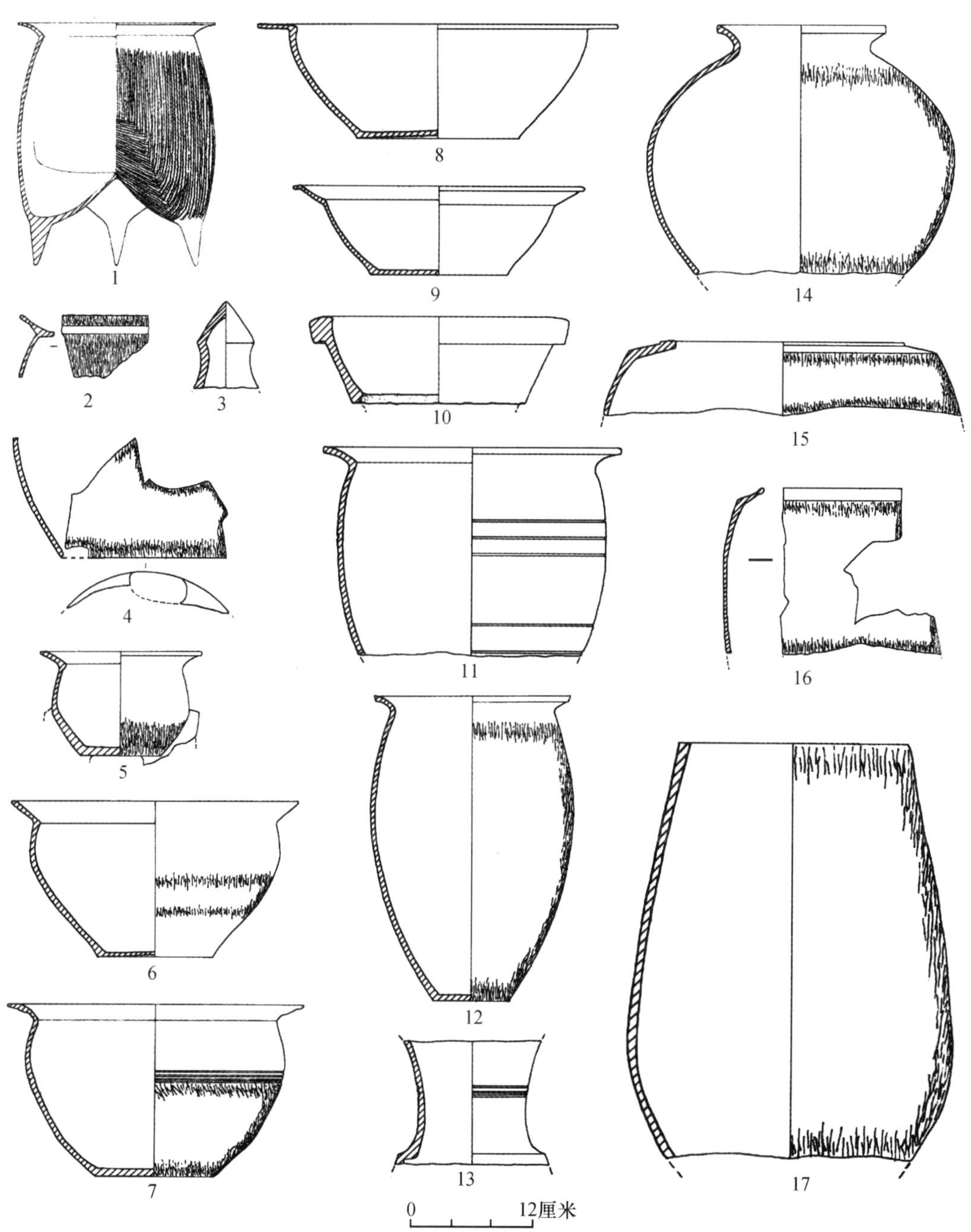

图三 河北村遗址出土陶器

1. 鬲 2. 甗腰 3. 器盖钮 4. 甑 5. 鼎 6~9. 盆 10. 豆 11、12. 深腹罐 13. 折肩尊 14. 小口瓮 15、16. 敛口折肩瓮 17. 卵形瓮

二、各相关问题的初步探索

从上述材料介绍可以看出，三处遗址的保存状况并不太好，且因各种条件限制，揭露面积及所获材料也很有限，但对于我们初步认识并探索各遗存的基本特点、文化性质、相对年代、发展关系及文化来源等问题来说，却是极为重要并非常难得的。

首先，从三处遗址所属遗存的文化面貌来看，各遗存间的共性特点及个性差异还是非常明显的。如，各遗址间所出陶器均以褐色陶或灰陶为主，褐色陶又有红褐或灰褐之别，灰陶亦呈土灰或灰黄色，且多有黑陶或黑皮红陶，纯灰或纯红陶较少；器表除素面或磨光外，纹饰多包含篮纹、绳纹、弦纹或弦断绳纹、附加堆纹、涡纹、方格纹、压印纹、坑点纹等，仅所占比例有所变化；器物造型均以平底器、三足器和圈足器为主，袋足器呈逐步上升趋势，圜底器和凹圜底器不见或少见，花边口、宽带耳和鸡冠鋬等较流行；器类以鬲、甗、鼎、罐、盆、豆、瓮、大口罐形尊较常见等。当然，各遗址所属遗存间存在的差别，也是无可否认的。如，陶质陶色方面，槐树屯遗址以夹砂或泥质红褐陶居多，滏阳营遗址却以夹砂灰褐陶为主，而河北遗址则以泥质灰陶为大宗；前两处遗址黑皮红陶较流行，河北遗址则基本不见。装饰方面，槐树屯遗址素面和磨光约占54%，篮纹占26%，绳纹占14%，附加堆纹占5%；而滏阳营和河北遗址素面和磨光约占23% ~28%，绳纹分别达60%左右，弦纹和弦断绳纹累计均在8%以上，附加堆纹、篮纹所占比例却均比较小；槐树屯和滏阳营遗址绳纹相对较粗，并流行花边口、宽带耳装饰，而河北遗址则多细绳纹，几乎不见花边口装饰，宽带耳也较少。器类方面，槐树屯遗址以鼎、罐、甗、甑、盆、尊、豆为主，鬲的数量较少，且不见平口卵形瓮等；滏阳营和河北遗址则以鬲、甗、鼎、罐、盆、豆及敛口瓮、平口卵形瓮等最常见，后者并以鬲、盆、罐、敛口瓮所占比例较大，鼎和尊较少。器形方面，各遗址同类器物间也存在着各种细微的差别。笔者认为，上述各遗存间之所以存有较多的共性，是由于三者所处地域相同、时代相近、生活方式及文化习俗相同所致；而各遗存间存在的种种差别，除因发掘面积及所获材料有限，某些器物或因素尚未发现外，最主要的可能是因三者间所处年代不同，在发展过程中随着时间的推移，文化本体不断扬弃、更新和创造，并不断与周围不同文化间相互借鉴学习、影响吸收所造成的。

其次，从上述三处遗存的总体特点来看，各遗存与下七垣文化间的相似之处或亲缘关系也是非常明显的。其中，除前述陶质陶色、器表装饰、器物造型及器类组合等，与冀南豫北地区较常见的下七垣文化遗存具有同样的特点外，具体器物形态方面，很多器物也都非常相似或很少差别。如，槐树屯遗址的箍状堆纹带绳纹罐、高领罐、侈口鼓肩小盆、敞口斜壁深腹盆、曲壁浅盘豆等，与下七垣遗址第④层的Ⅰ式罐（T7④:1260）、Ⅳ式高领广肩罐（T16④:780、1425）、鼓腹盂（T7④:495）、Ⅰ式深腹盆（T29④:1262）和浅盘豆（T25④:1411）相近；篮纹罐形鼎的器腹，也与下七垣遗址第④层的Ⅰ式鼎

（H61:782）具有共同的特点①。滏阳营遗址的腰饰附加堆纹及按窝纹的带腰隔甗、平底罐形鼎、扁三角形捏边鼎足、侈口束颈鼓腹盂、弦断绳纹浅腹盆和喇叭形竹节豆柄，与下七垣遗址第④层的甗腰（T2④:1421）、Ⅱ式鼎（T7④:1334）、Ⅰ式鼎足（H16:782）、鼓腹盂（T7④:495）、Ⅰ式盆（H12:848）和竹节豆把（T26④:1411）相同或相近；高领鼓腹鬲的上腹与磁县界段营遗址②的Ⅰ式鬲（H8:35），直领折肩罐与下七垣遗址第③层的Ⅱ式罐（T7③:1407）、峰峰北羊台遗址③的C型瓮（H05:1）类似；平口卵形瓮与北羊台和永年何庄遗址④同类器也基本一致。河北村遗址的细绳纹尖足鬲、扁平泥条甗腰、折腹盆形鼎、平口卵形瓮、卷沿深腹盆、橄榄形深腹罐、菌形钮器盖等，更是下七垣、何庄、北羊台和义西⑤等遗址的常见器物。故此可以判定，上述三处遗址所属遗存应同属下七垣文化，也即过去所称的先商文化“漳河型”系统⑥。

再次，从三处遗址所属遗存的相对年代来看，其间虽然并无直接的地层关系和年代数据，但通过与以往所发现的同类文化遗址或其他相关遗存的比较，其大体年代还是不难判定的，总体发展趋势也是有迹可寻的。

其中，槐树屯遗址所属遗存，似具有较多的早期特点，所处年代应相对较早。如，陶器中含有较多的红褐陶或红陶、黑皮红陶和磨光黑陶；器表以素面和磨光为主，纹饰以篮纹占绝对多数，可达陶片总数的26%，次为绳纹和附加堆纹，可占19%，其他均比较少；器类以鼎、罐、甑、盆、碗、钵、豆、瓮居多，鬲相对较少；器形以高领、宽沿、宽带耳、花边最流行等。这不仅与年代相对较早的下七垣遗址第④层遗存具有较多的相似之处，而且与冀南豫北尤其邯郸境内的武安东万年⑦、磁县下潘汪遗址⑧等龙山时期文化遗存也有着某些相似的特点，甚至部分器物形态也大体相同或相近。如，除前述附加堆纹带绳纹罐、高领圆肩罐、侈口鼓肩小盆、敞口斜壁深腹盆、曲壁浅盘豆等，与下七垣遗址第④层同类器相近外，所见篮纹罐形鼎的侧装式鼎足、罐形甑与下潘汪遗址龙山时期的Ⅰ式鼎足（T47③:203）和甑（T16r:1）均比较相似，花边口束颈堆纹罐、敛口钵、细柄豆与东万年遗址龙山时期的罐（T1①:8）、钵（T2①:12）和豆，也如出一辙，基本相同。据此可以判定，槐树屯遗址所属文化遗存的年代应相对较早，下限大体上接近并早于下七垣遗址第④层文化遗存，上限应更早，某些因素甚至近于龙山

① 河北省文物管理处：《磁县下七垣遗址发掘报告》，《考古学报》1979年第2期。
② 河北省文物管理处：《磁县界段营发掘简报》，《考古》1974年第6期。
③ 河北省文物研究所等：《河北邯郸市峰峰矿区北羊台遗址发掘简报》，《考古》2001年第2期。
④ 邯郸地区文物保管所等：《河北省永年县何庄遗址发掘报告》，《华夏考古》1992年第4期。
⑤ 河北省文物研究所等：《邯郸市峰峰电厂义西遗址发掘报告》，《文物春秋》2001年第1期。
⑥ 邹衡：《试论夏文化》，《夏商周考古学论文集》，文物出版社，1980年；李伯谦：《先商文化探索》，《庆祝苏秉琦考古五十五年论文集》，文物出版社，1989年。
⑦ 河北省文物管理处等：《河北武安洺河流域几处遗址的试掘》，《考古》1984年第1期。
⑧ 河北省文物管理处：《磁县下潘汪遗址发掘报告》，《考古学报》1975年第1期。

时期偏晚阶段。

滏阳营遗址所属遗存的年代，虽明显晚于槐树屯遗存，但又具有较多早期特点，年代也不应太晚。如，陶器仍以夹砂陶居多，并以灰褐陶、黑皮红陶及红褐陶较常见，另有磨光黑陶，且胎体相对较厚；器表装饰中的绳纹跃升至主要地位，多达 60%，并以略粗的中绳纹为主，其次为弦纹和弦断绳纹，约占 8.6%，而篮纹和附加堆纹急剧衰退，数量锐减，所占比例均比较小；器类除鼎、甗、罐、盆、豆、瓮、大口尊等较常见外，鬲的数量明显增加；器物亦常见绳切纹或压印纹花边口、宽带耳装饰等，既保留了较多早期特征，又出现了不少新的变化并增加了某些新的因素。如前所述，其中带腰隔甗、罐形鼎、扁三角形捏边鼎足、鼓腹盂、浅腹盆和竹节豆柄等，多与下七垣遗址第④层同类器相同或相近；高领鼓腹鬲、直领折肩罐、平口卵形瓮等，则与磁县界段营、下七垣遗址第③层、峰峰矿区北羊台和永年何庄遗址同类器基本一致。此外，磨光黑陶、腹饰弦纹带三周的宽肩斜腹敛口瓮（图二，17），似为邯郸涧沟和永年何庄所见筒形深腹、弦纹带多达六周以上至十余周的折肩直腹敛口瓮的早期形态①。据此判定，滏阳营遗址所属文化遗存的年代仍比较早，上限应近于或稍晚于下七垣遗址第④层文化遗存，尽管本遗存鬲有所增加，但总量或所占比例还比较少，且不具备薄胎细绳纹等典型特点，因此其下限亦不应太晚，或可介于下七垣遗址第④层与第③层遗存之间，大体与界段营 H8 所属遗存年代相当。

河北遗址所属遗存，明显具有晚期特点，所处年代应相对较晚。如，陶器以泥质灰陶为主，器表装饰以绳纹占绝对优势，多达 60% 以上，且均比较细，有的类似线纹，篮纹和附加堆纹已很少；器类以鬲、甗、甑、盆、罐、瓮和鼎最常见，并以薄胎细绳纹为特点，另有尊、豆、器盖等，与邯郸及邻近地区诸下七垣文化遗址的文化特点几乎完全相同。其中薄胎细绳纹折沿高尖足筒形鬲与下七垣第③层Ⅱ式鬲、邢台葛家庄先商第二段②的鬲（H09∶16）相同，腰部抹平的甗腰与永年何庄（T9②∶13）、峰峰北羊台（B 型）同类器类似；腹部较深、下腹饰绳纹、鼎足突出于腹外、约于口部等宽的深折腹鼎，大体与葛家庄一段同类鼎接近，而早于葛家庄二段和北羊台的扁折腹、三足缩于腹下、外缘与腹等宽的浅折腹鼎；深腹罐与葛家庄二段的深腹罐（H2∶36）相同，大口弦纹罐和小口鼓腹绳纹瓮与葛家庄一段的同类器（图二，8、16、25）完全一致；深腹盆、浅腹盆与葛家庄二段和何庄的同类盆，敛口瓮、平口卵形瓮与何庄的Ⅱ式敛口瓮和Ⅱ式卵形瓮也非常相近。由此可以看出，河北遗址所属文化遗存可能存在早晚之别，其

---

① 北京大学等：《1957 年邯郸发掘简报》（见图版一，9），《考古》1959 年第 10 期；同注 5 的Ⅰ式敛口瓮（T9②∶11，见图九，11）。

② 任亚珊等：《1993～1997 年邢台葛家庄先商遗址、两周贵族墓地考古工作的主要收获》，《三代文明研究》（一），科学出版社，1999 年；郭瑞海等：《邢台葛家庄先商文化遗存分析》，《三代文明研究》（一），科学出版社，1999 年。

中少量遗存约与下七垣第③层和葛家庄一段相当，多数遗存应与何庄和葛家庄二段同期，但总体上应晚于滏阳营遗址。

换言之，槐树屯、滏阳营和河北遗址实际代表了同一文化的三个不同发展阶段。根据现有材料并综合部分专家的研究成果①，我们起码可将下七垣文化分为五段，其中第一段以本次发现的槐树屯遗址所属遗存为代表，应属目前所发现的年代最早的遗存；二段以下七垣遗址第④层遗存为代表，包括安阳大寒南冈 H8 所属遗存②；三段以本次发现的滏阳营遗址所属遗存为代表，磁县界段营 H8 和内丘南三岐遗存③约与之相当；四段以下七垣遗址第③层遗存为代表，包括邯郸涧沟 H4、邢台葛家庄一段等遗存，本次所发现的河北遗址部分遗存也应属本段范畴；五段以永年何庄遗址所属遗存为代表，包括峰峰北羊台、义西④、邢台葛家庄二段、安阳梅园庄一期早段和小屯西地 H49、H50 等遗存⑤，本次发现的河北遗址所属遗存也多属此段。如果将五段遗存合并作三期，其中一段应属早期，二、三段可作为中期，四、五段作为晚期。由此可知，槐树屯、滏阳营和河北遗址实际代表了下七垣文化早、中、晚三个发展阶段。因三者间年代上并非紧密衔接，且各遗址所获材料有限，我们虽然还很难对其进行系统比较并详细总结和阐述其演变序列，但陶器火候由低到高，胎体由厚到薄，陶色由红褐、灰褐向灰色过渡，器表纹饰由篮纹向绳纹嬗变，绳纹由粗到细；器类中鼎逐渐减少，鬲稳步递增，罐形鼎由圜底到平底，扁棱鼎足装设由平行于腹壁到垂直于腹壁，鬲由侈口、圆唇、鼓腹到卷沿或折沿、尖圆唇或小方唇及瘦腹，甗腰由附加堆纹带到扁平束带，甑由连腹的稠密蜂窝状箅底到底心圆孔外环稀疏椭圆孔箅底，罐尊类由侈口圆唇或斜直领到卷沿小方唇，盆类由斜侈口到宽折沿或宽卷沿等，其总的承袭、演变及发展趋势还是比较明确或有迹可寻的（图四）。

最后，据各遗存的文化因素分析可知，下七垣文化的文化来源并不是单一的。如年代相对较早的槐树屯遗存中，较多的篮纹和磨光黑陶，以及篮纹罐形鼎、罐形甑、鬲、甗、高领罐、敛口钵和敛口瓮等器形，即明显属于后冈二期文化因素，而中脊饰附加堆纹的舌形鼎足（图一，5）、磨光双折腹盆等，则有可能是在典型龙山文化基础上或吸

① 李伯谦：《先商文化探索》，《庆祝苏秉琦考古五十五年论文集》，文物出版社，1989 年；张立东：《论辉卫文化》，《考古学集刊》10，地质出版社，1996 年；张翠莲：《太行山东麓地区夏时期考古学文化浅析》，《三代文明研究》（一），科学出版社，1999 年；任亚珊等：《1993 ~ 1997 年邢台葛家庄先商遗址、两周贵族墓地考古工作的主要收获》，《三代文明研究》（一），科学出版社，1999 年；郭瑞海等：《邢台葛家庄先商文化遗存分析》，《三代文明研究》（一），科学出版社，1999 年。

② 中国社会科学院考古所安阳队：《安阳大寒村南岗遗址》，《考古学报》1990 年第 1 期。

③ 唐云明：《河北境内几处商代文化遗存记略》，《考古学集刊》2，中国社会科学出版社，1982 年。

④ 河北省文物研究所等：《邯郸市峰峰电厂义西遗址发掘简报》，《文物春秋》2001 年第 1 期。

⑤ 中国社会科学院考古研究所：《殷墟发掘报告》，文物出版社，1987 年；刘一曼：《安阳小屯西地的先商文化遗存》，《三代文明研究》（一），科学出版社，1999 年。

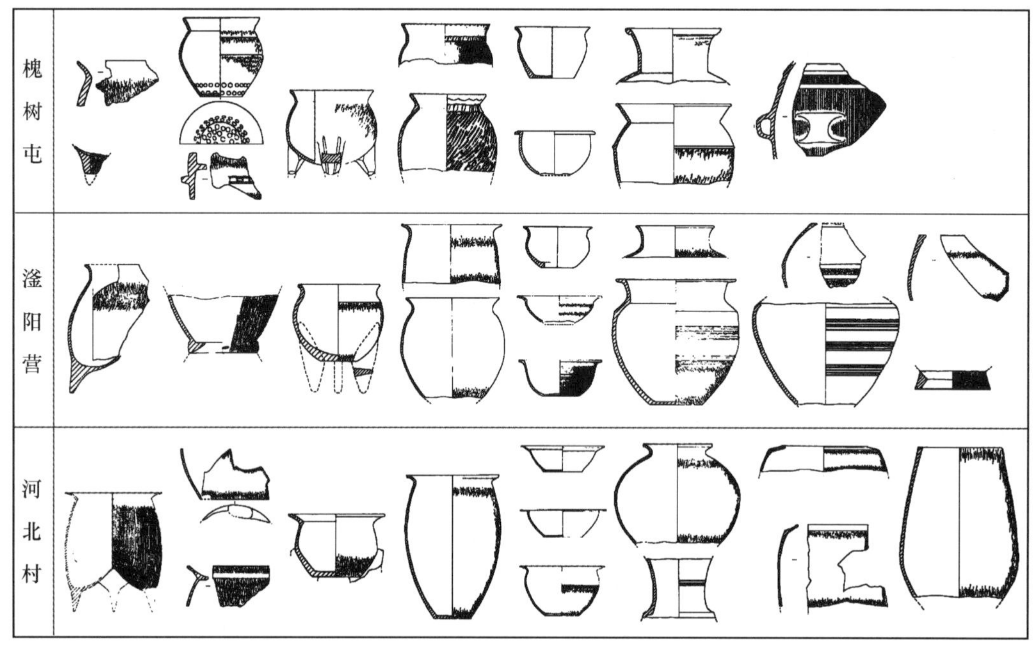

图四　各遗址主要陶器对比图

收岳石文化因素形成的。滏阳营和河北遗址所属遗存，除继承当地传统文化因素外，卵形瓮当来自晋南东下冯文化，小口鼓腹瓮或与“辉卫型”文化有关，当然可能还有二里头文化、下岳各庄文化或其他文化因素，但所占比例均比较小。也就是说，下七垣文化的文化来源应是多元的，但最主要的当来自冀南豫北地区龙山时期的后冈二期文化，并在发展过程中不断借鉴和吸收周围不同文化因素而逐步形成的。

对夏商分界的一点看法

谢　肃

（中山大学国学院）

夏商分界和早期夏文化问题是探索夏文化的两个最基本的课题，学者们为此倾注了相当多的心血，提出了多种学说①。本文欲在前贤的研究基础上，谈谈对夏商分界的一点看法。

以往关于夏商文化分界的讨论中，都城分析法占据着重要的地位，目前大部分学者所达成的共识——二里头文化主体是夏文化，二里冈期文化是早商文化②，也与都城分析法密不可分。但自20世纪80年代后期以来，学者们开始试图摆脱亳都的争议，从二里头文化与二里冈期商文化的空间分布变化来探讨夏商文化的更替。

如邹衡先生在谈及夏商分界时就列举了三条证据：

“其一，在文化特征上，南关外期（即二里冈下层偏早阶段）与豫北和冀西南更早的商文化比较接近。

“其二，南关外期在黄河以南的分布点极少，在郑州也不多，未达到商文化的最繁荣阶段。这应该反映商人南渡不久，尚未灭夏的情况。

“其三，郑州商文化从二里冈下层偏晚开始，分布范围扩大，并大量吸收二里头文化因素而进入最繁盛期。这应该反映灭夏以后已建立商王朝的情况。”③

刘绪先生也在多篇文章中强调，二里冈下层时期，商文化向南，向西扩张，完成了对二里头文化的全面替代。此现象“无论从时间，还是地域上看，都与夏商更替相符”④。

笔者在此遵循先生们的方法对夏商之际夏商文化地域上的变化作一考察。考察前先

---

① 关于夏商分界的诸多学说已为学界熟知，笔者不再赘述。

② 笔者下文的讨论也是以此共识为基础的。

③ 邹衡：《综述夏商四都之年代和性质》，《殷都学刊》1988年第1期。收入《夏商周考古学论文集（续集）》，科学出版社，1998年。

④ 刘绪：《商文化在西方的兴衰》，《纪念殷墟发掘80周年学术研讨会论文集》（待刊）；《早商文化的考古学横向观察》，《远望集——陕西省考古所华诞四十周年纪念文集》，陕西人民出版社，1998年。

介绍一下所依据的时间标尺。

中国社会科学院考古研究所河南二队的先生们把偃师商城商文化分为三期六段或三期七段。笔者也曾把郑州商城的早于二里冈下层晚段的商文化遗存（即邹衡先生所说的南关外型）分为三组①。分别以南关外遗址的南关外下层、南关外中层和二里冈C1H9为代表。其中第二、第三组分别相当于偃师商城的第一期第一段和第二段。第二组单位由电力学校H6、商城东城墙CET7四下层等单位的存在看，在郑州地区，此阶段是普遍存在的。第三组中南关外H62出土陶鬲（H62:16）口沿有一周凹槽，从类型学上分析，此类陶鬲要晚于以C1H9:36为代表的陶鬲。在偃师商城的分期中，这两类鬲被视为不同组的典型器。但在郑州商代遗址，这两类鬲多共存于同一单位（如C1H9），不见层位上的早晚关系。故偃师商城的分期不具有普遍性，至少不适用于郑州商代遗址。

郑州地区，"南关外型"第一组遗存见于南关外②、化工三厂③等地点。第二组遗存不仅见于郑州商城，还见于大师姑遗址④。第三组遗存的分布更广泛。

洛阳地区，"南关外型"第二组遗存只见于偃师商城遗址⑤。

晋南地区，"南关外型"第二组遗存见于东下冯遗址⑥。"南关外型"第三组遗存主要见于垣曲商城（垣曲商城H158、H6）⑦ 和东下冯遗址。侯马上北平望遗址采集到过此阶段的陶鬲⑧。

---

① 谢肃、张翔宇：《试论南关外型商文化的年代分组》，《中原文物》2003年第2期。尽管笔者认为邹衡先生所说的南关外型跨先商和早商两个时期，但为称呼方便，笔者仍用南关外型第一组等命名分组。

② 河南省文物工作队：《郑州南关外商代遗址的发掘》，《考古学报》1973年第1期；河南省文物考古研究所：《郑州商城——一九五三年～一九八五年发掘报告》，文物出版社，2001年。本文图一所用南关外遗址和二里冈C1H9陶器线图采自这两个报告。

③ 河南省文物考古研究所郑州工作站：《郑州化工三厂考古发掘报告》，《中原文物》1994年第4期。

④ 郑州市文物考古研究所：《郑州大师姑》，科学出版社，2004年。本文所用大师姑资料均出自该书。

⑤ 本文图一所用偃师商城陶器线图采自：中国社会科学院考古研究所河南第二工作队：《河南偃师商城北部"大灰沟"发掘简报》、《河南偃师商城小城发掘简报》、《河南偃师商城东北隅发掘简报》，均收入杜金鹏、王学荣主编《偃师商城遗址研究》，科学出版社，2004年。原刊于《考古》2000年第7期、1999年第2期、1998年第6期。

⑥ 中国社会科学院考古研究所、中国历史博物馆、山西省考古研究所：《夏县东下冯》，文物出版社，1988年。本文所用东下冯陶器线图均采自本书。东下冯遗址T1082:4层，报告误归入二里头四期文化，刘绪先生已经指出（刘绪：《东下冯类型及相关问题》，《中原文物》1992年第2期）。

⑦ 中国历史博物馆考古部、山西省考古研究所、垣曲县博物馆：《垣曲商城》，科学出版社，1996年。

⑧ 侯马市博物馆：《山西省侯马市上北平望遗址调查简报》，《华夏考古》1991年第3期。

关中东部地区，“南关外型”第三组时商文化可能已经到达此地①。

丹江上游的商洛地区，在稍晚于“南关外型”第三组但早于二里冈下层晚段时期，商文化已经到达东龙山遗址②。在夏商之际商文化中最具时代意义的是灰陶薄胎鬲，我们把典型商文化遗址出土的此类陶鬲排列成图一。从商文化空间扩张来看，把夏商文化分界定在“南关外型”第一组与第二组之间是比较合适的。

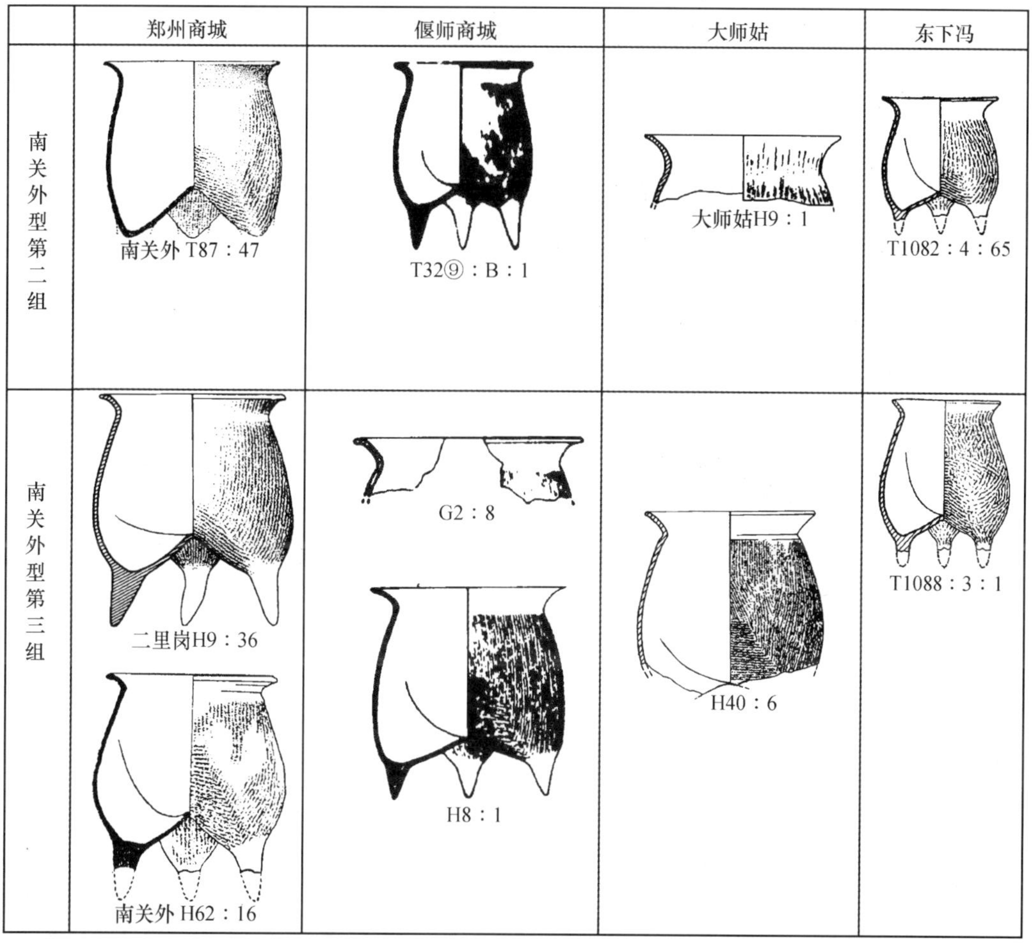

	郑州商城	偃师商城	大师姑	东下冯
南关外型第二组	南关外 T87 : 47	T32⑨ : B : 1	大师姑H9 : 1	T1082 : 4 : 65
南关外型第三组	二里岗H9 : 36 南关外 H62 : 16	G2 : 8 H8 : 1	H40 : 6	T1088 : 3 : 1

图一　相关早商遗址出土陶鬲

那么“南关外型”第一、二组与二里头文化的关系是什么样呢？是不是“南关外型”第二组和二里头文化四期或四期晚段同时，二里头四期或四期晚段文化是夏遗民

① 或认为老牛坡商文化第一期可以早到二里冈下层偏早阶段，但此期典型器陶鬲Ⅱ H5∶7、H7∶8 当属于二里冈下层晚段。据张天恩先生专著披露，在赵庄、白村遗址发掘到“南关外型”第三组时期遗存（张天恩：《关中商代文化研究》第 123 页，文物出版社，2004 年）。

② 王力之：《试论商洛地区的夏商文化》，北京大学硕士学位论文，1999 年。

的遗存呢？笔者认为“南关外型”第二组晚于二里头四期晚段，二里头四期晚段没有进入早商。理由如下：

第一，郑州大师姑遗址二里头文化四期晚段单位被南关外型二组单位打破或叠压。

大师姑遗址的二里头文化遗存被分为五段，其第五段相当于二里头遗址二里头文化四期晚段。属于此段的灰坑H16被相当于“南关外型”第二组的灰坑H9打破，H16又打破与其同时段的H23。H16出土深腹罐、圆腹罐、折沿盆、捏口罐等陶器（图二）。H9出土灰色薄胎鬲（H9∶1）和褐色厚胎鬲（H9∶5）各一件及其他陶器（图三）。

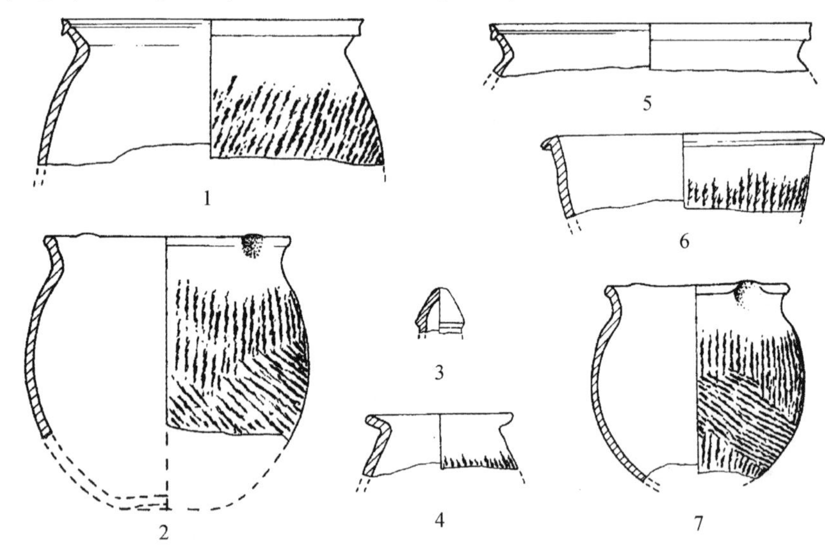

图二　大师姑H16出土陶器

1、5. 深腹罐（7、6）　2、7. 捏口罐（4、11）　3. 盖钮（9）　4. 圆腹罐（8）　6. 盆（10）

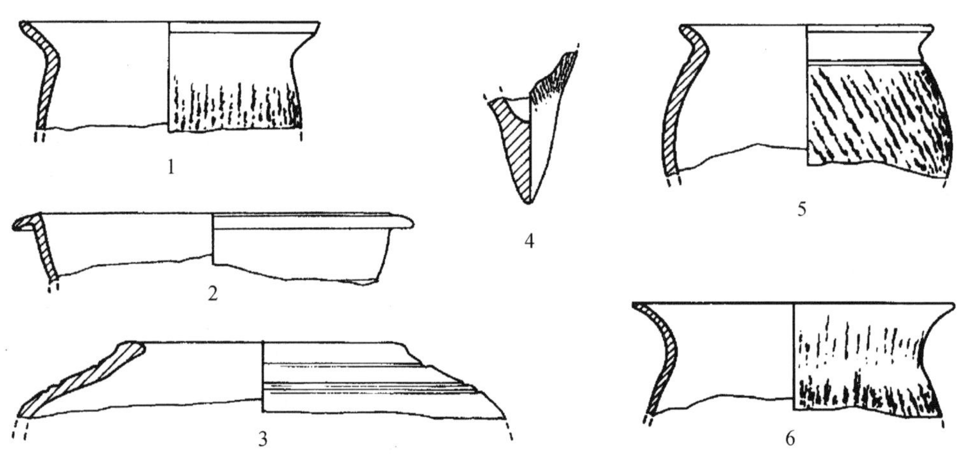

图三　大师姑H9出土陶器

1、6. 鬲（5、1）　2. 盆（4）　3. 敛口尊（2）　4. 鬲足（7）　5. 圆腹罐（3）

此外，大师姑遗址相当于二里头四期晚段的灰坑 H34 被相当于“南关外型”第三组的早商灰坑 H40（图一）叠压打破。

二里头文化四期晚段的遗迹间常见相互打破关系，如大师姑 H16 打破 H23、H18 打破 H19、H17 打破 H27，但不见四期晚段单位叠压或打破早商单位的现象。所以以上单位的层位关系表明“南关外型”第二组晚于二里头文化四期晚段。

第二，郑州商城范围内普遍发现商文化遗迹叠压或打破洛达庙期遗存。

如在黄委会青年公寓就有洛达庙早、中、晚期的文化堆积。其中相当于二里头文化四期的洛达庙晚期文化层厚 0.2～0.8 米，遗迹也丰富，有陶窑、灰坑等①。而黄委会青年公寓西距年代不晚于“南关外型”第二组的宫室建筑 C8G15 仅 405 米，距宫室建筑 C8G10 只有 165 米。郑州商城墓葬 C8M28 位于商代宫殿遗址区内，此墓被二里冈下层二期文化层叠压，随葬陶爵和陶盉。《郑州商城》把其归入二里冈下层一期，李志鹏先生认为其属于二里头文化四期晚段②。宫殿区是商王室重地，怎么会允许夏人在此烧窑、挖坑，生息繁衍呢？之所以出现这种现象，只能解释为这里的洛达庙期遗存是夏人在商人到来前创造的。

第三，二里头遗址二里头文化四期时仍然是伊洛地区的中心聚落。

二里头遗址在二里头文化四期时，“遗址规模并未缩小”，“宫殿区仍延续使用，范围甚至有所扩大”。墓葬出土“青铜容器和玉器等礼器的数量和质量均超过三期”③，铸铜和绿松石制造作坊仍在使用④。凡此表明二里头文化四期时，二里头遗址“仍聚集着大量的人口，存在着贵族群体和服务于贵族的手工业”⑤，二里头遗址仍然具备中心聚落的地位。

当然政权的更迭与都邑的兴废之间没有必然的关系。如《史记·周本纪》记载，牧野之战后，战胜的周人曾“除道，修社及商纣宫”。纣都的荒废当在周公东征以后。但二里头遗址和偃师商城同处洛阳盆地内，相距约 6 公里。大家知道中心聚落的形成是一定区域内诸资源集中的结果，在中心聚落所服务的聚落群中，其具有独一性或排他性。所以二里头遗址和偃师商城遗址在作为同一区域（它们所服务的聚落群规模当有

---

① 河南省文物研究所：《郑州黄委会青年公寓考古发掘报告》，《郑州商城考古新发现与研究》，中州古籍出版社，1993 年。

② 李志鹏：《二里头文化墓葬研究》，《中国早期青铜文化——二里头文化专题研究》，科学出版社，2008 年。

③ 许宏、陈国梁、赵海涛：《二里头遗址聚落形态的初步考察》，《考古》2004 年第 11 期。

④ 郑光：《二里头遗址的发掘——中国考古学上的一个里程碑》，《夏文化研究论集》，中华书局，1996 年；中国社会科学院考古研究所二里头工作队：《河南偃师市二里头遗址宫城及宫殿区外围道路的勘察与发掘》，《考古》2004 年第 11 期。

⑤ 中国社会科学院考古研究所：《河南偃师市二里头遗址中心区的考古新发现》，《考古》2005 年第 7 期。

差异，但都服务于伊洛地区）的中心聚落的时间上只能是先后，而不会是同时。

第四，南关外期文化（指南关外遗址下层一类遗存）、二里头四期文化和偃师商城一期文化中岳石文化因素数量上的差异是其时代早晚的反映。

南关外期文化遗存包含了大量岳石文化因素，此后商文化中的岳石文化因素逐步减弱，至白家庄期再达到高峰。二里头遗址二里头四期晚段也包含有大量岳石文化因素。如属于四期晚段的ⅢH23 发表 9 件陶器，其中褐陶 2 件、灰褐陶 1 件①，其褐陶所占比重近 1/3。“器类方面。二里头四期遗存中新出现了有细道划纹（‘篦纹’）的夹砂中口罐（ⅤH53：12）和陶甗（西北 T1③：1）、卷领细绳纹鬲（ⅤH53：10）、卷领鼓腹深腹盆（ⅢH235：1）、浅盘细柄豆（ⅥM1：2）等新器形，这些陶器不见于二里头一至三期，却是‘南关外期’或岳石文化的常见器物”②。但偃师商城遗址却罕见岳石文化因素③。也有学者认为造成这种差异的原因是因为地域的不同，即郑州更接近岳石文化分布区④。但同处伊洛地区的二里头遗址却有比偃师商城遗址更多的岳石文化因素，故用地域的不同来解释是行不通的。反而可能是时间原因所致。二里头文化四期晚段（相当于“南关外期”），绝对年代相当于夏朝末年，文献记载此时的夏、商、夷关系密切，交往频繁，此背景造成了南关外期文化和二里头四期晚段文化中岳石文化因素所占比重较大。而商夷联合伐夏战争结束后，夷人退去，商文化中岳石文化因素锐减，属于早商的偃师商城自然就罕见岳石文化因素了。南关外期以后郑州地区岳石文化因素逐步减少的现象可能也是此背景的反映⑤。

“二里头文化四期已经进入早商，二里头四期文化是夏遗民的文化”这一观点最早是由孙华先生提出的⑥。目前坚持二里头四期或四期晚段文化为夏遗民文化的先生们在论据上大体沿用孙先生的证据，或略作增补⑦。这些证据主要是：

（1）偃师商城商文化第一期第一段单位陶器群一方面具有浓厚的二里头四期或四

① 中国社会科学院考古研究所二里头工作队：《偃师二里头遗址 1980—1981 年Ⅲ区发掘简报》，《考古》1984 年第 7 期。

② 裴明相：《论豫东岳石文化》，《河南文物考古论集》，河南人民出版社，1996 年。

③ 王学荣：《偃师商城第一期文化研究》，《三代考古》（二），科学出版社，2006 年。

④ 高炜、杨锡璋、王巍、杜金鹏：《偃师商城与先商文化分界》，《考古》1998 年第 10 期。

⑤ 都邑往往是诸文化因素积聚之地，二里头遗址和郑州商城遗址的岳石文化因素或可以此解释，照此解释必须假设偃师商城在早商初期不是整个商文化范围意义上的中心聚落。此处笔者且把此现象作为二里头文化四期晚段早于早商的旁证。

⑥ 孙华：《关于二里头文化》，《考古》1980 年第 6 期。

⑦ 孙华先生论据有三，其中第一条是：二里头遗址是夏都阳城，二里头一号宫殿建筑基址在四期废弃与商灭夏有关。除了这一条外，其余两条为现在坚持夏商分界在二里头文化三四期之间或四期早晚段之间的学者所反复征引。

期晚段文化因素，另一方面又具有典型商文化因素①。（2）二里头四期或四期晚段文化中涌现大量商文化因素②。（3）二里头四期或四期晚段文化的碳-14测年表明其已经进入早商。

关于第一条证据，笔者以为有两种解释。第一种解释：二里头四期晚段和“南关外型”第二组之间虽有早晚关系，但这两个时间段是相衔接的，偃师商城第一期第一段遗存发现极少，恰说明此遗存所代表时期是二里头文化四期晚段与“南关外型”第二组的衔接时期。第二种解释是：偃师商城第一期第一段遗存位于祭祀区（曾称为“大灰沟”）的最底层，即此堆积的土原是用以覆盖祭祀遗存的。偃师商城范围内虽没有发现二里头文化遗迹，但屡有二里头文化陶片发现，有学者推测偃师商城范围内当有二里头文化遗址③，那么祭祀区最底层的用土可能就是取自二里头文化遗址，那么这些单位中的具有二里头文化风格陶器就不能代表这些单位的年代④。

关于第二条证据，笔者认为也是不能成立的。笔者在读《偃师二里头》⑤ 时也为二里头四期文化中大量的商文化因素所困惑。但2006年冬，笔者两次进入中国社会科学院考古研究所二里头工作队标本室观摩二里头文化陶器，看到了二里头文化四期单位修复的大部分陶器，至此笔者才意识到《偃师二里头》所发表的二里头四期文化陶器并不能反映该时期陶器群的全貌。若盲目取信报告发表陶器所展示的陶器群，则必定对其文化性质产生惑疑。

在发掘、室内整理、挑选用于发表的标本的过程中，我们对特殊器物的关注往往比较多。而特殊器物的碎片在拼对时也容易集中。从此角度出发，我们就不难理解《偃师二里头》为什么发表那么多属于二里头四期文化的商文化因素陶器。

还有学者举出郑州洛达庙晚期单位中的商文化因素来说明其已进入早商。据对郑州商城宫殿区夯土墙区域发掘的洛达庙晚期单位陶器群的统计，其中二里头四期晚段文化因素约占85%，商文化因素约占10%，岳石文化因素约占5%⑥。黄委会青年公寓的洛达庙期陶器群的器类没有统计数据，但据发表的器物标本看，其中的诸文化因素所占比重大体与宫殿区夯土墙区域的统计相同⑦。但这是与商文化存在巨大差异的。譬如前文

---

① 高炜、杨锡璋、王巍、杜金鹏：《偃师商城与先商文化分界》，《考古》1998年第10期。

② 有不少先生曾对二里头四期或四期晚段文化的文化因素做过分析。笔者不一一具引，可参阅王立新先生新作《也谈文化形成的滞后性——以早商文化和二里头文化的形成为例》（载于《考古》2009年第12期）。

③ 杜金鹏：《偃师商城初探》，中国社会科学出版社，2003年。

④ 雷兴山先生主张此种解释。

⑤ 中国社会科学院考古研究所：《偃师二里头》，中国大百科全书出版社，1999年。

⑥ 河南省文物研究所：《河南郑州商城宫殿区夯土墙1998年的发掘》，《考古》2000年第2期。

⑦ 李丽娜曾进行过统计，其二里头文化因素略高于宫殿区夯土墙区域（李丽娜：《关于郑州洛达庙期与南关外期文化性质的讨论》，《华夏考古》2008年第4期）。

提到的大体相当于二里头四期晚段的南关外期遗存。这里以大师姑遗址的二里头四期晚段灰坑 H38 和大师姑略晚于“南关外型”第三组的灰坑 H55 的器类组合做一说明。

H38 出土深腹罐 5 件（占陶器群比例 41.67%，下文括号中数字含义同此）、圆腹罐 2（16.67%）、甗 1（8.33%）、鬲 1（8.33%）、盆 1（8.33%）、大口尊 1（8.33%）、器盖 1（8.33%）。H55 出土鬲 9 件（18.37）、甗 2（4.08）、鼎 2（4.08%）、大口罐 1（2.04%）、中口罐 7（14.29%）、篦纹罐 4（8.16%）、小罐 1（2.04%）、大口尊 1（2.04%）、深腹盆 6（12.24%）、中腹盆 4（8.16%）、浅腹盆 2（4.08%）、捏口罐 3（6.12%）、大口瓮 2（4.08%）、小口瓮 3（6.12%）、敛口瓮 2（4.08%）①。

由此看来，二里头四期晚段文化的陶器群不仅与其同时期的商文化陶器群而且与晚于其的商文化陶器群的差异是相当巨大的。一个是罐（深腹罐、圆腹罐）文化，另一个则是鬲、盆（先商时期平底罐数量也较多）文化。

其实，商文化因素在二里头文化中的出现并不是二里头文化四期才发生的事情，最迟发生在二里头文化三期②。而且在个别遗址，此时期商文化因素所占比例不小于二里头四期晚段时期。如郑州黄委会青年公寓的洛达庙中期文化就出土陶鬲 6 件、橄榄形罐 1 件（T45⑥: 18），它们占所发表陶器的 10.5% 左右（按口沿统计，器足不计）。

坚持二里头四期或四期晚段文化为夏遗民文化的学者所信从的是夏商王朝的更替过程中物质文化的发展滞后于政治事件的发展，即物质文化是渐变的。倘若果真是渐变的，那么在考古上也应该有文化因素呈现渐变的一系列单位。即不单有像洛达庙晚期那样商文化因素占 10%，二里头文化因素占 85% 的单位，还应该发现商文化因素占 20%，二里头文化因素占 75% 的单位等一系列单位。但至今没有发现（偃师商城一期一段遗存是孤证，其中的夏商文化因素的兴衰变化也不成系列）。

所以不能过分强调二里头四期或四期晚段文化中的商文化因素，它们仅仅是文化交流的结果，不能看做是夏商更替的证据。

关于第三条证据，笔者以为需从两个方面来分析：

1. 关于商之始年

关于商的始年，向无上古史籍可凭。学界一般根据估定的西周始年加以文献记载的

① 《郑州大师姑》H55 陶器器形统计表中器形栏列了 2 个大口罐，查大师姑遗址遗迹登记表，知其中一个是大口瓮的笔误。

② 二里头遗址二里头二期文化中已经出现陶鬲，此时期有两种形式的陶鬲（郑光：《二里头陶器分期初论》，《中国商文化国际学术讨论会论文集》，中国大百科全书出版社，1998 年）。我们可以看到器物图的是花边单耳鬲，很难说就是商文化因素。至于另一种鬲是否属于商文化因素，不敢妄论。而相当于二里头文化二期的先商文化遗存见诸报道的极少。

商代积年来推算商始年。且不说西周始年估定的诸多差异，单就商之积年，后世有多种说法。陈梦家先生归结为两类，即 500 年和 550～600 年。陈先生以后者为可信，遂参照《竹书纪年》对西周积年的记载，“姑定纪元前 1600 年为商代的开始”① （下划线为笔者所加）。此说影响极大，为很多研究夏商文化的学者所征引。《夏商周断代工程 1996～2000 年阶段性成果》（简本）② 也对夏商周年代进行了系统的研究，其中估定前 1600 年为商始年。刘绪先生曾指出过此说对文献取舍上存在的问题③。

相对于以前 1600 年为商始年的观点，赵光贤先生则以前 1045 年为周武王伐纣年，前 1055 年为武王即位为君年，又根据《竹书纪年》关于商积年的记载，把前 1551 年作为商始年④。此说在考古界的信从者相对第一种说法较少。近年王巍先生在其大作《中国古代国家形成论纲》中把商王朝年代估定在前 1550 年～前 1046 年⑤，此说与赵光贤先生观点相近。

以上列举的商始年研究成果，相差 50 年左右，相当于考古学文化的一个期段。

2. 系列样品碳-14 测年

碳-14 测年技术是自然科学方法在考古学研究中应用的典范，对考古遗存绝对年代的判定发挥了极其重要的作用。但其所测定的年代数据为一个时间段，也即该时间段内的任何一个时间点均有可能是该碳-14 标本的形成年代。由于三代及三代以降的考古学研究对年代要求较为精确，而碳-14 测年所得的时间段往往相当于考古学分期中的一个期段，这样一来碳-14 测年数据只能被研究者作为参考。20 世纪 90 年代后期以来，在夏商周断代工程实施过程中，碳-14 测年研究者尝试采用把有年代早晚关系的碳-14 进行系列采样，分别测出其年代，再根据其早晚关系，来校正其年代，以此来缩短测年所得的时间段。然而此方法在实际操作中是存在问题的。

第一，考古遗迹单位出土遗物的时代往往并不单纯，我们一般以所出最晚器物（一般是最晚的陶器）的年代来作为该单位的年代。而该单位所出碳-14 标本可能会早于，也可能晚于该单位陶器编年的年代。即碳-14 标本的年代不一定能代表该单位年代。所以有层位关系的进行了系列采样的碳-14 标本之间（甚至这些标本所出单位在陶

---

① 陈梦家：《殷墟卜辞综述》，科学出版社，1956 年。陈先生的相关论述见其大作：《商殷与夏周的年代问题》，《历史研究》1955 年第 2 期；《西周年代考》，商务印书馆，1955 年；《六国纪年》，学习生活出版社，1955 年等。

② 夏商周断代工程专家组：《夏商周断代工程 1996～2000 年阶段成果报告》（简本），世界图书出版公司，2000 年。

③ 刘绪：《有关夏代年代和夏文化测年的几点看法》，《中原文物》2001 年第 2 期。

④ 赵光贤：《夏商周年代考》，《历史研究》1986 年第 6 期。

⑤ 王巍：《中国古代国家形成论纲》，《中原地区文明化进程学术研讨会文集》，科学出版社，2006 年。王先生没有说明估定商年的依据。

器编年上具有早晚意义）的早晚不一定与层位关系所揭示的早晚关系一致。

第二，考古学分期好像是锁链，每一期就像一环锁链嵌入相邻的锁链中。也就是说考古分期所标示的早晚是相对的，第一期的晚段未必就早于第二期的早段。那么，那些没有直接层位关系，而由陶器编年系联起来的“系列碳-14”标本之间的早晚关系也就更不易确定了。碳-14 系列样品所依赖的考古学分期越细，校正后的测年数据出错的风险越大。

基于上述两点，一旦系列样品中的一个样品不能代表其所出单位的年代，那么用系列样品测年数据校正后得出的系列测年数据就未必是可靠的。所以试图通过碳-14 系列样品来缩小碳-14 测年的误差，其风险是极大的。

此外，碳-14 测年数据还有一个年代范围的概率问题。此处且不论。

总之，商的始年我们并不知晓，而碳-14 系列样品测年很难准确。试图通过比较这两个不确定的年代，来解决夏商分界，只能是看上去很眩的东西。

还有学者认为大师姑遗址 T1 内自西向东依次排列着的墓葬 M1、M3、M4 和 M2 构成了一处商文化墓地。郑州地区商文化的出现意味着商王朝的建立（此逻辑为笔者揣摩原文得出）。二里头文化四期晚段灰坑打破 M1。那么二里头四期文化晚段已经进入早商，其文化性质应属商文化或夏遗民文化①。

查发掘报告，这四座墓葬中时代最早的 M1 相当于二里头文化四期晚段（李志鹏先生认为属于二里头文化三期晚段②），最晚的为早商三期（相当于二里冈上层一期）。如果这是一个墓地的话，在其使用期间墓葬不应该被破坏。但 M1 却被二里头四期晚段灰坑 H18 打破，M2 也被与其同时期的 H21 打破。由此看来，此处不是商人的一个墓地。至于随葬陶鬲和带鸡冠耳陶盆的 M1，只宜视作商文化因素，不能作为郑州地区已为商人控制的证据。

总之，笔者认为南关外型第一组是最晚的先商文化，第二组是最早的早商文化，二里头四期晚段文化是最晚阶段的夏文化，其绝对年代没有进入早商。

---

① 王文华：《从大师姑遗址的发掘看二里头四期文化的性质》（提要），《二里头遗址与二里头文化研究》，科学出版社，2006 年。

② 李志鹏：《二里头文化墓葬研究》，《中国早期青铜文化——二里头文化专题研究》，科学出版社，2008 年。

试论黄河前套地区含陶铃、陶靴形器诸考古学文化遗存的归属

——兼论带铃铜器与靴形铜器的文化渊源

王　俊　宋建忠

（山西省考古研究所）

黄河前套地区是指黄河经过内蒙古包头市以后进入山西省的南流地带，包括现在的内蒙古中南部、陕西东北部、山西西北部的黄河两侧地带。这一地区由于建国五十年以来的考古发掘获得了一大批新的考古学资料，这一批资料中以史前部分最为令人瞩目。笔者在关注这批资料的同时也注意到一个非常有趣的问题，陶铃、陶靴形器在这一地区频繁出现，且似乎还有一定的规律。出于这一目的，笔者力求大胆设想，小心求证，抛出自己的观点，就当引玉之砖，请方家指正。

一、陶铃、陶靴形器的发现

陶铃的发现地点目前有内蒙古园子沟遗址、老虎山遗址Ⅰ区、Ⅱ区、Ⅵ区、西白玉遗址、陕西神木寨子塔遗址、山西忻州尹村遗址、山西襄汾陶寺遗址等，共十余件；以内蒙古中南部地区最为集中，见表一。

表一　黄河前套地区发现陶铃一览表

县名	遗址名	单位	遗存性质	年代	出处
凉城县	园子沟	F3028∶1	遗址中房址	龙山时代早期	《岱海考古（一）》——老虎山遗址发掘报告集，内蒙古文物考古研究所编，科学出版社，2000年
凉城县	老虎山	T105②∶15	遗址Ⅰ区文化层	龙山时代早晚期之交偏晚	《岱海考古（一）》——老虎山遗址发掘报告集，内蒙古文物考古研究所编，科学出版社，2000年
凉城县	老虎山	T104②∶5	遗址Ⅰ区文化层	龙山时代早晚期之交偏晚	《岱海考古（一）》——老虎山遗址发掘报告集，内蒙古文物考古研究所编，科学出版社，2000年

续表

县名	遗址名	单位	遗存性质	年代	出处
凉城县	老虎山	T203②:5	遗址Ⅱ区文化层	龙山时代早晚期之交偏晚	《岱海考古（一）》——老虎山遗址发掘报告集，内蒙古文物考古研究所编，科学出版社，2000年
凉城县	老虎山	T210④:2	遗址Ⅱ区文化层	龙山时代早晚期之交偏早	《岱海考古（一）》——老虎山遗址发掘报告集，内蒙古文物考古研究所编，科学出版社，2000年
凉城县	老虎山	T604③:1	遗址Ⅵ区文化层	龙山时代早晚期之交偏早	《岱海考古（一）》——老虎山遗址发掘报告集，内蒙古文物考古研究所编，科学出版社，2000年
凉城县	西白玉	H3:1	遗址中灰坑	龙山时代前期前段	《岱海考古（一）》——老虎山遗址发掘报告集，内蒙古文物考古研究所编，科学出版社，2000年
凉城县	西白玉	H3:3	遗址中灰坑	龙山时代前期前段	《岱海考古（一）》——老虎山遗址发掘报告集，内蒙古文物考古研究所编，科学出版社，2000年
神木县	寨峁	CT1804②:4	遗址文化层	龙山时代晚期晚段	《陕西神木县寨峁遗址发掘简报》，陕西省考古研究所，《考古与文物》，2002年3期。
忻州市	尹村	T123①:4	遗址文化层	夏代晚期	《山西忻州尹村遗址发掘简报》，山西省考古研究所、北京大学考古文博学院，待刊。
襄汾县	陶寺	H340:51	遗址中灰坑	陶寺文化早期	《陶寺遗址出土的龙山时代乐器》，中国社会科学院考古研究所山西队、山西省临汾行署文化局、中国艺术研究院音乐研究所调查组，《襄汾陶寺遗址研究》，科学出版社，2007年
襄汾县	陶寺	J301:4	遗址Ⅲ区中水井	陶寺文化早期	《陶寺遗址出土的龙山时代乐器》，中国社会科学院考古研究所山西队、山西省临汾行署文化局、中国艺术研究院音乐研究所调查组，《襄汾陶寺遗址研究》，科学出版社，2007年
襄汾县	陶寺	T393④b:3	遗址文化层	陶寺文化早期	《陶寺遗址出土的龙山时代乐器》，中国社会科学院考古研究所山西队、山西省临汾行署文化局、中国艺术研究院音乐研究所调查组，《襄汾陶寺遗址研究》，科学出版社，2007年

续表

县名	遗址名	单位	遗存性质	年代	出处
襄汾县	陶寺	H419:5	遗址中灰坑	陶寺文化中期	《陶寺遗址出土的龙山时代乐器》，中国社会科学院考古研究所山西队、山西省临汾行署文化局、中国艺术研究院音乐研究所调查组，《襄汾陶寺遗址研究》，科学出版社，2007 年
襄汾县	陶寺	T403④c:48	遗址文化层	陶寺文化晚期	《陶寺遗址出土的龙山时代乐器》，中国社会科学院考古研究所山西队、山西省临汾行署文化局、中国艺术研究院音乐研究所调查组，《襄汾陶寺遗址研究》，科学出版社，2007 年
襄汾县	陶寺	Ⅳ06 采集	居住址	不明	《陶寺遗址出土的龙山时代乐器》，中国社会科学院考古研究所山西队、山西省临汾行署文化局、中国艺术研究院音乐研究所调查组，《襄汾陶寺遗址研究》，科学出版社，2007 年

从目前发现的陶铃来看，依据顶部的形状基本上可以分为 A、B、C、D 四个类型。

A 型　8 件，顶部为尖椭圆形。标本 F3028:1，泥质灰陶，夹极少细砂。已残，厚胎。顶部为尖椭圆形，中部残留一个竖穿小圆孔，两壁上部残留两个横穿小圆孔。高 4.8 厘米（图一，1）。标本 T105②:15，夹少量砂，褐色，外表偏黑。残，厚胎。顶部应略为尖椭圆形，中部有两个竖穿小圆孔。外表抹压略光，内壁粗捏。残高 1.7 厘米（图一，7）。标本 T104②:5，夹少量细砂，褐色。残，厚胎。顶部应为尖椭圆形，中部残留有一个竖穿小圆孔，两壁上部残留两个横穿小圆孔。外表略压光，内壁粗捏。高 5.1 厘米（图一，6）。标本 T210④:2，泥质灰陶，为不均匀浅灰褐色。残，厚胎。顶部为尖椭圆形，中部残留一大两小三个竖穿圆孔。顶残宽 5、高 4.7 厘米（图一，9）。标本 H3:3，泥质灰陶。残，厚胎。顶部、底面都为尖椭圆形。顶部周围起边棱，中部戳制竖穿孔。粗捏而成，外壁施有横、竖、斜向的划纹组成的方格纹和菱形纹。顶残长 2.6、顶残宽 3.6、高 5.1 厘米（图一，3）。标本 CT1804②:4，泥质灰陶。完整。体呈扁椭圆形，顶部有双孔。表面经磨光，饰三角纹。口长 8.6、口宽 3.2、顶长 7.4、顶宽 1.4、高 8.8 厘米（图一，1）。标本ⅢH340:51，泥质陶，器表黑色，胎红褐色，手制。平顶，顶部俯视呈梭形，顺长轴穿有椭圆形透孔一对。铃壁较直，已残。顶长径 10.1、短径 4.2、顶厚 1.1、残高 2.2 厘米。标本ⅣH419:5，泥质陶，器表灰色，胎褐色，手制。横截面呈梭形，凹顶。仅存残半，短径 2.7、残长 4、残高 2.5 厘米，顶上方可能有竖向圆孔 5 个，顶上方两侧弧壁上有对称的圆孔两组 4 个。

B 型　3 件，顶部为椭圆形。标本 H3∶1，夹砂褐陶，陶色不均匀。完整，厚胎。顶面、底面为椭圆形，顶部周围起边棱；中部戳制两个穿孔，边棱上也有圆形穿孔。粗捏而成，表面不平整。顶长 8.5、顶宽 3.9、口长 9.4、口宽 4.3、高 6.5 厘米（图一，2）。标本 T203②∶5，泥质灰陶。残，厚胎。顶部为不规则椭圆形，中部戳制两个竖向穿孔。外表略压光，内壁粗捏。顶长 6.5、顶宽 4、残高 1.7 厘米（图一，8）。标本ⅣT403∶4C∶48，泥质灰陶，手制。平顶，俯视呈不规则椭圆形，顺长轴穿有竖向透孔一对，周壁外撇。顶部长径 4.9、短径 3.4、底口长径 6.7、通高 3.5 厘米。

C 型　1 件，顶部为长方形。标本 T604③∶1，夹细砂褐色陶。下部残，厚胎。顶部为长方形，四周起棱，中部戳制两个穿孔，外表捏抹。顶长 5.1、顶宽 3.8、残高 2.5 厘米（图一，10）

D 型　3 件，顶部为菱形。标本 T123①∶4，泥质灰褐陶。残，厚胎。顶部为菱形，不起棱，中部由外向内戳制一圆孔，略饰磨光。口残长 7、高 3.6 厘米（图一，4）。标本Ⅳ06，泥质灰陶，手制。平顶，顶部平面呈菱形，顺长对角线穿有长孔一对。铃壁中部微外弧，近口处稍内敛，铃腔下部横截面近梭形下口平齐。铃周壁表面饰并列的横向划纹五道和斜向弧线划纹若干道。残存大半，下口长径 9.9、短径 3.8、通高 5.4 厘米。标本 J301∶4，泥质陶，呈深褐色，手制。器型小巧，横截面呈菱形，凹顶。顶壁顺长对角线有竖向 2 孔，顶以上四壁对称部位各有一横向孔。上、下口大小相若，通高 2.6 厘米。

E 型　1 件，顶部似马蹄形。标本ⅢT393∶4B∶3，泥质陶，器表黑色，胎红褐色，手制。一侧为直壁，余为弧壁，凹顶。残半。近直壁一侧顶壁原应有竖向孔 2 个；顶壁以上弧壁的两端应有对称的横向孔 2 个。器表磨光，近口处有细弦纹十数周。最大宽度 5.5、通高 5.5 厘米。

陶铃以 A 型发现的最多，B、D 型次之，C 型、E 型最少。A 型陶铃中除边棱上有横向圆穿孔之外，多是一个或两个穿孔；有的如标本 T210④∶2，中部残留 3 个穿孔、标本ⅣH419∶5，顶上方可能有竖向圆孔 5 个，显得十分特别，穿孔的多少除了有时代特征之外，可能与系挂的方法有关。这一类型的陶铃以素面为主，略施磨光；个别陶铃上有刻画三角纹出现，如 CT1804②∶4，应是时代较晚表现出来的特征。

目前报道的陶靴形器有五批材料，分别为山西五台县阳白遗址、内蒙古朱开沟遗址、内蒙古老虎山遗址、神木新华及山西忻州尹村遗址等，共 6 件（表二）。

靴形陶器发现较少，除五台县阳白遗址所出较为形象之外，余较为抽象。尹村的靴形器确切地说更像鸟足，它是更加抽象化的表现方法还是在内涵上有区别目前我们不得而知。我们在这里不做分型研究，只是略加叙述如下：

标本（老）T210④∶1，泥质灰陶，残。周围抹压，略压出脚趾，底部平整压光。长 3.9、残高 4.5 厘米（图三，3）。

表二　黄河前套地区发现陶靴形器地点一览表

县名	遗址名	单位	遗存性质	尺寸（厘米）	年代	出处
凉城县	老虎山Ⅱ区	T210④:1	文化层	长3.9、残高4.5	龙山时代前后期之交偏早	《岱海考古（一）》——老虎山遗址发掘报告集，内蒙古文物考古研究所编，科学出版社，2000年
凉城县	老虎山Ⅵ区	Y3:1	窑址	长2、残高4.4	龙山时代前后期之交偏晚	《岱海考古（一）》——老虎山遗址发掘报告集，内蒙古文物考古研究所编，科学出版社，2000年
五台县	阳白	H112:2	灰坑	长2、残高3.3	相当于龙山时代晚期	《山西五台县阳白遗址发掘简报》，山西大学历史系考古专业、忻州地区文管处、五台县博物馆，《考古》1997年第4期
伊金霍洛旗	朱开沟	T210④:1	文化层	长4.2、残高5.2	龙山晚期偏晚或进入夏纪年	《朱开沟——青铜时代早期遗址发掘报告》，内蒙古自治区文物考古研究所、鄂尔多斯博物馆，文物出版社，2000年
神木	新华	99ⅡT0314:2	文化层	残长9、直径2.8	龙山时代晚期	《神木新华》，陕西省考古研究所、榆林市文物保护研究所，科学出版社，2005年
忻州	尹村	T122④:27	文化层	残高7.2	夏代	《山西忻州尹村遗址发掘简报》，山西省考古研究所、北京大学考古文博学院，待刊

标本Y3:1，夹较粗砂粒，黑皮褐胎。小腿部甚粗，圆形；脚掌很短，压捏出三个脚趾。残高4厘米（图三，7）。

标本H112:2，泥质灰陶，上部残。略显粗肥。长2、高3.3厘米（图三，4）。

标本（朱）T210④:1，陶质、陶色不明。用陶土捏塑烧制而成，似靴形。长4.2、高5.2厘米（图三，5）。

标本99ⅡT0314:2，泥质灰陶，靴形。残长9、直径2.8厘米（图三，1）。

标本T122④:27，泥质，外灰黑，内红褐，外表研光，已残。鸟足状，足中部有凸结，底部磨损明显。残高7.2厘米（图三，6）。

陶靴形器的出现频率不高，基本形态是模仿人足或靴子的形状，这种特殊的器物在以往考古发掘中基本上不被人关注。近些年由于考古报告编写得比较细致，得以看到其庐山真面目。加之，对古人原始意识形态的研究广泛深入，诸如：半坡人面纹、鱼纹底含义？庙底沟类型底花卉纹样（西阴纹）的解释（王仁湘：《彩陶“西阴纹”细说》，《纪念西阴遗址发掘八十周年学术研讨会论文集》，山西省考古研究所，待刊）以及红山文化孕妇塑像等，研究成果，不一而足。

但令人费解的是，在黄河前套地区发现这种陶靴形器的遗址中还伴随有陶铃出现；这种现象是考古发掘的偶然所获，还是它们之间有着某些必然的联系呢？沿着这一思路我将含陶铃、陶靴形器共出的遗存进行了简单的统计，有以下三组。

第一组老虎山遗址Ⅱ区陶靴形器（T210④：1）、陶铃（T210④：2）；

第二组老虎山遗址Ⅵ区陶靴形器（Y3：1）、陶铃（T604③：1）；

第三组尹村遗址陶靴形器（T122④：27）、陶铃（T123①：4）；

这三组器物的时代分别为：龙山时代前后期之交偏早、龙山时代前后期之交偏晚和夏代晚期；涵盖了整个龙山时代晚期和夏代。老虎山遗址群的研究确认：“园子沟、老虎山、西白玉等岱海地区的龙山文化遗存可命名为老虎山文化；但老虎山文化并不限于岱海地区，它的分布区域应当包括鄂尔多斯黄河两岸地区在内的内蒙古中南部、晋西北、陕北及冀西北等地。”从小区域之间比较研究发现这一地区还存在着地方性的差异：（1）龙山早期石城类聚落在晋、陕、蒙三地均有发现，以内蒙古老虎山类型最多；山西保德县林遮峪遗址、陕西神木县的寨峁遗址只是在结构上与老虎山类型存在着一些差异；（2）窑洞式建筑是共同的文化特征，山西保德林遮峪遗址中发现的窑洞式建筑明显晚于老虎山类型；陕北地区只是缺乏典型的窑洞式房址，可能存在工作空白地段有关；（3）素面夹砂罐、鋬手鬲、蛇纹鬲、斝、瓮、盉、甗、盆等日用器物及其组合的变化。目前老虎山文化可以分为老虎山类型、寨峁类型和山西地区颇有影响力的杏花类型，所发现的陶铃、陶靴形器也正好处于这三种类型当中。所以我认为晋、陕两地的陶铃、陶靴形器在老虎山文化的直接或间接影响之下出现的，是老虎山文化影响力的最好反映。

二、铜铃、带铃铜器、铜靴形器与陶铃、陶靴形器之间的文化渊源

20 世纪二三十年代至今，在山西、陕西、内蒙古交界地带陆续发现了数量十分可观的青铜器。由于这些铜器均未进行过科学考古发掘，为这些铜器的科学研究带来了不少的困难。自这批铜器出现，就有大量考古学者进行过深入的探讨，取得不小的成果。其中以林沄、邹衡、李伯谦、戴应新、吕智荣、李海荣等最为突出。这几年又有新观点出现，以俄国学者瓦廖洛夫、沃浩伟等为代表，他们将这批铜器分成两个器物群，分别以最先发现、器物集中且富有代表性的山西省石楼县、山西省保德县将其命名为“石楼类型”和“保德类型”。最近吉林大学的蒋刚、杨建华同志发表专论，再次重申俄国

学者的观点，并将其进行了更加深入的研究。我在这里仅将保德类型中的铜铃、带铃铜器、铜靴形器做专门收集统计，力求全面揭示其文化内涵（表三）。

表三　黄河前套地区及其他地区出土铜铃、带铃铜器、靴形铜器地点一览表

县名	地名	铜铃、带铃铜器、铜靴形器	遗存性质	时代	出处
吉县	上东村	铃首剑 1	墓葬	商代晚期—西周早期	《山西吉县出土商代青铜器》，吉县文物工作站，《考古》1985 年第 9 期
石楼县	曹家垣村	铃首剑 1、铎形器 1（图二，1、11）	墓葬	商代晚期—西周早期	《山西石楼褚家峪、曹家垣发现商代铜器》，山西吕梁地区文物工作室，《文物》，1981 年第 8 期
石楼县	桃花者（1959）	带铃觚 1	墓葬	晚商早期	《山西吕梁县石楼镇有发现铜器》，谢青山、杨绍舜，《文物》1960 年第 7 期
柳林县	高红	铃首剑 1、铜铃 1、铜靴形器（图一，15）	墓葬	商代晚期—西周早期	《山西柳林县高红发现商代铜器》，杨绍舜，《考古》1981 年第 3 期
保德县	林遮峪（1971）	铃豆 2、铃首剑 1、双铃球 2、单铃球 2、车铃 1、马铃 1	墓葬	殷墟晚期	《保德县新发现的殷代青铜器》，吴振录，《文物》1972 年第 4 期
襄汾县	陶寺	铜铃 1	M3296	前 2085 年左右	《山西襄汾陶寺遗址首次发现铜器》，中国社会科学院考古研究所山西工作队、临汾地区文化局，《襄汾陶寺遗址研究》，解希恭主编，科学出版社，2007 年
偃师	二里头	铜铃 1	M57∶3	二里头文化	《1987 年偃师二里头遗址墓葬发掘简报》，中国社会科学院考古研究所二里头工作队，《考古》1992 年第 4 期
偃师	二里头	铜铃 1	81YLVM4	二里头文化	《1981 年偃师二里头墓葬发掘简报》，中国社会科学院考古研究所二里头工作队，《考古》1984 年第 1 期
扶风	庄白	编铃 7		西周中期	《陕西青铜器》，李西興主编，陕西美术出版社，1994 年
宝鸡	茹家庄	饕餮纹铃 1	M1 乙∶31	西周中期	《陕西出土商周青铜器》（四），陕西省考古研究所、陕西省文物管理委员会、陕西省博物馆，文物出版社，1984 年

续表

县名	地名	铜铃、带铃铜器、铜靴形器	遗存性质	时代	出处
延安	去头村	铃首剑 1（图二，6）			《陕西出土商周青铜器》（一），陕西省考古研究所、陕西省文物管理委员会、陕西省博物馆，文物出版社，1979 年
清涧	小窑坡	铃首匕 1（图二，5）			出处不明。
青龙	抄道沟	铃首曲背弯刀 1			《河北青龙抄道沟发现一批青铜》，《考古》1962 年第 12 期
昌平	白浮	铃首剑 1	墓葬	西周	《北京地区有一重要考古收获》，北京市文物管理处，《考古》1976 年第 4 期
伊金霍洛旗		曲柄铃首短剑		东周	《鄂尔多斯式青铜器》，内蒙古自治区文物工作队，田广金、郭素新，文物出版社，1986 年
下辽河法库	弯柳	铃首刀（图二，7）		东周?	《辽河流域“北方式青铜器”的发现与研究》，郭大顺，《中国古代民族考古学文化国际学术研讨会文集》，1992，呼和浩特

表三需要说明的是：（1）陶寺的铜铃与二里头的铜铃无论在形制还是在渊源上都不同（图一，12、13）。陶寺铜铃来自老虎山文化，不但数量多，而且形制多样，引人注意。这一点高炜、吴钊先生已有专论，令人遗憾的是他们没有指出陶寺铜铃的来源，认为“二者在铸造工艺和形制上的差异，是铜铃先后发展的两个阶段。”认为二里头铜铃与陶寺铜铃之间存在渊源关系（解希恭主编：《陶寺遗址出土的龙山时代乐器》，《襄汾陶寺遗址研究》，科学出版社，2007 年）；对于二里头的铜铃的源头我认为应该南方地区包括长江、黄淮、汉江流域去寻找。商周时期流行的无扉棱的铜铃是陶寺铜铃的直接继承者，二里头的铜铃至今没有见到其直系后裔。（2）还有两组器物值得特别关注：第一是柳林高红组，第二是保德林遮峪组。

高红墓葬发现时间是 1980 年；1982～1983 年吉林大学考古系与山西省考古研究所合作对三川河下游的高红（辿）墓地附近区域进行专门调查，发现了高红遗址著名的 H1 遗存，从而使高红墓葬铜器有了归属（图一，15）（晋中考古队：《山西娄烦、离石、柳林三县考古调查》，《文物》1989 年第 4 期）。2004 年，为配合国家文物局主持的《一万年以来河套地区文化、生业和环境研究》的课题，山西省考古研究所再次对三川河下游进行区域考古调查，在高红遗址 H1 所在的垣峁顶部一个叫柿枣垣的台地上发现了数量较大的夯土台基遗址。它的发现为高红商代墓葬的讨论、研究找到了确实无误的证据。高红遗址的夯土基址规模大、使用时间长且发现有一大批的陶器可供研究，它应是“保德类型”青铜器遗存的中心聚落（马昇、王京燕：《对柳林高红商代夯土基址的基点认识》，《中国文物报》2007 年 1 月 12 日；王京燕、高继平：《山西柳林高红商代夯土基址发掘取得重要收获》，《中国文物报》2007 年 1 月 5 日）。

林遮峪墓葬发现于 1971 年 11 月，出土器物除了鼎 2、瓿 2、提梁卣 1、斧 2 之外，还有铃豆 2、铃首剑 1、车铃、马铃、单球铃、双球铃等食器、车马器多种（图一，14；图二，2～4、9）。发掘者吴振禄先生注意到“在出土的十三件器物中，除两件车铃、马铃外，还有九件器物内部装有铜丸，尤似铃铛。”这是林遮峪墓葬最显著的特点（吴振录：《保德县新发现的殷代青铜器》，《文物》1972 年第 4 期）。2005 年，山西省考古研究所对林遮峪遗址进行了小范围试掘，力求找到与这批铜器相关的遗址。虽然没有发现商代遗迹，但是却意外发现一座龙山时代早期城址和为数不多的夏时期遗存，这为进一步寻找商代遗址提供了可靠线索。

“保德类型”中含铜铃、带铃铜器、靴形铜器的地点大多出自山西地区，一方面是否可以说“保德类型”中心聚落始终没有越过黄河以西地区进入今天的陕北、内蒙古中南部的鄂尔多斯地区？以铃首类（刀剑）、管銎类（斧钺）、长叶矛、靴形铜器、铜铃、带铃觚、铎形器、铃形饰等为主的铜器遗存颇具特色；这些铜器种类繁多，来源复杂；但铃形。装饰是其主要特征。处于这一目的考虑，老虎山文化（晚期）中共出陶铃、陶靴形器的遗址也正好在这一范围之内，它们之间有无必然联系呢？从龙山晚期到商代晚期近 800 年时间，各种文化在这一地区粉墨登场，在此，我认为有必要展开加以说明。

首先是内蒙古地区的老虎山文化晚期遗存。老虎山文化早期遗存中出现的陶铃，到了晚期已扩展到了寨峁、朱开沟等地。目前，对老虎山文化晚期遗存的内涵还存在分歧（魏坚：《试论永兴店文化》，《文物》2000 年第 9 期），主要是围绕着阿善文化是否为永兴店类型的源头；老虎山文化与岱海地区的仰韶晚期庙子沟文化的关系；山西地区的杏花文化（类型）对老虎山文化（晚期）、永兴店类型的影响或者说殖民等问题展开的讨论。张忠培先生在这一问题研究中无疑是领军人物，他认为：“永兴店为代表的文化，不是由阿善文化发展起来的文化，它以正装鋬手陶鬲为特征，文化面貌、特征基本上同于忻州游邀遗址龙山时代的晚期遗存……永兴店为代表的文化当是杏花文化居民殖民于晋北和内蒙古南流黄河东侧地区及鄂尔多斯，以及南流黄河南端西侧地区所创造的文化。”（张忠培：《杏花文化的侧装双鋬手陶鬲》，《故宫博物院院刊》，2006 年第 4 期）老虎山文化中特有的陶铃、陶靴形器在与杏花文化的交流不但保持下来，而且还积极向外传播，柳林高红的铜靴、铜铃等应是其孑遗。

其次是山西地区的杏花文化和光社文化。分布于黄河东岸及附近地区的杏花文化已侧装双鋬手陶鬲为其标志物，这种陶鬲自成谱系，渊源有自，涵盖了受陶斝影响产生

“斝式鬲”到弧裆鬲—平裆鬲—尖裆鬲发展的全过程。它是区别于老虎山文化的一支重要遗存。杏花文化对外扩张的同时在山西地区也积极传播火种，龙山时代晚期至夏代山西地区忻州游邀早期遗存、忻州尹村遗存虽在时代、内涵上稍有差别，但其性质应是杏花文化的直接继承者当无疑问。晋中地区（太原盆地、忻定盆地）夏时期考古学文化面貌除杏花文化之外，还有光社文化（有的学者将其命名为东太堡文化见宋建忠：《晋中地区夏时期考古遗存研究》，《山西省考古学会论文集》（二），山西人民出版社，1994 年）。这两种文化之间区别较大，光社文化早期的鬲、罐等器物为东下冯四期，晚期已进入商代。杏花文化晚期和光社文化与其他文化交流频繁，有的是双向进行的。忻定盆地西侧尹村遗址夏代晚期发现数量可观的蛇纹鬲；晋中地区汾河以西太原盆地以南部分地区发现的夏代晚期遗存中在领部置双鋬手高领陶鬲，估计是通过晋西北山地的远古通道分别与内蒙古的朱开沟文化和陕北的新华晚期进行的（许伟：《晋中地区西周以前古遗存的编年与谱系》，《文物》1989 年第 4 期）。

再次是黄河西岸的陕北地区。神木寨峁遗址和神木新华遗址是龙山时代至夏代最重要的发现。孙周勇同志将这一区域的考古学文化命名为“新华文化”，并且分为早晚两段；早段包括永兴店期和白草塔期，晚段有寨峁二期、朱开沟期、新华晚段；其文化范围包括陕北、内蒙古中南部和山西西北部等（孙周勇：《新华文化述论》，《考古与文物》2005 年第 3 期），对于这种观点学术界表现比较平静。目前来看新华文化中肥腿鬲（D 型双鋬陶鬲）明显是受山西陶寺类型的影响出现的，它为陶寺文化的去向提供线索。在新华遗存中至今没有蛇纹陶器报道，证明新华晚期与朱开沟还是有着明显的区别。神木新华报告的整理者认为：“在陕北地区与新华遗存关系最为密切的是本地区的大口文化早期神木寨峁遗存，新华遗存中的矮领鬲、斝、敛口罐、三足瓮等主要器物从形制上看与寨峁的同类器有渊源关系。”（陕西省考古研究所、榆林市文物保护研究所：《神木新华》，科学出版社，2005 年）。对于新华遗存是否可称为文化，是否可以涵盖内蒙古中南部、山西西北部龙山晚期至夏代考古学遗存，从现在来看匆忙下结论观点上不成熟，材料上也不统一；姑且将分属三省的这一时期的考古学文化称为“老虎山文化”、“寨峁文化”和“杏花文化”可能更为中允。尽管这样，它并不会影响我们上述问题的讨论。靴形陶器在这一地区出现应该不突然，是文化交流的产物。新华靴形器应该来自寨峁文化或更远的老虎山文化，尹村陶铃、靴形器来自晋西北或更远的鄂尔多斯地区老虎山文化，它们都是一个文化的地方变种，是各有渊源的。

三、“保德类型”中铃形铜器、铜铃、铜靴形器与“沚方”、“土方”

“沚”在《诗经·秦风·蒹葭》中有证，是指水中的小洲。“石楼类型”、“保德类型”遗址所在的地形确实是三面环水的马鞍状地貌，这是远古留下的信息，还是一种巧合呢？我们不得而知；韩嘉谷先生认为“沚方”是“土方”的一个子方国，是“土方”衍生出来的支族（韩嘉谷：《土方历史的考古学探索》，内蒙古文物考古文集（二），中国大百科全书出版社，1997 年），这一观点得到了古文字演变规律的验证，我认为是可取的。是否可以这样理解：“沚方”、“土方”都是生活在水边高地上的部族，过着亦农亦牧的生活。“土方”这个部族崇尚武力，铃形武器、靴形铜器是其生活中的必需；“沚方”更注重发展生产，手工业更发达一些。所以，我将“土方”、“沚方”一并记述如下：

“沚方”、“土方”目前所见的材料还是以甲骨文卜辞为最多。在甲骨文中有“沚方”、“沚国”、“在沚”、“令沚”、“沚不受年”、“王比伐土方”等辞例。“沚国”受商王册封为伯，是商王的与国。目前对于“沚方”、“土方”的地望许多学者做过推测，如王国维、郭沫若（“认为土方在山西北部或包头附近”。郭沫若：《土方考》，《甲骨文字研究》，人民出版社，1952 年）、丁山、容庚、张政烺、邹衡（认为土方在今天山西省石楼县，考古学文化属于光社文化。邹衡：《夏商周考古学论文集》，文物出版社，1980 年）、张长寿、李伯谦（认为土方居地或当为商都之北太行山北段左近求之。李伯谦：《从灵石旌介商墓的发现看晋陕高原青铜文化的归属》，《北京大学学报》1988 年第 2 期）等；主要是围绕这石楼、保德、清涧这一批青铜器展开的，他们的观点不统一，可谓见仁见智，所发表的文章蔚为壮观。蒋刚、杨建华将这批青铜器分开来研究现在看是十分科学、明智的选择。原因可能有以下两点：第一，这一批铜器虽然共出，但可以分为含铃形器和不含铃形器的两组遗存。第二，这一批铜器以征集品为最多，大多只是有出土地点，而无伴出的陶器，无疑给研究者带来了不小的困难；只有根据含中原礼器成分的铜器利用中原礼器的分期研究成果加以对比研究。文中将原本称为“李家崖文化”的某些铜器遗存归纳为“石楼类型”，并且参照了林沄、王立新、吕智荣的观点，将其确定为鬼方遗存（还有吕智荣：《朱开沟古文化遗存与李家崖文化》，《考古与文物》1991 年第 6 期；林沄：《中国北方长城地带游牧文化带的形成》，《燕京学报》新十四期，北京大学出版社，2003 年；王立新：《试论长城地带中段青铜文化的发展》，《庆祝张忠培先生七十岁论文集》，科学出版社，2004 年），我个人认为还需要再斟酌。原因有：第一，鬼方是时期武丁时期的大敌，商王曾大力征伐鬼方，鬼方是否就在距安阳不远的太岳山之中？并且，鬼方经过商王武丁的大力征伐，殷墟早期鬼方文化已衰败，这与“石楼类型”在殷墟晚期被迫南下西撤在时间上有冲突。第二，山西绛县横水发现的倗国墓地某些资料表明：倗国墓地上限在西周中期，下限为春秋早期；这个倗国很可能是西周早期晋国始封时期的怀宗九姓之一。大家都知道，“怀宗”就是“鬼宗”，倗国可能是鬼姓之一。要是这种假设成立的话，鬼姓之族在西周早中期已经占据太岳山附近。综合上述两点我认为鬼方在山西南部太岳山中的可能性比较大。对“保德类型”作者没有做出判断，只是探讨了保德类型和石楼类型及欧亚大草原青铜文化的关系；认为“大概在晚商早期‘石楼类型’铜器兴起于整个山西西北偏北地区并逐渐向南发展，在‘保德类型’武力向南扩张的压力下，黄河以东的‘石楼类型’开始南退，最后不得不进一步向西退缩到了南流黄河以西地区。‘保德类型’铜器凭借其强大的武力顺南流黄河以东地区向南扩张，最后甚至还将势力扩张到黄河以西的延川一带。”山西吉县上东村、延安地区去头村、清涧县小窑坡出土的铃首剑是支持此观点最有力的证据。

我大胆地将“石楼类型”和“沚方”联系起来，一方面是目前发现的“石楼类型”青铜器中有铭文铜器比较多，如：石楼褚家峪出土的铜戈，内上有一只鸟，鸟头上有二爪，鸟身下一爪，正是“沚方”的遗存，这一观点可参看韩嘉谷先生的论文《土方历史的考古学探索》（韩嘉谷：《土方历史的考古学探索》，《内蒙古文物考古文集（二）》，中国大百科全书出版社，1997 年）；另一方面是甲骨文中关于“沚方”的线索很多，“沚方”和“土方”有长期战争，商王还参加伐“土方”的战役。“沚方”在西，“土方”在东，二者在地理上相毗邻。“石楼类型”青铜器其中有很多与中原殷墟时期器型类似；而“保德类型”中地方因素十分明显，这是否表示“石楼类型”即是“沚方”遗存；“保德类型”即是“土方”遗存呢？最后，灵石旌介大墓目前学术界认为应是丙国的遗存，灵石旌介报告的编者也持同样的观点（海金乐、韩炳华：《山西灵石旌介墓地》，科学出版社，2006 年）。丙国在殷墟卜辞中有“土伯”之称；出土的铜器也有明显的殷墟特征，应是土方集团中的一部分在武丁时期不断征伐中臣服于商并接受商王册封的结果。这种现象颇似汉代征匈奴之后与南匈奴臣服于大汉并且被册封为“单于”的事实。

四、余　论

中原地区的马车开始流行之后，铜铃被广泛用于车上，包括銮铃、马铃、车铃等。“土方”带铃形铜器、靴形铜器的考古学遗存在西周以后再也没有见到；带铃铜器、铜靴形器便退出了历史舞台。此后，车铃、马铃等却大肆流行起来，相关资料可参看田广金、郭素新的《鄂尔多斯式青铜器》，此不赘述。唯一可以再提的是“铜革是宫”这个名字的由来，它的字面意思便是“铜靴”，是否与“铜靴形器”有联系，还是等有识之士来解答吧。

后记：在论文修改的过程中，又发现一批带铃铜器，主要有陕西宝鸡強国墓地有三件带铃簋、辽宁义县花儿楼窖藏、河南安阳及上海博物馆馆藏的“鄂叔簋”均是这类器物，我想还会有很多未见到的材料，鉴于目前资料的问题，留作今后专门讨论为妥。

关于中国早期石磬的几个问题

郭　明

（北京大学考古文博学院）

石磬在周代，特别是西周中期以来，是礼乐制度的重要组成部分。然而它的发生、发展如何，何时具有礼器性质，夏商周三代又有无区别等，以往都缺少研究。本文拟在全面梳理周代以前石磬的基础上，就这些问题予以探讨。认识是初步的，结论也有待今后更多的考古新材料验证和补充。

迄今发现的石磬，以新石器时代为最早。本文所谓早期石磬，指西周以前的石磬，上起新石器时代，下迄商代。

一、早期石磬的特点

1. 新石器时代石磬的特点

迄今已发现的新石器时代石磬见于山西、河南、甘肃和青海数省，有十余件，其中以山西最多。这些石磬形制差异较大，大致可分为四型。

A 型　体较长，略呈不规则的长方形，各个折角处较圆，磬体的一端略呈锐角，而另一端略凸，尚无股、鼓的分化；倨孔在上端一侧。如襄汾陶寺 M3015：17 号石磬①（图一，1）便属此型。襄汾大崮堆山石器制造场遗址采集的一件石磬坯 A②（图一，3）亦属此型。襄汾大崮堆山遗址是一处从旧石器时代到新时期时代的石器制造场，此遗址采集的这件石磬坯的年代应当是比较早的，由此推测，A 型石磬的年代可能较早。

B 型　体较长，接近长条形，但一端长而较直，另一端较短并向下折。B 型石磬可分为二式。

BⅠ式　形制不甚规范，短的一端长度较小，与长的一端的比例差异很大。如襄汾

---

① 中国社会科学院考古研究所山西工作队、临汾地区文化局：《1978～1980 年山西襄汾陶寺墓地发掘简报》，《考古》1983 年第 1 期。

② 项阳、陶正刚：《中国音乐文物大系·山西卷》，大象出版社，2000 年。

大崮堆山遗址采集的另一件石磬坯 B①（图一，2）以黑色角页岩巨大石片两面通体剥片修制而成。山西闻喜县西官庄乡南宋村出土石磬②（图一，4）外形近似长条形，而略带弧线。

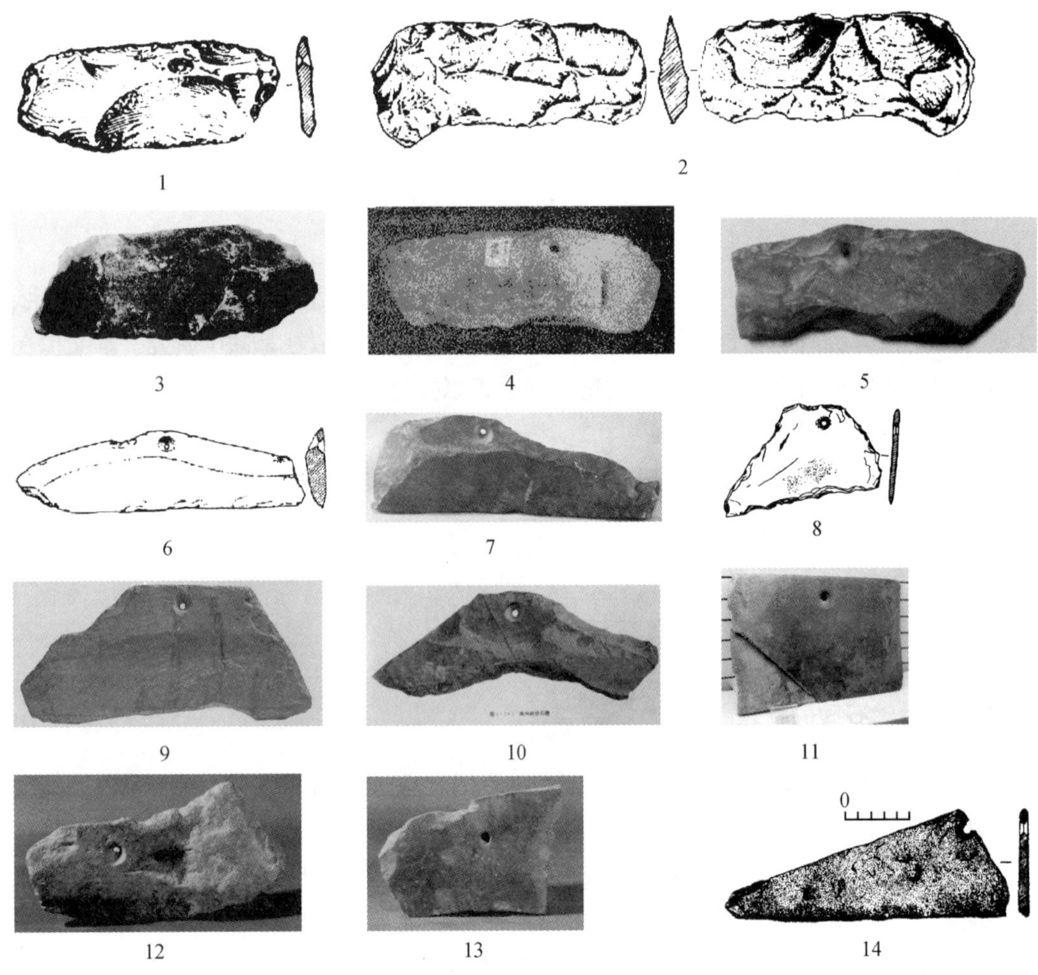

图一　新石器时代石磬

1. A 型，襄汾陶寺 M3015∶17 号石磬　2. BⅠ式，襄汾大崮堆山遗址采集石磬坯 B　3. A 型，襄汾大崮堆山遗址采集石磬坯 A　4. BⅠ式，闻喜西官庄乡南宋村石磬　5. BⅡ式，中阳罗谷沟石磬　6. C 型，大同市博物馆藏石磬　7. D 型，襄汾陶寺 M3002∶6 号石磬　8. D 型，五台阳白石磬　9. D 型，兰州马家坬齐家文化石磬　10. E 型，河南禹县阎砦石磬　11. F 型，青海博物馆藏石磬　12. 襄汾陶寺 M3016∶39 石磬　13. 襄汾陶寺 M3072∶10 石磬　14. 青海柳湾 M1103∶35 号石磬

① 陶富海：《山西襄汾大崮堆山发现新石器时代石磬坯》，《考古》1988 年第 12 期；陶富海：《山西襄汾大崮堆山史前石器制造场新材料及其再研究》，《考古》1991 年第 1 期。

② 李裕群、韩梦如：《山西闻喜县发现龙山时期大石磬》，《考古与文物》1986 年第 2 期。

BⅡ式　形制较BⅠ式规范，长、短两端的长度比差异减小。如山西中阳罗谷沟村出土的石磬①（图一，5），体略呈扁长的六边形，亦是一端较长，另一端略短。从形制上来看，中阳罗谷沟石磬与BⅠ式的襄汾陶寺大崮堆山遗址石磬坯和闻喜南宋村石磬的形制比较接近；但前者的制作更显规范，两端比例更加协调。

C型　磬体略呈五边形，折顶，底边近平。如山西大同市博物馆藏石磬②（图一，6），折顶，底缘近平，偏顶端有一悬孔。

D型　大致呈五边形，上、下边均较直，略平行；两斜边一边较长，一边较短。如襄汾陶寺M3002∶6号石磬③（图一，7），体较长，已有股、鼓的分化，顶近平，较窄，底边甚长。山西五台阳白石磬④（图一，8）与M3002∶6形制较相似，体亦呈五边形，有鼓、股的分化，顶端较平，上窄下宽。甘肃兰州市榆中县连搭乡马家𠙶齐家文化遗址出土石磬⑤（图一，9）也属D型，而各边均较直。

E型　略呈曲尺形，顶端略平，底边向内弧。河南禹县阎砦遗址出土的石磬⑥（图一，10）其顶端略平，两边长度接近，底边内弧。此型石磬在目前已发现的新石器时代石磬中，仅此一件。

F型　规整的长方形，四边均较直。青海博物馆藏石磬⑦（图一，11）为此型。

除上述几种形制的石磬外，尚有几件已残损的石磬。其中襄汾陶寺M3016∶39⑧（图一，12）和襄汾陶寺M3072∶10⑨（图一，13），均残，只余一端，磬体微折，一端较短，倨孔在顶端一侧。据残余部分推测，这两件石磬的形制可能与襄汾大崮堆山采集的石磬坯A较接近，为BⅠ式。青海柳湾M1103∶35号石磬⑩（图一，14），体亦残，残余部分呈锐角三角形，两边均较直。从残余部分来看，这件石磬目前尚无法归入上述六型石磬中，可能是单独一型。

这14件新石器时代的石磬，出土于襄汾陶寺遗址的有四件，年代相当，据此可知A、B、D三型在一定时间内是并存的。襄汾大崮堆山史前石器制造场遗址的年代为

① 项阳、陶正刚：《中国音乐文物大系·山西卷》，大象出版社，2000年。

② 张丽：《山西大同市博物馆收藏的一件特大石磬》，《考古》1999年第2期。

③ 高炜：《探索晋西南"夏墟"的重大考古发现》，《人民画报》1985年第3期。

④ 山西大学历史系考古专业等：《山西五台县阳白遗址发掘简报》，《考古》1997年第4期；项阳、陶正刚：《中国音乐文物大系·山西卷》，大象出版社，2000年。

⑤ 郑汝中、董玉祥：《中国音乐文物大系·甘肃卷》，大象出版社，2000年。

⑥ 匡瑜、姜涛：《禹县阎砦龙山文化遗址》，《中国考古学年鉴（1984）》，文物出版社，1984年；杨育彬：《河南考古》，中州古籍出版社，1985年。

⑦ 于青海博物馆展柜所见，照片摄于青海博物馆。

⑧ 项阳、陶正刚：《中国音乐文物大系·山西卷》，大象出版社，2000年。

⑨ 项阳、陶正刚：《中国音乐文物大系·山西卷》，大象出版社，2000年。

⑩ 青海省文物管理处考古队、中国社会科学院考古研究所：《青海柳湾》，文物出版社，1984年。

“旧石器时代晚期之末，也可能延续到新石器时代早期”①，据此推断此遗址出土和采集到的两件石磬坯的年代应当较早，即A型和BⅠ式石磬的年代相对较早。山西地区的早期石磬，体略呈长方形，无股、鼓的分化，但一端略呈锐角，一端较凸；顶端稍窄，底边较长。大同市博物馆藏石磬出自晋南②，其年代可能为龙山时代，至迟不晚于二里头文化时期。此磬虽厚薄不均，凸凹不平，但磨光度甚高，从加工方法来看，年代相对较晚。同属甘青齐家文化的三件石磬年代相差应当不远，据此推测D、F型石磬与青海柳湾M1103∶35石磬在一定时间内也是并存的。齐家文化的年代一般认为大体在前2300～1800年左右③，已进入夏时期，因此甘青地区三件石磬是比较晚的。结合后世石磬的形制推测，以山西五台阳白石磬和兰州马家疝遗址石磬为代表的，呈较规整的五边形且各边均较直的D型石磬的年代可能较晚，是相对成熟的形态。

从上述分析可见，新石器时代的石磬有如下特点，首先是形制多样化，不仅不同地域的石磬形制差异很大，即使属于同一考古学文化，同一遗址所见的石磬形态差异也非常明显。如襄汾陶寺遗址出土的四件石磬，分属A、B、D三型。目前已发现的甘青地区的三件石磬，形制各异，但较其他石磬而言，三磬的边均较直，这可能是甘青地区齐家文化的一个特点。

其次，目前出土的新石器时代石磬所采用的石质多样，差异很大。山西闻喜南宋村出土的石磬和河南禹县阎砦出土的石磬均采用青石制作，石材坚硬细腻。山西五台阳白出土的石磬，则采用浅灰色板岩制成。山西大同市博物馆藏石磬采用青灰色角岩（角页岩）制成。青海乐都柳湾M1103石磬系粉砂岩制成。甘肃兰州马家疝齐家文化遗址出土的石磬则为青灰色石片打制而成。即使是同一地区出土的石磬，其材质也迥乎不同。如襄汾陶寺遗址墓葬出土的四件石磬，石材各异，其中M3015∶17号石磬为青灰色石灰岩；M3002∶6号石磬为灰色角页岩；M3016∶39号石磬为火山角砾岩；M3072∶10号石磬为灰绿色安山岩。临近陶寺遗址的大崮堆山遗址采集的二件石磬坯，则均以角页岩制成④。

从上述分析来看，新石器时代的石磬取材多样化，不同地点出土的石磬的材质差异很大，即使是同一遗址，磬材也不相同。造成这种石材多样化的原因，是因为新时期时代的石磬尚处于初创阶段，其取材亦为因地而取。这个时期的人们尚未发现

---

① 陶富海：《山西襄汾大崮堆山史前石器制造场新材料及其再研究》，《考古》1991年第1期。

② 据报告一说在襄汾出土，一说为50年代在晋南某地收购所得，确切出土地点已无从查考。

③ 张忠培先生在《齐家文化研究》一文中对齐家文化陶器做了类型学分析，排定了陶器的年代序列，推定齐家文化一期的年代在“前三千年后半叶之前段左右”，二期的年代约在“前三千年后半叶之后段范围内”，三期开始进入了夏纪年。国内学者基本同意这一观点。张忠培：《齐家文化研究》，《考古学报》1987年第1、2期。

④ 据报告，一件以黑色角页岩巨大石片制成，另一件以角岩制成，在地质学上，角岩又称角页岩，是一种变质岩。

以何种材质制作石磬，可使音质更为清越优良，并未形成采用特殊石材来制造石磬的认知。

第三，石磬大小差别较大，但长度均在40厘米以上。目前发现的新石器时代石磬，最大一件为山西大同市博物馆所藏石磬，长138、高39、最厚处10厘米。最小的一件为山西五台阳白石磬，长41.5、高24.5厘米。其他出于山西的新石器时代石磬，闻喜南宋村石磬长83.3厘米。由此可见同是出于山西地区的石磬，长度差别较大。而同属于甘青地区齐家文化的两件石磬，长度也不相同：青海乐都柳湾M1103:35号石磬，通长42.4厘米，甘肃兰州马家屲齐家文化遗址石磬通长74厘米。可见不仅不同遗址出土的石磬，体量差异大，即使出土于同一遗址的石磬，差别也很大。如陶寺遗址出土的二件完整石磬的尺度分别是，M3015:17石磬通长79、高32厘米；M3002:6石磬通长95、通高32厘米。襄汾大崮堆山史前石器制造场遗址采集的两件石磬坯，一件通长49.8、另一件通长41.5厘米。由此可见同为陶寺遗址和陶寺大崮堆山石器制造场遗址出土的石磬及磬坯，体量差异也较大；这种体量上的差异，并非因地域和考古学文化的差异而造成的。这表明在新石器时代，石磬形制尚不成熟，对于体量与发音的关系没有形成一定的认识和要求。

第四，多数石磬仅有1个倨孔，少数有2个倨孔；倨孔绝大多数为圆形；钻孔方法以对钻为主，亦有少数单面钻。这十几件新时期时代的石磬，据已发表的材料结合线图、照片来观察，除陶寺M3015:17号石磬的倨孔呈椭圆形外，其他石磬的倨孔均为圆形。襄汾大崮堆山遗址发现的二件石磬坯，虽尚未制出倨孔，但根据其形制，参考与之相似的陶寺M3015:17、M3002:6号石磬推测，亦当仅有1个倨孔。根据已公布的新石器石磬材料，凡涉及倨孔的制作方法的，多数为两面对钻而成，故倨孔外径大，内径小。仅陶寺M3016:39号石磬的倨孔形态比较特殊，虽然2个倨孔均为两面对钻而成，但近中部一孔一面呈椭圆形，另一面则是先磨出一个梭形凹槽，然后在槽底钻孔。唯有石磬M3072:10的两个倨孔均为单面钻成，根据公布的照片观察，孔壁较直，或为管钻。五台阳白、山西闻喜南宋村石磬的悬孔上均有明显的磨损凹痕。结合后世石磬的悬置方法，可知新石器时代的石磬确以倨孔悬置。

第五，制作方法以打制为主，并施以琢、磨，磬体均不甚光滑规则。已公布的新时期时代石磬，凡介绍了制作方法的，均为打制而成。河南禹县阎砦石磬在报告中明确指出未加磨光修整。石磬表面经精细修整的不多，仅青海博物馆藏的齐家文化石磬表面较光滑。有少数石磬表面局部平整，光润，但是否经过磨制修整，公布的资料缺少这方面信息，难以肯定，但此时绝大部分石磬是打制而成的，厚薄不匀。这从另一个角度反映出此期石磬的加工方法尚比较原始。

第六，从已公布的材料来看，多数新石器时代石磬只有一个乐音，部分有两个乐音；已有固定的敲击点。前者如襄汾陶寺遗址出土的M3002:6号石磬，敲击鼓上角和鼓下角的音高相同，仅发一音；后者如陶寺其余三磬，均可发出两个同频率的音①。闻喜南宋村石磬的股、鼓也不同音。此外，陶寺 M3016∶38 号石磬的鼓部上、下两端及股部下端至今尚可见明显的击痕。五台阳白石磬也有固定的敲击点。这些明显的击痕，显然应是比较固定且频繁的敲击而形成的。由此可知，新石器时代的石磬已有相对固定的敲击点。至于音质，明显存在优劣的差异，应与石磬的材质有关，也与磬体形态不稳定有关。一件石磬有两个发音，有学者指出“由于特磬是磬类乐器的初始阶段，不规则的形制是其主要特色之一，打制的特磬表面凸凹不平，厚薄不匀。这样，当敲击不同部位是就会出现音高上的差异。”② 新石器时代的人群，显然尚未掌握石磬发音的特点和规律，尚未意志到不同石材和形态对石磬发音的影响。

第七，新时期时代的石磬，可能已有正面和背面之分。目前公布的资料中，提到石磬正面、背面之分的很少。介绍石磬资料较为详细的《中国音乐文物大系》，虽未明确说明磬是否有正、背面之分，但文中所附照片，多数正面和背面都有照片，为研究石磬的正、背面之分提供了资料。唯一明确指出有正、背面之分的是山西五台阳白石磬。该简报指出，此磬一面未见敲击痕迹，而在较平整光洁的一面有固定的敲击点。从山西五台阳白石磬的情况来看，新石器时代的石磬可能已有正面、背面之分，在使用中敲击正面以发声。

总的来看，新石器时代的石磬，尚处于石磬的初始期，虽可能已有正、背面的分别，但在取材、形制、制作方法和发音等方面远未成熟。此期的石磬不仅不同地区之间差异很大，即使属于同一考古学文化、同时期同遗址的石磬，差异也很大。受已公布材料的局限，较难准确的判断这十几件石磬的相对年代，难以梳理出新石器时代石磬发展的脉络。但山西地区的石磬形态，从陶寺 M3015∶17 号体略呈长方形，经陶寺 M3002∶6 号的不规则五边形，到山西五台阳白石磬的较规则的五边形，这样一个形制的发展序列，可能是成立的。

2. 夏时期石磬的特点

目前发现的夏时期的石磬十余件，包括偃师二里头③、夏县东下冯④、夏县西下冯⑤以及出土于辽宁、内蒙古两地的夏家店下层文化时期石磬数件。观察这些石磬，可以比较清楚地了解夏时期石磬的状况，并总结出其特点。

---

① 项阳、陶正刚：《中国音乐文物大系 · 山西卷》，大象出版社，2000 年。

② 项阳：《山西商以前及商代特磬的调查与测音分析》，《考古》2000 年第 11 期。

③ 中国社会科学院考古研究所二里头工作队：《偃师二里头遗址新发现的铜器和玉器》，《考古》1976 年第 4 期；黄翔鹏、赵世纲：《中国音乐文物大系 · 河南卷》，大象出版社，1996 年。

④ 东下冯考古队：《山西夏县东下冯遗址东区、中区发掘简报》，《考古》1980 年第 2 期；中国社会科学院考古研究所、中国历史博物馆、山西省考古研究所：《夏县东下冯》，文物出版社，1988 年。

⑤ 项阳、陶正刚：《中国音乐文物大系 · 山西卷》，大象出版社，2000 年。

已发现的夏时期石磬，半数以上有不同程度的残损，完整的有十一件。这十一件石磬形制多样，个体差别较大，大致可分为六型。

A型　体略呈长条形，分两个亚型。

Aa型　形制不甚规范，上下两边均略弧，短的一端长度较小，与长的一端的比例差异很大。如夏县西下冯石磬①（图二，1），上边稍长，下边稍短。此外襄汾张槐遗址采集的一件石磬②（图二，12），体呈长条形，一端的上下两边略弧，中部偏上有一对钻孔，通体琢磨，有打制痕，部分磨光。张槐石磬与西下冯石磬形制比较接近，而较西下冯石磬体更长，加工更加精细，股与鼓区分不甚明显。这两件石磬当同属Aa型。此型石磬与新石器时代的BⅠ式石磬较接近。而这两型石磬均在山西地区发现，它地不见，据此推测这种形制的石磬可能为山西地区特有的，从新石器时代一直延续到夏时期。

Ab型　形制亦不规范，上边近直，下边微凹。如喀喇沁大营子石磬（喀喇沁文物管理所1221号藏品）③（图二，2），表面平整，厚薄较均匀，边缘略薄。这种形制的石磬在新石器时代并未发现，可能是夏时期产生的新形制。

B型　略呈平行四边形。如喀喇沁韩家窑石磬（喀喇沁旗文化管理所412号藏品）④（图二，3），表面平整，一端稍厚，一端略薄，底边弧形且薄锐。这种形制的石磬在新石器时代并未发现，可能是夏时期出现的新形制。

C型　体呈五边形，折顶，底边较平。如喀喇沁西府石磬（喀喇沁文物管理所414号藏品）⑤（图二，4），体呈不规则五边形，略有修整痕迹，表面平整，厚薄均匀。又如喀喇沁大山前遗址出土石磬96KDIH149∶2⑥（图二，5），各边较直。但此石磬无倨孔，可能为石磬坯。夏时代的C型石磬与新石器时代的C型石磬形制比较接近，均为五边形，折顶，且底边均较平直。这种现象表明两时期的C型石磬应有传承关系。

D型　体近似五边形，平顶，底边亦较平，且顶与底边大致平行，两侧边一边较

① 项阳、陶正刚：《中国音乐文物大系·山西卷》，大象出版社，2000年。

② 襄汾县博物馆夏宏茹、梁泽峰：《山西襄汾县张槐遗址出土大型石磬》，《考古》2007年第12期。

③ 李凤举：《喀喇沁旗出土的夏家店下层文化石磬》，《内蒙古文物考古》2007年第6期；段泽兴：《中国音乐文物大系·内蒙古卷》，大象出版社，2007年。

④ 李凤举：《喀喇沁旗出土的夏家店下层文化石磬》，《内蒙古文物考古》2007年第6期；段泽兴：《中国音乐文物大系·内蒙古卷》，大象出版社，2007年。

⑤ 李凤举：《喀喇沁旗出土的夏家店下层文化石磬》，《内蒙古文物考古》2007年第6期；段泽兴：《中国音乐文物大系·内蒙古卷》，大象出版社，2007年。

⑥ 中国社会科学院考古研究所、内蒙古自治区文物考古研究所赤峰考古队、吉林大学考古系：《内蒙古喀喇沁旗大山前遗址1996年发掘简报》，《考古》1998年第9期。

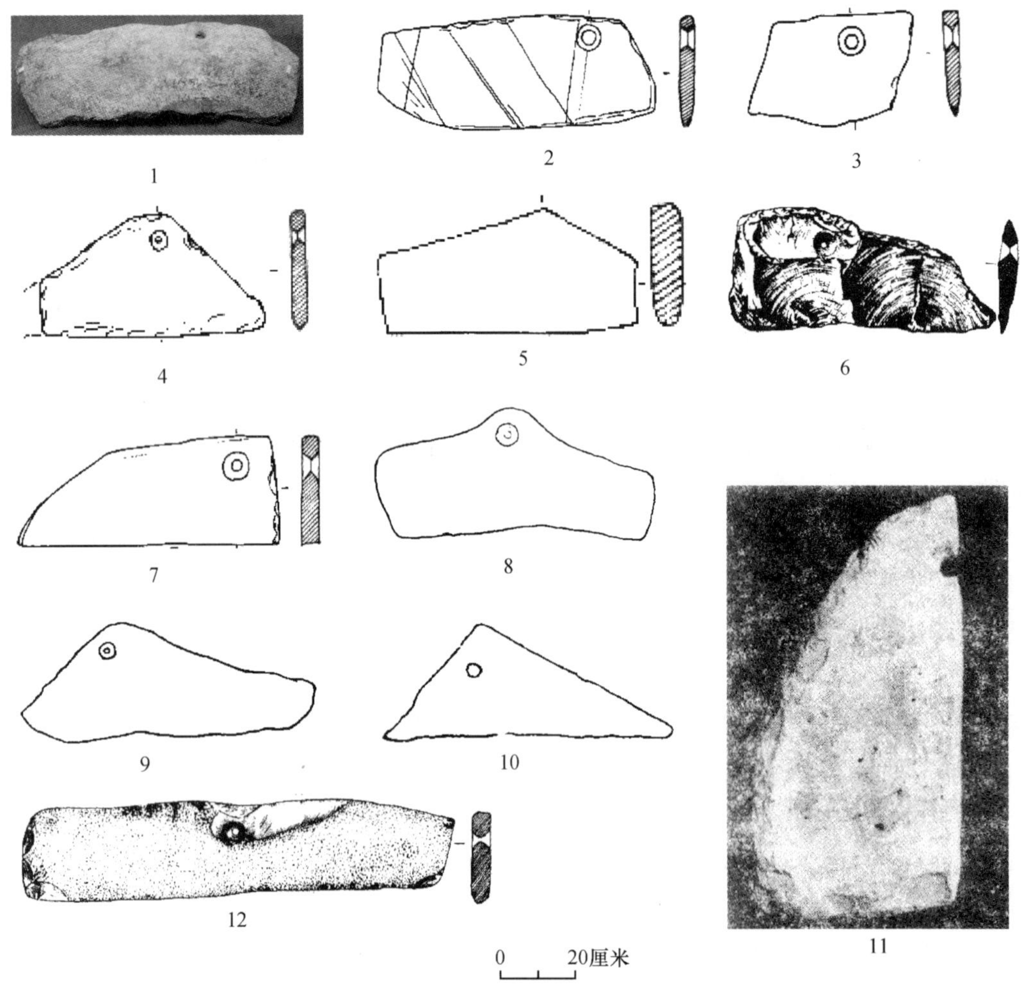

图二　夏时期石磬

1. Aa 型，夏县西下冯石磬　2. Ab 型，喀喇沁大营子石磬　3. B 型，喀喇沁韩家窑石磬　4. C 型，喀喇沁西府石磬　5. C 型，喀喇沁大山前遗址石磬 96KDIH149∶2　6. D 型，夏县东下冯石磬 H16∶60　7. D 型，喀喇沁下瓦房石磬　8. E 型，偃师二里头石磬　9. F 型，辽宁北票石磬　10. F 型，建平砝碌科水泉石磬　11. 建平喀喇沁河东遗址石磬 T3⑤∶1　12. Aa 型，襄汾张槐石磬

长，一边略短。如夏县东下冯石磬 H16∶60①（图二，6），体呈不规则的五边形，顶、底均较平直，顶端较窄，底端甚长，有鼓、股之分，磬表有大型石片疤，磬体凸凹不平。又如喀喇沁下瓦房石磬（喀喇沁旗文化管理所 413 号藏品）②（图二，7），表面平

① 东下冯考古队：《山西夏县东下冯遗址东区、中区发掘简报》，《考古》1980 年第 2 期；中国社会科学院考古研究所、中国历史博物馆、山西省考古研究所：《夏县东下冯》，文物出版社，1988 年。

② 李凤举：《喀喇沁旗出土的夏家店下层文化石磬》，《内蒙古文物考古》2007 年第 6 期；段泽兴：《中国音乐文物大系 · 内蒙古卷》，大象出版社，2007 年。

整，薄厚均匀，各边打磨平直。下瓦房石磬虽顶部较长，但总体来看与东下冯石磬均属D型。虽二者分别出土于山西、内蒙古，但可能有一定的渊源关系。夏时期的D型石磬与新石器时代的D型石磬形制较接近，均近似五边形，上、下边均较平，且略平行。可见D型石磬自新石器时代一直延续到夏时期。

E型　接近六边形，顶部圆鼓，底边向内弧，如河南偃师二里头石磬①（图二，8）。夏时期的E型石磬与新石器时代的E型石磬形制比较接进，均为六边形，顶部弧突，底边内弧，可能有一定的渊源关系。这种形制的石磬均出土于河南省中部，不见于其他地点，据此推测此型石磬是河南中部地区特有的形制。

F型　接近三角形。辽宁北票石磬②（图二，9），呈钝角三角形，周边不甚整齐，表面较平整，厚薄不均匀，上部较厚，底部较薄。此外辽宁建平硃碌科水泉石磬③（图二，10），呈钝角三角形，各边较整齐，一面琢磨较平滑，一面不平，厚薄不均匀。这两件F型石磬均出土于辽宁地区，而不见于其他地点，据此推测F型石磬可能是辽宁地区夏家店下层文化所特有的形制。新石器时代青海柳湾M1103:35石磬已残，但从其残存形制来看，一角锐角，两边平直，可能其完整形制与夏时代的F型石磬接近。但夏家店下层文化与齐家文化并未发现有交流的证据，故即使这两件石磬形制相似，也未必有必然联系。

其他属于夏时期的石磬，均有不同程度的残损，保存相对完整的，其形制大多包括于上述七型中。

总体而言，夏时期的石磬与新石器时代石磬一样，形制多样，个体差异较大。但部分石磬的形制从新石器时代到夏代，存在着渊源关系。如两时期的C型石磬和D型石磬等。唯新石器时代F型石磬消失，夏时期则新出现了B型的四边形石磬。

其次，夏时期石磬所采用的石材仍然多样，并不统一，仍为就地取材。如夏县东下冯石磬以细质砂岩打制而成；喀喇沁韩家窑石磬（喀喇沁旗文化管理所412号藏品）和喀喇沁西府石磬（喀喇沁文物管理所414号藏品）以粉砂岩制成；建平喀喇沁河东遗址石磬T3⑤:1以青白色石灰石制成；建昌大东沟石磬④以灰白色泥板岩制成；大营子石磬（喀喇沁文物管理所1221号藏品）采用灰色泥灰质板岩制成；河南西石磬（喀

① 中国社会科学院考古研究所二里头工作队：《偃师二里头遗址新发现的铜器和玉器》，《考古》1976年第4期；黄翔鹏、赵世纲：《中国音乐文物大系·河南卷》，大象出版社，1996年。

② 李纯一：《上古出土乐器综论》，文物出版社，1996年。

③ 辽宁省博物馆文物工作队、朝阳地区博物馆文物组：《辽宁建平县喀喇沁河东遗址试掘简报》，《考古》1983年第11期；李纯一：《上古出土乐器综论》，文物出版社，1996年。

④ 辽宁省博物馆文物工作队、朝阳地区博物馆文物组：《辽宁建平县喀喇沁河东遗址试掘简报》，《考古》1983年第11期；冯永谦、邓宝学：《辽宁建昌普查中发现的重要文物》，《文物》1983年第9期。

喇沁文物管理所416号藏品)① 采用深灰色硅质板岩制成。但相对于新石器时代，夏时期石磬的材质也有部分相同，体现出人们对磬材选择逐渐统一的趋势。偃师二里头石磬和夏县西下冯石磬均采用青石质；下瓦房石磬（喀喇沁旗文化管理所413号藏品)、小木营子石磬（喀喇沁文物管理所415号藏品)② 和王家营子石磬（赤峰市博物馆藏品)③ 均采用泥灰岩制成；喀喇沁旗大山前石磬96KDIH149: 2与1997年出土于喀喇沁旗大山前遗址的五件残损严重的石磬④，均采用石灰岩制成。喀喇沁旗大山前遗址出土的六件石磬，材质相同，这是一个需要注意的现象。造成这种现象的原因，有可能是当时的人群已经认识到了不同石材对石磬发音的影响，而有意采用石灰岩来制造石磬；也有可能与当地的石器取材有关。受目前公布的资料的限制，尚无法判断大山前遗址属于何种情况，但在夏时期，至少部分地区已经对石磬选材有了进一步的认识。

第三，目前发现的夏时期石磬，体量最大的是建昌大东沟石磬，但此石磬已残，其残长71、残高46.5、厚2.5厘米。其次是夏县西下冯石磬，通长70.1、通高35、厚3.8~5.5厘米；再次为夏县东下冯石磬H15: 60，通长69、通高27、厚9.5厘米。体量最小的为韩家窑石磬（喀喇沁旗文化管理所412号藏品)，通长28.7、通高18.5、最厚处2.7厘米。其他此时完整的石磬，长度均在28.7~71厘米这个范围内，多数在50~60厘米左右。总体来看，相对新石器时代，夏时期石磬的体量变小了；目前尚未发现长度超过1米的石磬，而出现了较多长度在40厘米以下的石磬。

第四，夏时期石磬绝大多数只有一个倨孔，唯喀喇沁河南西石磬有两个倨孔。但此石磬已残，有学者认为原悬孔残后，再二次钻孔，两个倨孔是二次使用形成的⑤。如果这一推测属实，则夏时期石磬均只有一个倨孔。考察石磬形制发展规律，晚期石磬均只有一个倨孔，可见夏时期相对于新石器时代是有了进步。夏时期石磬倨孔的形状也更加规则，制法也较统一：均为圆形，两面对钻而成。

第五，相对于新石器时代以打制为主，夏时期石磬的制法以磨制为主，并采用了切割技术；此期大部分石磬表面平整，厚薄均匀。目前公布的材料中，只用打制而未磨制的石磬，仅夏县东下冯和夏县西下冯两件，如夏县东下冯磬表面粗糙，凸凹不平，可见有大型石片疤；其他石磬均进行了不同程度的磨制。值得注意的是，在喀喇沁大山前遗址发掘出土的六件石磬制法比较接近，均有一面或两面磨光，而侧边打制而成、较粗糙。造成这种现象的原因可能是石磬是由专人制造，也可能是受大山前遗址的石器制造

① 李凤举:《喀喇沁旗出土的夏家店下层文化石磬》,《内蒙古文物考古》2007年第6期；段泽兴:《中国音乐文物大系·内蒙古卷》，大象出版社，2007年。

② 李凤举:《喀喇沁旗出土的夏家店下层文化石磬》,《内蒙古文物考古》2007年第6期；段泽兴:《中国音乐文物大系·内蒙古卷》，大象出版社，2007年。

③ 李凤举:《喀喇沁旗出土的夏家店下层文化石磬》,《内蒙古文物考古》2007年第6期。

④ 段泽兴:《中国音乐文物大系·内蒙古卷》，大象出版社，2007年。

⑤ 李凤举:《喀喇沁旗出土的夏家店下层文化石磬》,《内蒙古文物考古》2007年第6期。

技术的影响。总体来看，夏时期石磬的制作技法较新石器时代有了相当进步，从以打制为主，改为以磨制为主。夏时期内，夏家店下层文化石磬的制作技术较中原地区石磬更进步：磨制程度更高，应用了切割技术。

第六，夏时期石磬测音结果显示，绝大多数石磬只有一个音分，仅喀喇沁西府石磬有两个音分。这与新石器时代石磬发音相同。

第七，目前公布的资料提供石磬正反面信息的极少。但喀喇沁大山前遗址97KDIT335H434⑨：4 和喀喇沁大山前遗址 97KDIT321H449⑩：3，均只进行一面磨光，磨光面当为石磬的正面。据此推测，夏时期石磬也有正反面之分。

总之，夏时期的部分人们对何种石材发声效果较好已有一定认识。石磬体量较新石器时代变小。制作方法体现出地区差异，中原地区以打制为主，夏家店下层文化地区则以磨制为主，并采用了切割技术。石磬绝大多数只有一个圆形倨孔，可能全部为对钻而成。此期石磬绝大多数只有一个发音。

值得注意的是，迄今为止，甘青地区自新石器时代以后，未发现石磬。这可能与考古发现的局限性有关，也可能甘青地区的齐家文化石磬并没有延续下来。结合下文对早期石磬等级的分析，新石器时代，山西、河南地区的石磬带有等级含义，而甘青地区的石磬并无等级含义。这说明随着社会的进步，等级化更加分明，作为等级的一种标志的石磬在山西、河南地区保存了下来；而在甘青地区则随着社会发展而消失。

3. 商代石磬的特点

目前已发现的商代石磬数量很多，出土地点比较分散，见于河南、山西、陕西、湖北、山东等省。相对于夏时期，商代出现了很多新形制，个体差异很大，几乎件件不同。大体可分为以下几型。

A 型　体呈长条形，根据修整方法不同，又可分为两个亚型。

Aa 型　两端圆弧，周边修整不甚精致。如殷墟西区 M701①（图三，1），磬体呈扁平长条形，两端呈弧形，近上端中部有一倨孔。从报告的线图可见，这件石磬的边沿凸凹不平，显然未经磨砺。安阳大司空村 M991 石磬②也属此型，通体绘红、黑、白色几何形图案。

Ab 型　两端直边或略弧，上下边均平直，磨砺细致。如殷墟妇好墓妇冉入石石磬③（图三，2），体呈扁平长条形，上窄下宽，上顶齐平，下底略凸，近上端正中有一

① 中国社会科学院考古研究所安阳工作队：《1969～1977 年殷墟西区墓葬发掘报告》，《考古学报》1979 年第 1 期；黄翔鹏、赵世纲：《中国音乐文物大系 · 河南卷》，大象出版社，2000 年。

② 黄翔鹏、赵世纲：《中国音乐文物大系 · 河南卷》，大象出版社，2000 年。

③ 中国社会科学院考古研究所：《殷墟妇好墓》，文物出版社，1980 年。

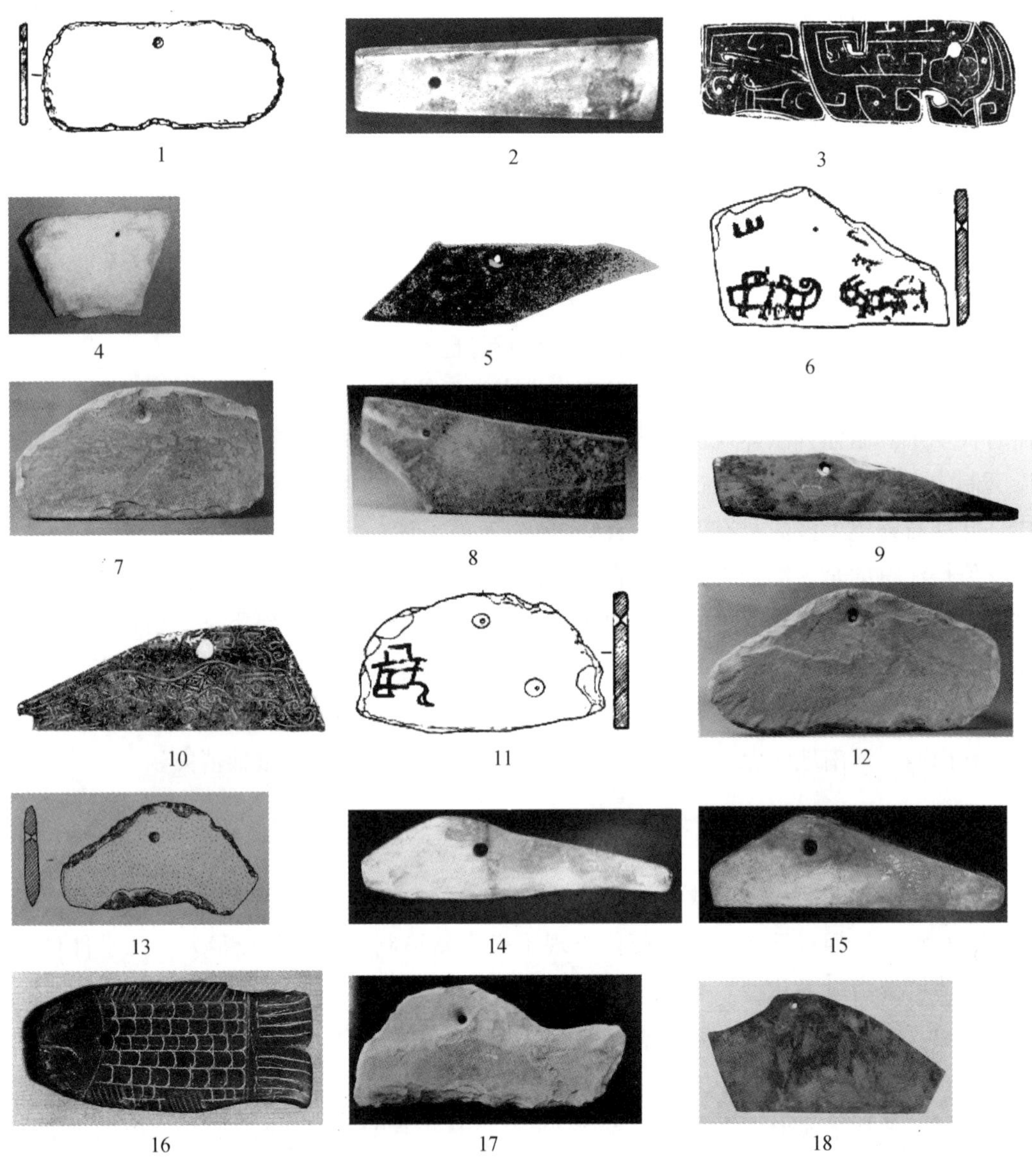

图三　商代磬

1. Aa 型，殷墟西区 M701 石磬　2. Ab 型，妇好墓妇冉入石石磬　3. Ab 型，妇好墓鸮纹石磬拓片　4. Ba 型，安阳郭家庄 160 号墓石磬　5. Bb 型，潞城石磬　6. C 型，殷墟西区 M93∶6 号石磬　7. C 型，五峰花桥头石磬之一　8. C 型，安阳石磬（馆藏分号 0085）　9. D 型，平陆前庄石磬　10. D 型，安阳小屯 T6 虎纹石磬　11. E 型，殷墟西区 M93∶2 号石磬　12. E 型，五峰花桥头石磬之二　13. E 型，滕州前掌大 M222∶70 石磬　14. F 型，安阳永启石磬　15. F 型，安阳永余石磬　16. 安阳大司空村 M539 鱼形磬　17. 蓝田怀真坊石磬　18. 安阳鱼形石磬据孔；一侧上端刻“妇冉入石”四字；表面打磨光滑。同为妇好墓出土的鸮纹石磬①（图三，3），也属此型，唯顶端呈弧形，下端平，两面均雕单线鸱鸮形纹。属于此型的还有相传出于安阳的一件传世虎纹石磬②，两面有粗阴线刻虎纹。

商代的A型石磬与夏时期的A型石磬形制比较接近，均呈长条形；区别在于商代A型石磬修整更加精致，边角多较整齐。据此推测商代的A型石磬可能是由夏时期的A型石磬发展而来。

B型　大致呈四边形，分两个亚型。

Ba型　磬体扁平，呈倒梯形。如安阳郭家庄160号墓石磬③（图三，4），平顶，顶端一侧有一个圆形对钻的倨孔。

Bb型　磬体窄长，呈不等边四边形。如潞城石磬④（图三，5），顶端中间有一个对钻的圆形倨孔。

C型　体呈不规则的五边形，尖顶或弧形顶，底边均较平直，两斜边一长一短。如殷墟西区M93:6号石磬⑤（图三，6），五边形，各边均较直，而折角均较圆，磬体一面绘白色动物花纹，在顶部有一倨孔。湖北五峰花桥头石磬之一⑥（图三，7），略呈五边形，顶部微弧，底边近平，两端与底边接近垂直。C型的数量相对较多，但个体差异较大。如安阳石磬（馆藏分号0085）⑦（图三，8），体呈不规则五边形，但倨孔在侧端，而非顶端。商代的C型石磬与夏时期的C型石磬比较接近，应该是由夏时期发展而来的。

D型　体呈不规则四边或五边形，顶较平，底边亦较平，两斜边一长一短。如平陆前庄石磬⑧（图三，9），四边形，顶与底边平行，表面光滑。又如安阳小屯T6出土的虎纹石磬⑨（图三，10），体似五边形，顶部短而略斜，底部较平，两面均饰虎纹⑩。

---

① 中国社会科学院考古研究所：《殷墟妇好墓》，文物出版社，1980年。

② 黄翔鹏、赵世纲：《中国音乐文物大系·河南卷》，大象出版社，2000年。

③ 中国社会科学院考古研究所：《安阳郭家庄160号墓》，《考古》1991年第5期；黄翔鹏、赵世纲：《中国音乐文物大系·河南卷》，大象出版社，2000年。

④ 项阳、陶正刚：《中国音乐文物大系·山西卷》，大象出版社，2000年。

⑤ 中国社会科学院考古研究所安阳工作队：《1969～1977年殷墟西区墓葬发掘报告》，《考古学报》1979年第1期。

⑥ 黄翔鹏、王子初：《中国音乐文物大系·湖北卷》，大象出版社，1999年。

⑦ 黄翔鹏、赵世纲：《中国音乐文物大系·河南卷》，大象出版社，2000年。

⑧ 卫斯：《平陆县前庄商代遗址出土文物》，《文物季刊》1992年第1期；项阳、陶正刚：《中国音乐文物大系·山西卷》，大象出版社，2000年。

⑨ 中国社会科学院考古研究所安阳发掘队：《殷墟出土的陶水管和石磬》，《文物》1976年第1期。

⑩ 李纯一在《上古出土乐器综论》中，认为这件石磬上的纹饰为龙纹。此处采用报告的说法，定为虎纹。

商代的D型石磬与东下冯夏时期石磬H16:60的形制比较接近，二者或有传承关系。

E型　接近五边形，边与边交接处圆转，无明显分界。顶部圆弧，底边略平。如殷墟西区M93:2号石磬[①]（图三，11），体略呈半圆形，弧形顶，底边微向外弧。又如五峰花桥头石磬之二[②]（图三，12），各个角均较圆，底边微内弧。再如山东滕州前掌大M222:70石磬[③]（图三，13），各个角略圆，底边微内弧。这三件石磬的形制比较接近，而湖北、山东地区此前并未发现石磬，可能五峰花桥头这件E型石磬和滕州前掌大M222:70石磬，是受了中原地区影响而产生的。商代的E型石磬与夏时期的偃师二里头E型石磬相较而言，形制差别不大，其间应当存在渊源关系。

F型　类三角形，体颀长。安阳出土的永啟、夭余、永余石磬，形制略有差别，但均可视为F型石磬。永啟石磬[④]（图三，14），表面粗糙，未经细磨，凸凹不平，各边亦不规整。而永余石磬[⑤]（图三，15），经琢磨，表面及各边均光滑整齐。商代的F型石磬既与夏时期F型石磬形制接近，也与西周石磬接近。

除上述几种主要形制外，商代还出现了几种不见于夏时期形制的石磬。如安阳大司空村M539出土的鱼形磬（80ASM539:11）（图三，16）[⑥]，体扁平，呈鱼形，用阴线刻出眼、嘴、鳃、鳞及尾，颈部有一圆穿。殷墟西区M1769亦出土一件鱼形磬[⑦]，与M539出土的石磬几乎完全相同。二者的出土位置均在墓主人腰间左侧。据此推测这种形制的器物，可能并非一般的石磬，而具有特殊含义的石制品。

又如蓝田怀真坊石磬[⑧]（图三，17），表面凸凹不平，厚薄不均，股、鼓分明，折背，直底微弧，顶部有一悬孔。这种形制的石磬目前仅此一件。安阳鱼形石磬[⑨]（图三，18），据报告描述形态似鱼，其股部宽，博部短似鱼首，鼓部长而窄似鱼尾。鼓、

① 中国社会科学院考古研究所安阳工作队：《1969～1977年殷墟西区墓葬发掘报告》，《考古学报》1979年第1期。

② 黄翔鹏、王子初：《中国音乐文物大系·湖北卷》，大象出版社，1999年。

③ 中国社会科学院考古研究所：《滕州前掌大墓地》，文物出版社，2005年。

④ 袁荃猷主编：《中国音乐文物大系·北京卷》，大象出版社，1996年；李纯一：《中国上古出土乐器综论》，文物出版社，1996年。

⑤ 袁荃猷主编：《中国音乐文物大系·北京卷》，大象出版社，1996年；李纯一：《中国上古出土乐器综论》，文物出版社，1996年。

⑥ 中国社会科学院考古研究所安阳工作队：《1980年河南安阳大司空村539发掘简报》，《考古》1992年第6期；黄翔鹏：《中国音乐文物大系·河南卷》，大象出版社，2000年。但这两处文献中发表的石磬图片并不相符，差异很大，本文以考古发掘报告为准。

⑦ 中国社会科学院考古研究所安阳发掘队：《殷墟出土的陶水管和石磬》，《文物》1976年第1期。

⑧ 蓝田县文化馆樊维岳、陕西省考古研究所吴镇烽：《陕西蓝田县出土商代青铜器》，《文物资料丛刊》3，文物出版社，1980年；李纯一：《中国上古出土乐器综论》，文物出版社，1996年；黄翔鹏：《中国音乐文物大系·河南卷》，大象出版社，1999年。

⑨ 黄翔鹏：《中国音乐文物大系·河南卷》，大象出版社，2000年。

股分界不明显，相交处有倨孔。这种形制的石磬目前亦仅此一件。

总体来看，商代的石磬多承夏制，但较夏石磬有了很多变化，不仅出现了一些新的形态，即使同一种形制内，也出现了很多细部的差别。出现这种现象的原因可能是由于商代的人们在制作石磬的过程中，不断地探索究竟何种形态的石磬发音效果更加理想。正是在不断地探索和尝试中，人们发现五边形石磬的发音更加优良，进而固定下来。

其次，已公布的几十件商代石磬，石材有石灰岩、沉积岩、碳酸盐岩、泥质灰岩、砂岩、板岩几种。虽然此期石材仍多样，但已呈现出统一的趋势。其中大部分以石灰岩制成，其次为泥灰岩和沉积岩。这种现象说明商代石磬较新石器时代、夏时期已有了更进一步的发展，此期的人们已意识到不同的石材发音效果之间的差别，并且意识到石灰岩更适合用来制作石磬。

第三，商代石磬中有相当一部分已残，但保存较好的石磬来看，最长的为平陆前庄石磬，通长 101 厘米；最小的为妇好墓 2 号鸮纹石磬，长 25.6 厘米。大部分石磬的体量在 30 厘米以上。总体来看，商代石磬的体量较夏时期略有变小的趋势。

第四，从目前公布的资料来看，商代石磬绝大部分仅有一个倨孔，仅殷墟西区 72AGM93:2① 石磬确定有两个倨孔。倨孔均为圆形，多数为对钻，但也常见管钻。

第五，已公布制作方法的商代石磬中，仅蓝田怀真坊特磬一件，在报告中明确指出为打制而成，从其照片可见，磬表面凸凹不平，似未经磨制。其他石磬均磨制光滑。此期石磬大部分制作精致，表面往往磨光；有的石磬上阴刻纹饰，如妇好墓鸮纹石磬、安阳小屯 T6 虎纹石磬等。

第六，与前期不同的是，商代石磬的发音，以发两个乐音的为多，其次为一个乐音，湖北五峰花桥头磬之一则发三个不同的乐音。结合此期石磬形制多样化的现象，这种一件石磬发两个不同乐音的现象可能是商代人们对石磬造型、发音的一种探索。

第七，商代石磬的分布地点较新石器时代、夏代有所变化。目前公布的材料，出土石磬最多的是河南省，在陕西、山西等地也有石磬出土。湖北五峰县发现了两件商代石磬，可能是随着商文化的扩张而传播到湖北的。山东地区发现的商代石磬也较多，其中滕州前掌大墓地出土了三件石磬②，并有大量传世品③。而在新石器时代出土石磬较多的甘青地区，目前尚无商代石磬出土。

① 中国社会科学院考古研究所安阳工作队：《1969～1977 年殷墟西区墓葬发掘报告》，《考古学报》1979 年第 1 期。

② 分别出土于 BM4、M203、M222 三座墓葬，但报告仅公布了 M222 出土石磬的资料；

③ 据《中国音乐文物大系·山东卷》统计，山东地区发现多件商代石磬，但多为传世品而非考古发掘，故本文不予讨论；

二、石磬的起源

关于石磬的起源问题，涉及其如何产生和起源于何地两个方面。

对石磬的产生，过去讨论较多。多数学者持生产工具起源说①，如王滨认为石磬的祖源是石制类生产工具，其直系祖先为仰韶文化晚期出现的长方形单孔石刀②；夏野举《尔雅》：“（磬）形似犁錧，以玉石为之”，认为磬的前身可能是新时期时代的犁、斧之类的石器③；李纯一认为在劳动和实践中，人们发现某种能发出乐音的板状石器，并逐渐转化为石磬④；有学者综合上述各家意见，提出早期的石磬就是一种生产工具⑤。总的来看，这些观点均认为石磬产生于石质生产工具。

从新石器时代的石磬因地取材、形制不规整、形态多样化、个体差异很大等特点来看，石磬确实应是在石器的生产和使用过程中产生的。新石器时代的人群，在制造和使用石器时，发现石器相互撞击可发声这一现象，进而有意制造和使用这种特殊的器物。但目前已发现的新石器时代石器，形体大多比较小，石刀、石斧等形体大多数在 10 厘米以内。这与形体巨大，长度均在 40 厘米以上的石磬在体量上差异很大。而石片震动的频率和音质与石片大小是紧密相关的，体量甚小的石器，发声效果较差。石刀等形体较小的石制品在使用中因撞击而发出的声音，与敲击大石磬所发出的声音是截然不同的。因此，根据石磬的材质、形制、体量等特征，结合石制品发音的效果，我认为石磬是在制造石器时，从石坯上剥取石片的过程中发现、产生，进而有意制造的。石磬的祖源是制造石器时所用的石坯，也可视为大石核。以襄汾陶寺遗址为例，在陶寺遗址 IHG8 中出土 353 件石坯，这些石片形态不一，大小不等，但体量均较大，大者长度 100 厘米以上，小者长度也超过 40 厘米⑥。若在这样的石坯上剥取石片，通过打击便可以发出清脆的声音，进而有意将其悬置，遂产生石磬。最初或许无倨孔而悬，稍后钻琢倨孔而悬。如此，似乎更为合理。

关于石磬最早的起源地，似有两种可能。一是多元发生。从已公布的材料来看，现知最早的石磬属新石器时代，见于山西、河南、甘青三个地区。分属于陶寺文化、河南龙山文化、齐家文化三种不同类型的文化。尤其是后者，距前二者相对较远，缺少交

① 中国艺术研究院音乐研究所：《中国音乐词典》，人民音乐出版社，1984 年。

② 王滨：《五台县阳白遗址龙山特磬及其相关问题》，《中国音乐学》1991 年第 4 期。

③ 夏野：《中国古代音乐史简编》，上海音乐出版社，1989 年。

④ 李纯一：《上古乐器综论》，文化出版社，1996 年。

⑤ 王安潮：《从早期的石磬形制看石磬的起源》，《中国音乐》2006 年第 1 期。

⑥ 中国社会科学院考古研究所山西工作队、山西省考古研究所、临汾市文物局：《山西襄汾陶寺城址 2002 年发掘报告》，《考古学报》2005 年第 3 期；严志斌：《陶寺文化石制品研究》，《二十一世纪的中国考古学》，文物出版社，2005 年。

流。结合各地区石磬形制差异甚大、石材均不相同的特点推测，石磬或起源于不同地区。

二是单元发生。目前所见新石器时代石磬，以山西地区数量最多，时代最早。襄汾陶寺墓葬出土的石磬年代属陶寺文化中期，早于河南和甘青地区的石磬。此外，若襄汾大崮堆山石器制造场的年代确属旧石器时代晚期至新石器时代①，那么石磬的产生当会更早，远早于陶寺文化中期。若此，石磬最初产生在山西就更有可能了，然后才传播或影响到其他地区。

三、早期石磬的流布

根据上文分析，新石器时代的石磬很可能是在山西地区首先出现的。夏时期山西地区仍有石磬出土，可见山西地区的石磬传统从新石器时代延续了下来。值得注意的是在辽宁、内蒙古地区夏家店下层文化中出土了较多石磬，而这个地区在新石器时代并无石磬发现。

夏家店下层文化是分布于我国北方地区的一支考古学文化，其分布范围往北到达西拉木伦河，南界已过拒马河到达河北保定地区，最西可到与山西相邻的河北蔚县。夏家店下层文化中的不少因素，可从中原地区找到源头，对此，有学者已经指出，如“城墙、土坯垒筑的地面建筑，鬲和甗等三足陶器，划纹加绳纹、附加堆纹、石镰以及剖面成三角形或弧形的石刀等”。“这些文化因素在中原地区出现的年代早于它们出现于辽宁及赤峰地区的年代”，“它们是由中原地区传至辽宁地区的。”② 再如二里头文化有两种陶器对周围其他文化影响最大，即陶爵与陶盉（鬶），它们均属礼器，在墓葬中只有贵族墓才能随葬。而这两种器物在夏家店下层文化中亦有较多发现，亦具礼器性质③。应该认为，这是其受二里头文化影响的结果。石磬与之相类。我们注意到，在属夏家店下层文化分布范围的河北蔚县也曾发现过一件石磬④，蔚县恰好位于由山西到辽宁的中间地带。看来，夏家店下层文化石磬确是受了中原地区的影响而出现的。

---

① 在王向前、李占扬、陶富海：《山西襄汾大崮堆山史前石器制造场初步研究》，《人类学报》1987年2月第6卷第2期中，认为此遗址的年代系旧石器时代晚期至新石器时代；但陶富海在《山西襄汾县大崮堆山史前石器制造场新材料及其再研究》中，认为遗址的相对年代可能从仰韶到龙山时期或者更早一些或者连续使用的更长一些，但关于旧石器的发现，尚无明显说服力的材料。

② 中国社会科学院考古研究所：《中国考古学·夏商卷》，中国社会科学出版社，2003年。

③ 中国社会科学院考古研究所：《大甸子——夏家店下层文化遗址与墓地发掘报告》，科学出版社，1996年。

④ 王清雷：《西周乐悬制度的音乐考古学研究》，文物出版社，2007年。

到了商代，随着商文化的扩张，石磬传入更多地区。例如二里冈上层文化时期，商文化向南、向东大范围扩张，往南逾江到达湖南岳阳一带，往东占领山东大部，这已成学界共识。而湖北、山东发现的商代石磬，应该是商文化扩张的结果。

四、早期石磬的等级问题

石磬在周代具有等级意义，是礼制文化的一部分。商代及其以前，即本文所谓早期石磬阶段是否已存在等级问题，则需要对石磬出土的考古背景进行分析，以观察其中是否存在规律。这方面以墓葬材料最为理想。先看龙山时代的石磬，在已公布的材料中，可资分析的有襄汾陶寺遗址墓葬、禹县阎寨墓葬和青海柳湾墓葬三处。

1978 ~ 1980 年襄汾陶寺墓地共发掘了 405 座墓葬①，其中大型墓有 6 座，长度在 2. 9 ~ 3. 2 米之间；宽度在 2 ~ 2. 75 米之间。如此大规模的墓葬，在中原地区龙山文化中是极为罕见的。这些大型墓都有丰富的随葬品，例如 M3015 出土各类随葬器物 178 件，包括陶器 14 件，木器 23 件，玉、石器 130 件，骨器 11 件。在 6 座大墓中，有 4 座随葬石磬，石磬均出土于墓主脚端。另一座大墓 M3073 因发掘前破坏过甚，仅存鼍鼓一件和土鼓残片，推测原入葬时也应有石磬②。而同墓地的四五十座中型墓，通常有一两件至五六件随葬品，至多十数件。小型墓有随葬品的不及十分之一，一般不超过三件。显然，在襄汾陶寺遗址墓葬中，石磬是具有等级意义的。墓室规模大，随葬品丰富的大型墓葬，方可能随葬石磬。

1983 年发掘的河南禹县阎砦龙山文化晚期遗址的资料不甚详细，但可知这个遗址有成排的房基、窖穴及墓葬等。墓葬多属小型，大都无随葬品，仅于其中一座墓葬（YHY83T11M4）内发现 1 件石磬。但迄今为止河南地区尚未发现龙山文化的大、中型墓葬。结合襄汾陶寺龙山文化的情况来看，河南禹县阎砦石磬可能也是具有等级意义的。

而青海乐都柳湾墓地的情况则有不同，此墓地共发掘齐家文化墓葬 366 座，其中长方形竖穴土坑墓 318 座，带墓道的凸字形墓 48 座。墓葬大小悬殊，大墓长达 3 米，宽 1. 8 ~ 2. 5 米；小墓仅长 1、宽 0. 5 米。出土石磬的 M1103，长、宽、深均为 0. 8 米，属小型墓，墓主为二次葬，年代为齐家文化早期。而墓地中同属于齐家文化早期的采用二次葬的 M80 长 2、宽 1. 05、深 1. 8 米；M133 长 2. 5、宽 1 米；M309 长 2. 5、宽 1. 27、深 2. 47 米等，都远大于 M1103，他们却不葬石磬。由此推测，在柳湾齐家文化中，石磬并不具等级意义。不过，这尚属孤例，是否如此，还需更多考古材料来证明。

---

① 中国社会科学院考古研究所山西工作队、临汾地区文化局：《1978 ~ 1980 年山西襄汾陶寺墓地发掘简报》，《考古》1983 年第 1 期。

② 项阳、陶正刚：《中国音乐文物大系 · 山西卷》，大象出版社，2000 年。

总体看来，在新石器时代，山西、河南地区的石磬是具有等级意义的；而甘青地区齐家文化的石磬，未必具有等级含义。

在夏代，偃师二里头石磬出土于二里头宫殿遗址北约 550 米处的墓葬（75YLVIK3），该墓南北长 2.3、东西宽 1.26 米，在二里头遗址，乃至所有二里头文化时期遗址已发掘的墓葬中也属较大的墓，墓中还随葬有铜爵、铜戈、铜戚、陶盉、绿松石片、玉柄形饰等。此墓无疑是高等级贵族墓。由此可见，夏时期的石磬也是具有等级意义的。

商代石磬大部分也为墓葬出土。如殷墟侯家庄西北冈王陵区大墓中 M1001、M1002、M1003、M1004、M1217、M1550 均出有石磬，且 M1001、M1002 出土石磬不止一件。由于墓葬均被盗掘，具体随葬石磬的情况不得而知，但根据现有材料来看，商代王一级的大墓，似均随葬石磬。其他出土石磬的商墓，如武官村大墓、安阳大司空村 M991、殷墟妇好墓、花园庄 M54 等，规模均比较大，随葬品丰富，包括数量较多的青铜器，这些墓葬等级也很高。而目前尚未在小型墓中发现石磬。这种现象也表明，商代的王及其他高级贵族的墓方可随葬石磬，其等级意义是非常清楚的。

五、结　语

新石器时代，山西、河南、甘青等地的人群，在使用大石片剥去小石片以制作石器的过程中，发现了撞击石坯可以发出悦耳声音这一现象，并刻意的制造出石磬这类器物。此时山西、河南地区的石磬已具有一定的等级意义。相当于夏文化时期的石磬，目前仅在山西、河南、辽宁、内蒙古有所发现，而其他地区尚未见到，这可能是因为仅中原地区的石磬作为具有等级含义的一类器物保留了下来，而甘青地区的石磬则随着社会的发展而消失了。商代是石磬的大发展时期，此时石磬形态仍然多样，但制作均较精细，范围扩展到山东、湖北等地。商代石磬是由此前的中原地区石磬延续发展而来的，具有等级含义并成为礼制文化的一部分。商代已出现了将几件石磬组合使用的现象，这或是西周编磬制度的源头。随夏商文化的扩张，石磬从中原地区到达辽宁、内蒙古，再到湖北与山东等地。

目前已发现的商代石磬，除郑州小双桥石磬、藁城台西石磬、蓝田怀真坊石磬、平陆前庄石磬等几件可以早到中商外，其他年代均为殷墟二至四期。可见在商代晚期，大型墓葬使用石磬随葬的现象非常普遍。至于早商何以不见石磬，这与该阶段尚未发掘到大型墓葬有关，相信在大型墓中会有发现。

按照一般的推理，既然商代有较多石磬存在，且具有等级意义。那么进入西周时期，也当有进一步发展。然而就目前所见，石磬在西周早期贵族墓中却罕有发现，真正的流行并成为重要礼器，乃是西周中期的现象。现知西周时期年代最早的石磬，为河南鹿邑太清宫长子口墓所出，即 M1∶142 号石磬。关于长子口墓的墓主和时代，学术界比较一致的意见，认为应是西周初年某位宋国国君，属商王室之后。甚至有学者认为长子口即微子启。若此，该墓属典型商系墓葬，其出有石磬乃情理中事。但是，除长子口墓之外，我们在其他西周早期的大型墓中，几乎未见到石磬，尤其是在西周早期姬姓周系墓葬中，无一发现。如浚县辛村卫侯墓地①，在发掘的 10 余座大、中型墓中，年代为西周偏早的有大墓 M1、M2、M6、M21、M42 等，均未见石磬的痕迹。虽然上述墓葬多遭不同程度的盗掘，但石磬在古今盗墓贼的眼里不是盗窃的重点，常常会有所遗留②。这么多的墓不见一点石磬痕迹，很可能当初就没有随葬。同样是辛村卫侯墓地，在西周偏晚的大型墓 M24 中就残留一件石磬，似可作为反证。类似者又如琉璃河燕国墓地发掘的有两条墓道的 M202③ 以及西周早期大型墓 M1193④，劫余物中也未见石磬的踪迹，在保存完好的中型墓 M251⑤、M253⑥ 中亦无石磬出土。当然，以被盗的墓作为证据是不充分甚至欠妥的，那么保存完好未遭盗扰的墓葬则是最好的直接证据，这方面已有多处墓地的材料可以提供帮助。首先是著名的晋侯墓地，该墓地属西周偏早的晋侯夫妇墓有两组，即 M114 与 M113⑦、M9 与 M13⑧，两组墓被多数学者分别推断为晋侯燮父夫妇和晋武侯夫妇，时代相当于西周早期至中期偏早，即穆、恭及其以前。这两代晋侯均不见石磬随葬⑨，而此后的晋侯墓则有石磬随葬，变化相当明显。其次如宝鸡強伯墓地⑩，这是一处以西周早期为主的高级贵族墓地，下限相当于穆王时期。已发掘的二十余座墓保存完好，随葬品丰富，但均无石磬出土。再如甘肃崇信于家湾墓地⑪，年代为先周时期到西周中期，共发掘墓葬 138 座，其中大型墓占 10%，也未发现石磬。还有

---

① 郭宝钧：《浚县辛村》，科学出版社，1964 年。

② 在被盗过的先秦大墓中，如著名的雍城秦公一号大墓、岐山周公庙大墓、沣西井叔墓、山西晋侯墓、西安神禾原大墓，以及上述殷墟诸多商王大墓等等，虽盗掘甚残，但都有石磬残留。

③ 北京市文物研究所：《琉璃河西周燕国墓地 1973～1977》，文物出版社，1995 年。

④ 中国社会科学院考古研究所、北京市文物研究所琉璃河考古队：《北京琉璃河 1193 号大墓发掘简报》，《考古》1990 年第 1 期。

⑤ 同③。

⑥ 同③。

⑦ 北京大学考古文博院、山西省考古研究所：《天马—曲村遗址北赵晋侯墓地第六次发掘》，《文物》2001 年第 8 期。

⑧ 北京大学考古学系、山西省考古研究所：《天马—曲村遗址北赵晋侯墓地第二次发掘》，《文物》1994 年第 1 期。

⑨ 在北赵晋侯墓墓地，随葬石磬者仅限于晋侯，夫人不葬。其中 M114 虽被盗，但盗掘不彻底，尚存大量青铜器等，不见石磬，应该不是有而被盗走。

⑩ 卢连成、胡智生：《宝鸡強国墓地》，文物出版社，1988 年。

⑪ 甘肃省文物考古研究所：《崇信于家湾周墓》，三秦出版社，1994 年。

泾阳高家堡西周初年戈国墓地①，亦属高等级墓葬，均保存完好，亦未发现石磬。看来，在西周早期，除少数高级殷遗墓随葬石磬外，以姬姓周人为代表的西土集团的墓葬没有随葬石磬的习俗。

直到西周中期，周人才开始较普遍使用石磬。以往有不少学者认为在西周中期时，社会礼制等方面发生了一次大的变革，但未涉及石磬的使用，现在可以认为，石磬的使用也应是这次变革中的一个方面。不过，这已超出本文的研究范围，有待另文探讨。

① 陕西省考古研究所：《高家堡戈国墓》，三秦出版社，1994 年。

首届“先商文化学术研讨会”纪要

赵新平（河南省文物考古研究所） 徐海峰（河北省文物研究所）
常怀颖（北京大学考古文博学院）

2009年7月27日，由北京大学震旦古代文明研究中心、河南省文物考古研究所、河北省文物研究所联合主办的首届“先商文化学术研讨会”在河南省鹤壁市隆重召开，在随后的会议中，会议代表沿太行山东麓实地参观讨论，于7月29日在河北省石家庄市胜利闭幕。来自北京大学考古文博学院、中国社会科学院考古研究所、中国国家博物馆、中国人民大学国学院、吉林大学边疆考古研究中心、山东大学东方考古中心、郑州大学历史学院、河北师范大学历史系、河南省文物考古研究所、河北省文物研究所、山西省考古研究所、安徽省文物考古研究所、河北省文物保护中心、郑州商城遗址保管处、邯郸市文物保护研究所、邢台市文物管理处及加拿大哥伦比亚大学、美国威斯康星大学、日本驹泽大学等数十家学术机构的六十余位学者参加了本次会议。

自著名考古学家邹衡先生率先明确提出“先商文化”的概念与课题以来，近50年间，考古学界对于先商文化的探讨一直没有停止。虽然相较于夏商周考古中的其他热点问题，先商文化的探索与研究相对较为冷寂，但是在近10年中仍然有较大的进展。一方面，涉及先商文化研究的田野考古基础材料迅速积累，尤其是近年来在配合南水北调中线工程的文物保护工作当中，关涉到先商文化的新发现层出不穷，考古基础资料大大丰富；另一方面，对于先商文化的研究已不仅仅是对于某一遗址或某一地域的分期断代，而是已经扩展到先商文化的各个方面，提出了诸多重要的新观点。在这一背景下，为开创先商文化研究新局面、推动先商文化研究迈向新的高度，三家单位联合召开了此次学术会议。

在社科院考古所安阳工作站、鹤壁市文物工作队、淇县文物管理所、邯郸市文物保护研究所、河北省文物保护中心等单位的大力协助下，与会代表实地观摩了鹤壁刘庄、安阳鄣邓、西郊乡、磁县槐树屯、滏阳营和南城、邯郸薛庄和飞机场、邢台葛家庄、临城补要村、唐县北放水和淑闾等遗址的发掘新材料，参观了鹤壁市博物馆、邯郸市博物馆、淇县文物管理所的馆藏实物，对比观摩了磁县磁山、下七垣、界段营、邯郸涧沟、小屯西地、淇县宋窑等遗址早年发掘的先商文化遗物，对近年来先商文化考古发现的重要材料有了直观认识。

研讨会的讨论集中在以下几个方面：

一、近年来先商文化的考古新发现与研究

在八场主题报告中，国家博物馆考古部王睿介绍了国家博物馆考古部与河南省文物考古研究所在淇河下游地区区域考古调查成果；河南省文物考古研究所赵新平介绍了安阳鄣邓遗址和鹤壁刘庄墓地的考古新发现；郑州大学历史学院张国硕介绍了辉县孙村遗址发掘的最新成果；河北省文物研究所徐海峰介绍了唐县北放水遗址发掘的新成果；河北省文物研究所刘连强介绍了唐县淑闾遗址发掘的新成果；河北省文物研究所石磊介绍了磁县南城墓地发掘的新成果；河北省文物研究所贾金标介绍了邢台葛家庄遗址的考古收获。

北京大学考古文博学院王迅以《论先商文化补要类型》为题，介绍了河北省临城县补要村遗址的发掘概况，并着重介绍了该遗址所发现的先商时期遗存。他认为补要村遗址所发现的先商时期遗存有其自身特色，可成为一支新的考古学遗存，其发现或许为探索文献记载的“泜石”地望提供了新的线索。郑州大学历史学院张国硕、刘丁辉提交论文《孙村遗址的先商文化遗存》，认为辉县孙村遗址的先商遗存年代相当于二里头文化三期偏晚到四期早段，文化面貌接近于先商文化辉卫型。孙村遗址几乎不见或少见二里头文化因素，是因为遗址位置没有处在先商文化辉卫型与二里头文化交流的主要线路上，所以文化面貌相对单纯。从地点上看，孙村遗址距离孟庄遗址较近，但规模与后者相差甚远，二者应是一般聚落与中心聚落的关系。石磊提交论文《河北磁县南城遗址浅析》，认为南城墓地其主体应属漳河型，时代在先商文化早、中期，但其先商文化既有本地区文化特色的鼎，又有辉卫型和漳河型的鬲，还有与北方地区相似的豆，这也说明这一地区的先商遗存正处在吸收，融合、发展阶段。李恩玮提交论文《河北邢台商代遗址概述》，结合全国第三次文物普查的新发现，统计分析了邢台地区的商代遗存。

二、关于先商文化命名与族属问题的讨论

对于“先商文化”的命名问题，在本次会议中，这一问题也成为讨论的焦点之一。赵新平以《谈先商文化与下七垣文化的命名问题》为题对“先商文化”和“下七垣文化”的内涵与所指进行了分析，认为将先商文化直接作为替代下七垣文化的考古学文化专属名词尚需检讨。张国硕认为这一问题涉及文化属性即文化族属问题，建议下七垣文化归属于“先商文化”。山东大学历史文化学院栾丰实、方辉则不赞成使用“先商文化”，认为考古学文化和“族”的讨论实际上是两回事，将两者直接挂钩不太符合考古

研究的常规，用族名命名物质文化遗存要十分慎重，采用考古学文化命名方式会更好，他们支持使用“下七垣文化”。河北师范大学历史文化学院张渭莲对于下七垣文化是否都属于商人遗留的物质文化遗存提出了反思，认为这一问题不能简单处理。加拿大哥伦比亚大学荆志淳认为社会文化的认同是一个过程，不仅与传统有关，而且直接关联到传统的建立；对于族属（性）的界定实际上是十分困难的，但考古材料更便于我们分析族性是如何构成的。河北省文物研究所段宏振详细对比了学术界对于“下七垣文化”和“先商文化”的概念使用差异，指出两概念有并用的必要，但绝不能相互替代，先商文化的命名和族属研究，需要对现有考古材料的细化研究和多层次结构的分析后或许才能得到新的思路。

三、关于先商文化的编年与类型研究

北京大学侯卫东宣读其论文《试论漳洹流域下七垣文化的年代和性质》，通过对安阳周边多处遗址的地层关系分析，认为从地层上皆无法判断下七垣文化和二里冈期商文化遗存的相对年代关系，洹北商城时期商文化中的下七垣文化传统不是从本地二里冈期商文化中继承而来的，而是直接从本地下七垣文化中继承过来的。漳洹河流域洹北商城时期商文化中的本地下七垣文化传统是从本地下七垣文化直接继承过来的，相应地，本地下七垣文化的年代也应与洹北商城时期相衔接；本地二里冈期商文化则是二里冈下层二期至上层一期之际发展到漳洹流域，然后与本地下七垣文化并行发展至洹北商城时期之前，下七垣文化在整个二里冈期都是漳洹流域的主流文化。对于漳洹流域下七垣文化的性质，侯卫东认为洹河两岸为漳河型和辉卫型的过渡地带，漳洹流域的辉卫型和漳河型在二里冈期逐渐融合。二里冈期商文化对漳洹流域的商文化也产生了一些影响。对于下七垣文化，他认为这一考古学文化在夏商之际前后文化面貌没有发生根本性变化，其年代跨度为先商和早商，在二里冈期，只有以郑州、偃师商城为代表的商文化才可以直接称为“商文化”。这一较为新颖的观点引起了与会学者较为集中的讨论。中国社会科学院考古研究所唐际根认为不能否认洹河流域存在二里冈上下层时期的遗存，但是从目前的材料看，洹河流域有下七垣文化遗存 40 余处，确定的二里冈文化遗存仅两处，似乎二里冈文化并未取代本地的文化，其出现可能仅仅是交流或少量人群迁徙的遗留。虽然目前无法确证下七垣文化可直接与洹北商城时期的考古学文化相衔接，但下七垣文化在洹河流域年代延续较长这一思路是值得肯定的。中国社会科学院考古研究所岳洪彬则认为是否有可能在洹河流域相当于二里冈上层一期时还在沿用二里冈下层的遗存，因此被研究者认为是本地下七垣文化的延续。中国社会科学院考古研究所何毓灵认为安阳洹河流域的下七垣文化能够越过白家庄期一直延续至洹北商城时期是不太可能的，要证明洹河流域的下七垣文化延续时间很长，还需要更多的实证来证明。李维明、常怀颖等则从概念和考古学文化遗存年代等方面对下七垣文化在洹河流域是否可以延续至洹北商城阶段提出质疑。

中国国家博物馆李维明宣读论文《河南辉县琉璃阁第一灰坑检视》，对琉璃阁H1中的堆积分层进行了梳理，认为H1最初应为水井，坍塌废弃后成为祭祀活动的堆积，年代跨度最大上限可在二里头文化三、四期之交，或可进入二里头文化三期晚段，下限约在二里头文化四期。大量的卜骨存在可能与甲骨文记载的“井丁（示）”有关。北京大学考古文博学院雷兴山从理论和研究目的角度出发，对先商文化类型划分的分歧进行了反思，认为对于先商文化研究的目的并非仅仅是将类型划分出来，还应从聚落考古等角度去探索先商文化。北京大学考古文博学院常怀颖宣读论文《夏商之际豫北诸遗存的年代与性质》，认为二里头文化晚期豫北地区考古学遗存并非全部属于先商文化。相当于二里头文化四期以前，豫北地区考古学文化面貌接近二里头文化，而与下七垣文化差异较大。四期以后随着商人的南下，文化面貌逐渐与下七垣文化漳河型接近，而与二里头文化差异逐渐增大。至二里冈时期，这里已经属于二里冈文化的势力范围。山西省考古研究所王俊、宋建忠提交论文《试论黄河前套地区含陶铃、陶靴形器诸考古学文化遗存的归属——兼论带铃铜器与靴形铜器的文化渊源》，认为晋、陕两地的陶铃、陶靴形器是在老虎山文化的直接或间接影响之下出现的，是老虎山文化影响力的最好反映，夏商时期该地区的铜铃、带铃铜器和铜靴形器也应是这一文化影响的延续，在晚商时期，这一文化的创造者可能和文献记载的“土方”或“汕方”有关。

四、关于先商文化空间分布与来源、发展研究

栾丰实提出，应从宏观角度去理解太行山东麓至豫北地区的考古学文化。他认为这一地区本质上是一个亚文化区，在文化传统上是南北联系密切的区域。在二里头文化时期，这一地区夹在二里头、岳石和夏家店文化之间，从空间范围看，太行山东麓地区的地域范围并没有岳石文化的实际控制区域大，将这一地区认定为商人的分布范围似乎略小，因此如何界定这一区域需要重新考虑。张渭莲以《太行山东麓地区夏代时期考古学文化的格局》为题发表演讲，认为太行山东麓的考古学文化分为南北两区，北区为下岳各庄文化，南区为下七垣文化，两区分界大致在滹沱河与唐河之间。两支考古学文化的面貌不同，与其文化来源及所处区域位置有直接关系。她还对太行山西麓夏时期的考古学文化进行了归纳，并对太行山两麓的考古学文化互动关系提出了看法。徐海峰则以《太行山东麓北部地区夏时期考古学文化述论》为题发表意见认为这一区域的考古学文化属于下岳各庄文化，与北方的夏家店下层文化和太行山西麓的杏花村类型关系密切，在一定程度上受到了下七垣和岳石文化的影响。段宏振则以《先商文化平面格局探索的几点思考》为题，全面总结了先商文化研究的学术历程，提出对于先商文化平面格局的观察，首先应该考虑观察对象的同时性和同层性。他认为，每一支考古学文化

具有多层次角度，每个层次角度都有其相应的平面格局。在考古学文化发展的过程中，应该动态地观察各个层次平面格局的变化。对先商文化而言，太行山东麓一线是自古以来的人群迁徙走廊，因此对于这一地区的先商文化平面格局研究就应考虑其所属文化区系的不稳定性、文化谱系的不连贯与文化内涵的中介性特点，对于文化格局的变化与族群迁徙之间的关系不能简单判断，而应考虑多种可能性。王睿也认为，应该注意先商文化遗址面积都不大，因此这种现象似乎表现出先商文化是否有可能是一种过境性的文化。

栾丰实重申了岳石文化对于下七垣文化和二里冈文化的重要影响，指出，如果二里冈文化是商文化，其中的东方因素来源应是岳石文化。岳石文化应当是南关外类遗存的主体；即便南关外类遗存不属于商文化的主体，则岳石文化也至少应是商文化的来源之一。从现有材料看不能完全排除商文化来源于豫东鲁西的可能性。方辉重点分析了岳石文化与下七垣文化间的相互影响，认为现在还很难明确讲谁影响谁，因为鲁西北的岳石文化源头虽然尚不清楚，但与下七垣文化关系密切则是较明显的事实。同时他提出在文献中豫北冀南在夏代晚期不仅仅是商人一支，还有其他很多族群活动，因此要考虑多重可能性。北京大学震旦古代文明中心李伯谦认为夏时期豫北冀南甚至于二里头文化中都有来自东方的因素，因此先商文化的来源可能是多源的。对于洛达庙晚期遗存中的先商文化因素与南关外类遗存的共存现象尤其需要注意，这一现象可能关涉到商人南下与岳石文化的人群结盟并建立据点，灭夏后返回建亳的问题。刘绪、段宏振、张渭莲则强调了下七垣文化与山西夏时期遗存间的关系十分密切。吉林大学边疆考古研究中心王立新指出“漳河型”南下的路线现在看较为清晰，但“辉卫型”如何南下现在还并不清楚，辉卫型与南关外的关系实际上十分密切，但迁徙路线需要认真考虑。张国硕则认为商人南下的通道仍应是濮阳、新乡一线。

五、新技术在先商文化研究的运用

荆志淳、唐际根以《洹北商城的出现与下七垣文化——人骨同位素分析的启发》为题，介绍了利用锶同位素追踪人的出生地和人口流动的原理，并以殷墟近年锶同位素研究的个案研究分析指出，洹北时期的人群是由二里冈人群与本地下七垣人群重构整合而成的。美国威斯康星大学 James Stoltman 以《安阳孝民屯出土下七垣陶器的岩相学观察》为题对近年来孝民屯遗址下七垣文化陶器进行的岩相学分析结果进行了报告。他首先介绍了通过岩相学的分析从羼料方式寻找陶器原料的地质来源的鉴定原理，由此方式可以帮助考古学家了解陶器的生产与交流地区。通过具体材料的分析，他认为下七垣文化的陶鬲陶甗使用本地冲积土羼加生产，泥质陶则可能使用本地的次生黄土生产；洹北商城时期的陶器与当地下七垣文化陶器所使用的原料最为接近。王睿以淇河流域下游区域调查为例，介绍了区域系统调查法与GIS技术在这一地区先商文化聚落格局变迁中的运用。

六、对先商文化未来研究探索的规划

大会开幕式中，李伯谦以《先商文化研究的新征程》为题，全面回顾了先商文化研究的历程，包括先商文化应如何界定、分期和年代以及如何于碳-14系列样本相系联、文化类型划分、分布范围、渊源、与周边同时期考古学文化的关系、所反映的社会发展阶段及取代夏文化的过程等八个方面，为今后先商文化的研究工作较为全面地指明了方向，指出先商文化是“原史时期”考古，因此在研究中要重视与历史文献的整合；要从现有的考古学遗存中分辨哪些属于先商文化，是需要从方法论角度加以思考的，对于先商文化的综合分期也需要进一步细化研究，对于先前的分期体系有必要进行适当地调整。对于先商文化与二里头文化、夏家店下层文化和岳石文化的关系在充分研究新发现材料的基础上应细致地予以分析。对于现在的先商文化遗存，缺少大墓、城址、大型遗址与铸铜遗址等高等级遗存，由于缺乏这些材料，使学术界研究先商文化所反映的社会问题受到了很大的局限，所以下一步的田野工作应有目的地寻找这些遗存。他明确指出，先商文化研究的目的是要探索以商族为主体的人群壮大的原因和过程，进而研究其走入文明的形式。栾丰实建议加强相关的社会研究，如对聚落人口数量问题、经济水平的发展高度、社会发展的阶段问题以及在方法论中无文献材料参证时，如何进行原史时期考古学研究等问题应给予足够的关注。

会议期间，豫、冀两省田野一线研究人员与部分高校研究人员召开小型座谈会，对先商文化未来的工作规划进行研讨。孙新民认为河南省的先商文化遗存主要集中在豫北，但从目前看并不密集，目前还缺乏大面积的发掘，河南准备在区域调查的基础上发现线索、选择时机与地点集中力量发掘个别遗址。北京大学考古文博学院刘绪建议对于如葛庄、补要村等陶器制作精致的遗址应给予重点关注，以此寻找先商文化高等级遗址的线索；对于先商文化遗存中的动、植物等考古信息应尽量全面采集研究，对重点流域进行系统地区域调查。岳洪彬表示可以考虑将殷墟周边孝民屯、大小司空、范家庄、大寒、西高平、西蒋村、梅园庄等地点的先商遗存整理后一并公布。赵新平、王睿指出淇河流域的先商遗址数量较多但范围不大，似乎与商人的迁徙方式或遗址延续时间有关；建议寻找中心性的先商文化遗址发掘，以期有所突破。王立新分析了孟庄遗址的重要价值，建议应对其进行更加细致的工作。张国硕则建议应对豫东地区给予更多的关注，对于新乡与开封之间的地带应投入一定的力量加以调查。

刘绪在大会闭幕式上作了大会总结发言，他对先商文化的研究现状做了回顾和评述，同时又对今后的工作提出了四点建议：（1）田野工作中注意多方面信息的搜集；（2）将考古学材料研究透彻，将先商文化分期、编年体系的研究放在第一位，以此为基础再开展进一步的研究工作；（3）要将先商文化置于一个更大范围、更长时段加以考察；（4）及时、全面、翔实地公布发掘材料。同时还希望以这次会议为标志，迎来先商文化研究的新高潮。

会议期间，学者们展开了广泛而深入地探讨和交流。与会代表一致认为，此次会议学术气氛浓厚，议题集中，信息量庞大，对于当前先商文化的研究成果与信息的交流提供了极好的平台。正如李伯谦教授所言："要以这次会议为起点，开启先商文化研究的新征程，掀起先商文化研究的新高潮。"